珍藏本
纪念版

汉译世界学术名著丛书

神正论

〔德〕莱布尼茨 著

段德智 译

商务印书馆
SINCE 1897
The Commercial Press

2017年·北京

G. W. Leibniz

THEODICY

Essays on the Goodness of God

The Freedom of Man and the Origin of Evil

Open Court, 1997

※ ※ ※

ESSAYS

DE

THÉODICÉE

SUR LA BONTÉ DE DIEU

LA LIBERTÉ DE L'HOMME

ET

L'ORIGINE DU MAL

GF Flammarion, 1969

本书据1997年公开法庭版和1969年弗拉马里翁版译出

汉译世界学术名著丛书
（120年纪念版·珍藏本）
出 版 说 明

2017年2月11日，商务印书馆迎来120岁的生日。120年前，商务印书馆前贤怀揣文化救国的理想，抱持"昌明教育，开启民智"的使命，立足本土，放眼寰宇，以出版为津梁，沟通中西，为中国、为世界提供最富智慧的思想文化成果。无论世事白云苍狗，潮流左右激荡，甚至战火硝烟弥漫，始终践行学术报国之志，无改初心。

迻译世界各国学术名著，即其一端。早在20世纪初年便出版《原富》《天演论》等影响至今的代表性著作，1950年代后更致力于外国哲学和社会科学经典的译介，及至1980年代，辑为"汉译世界学术名著丛书"，汇涓为流，蔚为大观。丛书自1981年开始出版，历时三十余年，迄今已推出七百种，是我国现代出版史上规模最大、最为重要的学术翻译工程。

丛书所选之书，立场观点不囿于一派，学科领域不限于一门，皆为文明开启以来，各时代、各国家、各民族的思想与文化精粹，代表着人类已经到达过的精神境界。丛书系统译介世界学术经典，引领时代思想，为本土原创学术的发展提供丰富的文化滋养，为推动中国现代学术和现代化进程做出了突出的贡献。

为纪念商务印书馆成立120周年，我们整体推出“汉译世界学术名著丛书”120年纪念版的珍藏本，寄望既利于文化积累，又便于研读查考，同时向长期支持丛书出版的译者、编者和读者致以敬意。

两甲子后的今天，商务印书馆又站在了一个新的历史时间节点上。我们不仅要铭记先辈的身影和足迹，更须让我们的步伐充满新的时代精神。这是商务人代代相传的事业，更是与国家和民族的命运始终紧密相连的事业。我们责无旁贷，必须做好我们这代人的传承与创造，让我们的努力和成果不仅凝聚成民族文化的记忆，还能成为后来人可以接续的事业。唯此，才能不负前贤，无愧来者。

商务印书馆编辑部

2017年10月

汉译者序

《神正论》是莱布尼茨生前出版的唯一一本大部头著作，也是莱布尼茨的一本极其重要的著作。黑格尔在谈到《神正论》时，说这本书"在读者中间最著名"。[①] 德国哲学家沃尔夫则认为莱布尼茨"这部书写得十分严肃认真"，他"在其中写下了他的最好的思想"。[②] 本书英译本编者奥斯汀·法勒在谈到其对莱布尼茨的重要性时说："莱布尼茨，无论是对于他的同代人，还是随后的一代人，都是以《神正论》作者的身份为人所知的。"[③]美国著名政治学家和莱布尼茨专家帕特里克·赖利也将其视为莱布尼茨所发表的著作中"最著名的著作"。[④] 无论如何，至少从实践哲学和实践神学的角度看，将《神正论》视为莱布尼茨所发表的著作中最为著名和特别重要的著作，是一点也不为过的。

---

① 黑格尔：《哲学史讲演录》，第 4 卷，贺麟、王太庆译，商务印书馆 1981 年版，第 166 页。

② 同上书，第 166 页。

③ Leibniz, *Theodicy*, Open Court, 1997, p. 33.

④ Patrick Riley, *Leibniz' Universal Jurisprudence: Justice as the Charity of the Wise*, Harvard University Press, 1996, p. 105.

一、《神正论》的酝酿和写作

在西方近代史上，莱布尼茨不仅智商极高，[①]而且也特别热衷于同欧洲各国学者进行对话。据统计，他给后人遗留下来的书信就有15000多封。[②] 也许正因为如此，英国莱布尼茨专家麦克唐纳·罗斯在谈到莱布尼茨时说："在风格上和精神方面，他简直就是一个苏格拉底。他总是不断地与别人对话，尽可能同情地理解各种不同的观点，却又随时准备变成一个哲学牛虻，去刺蜇那些自诩在任何问题上都握有全部真理的行家里手。"[③]莱布尼茨的这一学术风格在《神正论》的酝酿和写作中也有鲜活的体现。因为他正是在同傅歇、培尔等人的长期对话中，酝酿和写作《神正论》这一鸿篇巨制的。

莱布尼茨与傅歇、培尔等学者的公开对话始于1695年。时年49岁的莱布尼茨在《学者杂志》(*Journal des Savants*)6月号和7月号上首次匿名(以M.D.L.名义)刊发了表达其哲学体系即"前

---

① 狄德罗在其主编的《百科全书》"莱布尼茨主义"条目中谈到莱布尼茨的智商和才能时，曾不无激情地说道："当一个人考虑到自己并把自己的才能和莱布尼茨的才能作比较时，就会弄到恨不得把书都丢了，去找个世界上比较偏僻的角落藏起来以便安静地死去。"罗素虽说对莱布尼茨的人格持有异议，但还是不止一次地称赞莱布尼茨是"千古绝伦的大智者"。参阅罗素：《西方哲学史》下卷，马元德译，商务印书馆1981年版，第106页。

② 参阅李文潮、余慧贤："第七届莱布尼茨国际学术会议在柏林召开"，《哲学动态》，2002年第3期。

③ G. MacDonald Ross, *Leibniz*, Oxford University Press, 1986, pp. 114—115.

定和谐系统”[①]的哲学论文“论实体的本性和交通的新系统，兼论灵魂和形体之间的联系”。[②] 3个月后，傅歇[③]在《学者杂志》9月号上撰文，质疑莱布尼茨的前定和谐系统。与此同时，法国学者巴纳日[④]在其致莱布尼茨的信件中也表达了对莱布尼茨新系统的疑虑。此外，1696年4月，物理学家哈索科[⑤]在巴黎发表“物理学原理”一文，当年8月，傅歇刊文予以批驳。他们的争论在一定程度上也与莱布尼茨的新系统有关。在这种情况下，莱布尼茨先后在《学者杂志》和《学者著作史》(*Histoirie de Ouvrage des Savantes*)上撰文，一方面旨在对他1695年发表的论文作出说明，另一方面也旨在对傅歇、巴纳日和哈索科等人的质疑和误解作出回应。事实上，早在10多年前，莱布尼茨就开始与傅歇讨论起他的新系统。只是由于后者英年早逝，他们的讨论便到此戛然而止。

就在傅歇去世的1696年，培尔开始了其与莱布尼茨的公开对

① 此后，莱布尼茨就以“前定和谐体系的作者”自称。例如，他的另一本巨著《人类理智新论》初稿的标题即为《前定和谐系统的作者所著的理智新论》(Nouveaux Essais sur L'entendement par L'auteur du Systeme de L'harmonie Preestablie)。(*Die philosophischen Schriften* von *Gottfried Wilhelm Leibniz* 5, hrsg. von C. I. Gerhardt, Hildsheim: Georg Olms Verlag, 1978, p.39.)

② 莱布尼茨对此文极其重视。此前，莱布尼茨曾就其内容向许多朋友，如法国著名逻辑学家、神学家和哲学家阿尔诺(Antoine Arnauld,1612—1694)，征求过意见。

③ 傅歇(Simon Foucher,1644—1696)，法国第戎的一位教士，在哲学上持怀疑论立场，试图恢复新柏拉图派哲学。1676－1695年间，与莱布尼茨频繁通信，讨论认识论、物理学和本体论(前定和谐体系)问题。

④ 巴纳日·德·波瓦尔(Basnage de Beauval)，法国作家，一度担任《学者著作史》的编辑和发行人。1692—1708年间，与莱布尼茨多次通信。

⑤ 尼古拉·哈索科(Nicolas Hartsoeker,1656—1725)，荷兰物理学家，曾与莱布尼茨通信，讨论物理学和自然哲学。

话。这一年,培尔出版了他的最负盛名的《历史批判辞典》。在其中第二卷"罗拉留"条里对莱布尼茨1695年刊登在《学者杂志》上的文章和1696年刊登在《学者著作史》上的文章提出质疑,断言莱布尼茨"关于灵魂与形体的联系的新系统"中存在有难点。1698年,莱布尼茨致信巴纳日,对培尔所发现的有关困难作了说明。该文随后发表于巴纳日编辑的《学者著作史》7月号。培尔并未因此而干休。1702年,他在其再版的《历史批判辞典》的"罗拉留"条下,就"前定和谐体系的一些特殊问题"提出了8点"看法"。针对培尔的这些"看法",莱布尼茨当即作了进一步的答复,这就是后来刊载在格本第5卷中的《对灵魂与身体联系的系统的再说明》(1702)。"这个答复虽然是致培尔的通信,但实际上当时并没有发表。……它差不多勾勒了《神正论》的一个梗概。"[①]就在同一年,莱布尼茨给培尔本人写了一封相当友善的信,对他们之间所争论的各点作了进一步的解说。1703年,瑞士百科全书编撰学者勒克莱尔(le Clerc)在编撰《精选文库》时,不仅收录了英国剑桥柏拉图派领袖人物卡德沃思(R. Cudworth)的《真正理智的宇宙体系》,而且还对该书中所阐述的"弹性自然"观点予以肯认,触发了培尔与勒克莱尔之间的争论。随后,培尔著《再论关于彗星的各种思考》,对卡德沃思和勒克莱尔所持守的"弹性自然"观点以及莱布尼茨的"前定和谐系统"提出批评。1705年,莱布尼茨在《学者著作史》5月号上发文"前定和谐说提出者对生命原理和弹性自然的考察",对培尔的质疑再次作出回应。莱布尼茨在这次回应中,不仅

① Leibniz, *Theodicy*, Open Court, 1997, p.46.

触及“恶的起源问题”、理性与信仰的关系问题以及其他一些与此相关的问题，而且还认识到培尔所提出的反对意见“同那些在恶的存在的问题上努力调和理性与信仰的人士的意见正相反对”。[①]这使莱布尼茨产生了一个想法，即：“将培尔著作中使他感兴趣的所有段落都收集到一起，然后对它们作出系统的回答。”[②]令莱布尼茨感到遗憾的是，正当他在图书馆“一本接一本翻阅图书”并紧张著述《神正论》时，培尔却突然于1706年谢世了。

正如傅歇的谢世未能阻止莱布尼茨与相关学者对话的步伐一样，培尔的谢世也未使莱布尼茨与相关学者的对话停步。早在1704年3月，耶稣会士图尔纳米（René Joseph Tournemine）就在《特雷伍斯纪实》（les *Mémoires de Trévoux*）上撰文指出：莱布尼茨与笛卡尔一样，仅仅宣称灵魂与身体之间存在有联系，却并未对这种联系的性质作出任何说明。1708年3月，莱布尼茨在《特雷伍斯纪实》上发表了“前定和谐说提出者对《特雷伍斯纪实》杂志一篇文章的意见”一文，对图尔纳米的异议作出了比较详尽也比较深刻的回应，指出：“当我们否定灵魂对身体或身体对灵魂的物理影响，也就是那种引起一方干扰另一方的规律的影响时，这绝不是说我们根本否认一方同另一方相统一从而构成一种实存的可能性。但是，这种统一是某种形而上学的东西，对现象界来说，什么变化也没有发生。”[③]莱布尼茨不仅与耶稣会会士图尔纳米开展了对话，而且还与本笃会会士拉弥（Dom François Lami）进行了对话。

① Leibniz, *Theodicy*, Open Court, 1997, p. 47.

② Ibid., p. 47.

③ Ibid., pp. 69—70.

拉弥于1694—1698年间在巴黎出版了5卷本《自我认识》。1698年9月,《学者杂志》连续两期刊出了该书的节录。在该书中,拉弥一方面高度肯定了莱布尼茨前定和谐系统的价值,断言:关于灵魂与形体间关系的"影响说""站不住脚","偶因论"似乎"和上帝的尊严不配",反之,"前定和谐说"则"揭示了这位至高无上的造物者的无比的匠心";但另一方面,他又强调指出,"前定和谐说"的这样一种"正确性"只是"表面"的。因为他经过反省之后,"看出了困难,甚至看出了不可能性",并且提出了"八点困难"。莱布尼茨认为,拉弥的异议及其所提出的"困难""值得加以考察"。于是,至1709年初莱布尼茨终于写出了"答拉弥对前定和谐系统的驳难"一文,对拉弥提出的"八点困难"一一作出了回应,并将其发表在《学者杂志》当年6月号的增刊上。[①]

莱布尼茨的《神正论》就是在与傅歇、培尔等人开展的这样一种长期学术对话中酝酿并逐步完成的。尽管《学者杂志》和《特雷伍斯纪实》很热心,早在1708年就刊出出版消息,但实际上,《神正论》直到1710年才在阿姆斯特丹出版。

莱布尼茨《神正论》的写作实践告诉我们:开展必要的学术对话对于学术研究,特别是对于哲学研究和神学研究,至关紧要,如果这称不上学术研究的必经之道,至少也是一条重要途径。莱布尼茨的这样一条学术经验值得我们认真借鉴。

① 详见莱布尼茨:《新系统及其说明》,陈修斋译,商务印书馆1999年版,第152—158页。

二、《神正论》的多学科性质与真实主题

要对《神正论》的学科性质作一个精确定位，实在是一件相当困难的事情。莱布尼茨可谓近代罕见的一位百科全书式的学者。当年，腓特烈大帝在谈到担任过柏林科学院第一任院长的莱布尼茨时曾称赞说：莱布尼茨“本人就是一所科学院”。莱布尼茨的这样一种学养在《神正论》中也有典型的表现。在一定意义上，我们甚至可以说，莱布尼茨的《神正论》就是一部百科全书。

首先，《神正论》可以视为一本宗教神学著作。至少我们可以列出下述理由：第一，本著题名“神正论”本身即是一个显著标志。第二，本著从莱布尼茨的宗教观谈起（见“前言”第1节）。第三，上帝论，尤其是上帝的全能与上帝的智慧、善和正义的关系问题始终是本著的一个基本话题。第四，神学的一些基本问题，尤其是基督宗教神学的基本问题，如上帝的创世问题和救赎问题，几乎是贯穿全著的重要话题。第五，本著不仅差不多处处涉及基督宗教的一般教义，而且还差不多涉及基督宗教从早期教会到近代教会的历史，既涉及古代的马西昂派、纳西昂的圣格列高利、奥利金、奥古斯丁、贝拉基、波爱修、安瑟尔谟、阿贝拉尔、阿维洛伊、托马斯、奥卡姆、司各脱、威克里夫等，也涉及基督宗教人文主义者伊拉斯谟和宗教改革家路德、梅兰希顿和加尔文等，既涉及路德宗和加尔文宗，也广泛涉及索齐尼派、虔敬派、寂静派、耶稣派、福音派、托马斯派、多明我会、方济各会、日内瓦信纲派、奥格斯堡信纲派、莫利纳派、阿明尼乌与阿明尼乌派、詹森派、改革派、抗议宗、反抗议宗、普

救论及普救论者、特殊恩典论及特殊恩典论者、堕落前恩典论者、堕落后恩典论者等。最后，本著除涉及基督宗教外，还广泛涉及犹太教、摩尼教及其保罗派、琐罗亚斯德教、印度教、佛教以及伊斯兰教等。

其次，《神正论》也可视为一本伦理学著作。其理由至少有下述几点：第一，伦理学或善恶问题乃“神正论”的应有之义。因为莱布尼茨对神正论所作的证明首先是一种后天证明，即从世界上恶的存在出发的证明，这就直接引申出了善恶问题或伦理学问题。第二，《神正论》虽然从宗教观和宗教虔诚开篇，但由于它其实强调的是“道德”、“爱他人”、“去恶向善”和“灵魂不朽”，从而它实际上也就是以“道德”开篇，以伦理学开篇。第三，针对培尔、霍布斯、斯宾诺莎对上帝的“全能”和“专制”的片面强调，《神正论》始终突出强调了上帝的善，这就将《神正论》的论述指向并引进了伦理学领域。罗素讲：“上帝的善是上帝的善行的形而上学地必然的充足理由，这些善行是偶然的，并且事实上是所有别的行为所从出的终极的偶然行为。这就使我们进入了莱布尼茨的伦理学领域”，①即是谓此。第四，在《神正论》中，莱布尼茨比较详尽地阐释了他的快乐论和幸福观。针对培尔等人所谓物理的恶即是不快、物理的善即是肉体快乐的片面主张，莱布尼茨强调指出：物理的恶不仅包括不快，而且还包括痛苦和悲伤，物理的善不仅包括适度的肉体快乐，不仅包括一些“中间状态”（如健康），而且还应包括心灵快乐和心

① 罗素：《对莱布尼茨哲学的批评性解释》，段德智、张传有、陈家琪译，陈修斋、段德智校，商务印书馆 2000 年版，第 231 页。

灵宁静，并且宣称唯有心灵快乐才是持久的快乐，唯有这样一种持久的快乐才堪称幸福。[①] 这些可以看作是对莱布尼茨快乐论和幸福观相当系统的表达。第五，莱布尼茨不仅比较全面系统地论述了三种善恶（形而上学的、物理的和道德的）的内涵和相互关联，构建了大伦理学理论系统，而且还特别突出地论述了道德的善恶和道德的必然性。由此看来，罗素在"莱布尼茨的伦理学"标题下讨论和阐述莱布尼茨的"神正论"思想是有其合理性的。

第三，《神正论》也可视为一本政治学著作。其理由至少有下述几点：第一，上帝的正义是《神正论》的首要话题。这从莱布尼茨以"神正论"这个词为本著冠名本身即明白无误地显示出来了。固然，本著不仅言说上帝的正义，而且还言说恶的起源、上帝的善和人的自由，但上帝的正义无疑是一个中心话题。在作为《神正论》附录之一的"上帝的事业"的初稿中，莱布尼茨曾经清楚地告诉我们：上帝的正义乃《神正论》这部著作的"首要话题"，"上帝的善"和"上帝的神圣"等问题是作为次级问题构成其要素的，[②]即是谓此。其次，从"神正论"的词源看，"神正论"也具有明显的政治学意义。如所周知，"神正论"（théodicée）这个词是莱布尼茨为了撰写《神正论》这本书而创造或杜撰出来的。但它无非是希腊词 theo（神）和 dike（正义）的一个合成词。[③] 这就充分昭示了作为柏拉图主义者或半柏拉图主义者的莱布尼茨致力于复兴柏拉图"正义"概念的

① 参阅莱布尼茨：《神正论》，下篇，第 250—253 节。

② Patrick Riley, *Leibniz' Universal Jurisprudence: Justice as the Charity of the Wise*, Harvard University Press, 1996, p. 90.

③ Ibid., p. 91.

"雄心"。[①] 我们知道,柏拉图曾将实现了正义的国家称作"理想国",而他所谓正义无非是说每个人在他自己的国家里"做自己分内的事和拥有属于自己的东西"。[②] 这就意味着正义原则乃最高的政治原则。第三,正如在莱布尼茨看来,人和上帝,作为单子,都具有表象能力和欲望能力,作为可能世界中最好世界中的尘世王国(国家)与神恩王国也同样有其相同之处和相通之处,[③]也应当贯彻和体现上帝的正义原则。他在《神正论》里不时地提及国家治理和法律制度,正缘于此。最后,本著以塞克斯都的恶最终导致罗马帝国的自由和复兴作结,[④]更是画龙点睛地道出了《神正论》的政治学学科性质。

第四,《神正论》也可视为一本哲学著作。首先,这是因为莱布尼茨本人就是将《神正论》视为一部哲学著作或哲学应用学著作的。例如,他在"前言"里不仅明确提出了两个哲学迷宫问题,而且还强调说:"如果连续性的知识对于思辨的探索是重要的,则必然性的知识对于实践运用便同样重要;而必然性的问题,连同与之相关的其他问题,即上帝的善,人的自由与恶的起源,一起构成本书的主题。"[⑤]再如,他在《神正论》的主体部分(即"就恶的起源论上帝的正义与人的自由")之前讨论理性与信仰的关系,并且在其主

① Ibid., p. 90.

② 柏拉图:《国家篇》,434A。

③ 莱布尼茨在这个问题上与奥古斯丁大相径庭,后者将上帝之城与尘世之城绝对对置起来。

④ 参阅莱布尼茨:《神正论》,"就恶的起源论上帝的正义与人的自由",下篇,第416节。

⑤ Leibniz, *Theodicy*, Open Court, 1997, p. 54.

体部分的开篇即强调指出:“在如此这般确认了信仰和理性的权利,认定理性当服务于信仰而不是与之对立,我们随即便会看到它们是如何运用这些权利,来支撑和调解自然之光与启示之光在恶的问题上教给我们的有关上帝和人的种种东西。”[①]所有这些都把《神正论》的实践哲学或哲学应用学的学科性质明白无误地昭示出来了。其次,莱布尼茨在《神正论》中反复阐释和强调的道德必然性学说,既是对培尔必然观的批判,也是对霍布斯和斯宾诺莎所倡导的绝对必然性学说的批判和纠正,在西方自由学说史上享有崇高的地位。而莱布尼茨在阐释其道德的必然性学说中所阐释和运用的矛盾原则、充足理由原则和最佳原则更是莱布尼茨整个哲学体系所依据的“大原则”,不仅“在莱布尼茨哲学体系中享有元哲学的逻辑地位”,[②]而且也是西方哲学史,特别是西方形而上学史中一个重要的发展环节。《神正论》历来构成西方哲学史书(如黑格尔的《哲学史讲演录》)的一项内容绝非偶然。[③]

但《神正论》归根到底是一本人学著作,一本旨在强调和弘扬人的自由的著作。这是因为《神正论》的真正主题不是别的,正是人的问题或人的自由问题。在“前言”中,莱布尼茨在谈到自由与必然问题时突出地强调了两点:一是自由与必然问题“几乎困惑着整个人类”而不仅仅困惑少数哲学家;二是自由与必然问题,与连

① 参阅莱布尼茨:《神正论》,“就恶的起源论上帝的正义与人的自由”,上篇,第1节。

② 参阅段德智:《莱布尼茨哲学研究》,人民出版社2011年版,第119页。

③ 英国莱布尼茨专家罗斯甚至称《神正论》为莱布尼茨“所发表的唯一一本完全地道的哲学著作”。G. MacDonald Ross, *Leibniz*, Oxford University Press, 1986, p. 103.

续性问题相比，是一个“大问题”(la grande question)，不仅涉及恶的起源、上帝的善和正义，而且也涉及“人的自由”。这就把《神正论》的主题和主旨和盘托出了。而且，从表面看来，莱布尼茨对恶的起源、上帝的正义和善的讨论和阐释充满了“护教色彩”或“蒙昧主义”，但真正说来，至少在一定意义上，我们可以说，在这种情况下，莱布尼茨都是在竭力为“人的自由”的可能性和应然性进行论证和辩护。作为《神正论》压轴戏的塞克斯都的故事清楚不过地告诉我们：人是自由的，人的善恶、幸福和命运甚至人类社会的善恶和命运归根到底也是由人自己决定的。因为塞克斯都既可以成为富翁，也可以沦为乞丐，既可以受人爱戴，也可以遭人唾弃，而所有这一切都是他自己自由选择的结果，而罗马社会的衰退和兴盛也无非是人自由选择的结果。[①] 这可以看作是整本《神正论》主旨的注脚。费尔巴哈在谈到莱布尼茨的“神正论”时，曾经明确地将其界定为“人类学的神学”。[②] 他强调指出：“莱布尼茨的神学是对下述见解的一个相当通俗的证明：‘神学的秘密就是人类学’。”[③]莱布尼茨在“对最近在英国出版的论‘恶的起源’著作的评论”中断言：“上帝的观念是通过对我们完满性的局限的清除从我们人自己的观念中产生出来的，一如绝对意义的广延是由我们地球的观念组成的一样。”[④]费尔巴哈对此解释说：“这就是说，上帝是那不受

---

① 参阅莱布尼茨：《神正论》，“就恶的起源论上帝的正义与人的自由”，下篇，第415—416节。

② 费尔巴哈：《对莱布尼茨哲学的叙述、分析和批判》，涂纪亮译，商务印书馆1979年版，第199页。

③ 同上。

④ 莱布尼茨：《神正论》，“对最近在英国出版的论‘恶的起源’著作的评论”，第4节。

限制的人的本质，是那被想象为没有界限、没有缺陷和错误的人的本质，因而是人的典范、人的理想。”[①]在费尔巴哈看来，从传统的意义上看，莱布尼茨并非一个名副其实的基督宗教徒，而只不过是“半个基督宗教徒”。因为对于莱布尼茨来说，上帝不过是“人的代表”，“他为了人而创造世界，他为了人而变成人本身”。正因为如此，“莱布尼茨觉得生活在这个世界上非常自在安适，而基督宗教的有神论者却认为天国是自己的故乡”。[②] 由此看来，人的问题和人的自由问题才是《神正论》的秘密所在，才是它的真实主题。这是需要我们在阅读《神正论》时认真揣摩的。

三、《神正论》的框架结构与基本理论

从整体上看，我们不妨将《神正论》区分为三个既相互独立又相互关联的部分。这就是“哲学原理”部分、“哲学应用”部分和“附录”部分。

其中，“哲学原理”部分涵盖“前言”与“论信仰与理性的一致”两个小部分。在“前言”中，莱布尼茨着重提出和阐释了他的“道德的必然性”学说。在“论信仰与理性的一致”中，莱布尼茨则着重提出和阐释了他的“信仰与理性一致”学说。

“哲学应用”部分所指的是“就恶的起源论上帝的正义与人的自由”。总的来说，“上篇”为“总论”，“中篇”和“下篇”为“分论”。

① 费尔巴哈：《对莱布尼茨哲学的叙述、分析和批判》，涂纪亮译，商务印书馆1979年版，第199—200页。

② 同上书，第202页。

其中，上篇旨在指出恶的起源为受造物本性上的“不完满性”，即“形而上学的恶”，因此之故，上帝对恶的“允许”、“参与”和“前定”既无损于上帝的善和正义，也无损于人的自由。中篇分论“道德的恶”的起源以及与之相关的上帝的正义和人的自由。下篇分论“物理的恶”的起源以及与之相关的上帝的正义和人的自由与幸福。

《神正论》共有5个附录。它们分别是：“被压缩成形式证明的争论摘要”，“《神正论》第392节附笔”，“对霍布斯先生以英文发表的关于‘自由、必然和偶然’论著的反思”、“对最近在英国出版的论‘恶的起源’著作的评论”以及“上帝的事业”。其中，第一个附录论列了8条争论，分别涉及“世界是否为可能世界中最好的世界”、“上帝是否为罪的原因”、“上帝对罪的惩罚是否正义”、“上帝是否善”以及“上帝是否自由”等问题。第二个附录作为《神正论》第392节的一个附笔，旨在进一步说明受造物的形而上学的不完满性乃恶的真正源头。第三个附录针对霍布斯的自由观，着重强调了绝对必然性与道德必然性的区别。第四个附录针对威廉·金所倡导的绝对无差别原则，着重强调和阐述了“适宜性原则”和“充足理由原则”。第五个附录是对莱布尼茨上帝论的一个相当系统的表达：不仅系统论述了上帝的全能，而且还系统论述了上帝的全知（上帝的理智和智慧）和全善（上帝的善、自由和正义）。[①]

由此看来，尽管《神正论》因其主要是以论战形式展开，不能不考虑论敌的异议及其话语体系，从而其一些部分在所难免地显得

① 《上帝的事业》这个附录无论对于从学理层面深入理解《神正论》还是对于系统了解莱布尼茨的宗教神学思想都极为重要，英译本未予翻译，是一项重大失策。我们将把它放入《莱布尼茨文集》第9卷《宗教与自然神学小品集》。

散漫、支离和有欠思辨，但从整体上说，它依然是一个具有思辨内容和严谨结构的有机整体：其中"哲学原理"部分是《神正论》的理论制高点，第二部分是"哲学原理"的实际应用和进一步发挥，第三部分一方面是对第一部分和第二部分的"补充"，另一方面其部分内容也可以视为对第一部分的一种回应。

我们所谓《神正论》的基本理论，其所指的其实就是我们在前面提到了莱布尼茨的"道德必然性"学说和"信仰与理性一致"学说。

道德必然性学说可以说是《神正论》的第一哲学原理，[①]也可以说是莱布尼茨引导读者走出"自由与必然"迷宫的"阿里阿德涅之线"。而莱布尼茨本人也正是将其作为"阿里阿德涅之线"提供给读者的。在"前言"中，莱布尼茨之所以在提出"自由与必然"这一哲学迷宫之后，紧接着便提出和论述了他的著名的道德的必然性学说，究其深层原因，正在于此。实际上，道德的必然性学说不仅构成了前言的主题，而且也贯穿于《神正论》的所有其他部分。

莱布尼茨的道德必然性学说作为《神正论》的第一哲学原理，内容极其丰富，至少有下述四个层面的意涵：

首先，是其哲学和哲学史意义。莱布尼茨的道德必然性学说，作为一种哲学学说，既区别于绝对必然性学说，也区别于绝对的无差别学说。在西方哲学史上，不仅霍布斯和斯宾诺莎主张绝对必然性学说，而且斯多葛派也曾这样主张过。这种学说的根本弊端

① 这是在莱布尼茨的"道德的必然性"学说与其实体学说即单子论相关而非相斥的意义上讲的。

在于根本否认偶然性以及行为主体的自发性和自决性。伊壁鸠鲁、卡尔内亚德、布里丹、司各脱、莫利纳派和威廉·金等则主张中立论或绝对的无差别学说。这一学说的根本弊端在于根本否认理性在自由选择中的功能。而道德的必然性学说则执两用中,既不排除偶然性,也不排除必然性,它所排除的是那种完全否定必然性存在的纯粹偶然性学说(亦即中立论)以及那种完全否定偶然性存在的纯粹必然性学说(亦即绝对必然性学说)。

其次,是其逻辑学意义。从逻辑学的角度看,道德的必然性是一种假设的必然性而非那种绝对的必然性或数学的必然性,因此,其判断是一种假言判断而非定言判断。也正因为如此,上帝的前定非但丝毫无损于人的自由或自由选择,反而正好构成人的自由或自由选择的前提。在《神正论》中,莱布尼茨曾经多次使用“货船”这个例子来比喻道德的必然性。对于货船来说,上帝前定的是:在相同的条件下,如果载货越重,船的速度就会越慢,如果越轻,船的速度就会越快。但一只船的货物究竟多少,毕竟还是由船主自由决定的。[①] 莱布尼茨的道德的必然性学说与偶因论的区别最根本的即在于此。对于偶因论者来说,上帝的前定是一种具体的、实然的和必然的判断而非那种道德的必然性。如前所述,在《神正论》的结尾处,莱布尼茨摘录了瓦拉所写的《关于自由意志的对话》。其中说到人出门迈左脚右脚的问题。对此,莱布尼茨以洛伦佐的名义明确指出:上帝将不会前定你迈左脚右脚。[②] 而这就

① 参阅莱布尼茨:《神正论》,“就恶的起源论上帝的正义与人的自由”,上篇,第30节;下篇,第335节。

② 同上书,“就恶的起源论上帝的正义与人的自由”,下篇,第408节。

意味着一个人出门无论迈左脚或迈右脚都不会与上帝的前定相左。

第三,是其认识论意义。在“论信仰与理性的一致”第2节,莱布尼茨将理性真理(les vérités de la raison)区分为两类:一类叫“永恒真理”(les vérités éternelles),一类叫“实证真理”(les vérités positives)。永恒真理,又被称作“推理真理”,其本身是绝对必然的,其反面不可能,形而上学的或几何学的真理即是这样一类真理。这类真理以矛盾律为基础。实证真理,又被称作“事实真理”。这种真理是偶然的,其反面是可能的,正因为如此,它构成了人类选择的基础和前提。这种真理以充足理由律为基础。我们既可以经由“经验”“后验”地认识实证真理,也可以凭借“适宜性原则”“先验”地认识这类真理。[①] 很显然,与“道德的必然性”学说相关的真理是“实证真理”,而非“永恒真理”。实证真理学说是莱布尼茨道德的必然性学说的一项重要内容。

第四,是其伦理学意义。道德的必然性学说一方面与行为主体的善恶选择有关,另一方面与恶的起源密切相关。在《神正论》中,特别体现道德必然性学说这一维度的有“本性先在性”说和“后件意志”说。本性的先在性一方面昭示了作为行为主体的人的活动的自发性,另一方面又将恶的根源直接抛给了行为主体的先天的不完满性,实在是莱布尼茨处理恶的起源、上帝的善和人的自由的一个重要法宝。莱布尼茨的后件意志说不仅为上帝允许恶的存在提供了说辞,而且也把理性和智慧直接引进了他的道德必然性

① 参阅莱布尼茨:《神正论》,“论信仰与理性的一致”,第2节。

学说和自由学说。

莱布尼茨的“信仰与理性一致”学说，与他的道德的必然性学说一样，也始终贯穿于《神正论》全书。信仰与理性一致是一项古老的哲学原则，莱布尼茨的特殊贡献主要表现在下述几个方面：第一，是强调了理性的独立性。莱布尼茨明确地将理性界定为“那些人的心灵无需借助于信仰之光而能够自然获得的真理之间的联结”。[①] 这就将理性的独立性明白无误地表达出来了。第二，将理性真理二分为“永恒真理”和“实证真理”，这一点已如上述。第三，既然永恒真理是一种绝对必然的真理，其反面不可能，则信仰真理便永远不可能与永恒真理相矛盾。这就是说，信仰可以超乎理性，但永远不可能反乎理性，培尔所谓真理有无可辩驳的异议之说根本不可能成立。第四，无论是理性还是信仰，无论是启示之光还是自然之光，都是上帝的赠品，理性与信仰的矛盾是上帝与上帝的矛盾，是“人类心灵的一种幻觉”。[②] 第五，智慧、善和正义在上帝身上和我们人身上没有两样，其区别“仅仅在于”它们在上帝身上比在我们人身上“无限完满”，从而理性真理或哲学真理不可能反乎启示。[③] 第六，“信仰与理性一致历来都是一个重大问题”。[④] 尽管在这个问题上，无论在哲学家中还是在神学家中一直存在有争论，但西方哲学史和神学史的主流始终主张和强调信仰与理性的一致。

① 参阅莱布尼茨：《神正论》，“论信仰与理性的一致”，第 1 节。
② 同上书，“论信仰与理性的一致”，第 39 节。
③ 同上书，“论信仰与理性的一致”，第 4 节。
④ 同上书，“论信仰与理性的一致”，第 6 节。

四、《神正论》的学术价值

《神正论》问世后，虽然受到普遍关注，享有盛誉，但人们对它却褒贬不一。例如，沃尔夫说莱布尼茨在其中写下了他的“最好的思想”，[①]罗素则声言《神正论》是他的哲学体系中“最糟糕的部分”。因为罗素明确说过：莱布尼茨的“哲学中”，“最好的部分是最抽象的”，“而最糟糕的部分却是那些同人类生活最为密切的内容”。[②] 但毋庸置疑的是，在西方近代哲学史和神学史上，莱布尼茨的《神正论》具有一些无可替代的学术价值。

首先，《神正论》推动和促成了西方自由学说的近代化。诚如著名的英国历史学家和政治思想家J. 阿克顿（J. Acton，1834—1902）在谈到自由问题的极端重要性时所说：“自由是古代历史和现代历史的一个共同的主题，无论哪一个民族、哪一个时代、哪一个宗教、哪一种哲学、哪一种科学都离不开的主题”，[③]自由问题一直是西方哲学史和西方神学史的一个基本话题。例如，在西方哲学和神学史上，亚里士多德、伊壁鸠鲁、卢克莱修、西塞罗、马西昂、卡尔内亚德、奥古斯丁、贝拉基、波爱修、布里丹、托马斯、司各脱、瓦拉和伊拉斯谟等，都对自由问题作过深入思考。但随着近代自

① 黑格尔：《哲学史讲演录》，第4卷，贺麟、王太庆译，商务印书馆1981年版，第166页。

② 罗素：《对莱布尼茨哲学的批评性解释》，段德智、张传有、陈家琪译，陈修斋、段德智校，商务印书馆2000年版，第231页。

③ 阿克顿：《自由与权力》，侯建、范亚峰译，译林出版社2011年版，第273页。

然科学的产生和启蒙运动的开展,人类自由学说逐步陷入了两个极端:一方面随着自然科学的产生,力学方法和数学方法逐步成为支配人类思维的主导方法,在这种情况下,便逐步酝酿、产生和强化了以霍布斯和斯宾诺莎为代表的绝对必然论以及以路德、茨温利和加尔文为代表的“神恩独作论”和“双重预定论”;另一方面随着启蒙运动的深入开展和分化,也逐步滋生了一股以莫利纳、威廉·金所倡导的极端自由思潮,亦即他们所倡导的“中立论”或“绝对无差别说”。培尔所宣扬的便正是这样两种极端思潮。莱布尼茨在批判培尔的观点时批判借鉴了历史上的种种自由理论,提出和阐述了道德必然性学说和自由理论,不仅顺应了时代的需要,使人类自由理论明显具有了近代气息,而且也把历史上的自由理论提升到了新的高度。

其次,《神正论》推动和促成了自然神学的近代化。信仰与理性的关系问题历来是西方哲学和神学的一个重大问题。事实上,在早期和中世纪基督宗教哲学和神学中,就一直存在有极端理智主义和极端信仰主义的争论。例如,在早期教会时期,查士丁与诺斯替派、奥利金与塞尔修斯、德尔图良与马西昂派的争论都涉及理性与信仰的关系问题。其后,虽然基督宗教神学最终确立了较为中道的理性辩护主义立场,但在很长一段时间里,理性或哲学始终没有获得其应有的独立地位,哪怕是一种相对的独立地位,而只能扮演神学“奴婢”的角色。这种情况直到 13 世纪托马斯提出自然神学之后才有了比较明显的变化。与奥古斯丁“抛弃现世哲学”的立场不同,托马斯不仅明确肯认在“信仰真理”之外还另存在有一种“理性真理”,而且还明确指出:即使在信仰真理中也有人的理性所能企及的内容。托马斯强调说，尽管信仰真理中有一些真理，如三位一体的奥秘，是超乎理性的，但也有一些真理，如上帝存在、上帝独一等，也是人的理性所能企及的；此外，对有关上帝属性的信仰真理，人类理性也可以通过类比的方式获得一定的认识。[①] 托马斯的自然神学是门交叉学科：一方面它是"哲学的一个部分"，是宗教哲学，另一方面它是神学，被称作"理性神学"。但至近代，托马斯的自然神学理论受到了两个方面的挑战：一方面是宗教改革运动的挑战，另一方面是自然神论的挑战。宗教改革运动的基本口号是四个唯独，即唯独圣经、唯独恩典、唯独信心和唯独基督，这在事实上即回到了古代贬抑理性的极端信仰主义立场。而自然神论，从赫伯特和洛克到托兰德和廷德尔，不断致力于基督宗教及其神学的理性化，无疑带有古代极端理智主义的倾向。莱布尼茨正是在应对近代这样两种思潮的情况下，提出并论证了他的"信仰与理性一致"学说。莱布尼茨的信仰与理性一致学说，一方面是对托马斯自然神学的继承，另一方面也是对托马斯自然神学的发展和超越。其对托马斯自然神学的发展和超越主要体现在下述三个方面：首先，是莱布尼茨进一步明确强调了理性真理的独立性，强调理性真理根本不依赖信仰真理，从而使理性真理获得了完全的独立性，摆脱了在托马斯那里屈从神学和神学真理的"主妇"地位。其次，莱布尼茨提出并论证了信仰真理虽然可以超乎理性真理但却不能违背理性真理这样一项原理，这对托马斯来说是不可想象

① 参阅段德智：《中世纪哲学研究》，人民出版社 2014 年版，第 3 章第 2 节（"作为神学主妇的哲学"）和第 4 节（"作为哲学一部分的神学"），第 74—84、98—109 页。

的。第三，莱布尼茨断言理性真理不仅包含实证真理，而且还包含永恒真理，这也是托马斯不曾强调过的。所有这些都说明莱布尼茨的“信仰与理性一致”学说将传统自然神学近代化了，构成了自然神学史上一个重要的里程碑。

第三，《神正论》的学术价值不仅在于它推进和促成了人类自由学说和自然神学的近代化，而且还在于它提供了具有划时代意义的一种理论模式。这就是说，无论是莱布尼茨的自由学说还是他的自然神学理论都不仅具有明显的时代性，而且也都具有显而易见的前瞻性和长时段的适用性。例如，他的自由学说由于兼顾了偶然性和必然性以及理性和自发性，从而不仅超越了传统的自由理论，而且至今也是我们思考自由问题的一种不可或缺的尺度，无论对于我们反对极端专制主义还是反对极端自由主义都是一种制胜的利器。再如，他的信仰与理性一致学说或他的自然神学理论由于比较充分地兼顾了信仰和理性，从而不仅超越了托马斯的自然神学，而且至今也是我们处理和正确评价当代宗教哲学和神学理论的一个可资借鉴的精神资源，有望使我们在当代新正统主义和新托马斯主义的争论和冲突中执两用中，取一种既比较积极又比较稳健的学术态度和学术立场。英国莱布尼茨专家罗斯在谈到莱布尼茨哲学的前瞻性时曾经指出：“不在许多方面打上莱布尼茨远远超出其所在时代的思想的烙印相当困难。……一般说来，只有在他的思想被人重新独立发现之后，他的优先权才受到关注。”[①]罗斯举例说，必须在数学家和逻辑学家布尔（George

① G. MacDonald Ross, *Leibniz*, Oxford University Press, 1986, p.114.

Boole，1815—1864）重新发现数理逻辑思想之后，数理逻辑主要创始人弗雷格（Gottlob Frege，1848—1925）和罗素（Bertrand Russell，1872—1970）才认定莱布尼茨此前就有了数理逻辑的思想，并奉他为数理逻辑的先驱。[①] 事实上，不止在数理逻辑方面，即使在自由学说和自然神学理论方面，莱布尼茨也曾经、现在还在而且将来也会不断地被那些既有拓新精神又讲学术诚信的思想家在这样那样的领域内奉为先驱。其所以如此，一方面在于莱布尼茨由于其作为一个形而上学思想家往往使他的实践哲学具有一般学者少有的理论深度从而具有罕见的长效性，另一方面在于他的中庸的治学立场。攻乎异端的极端立场，虽然也能够轰动一时，但毕竟难以产生持久的功效。莱布尼茨的这样一种治学立场和治学功夫乃《神正论》得以具有持久功效的根本保证。那种认为《神正论》只有一定"历史"价值的说辞不仅是一种理论短见，而且也是一种理论偏见，不足为训。

2016年2月9日

于武昌珞珈山南麓

① 参阅罗素：《西方哲学史》下卷，马元德译，商务印书馆1981年版，第119页。罗素说道："他对数理逻辑有研究，其研究成果他当初假使发表了，会重要之至；那么，他就会成为数理逻辑的始祖，而这门科学也就比实际上提早一个半世纪问世。"

目　录

附　录

英译本导论①

一

莱布尼茨首先是一位形而上学家。但这并不意味着他对各门
特殊的科学缺乏兴趣，心不在焉。全然不是这样。他真切地关心
神学争论，他是一位第一流的数学家，他对物理学有开拓性的贡
献，他对道德心理学有现实的关注。但如果不将这些视为整个理
智世界的一个层面或一个部分，他就绝不会将其视为任何特殊探 *1*
究的对象。他孜孜不倦地追求体系，而他借以奋斗的工具乃他的
思辨理性。他以一种极端的形式体现了他那个时代的时代精神。
这与我们时代的时代精神几乎没有什么相似之处。现在，在许多
人看来，现存的形而上学无非是一些依赖于虚假论证的野蛮无理
又毫无意义的论断。时下，一个形而上学教授，如果他致力于搬弄
他的形而上学陈述，他就可以绰绰有余地履行他的教授职责，尽管
这样一种做法只能暴露其无非是一些别的事物的混乱不堪的形
式，从而达到使人们摆脱的目的。形而上学哲学教席已经成了与

① 本英译本译者系 E. M. 哈加德(E. M. Huggard)，编者系奥斯汀·法勒(Austin Farrer)。本导论由英译本编者撰写。(本书以阿拉伯数字标序者系汉译者注，以星号标序者系英译者注。——编者)

热带病教席相类似的东西了:其所教授的并非传播,而是治疗。

相信形而上学的构建已经衰落,并且已经湮没了哲学的历史。
8 思辨时代已经为批判时代所取代。这股潮流虽然再次泛滥,但它却尚未扭转局面。而且,这样一些存活下来的形而上学家几乎不肯冒险,去进一步争论他们技巧的可能性问题。打开一条从当前形而上学地位(如果当前还存在有形而上学的地位的话)通向莱布尼茨形而上学的道路,将是一件令人尴尬的事情。如果我们想要获得一个一致的起始点的话,那就必定是历史的。

莱布尼茨观念的历史重要性,无论如何,是昭然若揭的。即使形而上学的思考是无意义,其对于人类想象的驾驭也必定依然受到承认;如果它像点金术那样是一门空想的科学,那么,它在生成具有重要意义的副产品方面也不是没有一点作用的。而且,如果我们历史地考察莱布尼茨的话,就没有什么比考察他的《神正论》更为合宜的了。之所以如此,主要有两个理由。《神正论》乃莱布尼茨生前出版的唯一一部主要哲学著作,从而也就是他得以形成其直接影响的主要手段。他自己时代的人们所认识的莱布尼茨也就是作为《神正论》作者的莱布尼茨。其次,《神正论》本身在历史资料方面是特别丰富的。它反映了莱布尼茨所认知的人的世界和种种著作的世界;它表达了18世纪初期依然占主导地位的形而上学思辨的神学背景。

莱布尼茨之所以为人们记得,乃是因为他的哲学。他并非一个职业哲学家。他曾被人授予学院的教席,但他却婉拒了。[①] 他

① 例如,阿尔道夫大学不仅于1667年,授予其法学博士学位,而且还表示愿意授予其教授职。

是一位绅士，一个在位的亲王的图书馆馆长，并且常常受委托处理一些比较重要的国家事务。图书馆馆长，在任何重要时刻，都有可能成为政治秘书，为决策做出他自己的贡献。莱布尼茨生命活动的更大部分是为布伦瑞克家族（the House of Brunswick）提供学术的和机要的服务。当这位公爵待他最为亲近的时候，他委托他研究公爵的家族史。如果莱布尼茨在著述方面有什么专业的话，那就是历史，而非哲学。他同他的亲王的关系甚至比约翰·洛克同奥兰治亲王（the Prince of Orange）的关系还要密切。奥兰治家族和布伦瑞克家族，在划分欧洲的主要斗争中，在路易十四与其敌人的战斗中，是站在同一边的。奥兰治亲王取代路易的斯图亚特近亲登上英国王座一事使斗争进入了转折点。莱布尼茨的主人乔治一世继承了同样的王位，并且挫败了斯图亚特后嗣复辟的企图，成了这一运动的继续。洛克跟随奥兰治亲王回到英国，成了当时英国政权的官方思想家。[①] 莱布尼茨希望到乔治一世的英国宫
廷里就职，但他却被不太友善地责令恪守其图书馆馆长职责。因 9
此，他依旧留在汉诺威。那时，他已经成了一位老人。而且，在其时来运转之前，他就离世了。[②]

后人都将洛克和莱布尼茨视为竞争派别的首领，但在政治领

① 1688年11月，流亡荷兰的奥兰治亲王率军回国发动政变，史称“光荣革命”。长期参加辉格党人密谋活动的洛克也于1689年2月，随同奥兰治夫人（此时已成为英王王后）凯旋回国，结束了长达五年的流亡生活。回国后，他接受了上诉法院专员的职务，并成为辉格党重要的理论家，于1690年先后出版了其代表作《政府论》和《人类理智论》。

② 莱布尼茨于1716年11月14日以痛风和结石症病逝于汉诺威寓中，享年70岁。

域，他们却是同一条战壕里的战友。针对路易的政治专制主义和强制的宗教一致化，他们两个都倡导宗教宽容和心灵自由。他们的神学自由主义（theological liberalism），乃政治的审慎和智慧，对于个人真诚的理据来说却没有什么必要。他们太有智慧，而不能以一种偏执应对另一种偏执，或者说，不能以新教的不宽容应对天主教的专制主义。但他们又因对欧洲精神太过同情，而不能回应自由思想，或者对启示真理展开正面攻击。他们采取了一种基本的基督宗教有神论立场，力求建立一种由所有好人参加的公共宗教（the common religion of all good man）。他们拒绝霍布斯和斯宾诺莎的全盘否定的“暴行”。

基督宗教徒应该持守涵盖三条防线的立场。基本的防线是持守基督宗教有神论和基督宗教道德的要旨，而这是藉纯粹理性的力量予以持守的，而根本无需求助于圣经的启示。中间的防线是由圣经的一般意义构成的，它的防御即在于此。“圣经学说虽然可以与纯粹理性的发现相调和，但这却超乎纯粹理性的发现。我们之所以相信圣经，乃是因为圣经得到了对有关其源头境况超自然解释种种标记的确证。我们虽然相信它们，但理性却支配着我们对它们的解释。”还有一条最前沿和最冒险的防线：这就是教会、教派或个人奠立在圣经启示基础之上的特殊立场。一个谨慎的人不会以同等的力量来持守上述各种立场，也不会以同样的执着为它们辩护。他能够对它们做出证明，但却不要求认同它们。

其实，一个人不能不感到这些作家的迅速退却，不仅从最前沿的防线退却到中间防线，而且还会从中间防线本身退却到基本防线。例如，莱布尼茨虽然极其认真和庄重地写下了基督宗教的救赎计划，但这却几乎不能认为他有人类免受地狱之灾的重要意见。这并不是上帝仁慈的干预问题，因为上帝自己唯有藉这样一种干预才能拥有我们：此乃至上的仁慈推行其宇宙政策的一种方式。10
而上帝的这样一种仁慈是藉纯粹的理性认识到的，从而也就远离了基督宗教启示。

在一个具有政治意义的特殊事件上，莱布尼茨的神学态度有别于洛克。他们两个都主张宽容，都主张宗教派别差异的最小化。这在英国是一个相当严肃的问题，但在德国甚至是一个更为严肃的问题。因为德国被划分成天主教和新教；任何有实际效果的宽容都必须包括它们两者。英国的宽容可能满足于无害的天主教少数派，而排斥作为不宽容化身的天主教体制。但这并非大陆的实践的政治学；你必须在同等的基础上宽容天主教，与天主教体制达成协议。莱布尼茨并不想以真正的新教的激情来谴责教皇。表明他的神学原则有助于天主教思想家成为他自己教会的圣师，乃其持之以恒的目标。实际上，在一些问题上，他在天主教信徒那里已经找到了坚定的支持。在另外一些方面，还存在有建立反对加尔文教的天主教—路德教统一战线的迹象。但从整体上看，莱布尼茨的著作让人想到：这些重要决定超越的是所有教会，而非教会之间的关系。

推动莱布尼茨与罗马天主教和解的，不仅有德国的宗教分割，在一定阶段，还有德国新教国家的政治上的羸弱。在路易十四即将取得最高胜利之际，新教的亲王们仅仅寄希望于天主教的奥地利，而奥地利则分心于土耳其所施加的后方的压力。莱布尼茨则希望藉游说一场十字军东征来缓和这一情势。基督宗教的亲王们

难道就不能求同存异,团结一致,共同对付异教徒吗?于是,莱布尼茨与鲍修爱(Bossuet)开展了一场著名的谈判,以寻求天主教—路德教一致的基础。这显然是注定要失败的。这也必定是对它的作者的一种报应。一个新教徒将新教与天主教的差异视为无关紧要,他如何还能成为一个真正的新教徒呢?一个人既然参与了不正当的交易,他如何能够不弄脏自己的手呢?莱布尼茨虽然获得了广泛的称赞,但他却没有获得广泛的信任。作为一位纯粹的政治家,他可以说是有点好高骛远。

11　表明政治家莱布尼茨(Leibniz the politician)与神学家莱布尼茨(Leibniz the theologian)是同一个人,一直是上述各个段落的主题。完全不能断言:他的理性神学(rational theology)只是他的政治的权宜之计。我们可以将他的自然与神恩的前定和谐学说的拙劣模仿应用到他身上。仿佛莱布尼茨身上所发生的一切都是一个自由的政治家,而他的神学则表达了他的政治学。但同样,仿佛莱布尼茨身上所发生的一切,都是一位哲学的神学家,而他的政治学则表达了他的神学。他对天主教思辨的欣赏是自然的和严肃认真的。他的信条的血统应当到托马斯主义(Thomism)和天主教人文主义(Catholic humanism)那里去寻找,也可以同样到任何一个地方去寻找。首先,他自己有一个自由的和颇有雅量的心灵。在他能够看见善的地方欣赏善,在每一种意见中去发现真理的灵魂,都能给他带来快乐。

从莱布尼茨意识到自己是一位独立思想家之日起,他就是一个具有一种学说的人。有时他将他的学说称作“我的原理”,有时他称之为“我的体系”,有时他称之为“前定和谐”。这都能够得到相当简洁的表达。他始终随时准备以扼要的说法惠及他的朋友们，有时是在通信里，有时是在附上的便签里，若干个这样的通信和便签一直流传至今。这一学说，在莱布尼茨看来，可能是非常简单的，但它却适用于人类思辨或探究的每个部门。它提供了一个新的哲学观念的字母表，天上和地上的每一样东西都能够在其中得到表达；不仅能够存在的，而且应当存在的，同时，在设计基本问题的重申方面(in working out restatements of standing problems)也进行了不倦的努力。

作为一个具有思想、拥有哲学秘方的人，莱布尼茨可以比肩于贝克莱主教。莱布尼茨之为莱布尼茨者，与贝克莱之为贝克莱者相比，不会有任何更多的怀疑。但就研究领域的广度而言，他们这两个人则不能相提并论。在许多问题上，贝克莱都未曾在贝克莱化方面操心。他之漫不经心的最令人吃惊的例子是，他要人们确信的是：他的整个学说所指向的这个世界是由神学来决定的。但这是一种什么类型的神学呢？在规划这种神学方面，他几乎不曾迈出最初的一步。他毋宁更乐意持续不断地为他的“存在就是被感知”(esse est percipi)进行辩护，并对之做出解释。莱布尼茨则全然不同。他将他的新的火把带到了每个角落，照亮了一个又一个黑暗的问题。

前定和谐的广泛适用性可能让它的发明者也极度诧异。反思的历史学家会感到没有什么值得诧异的，因为他从一开始就怀疑这些适用性值得指望。当这项新的原理对他闪烁的时候，莱布尼茨究竟想到了什么呢？什么才不是他思考的东西呢？他具有一个多方面的心灵。如果这项原理的根源是复合而成的话，它应用的

多重性也就没有什么值得惊奇的了。莱布尼茨的每个解释者都不希望自己的解释冗长乏味，没完没了，从而必定聚焦于莱布尼茨原理的某一个方面，以及其根源中的某一个源泉。在这里，我们对这个问题所给出的说明，我们相信，将最直接地走进这个问题的核心，但我们却并不因此而自诩对莱布尼茨的思想进程给出了充分的解释。

因此，莱布尼茨，像 17 世纪所有的哲学家一样，依据新的物理科学改革经院哲学。这门科学，就其形式而言，是数学的，就其学说而言，是机械论的，就其证明而言，则是无可争辩和卓有成效的。但它在形而上学方面却相当棘手，它所产生的关于无限和有限实体的学说提供了一系列形而上学的怪物，除非我们将莱布尼茨排除在外。莱布尼茨的体系，如果不是任何别的东西的话，那就是一种独创的奇迹，也有一些时刻我们会面临相信它所带来的风险。

低估经院派亚里士多德主义的韧性，乃 17 世纪思想研究者的一个自然的错误。笛卡尔，众所周知，就是由这样一种思想培养出来的，但在那时，笛卡尔却颠覆了它。而且，笛卡尔完成了他的著作，并且去世的时候，莱布尼茨才刚刚进入了他开始哲学思考的年纪。我们希望看到莱布尼茨站在笛卡尔的肩上开始起步，并且从那里一直向上爬。但我们却大失所望。莱布尼茨本人告诉我们，他是在经院教育中培养出来的。他所了解的笛卡尔的意见是第二手的，而且，是以受到嘲笑的方式零零星星地获得的。他像一个友善的年轻人那样，也赞同他的老师们的意见。

12 他的发展的下一个阶段使他获得了关于笛卡尔著作的直接知识，此外也获得了一些其他近代著作，如原子论者伽森狄的著作的直接知识。他非常喜欢阅读这些著作，因为其中所蕴含的物理学和数学知识非常丰富。在很短的时间里，他就成了一个热情洋溢的近代派。但很快他又感到失望。新的体系并不十分成功，它们甚至也不十分科学。同时，它们向前走得也太远了，使得形而上学悖论远远超出了人们的信任范围。

莱布尼茨对新哲学家们的科学的质疑没有任何秘密可言。如果他谴责了他们，那就是以科学的思想和观察为基础。例如，笛卡 13
尔的运动规律的公式就受到了物理实验的驳斥。而且，如果他的有关物理本性的一般观点也与此密切相关，那么，笛卡尔的哲学就更其糟糕了。但莱布尼茨的更加严格的形而上学质疑究竟来自何处呢？他究竟是从何处学来了揭露新的形而上学家们的不适当性的形而上学适当性的标准呢？他自己的信徒们可能满足于回答说：他是从理性本身学到这种标准的。但这种说法却不可能在我们这里蒙混过关。事实上，莱布尼茨虽然进行推理，但他却不是随便从任何一个地方开始其推理的，也不是从他拥有的他曾经到过的任何一个地方开始其推理的。他的形而上学的理性概念乃他早期经院哲学训练中形成的东西。

存在有一些荒谬的意见，我们相信，我们也曾受到过这样的教育，虽然，当我们提到这个问题时，我们很难点出那个老师的名字。在他们中间，是存在有这样一类东西的。“莱布尼茨博学多闻，是一位富有同情心的思想家。他对于历史比对于他的同代人更有感觉，而且他有一种折中的本能。他深信，他总能从他的每个伟大前辈那里学到一些东西。我们看到他返回历史，从柏拉图或从亚里士多德那里挑选出了运动概念；他甚至在经院哲学那里发现了一

些可用的东西。尤其是，他拣选出了亚里士多德的‘隐德莱希’，填补了他自己时代的哲学的空白。”这一说法所忽略的东西在于，与在他之前的笛卡尔一样，莱布尼茨曾经是一位经院哲学家，一位致力于使经院哲学革命化(to revolutionize scholasticism)的经院哲学家。事实上，“隐德莱希”这个词，虽然是莱布尼茨复兴的一个古董，但其所意指的内容却是当时流行的经院哲学概念中最为人熟知的。“隐德莱希”所意指的是个体事物得以获得整体性或成全的能动原则。经院哲学满足于在“实体形式”或“形式因”的名义下谈论隐德莱希。但对这一观念的经院解释在新科学面前声誉扫地，这一经院哲学的术语也被殃及池鱼，作为一种经院学说，受到质疑。莱布尼茨需要一个术语，它具有更为一般的含义。他想要说的是：“存在有一个 x”，“经院哲学将其界定为实体的形式，但我却要给它下一个新的定义。”隐德莱希就是 x 的有用的名称，一个比在亚里士多德权威以及经院哲学大师那里曾经具有的更加有用的名称。

以隐德莱希的名义，莱布尼茨撑起了经院学说的灵魂，而删除
14 了它的肢体和外在的华饰。他青年时代所学习的实体形式学说其中已经具有了“某种东西”；他不可能再定居在笛卡尔或伽森狄的原则之中了，因为他们两个对于这种至关紧要的“某种东西”都一无所知。既然新科学的要求不允许返回纯粹的经院哲学，发现一种全新的哲学就很有必要了，在这种新的哲学中，隐德莱希与机械论可以并行不悖地安放在一起了。

如果有谁要问 17 世纪的“近代人”是如何命名他最厌恶的“古代”学说的，他最可能回答你的就是“实体形式”。现在，让我们回

想一下在这个名称下人们反对的究竟是什么？他们为何要这样反对这个术语。

中世纪对物理本性的解说一致受到我们可以称之为常识生物 15
学(common-sense biology)的知识的支配。其实，生物学乃一门关于生物的科学，而中世纪学者，与我们一样，赋予所有的物理形体以生命。他们所做的事情，就是把有生命的物体视为典型，以为其他物体都以不完满的形式类似于生物。这样一种研究是一种完全先验推理的方法。因为我们可以指望最充分地认识到：物理存在最接近于我们自己的存在。无论如何，我们是活着的和有生命的。为何我们不能从认识比较充分的东西进展到认识不够充分的东西，从比较近的事物进展到比较遥远的事物，以我们自己的存在准则来解释其他事物，并且允许有必要以某种打折扣的形式来解说它们与我们的相异之处呢？

常识生物学是这样推理的。有生命的物体中存在有安排有序的各部分的一定模式，连续运动的一定节奏，以及特有活动的一定范围。这种模式，这种绝对的解剖学，是基本的；但如果不伴随有心脏的生命节奏、呼吸和消化，便不可能在冷藏设备之外长期继续存在下去。这些如果没有虽然可变却依然保存有其特征的活动的断断续续的支持，也都不可能发挥它们各自的功能：狗不仅呼吸和消化，它们还四处奔跑，猎取它们的食物，寻找它们的伙伴，对猫狂吠等。这种解剖学的模式，生命的节奏，以及各种具有特征的活动，加在一起，便表达了狗性。它们展示了狗的特殊形式。它们展示了它，这种特殊形式所在的东西正是许多中世纪思辨的对象。在这里，这同我们是没有什么关系的。

在肯认和采用了种相形式的同时，常识生物学还需要继续追问：它是如何存在于给定的例证之中的，譬如说，它是如何存在于托比这条狗身上的。在这条狗出生和被思考之前，它的形式或种相是如何展示在它的父母身上的。而现在，狗的这种形式仿佛由于生育行为而同它们分离开来，并且由于它自己的缘故而重新建立了起来。它是如何做到这一步的呢？通过获得一些表达它自身的材料。先是从它母亲的身体上获得这些材料，然后，又从更大的环境收集到这些材料，狗所吃的东西也就变成了这条狗。

那么，所吸收的材料与吸收它们的狗的形式究竟有什么样的关系？在吸收之前，它们原本有它们自己的形式。在这条狗吃掉这只绵羊腿之前，这只绵羊腿具有其在绵羊身体部位所赋予的形式。在这只绵羊身上究竟发生了什么样的事情呢？从羊到狗的变质中没有什么剩余物吗？它丧失掉了所有明显属于羊的一般的特征，但却可能有一些它保留下来的更加基本的材料的特征。它们构成了这只羊的结构的基础，但它们却有继续构成取而代之的这条狗的身体的基础。不管这些特征可能是些什么，我们都将它们称作公共的材料特征（common material characteristics），我们都说它们属于或构成了公共材料本性（common material nature）。

公共材料本性有其自己的存在方式，或许还有其自身的物理活动的原则。我们可以设定：我们或多或少地对它们有所认知。至少我们知道，它能够或是变成羊的身体，或是变成狗的身体。它之为羊肉，或它将始终为羊肉，并非是本质的；它之为狗肉，或它始终为狗肉，也同样不是本质的。它之究竟变成哪一个，这要由形式组织的这个或那个体系来定夺。所以，要去投票的那些投票人，由

于他们的公共本性，便是英国人。他们本质上既非社会党的坏蛋，也非保守党的绵羊，而是内在地能够成为两者，只要他们为党派组织的任何一个体系所捕捉，事情便必然如此。

按照这样一种思维方式，关于公共材料本性与能够捕捉它的最高组织形式的关系便存在有一定的松动。仅仅就其本身来看，它或许应当被视为受到它自己的绝对决定的规律支配。它是重的，因此，除非受到阻碍，它将落下来。但从为更高形式所组织的材料来看，这是不确定的或非决定的。它以绵羊形式一类的某种方式（in one sort of way under the persuasion of the sheep-
form）活动，也以狗的形式一类的某种方式活动，我们不可能说出 16
它将究竟如何活动，除非我们知道究竟何种形式将捕捉到它。即使对公共材料本性投入再大的研究，我们也不能够判断出它将如何在哪一类更高组织形式下运行。发现这一运行方式的唯一路径就是去考察更高的形式本身。

因此，每一种形式，都将实在地成为一门独特科学的对象。羊的形式与狗的形式虽然有许多共同点，但这只是碰巧是这样的。我们不能依赖它，我们不能贸然从羊过渡到狗。我们必须考察它们每一个本身。我们实在需要一门关于羊的实验科学，也需要一门关于狗的养狗学。再者，公共材料本性有其自己存在和活动的原则，因此，它将需要一门关于它自身的科学，我们可以称之为材料学（hylology）。这些科学中，每一门都有她自己领域的女主人。但是，有多少门科学，也就有多少重困惑！只要我们还待在每门单一的科学领域之内，我们就能够严格地思考，每一件事物都是“密封的”。但是，只要我们考察那些存在于一个领域与另一个领域之

间的边界问题，告别精确性：一切都将“宽松散漫”（loose）。我们能够发现材料学，除非我们气得脸色发青而不肯用心彻底思想，但对于材料元素进入比较高级的组织的入口，或当它们存在于高级组织之中时它们如何拥有任何东西，我们却都将永远发现不了。我们可以对狗本身的形式形成完满的定义和说明，却依然没有获得任何规则，说明什么样的物质元素将进入一条给定的狗的身体里，或者当它们进入的时候，它们是如何安置的。我们能够确定的一切仅仅在于：这种狗的形式维持进入的状态，材料因此而得以具体化，除非这条狗死掉。但这条狗身体中的材料所发生的情况对于材料的本性来说是“偶然的”。这种材料的用法，而不是某种别的同样适合的东西的用法，对于这条狗的本性来说，也是偶然的。

对物质事件的任何解说都不可能完全摆脱偶然关系。我们必须至少承认：在特殊的事物中存在有偶然关系。在无理性动物的感觉中，即使上个世纪最严谨和最教条的原子论也都必定承认偶然的事实。原子论必定是在包围着任何给定原子的空间为别的原子以一种给定的方式所占据的意义上允许承认它是偶然的。恰恰那些原子占领那些空间不适合于空间的本性，恰恰分散在那样的空间上面也不适合于原子的本性。而且，这样一来，在一定意义上，任何一个原子的环境便都是一个偶然的环境。这就是说，环境
17 的这样一种特殊安排是偶然的。但环境的本性却根本不可能是偶然的。在一定空间领域，同其他原子交互作用，是原子的本性所固有的。这在比邻并存的空间里，除了它自己的本性外，是不可能遭遇到任何别的本性的。它不可能遭遇到与陌生本性相会的偶然事件，也不可能突然遭遇到交互作用的陌生的或不等的规律。所有

的交互作用，由于与它自己的种类相一致，都是相互的，并且都服从一套单一的可预测的规律。

但中世纪哲学坚持不同种类本性之间的偶然关系，例如，在活着的狗与无生命的物质的形式之间，存在有偶然的关系。没有一 18
个人能够先验地知道偶然的关系会产生什么样的结果，在所有不同成对的本性之间的偶然的关系都是不同的，充其量在它们之间存在有类似性。每一种不同的本性都必定被分别地看到，而且，当你观察到它们全部时，你虽然能够开列出有关它们的一个清单，但你却不能够希望将你的有知识的身体理性化。让我们使领域更窄狭一点，考察这一学说允许我们对某一种树的木材能够知道些什么。我们将从观察它给我们不同感官所造成的印象开始，我们就将会自然地把一种产生这些印象的实体的形式归于它，或许不会如此轻率，以致声称具有关于实体形式为何物的知识。但我们却依然不知道它的物理活动和受动的能力可能是什么东西。我们通过观察将会发现它们处于不同本性的关系之中。木头对火来说是易燃的，对水来说是有抵抗能力的，对木匠的工具来说是易于驾驭的，对他的消化器官来说是不易驾驭的，对鸵鸟来说是无害的，对甲虫来说是有营养的。木头的这些能力中的每一种都是不同的。我们不可能理智地将它们相互关联起来，我们也不可能从设定的基本"木性"中将它们推演出来。

我们现在能够看到为何"实体形式"(substantial forms)是 17 世纪哲学家们的"愚蠢的黑女人"(*bêtes noires*)。这是因为他们将自然转变成了难于掌控的丛林。在这片丛林中，各种树木，各种灌木，以及成千上万的寄生生物疯狂地盘根错节在一起。对于科

学来说，没有任何事情要做，如果科学要继续前进，那就只需要清楚根基，改种一排排整齐的树木：假定一种单一的一致的本性。从而也就存在有一门关于这种本性的单一的科学。现在，无论是关于羊的实验科学还是养狗学，都无望成为普遍的科学，这个世界既不完全是羊，也不完全是狗：它将必定有生物。因为世界，就其空间方面看，全都是物质的。因此，我们说：存在有一种统一的事物的物质本性，而每一件别的事物都在于对这种基本的物质本性的安排。一如塔和山脉在太阳落山时的景象是由蒸汽安排产生出来的那样。因此，让我们假定：物质各个部分的交互作用与我们在无生命的可操纵自如的物体中所看到的全然一样，实际上，也就是与我们以机械论的方式所看到的完全一样。这也就是新哲学家们的假设，这使他们产生各种各样的结论。

这不仅使他们产生了各种各样的结论，而且这也他们得到了高度的满足。但与此同时，对于整个实体形式的哲学得以产生的那些共同经验的显而易见的事实究竟发生了什么呢？有生命事物的整体难道就只是其各个部分通常运作的结果吗？有生命动物的生命与一个在运行的手表的节奏，除了复杂化程度和发明的微妙外，难道就真的毫无二致吗？而且，如果一个动物的身体，譬如说，我自己的身体，仅仅是微小的交互作用的物质单元的聚集，它的整体也只是偶然的和表面的，则我们的有意识的心灵究竟如何与之相适应呢？因为我们的意识看来与过去常常被称作实体形式的整个生命模式是等同的。虽然我们现在说，这一模式完全不是实在的或能动的，而只是不同交互作用的力量纯粹偶然的结果：它没有做任何工作，它没有产生任何影响，没有实施任何控制，它就是无。

那么，它究竟如何能够成为我的有意识的灵魂的容器和工具呢？绝对不能！那么，我的灵魂就真的无家可归了吗？或者，它与我的身体单一原子结构的活动和命运就是一回事吗？它就像动物的发条装置中的一个单一的齿轮吗？如果这样，那会是多么不合理呀！因为灵魂不是作为微小部分的灵魂运行自己，而只能作为整个身体的灵魂运行自己。

这样一些问题在17世纪哲学家的心灵中频频出现。莱布尼茨很快意识到亚里士多德和经院哲学的形式原则必定是千方百计地一而再再而三提起，不是作为令人厌恶的实体的形式，而是在它有望闻起来更加甜蜜的名义下，亦即在隐德莱希的名义下被提起，这是不会让我们感到非常震惊的。

由于笛卡尔所提出的解决方案的不充分性，没有任何事情像新哲学处理有生命的物体所显示出来的困难那样显著。笛卡尔大 19
胆宣布动物生命的统一是纯粹机械的，从而根本否认无理性的动物具有灵魂或任何感觉。他不得不承认人的灵魂，但他却依然否认人的身体的实体的统一性。人的身体就好像是一块表，是堆放在一起的，它是许多个事物，而不是一个东西：如果笛卡尔生活在我们的时代，他就会乐意用人的身体同电话系统做比较，各种神经占据着各种电线的地位，而且，各种神经是这样安排的，以致“动物精神”的所有流动都流经它们汇合到一个单一的单元上，这个单元即一个腺体，此乃大脑的整个基础。在这个单元中，或对它的所有运动的聚合中，这种统一性事实上构成了身体。而这个灵魂因此便道成肉身，不是存在于肢体的多数之中（因为它如何能够既是一个，又存在于许多个事物之中呢？），而是存在于一个单一的腺

里面。

即使这样，存在于灵魂与这个腺体之间的关系还是绝对不可理解的。这一点，笛卡尔为了消解人们的敌意，也是承认的。道成肉身在旧的哲学中倒是非常合适的：假如承认道成肉身，那些允许物理世界不同本性交互作用的人，在有关的特殊例证方面就发现不了任何特殊的困难。意识生命的形式为何同无生命的物质就不应当如此相互作用，以至于可以存在于它的中间呢？但这种新哲学的原理本身并不允许独立本性之间的交互作用，因为这样一种交互作用不允许有精确的表达，它是一种“松散的”而非“紧密的”关系。

从一种纯粹的实践观点看，对松果腺理论的大肆嘲笑是有益的。如果我们要想将笛卡尔视为一个想要使这个世界对物理科学安全的人，那对他的这个学说就会有许多话要说。在旧哲学中，精确科学一直受到整个自然领域松散关系的阻挠。笛卡尔在许多领域清除了它们，以便使科学在那时能够呈现研究的姿态。他只允许一种这样的关系继续存在，一种经验看来准确无误地强加给我们的关系，一种存在于我们的心灵与其肉体容器之间的关系。他将精神从自然的其余部分驱除出去；而且，虽然在这里仍然存在有不能够驱除的精神，但这位哲学魔术师却对它划出了边界，使它的莫名其妙的恶作剧局限于非常狭窄的魔术圈子里。心灵所做的一切就是在动物电话系统的中心转动一个很小的开关。它创造不出
20 任何能量，它只能够使现实流动的电流改变方向。

尽管实际上可能这样，但思辨地看，这却是最令人不安的。因为如果这种“松散的关系”必须在一个例证上予以承认，那它就原

则地得到了承认。况且,一个人也不能够摆脱怀疑,它也会出现在
别处,而且,从每一个别的领域对它的驱逐,代表的是一种方便的 21
实际的假设,而非一种坚实的形而上学真理。再者,单一的灵魂与单一的腺的相互关系对于机械论哲学可能是正当的,但这对于灵魂的自我意识来说,却不正当。灵魂的意识是整个身体生命的"观念"或"表现",确实并非松果腺生命的"观念"或"表现",就像当今时代,那些未经反思的人在谈到大脑时所说的那样。我对我的大脑并没有意识,除非当我头痛时才是如此。意识存在于我的眼睛之中和指尖之上等地方。毫无疑问,意识存在于我的指尖之上,或者属于我的指尖,如果没有我的大脑的作用,是不可能的,这种情况从物理学上看是真的;但将意识定位在大脑之中,其理据却是贫乏的。电灯泡的细丝离开了发电机的功能便不会发亮。但若说灯丝的发亮存在于发电机之中,其理据就贫乏了。

我们心灵中的表象领域确实并不简单地等同于我们身体的领域。但就心理表象部分的界限总是伴随着身体的界限而言,它们并不矛盾并且依靠松果腺,它们可以扩展,达到整个周围世界。心灵并不只是表现它自己的身体,就这个世界影响身体或在其中物理地再生而言,它也表现这个世界。心灵同这个松果腺是不存在任何可以观察到的自然关系的。它只具有两种自然关系:作为整体对于它的身体,以及对它所影响的环境。笛卡尔实际上所做的工作就是设定:灵魂相关于松果腺,从而事实上相关于它的整个身体;因此,它之相关于人的肢体,从而事实上也就相关于外部环境。人的肢体成了一种内在环境,仅仅就其影响松果腺而言才被认知,正如外在的环境反过来只是就它之影响肢体而言才被认知一样。

这样一种双重环境的学说完全是武断的。它是由于机械科学的需要而强加给笛卡尔的:如果肢体仅仅是一种复多的事物,它们就必定实在地构成环境的各个部分;而灵魂居住于其中的身体就必定是一种物体;由此推测出松果腺。这确实是在承认和否认灵魂道成肉身之间的一种站不住脚的折中。

那么,应当做些什么呢?笛卡尔的对手和继承者尝试了几种解决方案,这些方案由于过于冗长而不可能在这里予以考察。这些方案都不能使莱布尼茨感到满意,而且它们确实也同样不能使后人感到满意。在这里,我们考察一下莱布尼茨的所作所为也就足够了。莱布尼茨允许从心理学事实(the psychological fact)开始。意识的统一性即是对复多的一种表象,即是对肢体复多的一种表象,从而,是通过肢体而达到对世界复多事物的一种表象。而这也就是新哲学用以调和实体的统一性与各个部分机械的复多性的原则本身。因为意识以一种表象的统一性聚焦了周围事物的复多性,这对于我们是直接明显的。这并非任何一种哲学理论,而是一个简单的事实。因此,我们的身体,作为一个物理系统,是一种机械的复多;它由于聚焦于意识之中,而成为一种"观念"的统一性。

这一切都很好,但我们尚未走得更远。因为旧的困难毕竟依然存在,它纯粹是武断的,统一的意识应当附着于并且表象着碰巧以一种模式发生相互作用的事物的集合。如果有一种意识附着于人的身体,那么,为什么不是钟表装置的体系呢?如果身体被表象为统一性,那就必定因为它是统一的,就像旧的哲学所主张的那样。但我们如何能够在不重新引进实体形式,并且不破坏新科学所要求的机械复多性的情况下,重新将统一性引进身体之中呢?

正是由于这一点,莱布尼茨提出了他的系统的思辨的假设。为何不将这种关系颠倒过来,使肢体像心灵表象肢体那样表象心灵呢?因为如是,心灵中所表象的人的统一性就将在肢体中也成为某种现实的东西。

表象在常识看来,就像是交通中的一条单行道一样。如果我的心灵表象我的肢体,一些事物就会对我的心灵发生,因为在这种状态下,它就成了这些肢体的表象。但它们在心灵中如此之表象,却并没有任何事情对肢体发生。心理的表象服从身体的事实。而身体的事实却并不服从心理的表象。说我的肢体之所以服从我的心灵,乃是因为它们在心灵里得到了反映,这似乎是无意义的。而且,我的肢体也并不服从我的心灵,至少常识是这样假定的。有时,我的心灵表象的不是我的肢体所处的那种状态,而是它们打算将要进入的状态,例如,我的手将参加写这些字的运动。而且,我的手也服从了。它的活动也就成了我的思想的图解,而我的思想也在手的活动中得到了表象或表达。在这里,心灵与肢体的关系看起来是颠倒的:不是心灵表象它们,而是它们表象心灵。由于这种表象,它就成了与它过去所是的东西的对立面。藉肢体在心灵 22
中的被表象,一些事物便对心灵发生了,但却没有任何事物对肢体发生。藉心灵在肢体中之被表象,一些事物也碰巧对肢体发生了,但却没有任何事物对心灵发生。

我们为何不应当严肃认真地对待这样一种现象呢?为何不允许存在有双向的交通(two-way traffic)呢?为何不允许通过一种关系,心灵表象肢体,通过另一种关系,肢体又表象心灵呢?其次,

我们能够如何严肃地对待它呢？因为表象，就其基本的意义而言，是一种心理活动。无理性的物质不可能表象任何东西，只有心灵才能够表象。但肢体却是无理性的物质。既然如此，它们还存在吗？我们又如何认识它们呢？所谓无理性的物质，我们将其理解为有广延的各种块状的材料，它们机械地相互作用，例如，就像两个齿轮在一个机械装置中相互作用一样。但这是一种宽泛的观
23 点。这些齿轮本身又包含着相互关联的各个部分，而各个部分又包含着相互关联的其他部分，如此等等，以至无限。有谁能够知道其终极要素真正是些什么东西呢？“近代”哲学家们确实并没有对这些问题提出过任何一个哪怕是看起来讲得通的假设。他们假设：那些看起来惰性的团块，齿轮，都是由其本身同样惰性的各个部分组合而成的，而且，通过分割，我们除惰性的东西外，依然得不到任何别的东西。但这样一种假设显然与物理理论所要求的东西相矛盾。在物理学中，我们不得不承认力的实在性。然而，大块物体展现出来的这种力，可以容易地成为它们微小的实在成分中活动的一组作用(the block-effect)。如果事情不是这样，它们又来自何处呢？因此，让我们假定：这些微小的实在的要素因它们是活着的从而是能动的，因为它们是心灵。因为实际上，除去我们所具有的关于我们自己的知觉外，我们没有任何关于活动的概念。除去任何心理的东西外，我们没有关于它的任何一个概念。根据活动物体的要素也是心理的这样一个假设，对我们活动概念的这样一种限定，是既不会使我们悲伤，也不会使我们吃惊的。

组成物体的心灵构件(the mind-units)，当然将不能发展成为像你的或我的心灵那样具有充分意识的心灵，而这仅仅是因为我

们找不到一个更合适的词,我们才将它们称作心灵的。它们将只是关于它们物质环境的无自我意识的表象,因为它从它们所属的物理的观点由完全不注意他自己的视觉活动的人的心灵所看见。在我们的身体中,究竟将存在有多少个这样基本的“心灵”呢?你说有多少就有多少,应当有多少它就可能有多少,可以说有无数个,并且都与之相关。

我们现在可以看到这一假设是如何引进实在的形式的统一性而没有损害机械的复多性。我们身体中的每一个心灵单元无论就其自身还是就其实体而言都是独特的。但既然每一个都以它自己的方式并且按照它自己的位置表象我们称之为“我”的更为高级和更为发展的心灵,它们就将按照公共形式(a common form)规范它们自己。这种秩序是实在的,而非偶然的。它就像阅兵场上的部队一样。每一个人都是一个不同的活动单元,但每一个都藉他自己的活动实在地表达这个指挥官的心灵。他在表达他同行列中的其他人的关系的同时,也同样在表达着服从指挥官,服从其关于保持与其他人步调一致的命令。所以,身体的形而上学的单元,由于全都是心灵,便既表象主导单子,又相互表象:它们相互之间是并列的,对主导单子则是从属的。

但如果身体的这种形而上学实在的单元属于心灵的本性,那么,这个心灵便是诸心灵之中的一个心灵,便是诸精神原子之中的一个精神原子。那么,究竟是什么东西构成了它的优越性或主导性,并且使之成为一个卓越的心灵呢?是什么使这位指挥官成为一个指挥官呢?有两个东西:一个是更加发展的心智,一个是接受服从的事实。在军事生活中,这两个因素并不总是相互之间完全

成比例的，但在莱布尼茨的宇宙秩序中，它们却是如此。一种表象宇宙的更加充分的能力必定是与对由众多成员组成的有组织的部队的指导结合在一起的。因为心灵只是就宇宙在它的身体中受到
24 表达才认识这宇宙的。这也就是心灵的有限性所意指的东西。只有那个无限的心灵才能够在事物的自身之中鉴赏事物的整个复多性。而有限的心灵则只是就它们在由众多成员组成的有组织的物体的物理存在得到反映才知觉到它们的。这面镜子越是充分，其表象也就越是充分：物体组织起来的层次越高，心灵的发展也就越充分。

发展了的心灵具有一个精心制作的身体；但最不发展的心灵也依然具有某个身体，或者说，它将缺乏任何一种借以表象整个世界的镜子。实际上，这意味着莱布尼茨的体系并非一种全然精神的原子主义。因为虽然这种精神原子或单子，是组成世界的终极元素，但它们从一开始就以一种不可能断裂的最低限度的等级组合到了一起。每个单子，如果它是任何一件事物的话，它就必须是对整个宇宙的一种连续有限的表象，它就必须具有一个身体，也就是说，它就必须有别的单子与它建立一种持续不断的相互通讯的关系。而且，如果你对莱布尼茨说，“但是任何物质物体都确实能够破裂，而这必定意味着在它的单子构成要素之间的有机关系的瓦解”，他就会在无穷小中寻求庇护。新的奇迹，显微镜，所显示出来的奇妙，使人想到空间本身的内在可分性昭示出来的东西——无论什么样的组织都会断裂，在尚未断裂的每一个片段之内依然存在有微小的组织，如此下去，直至无限。你将永远处理不到松散的单子，完全没有组织的单子。你将永远不可能使单子脱离身体，

从而消除其表象能力；你将只能够削弱它们的身体，以改进它们的表象能力。在这个意义上，既没有动物死亡，也没有动物产生。死亡乃某种现存单子的身体的减弱，产生乃某种现存单子的身体的丰富；而这也就是单子心理生命的丰富与减弱。[①]

“但是”，我们的常识却抗议说：“使事物的实在的本性完全不同于感觉和科学构造的模样，也太容易使我们上当受骗了。如果实在的宇宙确实如你所说，为何我们的心灵不如它们所是地将它们表象给我们呢？”哲学家们的回答是：“因为它们表象它。按照事物的实际面貌，每一个单子都只是它自己的心理生活，它自己的世界观，它自己的思想和欲望。要如其所是地认识事物就要同时仿 25
佛是从内部，借助于同情的奇迹，来回忆无限数目的不同单子的历史档案。这是绝对不可能的。我们的感觉表象的是大量单子的共存的家族，从而是约定俗成的。实际上，各种单子在一个有序的体系里相互表象的东西都被表象为在空间上有广延的各个物质部分的机械的相互作用。”这并不意味着科学遭到了颠覆。这种物理的世界观虽然恪守的是表象的惯例，但尽管如此，它却并非幻觉。从观念上看，它能够被造得与它能够存在一样是真的。根本不存在将表面物理世界的“有良好基础的表象”与梦境和幻觉的离奇的表象混为一谈的任何理由。

至此，这一证明似乎已经从表象概念的简单性和自然性得出了一些有说服力的结论。观念的本性，被假设成，就是去以一种统一的观点来表象复多。如果观念不能够表象，则它就不复是观念。

① 参阅莱布尼茨：《单子论》，第71—73节。

而且，既然存在有观念（因为我们的心灵至少存在，并且是由观念构成的），也就存在有表象。表象适合于观念，而且既然整个世界现在也还被解释为一个相互表象的观念化体系，或一个观念者，则它们所有的相互关系就完全自然地是一种不可能不是它现在这个样子的一致的和谐。但如是，为何莱布尼茨要坚持说和谐是由上帝的特殊的和无限详尽的命令前定的呢？

莱布尼茨自己说表象的本性排除相互作用。一个心灵，表象环境，并不对环境做任何事情。这是显而易见的。但同样明白的是：环境也不对表象做任何事情。表象活动只是一种心灵活动。无疑，它虽然是在环境的观察中表象的，但却不处于环境的因果影响之下。表象是心灵为了它自己的好处而实施的一种事情，而且，它也是凭借它的天赋的表象能力而实施这样一件事情的。

这样一种考察虽然很好，但这样一来不就实在地将我们驱赶进神学中了吗？莱布尼茨在未完全陈述出来的选项（incompletely stated alternatives）中，不就成了大家熟知的谬论的受害人了吗？“或者有限的存在者相互作用，或者它们并不直接互为条件。单子并不相互作用，所以，它们并不直接互为条件。那么，我们在不诉诸上帝的预先规定的情况下，该如何解释它们表象的相互一致呢？”这似乎就足以在证明的一开始就引进一个更进一步的选
26 项，从而使我们摆脱神学。事物可以以更进一步的事物的活动为条件，而无需作用于后者。它是自行活动的，但它却是由于它们所是的东西而活动的。由此，我们可以得出结论说：莱布尼茨引进了救急神（*Deus ex machina*）这一他那个时代的制胜法宝。“在对戏剧角色稍加进一步默思便可以提供自然结局（a natural

dénouement)的地方,他便通过从天花板上垂吊下来的丝线用上帝来干预场景。在不诉诸舞台机械的情况下,我们是容易重构他设计这一场景的目的的。”

事情真的是这样吗?不!我担心它不是这样。前定和谐实在
是不可避免的。而且,如果我们将我们的反思再向前推进一步,我
们就将发现事情就是这样的。我们可以说,观念表象环境是自然
而然的。实际上,这就是对环境的表象。如果不将任何一个环境 27
赋予表象活动,这样的表象便是空的,它就只是一种表象能力。因
此,每一个观念或观念者,仅仅就它自身而言,只是一种空洞的能
力。但每一个环境又是由什么东西构造起来的呢?按照莱布尼茨
的理论,是由观念或观念者构造出来的,因此,也就是由空洞的能
力构造出来的。因此,任何一个观念便将既不是任何事物本身,在
其表象的邻居中,也找不到任何事物。不幸的困境在于:在文学派
系(a literary clique)里,所有的成员在讨论彼此的观念时都是内
行,不幸的是他们中没有一个能够提供出任何东西;虚构的爱尔兰
乡村的不可靠的经济状况称,爱尔兰乡下人都是靠彼此给人家洗
衣服为生的。

因此,设想表象简单地进入存在以对应于环境,使它们模仿环境,是没有什么用处的。它们必定全都相互反映环境,或者它们全都不是表象。但它们也必定作为它们自己并且按照它们自己的资格存在,或者将没有任何环境为它们相互表象而存在。既然这个世界是无限多样的,每一个表象者都必定有它自己的不同的特性或本性,就像我们的心灵那样:也就是说,它必须以它自己的个体的方式进行表象;而且,所有这些没完没了的各种不同的表象都必

定如此组织，以致能够形成一个相互反映的和谐。每一个单子，在作为表象考察之后，其存在也就简单地按照它自己的方式反映世界。但在作为以其他事物表象的某种事物考察之后，它就是自我存在的心理生活，或者是诸观念的世界。然而，当我们考察这个表象事实时，被表象的事物便首先到来，而表象则接踵而至。于是，在考察莱布尼茨的世界时，我们必须从自我存在的心理生活开始，从观念的世界开始。它们之间的相互表象是随后到来的。因此，并非任何别的事物，只有全能的创造的智慧才能够在这么多不同的给定的心理世界事先建立起构成它们相互表象的和谐。

我们常识的多元思考往往逃避前定和谐而需要区分我们之所是与我们之所为。让这个世界由诸多活动主体以一种“松散的”秩序构建起来，具有可操作的空间，使它们得以相互适应。然后，通过好的运气或好的管理，通过摩擦和灾难，通过试验和犯错，通过机遇或发明，它们就可以实现它们自己的活动的和谐。在这里，根本无需上帝的事先安排。但按照莱布尼茨的观点，单子所做的事情就是去表象，而它们所是的东西也就是表象。在它们之所是与它们之所为之间不存在任何根本的区别：它们所做的全都属于它们所是的东西。每个单子中的整个活动体系，以一种无限的复杂性适合于每一个其他单子中的那个活动的体系，精确地说就是那个单子的存在，离开了这个体系，这个单子也就不复存在了。这些单子并非获得了一种和谐，它们就是一种和谐，从而它们的和谐是前定的。

莱布尼茨否认他祈求上帝干预自然，或者说，他否认他的物理神学(physical theology)中存在有任何武断的或人为的东西。他只是单纯地分析自然，发现它是一个相互表象的体系；他在分析相互的表象，发现它本性上是内在地前定的，从而，是依赖上帝的。他并没有将任何东西添加到相互的表象上面，他只是表明它必然包含或蕴含的东西。至少他并没有做出任何比公认的经院哲学家的实践更糟糕的事情。经院哲学的亚里士多德主义把所有的自然因果性解释成对激发（stimulus）的回应，从而便必定假设一种无需受到激发便实施激发的激发，而这样一种激发即是上帝。离开了这一至上的和最初的激发，便没有任何东西是在事实上运动着的。这种亚里士多德主义者只是宣称，他们是在按照他们感知到的分析物理运动的本性，以发现持久实施的其中固有的上帝激发的必要性。因此，并没有对这一物理运动的体系强制地做任何事情，也没有将任何东西从外部来修补它；它只是发现它，就它自己的本性而论，是依赖上帝的。

“救急神”这样一种责备性说法似乎更应当用来言说偶因论而非亚里士多德或莱布尼茨的体系所具有的应急手段的性质。偶因论（occasionalism）引进上帝乃是为了使上帝能够使物理的材料做出一些依照其自然倾向做不出来的事情，也就是去执行有限心灵的意志。另一方面，观念有一种相互表象的自然倾向，因为成为一个观念，也就是成为一个表象。上帝并不是由莱布尼茨引进来使它们一致的。上帝之所以被引进来，乃是为了制造一个体系，使得 28
它们在其中得以一致。这不可能是救急神哲学（Deus-ex-machina philosophy），而是一种物理神学。也就是说，它将上帝的活动视为一起构成自然体系工作的诸多因素中的一个因素。这看来或许是不科学的，确实有点亵渎神灵：上帝的活动不可能是诸多因素中

的一个因素。造物主是同等地通过所有受造物的活动而工作的，而且也是同等地在所有受造物的活动中工作的。我们永远不可能说："这个是受造物，那个是上帝"，自然世界中存在有这样一种可区分的因果关系。受造物，就其受造的活动而言，是自足的。但由于受造物，就它自身而言，则完全不是自足的，无论在其存在方面，还是在其活动方面，都是要靠造物主来维系的。

有神论唯一可接受的证明是那种与宗教意识相一致，并且建立在有限存在完全不自足的基础之上的证明。凡由我们对有限事物世界说明中所存在的特殊豁口所提供出来的有关上帝存在的证
29 明，都是要被抛弃的。它们表明的并非上帝，而是我们分析世界秩序的能力的缺失。当莱布尼茨发现他的相互表象的体系需要前定时，当他看到他已经走进死胡同时，便转身退回来了。他不应当说："借助于上帝，我们将翻过这道墙。"

如果我们因莱布尼茨写作了物理神学而谴责他，则我们就不应当谴责他，而应当谴责他的时代。那个时代的任何一种实践都不比这有任何优越性，其中有许多还糟得多，一如莱布尼茨有点洋洋自得地指出的那样。而且，由于他是通过物理神学达到神学的，这并不意味着，他的整个神学都是物理神学，其本身是一气呵成的。正相反，莱布尼茨被引导到费尽心机、反复斟酌许多围绕着基督宗教类型的哲学有神论提出的难题。在《神正论》中尤其如此，它对神学家的许多引证都表明了这一点。他的讨论从来都不缺乏独创性、创造的体系和深谋远虑，所有这些都使得这部著作内蕴了许多既光彩夺目又宁静如水的词句，给这部理性时代的最好著作增光添彩。

每个有神论哲学家都必定小心谨慎地藉人类心灵的类比来设想上帝。当莱布尼茨断言单子的和谐是上帝前定的时候,他是在祈求人类理智的事先安排的形象。他并不满足于就此止步:他尽可能努力设想上帝事先安排这类活动。而这就涉及莱布尼茨的人的心灵学说为了适应神学目的而实施的具体改造。

人的心灵,一如我们已经看到的,是那种在一定心灵体系中,亦即在那些构成人类身体的各种肢体的体系中,占主导地位的心灵。如果我们称之为主导的,我们所意指的是,这一心灵的观念体系比它们的观念体系有更其充分的发展,以至于所存在的其中每一个与它相一致的点都要多于其中它与它们中的任何一个都相一致的点。关于上帝前定的心灵的概念将是类比的。它将是那个对其观念绝对主导的心灵的概念,也就是说,整个体系虽然绝对一致,但在他这一方却根本无需任何交互的联系。在一定意义上,这就是使上帝成为"世界心灵"(Mind of the World)。然而,世界心灵这个短语很容易将人引入歧途,它容易使人想到:这个世界是一个肌体或一个身体,上帝的心灵在这里道成肉身,他的表象依赖于它。但这是没有任何意义的。这个世界并不是一个身体,它对上帝也不是有机的。绝对的主导涉及绝对的超越:如果世界上的任何事物在没有其余事物的情况下只是绝对服从上帝的思想,那也只不过是世界乃上帝的受造物的另外一种说法而已。整个体系也就是由作为绝对存在和完全独立于世界的上帝前定的。

关于创造或前定,我们没有更多的话要说:我们不能将它视为任何别的东西,而只能视之为隶属主导单子的纯粹的或绝对的例证。进一步追问上帝的思想在事物的存在和活动中如何得到服从

是没有任何用处的。我们能够而且必须进一步探究如此受到服从
30 的上帝思想的本性。它们必定被理解为意志或命令。实际上存在有事物借以服从上帝思想的两种方式，相应地也就存在有它们服从的两类上帝的思想。就受造的事物与纯粹普遍的理性原则相一致而言，它们服从的是作为上帝心灵本身固有特征的合理性。如果上帝意欲任何一个受造物存在，则受造物的存在就必定遵守永恒理性所规定的范围：例如，它不可能同时在同一个意义上既具有又缺乏一定的特征；它也不可能包含两个部分，而两个部分也不能算作一个部分或三个部分。有限的事物，如果它们确实存在，就必须与作为上帝本性的合理性相一致，但上帝的合理性所规定的东西都必须是高度普遍：我们只能够由此推演出有限事物必须服从的一定的规律，我们永远不可能从中推演出有限事物存在与否的结论，实际上也不可能从中推演出存在有任何东西。有限事物总是特殊的和个别的。它们中的每一个都可能是别的东西而不是它现在的样子，或者更确切地说，可能存在的不是它们中的任何一个，而是某个别的事物。按照永恒理性的纯粹原则，这是同等可能的。但如是，则整个世界，既然它是由那些其中每一个事物都可能是另外一个样子的事物所构成，则它在整体上，就可能是另外一个样子。所以，它因存在而服从的上帝的思想便具有选择的或命令的本性。

有限心灵究竟能够提供出什么样的材料以构成作出抉择或下达命令的无限心灵的类比的画面呢？如果我们运用关于上帝的这样一些语言，我们也就是在运用那种第一次并且自然地运用到我们自己身上的语言。我们每个人都在选择，我们都有权威下达命

令。什么是选择？这涉及心灵中的一种实在的自由。有限的心灵，让我们回忆一下，不是别的，无非是知觉、观念或表象的自我运作的连续性。对于我们的一些观念，如那些将我们的身体表象给我们的观念，并没有任何自由。我们将它们设想为在构成我们的给定的实体。对于我们来说，它们是纯粹的材料，从而是我们环境的反映。它们构成了一种完全密封的和混乱的团块；它们在其存在中持续不断地具有一种倔强的难以控制的力，我们在对事物的物理解释中必须承认的力的一种精神配对物。既然是一种实在的精神的力，它就是准意志的，从而实际上，我们能不爱我们自己的存在，在一定意义上，会意欲它完全处于其必然的环境之中吗？但如果我们能够说是去意欲成为我们自己，并且能够以与生俱来的力为我们的身体和造成我们的身体的环境颁布律令，我们也就是在意欲与我们存在的条件保持一致。我们并没有制造任何选择。 31
然而，当我们在自由思想，或者实施深思熟虑的活动时，则在我们的活动中就不仅存在有力，而且还存在有选择。那么，我们是在什么之间进行选择呢？在我们的生存处境中涌现出来的诸多可能性之间进行选择。而我们是凭借什么进行选择的呢？我们凭借的是那种似乎更好一些的选项所推动的诉求。

我们能够使我们的选择筹划与上帝创造命令的描述相一致吗？我们先从选择问题的第二点开始：我们的选择凭借的是对似乎最好的东西的诉求。无疑，将这一点应用到上帝身上的必要的矫正就是省略掉“似乎”这个词。上帝是凭借对绝对最好的诉求进行选择的。另一点会引起更大的麻烦。我们是在我们在现存世界体系的处境对我们展现的诸多可能性中进行选择的。但既然这个

世界在上帝创造性选择做出之前并不存在，他就不会处于任何一种世界处境之中，从而也就不可能从中产生出任何一种可供选择的可能性，使他必须在它们之间进行选择。但如果上帝在某种内在的可能性之间进行选择，他的选择对于我们来说就成了某种绝对没有任何意义的东西了，这根本不是一种选择，它是一种武断的完全不可理解的命令。

莱布尼茨的解决方案如下：对于我们来说，纯粹思想可能的东西对于上帝来说，则是活动的可能性。对于人类主体来说，活动的可能性局限于由他的现实处境产生出来的东西，但思想的可能性确实是不受此限制的。我能够设想一个世界在许多方面都不同于现在这个世界。例如，在我设想的世界里，各种蔬菜都是以思想和语言加以赠送的；但我却对这个世界的产生做不了任何事情。我的想象世界虽然实际上是不可能的，但在思想上却是可能的，在它与任何一条必然的和不可改变的理性原则都不相矛盾的意义上是可能的。实际上，我也只能探究纯粹思辨可能性领域的一个很小的方面。上帝并不探究它，他只是单纯地具有它。因为整个可能领域都只不过是他的无限心灵的内容的一部分。因此，在所有可能的受造物中，他挑选出最好的，并将其创造出来。

但整个可能的领域就是观念的一种现实的无限性。在对观念的无限性的考察中，上帝如何能够进行选择呢？他为何不呢？无疑，他的心灵并不是推论的；他并不是连续不断地翻看样本世界无限大书的书页，因为如果这样，他就将永远翻不到它的最后一页。
32 既然在他的心灵的单一活动中即包含了无限的可能性，他就将他的意志以一种直觉的直接性放到了最好的世界上了。低级的世界,怪异的世界,荒谬的世界,都不是他不辞辛苦地穿越的荒地,他是从这里直接转过去的;他的智慧就在于他对它的淘汰。

但在这样将选择筹划应用到上帝的行为上时,我们不是也并
非无效地将其应用到我们自己的行为上了吗?因为如果上帝已经
选择了世界的整个形式和结构,则他便选择了世界中的每一件事
物,其中也就包括了我们将要做出的各种选择。而且,如果我们的
选择已经是上帝为我们做出过的选择,那就似乎会得出如下的结
论:它们完全不是向我们开放的实在的选择,而是一种前定。而 33
且,如果它们是前定的话,则它们似乎就不是完全实在的选择,因
为一种被决定了的选择也就不复是一种选择了。但如果我们自己
在任何意义上都没有实施实在的选择,则我们对于任何选择为何
物将一无所知:如是,我们就没有任何能力来设想上帝的选择;整
个证明也就自取灭亡了。

有两条可能的路线,可以摆脱这样的困境。其一就是在允许前定又不停止选择的意义上对人类的选择加以界定。而这正是莱布尼茨的方法。这一方法在《神正论》中得到了详尽的研究。他确实要尽其可能选择那最好的,而他所批评的他的任何一个同代人的观点似乎都是从一个立场上来回答他的。可供选择的方法就是使大多数否定的因素包含在整个神学之中。毕竟,我们不可能肯定地和充分地理解无限创造意志的本性。或许,能够藉自由的工具正确无误地工作正是上帝自由的超越的荣光。但这样一种悖论性的奥秘却并非我们能够从一位 17 世纪后期哲学家那里可以期待得到的一类东西。

我们不可避免地要对莱布尼茨的证明作出批评。当他说由对

一个提议的一个占压倒优势的倾向所决定的唯一选项只是一种纯粹随意的选择时，他就使他自己太轻易地赢得了胜利。存在有一种选择，莱布尼茨从来没有详尽地考察过，至少看来完全没有进入他的研究范围之内，这就是在艺术创造中所实施的那样一类选择。在这样的选择中，我们自由地感到在追求一种设计的造型，但我们并不是单纯地在两种合适的和给定的设计之间进行仲裁。而且，或许这样一些元素会进入我们所有的选择之中，因为我们的生命在一定程度上是由我们自己设计的。如果事情是这样的话，我们的心灵甚至比莱布尼茨所认识到的更加类似于上帝的心灵。因为我们现在提到的这类选择似乎就是对具有较小吸引力可能性范围之无限性或至少是不确定性的一种直觉上的厌恶。而这也正是上帝创造性选择的本性。这样一条思辨路线的结论将会是：上帝心灵比莱布尼茨更多地通过我们，而较少单纯为我们设计："我们进入的"和谐不再单纯是"前定"的。实际上，莱布尼茨不可能与这样一种建议有任何关系，而且他似乎已经发现如果他的同代人提出了这样的建议，那对它来说是容易具有讽刺意味的。

二

莱布尼茨写过两本书，在学术杂志上发表了大量的论文，还写过数目惊人的笔记、论文和书信。后者被保存在汉诺威选侯的档案室里，之所以如此，并不是因为它们中的一些具有哲学意义，而是因为它们中的多数具有政治意义。从这些大量的文献中，各种不同的哲学同行的摘录已经由莱布尼茨著作的编辑者连续不断地编辑出版了。对他的心灵的最深刻的理解虽然都是从这样一些片段中开掘出来的，但如果我们希望考察莱布尼茨的公众的和社会的影响，我们就必须将它们放到一边。

在这两部著作中，一部是公开发表的，另一部则是他在世时从未公开发表的。《人类理智新论》一直存放在莱布尼茨的书桌里，《神正论》则公开出版。这样，莱布尼茨，无论是对于他的同代人，还是随后的一代人，都是以《神正论》作者的身份为人所知的。

杂志上发表的论文构成了这本书的直接背景。1696 年，莱布尼茨听说：洛克《人类理智论》的法文译本准备在阿姆斯特丹出版。他为洛克的这一大部头著作写了两则较为客气的评论，并将它们付诸发表。他也将文章寄给了洛克，希望洛克予以答复，然后可以把莱布尼茨的反思和洛克的答复附在计划中的《人类理智论》法文版的后面。但洛克对莱布尼茨的评论置之不理。莱布尼茨，并未因此而泄气，开始着手写作《人类理智新论》，在这部著作中，洛克这本书的要旨以对话的形式得到了系统的讨论。《人类理智新论》写于 1703 年。但与此同时，在莱布尼茨与洛克的信徒和牛顿之间爆发了令人不快的辩论。在这场辩论中，这位英国人，或许还有牛顿本人，饱受责备，而莱布尼茨则认为在这种情势下出版他的著作是不太礼貌的。这部著作在他去世后很久，在那个世纪的中叶才公之于世。

同洛克的讨论是一次失败：洛克并没有响应，而且，在这个论战中，那本得以系统化的书也并未出版。在另一方面，同培尔(Bayle)的讨论，却成了讨论的样板。培尔劲头十足，百战不倦，但却令人尴尬地不够深刻。他只提供了对于得出富于启发性的阐释

最有用的反对意见；在哲学对话中，他实际上只是一个虚构的角色。而且，在争论中被系统化了的这本书适时而极其堂皇地出版了。

下面就是这场争论的历史。1695 年，莱布尼茨 49 岁。他刚刚摆脱了他的亲王命令的一段繁忙的工作，他认为尝试着将他的形而上学原理应用到上流社会，看看究竟会产生什么结果，是合适的。于是，他在《学者杂志》(*Journal des Savants*)上发表了一篇论文，题目是："论实体的本性和交通的新系统，兼论灵魂和形体之间的联系"。同一年，傅歇(Foucher)在该杂志上也发表了一篇论文，同莱布尼茨进行论战。第二年，莱布尼茨以《新系统的说明》答复傅歇。在同一年，莱布尼茨的《新系统的第二个说明》发表在巴纳日(Basnage)的《学者著作史》(*Historie des Ouvrage des Savantes*)上，以答复编者的反思。皮埃尔·培尔先生在他的《历史与批判辞典》第一版中，[1]在他的"罗拉留"(Rorarius)条插进了莱布尼茨学说的注解之前，手头已经有了所有这些文章。罗拉留和莱布尼茨之间的关联点仅仅在于他们两个都主张无理性动物具有
34 灵魂的观点。

皮埃尔·培尔是一位加尔文教牧师的儿子，早年曾皈依天主教，但不久又恢复了他的旧信仰。他在瑞士和荷兰曾担任过学术职务。他推动并编辑了《文坛共和国新闻》(*Nouvelles de la Républque des Lettres*)，并且由此产生了他的杰出著作《历史与批判辞典》。其中所包含的对作者和思想家们的评论虽然篇幅不大，

---

[1] 培尔的《历史与批判辞典》第 1 版于 1696 年出版。

但却倾注了他的哲学反思。对任何一种意见，他都能写出一些充满睿智的讨论。他不能够容忍的是被迫对这个或那个作家的不同观点进行调和。他的心灵并非那种系统化的心灵。就其所具有的 35
哲学意见看，他是一个笛卡尔主义者。在神学方面，他是一个正统的加尔文派。他无法调和他的神学与他的笛卡尔主义，他也不打算去做这样的调和。他以制造了信仰与理性以及理性与理性自身之间的对立而居功自夸，以致他完全听命于做一个值得称赞的和自愿的信仰者。

其实这一立场并没有任何原创的东西。此乃式微的经院哲学的特征。这与路德关于堕落的人的理性的微弱的夸大之词相一致，而帕斯卡尔(Pascal)已经对此表现了高度的人格扭曲。培尔作为伏尔泰怀疑主义的先驱受到了欢呼。更确切地说，伏尔泰这个怀疑论者能够在他自己的意义上阅读培尔的讨论，如果他希望的话，他也能够为了他自己的目的阅读培尔的讨论。但培尔并不是一个怀疑论者。很难说他是个什么。他的整个立场由于摇摆于信仰和理性之间，是一种毫无希望的混乱。他是一位学者，一个才子，和一个非常便利的哲学陪练，以致如果我们缺乏其历史实在性的证据的话，我们便可以猜想，是莱布尼茨发明了他。

在《历史与批判辞典》第一版中，在“罗拉留”条下，培尔对莱布尼茨的动物灵魂学说给了相当公正的说明，这个说明是从莱布尼茨 1695 年 6 月 27 日发表在《学者杂志》上的那篇文章收集到的。那时，培尔是以下述措辞着手评论的：

“在莱布尼茨先生的假设中，存在有一些容易产生某些困难的东西，尽管它们在很大程度上展现了他的天赋。例如，他会说，一条狗的灵魂会不依赖于外在的物体而活动；它将因一种相关于它自己的完满的自发性而自立，然而却与外在的事物具有一种完满的一致性……这是由它的原初的构造，也就是说，是由从它创造之时起就赋予它的表象构造（能够表象与它的器官相关的外在于它自身的存在者）所产生的它的内在的知觉，并且形成它的个体特性（《学者杂志》1695 年 7 月 4 日）。由此便可以得出结论说：它将在这样那样一个时刻会感到饿和渴，尽管世界上并没有一个身体，尽管除了上帝和那个灵魂外没有任何一个身体存在。他在 1696 年 2 月发表在《学者著作史》的论文中以两个完全一致的钟摆来解释他的思想：也就是说，他假设按照放进灵魂里面的活动的特殊规律，它必定在这样一个时刻感到饿；而按照指导这一物质运动的特
36 殊规律，与这个灵魂联系在一起的这个身体便必定在同一个时刻作出调整，就像当灵魂饿时它作出调整一样。我更乐意这样一个体系是一个偶因论的体系，除非这位博学的作者将他的体系完善化。我不能够理解造成这样一种结果的内在的和自发的活动的联系，致使一条狗的灵魂在其感到快乐之后马上又感到痛苦，尽管它是单独地存在于世界之上的。在我看来，一条狗之所以这样立即从快乐转向痛苦，那是因为在它饿时吃了一块面包，而就在这时，它又突然遭到了棒打。但让我理解不了的是，它的灵魂在它吃面包的时候，它也竟会感到疼痛，尽管它并没有遭受到棒打，尽管它可能还在持续地吃面包，而不曾遇到任何麻烦或障碍。我也看不出这个灵魂的自发性何以始终与痛苦的感觉，并且一般地与任何不快的知觉相一致。

"此外，这位博学的人为何不喜欢笛卡尔体系的理由在我看来

似乎是一个错误的假定。因为偶因论的体系在身体与灵魂的相互依赖中是不可能引进上帝作为救急神、作为一种奇迹(同上文)实现出来的:因为既然上帝仅仅按照一般规律进行干预,他就不能被说成是按照超常的方式来活动。但莱布尼茨所说的物体形式交通的那种内在的和能动的能力就真的能够认识它所产生的活动链条吗?绝对不可能!因为我们凭经验知道,我们对一个小时之后我们是否会有如此这般的知觉是一无所知的。因此,这些形式在产生它们活动的过程中,是受到某种内在原则指导的。但这就是救急神,差不多也就是偶因论体系中的东西。总而言之,正如他以充分的理由所假设的:所有的灵魂都是单纯的和不可分的,它们何以能够与一个钟摆相比较,也就是说,通过它们的原初构造,它们何以能够通过运用它们的造主赋予它们的自发活动而使它们的运作多样化,是不可理解的。可以明确设想的是:一个单纯的存在,如果没有受到任何一个外因的阻碍,它就会始终按照始终如一的方式活动。如果它是由若干个部分组成的,像一台机器那样,它就会以不同的方式活动,因为每个部分的特殊活动在每一个瞬间都可
能改变其他部分的进程;但你何以能够在简单实体中发现运作改 37
变的原因呢?”

莱布尼茨1698年7月在《学者著作史》上发表文章答复培尔。在涉及培尔的所有行文中,他都特别客气,但却同样回敬了培尔。下面是他的答复的主要论点:

第一,关于那条狗的例证:

首先,既然留给它自己的每一件事物都持续存在于其现在所处的状态,它是如何改变其情感的呢?这是因为这种状态可能是

一种变化的状态，就像在一个运动的物体中，除非受到障碍，它将继续运动一样。而这也正是单纯实体的本性——它们持续不断地有规则地发展变化。

其次，既然莱布尼茨说每个实体的活动都仿佛是除上帝和它自身外没有任何事物存在而发生的，如果狗没有挨打，它怎么可能实在地感到好像挨打了呢？莱布尼茨答复说：他的言论涉及的是一个活动背后的因果关系，而不是这一活动的理由。这条狗的自发活动，导致它感到痛，只是注定成为它现在之所是，这是因为这条狗只是相互反映的实体世界的一个部分，而这个世界也包括这条打狗棒。

最后，这条狗何以会自发地不快呢？莱布尼茨区分了自发与自愿：许多事情自行地在心灵里发生，但却不是它选择的。

第二，关于笛卡尔主义与奇迹：

偶因论形式中的笛卡尔主义确实包含有奇迹，因为虽然上帝被它说成是按照身体与心灵相互一致的规律而活动，但它却因此而使它们超越其自然能力而活动。

第三，关于单纯事物何以能够不统一地活动这个难题：

莱布尼茨作出区分：一些统一活动是无变化的，但一些则不是。一个点统一运动形成一个抛物线，因为它不断地实现着这条曲线的准则。但它的运动却不是无变化的，因为这条曲线也在不断地变化。这也就是单纯实体活动的不统一性。

培尔读到这个答复，虽然高兴，但并不满足。在《历史与批判辞典》第二版中，在同一个“罗拉留”条目下，他补充了下述注释：

“我首先声明，我很高兴，我对这位伟大哲学家的体系提出了一些小的困难，既然它们引起了某种回应，这个问题在我看来就更加清楚了，而且对于那些受到赞赏的多数东西，我也得到了一个更为明确的概念。现在我认识到：新体系，作为一种重要的胜利，将扩大哲学的边界。我们曾经只有两个假设：经院派的假设和笛卡尔派的假设：其中一个是身体影响灵魂和灵魂影响身体的方法，另一个则是协助或偶因的方法。但这里有了新的收获，一个新的假设，我们可以如神父拉弥（Fr. Lami）那样，称之为前定和谐（pre- 38
established harmony）的方法。我们应当为此而感谢莱布尼茨先生，设想任何事物都能将万物造主的能力和智慧的更为高尚的观念赋予我们是不可能的。这，连同其对所有奇迹行为的所有概念的摒弃的优越性，如果我能设想出前定和谐方法的任何一种可能性的话，都将使我更喜欢这个新的系统，而不是笛卡尔派的系统。

“我希望读者注意，虽然我承认这样一种方法消除了关于奇迹行为的所有概念，但我却没有因此取消我此前说过的话，偶因论体系确实并没有引进上帝的奇迹活动。（参阅莱布尼茨先生1698年7月发表在《学者著作史》上的论文。）我现在一如既往地信服一个活动，除非上帝作为一般规律的例外产生了它，就不能被说成是奇迹；而且，上帝按照那些规律直接为其造主的每一件事物都是区别于严格意义上的奇迹的。为了尽可能避免在许多事物上产生争论，我赞成这样一种说法，这就是：消除包括奇迹在内的所有概念的最确实可靠的方法就是去假定：所有受造的实体都是自然结果的能动的和直接的原因。因此，我将把对莱布尼茨答复的那个部分的可能答复的东西撇在一边。

“我也将略去那些对他的意见并不比对某些其他哲学家的意

39 见更相矛盾的反对意见。因此，我将不会针对受造物能够从上帝那里获得推动自身的能力的假设提出可能遇到的种种困难。这些反对意见是强有力的，是无法回答的，但莱布尼茨先生的体系并不比亚里士多德派更多地敞向它们。我也不知道笛卡尔派是否会设定说：上帝不可能传达给我们的灵魂一种活动能力。如果他们这样说的话，他们又如何承认亚当犯罪呢？而且，如果他们没有这样说过，他们因此也就削弱了他们极力主张物质不可能有任何活动能力的证明。我也不能相信：在使他们免遭破坏人类自由的命定的机械论指控方面，莱布尼茨先生比笛卡尔派或其他哲学家会遇到更多的困难。如果对此不加考虑的话，我就将只对前定和谐体系的一些特殊问题谈一下自己的看法。

"第一，我的第一印象是：它提出了上帝的技艺超越能够设想的任何事物的能力和智慧。设想自己有一条船，它没有任何感觉和知识，也不受任何一个受造的或非受造的存在者所指导，但却有一种自我推动的能力，它如此地合乎时宜，以致它始终能够得到方便的风，能够避免潮流和礁石，在它应该抛锚的时候它就抛锚，当它需要退进海港时，它就精确地退进海港。假设这样一艘船以这样一种方式连续在海上航行了若干年，始终能够按照气流的不同变化和海洋及大陆的不同状况，而转向并且定位于它应该转向和定位的地方。你就应该承认：上帝，尽管其能力是无限的，但他却不能够将这样一种能力传达给一艘船；你毋宁说：一艘船的这样一种本性是不可能从上帝那里领受到的。然而，莱布尼茨先生却假设人体这台机器比所有这一切都更加值得赞赏，更加令人惊奇。现在，让我们将莱布尼茨先生关于灵魂与身体相结合的这个体系应用到尤里乌斯·凯撒(Julius Caesar)身上看看情况到底怎样。

"第二，按照这个体系，我们必须说：尤里乌斯·凯撒从其出生到其死亡确实是如此实施他的运动功能的，他经历了持续不断的变化，最精确地对应于某个灵魂的持续不断的变化，但这个灵魂却并不知道，也没有对它产生任何影响。我们必须说，凯撒的身体的功能实施这样一些活动所遵循的规则是这样的：他在这样一天和这样一个时辰去元老院，在那儿他讲了如此这般的一番话，尽管上帝想要在其被创造出来之后的第二天就消灭掉他的灵魂。我们必须说，这种运动能力确实按照那个雄心勃勃的人的意志和思想改变和修订了它自身，而且，它也精确地按照这样一种方式而不是另外一种方式受到了影响，因为凯撒的灵魂从一种思想过渡到另一种思想。一种盲目的能力难道真的能够凭借此前三十年或四十年传达给他而且从未更新过的印象，如此精确地更改它自身，而又听其自便，对其所作所为毫无知觉吗？这岂不是比我在前面讲到的航海更加离奇、更加不可理解了吗？

"第三，如果考虑到人的机器包含着几乎无限个器官，它持续 40
不断地显示出四周物体的打击，* 因无以计数的各式各样的震动在其中产生了千万种改变，这种困难就会更大了。设想这样一种前定和谐永远不会无序，在一个人的最长生命期间一直这样继续

* "按照莱布尼茨先生的意见，每个实体中能动的东西都应当被还原成一个真正的单元。因此，既然每个人的身体都是由若干个实体组合而成的，其中的每一个都应该具有实在地区别于其他身体中的每一个的原则的活动原则。他将使每个活动的原则都是自发的。然而，这必定使结果无限地多样化，并且使它们混乱不堪。因为相邻物体的影响必定将某种约束加到它们中每一个的自然的自发性之上。"——英译者注

下去，尽管这么多器官有无限多的相互活动，有无限的细胞环绕在所有各边，有时热有时冷，有时干燥有时潮湿，但却始终活动着，以千百万不同的方式刺痛这神经，这如何可能呢？假定器官和外在活动主体的复多是人体中几乎无限变化的必要的工具：则这种多样性不就需要一种精确性吗？难道它就永远不会干扰那些变化与灵魂变化的一致性吗？这似乎是完全不可能的。

“第四，为了主张无理性的动物只是一台机器，求助于上帝的能力是枉费心机的；但若说上帝能够使机器设计得如此巧妙，以至于人的声音、一个对象的反射的光等，在必要的时候即精确地打击它们，使它们得以以一种给定的方式运动，这也同样是枉费心机。这样一种假设，除一些笛卡尔主义者外，也遭到每个人的反对。但如果将这延伸到人的身上，也没有一个笛卡尔主义者会承认。也
41 就是说，如果任何一个人主张上帝能够形成这样的身体，他能够机械地做我们所看到的其他人所做的无论什么事情。既然否认这一点，我们便不会佯装去限制上帝的能力和知识：我们的意思只是说，事物的本性并不允许赋予受造物的那种能力不应当必然地限制在一定的边界之内。受造物的活动必定与它们的本质状态相称，而且按照属于每台机器的特性实现出来。因为按照哲学家们的公理，凡接受过来的东西都是与接受它的主体的能力相称的。因此，我们可以反对莱布尼茨先生的假设，认为那是不可能的，因为它会比笛卡尔派的假设滋生出更大的困难，笛卡尔派使无理性的动物成为一台纯粹的机器。它主张在两个存在者之间存在有恒久的和谐，而这两个存在者却不相互作用。如果仆人们只是一台机器，他们又都应当及时地服从主人的命令，那就不能够说：他们

是在他们的主人没有对他们进行实在活动的情况下，按照主人的命令做事情的。因为他们的主人将要说话，做手势，这些都将实在地震动和推动仆人的器官。

“第五，现在让我们来考察一下尤里乌斯·凯撒的灵魂，我们将会发现，事情将更加不可能。他的灵魂存在于这个世界上，并没有显示出对任何精神的影响。它从上帝那里接受的能力只是一种它在每一个瞬间所产生的种种活动的原则：如果那些活动相互不同，这并不是因为它们中的一些是由一些对其他活动的产生不起作用的动力的联合影响产生出来的。因为人的灵魂是单纯的、个体的和非物质的。莱布尼茨承认这一点。而如果他不承认的话，情况就会完全相反，他就应当与大多数哲学家和我们时代大多数卓越的形而上学家（例如洛克）一起假设：一个以一定方式安排和置放的各种物质部分的组合物，是能够思想的，他的假设看来建立在那种绝对不可能的基础之上，我能够以多种其他的方式驳斥它。既然他承认灵魂的非物质性，并且承认我们的灵魂是建立在非物质性的基础之上的，我对他的驳斥，也就无需赘述了。

“让我们回到尤里乌斯·凯撒的灵魂这个问题上，称之为一个非物质的自动机（莱布尼茨先生自己的用语），并将之与伊壁鸠鲁的原子做一番比较。我这里意指的是那种四周为真空所包围的原子，从而它将永远不会与任何一个别的原子相遇。下面就是我们对它们的比较：一方面，这个原子具有自我运动的自然能力，无需任何一个别的原子便可以实施运动，而且也不会受到任何事物的阻碍或障碍。另一方面，凯撒的灵魂则是一种领受到产生思想功 42
能的精神，在不受到任何别的精神或任何一个物体影响的情况下，

便可以产生思想。他既无需得到无论什么样的事物的帮助，也无需得到无论什么样的事物的阻碍。如果你咨询一下公共概念和秩序的观念，你就会发现这个原则将永远不会停止，如果它在此前已经处于运动状态，它在现在时刻以及随后到来的所有时刻，便都将处于运动状态，而且它还将始终按照同一种方式运动。这就是莱布尼茨先生提出的那项公理的推论：既然一件事物在其存在的时候并不总是保持同一个状态，除非它从某个别的事物领受到别的改变……我们便可以得出结论说，不仅一个处于静止状态的物体将始终处于静止状态，而且一个处于运动状态的物体也将始终保持着那种运动或变化，也就是说，始终保持着同样的速度和同样的方向，除非有某件事物碰巧阻碍了它。（莱布尼茨先生，同上文。）

“每一个人都能清楚地看到：这个原子，不管它是如德谟克利特和伊壁鸠鲁所主张的，藉一种内在的力量而运动，还是由一种从造物主那里领受过来的力量所推动，都将始终同样地按照同一条路线，并且按照同一种方式运动，而不会转回来。伊壁鸠鲁发明了倾斜运动时，曾经受到了嘲笑。这是一项无用的假设，一项他为了走出命定必然性迷宫而多此一举的假设；然而，对于他的体系的这一新的部分，他却给不出任何理由。这与我们心灵中最清楚明白的概念是不一致的。因为一个在两天时间做直线运动的单子不可能在第三天早上翻转回来，除非它遇到了某个障碍，或者一个心灵突然让路，或者在那个时刻它开始包含了一种跳跃。这些理由中的第一个在真空中是不可能得到承认的。这些理由中的第二个是不可能的。因为原子并没有思想能力。这些理由中的第三个在一个作为完满统一体的微粒中也同样不可能。我们必须使所有这些都具有某种用处。

“第六，凯撒的灵魂，作为一种存在，具有严格意义上的统一性。产生思想的功能是其本性的一种属性（莱布尼茨先生是这么看的），它是从上帝那里领受过来的，无论是其具有这种功能还是实施这种功能都是如此。如果它产生的第一个思想是一种快乐的感觉，则第二个感觉何以不为快乐的感觉便没有任何理由。因为当一个结果的整个原因保持不变的时候，其结果便不可能改变。然而，这个灵魂，在其存在的第二个瞬间，却并没有领受到一种新的思想官能。它只是保存了它在第一个瞬间曾经有过的那种官能，而且，它在第二个瞬间也和在第一个瞬间一样独立于任何别的 43
原因的集合。因此，在第二个瞬间，它必定再次产生出与此前一样的思想。如果反对这样的观点，认为它应当处于变化状态，而且，在我所假设过的情况下，它不会处于这样一种状态。我则会回答说：它的变化将会与原子的变化相似。因为一个沿着同一条路线持续运动的原子，在每一个时刻都需要一个新的位置，但这个位置却和此前的位置相似。因此，一个灵魂，如果它只产生与此前一样的新的思想，它就可能继续处于一种变化的状态。

“但倘若假设它并未局限于这样一种狭隘的范围之内，那至少必须承认它之从一种思想转变成另一种思想内蕴着某种密切相关的理由。如果我假设说，在某一个时刻，凯撒的灵魂看见了一棵长着树叶、开着鲜花的树，我便能够设想：它不会马上意欲看到一棵只有树叶的树和只开着鲜花的树，从而它将连续地由彼此作用产生出若干形象。但我们却不可能设想思想的奇特变化，相互之间没有任何亲密关系，反而甚至具有相互矛盾的关系，这在人们的心

灵中都是共同的。我们不可能理解上帝如何能够把我将要去说的事情的原则置放进尤里乌斯·凯撒的灵魂之中。当他正在吸奶的时候，他不止一次地受到针扎。因此，如果考虑到我在这里正在考察的假设，他的灵魂在其具有牛奶甜香快感（这是它在两三秒的时间内享受到的）之后，必定立即自行产生出痛苦的感觉。在没有领受到自己准备变化，在其实体中也没有任何新的改变的情况下，究竟是由于什么样的动力才决定它停止了快乐的感觉而突然产生了痛苦的感觉呢？如果你浏览一下罗马帝国的历史，其中每一页都能向你提供材料，成为比这更有说服力的反对意见。

“第七，如果假设人的灵魂不是一个精神，而毋宁是许多个精神，其中每一个都有自己的功能，按照人的身体需要所造成的变化精确地开始和结束。由于这样一种假设，它就应当说成是：一些事物类似于大量的轮子和弹簧，或一些发酵的材料，按照我们机器的变化进行配置，唤醒每个精神的活动，或是使这些活动暂时处于休眠状态。但这样一来，人的灵魂就将不再是一个单一的实体，而成了一堆存在者，成了一堆实体，与所有物质存在者毫无二致。但在
44 这里，我们所考察的却是单一的存在者，它有时自行产生出快乐，有时又产生出痛苦，它不是许多存在者，其中一个产生希望，而另一个则产生绝望等。

“在这些观察中，我只是阐明了和展开了莱布尼茨先生给我带来荣誉的那些东西，现在我将对他的答复做一些进一步的反思。

“第八，他说道（同上，第 332 页）：在这个动物身上所发生的在一瞬间从快乐到痛苦的变化的规律，连续性的消解是在他的身体之中造出来的。因为那个动物的不可分的实体的规律就是去表现

在它的身体如我们所经验到的所发生的事情，甚至以某种方式并且就那个身体来表象在世界上所发生的无论什么事情。这些话很好地解释了这一体系的基础。它们似乎可以说是它的一个展开和关键所在。但在同时，它们又是那些认为这一体系不可能的人们的反对意见所针对的事物本身。莱布尼茨先生所讲到的这个规律假设了上帝的命令，表明了这个体系中有与偶因论体系相一致的东西。这两个体系相一致的东西在于：存在有一些规律，按照这些规律，人的灵魂就是去表象那些在人的身体中所做的一如我们所经验到的事情。但在这条规律实施的方式方面，它们却不一致。笛卡尔派说，是上帝实施了它们；莱布尼茨先生却主张是灵魂本身实施了它们。然而，不管上帝的能力和知识多么无限，他都不可能用一台缺少一定部件的机器干出需要这样一些部件集合在一起方能干出的事情。他必须弥补这样一种缺陷。但这样一来，这种结果就是由他产生出来的，而不是由这台机器产生出来的。我将表明：灵魂并非我们所说的上帝规律所必不可少的工具，为了把这一点讲清楚，我将打一个比方。

“你自己设想一个上帝所创造的动物，由上帝设计成不停地唱歌。它将始终唱歌，这是最确定的。但如果上帝将他设计成一个乐谱(tablature)，他就必定以这样一种方式或者被摆在他的眼前，
或者被印在他的记忆中，或者被放置在他的肌肉里，这就是：按照 45
机械规律，某个确定的音符将始终完全依据这个乐谱的顺序紧接着另一个音符到来。如果没有这一点，我们就理解不了，这个动物何以能够始终遵循上帝所制定的这一整套音符。现在，我们将这个道理用到人的灵魂上面。莱布尼茨先生认为，它不仅领受了连

续不断地产生思想的能力，而且还领受了那种追随一系列思想的能力，以此来回应在人体这台机器中所发生的连续变化。这一系列思想就像是为前面提到的那个不断唱歌的动物所提供的乐谱。难道这个灵魂能够在不知道这一系列音符的情况下，在每一个时刻按照这一系列思想而改变它的知觉或作出调整，并且实际地思考这些音符吗？但经验却告诉我们，它对此一无所知。在缺乏这样一种知识的情况下，在这灵魂中存在有一套特殊的工具，其中每一个都是这样那样思想的必然原因，这一点至少不是必然的吧?! 按照在身体变化与灵魂的思想之间前定的一致，它们绝对不是这样置放或安排，致使一个接一个精确地运作的吧！但最确定无疑的是：一个非物质的单纯的和不可分的实体是不可能由无以计数的特殊要素组合而成的，这些要素按照乐谱的秩序一个接一个安排在一起。因此，人的灵魂要实施这样一条规律是不可能的。

"莱布尼茨假设：这个灵魂虽然不能清楚明白地认知它的未来的知觉，但它却能混乱地知觉到它们，而且在每个实体中，都存在有已经发生过的或将要发生的无论什么样的事物的踪迹。但无限多的知觉妨碍我们清楚明白地区别它们。每一个实体的现在状态都是它的此前状态的一个自然的后果。这个灵魂，虽然从来都不是如此简单的，但却始终在一个时间里有一个由许多知觉组合而成的观点：这就回应了我们的看法，虽然它是由许多部件组合而成的，但却像一台机器一样。因为每一个此前的知觉对于按照秩序的规律随后到来的知觉都有影响，因为这条规律既存在于运动之中，也存在于知觉之中……那些在同一个时刻一起存在于同一个灵魂之中的知觉，包含着无限数量的微小的不可区别的将会显现出来的观点，随着时间的推移，由它产生出无限多样的东西，就不足为奇了。这只不过是灵魂表象本性的结果而已，而灵魂的表象本性，也就是因世界所有部分的联系和一致，来表象其身体中正在发生的和将要发生的事物。对此，我只打算简单地答复一下：我看到，这一假设，当其充分明确地阐述清楚时，就是解决所有困难的正确方式。莱布尼茨先生，以其伟大天赋的洞察力，已经很好地设想了这一反对意见的范围和力量，以及应当用来消解主要麻烦的补救措施。我只是怀疑他能否消除他的体系中的粗糙部分，教授给我们一些关于精神本性的更为卓越的东西。没有任何一个人比他在理智世界里能够更有成效和更加安全地畅游。我希望：他的精细的解释将会消除我迄今为止在他的体系中所发现的所有不可能的东西，从而不仅无懈可击地消除掉拉弥神父的困难，也无懈可击地消除掉我的困难。正是这些希望使得我在前面称他的这个体系
系应当被视为一项重要的征服和胜利(an important conquest)， 46
因此，我的这句话绝非出自对这位博学者的曲意逢迎。

“他将不会因此而面临太大的困境，也就是说，按照笛卡尔派的假设，精神与身体一致只存在有一条普遍的规律，但他却主张：上帝将一条特殊的规律赋予了每一个精神。由此便似乎导致这样一个结论，这就是：每个精神的初始构成都特别地不同于所有其他的精神。托马斯派不是也说过，在天使的本性中，存在有多少个个体也就存在有多少个种相吗？”

在进一步的答复中，莱布尼茨也承认培尔的注释，这个答复仿佛是为了发表而写作的。这个答复虽然是致培尔的通信，但实际

上却没有发表。其日期为1702年。我们在普通的莱布尼茨哲学著作集中都能够找到。它差不多勾勒了《神正论》的一个梗概。

莱布尼茨所发挥的主要点按照他的说法，在于丰富每个“单纯实体”中所发现的应当发现的内容。它的单纯性更像是上帝存在
47 的无限丰富的单纯性，而不像伊壁鸠鲁的原子的单纯性，这是培尔乐意对它们做的一种比较。在对整个宇宙的混乱观念中内蕴着一种高度浓缩：其本质在于从这一部分所限定的开端出发，在总体和谐中扮演自己的角色。

至于乐谱（“tablature of notes”），是个体灵魂为了扮演其在普遍和谐中所规定的角色所需要加以演奏的，它在现存的每个时刻里，都能够在混乱的或含蓄的观念中发现，据此，一个全能的观察者便始终能够推断出接着发生的事情。对于“受造的灵魂并非全知的观察者，如果它读不懂乐谱，这种乐谱对它就是无用的”这条反对意见，莱布尼茨肯定地回答说：很大的自发性的活动都是由主体的尚未知觉到的理性产生出来的，一旦我们注意到了相关的事实，我们就会完全意识到这一点。他声称他在做的一切就是将这样一种观察概括化。无论什么样的事件都是由单子“对乐谱的解释”产生出来的，但这种“解释”却极少存在于最微小的意识之中。

莱布尼茨从在“罗拉留”词条下对他自己学说的评论到对培尔《辞典》的其他条目，已经触及到了恶的起源问题，以及《神正论》中得到更加充分论述的其他问题。

在同一年，莱布尼茨给培尔本人写了一封非常友善的信，对所争论的各点做了进一步的解释。他以一段具有私人兴趣的段落，

将他自己这位历史学家—哲学家与培尔这位哲学辞典的编撰者做了一番比较，以这种方式展示了他对哲学、科学和历史的态度：

“我们有充分的理由来赞赏先生，你对哲学最深层的问题进行了惊人的反思，这种反思并没有因为您的无边无际的研究受到阻碍，这是一个无可否认的事实。我也不总是能够婉言拒绝这样一类讨论，我甚至曾经不得不下降到宗谱问题上，这甚至是一件更加琐碎的事情，如果国家的利益不经常依赖于此的话，我是不会这样做的。我已经就其支持和鼓励这些国家的角度，为德意志的历史做了许多工作，这项研究已经为我提供了属于一般历史层面的许多观察。所以，我已经懂得不能否认那些纯粹事实的知识。但如果要我来选择的话，我倒是更喜欢研究自然的历史，而不是政治的历史，更喜欢研究上帝在自然中已经建立起来的惯例和规律，而非那些在人类中所观察到的东西。”

莱布尼茨现在产生了一个想法，这就是：将培尔著作中使他感兴趣的所有段落都收集到一起，然后对它们做出系统的回答。在他有闲暇完成这项任务之前，培尔辞世了。[①] 尽管如此，这一工作还是于1710年在《神正论》中以论文集的形式公之于世了。

① 培尔于1706年去世，享年59岁。

前　言

众所周知，一般来说，人们为了表达他们的宗教总是要借助于一些外在的形式：坚实的虔诚，①也就是说，灵光和美德从来都不曾构成这许多形式的组成部分。这是不足为怪的，因为再没有什么东西比这同人性的弱点更加契合一致。外在的东西总是给我们留下极其深刻的印象，而若要把捉事物的内在本质，则需要只有很少一些人才适合从事的思考。一如真实的虔诚（la veritable piété）在于原则和实践一样，宗教的外在形式也有两类：一类在于仪式实践，另一类则在于信仰的仪规。仪式学类似于道德行为，而信仰的仪规则有点像真理的影子，或多或少接近于真理之光。如果那些发明这些外在形式的人们使它们适宜于维系和表达它们所接近的内容，如果宗教仪式、教会的戒律、社会群体的规则、人类的法律总是像一堵环绕着神的法律的围墙，使我们得以免除种种罪恶行径、熟悉美德，培植起做善事的习性，则所有这些宗教的外在

① “坚实的虔诚”，其对应的英文为“sound piety”，对应的法文为“la solide piété”；其所意指的是那些不仅注重宗教外在仪式和外在仪规，而且尤其重视仁爱精神和道德实践的虔诚，其基本含义一如莱布尼茨所指出的是“灵光”和“美德”；旨在反对那种只关注宗教外在仪式和外在仪规而根本忽视仁爱精神和道德实践的虚假不实的虔诚。

形式便都是值得称道的。这是摩西(Moïse)以及其他一些杰出立法者的目的,也是那些奠立宗教秩序的圣贤者的目的,而首先是耶稣基督(Jésus Christ)这位最纯正、最开明的宗教的神圣奠基者的目的。这同信仰的仪规非常一致。假如其中没有什么东西同包括 50
救赎在内的真理相冲突,则即使其中不包含任何与之相关的充分的真理,它们也还是可以说是正当的或正确的。但是,屡见不鲜的是:宗教往往在仪式中被窒息,而神圣的灵光也往往由于人们的意见而昏暗不明。

那些在基督宗教创立之前就居住在地球上的异教徒们(les païens),他们的宗教只有一种外在形式;他们的礼拜虽然也有仪式,但他们却根本没有信仰的仪规,而且从来没有想过要为他们的信条神学制定什么仪规。他们不知道他们的神究竟是真实的人,还是诸如太阳、行星、风雨等自然力量的象征。他们的神秘不在于晦涩难懂的信条,而在于某些奥秘的仪式。因此,那些异教徒,即那些未经正式仪式接纳进宗教的人,都是要排除在外的。这些仪式往往荒谬可笑,所以,为了捍卫它们使之免遭蔑视,隐瞒它们是必要的。这些异教徒有他们的迷信,他们无限夸大奇迹,以至于与他们相关的每件事都充满了神谕、征兆、怪异和预测。教士们发明了神发怒和仁慈的符号或迹象,并且声言他们自己是这些符号或迹象的解释者。这有助于通过人们对有关人类事件的恐惧或希望来支配人们的心灵,但是,来世生活的美好未来却几乎不曾想到过,而那些教士也无需费神把上帝和灵魂的真实概念告诉人们。

在所有古代民族中,看来只有犹太人或希伯来人才有他们宗教的公开信条。亚伯拉罕(Abraham)和摩西建立了对唯一上帝

的信仰，相信上帝是一切善行的源泉和宇宙万物的创造者。犹太人尊敬上帝，认为上帝足以配得上至上实体的称号。人们奇怪地发现：地球上这块很小地区的居民竟然比人类其他民族开明得多。很可能其他民族的圣贤有时也说过与之相同的思想，但是，他们运气不佳，找不到足够多的信徒，也没有把他们的信条变成法律。然而，摩西并不曾把灵魂不朽的教义纳入法律之中：这同他的思想一致，而且是由口授传统传授下来的。但是，在耶稣基督揭开这层面纱之前，它一直没有为人们普遍接受。而耶稣基督本人并无权势，而是以一个立法者的全部力量来教导人们：不朽的灵魂进入来世，在那里，他们的善恶将获得报应。摩西早已表达了上帝伟大而仁
51 慈的完美概念，时至今日，许多文明民族对此都予以肯认。但是，只有耶稣基督才充分地体现了这些思想的成果，表明神的仁善和正义是由上帝对人的心灵的设计的完满性显示出来的。

这里，我不考察基督宗教教义的其他观点，我只是要表明耶稣基督宗教是如何把自然宗教转换成法律，以及它又是如何获得公众信条的权威性的。耶稣只是做了许许多多哲学家曾经枉费心机试图去做的事情。基督宗教最后在罗马获得了统治地位，成了我们时下所知的地球的主要地区的统治者，圣贤者们的宗教成了诸多民族的宗教。后来的穆罕默德（Mahomet）也没有表现出同自然神学（théology naturelle）的伟大信条的背离，他的信徒把它们传播到国外，甚至传播到亚非地区的最为古老的种族，传播到基督宗教尚未传播到的任何地方。他们在许多国家废除了异教迷信，后者同强调上帝唯一性和灵魂不朽性的真实教义是对立的。

在成就了摩西所开始的工作之后，耶稣基督希望上帝不只为

我们所畏所敬，也当为我们所爱所信，这是很明白的。于是他便让人因期待而快乐，在这地球上就让他们先行尝到未来幸福的滋味。因为，在那些值得爱的东西中，没有什么比去爱更可人的了。爱这种精神状态，让我们因所爱对象的完善而愉快，而上帝乃是最完善的，因而由他的完善而得的快乐也就是最大的了。要爱上帝，只须想着他的完善就足够了。这其实是容易做到的。因为我们发现：关于上帝完善的那些观念就在我们内心。上帝的完善就是我们灵魂的完善，但完善在上帝是无边无尽地拥有的；上帝是海洋，我们于他不过是由其恩赐的水滴而已；力量、知识和善，在我们只有一部分，而在上帝则有其大全整体。秩序、匀称、和谐令我们欢怡，绘画和音乐就是这些美好事物的例证；而上帝，他就是秩序的全体，掌有匀称所出之真谛，创造出宇宙的普遍和谐（l'harmonie universelle）。一切的美，都是上帝光辉的流溢。

显而易见，真正的虔诚，乃至真正的幸福（la veritable félicité），在于对上帝的爱。而这爱，乃是开明脱离了偏见，其炽热总是伴着洞见的。这爱，在善行中产生出来给美德以慰藉的愉快；这爱，使一切都相关于上帝，以上帝为中心，把人运载到上帝那儿。因为当一个人尽其职责、遵从理性时，他就在实现着最高理性 52
的秩序。一个人把所有的旨趣都投到那公共的善，那上帝的荣光所在，他就会发现：维护整个社会的利益，也正是他个人的最大利益，在为人类谋取真实利益的乐趣中，他自己就获得了满足。不论他是否成功，他都会对所发生的一切感到满意，因为他顺从上帝的旨意，并知道上帝的旨意乃是最善的。在上帝借某事件而宣告他的旨意前，一个人做着那看来最合乎他所需要的事情，以努力发现

上帝的旨意何在。若达到这样的思想境界，我们就不会因失败而沮丧失望，悔恨的只是自己的过失；人们的忘恩负义，一点也不会使我们践履仁慈性情稍加懈怠。我们的博爱谦卑而富于节制，决不会盛气凌人；时刻察己之短，有如惜人之长，力求严于律己，宽以待人。我们务必完善自己，不为害他人。无博爱即无虔诚，不友善仁慈，也就显示不出真诚的虔敬(une devotion sincère)。

良好的性格和教养，与虔诚有德之士的交往，都非常有助于把我们的灵魂引向慈善的境界，但最可靠的莫过于把它们奠基于良好的原则之中。我提到过，热情须伴有洞见，而我们理智的完善必定成就我们意志的完善。美德的践履，一如罪恶，都可能只是习惯使然。但当它是有理由的，相关于上帝这一万物的最高理由，那它就建立在知识之上了。一个人不可能爱上帝而设若他没有认识到上帝的完善，在这认识中也就包含有真正虔诚的原则。把这些原则印入我们的灵魂，正乃宗教的目的。不过有些奇怪，常见的倒是人们，还有那些宗教导师，都偏离这目标太远了。与造物主的意向相反，虔诚已简化为仪式，教义流于俗套，成了仪规。仪式常常不太适合于维护美德的践行，而仪规有时也不甚明了。难以相信，有
53 基督徒想着他们可以不爱邻人而虔敬，不爱上帝而虔诚；另外有些人，以为不帮助邻人也可以说是在爱他，不了解上帝也能爱上帝。多少世纪以来，大多数人们一直没有注意到这些缺点，黑暗的君主统治时期(du régne des ténèbres)的影响至今依然很大。有各色各样的人们，奢谈虔诚、虔敬和宗教，甚至忙碌于这类事情的说教，可实际上对神的完善却一窍不通。这些人没有很好地理解宇宙主宰者的善和正义，他们设想的上帝既不值得效尤也不值得去爱。

依我看，这在后果上是很危险的，因为现在正值防止虔诚的真正源泉遭受污染的关键时刻。过去时代那些指责上帝或由此而建立邪恶原则的人的陈旧错误，在我们时代不时地又故态复萌了：在本该上帝体现其至善的地方，人们却祈求他具有不可抗拒的力量；本该想到上帝的力量是由最完善的智慧所规范的，可人们却偏偏把它设定成专横暴虐的。我注意到这些容易造成危害的意见特别地植根于那些曾经形成的有关自由、必然和命运的混乱概念。既然如此，我也就曾不止一次地阐明这样一些重大的问题。最后，我又不得不搜集梳理我对所有这些相关问题的想法，以便把它们和盘托出，告诉大家。在我现在提交出来的这部关于上帝的善、人类的自由以及恶的起源的论著里，我所承担的，正是这种职责。

有两个著名的迷宫（deux labyrinths famoux），常常使我们的理性误入歧途[①]：其一关涉到自由与必然的大问题，这一迷宫首先出现在恶的产生和起源的问题中；其二在于连续性和看来是其要素的不可分的点的争论，这个问题牵涉到对于无限性的思考。第一个问题几乎困惑着整个人类，第二个问题则只是让哲学家们费心。或许我还会有机会陈述我对于第二个问题的观点，并且指出，由于缺乏关于实体本性的正确概念，人们采纳了导致不可克服的困难的错误立场，这些困难是理应用于废除这些错误立场的。然 54
而，如果连续性的知识对于思辨的探索是重要的，则必然性的知识

① 原文为“Il y a deux labyrinths famoux où notre raison s’égare bien souvent”。其中，famoux 一词的基本含义为“著名的”、“闻名的”和“众所周知的”。此句关涉到莱布尼茨的哲学观，也关涉到莱布尼茨《神正论》的主旨。有学者将其译作“有两个臭名昭著、往往使我们的理智在其中产生混乱的迷宫”，似欠妥。

对于实践运用便同样重要；而必然性的问题，连同与之相关的其他问题，即上帝的善，人的自由与恶的起源，一起构成本书的主题。[①]

几乎在每一个时代，人类都被一种古人称之为“懒惰理性”(la raison paresseuse)的诡辩所迷惑，[②]因为这种诡辩倾向于放弃一切行动，或者至少倾向于对于一切都漫不经心，而只听任及时行乐的意愿。因为，他们说，如果未来是必然的，那么，无论我做了什么，将要发生的一切也还是必将发生。现在，未来(如他们所说)是必然的，这不是由于上帝预见万事万物，甚至通过对于宇宙间万事万物的控制而预定了未来所致，就是由于万事万物通过因果联系而必然发生所致，抑或最后完全通过真理的真实本性所致，这在能够作出的关于未来事件的论断中是确定的，就如在一切论断中一样，因为论断本身必定总是或真或假，即使我们并不总是知道它究竟是真是假。所有这些仿佛不同的决定的理由最后汇聚在一起，一如不同的直线会聚于同一个中心；因为在被诸多原因预先决定的未来事件中有真理，而未来事件在上帝建立诸多原因时也就事先确定下来了。

当把这种关于必然性的错误概念运用于实践时，就会导致我所谓的“穆罕默德式的或伊斯兰教式的命运”(*fatum mahumetanum*)，

---

① 原文为“sur la bonté de Dieu, la liberté de l'homme, et l'origine du mal”。这正好与本著的副标题“论上帝的善、人的自由和恶的根源”相一致和相呼应。有学者将其译作“人的自由与上帝的正义”，似欠妥。

② “懒惰理性”的希腊文为αργος λογος。斯多亚派的第三任首领和主要代表人物克利西波斯(约公元前280—前207)曾对之做过专门的论证，参阅封·阿尔尼姆(Von Arnim)：《斯多葛派哲学残篇》(*Stoicorum Veterum Fragmenta*)，第2卷，第277页。

一种“土耳其式的命运”[①](le destin à la turque)，因为据说土耳其人根据如上所述的理由，从不躲避危险，甚至在瘟疫流行时也不背井离乡。即使所谓的“斯多葛派式的命运”(*fatum stoicum*)也没有被描述得如此悲观：斯多葛派式的命运并不转移人们对于日常事物的关心，它只是倾向于通过对于必然性的思考来帮助人们平静地对待将要发生的事件，而这种思考使得我们的焦虑和烦恼成为不必要的了。在这一方面，这些哲学家并没有远离我们的主耶稣基督的教导，耶稣基督不让我们为日后而忧虑，并且认定那些缠绵于不必要的烦恼的人就像有些人为了增加自己的身高而枉费心机。[②]

诚然，斯多葛主义者(或许还包括我们时代某些著名的哲学家)的教导把他们自己限制于这种所谓的必然性之内，同时要求人们进行勉为其难的忍耐。然而，我们的主基督耶稣却进一步激发
人们更为崇高的思想，甚至教导我们获得满足的方法：那就是，我 55
们要确信，既然上帝由于其全善和全知而关心照顾万事万物，甚至连我们的一根头发也不会错过，则我们对基督的信心就应该是全整的。因此，我们应该看到：如果我们有能力理解上帝，则我们就

① 莱布尼茨在这里考察了三种不同的命运观：“土耳其人的命运”、“斯多葛派的命运”和“基督宗教的命运”。按照他的解释，这三种命运观的命定论色彩并不全然相同，其中土耳其人的命运观的命定论色彩最为强烈，基督宗教的命运观的命定论色彩相对而言较弱。

② 《圣经》中说：“我告诉你们，不要为生命忧虑，吃什么，喝什么，为身体忧虑，穿什么。生命不甚于饮食吗？身体不甚于衣裳吗？你们看那天上的飞鸟，也不种，也不收，也不积蓄在仓里，你们的天父尚且养活他。你们不比飞鸟贵重得多吗？你们那一个能用思虑，使寿数多加一刻呢？”(《马太福音》，6：25—27)

不再会进而奢望任何比上帝所做的更美好的事情了。这仿佛在告诉人们：尽你自己的职责，满足于将要来临的一切，这不仅是由于你无力抵抗神圣的天意或事物的本性（事物的本性或许足以使人宁静，却不足以使人满足），而且还是由于你总是同一位善良的主相关联。这些或许就是所谓"基督宗教的命运"（fatum christianum）的意思。

然而，事情常常会是这样：大多数人，甚至基督宗教徒，在其社会交往和实践活动中，都会这样那样地掺和进土耳其人的模式，尽管他们自己并不会充分地承认这一点。诚然，当显而易见的风险或希望出现在他们面前时，他们并不会掉以轻心、置若罔闻、无动于衷。因为他们不会不离弃一栋即将倒塌的住所，也不会不避开横在他们前面的悬崖；他们肯定会掘地以挖出已有半截露出地面的珍宝，而不会一味消极等待这些珍宝自动从泥土里袒露出来。但是，倘若善恶事件遥遥无期、模糊不定，而补救措施又比较费力，或我们对它们缺乏旨趣，则"懒惰理性"在我们看来就似乎是有用的。例如，当问题在于一个人想通过合理进食来保持健康乃至延年益寿时，那些获得有关告诫的人们便常常回答说：我们生活在世的日子是有定限的，试图更改上帝为我们预先指定的命运是于事无补的。但是，当他们所无视的恶的事件步步逼近时，这些人又往往采取一些最荒谬的补救措施。当所考虑的问题有点棘手时，人们往往差不多是依同一种方式推论的。例如，当人们扪心自问"我究竟应当使自己的人生走哪条道路呢？"[①]时，情况就是如此。当

① 奥颂：《牧歌》，XIII，1。其原文为：quod vitae sectabor iter。

问题在于选择职业、安排婚姻、承担战争、发动战役这样一些重大事件时，许多人往往倾向于回避思考的困难，而任凭命运或兴趣的摆布。好像除简单事件外，根本不应当运用人类理性似的。因此，人们是太过频繁地依照土耳其人的思维模式进行推理(尽管这种思维模式被不恰当地说成是“信任天道”，但是这种情况只有当人们恪尽职守时才会实际地出现)，而且会因此运用这种不可避免的观念所派生出来的懒惰理性来消除他们对理性本身的需求。人们 56
也因此而对下述事实熟视无睹：如果这种同理性实践相反的论证站得住脚，则它就会总是有用的，而不管这样一种考察容易与否。这种懒惰理性在某种程度上，正是那些算命先生迷信活动的源头，而这倒是同人们所表现出来的对“哲学家之石”的轻信相一致，因为他们会乐意具有无需操劳便可获得幸福的捷径。

这里我并没有讲到那些心存侥幸的人，因为他们好像一直过得很快活，似乎他们的生活中根本没有什么恒久的内容。他们由过去推论将来，其推证的基础同占星术以及其他种类的占卜原理一样脆弱。这些人忽视了下述事实：人们的运气通常总是时好时坏，一如玩巴塞特纸牌游戏的意大利人(les Italiens jouant à la bassette)常说的那样，是“一种纸牌赌博游戏”[①]。应该说，他们对这一点是做了特别精细的观察的。尽管如此，我还是劝人不要过分相信这样一类言论。不过，人们从幸运经历中所获得的这样一种信念往往有助于他们(首先是兵士)具有勇气，从而使他们在事

① “一种纸牌赌博游戏”，其原文为“una marea”，其原始义指在欧洲大陆古代许多地区流行的由5人参加1人坐庄的一种古代纸牌赌博游戏。

实上获得好运。既然如此，预言确实常常引起那些所预见的事件发生，一如穆罕默德所持守的关于命运的意见能够使得穆斯林信徒变得特别果断坚毅。因此，即便错误的论断，也常常有其用处。但是，一般说来，它们是作为对其他错误的补救而发挥其作用的：真理毫无疑问要比错误好。

但是，当用这种所谓命运的必然性（nécesssité du destin）来为我们的罪恶和放荡不羁的行为辩解时，那就是在借机不正当地利用这种必然性。我常常听到一些企图嘲笑自由思想家的精明的年轻人说：宣讲美德、指责恶行、培育对奖赏的希冀和对惩罚的畏惧，这一切都徒劳无益。因为所发生的一切可能都是命运之书中早就说过了的，命运之书中的事情是早就写好了的，我们的行为不可能更改这本书中的任何一个字符。因此，他们总是说：最好莫过于随心所欲地行事，只研究那一类可以使我们当下满意的事情。他们并不去反思这一论证的奇怪结论，这一点是被再三证明了的。例如，一个人会喝那种令他一时感到快乐的饮料，即使他明明知道这饮料有毒。由于同样的理由（如果这理由站得住脚），我可以说：如果在命运女神帕凯[①]的书中写着毒药将毒死我，或者写着毒药将危害我，则这些事就会发生，即使我不饮用这种饮料；但是，如果
57 不是这样写的，那上述事情就不会发生，即使我饮用了这种饮料。因此，我将可以泰然自若随心所欲地去喝那些令我一时感到快乐的饮料，不管它会多么有害。这一推理的结论显然荒谬。这种异

① 帕凯（Parcae），古希腊罗马神话中命运三女神的总称。其中，克洛托（命运的纺线者）、拉刻西斯（命运的决策者）和阿特罗波斯（命运的终结者）。

议虽然使他们多少感到困窘，但是他们总是以这样那样的方式返回到他们的论证上，除非他们理解了这种诡辩谬误之所在。说一个人无论怎样干，某一件事都注定要发生，这不真实：某一事件之所以发生，乃是由于他做了导致这一事件发生的事情。如果这一事件是事先写好的，则使之发生的原因便也就是事先写好的。因此，结果同原因的这种联系，仅就其表现出必然性学说有害于行为而言，便有助于推翻它了。

然而，一个人倘若无意于放纵自己的罪恶意图，他就会以不同的方式正视不可避免的必然性所导致的怪诞结论，会认为它破坏了意志自由，而意志自由对行为的道德性则是不可或缺的。因为正义与不义、褒与贬、罚与奖都不可能依附于必然性的行为，没有人愿意对做不到的事情承担责任，也没有人会逃避那些绝对必然的事情。当面临评判他人行为，特别是答复反对意见（其中有些甚至同上帝的行为有关）一类问题时，那些无意于滥用这种思想去迎合无规律现象的人，有时难免会感到尴尬，对于这一点以后我还会提到。这种不可逾越的必然性会导致人们缺乏虔诚的信仰，这或者是由于一个人由此推断出来的幸免惩罚，或者是由于人们对抗拒席卷一切的“洪流”的尝试的绝望，因此，强调必然性的不同等级并且说明某些必然性不会带来危害就显得非常重要了，尽管其他一些必然性无可否认地会产生恶的结果。

有些人甚至走得更远：他们不满足于用必然性的托词来证明美德与恶行无所谓好坏，都不会带来任何损益，而是进一步肆无忌惮地让上帝成为他们放荡生活的助因。他们模仿古代的异教徒，把自身的罪行归因于神，就像神在驱使他们去作恶似的。基督宗

教的哲学家们，比古代人更充分地认识到了事物对造物主的依附性以及上帝对于创造物所有活动的协同作用，从而似乎使这种困难有增无减。我们这个时代的一些富有才智的饱学之士走得如此
58 之远，以致否定了上帝对受造物的所有作用。培尔先生有点倾向于这种离奇的观点。他试图利用这种观点使下述信条死灰复燃，这信条说：存在着两条原则或两个神，一个是善的，另一个是恶的，仿佛这一信条是恶的起源这一难题的更为妥帖的解决方法。[①] 然而他也承认，这并非是一个无可辩驳的观点，这项原则的唯一性或单一性无可争辩地建立在先天理由之上。但是他希望由此而演绎出下述结论：我们的理性是混乱的，认识不到她自己的缺陷，因此，人们应该对它置之不理而紧紧抓住天启的信条，天启的信条则教导我们存在着一个全善、全能和全知的上帝。但是许多读者却轻信他的反对意见是不可辩驳的，认为它们至少与证明宗教真理的证据同样有力，从而有可能引申出许多危险的结论。

尽管在恶的行为中并没有上帝的协同作用，但人们在下述事实中也不能不发现困难，这就是：上帝预见到了它们，虽然由于其全能而可以阻止它们发生，但他还是允许它们发生了。这就是为什么有些哲学家甚至神学家宁愿选择否定上帝具有关于事物特别是关于未来事件任何细节的知识，而不愿意承认他们认为有损于

---

① 莱布尼茨这里是在批评培尔实际上是在企图恢复摩尼教的二元论神学。摩尼教的根本教义为“二宗三际论”。所谓二宗是说世界上存在有两个本源，这就是光明和黑暗，或者善（善神）和恶（恶神）。所谓三际是说世界发展可划分为三个阶段，这就是初际、中际和后际，旨在说明，世界经过“教化”，“真妄归根，明既归于大明，暗亦归于积暗，二宗各复，两者交归”。该教曾于唐代传入我国，曾先后依附佛教和道教而持续存在于明清之际。

上帝的善的东西的原因。索齐尼派[①]和康拉德·沃尔斯提斯[②]就倾向于这种立场;一个化名为托马斯·博纳特[③]的极其博学的英国耶稣会士似乎也暗示出了这一点,他曾写了一本名为《论科学与信仰的一致》的书,对此以后我还会谈到。

他们无疑是非常错误的;但另外一些人也不比他们正确多少,这些人认为如果不通过上帝的意志和力量,就没有什么事物能够产生,从而把那些根本称不上是所有存在物中最伟大和最好的意图和行为都归于上帝,以致人们可以说:这些人事实上已经放弃了肯认上帝正义和慈善的信条。他们认为上帝既然是宇宙万物的最高主宰,他就可以在丝毫无损于他的神圣性的情况下,仅仅出于他的意志和快乐或仅仅为了他得到由惩罚而滋生的快乐而使人们犯罪;他甚至能够在不断折磨无辜中取乐而无不义之嫌,因为没有一个人有权力或力量控制他的行为。有些人甚至走得更远,说上帝实际上就是这么做的;他们以我们根本无法同上帝相比为口实,就
把我们比作人们在走路时无意中踩着的蚯蚓,或是一般地把我们 59

① 索齐尼派(Socinians)为16世纪意大利宗教改革家莱利奥·索齐尼(Lelius Socin,1525—1562)及其侄子福斯特·索齐尼(Fauste Socin,1539—1604)所倡导和创立的一个主张上帝一位论的基督宗教派别。其基本观点和基本立场为反对教会权力,反对上帝三位一体论,主张耶稣基督只是一个从属于上帝的人,而非上帝。同时也极力反对路德和加尔文的宿命论。

② 康拉德·沃尔斯提斯(Conrad Vorstius,1569—1622),荷兰索齐尼派神学家,曾在莱顿担任教授一职,其著作《论上帝或上帝的本质与特点》曾因其宣传索齐尼派观点而受到谴责。

③ 托马斯·博纳特(Thomas Bonartes),托马斯·巴顿(Thomas Barton)的化名,英国王权派神学家(?—1681或1682)。他的《论科学与信仰的一致》于1659年在科隆出版。

比作另一类动物，而对于这些动物，我们虐待它们是无所顾忌的。

我认为，另外许多具有善良意图的人会为这些观念误入歧途，因为他们对其结论缺乏充分的认识。他们看不到，真正说来，上帝的正义因此便有被推翻之虞。究竟在什么地方我们的意志才会由于我们所形成的关于这样一种具有其规则的正义的观念而不受善的规则的指导，甚而直接趋向于恶呢？除非它就是柏拉图著作中塞拉西马柯（Thrasymaque）所下的专制性的定义中所包含的概念。塞拉西马柯[①]的定义把正义称作取悦于强者的东西。这样一种概念实际上就是那些主张以强制为一切义务基础的人们所采取的立场，尽管这些人并非都蓄意要这样做，但在实际上他们都是把权力视为真理的标准的。但是，人们会很快摒弃这样一些摩尼教[②]的"准则"的，而通过效尤上帝而使人变得善良和仁慈。因为人们会认识到，一个以他人的不幸为乐事的上帝是不可能区别于摩尼教的恶的原则的，而摩尼教则设定这一原则已经成了宇宙的唯一主宰。这样一来，人们就必定把那些堪称善的原则的情感和观点归于真正的上帝。

所幸的是，这些放肆的信条现在在神学家中间已经不再那么时兴了。然而一些乐于发难的"精明"之士，却力图使它们死灰复

---

① 塞拉西马柯（Thrasymachus）乃苏格拉底时代智者派学者，主张"正义无非就是强者的利益"。参阅柏拉图：《理想国》，338C。

② 摩尼教（Manichaean）是公元3世纪在波斯兴起的世界性宗教。因创始人摩尼（Mani，215或216—约276）而得名。该教在琐罗亚斯德教的理论基础上，吸收了基督宗教、诺斯替教、佛教等教义思想而形成自己的信仰。该教相信整个世界由两项根本对立的原则即善的原则和恶的原则所主导。3—15世纪，在亚非欧许多地区流行，约在6—7世纪传入我国，被称作明教、明尊教、二尊教、末尼教，一直存在到元明时期。

燃。他们极力将天主教神学引起的矛盾同哲学争论联系起来，使我们比以前更加感到困惑。哲学家们已经考察过必然性、自由和恶的起源问题，而神学家们又进一步考察了原罪、恩典和前定。随原罪而来的人类最初的堕落，似乎赋予我们犯罪以一种必然性而根本无需神恩的助缘。但是，必然性既然同惩罚是不可并存的，那就由此而推断出：充分的恩典应该赐予所有的人。这看来同经验也不尽一致。

但是，首先在关于上帝对人类救恩安排的问题上，困难就很大。得救的或被选中的毕竟是少数。因此，在许多人中进行选择本身就不是上帝所“注定”的意愿。而且既然人们承认那些被选中的并不比其他人更值得选中，他们的本恶也并不比别人少，他们所拥有的善只是上帝的赐予，则困难就变得更大了。因此，人们便会
发问：既然如此，上帝的正义何在呢？至少，人们可以问：上帝的善 60
何在呢？偏爱，或特别看重一些人，有悖于正义，而无端为上帝的善设定界限的人，也不能说是具有了充分的善。诚然，那些未被选中的人是由于他们自身的过错使然：他们缺乏善良意志和坚定的信仰，可是却只有上帝才能把这些赐予他们。我们知道，除内在的恩典外，通常还有外在的环境把人们区别开来。训练、交往和典范不时地矫正或败坏自然天性。既然上帝使环境对一些人有利，而将其他一些人抛进遭受不幸的经历之中，这怎么能不让人感到惊奇呢？因此，我们也不能赞成某些人的观点，认为存在某种普遍的对所有人都一律平等的内在的恩典，因为尽管看起来如此这般，但是其理据显然不充分。因此，这些作家也不得不求助于圣保罗的感叹而说道：“太深奥了！”当他们考察人们是如何由我们所谓外在

的恩典区别开来时，亦即人们是如何由通过上帝所引起的外界环境的差异性所显现出来的恩典区别开来时，他们所谓的人就不再是主人，不过所有那些同救赎相关的事情对此也并不具有如此重大的影响。

这也无助于我们赞同圣奥古斯丁的观点。奥古斯丁认为所有的人都因亚当之罪而遭天谴，上帝会因此而要人们过悲惨的生活，而且上帝的善也会因此而使他只去解救他们中的一部分。因为不仅用一个人的罪来证明任何人都有罪非常离奇，而且还依然存在着这样一个问题，这就是：为什么上帝不解救所有的人，为什么他只解救少数人，为什么他要选择这样一些人而不是另外一些人。上帝虽然确实是他们的主人，但是他同时又是一个善良公正的主人；他的权力或力量是绝对的，但是他的智慧不允许他以任意而专横的方式行使它们，否则上帝就会变得暴虐了。

再者，第一个人的堕落是在经上帝允许的情况下发生的，而且上帝也是在考察了其后果之后才决定做出这种允诺的。这些后果既包括人类的堕落，也包括挑出少数人作为选民，同时遗弃所有其他的人。既然如此，设想通过把人们的观点限制在已经堕落的大众来取消困难，就徒劳无益。一个人必须会不由自主地回到原罪后果的认识上来，这种认识是先于上帝据以允许第一个人堕落以
61 及上帝同时允许那些遭受天谴的人应当永远堕入地狱不得获救的"天命"的：因为上帝和圣贤如果不考察其后果是不会做出任何决定的。

我希望克服所有这些困难。我将指出：绝对必然性（la *nécessité absolue*），也被称作逻辑的和形而上学的必然性（la *nécessité* logique et métaphysique)，有时也被称作几何学的必然性(la *nécessité* géométrique)，在这种语境下是不可克服的或令人生畏的。这种必然性并不存在于自由的行为中。因此，自由不仅不受限制，而且也免除实在的必然性(la vraie nécessité)。我将证明上帝自身，尽管他总是选择最好的，却不是根据绝对的必然性进行选择的，而且由上帝所制定的自然律，是建立在事物的适宜性之上的，其意义介于几何学的真理、绝对的必然性和任意的命令之间。这正是培尔和其他现代哲学家们所未能充分理解的。我将进一步表明在自由中根本不存在什么无关紧要或漠然态度(une indifférence dans la liberté)。因为根本不存在这个或那个过程的绝对必然性，也绝对不会有什么完全均衡的无差别(une indifference de parfait équilibre)。同时，我还将证明自由的行为中存在着一种超越迄今为止所能设想的一切。最终，我将澄明存在于自由行为中的假设的必然性(la nécessité hypothétique)和道德的必然性(la nécessité morale)可以说是不无理由的，从而“懒惰理性”只是一种纯粹的诡辩。

同样，在同上帝的关联中讨论恶的起源时，我将证实上帝的完满性，不仅颂扬他的伟大、能力与独立，而且也颂扬他的神圣、正义和善。我将表明卜述一切是如何可能的，诸如万物都依赖于上帝，上帝参与受造物的活动，甚至，如果你愿意的话，上帝是持续不断地创造这些事物的，然而却不是恶的创造者等等。在这里我还将证明我们应当如何理解恶的匮乏性质。此外，我还将进而解释除上帝的意志外恶如何还有别的来源。而且，如果有人因此而主张上帝并不意欲恶存在而只是允许恶存在(que Dieu ne le veut point et qu'il permet seulment)，他便无疑是正确的。然而，最重要的还在于表明下面一点是完全可能的，这就是：上帝允许罪和苦难，甚至参与并促成它们，然而却无损于他自己的神圣性和至上的善。尽管一般说来，他本身是可以避免所有这些恶的。

至于神恩和前定，我则认为那些最无可争议的论断是正当的。
62 例如，断言我们只有通过上帝预先的神恩才能皈依，倘若没有上帝的帮助我们就不可能做任何一件好事；断言上帝意愿所有的人得救，他只谴责那些意志为恶的人们；断言只要人们愿意运用上帝的神恩，上帝就会把充分的神恩施舍给所有的人；断言既然耶稣基督为选择的源泉和中心，则上帝就预先规定了将要拯救的选民，因为他事先看到了这些人将会持守对耶稣基督学说的活的信仰等等。这样一些论断的正当性确定无疑。然而，断言选择的理由并非终极理由，而这样一种先知先见依然是上帝先前命令的结果，也是确实无疑的。信仰同样是预先规定了选民信仰的上帝的赠品，因为上帝下达的分配神恩和幸运的命令的理由总是符合上帝的至上智慧的。

培尔先生是我们这个时代的最具天赋的人之一，其雄辩与机敏一样伟大，其学识渊博令人佩服。当他怪僻地致力于唤醒人们关注这一问题上我刚刚一般触及到的所有这些困难时，我便找到了一个极好的同他一起详尽地考察这一问题的练习领域。我承认，除该问题的根源和本质之外，培尔先生（因为不难发现，我是在讲他的）在所有的问题上都处于有利地位。但是，我还是希望真理（他自己也承认真理是在我们这一边的）由于其简明平实，在得到恰当阐释的情况下，将压倒过雄辩与博学的修饰。在这个问题上，

我成功的希望更大，这是因为这正是我为上帝辩护的理由，而且我在这里所持守的准则之一便是上帝对于那些不缺乏善良意志的人们来说是决不会袖手旁观的。这部论著的作者相信既然他已经集中精力思考这一问题，他就由于这份关注而提供了善良意志的证据。他自青年之时起便已经开始默思这一问题，并同那个时代的一些最重要的思想家切磋琢磨过；此外，他还通过阅读优秀作家的论著而极大地丰富了自己。在其他一些深刻的默思中，按照各方权威的评判意见，上帝也使他获得了极大的成功，其中一些对这一课题已经产生了重大的影响。他的这种成功或许使他获得了某种权利，去要求那些热爱真理同时又适合于探索这一论题的读者予以关注。

而且，也有一些特殊而分量很重的理由使这位作者动笔写作来讨论这一问题。他就这一论题同德国和法国学界名流和宫廷政要的对话，尤其是同一位最伟大最富才华的王妃[1]的交谈，再三地 63
激励他走上这条道路。他非常荣幸对这位王妃发表了他对培尔先生值得称道的《辞典》中的若干段落的看法。在这部《辞典》中，宗教与理性看起来是相互对立的，培尔却希望在使理性太过喧嚣之后，应使它寂静下来：他把这称作信仰的胜利。这位作者当即宣称：他虽然与培尔观点不同，但是他却非常欣慰，因为正是这样一个伟大的天才人物使他有机会来深入地探讨这样一个重大问题，

---

[1] 莱布尼茨在这里所指的是苏菲—夏洛特公主（Sophie-Charlotte，1668—1705）。苏菲—夏洛特是汉诺威恩斯特—奥古斯特选帝侯（Ernest-Auguste，électeur de Hanovre）的女儿。1685年与勃兰登堡选帝侯结婚。此后，与莱布尼茨保持长期的较为亲密的思想交流。她曾经极力推动莱布尼茨写作并发表《神正论》。

这些问题之重要程度，恰如它们的难度一样。他承认他思考它们已经很长时间了，其间有时候他还想将这些思想整理出来付梓出版。这些思考的首要目的在于澄明为唤醒虔敬、培养美德所必需的上帝的知识。这位王妃激励并催促他，要他把自己的夙愿实现出来。他的一些朋友也劝说他这样做。既然他有理由相信，在其后来的研究中，培尔先生的天才极大地帮助了他，使他有可能对这一问题做出比较充分的阐释，他便越发想应允他们的请求。但各种障碍也接踵而至。无与伦比的女王之驾崩更非一个寻常事件。然而，培尔先生这时却遭到了那些考察着这一问题的卓越学者的攻击，而他应答的也总是相当机智。我理解他们的争论，甚至跃跃欲试，试图介入其间。当时的情况就是如此。

我业已发表了一个新的系统或新的体系。① 它似乎很适合解释灵魂与身体的统一。它甚而赢得了对之持保留意见的学者们的高度赞扬。一些专家也声明说，他们在看到我的作品之前，就先期地赞同我的看法，站到了我的一边，尽管他们不能做出如此明晰的解释。培尔先生在他的《历史与批判辞典》的“罗拉留”条中曾经考察过这一问题。他认为我的解释是值得进一步发挥的。他十分关注它在不同场合的用处，并强调指出了哪些可能引起困难的地方。这样，我就不能不以一种适当的方式来答复他们，一如培尔先生，既文质彬彬，又能启迪人心。为了使这一问题进入更深层次的思

① 莱布尼茨指的是他匿名发表在 1695 年 6 月号《学者杂志》上的《新系统：论实体的本性和交通，兼论灵魂和形体之间的联系的新系统》。该著载格尔哈特编：《莱布尼茨哲学著作集》，Ⅳ，第 471 页及其以下。莱布尼茨的这部著作，经陈修斋先生译出后，1993 年在商务印书馆出版。

考，我于1698年7月在《学者著作史》上著文对此做了具体的解说。培尔先生在《辞典》再版时对我的解说作了回应。我也曾把一 64
篇尚未发表的答复寄给了他，但不知道他是否做了更进一步的答复。[①]

其时，碰巧勒克莱尔先生[②]在他的《精选文库》中收录了卡德沃思先生(M. Cudworth)[③]的《理智体系》，并在其中解说了他所谓的"弹性自然"(natures plastiques)这个概念。这位令人钦佩的作者曾将之用于解释动物的生成。培尔先生相信(参阅《再论关于彗星的各种思考》第21章第2款)，这种自然是没有认识能力的，

① 莱布尼茨的《新系统》发表后，培尔在1696年出版的《历史与批判辞典》第1版里，在"罗拉留"条目中插进了关于莱布尼茨新系统的注释。哲罗姆·罗拉留(Jérôme Rorario，1485—1556)，意大利的红衣主教，曾著有《论动物往往比人更好地运用理性》一书。该书1648年在巴黎出版。1698年7月，莱布尼茨在《学者著作史》上著文《对培尔先生在关于灵魂与身体关系中所发现的困难的解释》答复培尔。此后，培尔在《历史与批判辞典》第2版里，对莱布尼茨的答复作了进一步的回应。1702年，莱布尼茨对培尔的回应作出了进一步的答复(《对培尔先生就前定和谐体系所作思考的答复》，载格尔哈特编：《莱布尼茨哲学著作集》，Ⅳ，第517—524页)，但该答复当时并未公开发表。1706年，培尔辞世。1710年，《神正论》出版。1712年，该答复在培尔生前创办的《文坛共和国新闻》公开发表。

② 勒克莱尔(le Clerc，1657—1736)，瑞士百科全书编撰学家和圣经学家。曾先后编撰《综合与历史文库》(26卷，1686—1693年)、《精选文库》(28卷，1703—1713)和《古今文库》(29卷，1714—1730)等三部百科全书。

③ 卡德沃思(Cudworth，1617—1688)，英国神学家和伦理哲学家，被普遍视为剑桥柏拉图派的主要代表人物。其代表作有《真正理智的宇宙体系》和《论永恒不变的道德》。卡德沃思特别关注"自由和必然"的问题。曾打算批驳三种宿命论：(1)唯物主义的和无神论的宿命论("德谟克利特的宿命论")；(2)"有神论的但是非道德的宿命论"；(3)"有神论的但是讲道德的宿命论"。他认为：真正宗教的本质在于三个学说：(1)上帝存在；(2)善的永恒性；(3)人的自由。他在批判无神论时，提出了"弹性自然"或"有塑造力的自然"的概念。关于卡德沃思的这些思想，请参阅W. R. 索利：《英国哲学史》，段德智译，陈修斋校，山东人民出版社，1992年，第93—101页。

在证实它们的过程中，人们往往经由事物的这样一种奇迹般的生成，而削弱了那个宇宙必定有一理智动因的论证。勒克莱尔答复说(参阅《精选文库》第5卷第4章)，这类自然需要神的智慧予以指引。培尔先生则坚持认为(参阅1704年8月《学者著作史》第7篇论文)，单单神的智慧是不足以构成缺乏认识能力的事物的动因的，除非人们只把这种动因看成上帝的工具，但是，这样一来，神的智慧就成了多余的和不必要的了。培尔还附带地提到了我的体系。这使我有机会给《学者著作史》的著名创始人[①]寄去一篇短文，[②]他把这篇短文作为第9篇论文刊登在《学者著作史》1705年5月号上。在这篇论文中，我力图澄明：实际上，机械论足以解释动物有机体的生成，而根本无需什么"弹性自然"一类的东西，只要把完全有机的预成的东西加进将要产生的物体的种子里就行；这种预成的东西包藏在事物由以产生的物体的种子之中，而事物生成的过程也就是向原初种子回复的过程。而这显然只能出自那全能全知的造物主之手。他在最初以既定的秩序创造了一切，预先设定了所有的秩序和将会出现的机巧。在事物的内在本性方面没有一丝混乱和无序，在由上帝所安排的物质中，到处都充满着有机体。我们越是坚持考察物体的内在结构，这一点就会越发清晰地展现出来。我们应当持续不断地考察这一现象，即使如是我们就

---

① 莱布尼茨在这里指的是巴纳日·德波瓦尔(Basnage de Beauval，1656—1710)，《学者著作史》杂志的编辑和发行者。

② 这篇短文的题目是《对生命原则和弹性自然的考察》(considerations sur les principes de vie et sur les natures plastiques)，载格尔哈特编：《莱布尼茨哲学著作集》，Ⅵ，第539页及其以下。

会像大自然一样，没完没了地做下去，在我们的思想里和认识里不停顿地作出细而又细的划分，一如大自然在事实上所做的那样。

为了解说动物生成这样一类奇妙事件，我用了一个概念，叫“前定和谐”(une harmonie préétable)；我还用它解说了另外一类 65
奇妙事件，即灵魂与身体的一致；从而证明了我所运用的原理的一致性和“多产性”。这似乎使培尔先生想起了我的解说这种一致性的体系，对于我的这一体系，他是已经考察过一番的。他宣称(在他的《对一个外省人问题的答复》第180章，即第3卷第1253页)，他认为上帝是不可能径直把生成有机体的能力赋予物质或任何别的原因，而根本无需把有机性的观念和知识传送给它们。他还倾向于认为，上帝虽然具有支配自然所需的全部力量，虽然能够预先知道可能出现的所有的偶然事物，但是他也不能随意处置事物，使一只船在其航行中仅仅依靠机械律就可以自行进入目的港，而根本无需理智的指引。我惊奇地发现，人们在缺乏任何证明材料和没有任何迹象表明在对象方面有什么矛盾，在上帝方面有什么不完满性的情况下，就给上帝的力量或能力设定了种种限制。而我在我的第2篇答复中就已经说明，即使人也常常自动地产生出一些来自理性的一类运动，即使有限的心灵(不过远远超出我们的心灵)也能够完成培尔先生认为神也不可能完成的那些事情。再者，既然上帝事先就规定了万事万物，则这条船的精确航线，也就和爆竹里的火花只沿着导火索燃烧一样，没有什么好奇怪了。因为事物的整个安排由于它们的相互影响而使得它们之间维持了一种完满的和谐。

培尔先生的这一声明使我下定决心作出答复。因此，我的目

的在于向他指出：除非说上帝自己通过一个恒久的奇迹造出了所有的物体，或者说他曾经把这件事委托给在能力和知识方面同他相差无几的天使们处理，我们就必须坚持认为上帝“预先”这样“造出”了事物，致使新的有机物只是先前有机结构的机械结果。即使蝴蝶确实由蛹产生出来，斯瓦默丹先生[①]也已经表明，在这一过程中除了发展外什么也不曾发生过。而我却还要指出，没有什么比植物和动物的预先生成更加适合于证明我的灵魂和身体之间的“前定和谐体系”了。因为，在这种情况下，物体是受了它的原初结构的推动才在外在事物的帮助下按照灵魂的意志行事的。所以，
66 种子是由于它们的原初结构，由于一种比引起我们的身体依照我们的意志行事还要大的技巧而自然地落实上帝的意图的。既然培尔先生不无理由地认为，在动物的有机体里比在世界上最美妙的诗篇里，或在人的心灵能够作出的最值得称道的发明里，都存在着更多的技巧，则我们就可以得出结论说：我的关于身体和灵魂之间相互关联的体系就同动物生成的一般意见一样，是可以理解的。因为，实际上，这一意见（在我看来是确实无疑的）只是在说，上帝的智慧曾经如此这般地造就了大自然，以至于它能够由于它的规律而生成动物。我用我的这一预成体系解说了这一意见，同时进一步表明了它的可能性。既然如此，则说上帝曾经这样制造了这个物体，致使它凭借自己的规律就能执行理性灵魂的意图，就没有什么值得惊奇了。因为理性灵魂要求这物体的一切并不比上帝要

① 斯瓦默丹（Swammerdam，1637—1680），荷兰博物学家，代表作有《昆虫通史》和《大自然的圣经》。莱布尼茨在《形而上学论》、《神正论》和《单子论》等著作中，常援引他的学说来为他自己的前定和谐学说、神正论和单子论思想进行论证。

求有机体的种子更困难些。培尔先生说(《对一个外省人问题的答复》第 182 章,第 1294 页),只是到了最近,才有人理解生物的生成不可能是一个自然的过程。对此,培尔先生还可以说到(按照他的原理)灵魂和身体之间的交通,因为正是上帝产生了这位作者所赞同的偶然原因体系[①]中的所有交通。但是,我只是在万物开始之际,只是就动物的最初生成,就灵魂和身体之间的前定和谐的原初构成而言,才承认这一超自然的性质。一旦这些成为过去,我就坚持认为动物的生成,以及灵魂和身体之间的关系,就同大自然中其他最普通的运作一样,是一种自然事件。这与人们对非理性生物的本能和奇妙行为的普通思考提供出来的东西非常类似。人们承认,理性并不存在于非理性的生物身上,而只是存在于创造它们的创造者身上。因此,在这个问题上,我只是持一种普遍的意见;但是我希望我的解释会使这一意见更加明晰、透彻,甚至使其适用范围也会更加广泛些。

现在,我准备针对培尔先生的新的反对意见,来为我的体系进行辩护。因此,我的目的在于把我很久以来就具有的观念讲给他 67
听,他所提出的反对意见同那些在恶的存在的问题上努力调和理性与信仰的人士的意见正相反对。他正是就此而提出这些反对意见的。其实,或许很少有人在这个问题上像我这样不辞劳苦、费尽

① 这里所谓偶然原因体系(the system of occasional cause),也就是我们通常所说的偶因论者所主张的偶因论体系。其主要代表人物为马勒伯朗士(Malebranche)。该学说试图填补笛卡尔心身关系理论的鸿沟。偶因论断然否认身体与心灵相互作用的任何可能性,它们相互之间的真正的原因只能是神的干预,我们人的意志只是这种干预的偶因。用马勒伯朗士的话说就是:“我们是我们手臂移动的自然原因;但是自然原因绝不是真正的原因,它们只是通过上帝意志的威力和效能的偶因而已。”

心机。当我有机会翻阅图书馆的藏书时，我就差不多能够理解拉丁作品了。我一本接一本地翻阅图书。而且既然我对于沉思性题目兴趣盎然，一点也不下于我对历史和神话寓言的兴趣，则洛伦佐·瓦拉[①]反对波爱修[②]的著作以及路德[③]反对伊拉斯谟[④]的著作都使我爱不释手，十分着迷，尽管我完全意识到他们的语气需要放和缓一点，大可不必如此咄咄逼人。我不放过阅读论战性的著作。在这样一类的别的著作中，曾经引起争论的蒙贝利亚会

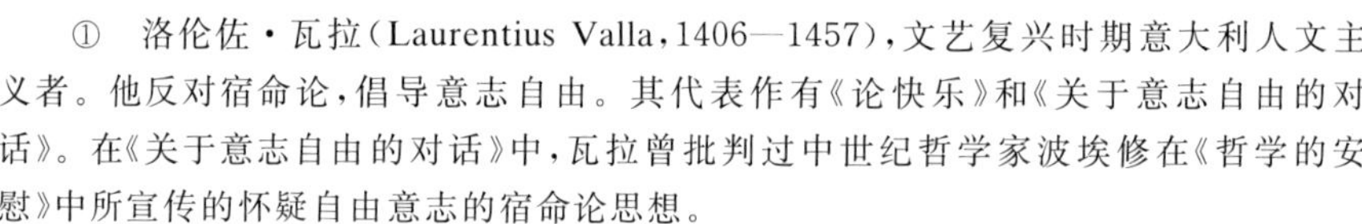

① 洛伦佐·瓦拉(Laurentius Valla，1406—1457)，文艺复兴时期意大利人文主义者。他反对宿命论，倡导意志自由。其代表作有《论快乐》和《关于意志自由的对话》。在《关于意志自由的对话》中，瓦拉曾批判过中世纪哲学家波埃修在《哲学的安慰》中所宣传的怀疑自由意志的宿命论思想。

② 波爱修(Boethius，480—524)，罗马哲学家和逻辑学家，亚里士多德著作的翻译者。在哥特国王提奥多里克统治下曾任要职，但失宠后被监禁并被处以死刑。他翻译了亚里士多德的逻辑学著作，如《分析前篇》、《分析后篇》、《论题篇》和《辩谬篇》，还翻译和评注了波菲利的《亚里士多德〈范畴篇〉导论》。后者成为中世纪的标准逻辑学教科书。波爱修最著名的著作是《哲学的安慰》。该著是他在被囚禁期间完成的，特别强调面临灾难时完全从理性中寻求安慰。该著共5卷，在第五卷中，波爱修讨论了自由意志与决定论的关系这一难题，强调神的先知先见与在道德选择中人享有自由是一致的。他被称作"第一个经院哲学家"。

③ 路德(Luther，1483—1546)，宗教改革运动的发起人和基督教神学的奠基人。路德从救赎论的立场，强调因信称义乃个人内在的精神转变和再生的过程，否认形式主义的宗教仪轨的善功效能。1524年，人文主义者伊拉斯谟撰文《论自由意志》，驳斥路德的救赎观。第二年，路德以《论奴役意志》予以答复。随后，伊拉斯谟又写出《反路德被奴役的意志的奢望》予以反驳。

④ 伊拉斯谟(Erasmus，1466—1586)，荷兰人文主义者、语言学家、神学家和奥古斯丁会教士。其最著名的著作为《愚神颂》(1509年)。他致力于教会改革，认为基督宗教并不纯粹是一种救世说，而是一种以坚信人类理性为基础的精神宗教，主张用"基督的哲学"改造神学。因此，他虽然支持路德进行宗教改革，却极力反对路德的激进的信仰主义。1524—1525年间，曾著《论自由意志》和《反对路德被奴役的译者的奢望》批驳路德的救赎观。

谈纪要[①]，似乎使我获益匪浅。我也重视神学家们的教诲。而对他们的对手的研究不仅没有使我感到困扰，反倒有助于我更加相信奥格斯堡信纲[②]的温和观点。在旅游途中，我有机会同来自不同派别的卓越人士广泛交换意见；例如，同美因茨副主教皮埃尔·范·瓦伦堡[③]先生，同海德堡的驰名神学家约翰·路德维希·法布里斯[④]先生，最后同著名的阿尔诺[⑤]先生等，都进行过非常有益的对话。我甚至就这一问题给阿尔诺先生寄去了一篇我自己写作

① 1586年，路德派（其代表人物为Jacques Andree）与加尔文派（其代表人物WieThéodore de Bèze）在法国蒙贝利亚举行会谈，商讨合作事宜，形成所谓《蒙贝利亚会谈纪要》(the records of the Montbéliard Conversation)。此次会谈使两派关系趋于密切。

② 奥格斯堡信纲(the Augsburg Confession)为宗教改革时期最重要的新教信仰告白，至今仍为路德教会的基本信条。1530年，为调和新教和天主教之间的争论，神圣罗马帝国皇帝查理五世要求草拟一份信仰信条。由此产生了《奥格斯堡信纲》。该信纲由德国新教神学家梅兰希顿(Philipp Melanchton，1497—1560)草拟，经马丁·路德认可后，提交在德国奥格斯堡召开的帝国会议讨论。在天主教神学家做出回复后，查理五世拒绝批准该《信纲》，但路德教会却将其作为自己的基本信条。《信纲》共包含28条，大多是肯定和承认天主教和新教共同承认的基督宗教信条，但其中也有些信条阐明了新教特有的信仰和宗教实践，如得救只因信心，圣餐时平信徒可接受饼和葡萄汁，允许神职人员结婚等。

③ 瓦伦堡(Wallenburg)为德国天主教神学家，1675年去世。

④ 约翰·路德维希·法布里斯(Johann Ludwig Fabricius，1632—1696)，著名新教神学家。

⑤ 阿尔诺(Aenauld，1612—1694)，法国詹森派神学家和哲学家。詹森派是天主教内部在人的自由意志与得救预定问题上的异端。曾著《论常领圣体》(1643)和《耶稣会伦理神学》(1643)，攻击耶稣会，捍卫詹森派学说。此外，他还著有《逻辑或思维的艺术》(与尼考莱和帕斯卡尔合著，1662)和《论真实与错误的思想》(1683)。在《论真实与错误的思想》中，对马勒伯朗士进行了批判。1672年，莱布尼茨奉命随选帝侯约翰·菲利普之侄弗里德里希(1644—1717)去法国游说法王期间，与其相识。之后，两人就形而上学问题进行了长期对话。

的“拉丁对话”,[①]这事大约发生1673年。在这篇对话中,我已经提出下述论点:上帝既然选择了所有可能世界中最好的世界,已经选择了其中最好的一个,他的智慧就会使他容忍与之密切相关的恶,恶与这个世界密切相关。但是,即使把这种种情况都考虑进去,这也依然无碍于这个世界是能够选择出来的最好的世界。此后,我阅读了许多不同派别的优秀作家论述这些问题的大量著作,努力进步,不断获取那些在我看来似乎适合于破除一切可能会遮蔽在上帝身上必定得到承认的那种至上完满观念的知识。我也没有忘记考察那些治学最为严谨的作家,正是他们把关于事物的必然性的理论发展到了极致。例如,霍布斯和斯宾诺莎就是这样一类作家。前者不仅在其《物理学原理》[②]和其他著作里,而且还在一部专门批驳布拉姆霍尔主教的著作[③]中倡导了这种绝对必然性。而斯宾诺莎,一如那个叫作斯特拉托[④]的古代逍遥学派哲学家,有点执着地坚持认为:一切都以一种盲目的和完全几何学的必然性(une nécessité aveugle et toute géométrique)来自初始因或

① 该文的标题为《哲学家的自白》(Confessio Philosophi, Profession de foi du philosophe),1691年在巴黎出版。

② 该著作的全称为《论物体:哲学原理第一部分》(*De Corpore, premiére section des Eléments de Philosophie de Hobbes*)。该著最早于1655年在伦敦出版。

③ 约翰·布拉姆霍尔(John Bramhall,1594—1663),英国神学家。霍布斯与他围绕着自由与必然性问题从1654年起展开了为期28年的争论。其中,布拉姆霍尔曾先后于1655年和1658年发表过两篇论文,霍布斯曾先后于1654年、1656年和1682年发表过三篇论文。

④ 斯特拉托(Strato,卒于公元前269年),古希腊哲学家,自公元前286年起,继狄奥弗拉斯图之后担任逍遥派(吕克昂学园)第二任领袖。他从亚里士多德的物理学中剔除了目的论,从而扫清了培尔和休谟称之为“斯特拉托无神论”的道路。其基本观点是:宇宙是最终的和自立的,不需要诉诸宇宙之外的某种神圣的解释原则。

第一推动力,来自"原初的自然",对于万物的这种第一源泉中的善和理解,我们是完全没有选择能力的。

在我看来,我似乎已经找到了一种推证方法,以一种能够给人 68
对这个问题的内在本质以清晰洞见的方式推证出相反的论断。因为在对能动的力的本性以及运动法则做出新的发现之后,我就说明了它们根本不具有如斯宾诺莎所断言的那样一种几何学的必然性。它们也不是纯粹的任意性。我已经把这一点说得很清楚了,尽管这是培尔先生和其他一些现代哲学家的意见:但是它们也依赖于我在前面业已指出的那种事物的适宜性,或者说依赖于我所谓的"最佳原则"(le principe du meilleur)。再者,人们在其中,也如在每一件别的事物之中一样,必定能够识别出第一实体的标记,它的产品总是具有至上智慧的印记,并且构成最完美的和谐。我还说明,这种和谐既把将来同过去联系了起来,又把现存的事物同不在的事物联系了起来。第一种联系把时间统一了起来。第二种联系则展现在灵魂同身体的统一上,并且普遍地展现在真正实体相互之间的交通上,展现在真正实体同物质现象之间的交通上。但是,第一种联系发生在有机体的预成上,或者毋宁说,发生在所有物体的预成上,因为任何地方都存在着有机体,尽管所有的物质团块都并不能组成有机体。所以,我们完全有根据说,一个池塘充满了鱼或别的有机体,尽管这个池塘本身并不是一个动物或有机体,而只是一种构成它们的物质团块。因而,我曾经努力在这样的基础上建立一种完整的物体(un corps entier)。这种物体具有纯粹简单理性能够透露给我们的那些主要知识项目,这些物体的所有部分都是有关联的,而且能够应付古代人和现代人所遭遇到的

最重要的困难。因此，我也独立地构建了一个关于人的自由和上帝协同作用的体系。这一体系，在我看来，同理性和信仰一点也不抵触；而且，我很乐意把它交给培尔先生仔细推敲，也愿意把它交给那些同他进行论辩的人仔细研究。现在他已经离我们而去了。这是一个重大的损失。因为，作为一个作家，他的学识和敏锐性，是很少有人能与之匹敌的。但是，既然这个问题处于考察之中，许多天赋甚高的人依然汲汲于此，而公众也普遍关注它，则在这种时候，把我的一些看法公布出来，就是一件再恰当不过的事情了。

在完成本前言之前，再说上几句话或许是恰当的。当我们否
69 定灵魂对身体或身体对灵魂的物理影响，也就是那种引起一方干扰另一方的规律的影响时，这绝不是说我们根本否认一方同另一方相统一从而构成一种实存的可能性。但是，这种统一是某种形而上学的东西，对现象界来说，什么变化也没有发生。这是我在答复学问和机智过人的图尔纳米[①]神父在《特雷伍斯纪实》（les *Mémoires de Trévoux*）上的著文中向我提出的异议时就已经说过了。基于这样一个理由，人们也完全可以在形而上学的意义上说，灵魂作用于身体，身体作用于灵魂。再者，灵魂是隐德莱希或能动性原则，而纯粹有形物体或纯粹的物质事物则只包含有被动性，这也是确实无疑的。因此，活动原则只存在于灵魂之中，这一点，我在《莱比锡杂志》（le *Journal de Leipzig*）上不止一次地解释过了。

① 图尔纳米（Tournemine，1661—1739），法国耶稣会神父，曾在《特雷伍斯纪实》上发表过多篇文章。莱布尼茨曾在该杂志1704年3月号上发表《前定和谐体系作者的评论》一文。

在我对已故的施图尔姆[①]先生这位阿尔托夫的哲学家和数学家的答复中更加特别地强调了这一点。在我的答复中，我甚至已经推证出：如果物体只包含有被动的东西，则它们的不同状态就会是不可辨别的了。我还要借这个机会说，在获悉这位《自我认识》(la *Connaissance de soi-même*)一书的天才作家在这本书里向我的"前定和谐体系"提出异议之后，我曾把我的答复寄到了巴黎，指出：他所批评的远不是我所持守的思想。[②] 最近，在另一个问题上，我在索邦神学院[③]的一位名不见经传的博士那里也遭到了同样的对待。如果我自己的话(显然在被人运用)被摘引出来，则这些误解对于读者从一开始就变得十分清楚了。

人们在转述他人意见时常常犯错，这样一种倾向使我也注意到：当我在某些场合说到人们只有借助于神恩才能皈依宗教时，我只是想表明一个人只要接纳不予抵抗，就能从中获益，而根本无需做什么主动的配合：这就好像在冰被打破时根本无需冰本身做什么配合一样。因为皈依完全是上帝恩典的结果，在此人只要接纳

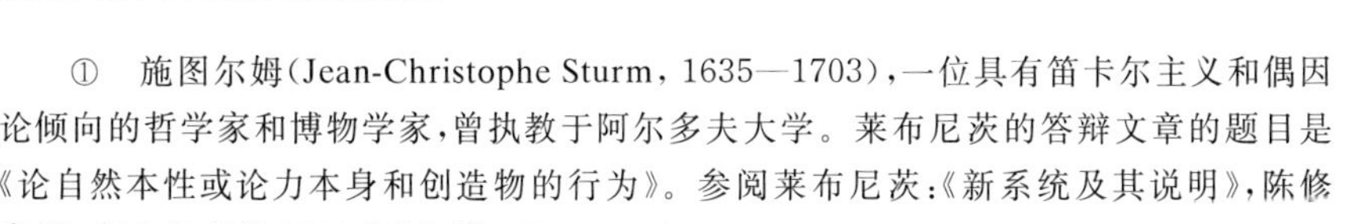

① 施图尔姆(Jean-Christophe Sturm，1635—1703)，一位具有笛卡尔主义和偶因论倾向的哲学家和博物学家，曾执教于阿尔多夫大学。莱布尼茨的答辩文章的题目是《论自然本性或论力本身和创造物的行为》。参阅莱布尼茨：《新系统及其说明》，陈修斋译，商务印书馆 1999 年版，第 159—177 页。

② 《自我认识》(*Self-knowledge*)一书的作者是本笃会会士拉弥(Lami，? —1711)，该著共 5 卷，1694—1698 年在巴黎出版。莱布尼茨以《增释有关灵魂与形体的联系的新系统，因〈自我认识〉一书出版的机会寄往巴黎》(1709)和《答拉弥对"前定和谐"系统的驳难》(1709)予以回应。参阅莱布尼茨：《新系统及其说明》，陈修斋译，第 130—158 页。

③ 索邦神学院(the Sorbonne)，为法国神学家索邦(Sorbonne，1201—1274)于 1253 年在法王路易九世支持下创办，1261 年更名为巴黎大学。1971 年，巴黎大学改组，被拆分为 13 所大学，索邦神学院更名为巴黎索邦大学(巴黎第四大学)。

就是对上帝恩典的配合了;但是人的接纳程度因人而异、因机缘而异,环境对于我们灵魂中出现的关注和意向多多少少也有一定的影响。所有这些事物的配合,连同印象的强弱及意志的状态,决定
70 了神恩活动的运作,尽管并不能使之成为必然的事件。我在别的一些场合已非常充分地解释了那些拒绝灵魂再生的人在皈依或救赎问题上可以说就是一具僵尸。我还极其称许奥格斯堡信纲(la confession d'Augsbourg)神学家们在这一问题上申明其态度的方式。然而,还需进一步说明的是,那些拒绝灵魂再生的人的这样一种腐化,一点也不会障碍他在其世俗生活中具有真正的美德,从事善的活动。这些活动是由善的原理生发出来的,其间根本不存在任何恶的意图,也不混杂有实在的罪。在此,如果我竟至于同圣奥古斯丁的观点相左的话,则我便希望得到谅解和宽恕。奥古斯丁无疑是位了不起的人物,一位值得尊敬的智慧非凡的人,但是他有时似乎也容易夸大事情,特别是他在同人争论最激烈的时候就更其如此了。我非常尊敬那些承认自己是圣奥古斯丁的信徒的人们,这些人中,坤纳尔①神父是伟大的阿尔诺在探索一些曾经使他们陷入同社会名流无尽纠纷的问题方面的一个值得重视的继承人。但是我已经发现,通常在著名的精英人士之间的争论中(无疑争论双方都有一些精英分子),争论双方都有正确的一面,尽管他们的正确性表现在不同的方面;而且他们的正确性与其说表现在他们攻击的问题上,倒不如说是表现在他们所辩护的问题上,尽管

① 坤纳尔(R. P. Quênel,1634—1719),詹森派神学家,编订出版《法文版〈新约全书〉,附有道德反思》(1671)。他的意见在罗马教廷1708年和1713年发表的《独生子通谕》中遭到了谴责。

人心的中伤他人的天性使得攻击比辩护更容易得到读者的认同。托勒米[①]神父曾为他的教区带来了声誉，并且忙于填补由著名的贝拉明[②]所留下来的空白。我希望他能够就所有这些问题给我们做出一些同他的敏锐、学识，甚至同他的稳健气质相称的解释。我们必定相信，在奥格斯堡信纲派的神学家中将会出现一位新的克姆尼茨[③]或一位新的加里斯都[④]；甚至人们若想到一些像乌塞留[⑤]或戴雷[⑥]的人将再次出现在宗教改革派中，想到所有这些都将发生作用，越来越多地消除掉那些使这一问题蒙受责难的误解，也都是正当的或不无理由的。那些想要进一步考察这一问题的人能够读到附有我已经做出答复的反对意见，而且在本著的结尾处，我还附了一篇短文，在这篇短文中我以概述的方式阐述了我的观点。我已经事先防止了一些新的反对意见。例如，我已经解释了我为

① 托勒米(Le Cardinal Tolomei，1653—1726)，意大利的神学家和著名的辩论家，继承了贝拉明的枢机主教职务。

② 贝拉明(Robert Bellarmin，1542—1621)，意大利枢机主教和神学家，在欧洲宗教改革时期为天主教辩护。1560 年加入耶稣会。1599 年，任枢机主教。1602 年，任卡普阿大主教。著有《论基督宗教辩论信条之争论》(共 3 卷，1586—1592 年)。他主张对新教著作和新教信仰持开明公正立场。作为罗马教廷神职部顾问，是初审伽利略著作的主要人员之一。碍于当时大主教与基督教新教的纠纷，主张最好仅宣布伽利略所拥护的哥白尼学说为“谬误”。1931 年，教皇庇护十一世追谥他为教义师。

③ 克姆尼茨(Chemnitz，1522—1586)，路德派神学家，1554 年，任布伦瑞克教会总监摩尔林的助手，1567 年，继任总监。1546 年，路德去世，信义会因教义纷争陷于分裂。1568 年，克姆尼茨与安德里亚合作，谋求统一。1577 年，《一致信条》问世，奠定信义会正统教义，使信义会逐步趋于统一。享有“第二路德”声誉。

④ 加里斯都(Callixtus，1586—1656)，路德派神学家，主张宗教和解。

⑤ 乌塞留(Usserius，1580—1656)，英国神学家，贝拉明的论敌之一。

⑥ 戴雷(Daillé，1594—1670)，法国新教神学家。

什么要仿效托马斯[①]、司各脱[②]和其他一些人把在先的和随后的意
71 志称作原初的和终极的理由。我还解释了所有被救赎的人的荣光所体现的善要比所有被诅咒的人的苦难所体现的恶无可比拟的多是何以可能的，尽管对于被诅咒的人来说，其恶要多些；解释了当我说恶作为善的必要条件是允许的时候，我所根据的何以不是必然性原则，而是事物的适宜性原则（le principes du convenable）。再者，我还说明，我所容许的这种预先决定虽然始终是一种倾向，但从未成为必然；上帝也决不会拒绝把新的必要的灵光赋予那些曾经充分利用其自然之光的人。此外，我还努力对最近向我提出的困难做了一些别的解释。同时，我还接受了几位友人的建议，在本论著的后面再加上两个附录：其中一个讨论的是《霍布斯先生同布拉姆霍尔主教关于自由与必然的论战》，另一个则讨论不久前在英国出版的一部书名为《恶的起源》[③]的学术著作。

最后，在所有的问题上，我都竭尽全力考虑到教化问题（l'édi-

① 托马斯·阿奎那（Thomas Aquinas，1225—1275），中世纪经院哲学的主要代表人物。

② 邓斯·司各脱（Duns Scotus，约 1226—1308），著名的苏格兰哲学家。其代表作为《牛津评注》，倡导一种理性的意志主义。宣称："上帝的意志是他的真实的、完满的、自在的本质。"断言：上帝在本质上是活动，理智活动展现了无限多的理念，上帝的意志决定了理念的配置以及与事物的关系，使自身成为与有限存在相联系的无限存在。

③ 《恶的起源》（*The Origin of Evil*）是爱尔兰都柏林大主教威廉·金（William King）的著作。该著拉丁版 1702 年在都柏林和伦敦出版，培尔曾对之进行过批评。其英译本 1729 年出版。此外，威廉·金还曾发表过一篇重要论文：《神学的锁钥，或关于自由意志的一篇哲学论文》（1715）。参阅 W. R. 索利：《英国哲学史》，段德智译，山东人民出版社 1992 年版，第 202、398 页。

fication)[①]:而且,如果我肯认了某些好奇的东西的话,那也只是因为我认为这对于消解那种其严肃性可能令人沮丧的问题大有必要。正是基于这样一种看法,我才在本论著中介绍了天体神学的令人兴奋的奇想,没有任何根据担心这种奇想会让什么人陷入圈套,从而认为谈论它与驳斥它全然是一回事。如果为虚构而虚构,而不是想象行星是恒星,则我们就可以设想这些行星是在恒星中被熔化掉然后又被抛了出来的物质团块,然而这也就必然破坏了这一假设神学(cette théologie hypothétique)的基础。古代有两条原则,东方人分别称之为“阿胡·玛兹达”和“阿里曼”以示区别。[②] 为了解说这两条原则的错误,我就必须对原始人类历史的有关猜测做一番解释。很可能,这两个词就是两个当时君王的名字,其中一个为亚洲北部的国君,在那个地区以前有几个人叫过这个名字;另外一个是凯尔特西徐亚人(Celto-Scythes)的国王,凯尔特西徐亚人曾入侵过前一个地区的许多国家,同时,日耳曼诸神中有一个也叫过这个名字。其实,琐罗亚斯德[③]似乎曾把这两个国

① 此处法文为 l’édification,英文为 edification,其原义为“建造”、“建立”、“建设”、“感化”、“教化”、“指点”、“启发”和“教益”等,也蕴涵有“道德修养”和“精神修养”等意思,考虑到上下文,我们将其译作“教化”。有学者将其意译为“内心的虔诚”,也值得体味。

② 琐罗亚斯德教主张善恶二元论,“阿胡拉·玛兹达”(Oromasdes)和“阿里曼”(Arimanius)是两位至上神。其中,前者意为“智慧之王”,代表光明、生命、创造、善行、美德、秩序和真理,是善界的至上神;后者则是人格化了的黑暗、死亡、破坏、谎言和恶行,是恶界的至上神。琐罗亚斯德教认为,在善恶对峙中,人有决定自己命运的自由意志,从而主张善恶报应和末日审判。

③ 琐罗亚斯德(Zoroaster,约公元前 7 世纪至公元前 6 世纪),古代波斯宗教的改革者和琐罗亚斯德教的创建人。“琐罗亚斯德”在古波斯语中作查拉图斯特拉(Zarathustra),意为“像老骆驼那样的男子”或“骆驼的驾驭者”。该教于 6 世纪南北朝时期传入我国,史称“祆教”、“火祆教”、“火教”和“拜火教”。

王的名字当作一种神秘隐性力量的符号或象征使用过。在古代亚洲人的观念中,这些国君的丰功伟绩使得他们和那些神秘隐性力量非常相似。然而,在别的地方,按照阿拉伯作家(在这方面,他们的资料很可能比希腊人更可靠些)的报道,这个曾被他们误作大流士大帝[①]同代人的泽尔杜斯特或琐罗亚斯德,并不是视这两条原
72 则为完全原初的和独立的,而是把它们看作依赖于一条至上的单一原则,这样一项记载很可能出自有关古代东方的详尽的历史文献之中。阿拉伯的作家们说道,琐罗亚斯德相信:无与伦比的上帝创造了一切,并且使光明同黑暗分离了起来;而其中的光明同上帝的原初的设计相一致,而黑暗则是作为物体产生的一种结果,甚至是作为物体产生的阴影而出现的,其实,它不是别的任何东西,只不过是一种匮乏而已。这些同摩西的宇宙起源学说(la cosmogonie)如出一辙。这样一种论点将会澄清希腊人归咎于这位古代作家的错误。他学识渊博,这使东方学者把他同埃及和希腊的墨丘利[②]或赫尔墨斯[③]相提并论,正如北方民族把他们的沃

① 大流士大帝(the great Darius,公元前522—前486在位),波斯帝国阿契美尼德王朝最伟大的国王之一。他不仅扩大了波斯帝国的疆土,而且还实施了一系列政治经济改革。他划分省区,健全了国内的行政制度。他统一货币和度量衡,开辟海陆运输路线,打通从印度河河口到埃及的海上通道。他尊重帝国内各民族的宗教,整修许多神殿,允许犹太人重建耶路撒冷大教堂。

② 墨丘利(Mercury)乃古罗马宗教所信奉的神灵。司掌商品,保佑商人。墨丘利之像作站立握钱囊状,象征其务商,为商业神。也有人将其与希腊神话中的赫尔墨斯相提并论。

③ 赫尔墨斯(Hermes)为希腊神话中的神祇,为宙斯之子。他被崇拜为丰产神,其象征为男性生殖器。他常被认为是畜牧的保护神,他也被视为道路和门洞之神,被视为旅行者的保护神。他还被视为音乐的庇护神和好运的赐予者。

但或欧丁[1]同墨丘利相提并论一样。这就是为什么星期三（Mercredi），或墨丘利日被北欧人称作沃但日（Wodansdog），而被古代亚洲人称作泽尔杜斯特日（jour de Zerdust）的理据。既然突厥人和波斯人把它称作扎夏姆巴（Zarschamba）或德西尔夏姆巴（Dsearschambe），东北欧的匈牙利人称之为泽达（Zerda），来自大俄罗斯中部的斯拉夫人（les Esclavons）称之为斯雷达（Sreda），直至卢讷堡地区的汶德人（Wendes）也是如此称呼，斯拉夫人也是从东方人那里知道这一名称的。这些言论或许不至于使那些好奇心重的读者感到反感。而且，我感到荣幸的是，在本论著的结尾为反对培尔先生而写的短篇对话也会使那些乐于看到以一种简易熟悉的方式阐述的虽然难懂但却重要的真理的人们得到满足。此外，我之所以冒着出错的风险用外语进行写作，乃是因为别人近来在讨论我的问题时一直在使用这门语言，同时也是因为这样做可以让那些期望从我的这本著作中获益的读者能够普遍地读到我的著作。至于语言方面的差错，我觉得是可望得到谅解的：因为这类错误不仅常常由印刷者和抄写者所造成，而且也往往由作者的仓促所造成，而这位作者事务相当繁忙，常常不得不分心于其他事情。再者，如果任何错误确实影响到了思想的表达，一旦作者获悉了这种情况，他就会第一个来纠正它。他在其他场合已经充分表现了他对真理的热诚，从而他希望他在这里的声明不至于仅仅被误认为是一些空话。

① “沃但”（Wodan）和“欧丁”（Odin）是居住于今北欧地区古日耳曼人敬奉的司知识、文化、诗歌、战争等之主神。

73 论信仰与理性的一致[①]

1. 我之所以从“信仰与理性一致”以及哲学在神学中的应用这一基本问题开始，不仅是因为这一问题对于我的这部论著的主题有重大意义，而且还因为培尔在讨论神正论问题时处处都论及这个题目。我设定，这两条真理不可能相互矛盾；信仰的对象乃上帝以超常的方式启示出来的真理；而理性虽然是各种真理的联结(l’enchainement des vérités)，但当其同信仰相比较时，便特别地是那些人的心灵无需借助于信仰之光而能够自然获得的真理之间的联结。理性的这样一种定义，亦即这一关于严格而真实的理性的定义，使那些习惯于以含混不清的意义谩骂理性的人大为震惊。他们也曾答复我说他们从未听说过有人曾对理性作出过这样一种解释：其实，他们从未同那些清楚明白地表述这类问题的人交换过意见。尽管他们也对我承认，从我赋予理性的这个意义上来理解理性，是找不出任何岔子的。这是因为在同一个意义上，理性同经验形成对照。理性，既然在于各种真理的联结，它就有资格将经验提供给它的真理关联起来，以便从中得出综合的结论。但理性既

① 原著(法文版)的标题是：“DISCOURS DE LA CONFORMTÉ DE LA FOI AVEC LA RAISON”。英译本将标题译作：“PRELIMINARY DISSERTATION, ON THE CONFORMITY OF FAITH WITH REASON”，有画蛇添足之嫌。

然是纯粹的和单纯的，从而也就不同于经验，它便因此而仅仅同那
些不依赖于感官经验的真理相关。而且，我们还可以进而将信仰
同经验做一番比较。既然信仰，就赋予其正当性的动机层面看，依 74
赖于那些看到过奠立在启示基础之上的奇迹的人的经验，依赖于
那种流传至今的值得信任的传统，无论是通过《圣经》，还是通过那
些心中保存这些奇迹的人的描述，事情都是如此。这种情况有点
像我们依据那些曾经访问过中国的人的经验，依据他们描述的可
信性，我们便相信人们就那个遥远国度讲述给我们的种种奇观。
然而，我还是要解释一下圣灵的内在运动，圣灵将占有灵魂，规劝
并促进它们向善，也就是规劝并促进它们走向信仰，走向仁爱，而
并不总是需要种种动机。

2.然而，理性真理（les vérités de la raison）又分为两种：其中一种可以称之为“永恒真理”（les vérités éternelles）。这些真理是绝对必然的，[①]从而其反面便蕴涵有矛盾。这就是那些具有逻辑的、形而上学的或几何学的必然性的真理，对于这样一种真理，人们若否定它们便势必导致荒谬。然而，还有另外一种理性真理，我们可以称之为“实证”（positives）真理。因为它们是那些上帝运用自己的权力赋予自然界的规律，或是因为它们是那些依赖于这些规律的东西。我们或是经由经验，也就是“后验地”（a posteriori）认识这些真理，或是经由理性“先验地”（a priori）认识这些真理。

① 法文版原文为“absolument necessaries”，英译本将其译作“altogether necessary”，反而给人以言不尽意之感。

而所谓经由理性“先验地”认识真理也就是去考察作为事物得以选择的理由的事物之间的“适宜性”(la convenance)。事物之间的这种适宜性,尽管也有其规则和理由,但是导致优先选择相适宜的事物并使之存在的却是上帝的自由选择(le choix libre de Dieu),而不是那种几何学的必然性。这样,我们便可以说,物理的必然性(la nécessité physique)是以道德的必然性(la nécessité morale)为基础的,也就是说,是以有智慧的人做出的与其智慧相称的选择为基础的。正是这种物理的必然性造成了自然界的秩序,进而产生出那些运动规则以及其他一些普遍规则,上帝也乐于把这些规则放进他所创造的事物之中。毫无疑问,上帝赋予事物这些规则或规律决不是没有理由的,他选择什么并不是出自任性或突发奇想,仿佛是纯粹偶然的或者是出于一种完全纯粹的无差别(une indifférence toute pure)。但促使他做出选择的关于善和秩序的普遍理由,在某种情况下,却可能为达到更好秩序的更强大的理由所制服。

3. 由此看来,很清楚,上帝通过实施一个奇迹,便能够使他的受造物摆脱他已经为它们制定的种种规律,并在它们身上产生出它们的本性所产生不出来的东西。当它们出现了比经由它们的本
75 性能够获得的更为高级的完满性和能力时,经院哲学家便将这种能力称作“顺从能力”(cette faculté une puissance obédientielle),即那种该事物经由顺从能够给予它所不曾具有的东西的上帝的命令而获得的能力。然而,这些经院哲学家通常给出的有关例证在我看来是不可能的:例如,他们主张上帝能够赋予受造物以创造能

力(la faculté de créer)。诚然,也可能有一些奇迹,是上帝通过天使这一中介实施出来的,而它们也未曾违背自然规律,一如人借助技艺协助自然,只不过天使的技艺在完满性等级方面与我们的技艺不同而已。尽管如此,自然规律依然真的是由立法者予以豁免的;而永恒真理,如几何学的真理,却不允许豁免,从而信仰也不能够同它们相矛盾。这样一来,对真理也就没有什么不可战胜的反对意见。因为如果它是一个建立在原理或无可置疑的事实基础之上,并且是由永恒真理的联结形成的证明问题,其结论就是确定的和本质的,而与之相反的观点便必定是错误的。否则两个矛盾的东西就可能同时为真。但倘若这个反对意见并不具有确然性,那它就只能形成一种盖然证明(un argument vraisemblable),从而便不具有反对信仰的任何力量。因为这与宗教奥秘反乎现象是一致的。然而,培尔先生在其死后发表的《对勒克莱尔先生的答复》中却声称:他根本不承认存在有反乎信仰真理的证明,从而,所有这些不可克服的困难,所有这些信仰与理性之间的所谓战争,就都被他一笔勾销了。

神灵的纷乱酿成巨大战事,
为抛掷出去的飞扬的尘埃所窒息,
而趋于平息。[①]

① 这行诗在法文版中为:
Hi motus animorum atque haec discrimina tanta
Pulveris exigui jactu compressa quiescent.
它出自罗马诗人维吉尔(Virgile,公元前 70—前 19)的《农事诗》第 4 卷,第 87 行。

4. 无论是罗马天主教神学家，还是新教神学家，当他们深入探究这一问题时，便都承认我在前面刚刚阐述的那些原理。所有被说成反乎理性的东西都是没有任何力量的，除非其反对的是一种所谓的理性（une prétendue raison），[①]受到了虚假现象的玷污和欺骗。关于上帝的正义和善的概念的情况也是如此。人们有时谈到这些概念，仿佛我们对它们的本性既没有任何观念也没有任何定义似的。但在这种情况下，我们就没有任何根据把这些属性归于他，也没有任何根据为此而赞美他。不仅他的智慧，而且他的善和他的正义同我们的区别也仅仅在于它们比我们的无限完满。因
76 此，哲学的这些简单概念、必然真理及其哲学结论都不能反乎启示。而一些哲学原理在神学中之所以遭到反对，其理由往往在于：这些原理被认为仅仅具有一种物理的和道德的必然性，这种必然性虽然关涉到的只是那些通常发生的事情，从而是奠基于表面现象的，但如果上帝觉得合适的话，这些事情也是可以不发生的。

5. 综上所述，在那些设定哲学与神学、或信仰与理性不相一致的人的表述中必定常常存在有某种混乱。他们把"解释"（expliquer）、"理解"（comprendre）、"证明"（prouver）、"支持"（soutenir）这些词搞混淆了。而我发现，培尔先生也并不总是没有这种混淆的。奥秘是可以得到充分解释的，以便证明信仰它们是正当的。

① 英译本将"所谓的理性"译作"伪理性"（counterfeit reason），虽然削弱了原文的风度，但也表达了原文的基本意涵。

但人们不可能理解它们，也不可能了解它们究竟是如何发生的。因此，即使在自然哲学中，我们虽然在一定程度上也能够对若干感性性质作出解释，但我们解释得却不完满。因为，我们并不理解它们。我们也不可能通过理性来证明奥秘。因为凡能被先验证明的或者被纯粹理性证明的，便都是能够被理解的。因此，在我们依据宗教真理的证明（亦即所谓“可信的理据”）而相信奥秘之后，我们唯一可做的事情便是面对反对意见时依然能够支持它们。舍此，我们对它们的信仰就将没有任何坚实可靠的基础。因为凡能够以一种健全的和确定的方式加以驳斥的，就只能被判定为荒谬。而只能够获得“道德确定性”（certitude morale）的有关宗教真理的这样一些证明，也能够为那些将获得绝对确定性（une certitude absolue）的反对意见所抵消甚至超出，除非它们非常令人服，具有绝对的推证力量。如果我们面对的并不都是那些成见极深的人，仅此一点就足以使我们排除在有关宗教问题上运用理性和哲学时所产生的种种困难了。但既然这个问题至关紧要，而且它又常常陷于混乱状态，那就应该对它做出更加详尽的论述。

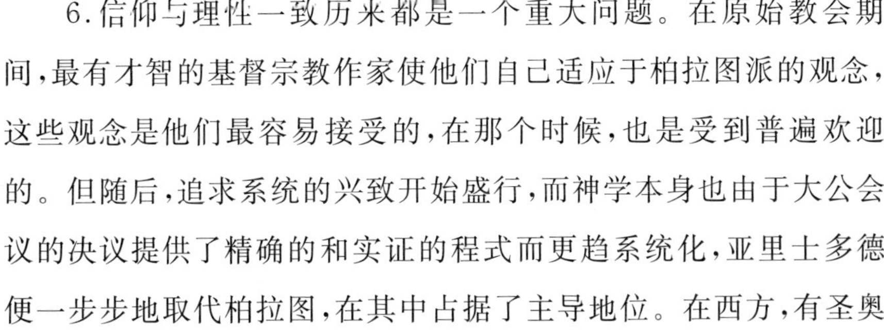

6. 信仰与理性一致历来都是一个重大问题。在原始教会期间，最有才智的基督宗教作家使他们自己适应于柏拉图派的观念，这些观念是他们最容易接受的，在那个时候，也是受到普遍欢迎的。但随后，追求系统的兴致开始盛行，而神学本身也由于大公会议的决议提供了精确的和实证的程式而更趋系统化，亚里士多德便一步步地取代柏拉图，在其中占据了主导地位。在西方，有圣奥

77 古斯丁、波爱修(Boèce)和卡西奥多[①],在东方,有大马士革的圣约翰[②],在使神学具有科学形式方面贡献甚多,更不用说比德[③]、阿尔昆[④],圣安瑟尔谟[⑤]以及其他一些精通哲学的神学家了。最后,接踵而至的是经院哲学家。修道院的闲暇使他们获得了从容默思的机会,他们借助于从阿拉伯文翻译过来的亚里士多德哲学,最后终于构建了一种神学与哲学的复合物,其中大多数问题都是由协调信仰与理性这一棘手问题生发出来的。但这样一种努力并未获得预期的那样充分的成功。因为神学已经为那个悲惨时代,为无知和偏执弄得腐朽不堪。再者,哲学除自身犯有重大错误外,还承载

① 卡西奥多(Cassiodorus,约 490—约 585),古罗马历史学家、政治家和僧侣。波爱修的学生。曾任执政官,并建立过一个寺院。其著作有《杂录》(537)、《远古史》(519)、《论灵魂》和《论宗教文学与世俗文学》等。

② 大马士革的圣约翰(Saint John of Damscus,约 675—749),基督宗教东方教会修士,希腊教会和拉丁教会的教义师。亚里士多德之后,有影响的神学家。在神学研究中综合运用希腊学术和中古拉丁学术。曾著《论圣象》三篇。

③ 比德(Bede,675—735),盎格鲁—撒克逊神学家、历史学家。所著《英格兰人教会史》(731 或 732 年完成)是研究盎格鲁—撒克逊各部族信仰基督宗教历史的主要资料。他以基督的生年作为纪元,后为世界各国所通用。此外,他还注释了《旧约》和《新约》圣经。

④ 阿尔昆(Alcuin,约 732—804),盎格鲁—拉丁诗人、教育家和神学家。查理大帝在亚琛创建的巴拉丁学校的校长。他把盎格鲁—撒克逊的人文传统介绍到西欧,是所谓加洛林王朝"文艺复兴"最杰出的学者。796 年,至图尔著名的圣马丁隐修院任院长,对法兰克教会礼拜仪式进行了改革,并重新编撰了拉丁文《圣经》。其思想深受奥古斯丁影响。

⑤ 圣安瑟尔谟(St. Anselm,1033—1109),中世纪著名经院哲学家,曾在 1093—1109 年间任坎特伯雷大主教。他是将从波爱修继承过来的亚里士多德逻辑学思想用于阐明自己神学教条的首批哲学家之一,故有时被称作经院哲学之父。其著作主要有《独白篇》、《证道篇》、《宣讲篇》、《自由意志论》、《魔鬼堕落论》和《论知书识字者》等。曾提出过著名的关于上帝存在的本体论证明,就中关涉到理性与信仰、哲学与神学的一致性问题。

着神学的种种错误，这样一种状况又进一步致使神学与一种模糊不清、极不完善的哲学结盟。尽管如此，我们也必须同无与伦比的格劳修斯[1]一起承认，在这些僧侣野蛮的拉丁文字的垃圾堆里面有时也埋藏有黄金。因此，我不时地希冀有那么一位才智之士为履行职责而必须掌握经院哲学家们的语言，以披沙拣金；我也希冀再出现一个裴拓[2]或托马西乌斯[3]，为经院哲学家去做这两位学者为教父曾经做过的事情。这将是一件相当精细的工作，对于教会史亦有相当重要的意义。而且，这也会将教义史一直延续到文艺复兴时期（事情因此而完全面貌一新），甚至还超出这个时代。因为许多教义，诸如关于物理前定[4]、间接知识、哲学罪过、客观精确性的教义以及思辨神学中许多别的教义，甚至实践神学中的良知案件（des cas de conscience）的教义，也一直流传到特伦特会议[5]之后。

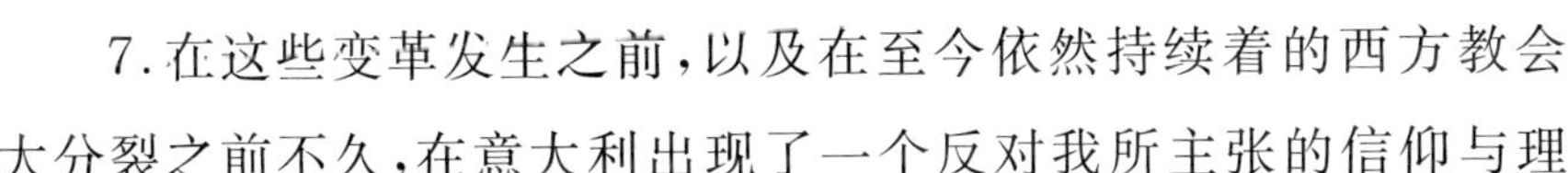

7. 在这些变革发生之前，以及在至今依然持续着的西方教会大分裂之前不久，在意大利出现了一个反对我所主张的信仰与理

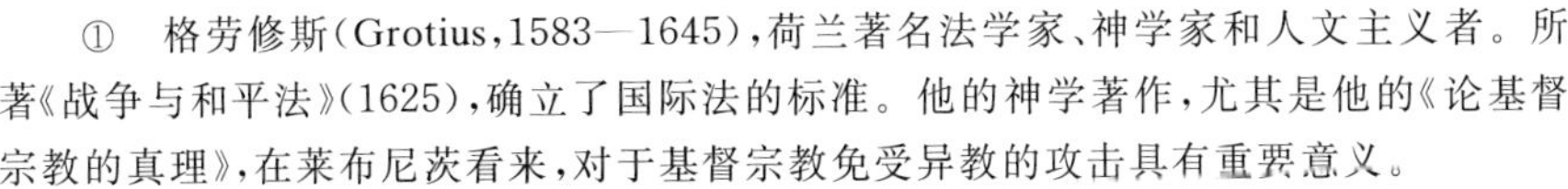

① 格劳修斯（Grotius，1583—1645），荷兰著名法学家、神学家和人文主义者。所著《战争与和平法》（1625），确立了国际法的标准。他的神学著作，尤其是他的《论基督宗教的真理》，在莱布尼茨看来，对于基督宗教免受异教的攻击具有重要意义。

② 裴拓（Petau，1583—1652），著名的基督宗教神学家，著有《论教义神学》一书，该书于1644—1650年在巴黎出版。

③ 托马西乌斯（Thomasius，1619—1695），奥拉托利会会员，所著《神学教义》（1680—1689）是以裴拓的《论教义神学》一书为基础写出来的。

④ 物理前定（physical predetermination），指从上帝那里领受到的运动，藉此，受造物可以领受到一种活动能力。

⑤ 特伦托会议（the Council of Trent）为天主教会第19次普世会议，1545年开幕，历经三个教皇，至1563年闭幕，历时18年。会议驳斥路德提出的因信称义观点，但也主张在天主教会内部实施多项改革。

性一致观点的哲学家组织。[①] 他们之所以被称作“阿维洛伊[②]派”(averroïstes),乃是因为他们持守的是阿维洛伊这位阿拉伯作家的观点,阿维洛伊被称为卓越的评注家,是他们民族对亚里士多德的意义洞察得最为透彻的少数几个学者之一。这位评注家发扬光大了希腊注释家们教导的遗产,主张:依据亚里士多德,甚至依据理性
78 (这两件事在当时几乎被视为一件事),灵魂不死说(l'immortapité de l'âme)毫无理据。其推证如下:按照亚里士多德的观点,人类是永恒的,因此,如果个体灵魂不死,我们就必须诉诸为这位哲学家所反对的灵魂转世说(la métempsycose)。而如果始终有新的灵魂,我们就必须承认这些灵魂永恒存在的无限性。但按照同一个亚里士多德的观点,实无限(l'infinité actuelle)是不可能的。因此,我们必然由此得出结论说:灵魂,作为有机身体的形式,必定

① 这个哲学家组织系13世纪巴黎大学艺学院出现的拉丁阿维洛伊主义。他们主张像阿维洛伊那样忠实于亚里士多德,反对照柏拉图主义解释亚里士多德,反对出于维护基督宗教教义的目的改造亚里士多德,从而被称作“世俗的亚里士多德主义者”或“激进的亚里士多德主义者”。布拉邦的西格尔(Sigerus de Brabant,1240—1284)作为巴黎大学艺学院教授,是这一哲学家组织的领袖和主要代表人物。13世纪中叶,在大阿尔伯特、波那文都和托马斯这些巴黎大学神学院著名教授相继离职后,西格尔及其同事一度在巴黎大学讲坛上占据主导地位。西格尔的著作主要有《论灵魂第三卷论题集》、《论世界的永恒性》、《不可能性》、《论原因的必然性与偶然性》、《形而上学注》、《论理性灵魂》、《论理智》、《论幸福》等。但丁在《神曲》中曾将其与托马斯、大阿尔伯特一起列在哲人的天堂(“日论天”)之中。

② 阿维洛伊(Averroe,1126—1198),阿拉伯名字为伊本·鲁西德(Ibn Rushd)。他是西部亚里士多德主义最著名的代表人物,也是阿拉伯世界整个亚里士多德哲学运动的主要代表人物,以其名字命名的阿维洛伊主义即为整个亚里士多德主义的代名词。其哲学与神学著作主要有:《论宗教与哲学的一致》、《矛盾的矛盾》、《论天体的实体》、《论灵魂注》、《形而上学注》和《物理学注》。他虽然主张“双重真理论”,但他实际上视哲学真理为第一真理或最高真理。

同身体一起毁灭，至少个体地属于每个人的被动理智（l'entendement passif）必定是这样的。如是，依然存在的便是对所有人都共同的能动理智（l'entendement actif）；这一能动理智，按照亚里士多德的观点，是从外部来到我们人身上的，而且，它必定可以在器官得到合适安排的无论什么地方发挥作用；甚至就像是当风吹进排列有序的风琴管即能产生出一种乐曲一样。[①]

8. 再没有什么证明比这样一个证明更加软弱无力了。其实，亚里士多德既没有驳斥灵魂转世说，也没有证明人类的永恒性。至于实无限不可能这样一种观点也是无稽之谈。然而，这个证明却作为一种无可辩驳的证明在亚里士多德派中间流传，致使他们相信存在有一种尘世理智（une certaine intelligence sublunaire），而我们的能动理智就是藉分有它而产生出来的。而其他一些不太坚持亚里士多德的学者甚至向前走得更远，以至于去倡导一种普遍灵魂，这种灵魂构成了所有个体灵魂的海洋，而且还相信只有这种普遍灵魂能够持续存在，个体灵魂则是有生有死的。按照这种意见，动物灵魂，犹如一滴水，一旦发现它得以获得生命的身体，便离开了海洋；而当它们的身体腐朽时，它们便由于与灵魂海洋的重新结合在一起而死亡，一如条条江河都消失在海洋之中。还有许多人甚至走得更远，他们认为上帝即是那普遍灵魂，尽管其他人认为这种灵魂是从属的和受造的。这一谬论非常古老，很容易使一

① 关于阿维洛伊的独一理智说，请参阅托马斯·阿奎那：《论独一理智——驳阿维洛伊主义者》，段德智译，商务印书馆 2015 年版，第 53—76 页。

般庸众上当受骗。这在维吉尔的动人诗行(《埃涅阿斯纪》,Ⅵ,v,724)中是这样表述的:

开初,一个神灵充盈并支撑着
天空,大地,大海,
月亮的皎洁天体及太阳的星群;
它流溢世界各地,
推动形形色色的物质,
与巨大的躯体合二而一,
从而产生出人类,
产生出种种鸟禽。

79 在另外一个地方,他又写道(《农事诗》,Ⅳ,v,221):

一个神巡游于大地和海洋,
进入诸天的幽深之处;
鱼类、家畜、人类以及种种野生动物,
都从他那里呼吸淡薄的生命气息;
随后,所有这一切又都回到他那里,
得以避免瓦解的厄运。

9.也有人曾经从这个意义上来理解柏拉图的世界灵魂(l'âme du monde)。但有更多的迹象表明,斯多葛派信从这一吞没一切的普遍灵魂(cette âme commune)。持这种意见的人可以被称作“一灵论者”(monopsychites),因为按照他们的观点,实际上只有一个灵魂独立存在。贝尼尔[1]先生注意到:这种意见几乎为波斯和莫卧儿帝国(du Grand-Mogol)下属各国的学者普遍认可。这种意见甚至在喀巴拉派[2]和奥秘派(les mystiques)中也站稳了脚跟。一个生于施瓦本几年前改宗犹太教的德国人,托名摩西·日耳曼(Moses Germanus),在接受了斯宾诺莎学说之后,认为斯宾诺莎复兴了希伯来人古老的喀巴拉派(Cabale)。还有一位学者,虽然曾对这位改宗犹太教的德国人大加挞伐,却也持同样的意见。众所周知,斯宾诺莎承认世界上只存在有一个实体,个体灵魂只不过是这唯一实体的转瞬即逝的样式。瓦伦丁·韦格尔[3],身为萨克森乔保的牧师,是一个具有才智甚至具有卓越才智的人士,尽管人们将其视为一个空想家,但在一定程度上,或许也持这样一种观点。持这样一种观点的,还有一个名叫约翰·盎格鲁·萨利西乌斯[4]的文人,他以警句的形式写出了许多脍炙人口的短

① 贝尼尔(Bernier,1625—1688),著名哲学家伽森狄的追随者,所著《贝尼尔游记》被视为有关莫卧儿帝国的最好著作之一。

② 喀巴拉派(the Cabalists)系犹太教神秘主义派别总称。该派倡导灵魂移植说,认为灵魂通过神秘途径能够摆脱物质世界而与上帝合为一体。最初的喀巴拉派称为麦卡瓦,1世纪时流行于巴勒斯坦。已知犹太教神秘主义的最古老的经籍为《创世之书》,出现于3—6世纪之间。《光明之书》成书于12世纪。13世纪,《隐喻之书》出现于西班牙。《光明之书》也出自西班牙卡巴拉派之手。至16世纪,喀巴拉派的中心转移到加利利地区,并且强调无限之主退隐于自身之中,神光散射,宇宙复兴。对17世纪的沙贝塔运动有较大的影响。

③ 瓦伦丁·韦格尔(Valentin Weigel,1533—1588),德国新教神学家,神秘主义者。其著作集于1618年出版后,曾产生过较大的影响。

④ 约翰·盎格鲁·萨利西乌斯(Johann Angelus Silesius,1624—1677),德国著名的神秘主义诗人。其诗集《神圣的灵魂之乐》曾于1702年重版。

篇祷告的德文诗，不久前这些诗篇还被重新印行。一般来说，奉若神明的神秘学说是易于接受这样一种揣摩不定的解释的。热尔松[①]早就著文，批驳鲁伊斯布鲁克(Ruysbrock)。鲁伊斯布鲁克是一位神秘主义作家，其用心良苦，而其表述方式也是可以谅解的。但人们最好用一种无需他人谅解的方式行文：虽然我也承认有几分夸张的、有几分诗化的表述方式往往比陈述的正确方式具有更大的感染力。

10. 寂静派[②]对适合于我们有资格要求的一切大力推行的虚
无化(l'anéantissenment)，在一些人身上，也同样有理由成为一种
隐蔽的无神论形式；一如，关于佛[③]的寂静主义所表述的那样。佛
80 是一个伟大的中国教派的创始人。[④] 在为他的宗教工作了 40 年
之后，他感到其死之将至时，便向他的弟子们声明说，他将他的真
理隐藏在隐喻帷幕(le voile des métaphores)之后了，一切都化成

---

① 热尔松(Gerson，1363—1429)，法国基督宗教神学家，神秘主义者。曾任巴黎大学校长。主张人在祈祷中，灵魂与上帝合二而一。曾批评另一位神秘主义者鲁伊斯布鲁克的著作《精神婚礼的饰物》，认为其过分狂热。

② 寂静派(the Quietists)是一种主张寂静主义的天主教神修学派，认为人要修德成圣，在于绝对寂静，逃避外务，与天主合一。此说始于中世纪欧洲。1675 年，西班牙神秘主义者毛里诺斯(1640—1696)出版《神修指南》一书，将其系统化。寂静派在信仰上与新教的虔信派和贵格派有相似之处。

③ 佛(Foë)，亦称佛陀。大乘泛指一切觉行圆满者，小乘则将其用作释迦牟尼的尊称。释迦牟尼为佛教创始人，姓乔达摩，名悉达多。其生卒年代，北传佛教认为生于公元前 565 年，死于公元前 485 年，约与中国孔子同时，南传佛教认为其生于公元前 624 年，卒于公元前 544 年。29 岁时出家修道，35 岁时悟道成佛，开始说法传教。80 岁时去世。

④ 莱布尼茨的这一说法足见中国文化对他影响至深。

了虚无，虚无乃万物的第一个源泉。所以，他的这样一种观点，看来比阿维洛伊的观点更为糟糕。这两种学说都根本站不住脚，甚至可以说是肆无忌惮。尽管如此，一些现代人仍然不假思索地采信了这样一种吞噬所有其他灵魂的独一普遍灵魂的观点。这一学说尤其受到那些所谓自由派思想家的肉麻的吹捧。普莱萨克[①]先生这位极具才智的军人和人士，一度涉足哲学研究，曾在他的论文中公开宣扬这一学说。前定和谐体系是最适合克治这样一种恶的。因为它指出：必定存在有一种简单的、没有任何广延的实体，分散到整个自然界之中；这些实体，除上帝外，必定不依赖每个别的实体而独立存在；而且，它们也从来不可能整个地同有机躯体分离开来。那些认为能够有感觉却不能够有理性的灵魂终有一死的人，那些主张只有理性灵魂才能够具有感觉的人，都给一灵论者提供了可乘之机。因为要劝说人们相信禽兽什么也感觉不到相当困难；而且，一旦承认凡具有感觉能力者都要死去，要依据理性来证明我们的灵魂不朽就相当困难了。

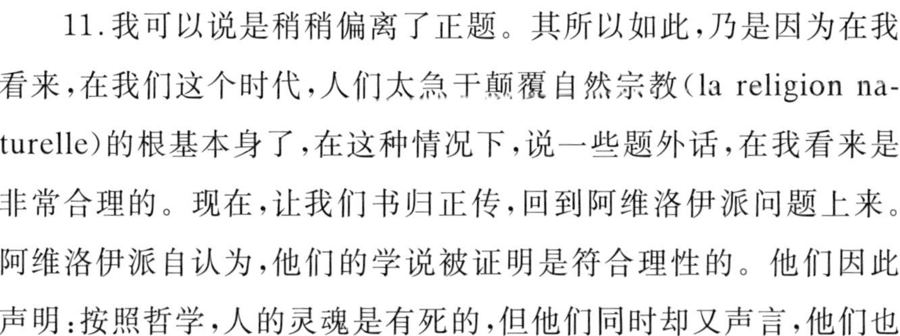

11. 我可以说是稍稍偏离了正题。其所以如此，乃是因为在我看来，在我们这个时代，人们太急于颠覆自然宗教(la religion naturelle)的根基本身了，在这种情况下，说一些题外话，在我看来是非常合理的。现在，让我们书归正传，回到阿维洛伊派问题上来。阿维洛伊派自认为，他们的学说被证明是符合理性的。他们因此声明：按照哲学，人的灵魂是有死的，但他们同时却又声言，他们也

① 普莱萨克(Preissac)，《论军人、书信与言论自由》(1618)一书的作者。

承认基督宗教神学，而后者却是主张灵魂不朽的。但这样一种区分被认为是值得怀疑的，而且，对信仰与理性的这样一种割裂也遭到当时的高级教士和神学家们的激烈批驳，在利奥十世主持的最后一次拉特兰大公会议[①]上也遭到了谴责。这次大公会议敦促学者们努力工作，尽力消除神学和哲学截然二分酿成的各种困难。尽管如此，这种神学与哲学不相兼容的学说依然故我，对其立场不予审察。彭波那齐[②]尽管自称与这种学说相左，但也涉嫌这一学说；而阿维洛伊派作为一个学派也依然幸存下来。有人认为，凯
81 撒·克雷莫尼[③]，当时的一位著名哲学家，也是它的一个中流砥柱。安德雷·切萨皮诺[④]，作为一个医生，居功甚伟，他是继米歇尔·塞尔维图斯[⑤]之后，最接近发现血液循环系统的人，但他也曾遭到尼古拉·陶磊勒[⑥]的指摘，陶磊勒在一部题为《崩塌的阿尔卑

① 最后一次拉特兰大公会议(Lateran council)，即天主教于1512—1517年间在罗马城拉特兰宫举行的会议。这次会议先后由教皇尤利乌斯二世和利奥十世主持。会上公开批判阿维洛伊派和双重真理说。

② 彭波那齐(Pomponazzi，1462—1524)，意大利哲学家，文艺复兴时期亚里士多德主义的主要代表人物。精通亚里士多德及其解释者的著作，尤其是精通阿奎那和阿维洛伊的著作。主张个人灵魂不朽，道德行为乃人生的唯一正确的目的。

③ 凯撒·克雷莫尼(Caesar Cremoninus，1550—1631)，意大利哲学家和医师。帕都邑派(l'école de Padoue)主要代表人物之一。

④ 安德雷·切萨皮诺(Andreas Cisapinus，1519—1603)，意大利医生、哲学家、植物学家。他的植物分类法使植物学成为一门独立科学。他先于哈维对血液循环解剖学和生理学开展了研究。

⑤ 米歇尔·塞尔维特(Michael Servetus，1509—1553)，西班牙医学家、神学家。曾先后发表《论三位一体论的谬误》和《恢复基督宗教教义的本来面目》，攻击正统教义，主张道是永恒的，是上帝自我表现的形式；圣灵则是作用于人心的上帝的运动和力量；圣子是永恒的道与凡人耶稣的结合。他在论述圣灵与再生的关系时，无意发表了他对人体循环的发现。1553年10月，他经天主教会审讯，判定犯有异端罪，被活活烧死。

⑥ 尼古拉·陶磊勒(Nicolas Taurel，1547—1606)，哲学家、神学家和医学家。

斯》的著作中，说他属于反宗教的逍遥派之列。这一学说在格劳迪·贝尔加尔迪[①]的《比萨文集》中也留有痕迹，贝尔加尔迪本是一个法国人，后移居意大利，在比萨教授哲学。加布里埃尔·诺德[②]的论著和书信以及《诺德箴言集》尤其表明：阿维洛伊主义当这位博学的医师寓居意大利的时候，依然十分活跃。稍后介绍进来的微粒哲学（la philosophie corpusculaere）似乎已经剿灭了这一过分的逍遥学派，或者说已经与它的学说混为一体了。实际上，有些原子论者，如果环境允许的话，也乐于去教授一些与阿维洛伊主义相类似的学说；但这样一种滥用不可能伤害微粒哲学中有益的东西，因为人们可以很好地与柏拉图和亚里士多德哲学中所有健全的思想结合在一起，并使两者与真正的神学相一致。

12. 一如我们已经注意到的，宗教改革家，特别是路德，有时发表的言论，仿佛他们根本拒绝哲学，把哲学看成对宗教有害的东西。但真正说来，路德所理解的哲学无非是那种同自然过程相一致的东西，甚至是学院所教授的哲学。例如，他说，道成肉身在哲学中不可能，也就是在自然的秩序中不可能。他甚至还进而主张：在自然哲学中为真的东西在伦理学中却可能是假的。亚里士多德是他发泄怒火的对象。早在 1516 年，那时他大概还不曾改革教会的事情，他曾一度默思过哲学的净化问题。但到最后，他还是控制

① 格劳迪·贝尔加尔迪（Cladii Bergardi，1578 或 1591—1664），法国哲学家。曾在披萨和帕都邑任教。他的《比萨文集》是对亚里士多德物理学论述的一个评注。

② 加布里埃尔·诺德（Gabriel Naudé，1600—1653），法国医生，图书馆管理专家，近代图书馆组织理论的早期创始人。

住了自己过激的情绪，允许在奥格斯堡信纲的护教学中适当地提及亚里士多德及其伦理学。梅兰希顿[①]，其思想健全而稳健，由哲学的若干部分创制了若干小的体系，这些小的体系既适合于启示真理，也有益于市民生活，至今还值得一读。在他之后，皮埃尔·德·拉·拉梅伊[②]的思想轰动一时。拉梅伊的哲学得到了广泛的支持：拉梅伊派在德国日益得势，在新教中有许多追随者，他们甚
82 至将其运用到神学之中。只是随着微粒哲学的复兴，拉梅伊哲学才逐渐失势，被人遗忘，从而大大削弱了逍遥派的权威。

13. 与此同时，一些新教神学家却尽可能地疏远经院哲学，而经院哲学却在敌对营垒中占据主导地位，以至于竟鄙视哲学本身，认为哲学本身是不可信的。这场争论因丹尼尔·霍夫曼[③]极端仇视哲学而骤然爆发。霍夫曼是一位很有才能的神学家，他因出席奎德林堡会议而一举成名，那时，他与提尔曼·赫术西乌斯（Tileman Heshusius）一起站在布伦瑞克的尤里乌斯公爵一边，拒绝接受《协和信经》[④]。由于这样那样的理由，霍夫曼博士对哲学勃然

① 梅兰希顿（Melanchthon，1497—1560），德国基督宗教新教神学家和教育家。曾任威滕堡大学希腊文教授多年。在宗教改革运动中，他极力维护《圣经》权威，先于路德批判变体论，确立因信称义为神学的基本原则。曾草拟1530年的《奥格斯堡信纲》。

② 拉梅伊（Pierre de la Ramée，1515—1572），法国哲学家和逻辑学家，曾极力反对亚里士多德的逻辑学。他在1572年发生的圣巴托洛缪大屠杀中被杀。

③ 丹尼尔·霍夫曼（Daniel Hoffmann，1538—1621），路德派神学家，梅兰希顿的学生。

④ 协和信经（Formula of Concord）是路德派内部所形成了关于《奥格斯堡信纲》正式信条所达成的共识，成稿于1577年，对维持路德派的统一曾发挥了一定的作用。

大怒，不满足于找出哲学家们滥用哲学的过错。然而，他却将矛头对准著名的卡塞留斯[1]，卡塞留斯在那个时代既受到君主的敬重，也受到学者们的敬重。而亨利·尤里乌斯（Henri-Julis），这个布伦瑞克公爵（布伦瑞克大学创办人之子），不辞辛苦，亲自调查事件的真相，并随之对这位神学家进行了谴责。此后，诸如此类的小的争执一直没有停息过，但我们总是能够发现这样的争执往往是由于种种误解所致。保罗·斯勒沃特[2]，是一位在图林根的耶拿执教的知名教授，其流传至今的论著表明，他对经院哲学极为精通，而且，他对希伯来文献也非常精通，早在青年时代，他就曾以《晚祷》（*Perviglium*）为题出版了一本讨论上帝是否为罪的偶然原因问题的小书，该书的副标题为“论神学与哲学在两个基本原则上的争端”。但人们很容易看出，他想要论证的无非是神学家有时滥用了哲学术语。

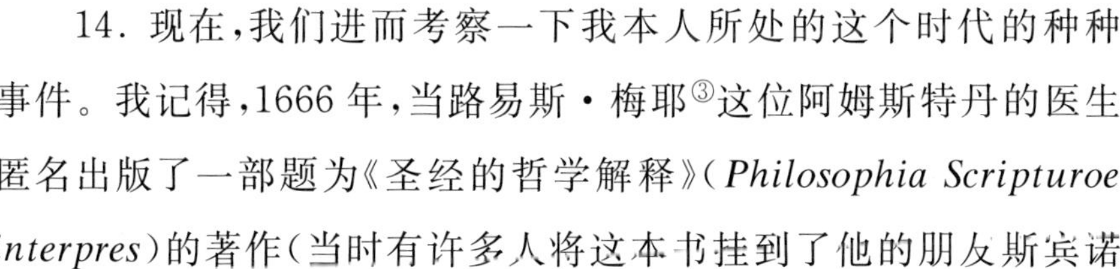

14. 现在，我们进而考察一下我本人所处的这个时代的种种事件。我记得，1666 年，当路易斯·梅耶[3]这位阿姆斯特丹的医生匿名出版了一部题为《圣经的哲学解释》（*Philosophia Scripturoe interpres*）的著作（当时有许多人将这本书挂到了他的朋友斯宾诺

---

[1] 卡塞留斯（Jean Caselius，1533—1613），德国人文主义者，梅兰希顿的学生，著名书简作家。

[2] 保罗·斯勒沃特（Paul Slevogt，1596—1655），德国人文主义者，亚里士多德派哲学家。曾教授希腊语和希伯来语以及逻辑学和形而上学。

[3] 路易斯·梅耶（Louis Meyer，生卒不详），斯宾诺莎的信徒和朋友。他在斯宾诺莎死后出版了其生前未曾发表的著作，包括《伦理学》。《圣经的哲学解释》1666 年出版。

莎的名下)，许多荷兰神学家奋起而攻之。他们攻击这本书的论著在他们内部又引起了很大的争执。他们中有几个持守这样一种意见：笛卡尔派在批驳这位匿名哲学家时，向哲学做了太多的让步。让·德·拉巴底[①](曾退出改革宗教会，其托辞是公共仪式中存在有一些他所谓的陋习，他认为这是不可容忍的，而在此前他就曾)攻击冯·沃尔佐根先生[②]的著作，说它是一种有害无益的东西。
83 另一方面，瓦格尔桑先生、魏业先生[③]和另外一些反科赫派[④]人士也极其尖刻地攻击同一部著作。但受告方却在一次教会会议上胜诉。自此以后，在荷兰，人们便有了"理性"神学家和"非理性"神学家之说，培尔先生经常提到这样一种宗派的分野，而他自己最终则自称是反对前者的。但尚没有任何迹象表明：这两个敌对派别就接受或反对运用理性解释《圣经》一事已经形成了任何精确的规则。

15. 此后一场类似的争论竟威胁和干扰了奥格斯堡信纲给各教会带来的和平。莱比锡大学的几个人文学科的教师在其寓所里举行私人讲座，听讲的学生之所以追随他们，乃是为了学习所谓

---

① 让·德·拉巴底(Jean de Labadie，1610—1674)，法国神学家，原为天主教徒，后改奉新教，成立虔敬主义的拉巴底派。该派的主张主要是共产共食。拉巴底坚持认为，只有蒙圣灵重生的人才能加入教会和领受圣餐。曾攻击沃尔佐根的著作为异端。

② 沃尔佐根(Wollzogen，1632—1690)，阿姆斯特丹大学神学教授。1667年，他在《论圣经的解释》中攻击梅耶的观点；1668年，他在《正统信仰》中回击拉巴底。

③ 瓦格桑(Vagelsang，？—1679)和魏业(Weye，1676—1716)，他们都是改革派神学家。

④ 科赫派(Cocceïans)，德国理性主义神学家、圣经学者科赫(Jean Koch，1603—1669)的信徒或追随者。

“神圣语言学”(la philology sacrée),按照这所大学和一些其他大学的实践和惯例,这样一类研究并不限于神学院的师生。这几位教师与他们的同事相比,更加强调《圣经》研究和虔诚的灵修实践。有人断言:他们将有些事情做得太过,致使人们怀疑,他们旨在对某些教义进行革新。这使得人们将他们称作“虔敬派”①,仿佛他们是一个新的教派似的。而这样一个称号自此以后就在德国产生了很大的轰动。人们以这样那样的方式用来称呼那些对之有所疑虑的人,或是用到那些佯装怀疑的人身上,以为他们狂热盲信,甚至有宗教改革幌子掩盖下的虚伪。然而,这些听课的学生中,有一些人格外显眼,他们不仅锋芒毕露,肆无忌惮,而且,在其他一些事情上,又极度蔑视哲学,据说,他们曾经将他们的哲学课堂笔记付之一炬。这样一来,人们便认为他们的老师也反对哲学。但他们的老师却为自己做了充分的辩解,从而既不能确证他们犯有这样一种错误,也不能将异端的罪名加到他们的头上。

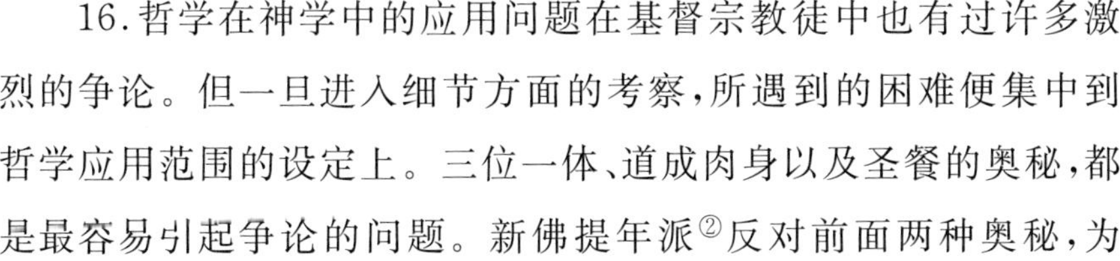

16. 哲学在神学中的应用问题在基督宗教徒中也有过许多激烈的争论。但一旦进入细节方面的考察,所遇到的困难便集中到哲学应用范围的设定上。三位一体、道成肉身以及圣餐的奥秘,都是最容易引起争论的问题。新佛提年派②反对前面两种奥秘,为

---

① 虔敬派(Pietists),一译虔诚派。德国路德宗教会中的一个派别。该派认为宗教的要点不在于持守死板的信条形式,而在于日常生活中表现出内心的虔诚,提倡精读《圣经》和道德修养,反对跳舞、看戏等“世俗化娱乐”。17 世纪 70 年代后,该派曾在德国盛极一时;18 世纪 30 年代后,逐渐成为一个少数狂热者的社团。

② 新佛提年派(the new Photinians)即索齐尼派。佛提年派为 4 世纪产生的一个极端派别。

此，他们利用了一些哲学原理，奥格斯堡信纲派(la confession d'Augsbourg)神学家安德雷·凯斯勒[①]曾在索齐尼派[②]哲学的各个分支所发表的各种不同的论文中对这些哲学原理进行过概括。但
84 关于它们的形而上学，我们只要阅读一下索齐尼派学者克里斯托弗·史提格曼[③]的著作，就可以比较充分地了解了。尽管他的这部著作现在并未印行，但我在青年时代即看到过，而且，最近还曾在我的手头上。

17. 卡罗维乌斯[④]与舍尔泽[⑤]这两位极其精通经院哲学的作家，以及其他一些才华横溢的神学家极其详尽且往往非常成功地回答了索齐尼派。因为他们并不满足于泛泛而谈又有几分漫不经心的论辩，而人们在批驳这一教派时却通常都如此这般。这类回答的要义在于：他们的原理在哲学上站得住脚，但在神学上却站不

---

① 安德雷·凯斯勒(Andreas Kessler，1595—1643)，奥地利神学家，曾对索齐尼派的物理学、形而上学和逻辑学做过较为全面的考察。莱布尼茨在《人类理智新论》第4卷第18章"论信仰和理性以及它们各别的界限"中曾提及他。参阅莱布尼茨：《人类理智新论》(下册)，陈修斋译，商务印书馆1982年版，第600页。

② 索齐尼派(Socinians)系16世纪兴起的一个教派。它虽然承认耶稣体现上帝，但却认为耶稣作为凡人，具有神的职能而无神性，从而否认三位一体教义。该派源于意大利，创始人为意大利神学家索齐尼(Socinus，1525—1562)。该派主要盛行于波兰，至19世纪还流传于荷兰和德国等地，以后绝迹。

③ 克里斯托弗·史提格曼(Christopher Stegmann，生卒年月不详)，曾著《净化过的形而上学》(1635年)，但一直未予刊行。莱布尼茨在《人类理智新论》第4卷第18章"论信仰和理性以及它们各别的界限中曾提及他。参阅莱布尼茨：《人类理智新论》(下册)，陈修斋译，商务印书馆1982年版，第600页。

④ 卡罗维乌斯(Calovius，1612—1685)，路德派神学家，以反索齐尼派而著称。

⑤ 舍尔泽(Scherzer，1628—1683)，德国神学家，莱比锡大学神学教授，曾著《反索齐尼派的联合》。

住脚;如果有人要把这些原理应用到超越理性的问题上,那他们就犯了所谓将这一类东西说成另一类东西(μεταβασις εις αλλο γενς)的混淆异质的错误;而且,按照名叫罗伯特·巴罗尼乌斯[①]的苏格兰人著作的标题《哲学乃神学的奴婢》,哲学应当被视为神学的奴婢,而非它的主人。总之,哲学是撒莱(Sara)身边的夏甲(Agar),[②]一旦夏甲桀骜不驯,撒莱和她的儿子以实玛利(Ismaël)一起将她逐出家门。平心而论,这些回答中,也有一些正确的东西,但人们很可能滥用它们,将自然真理与启示真理对置起来。所以,学者们致力于将自然真理或哲学真理中必要的和必不可少的东西与那些并非必要的和必不可少的东西区分开来。

18. 这两个新教派别在向索齐尼派开战这个问题上相当一致。而且,由于这些宗派成员的哲学并非属于最精确的哲学,在大多数情况下,都能够成功地降服它。但这两个派别的新教徒自身在圣餐圣事问题上却争执不休。一个自称为改革派的派别(亦即那些在这个问题上追随茨温利[③]而不是加尔文[④]的新教徒)似乎将

① 罗伯特·巴罗尼乌斯(Robert Baronius,约1593—1639),苏格兰阿伯丁的一位神学教授,其著作有《哲学乃神学的女仆》(1621)。

② 参阅《创世记》第16章以下。

③ 茨温利(Zwingli,1484—1531),瑞士宗教改革运动领袖。主张废除繁琐宗教仪式,禁止敬拜声响,取消"弥撒"而改行"圣餐"仪式。主张教士可以婚娶,教会牧师由信徒选举产生。莱布尼茨在《人类理智新论》第4卷第18章"论信仰和理性以及它们各别的界限"中曾论及茨温利派。参阅莱布尼茨:《人类理智新论》(下册),陈修斋译,商务印书馆1982年版,第603页。

④ 加尔文(Calvin,1509—1564),16世纪欧洲宗教改革家,基督宗教新教加尔文宗的创始人。主张"前定"说,认为人的得救与否以及贫富均有上帝"前定"。指导在日内瓦建立政教合一的共和政权,废除主教制,实行共和式的长老制。

耶稣基督身体的分有仅仅看成一种具象的象征，其运用的是一个身体只能够同时存在于一个地方这样一条哲学原理。相反，福音派（他们之所以在一种特殊的意义上这样自称，乃是为了将自己与改革派区别开来）更加执着于圣经的字面意义，和路德一样认为，这种分有是实在的，其中内蕴有一种超自然的神秘。实际上，他们虽然反对变体教义，认为这一教义缺乏文本基础，但他们却不赞成同体教义或合体教义；[①]如果我们不能充分理解他们的意见，那就
85 只能归因于此。因为他们根本不承认在面包中即包含有耶稣基督的身体，他们甚至也不要求一个同另一个的任何同一。但他们至少要求两者的共存，从而在圣餐圣事中，人们同时领受了两个实体。他们认为，在事关耶稣基督最后意愿如何表述如此重大的场合，应当保留耶稣基督话语的通常意义。于是，为了表明这一意义完全没有令我们反感的荒谬性，他们便主张：将两种形体的实存仅仅限定在同一个地方并且分享同一个地方的这样一种哲学原理，只不过是自然通常进程的一个结果而已。他们并没有为我们救主的身体，以保持其最荣耀的身体的形式在这个词的通常意义上临在，设置任何障碍。他们并不诉诸这种无所不在的含混不清的扩散，因为这样一种扩散会使得这肉身居无定所；他们也不承认某些

① 变体（Transubstantiation）论、同体（Tonsubstantiation）论和合体（Impanation）论，为基督宗教神学圣事论的三种不同学说。耶稣在最后晚餐上祝圣圣饼和酒时，曾说过：“这是我的身体”，“这是我的血”。人们对此作出不同的解释。正统天主教主张变体说，认为弥撒时，饼和酒的本体转变成了耶稣的肉和血，原来的饼和酒则仅留下五官能够感觉的外在的形体。路德宗主张同体论，认为在举行圣餐时，饼和酒本身在祝圣后虽未改变自身的实体，但基督的肉体和血却与之联合而共存，成为“同体状态”。合体论为中世纪的一种异说，认为圣体圣事中的饼和酒祝圣后并非全部体质转变成基督的体血，而是基督体血与饼酒体、质紧密结合。

经院哲学家所主张的多重复制的理论，仿佛同一个肉身可以同时既在这里安坐又在那里站立似的。总之，他们如此表白，致使许多人将其视为加尔文的意见，从而在接受加尔文学说的各个教会的各种不同的信仰告白中享有权威，根本不像人们可能认为的偏离了奥格斯堡信纲，因为他肯定了对实体的分享。分歧可能仅仅在于：加尔文除口头接受象征符号外，还要求真实的信仰，从而排除一切有损虔诚信仰的东西。

19.因此，我们看到关于实在的和实体性分有的教义，无需诉诸某些经院哲学家的奇谈怪论，只要通过对直接运作和临在之间的类比，即可以获得支持。既然许多哲学家都认为，即使在自然秩序中，一个物体也可以远距离地同时直接作用于许多遥远的物体，则他们便更加有理由相信：没有什么东西能够阻止全能的上帝使一个物体同时存在于许多物体之中。因为从直接作用到临在的转变过程并不太长，或许一个就直接依赖于另一个。诚然，近来现代哲学家并不承认一个物体对另一个遥远物体具有直接的自然运作，而我也承认自己也持有与他们一样的意见。同时，遥远的运作在英国为值得赞赏的牛顿所复兴，牛顿主张：物体之相互吸引和相互作用乃物体的本性，这与每个物体的质量以及它所领受的引力 86
射线成比例。因此，著名的洛克先生在他致斯蒂林弗利特[①]主教

① 斯蒂林弗利特(Stillingfleet，1635—1699)，于1689—1699年间，任沃塞斯特主教。他与洛克的争论源于洛克的《圣经中所揭示的基督宗教的合理性》(1695)。莱布尼茨在《人类理智新论》的序中曾论及他们之间的争论。参阅莱布尼茨：《人类理智新论》(上册)，陈修斋译，商务印书馆1982年版，第17—18页。

的答复中声明，他在读到牛顿先生的著作之后，收回了他自己在《人类理智论》中依据现代思想家的意见曾经说过的话，这就是：如果一个物体不藉接触另一个物体的表面并藉其运动来驱动它，便不可能直接作用于另一个物体。他现在承认，上帝能够将一些特性置放进物质之中，使它得以远距离地进行运作。因此，奥格斯堡信纲的神学家也声称：上帝不仅可以命令一个物体直接作用于相互遥远的各种不同物体，而且它甚至存在于它的四邻之中，并且以一种与空间距离和空间维度无关的方式被这些物体所接受。尽管这种作用超出了自然的力量，但他们却认为，这并不足以表明它超出了自然造主的能力。对于自然造主来说，取消或废除他曾经为受造物制定的规律是一件轻而易举的事情，就像他能够使铁漂在水上或使火停止其伤害人的身体的运作一样。

20. 在对尼古拉·威德利乌斯的《理性神学》与约翰·穆索乌斯的批驳做过一番比较之后，[①]我发现：这两位作家，其中一位在日内瓦执教后，在担任弗兰内克教授职务时离世，而另一位则最后成为耶拿的首席神学家，他们两个在理性应用的主要规则方面颇为一致，但在这些规则的具体应用方面却大相径庭。他们两个都一致认为：启示不可能与那些其必然性为哲学家们称作“逻辑的”

① 尼古拉·威德利乌斯(Nicolaus Vedelius，1596—1642)，于1628年在日内瓦出版《理性神学》，其副标题为“论神学论战中对理性原则的必然的和可靠的运用”。让·穆索斯(Joannes Musaeus，1613—1681)于1644年发表回应文章《关于理性与哲学原则在神学争论中的运用：驳理性神学》。关于他们之间的争论，莱布尼茨在《人类理智新论》第4卷第18章“论信仰和理性以及它们各别的界限”中予以论述。参阅莱布尼茨：《人类理智新论》(下册)，陈修斋译，商务印书馆1982年版，第601页。

或“形而上学的”真理相矛盾，也就是说，那些真理的反面蕴含有矛盾。他们两个还都承认：启示能够违背那些其必然性被称作“物理的”原理，物理的必然性只能奠定于上帝的意志为自然所规定的规律之上；而为了用理性令人信服地判定这个问题，我们必须精确地解释物体的本质究竟何在。即使宗教改革派对此也莫衷一是。笛卡尔派将这仅限于广延，但其对手却加以反对。而且，我认为，我甚至已经注意到了：吉斯伯图斯·富迪乌斯[①]这位乌德勒支的著 87
名神学家，对所谓多个位置存在的不可能性表示怀疑。

21.再者，尽管新教的两派一致认为：我们必须区分我前面刚刚提出的这样两种必然性，即形而上学的必然性和物理的必然性；而且，第一种必然性即使在奥秘的情况下也不允许有任何例外，但对这种解释规则，他们却并未充分地达成一致，但这种解释规则却有助于确定在什么情况下允许放弃圣经的字面意义，当人们无法确定它同严格普遍真理是否相反的时候，事情就更其如此了。因此，人们都同意：有一些情况，我们必须反对那种并非绝对不可能的字面解释，否则就不太合适了。例如，所有的评注家都赞成，当我们的主说希律（Hérode）是个狐狸时，他是从比喻的意义上讲的。[②] 我们必须接受这样一种说法，除非有人带有几分狂热的想象：希律在我们的主说话这段时间，真的变成了一只狐狸。但这样

① 富迪乌斯（Gisbertus Voëtius，1588—1676），荷兰基督宗教归正宗神学家，曾任教于乌德勒支大学。他严格持守加尔文宗得救前定说，抨击笛卡尔的唯理论思想，斥之为无神论。

② 参阅《路加福音》，13:32。

一种想象却与构成奥秘基础的文本并不是一回事。在这一方面，奥格斯堡信纲神学家们却坚持认为，我们必须保持字面意义。再者，既然这种讨论属于解释的技巧问题，而不属于严格的逻辑领域，我们在这里就将不再深入讨论。而且，既然它与我们前此不久所讨论的信仰与理性一致的有关争论毫无瓜葛，事情就更其如此了。

22. 我想，所有派别的神学家（仅仅狂热分子除外）都至少同意：凡信仰的条文都绝对不能蕴含有矛盾，也不可能蕴含有像数学证明那样精确的否定证明，因为这样一种证明的结论的反面都可以归结为荒谬，也就是说，归结为矛盾。圣亚大纳西[①]有充分的理由嘲笑他那个时代一些作家的荒谬观念，他们主张上帝是在没有遭受任何苦难的情况下遭受苦难。“他之受难就是不受苦难。啊！这是一种多么荒谬可笑的学说，它营造着同时又在拆毁！”由此，我们可以得出结论说：一些著作家过分轻率地承认圣三位一体同那条伟大原则相矛盾，根据这条原则，凡是与第三件事物相同的两个事物相互之间也是相同的。这就是说，如果A与B相同，C与B相同，则A和C也就必定相同。因为这条原则是矛盾原则的直接结论，从而构成了整个逻辑的基础。如果它失效了，我们就不再能够确定地进行推理。因此，当我们说圣父是上帝，圣子是上帝，圣

① 亚大纳西（St. Athanasius，约293—373），4世纪埃及基督宗教神学家。他于335年完成的《驳异教徒》和《上帝之道成肉身》是最早的希腊正统神学巨著。针对阿里乌派的生殖受造说以及圣父圣子相似而不相同的观点，强调上帝通过圣子即永恒之道创造世界，圣子降世而成为肉身，强调圣父圣子同体。

灵是上帝时，尽管只有一个独一的上帝，尽管这三个位格相互不 88
同，人们却还是必须认定："上帝"这个词在整个陈述的开始与结尾的意义并不相同。其实，它在此处意指的是上帝的实体，它在彼处意指的却是上帝的位格。因此，一般而论，我们必须小心谨慎，务必不要为了支持奥秘而抛弃这种必然的和永恒的真理，以免宗教的敌人获得口实，乘机既诋毁宗教又诋毁奥秘。

23.在超乎理性与反乎理性之间一般得出的这样一种区别与我们在两种必然性之间刚刚作出的区别差不多全然一致。因为反乎理性的东西都是与绝对确定的和不可避免的真理相反的东西；而超乎理性的东西也仅仅是那些同人们惯常经验或理解的东西相对立的东西。而这也就是我之所以对一些才智之士怀疑这种区别感到惊奇的原因，培尔先生也属于这号人。这种区别确实有很好的基础。一条真理当我们的心灵(甚至一切受造心灵)理解不了的时候，便是超乎理性的。在我看来，圣三位一体就是这样的真理。这样的真理乃只有上帝才能够完成的奇迹，如创世等。对宇宙秩序的选择也是这样的真理，这依赖于普遍的和谐，同时也依赖于对事物无限性具有清楚明白的知识。但一种真理永远不可能与理性相矛盾。一旦一条教义受到理性的否认和驳斥，但又不是不可理解的，我们就可以说，没有什么东西比它的荒谬性更容易理解，更加显而易见了。因为从一开始我就强调说：所谓理性，我这里所意指的并不是人们的意见和议论，甚至也不是人们业已形成的按照自然的通常过程判断事物的习性，而毋宁说是那种存在于诸多真理之间的神圣不可侵犯的联结。

24.现在,我必须进而考察培尔先生最近提出的一个重大问题,这就是:一条真理,特别是一条信仰真理,是否会遇到无可辩驳的异议。这位卓越的作者似乎以一种大胆肯定的方式回答了这个问题:他援引了他自己那个派别的,甚至罗马天主教的一些颇有声望的神学家的言论,这些人看来说出了和他一样的主张;他还援引了一些哲学家的著述,这些哲学家曾经认为,有一些哲学真理,其辩护者回答不了人们提出来反对它们的那些异议。他认为前定的神学学说就具有这样一种性质,在哲学中连续体的组合学说也具
89 有这样一种性质。实际上,存在有两个迷宫,一直在训练着神学家和哲学家。鲁汶的神学家利博特·佛罗蒙杜斯[①],是詹森[②]的一个伟大朋友,詹森的书名为《论奥古斯丁》的遗著实际上就是由他出版的。他曾经写过一部题为《论连续性组合之迷宫》的著作,充分地体验到了这两个学说中所固有的困难。而著名的奥基诺[③]也值得赞赏地提出和阐释了他称之为"前定论的迷宫"的东西。

---

① 利博特·佛罗蒙杜斯(Libretus Fromondus,1587—1653),比利时神学家。他于1640年出版了詹森的《论奥古斯丁》,于1631年出版了他自己的《论连续性组合之迷宫》。

② 詹森(Jansenius,1585—1638),荷兰天主教神学家,曾执教于鲁汶大学。其《论奥古斯丁》的基本观点是:人的得救只能凭借上帝的恩典,完全不依赖人的功德。人的遭受诅咒,与人的蒙受救恩一样,也是上帝前定的。这些观点曾被罗马教皇和耶稣会士谴责为异端思想。

③ 奥基诺(Ochino,1487—1564),意大利基督宗教人士。原为天主教徒,1504年前后加入方济各会,1534年参加会规更为严格的嘉布遣会。其后曾受命批判宗教改革家们的著作。1536年左右改奉新教,并抨击天主教的一些教义。曾著有一部标题为《前定论与意志自由之迷宫》一书,旨在说明,人们因肯定或否定意志自由而误入多种迷宫。

25.但是，这些作家却并没有否认找到走出迷宫线索的可能性。他们虽然也承认有困难，但他们却确信克服困难并非一件不可能的事情。就我来说，我也承认我是不可能苟同一条真理竟然允许有无可辩驳的异议这样一种论断的。所谓异议不就是那种其结论与我们的论点相矛盾的证明吗？而一个无可辩驳的证明不就是一种推证吗？而且，除了详尽地考察一个证明的形式和内容，以期看到其形式是否妥当，其每个前提是否得到承认，或者是否得到了同样有力的另外一个证明的佐证，直至我们能够设法获得全部得到公认的前提，我们还能如何认识到推证的确定性呢？然而，如果有这样一种异议来反对我们的论点，我们便不能不说这个论点的错误已经得到了推证，我们因此便不再可能有充分的理由来证明它的正确性。否则，就会出现两个矛盾的论点同时为真的情形。我们必须始终听命于证据，不管它们是以肯定的形式提出来的，还是以异议的形式提出来的，都是如此。企图以它们只是一些异议为托辞来弱化对手证据的做法是错误的，是不能得逞的，因为对手也能够玩同样的游戏，也能够改变名称，翻转这些推证，将他们的证明冠以“证据”，而将我们的证明加上“异议”这样一种遭受贬损的名号。

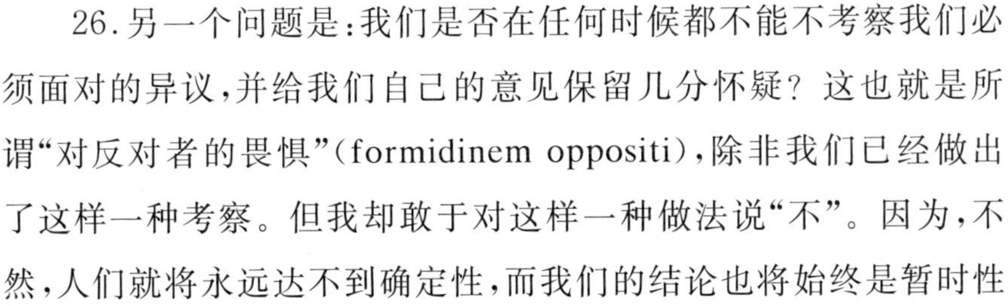

26.另一个问题是：我们是否在任何时候都不能不考察我们必须面对的异议，并给我们自己的意见保留几分怀疑？这也就是所谓“对反对者的畏惧”(formidinem oppositi)，除非我们已经做出了这样一种考察。但我却敢于对这样一种做法说“不”。因为，不然，人们就将永远达不到确定性，而我们的结论也将始终是暂时性

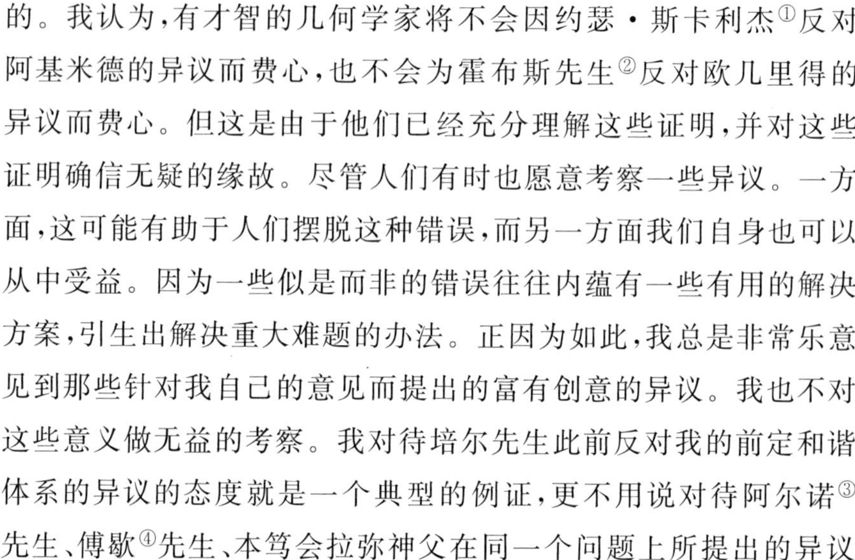

的。我认为，有才智的几何学家将不会因约瑟·斯卡利杰[①]反对阿基米德的异议而费心，也不会为霍布斯先生[②]反对欧几里得的
90 异议而费心。但这是由于他们已经充分理解这些证明，并对这些证明确信无疑的缘故。尽管人们有时也愿意考察一些异议。一方面，这可能有助于人们摆脱这种错误，而另一方面我们自身也可以从中受益。因为一些似是而非的错误往往内蕴有一些有用的解决方案，引生出解决重大难题的办法。正因为如此，我总是非常乐意见到那些针对我自己的意见而提出的富有创意的异议。我也不对这些意义做无益的考察。我对待培尔先生此前反对我的前定和谐体系的异议的态度就是一个典型的例证，更不用说对待阿尔诺[③]先生、傅歇[④]先生、本笃会拉弥神父在同一个问题上所提出的异议

① 约瑟·斯卡利杰(Joseph Scaliger，1484—1558)，意大利语言学家和历史学家。曾在莱顿大学任教。其最主要的著作为研究各种历法的时间校正篇(1583)。他比较各文明古国创造的计时方法，第一次把年代学建立在科学基础上。但他在《圆周测量原理》(1594)一书中却攻击阿基米德的圆周测量的证明方法。

② 霍布斯(Thomas Hobbes，1588—1679)，英国经验主义哲学家和政治学家。他曾在《几何学的原理与推论》(1666)一书中，揭露过欧几里得和其他一些几何学家的缺点和错误。

③ 阿尔诺(Arnauld，1612—1694)，法国詹森派神学家和詹森派创始人之一。詹森派为天主教内部在人的自由意志与得救前定问题上的异端。曾出版《论常领圣体》(1643)和《耶稣会伦理神学》(1643)等著作。曾就一些形而上学问题与莱布尼茨进行长期通信，关于这一通信，请参阅杰尼文耶乌·刘易斯：《莱布尼茨致阿尔诺的书信》(1952年)。

④ 傅歇(Simon Foucher，1644—1696)，法国教士与笛卡尔派批判哲学家。他第一个批判马勒伯朗士哲学理论。在《真理的探求批判》(1675)中，他指出：严格遵循笛卡尔自己的哲学原则，精神与物质不可能相互作用；马勒伯朗士使每一个真理都成为信仰问题，从而他便无法反驳怀疑主义。他似乎对莱布尼茨在《学者杂志》上发布的体系持有异议。但傅歇作为新柏拉图主义革新派，同莱布尼茨长期保持通讯联系。受其影响，莱布尼茨投入柏拉图著作的研究，尤其是对《斐多篇》、《巴门尼德篇》和《泰阿泰德篇》的研究。

了。但还是让我们回到主要问题上，从我刚刚阐述的诸多理由，我可以得出结论说：当某个异议针对某条真理提出来的时候，令人满意地答复这样的异议永远是可以做到的。

27. 培尔先生很可能并不是从我刚刚解释过的意义上来理解“无可辩驳的异议”的。我注意到，他至少在措辞上有几种说法：因为在他死后发表的《答勒克莱尔先生》中，他并不承认我们能够作出反对信仰真理的推证。由此看来，他之所谓异议无可辩驳只是就我们认识的当前程度而言的。而在这个《答复》的第 35 页中，他甚至对迄今尚未知道的解决或解释办法有朝一日被某人发现的可能性也没有陷于绝望。至于更多的相关东西容我以后再说。然而，我却持有一种意见，很可能会让人大感意外，这就是：这样一种解决办法现在已经被人完全找到了，而且，它甚至也算不上特别困难。实际上，即使一个智力平平的人，只要他能够充分注意，正确地运用普通逻辑规则，只要这种异议来自理性并且自称是一种推证，他就能够回答用来反对真理而提出的大多数最棘手的异议。不管大部分现代人今天多么蔑视亚里士多德的逻辑学，人们也还是必须承认：它教给了人们在这些紧要关头抵制错误的绝对无误的手段。因为我们只要依照这些规则来审视证明，我们就将始终有可能看到它在形式上是否有所缺失，是否存在有尚未得到充分证据证明的前提。

28. 当只存在有一个盖然性(vraisemblamces)问题时，情况就全然不同了。因为由盖然理由进行判断的艺术尚未很好地建立起

来。这样，在这个方面，我们的逻辑学依然是很不完善的，至今我
91 们还很少具有超出由推证得出判断的艺术。但是，这种艺术在这里也就足够了。因为当问题在于我们只是以理性对抗信仰条文时，我们就不必在乎那些只能达到盖然性的异议。每个人都会同意，表面现象都是同奥秘相反的，当人们仅仅从理性的立场来审视它们时，它们就是绝对不可能的；只要它们自身不内蕴任何荒谬性的东西也就足够了。因此，如果它们受到驳斥，就需要有各种证明了。

29.既然《圣经》警告我们说，上帝的智慧在人的面前是愚蠢，既然圣保罗认为耶稣基督的福音对于希腊人而言是愚蠢，对于犹太人而言来说是一个绊脚石，则毫无疑问，我们也就应当作如是的理解。因为，毕竟一个真理不能同另一个相矛盾。理性之光，也和启示一样，都是上帝的赠品。这在神学家中间是一件并不存在任何困难的问题，因为他们都是神学领域的专家；证明可信的动机在理性法庭面前将永恒不变地为圣经的权威辩护，以便理性得以在它面前让路，就像是在一道新光面前让路一样，并将其盖然性全部奉献出来。这多多少少有点像一个受国君委任的新的大臣在其此后主持的集会上必须首先亮出他的委任状一样。我们现在所有的不少论述宗教真理的优秀著作，如奥古斯丁·斯托彻斯[①]、杜普莱

① 奥古斯丁·斯托彻斯（Augustinus Steuchus，1496—1549），意大利哲学家和神学家，曾著《维护基督宗教，反对路德派》和《论永恒的哲学》，试图阐明其他宗教的基本学说与基督宗教的一致性。

西斯—莫奈[①]或格劳修斯(Grotius)的著作就倾向于这样一种意见：因为真宗教必须有一些为假宗教所不曾具有的标志，否则，琐罗亚斯德、梵天[②]、索玛纳克多姆(Somonacodorm)、穆罕默德(Mahomet)就都和摩西和耶稣基督那样值得信仰了。但对上帝的信仰本身，当其照亮灵魂的时候，它就不再只是一种意见，不再依赖于使之产生的机缘和动机。它将超越理智，具有意志和心灵，致使我们热情喜悦地照上帝的律法所命令的行事。此时，我们便不再有必要去思考理由，也不再有必要因心灵可能预期的论证的种种困难而踯躅不前。

30. 因此，关于人类理性我们刚刚说到的一切，有时候受到热捧，有时候又遭到贬损，而且往往没有任何规则或尺度，这可能表明我们判断事物缺乏精确性，表明我们究竟应该在多大程度上为我们自己的错误负责。哪怕人们只运用最为普通的逻辑规则，哪 92
怕只是稍微在意地进行推理，便没有什么能够如此轻而易举地结束在信仰与理性权利方面的所有这些争论。但他们却与此相反，

① 杜·普莱西斯—莫奈(Du Plessis-Mornay，1549—1623)，法国外交家、新教领导人和著名宣传家。他曾担任过法王亨利四世的顾问和索米尔总督。曾著《基督宗教真理》(1581)等著作，为新教辩护。

② 梵天(Brahma)，婆罗门教和印度教的创造之神，与湿婆和毗湿奴并称为婆罗门教和印度教的三大神。在婆罗门教和印度教看来，世界万物(包括神和人)均由梵天创造，被称为始祖。梵天先创造天地，然后再创造十个生主，最后由十个生主完成整个创造工作。梵天不仅创造善和福，而且也创造魔鬼和灾难。佛教产生后，被吸收为护法神。

陷于模糊的和含混的短语的泥淖之中，这给他们提供了施展雄辩才能的良好机会，使他们的才智和博学得以充分的炫耀。其实，他们似乎并不希望去看到毫无掩饰的真理，这或许是因为他们担心毫无掩饰的真理不如错误那样为人认同，因为他们对作为真理源头的万物造主的美一无所知。

31. 这种疏忽是人性的普遍缺陷，我们不能只指责任何一个特定的个人。一如昆提良[①]在评论塞涅卡[②]的风格时所说，我们浑身上下都充盈着可爱的恶习（*Abundamus dulcibus vitiis*），我们乐于走入歧途。精确性使我们感到麻烦，而规则又让我们感到天真幼稚。正因为如此，普通逻辑学，尽管足够我们考察各种证明是否达到确定性，但它却受到贬谪，成为低年级学生的课程。甚至没有任何一个人考虑，建立一种逻辑学，以确定各种盖然性之间的平衡，而这在重大问题的思考中却是如此重要，不可或缺。我们的大多数错误确实都来自对这种思维技巧的蔑视或缺乏：因为一旦我们超出必然证明，便会感到再没有什么东西比我们的逻辑学更不完善了。我们时代最卓越的哲学家，诸如《思维艺术》（Art de penser）、《真理的探求》（Recherche de la vérité）以及《人类理智

① 昆提良（Quintilian，约35—96），古罗马修辞学家。其著作主要有《雄辩家的培养》、《长篇雄辩术》和《短篇雄辩术》等。他强调因材施教、道德教育和全面发展，不仅对文艺复兴时期的人文运动有重大影响，而且对当代教育思想也有重大影响。

② 塞涅卡（Seneca，约公元前55—公元39），古罗马作家。著有《演说家修辞风格分类》，只有半部著作和全部著作的一个节本保存下来。

论》(Essai sur l'entendement)的作者,①远没有给我们指示出能够协助我们的官能使我们得以掂量真假盖然性的真正的工具,更不用说给我们指示出更加难以获得成功的发现的艺术了,关于这样一种艺术,我们还没有作出任何东西,能够超过数学方面的那些极不完满的范例。

32.有一件事情或许最能使培尔先生相信理性与信仰对立不可能排除的困难在于:他似乎要求人们应当以其通常在他的法官面前为被告进行辩护的方式来为上帝进行辩护。但他却并没有记住,在人的法庭中,并不总是能够洞察真理的,人们往往不得不受表面证据和盖然性左右,首先是受到种种推测和偏见的左右。尽管一如我们在前面就已经注意到的,奥秘并不是盖然的东西。例如,培尔先生就不承认,上帝的善能够从其允许犯罪层面得到辩护。因为盖然性针对的正是一个人碰巧处于在我们看来与这种允许相类似的处境之中。上帝是事先即看到,如果他将夏娃置放到 93
她后来发现她自己所处的环境之中,她就会受到蛇的欺骗;因为是他将其置放到那里的。但如果一个父亲或一个监护人对他的孩子或他的监护对象干了同样的事情,如果一位朋友对一个其行为与他有关的年轻人干了这样的事情,法官便不会轻信律师辩护说:这

① 《思维艺术》的作者为阿尔诺和尼考莱(Nicole,1625—1695),这是笛卡尔派的一部经典作品,其全称为《逻辑学或思维艺术》;《真理的探求》的作者为马勒伯朗士(Malebranche,1638—1715),马勒伯朗士是莱布尼茨的同代人,是法国天主教教士、神学家和哲学家。他力图将笛卡尔主义与奥古斯丁的思想和新柏拉图主义结合起来。《人类理智论》的作者是英国经验主义哲学大家洛克。

个人仅仅允许恶，既没有行恶，也没有行恶的意愿。他毋宁把这种允许视为邪恶意志的征兆，将其判为玩忽职守罪，看作坏的意图的一个标志，看作未做该做之事的罪责，从而使这个被证明犯了这种罪的人成了另一个罪犯的从犯。

33. 但是，我们必须记住：如果一个人预见到恶，尽管他可以轻而易举地制止恶事的发生，但他却没有这样做，反而做了一些助推恶事发生的事情，那也不能据此必然地得出结论说这个人是该案的从犯。这是一个颇有说服力的推定（*présomption*），在人类事务方面通常被视为真理，但却为对事实的精确考察所推翻，假如对于上帝也能够做出这种推定的话，事情便必定如此。因为所谓推定，在法学家看来，就是在相反情况未被证实的情况下必须将这一情况暂时视为事实。推定不只是推测（conjecture），尽管学术性辞典并没有细究这两个术语的区别。然而，我们有充分的理由毫无疑问地得出结论说：我们经过这样一种考察（假如能够进行这样一种考察的话），便可以发现：最正当的理由，以及比似乎与之对立的理由更有力的理由迫使这个全智者去允许恶的存在，甚至去做一些助推恶事发生的事情。下面，我将提供一些有关例证。

34. 我承认，一个父亲，一个监护人，一个朋友，在我们考察的这样一种情况下，不太容易有这样一类理由。然而，这种事情也并非绝对不可能。一位写作技巧高超的小说家或许也可能虚构一种超乎寻常的情节，甚至可以为生活在我刚刚指出的那样一种处境中的人进行辩护。但在事关上帝的情况下，人们却根本无需设定

或设立用以推动他允许恶的种种具体理由，只要有一些一般性理由也就绰绰有余了。我们知道，他是照管整个宇宙的，而宇宙的所有部分都是相互关联的。我们据此可以推断：他已经进行过不计其数的思考，从而使他认识到阻止一些恶发生是有失明智的。

35. 人们甚至可以得出结论说：必定存在有一些重大的或无可辩驳的理由推动着上帝的智慧去允许恶事的发生。令我们诧异不已的原因在于：这样一种允许已然发生了，而但凡不完全符合上帝 94
的善、正义和神圣的东西便都不可能来自上帝。因此，我们将根据这类事件能够后天地作出判断：这样一种允许是绝对必要的，尽管我们通过详尽无遗地列举上帝之所以能够做出这样一种允许的理由先天地证明这一点是完全不可能的；不过，为了给上帝辩护，我们做这样的证明也是大可不必的。培尔先生本人对此说得恰到好处(《对一个外省人问题的答复》，第 3 卷，第 165 章，第 1067 页)：罪既然能够成功地来到世上，上帝也就因此而能够在无损其完满性的情况下允许其存在；这是在由事实推知能力。就上帝而论，这种推论是行得通的：他既然这么做了，从而他做这件事就是有理由的。因此，其所以如此，并不是因为我们没有也适合于上帝正义的一般的正义概念，也不是说上帝的正义除了人们所知的正义之外再无任何别的规则，而是因为我们现在所考察的情况与人之间所发生的通常的情况根本不是一回事。普遍的权力对上帝和人都是一样的，但事实问题在人的情况下和在上帝的情况下却迥然有异。

36.我们甚至可以,一如我已经说到的,假定或自称:在人中间也存在有一些类似于上帝的活动中所发生的情况。一个人也许可以为他的美德和他的圣洁提供出如此强大有力的证据,以致人们为了给他扣上一个所谓的罪名,如盗窃或凶杀,而能够提出的最显而易见的理由,也会因被视为伪证,认为是在对人诬陷诽谤,或是作为致使最清白的人蒙受不白之冤的偶然巧合,而遭到断然拒绝。因此,在这种情况下,按照该国的法律,其他任何一个人都有遭受判刑或拷打之虞,而这个人却被法官们众口一词地宣布无罪。然而,这样一种情况虽然实际上很罕见,但却并非不可能。也许人们会在一定意义上说:在这里,在理性和信仰之间存在有一种冲突,对这个人的法律规定不同于对人类其他人的法律规定。但倘若对此加以正确解释的话,这种情况所意指的就只是这样一回事:这里所提出的理性的表面理由在对于这一伟大而圣洁的个人的言辞和廉正的信任面前撤退了,他是对所有其他人都享有特权的。其实,这并不是说,仿佛对其他人有一条法律,对他则有另外一条法律,也不是说,仿佛人们根本不理解相关于他的正义究竟是什
95 么。这毋宁是因为普遍正义规则在这里找不到它们在别处得到的应用,或者是因为这些规则对他有利,而不是指控他有罪:既然在这个人身上存在有如此值得赞美的品格,人们就应当依据健全的盖然性逻辑学,更加信任这个人的言辞,而不是许多别人的言辞。

37.既然这里允许去想象一些可能的情况,难道我们就不可以设想这位无与伦比的人是一位"能够使尘世上所有国王全都富有

的幸运之石”[①]的拥有者或一位能人吗？人们难道不可以想象他会天天支付巨款去养活和拯救那些不计其数的处于水深火热之中的穷人吗？倘若从未有过这么多人出庭作证提供出各种各样的表面理由，以证明这位人类的大恩人刚刚犯了盗窃罪，不管这种指控多么貌似有理，整个尘世上的人难道不会对这样一种指控加以嘲笑吗？然而，上帝是无限地超越这个人的善和能力的，因此，根本不存在任何理由，不管其多么显而易见和有力，能够有效地反对信仰，即反对对上帝的确信或信任，凭借着这样一种确信或信任，我们能够说，而且也应当说，上帝已经把所有的事情都做得很好。由此可见，这些异议并非无可辩驳。它们包含的无非是一些偏见和盖然性，然而，这些偏见和盖然性却都可以为更加无比强大有力的理由所推翻。我们也绝对不能说我们称之为正义的东西与上帝毫无关系，他是万物的绝对主人，从而能够在不违背他的正义的情况下判定一个无辜者有罪，最后，或者说，正义对他而言是某种随意的东西。这些都是鲁莽轻率且极其危险的言论，会将有些人引入歧途，败坏上帝特性的名声。如果事情是这样，那就没有任何理由来赞美他的善和他的正义了：毋宁如我在前面所指出的，是最邪恶的精灵，是恶魔之王，是摩尼教的恶的原则，成了宇宙的唯一主人。如果世上所有的事情都依赖于一种任意力量的突发奇想，既没有规则也没有对任何别的东西的顾忌，则我们还有什么办法在真正的上帝与琐罗亚斯德的虚假的上帝之间作出区别呢？

---

① “能够使尘世上所有国王全都富有的幸运之石”这个短语的法文为：De la bénite Pierre Qui peut seule entrichir tous les rois de la terre。其中所谓“幸运之石”(la bénite pierre)，亦即我们通常所谓“哲人之石”(la Pierre philosophale)。

38.因此,再明显不过的是,没有任何东西能够迫使我们进一步深入探究这么一个奇怪的学说。因为一旦需要回答似乎怀疑上
96 帝的正义和善这样一种盖然性问题时,我们只要说我们对有关事实缺乏充分的知识也就足够了;倘若我们充分地了解事实,这样一类盖然性问题也就立即烟消云散了。我们既不需要为了倾听信仰而放弃理性,也不需要为了清楚看见而弄瞎眼睛,一如克里斯蒂娜女王①所说,倘若日常的表面现象反乎奥秘,我们只要不承认日常的表面现象也就够了;而这也并不反乎理性,因为即使在自然事物中我们也常常或是通过经验或是通过超理性来勘破日常表面现象的骗局。在这里之所以事先说到所有这些情况,只是为了更加明白地表明这些异议究竟错在何处,当人们声称理性有最大的力量反对信仰的时候,理性的滥用究竟表现在何处。我在下文将会更加精确地讨论恶的起源以及对恶的允许及其后果等问题。

39.现在,我们最好还是继续考察理性在神学中的应用这个重要问题,反思一下培尔先生在他的著作的不同段落说过的话。既然他在其《历史与批判辞典》里特别用心阐述了他对摩尼教和

① 克里斯蒂娜女王(Queen Christine,1626—1689),瑞典女王,1644—1654年间在位。其才华出众,学识渊博,后因改奉天主教而主动逊位。她曾致力于结束三十年战争。她聪慧好学,曾向许多杰出学者求教,被欧洲学界视为“北方的女神米那尔”。由于受她的图书馆长诺德(Naudé)的影响,她支持双重真理论。莱布尼茨在《对普遍独一精神学说的考察》中曾对双重真理论作过阐述。他在《人类理智新论》第4卷第17章“论理性”中也曾论及双重真理论。参阅莱布尼茨:《人类理智新论》(下册),陈修斋译,第596—597页。

皮浪派[①]的异议的看法，既然他的这一做法遭到了一些宗教狂热分子的批评，他便在其《辞典》第2版的结尾处附上了一篇论文，旨在通过例证、权威和理由说明他的活动过程是无罪的和有益的。我也确信(一如我前面所说)，人们能够提出的用来反对真理的似是而非的异议是非常有用的，因为它们有利于证实和澄清真理，给那些才智之士提供机会，发现新的意见，并对旧的意见作出更全面的说明。但培尔先生却力图从中谋求一种完全相反的用途：这就是去展示信仰的力量，因为尽管信仰教导的真理承受不住理性的攻击，但信仰却还是依然故我，存在于信徒的心中。按照培尔先生在其《对一个外省人问题的答复》第3卷中的摘引(第177章，第120页)，尼考莱先生[②]将其称作“上帝的权威对人类理性的胜利”。但既然理性是上帝的赠品，甚至和信仰没有什么两样，它们之间的抗争也就会使上帝进行反对上帝的抗争；而且，如果理性反对任何一个信仰条文的异议都是无可比辩驳的，则我们就必须说，这个所 97
谓的信条将是错误的而非启示出来的：这将是人类心灵的一种幻觉，这种信仰的胜利就可以同战败之后点燃的篝火相提并论。未

① 皮浪派(Pyrrhonians)被公认为西方哲学史上第一个怀疑主义派别，皮浪主义与怀疑主义同义。源于古希腊人皮浪。皮浪(Pyrrho，约公元前365—前275)相信通过“中止判断”，使自己限于“现象”或“对象的外表”。通过对于事物的本来面目“不作明确断言”，人便能够摆脱生活的困境并达到“心灵的宁静”。皮浪述而不作，其思想由其学生蒂孟(Timon of Philius，约公元前320—前230)整理和宣传。皮浪派对17世纪欧洲哲学影响较大。

② 皮埃尔·尼考莱(Nicole，1625或1628—1689)，法国詹森派道德学家和神学家。培尔在此批评的是尼考莱1687年出版的《论教会的统一》。

受洗礼的儿童罚入地狱的学说就是这样一类幻觉，尼考莱先生要我们将其设定为原罪的后果；主张对那些缺乏为获得拯救所必要的眼光的成年人实施永罚，也属于这样一类幻觉。

40.然而，并非每个人都需要开展神学讨论；那些不具备开展精确探究条件的人，只应当满足于接受信仰的教诲，而无需为种种异议烦心。倘若他们偶然碰到了某些特别重大的困难，那就要允许他们置之不理，为全心全意侍奉上帝而牺牲他们的好奇心：因为人们既然确信一个真理，他就无需理会对它的异议。既然有许多人其信仰相当脆弱淡薄，经受不住这样一种危险的测试，我认为人们绝对不要向他们传播那些有可能毒害他们的东西；如果人们实在对他们隐瞒不住那些太过流行的东西，那也必定将解毒剂一并交给他们。这就是说，人们必须附加上批驳异议的回应，而绝对不要将其作为无可辩驳的东西截留下来。

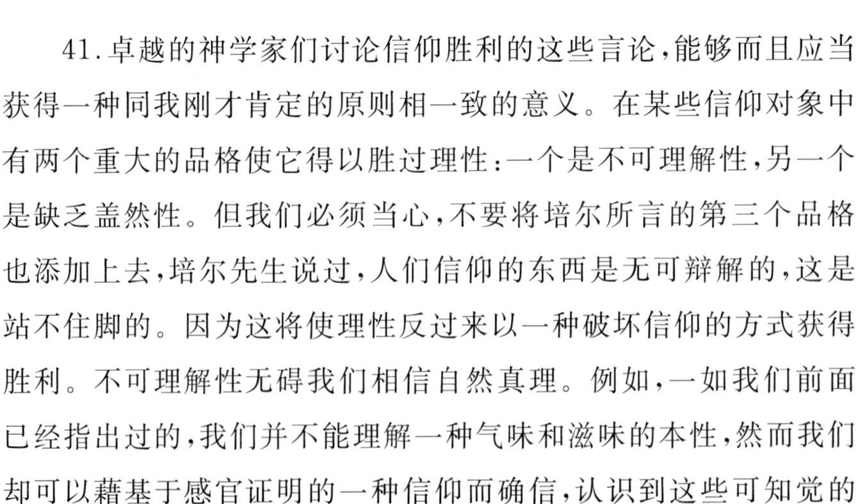

41.卓越的神学家们讨论信仰胜利的这些言论，能够而且应当获得一种同我刚才肯定的原则相一致的意义。在某些信仰对象中有两个重大的品格使它得以胜过理性：一个是不可理解性，另一个是缺乏盖然性。但我们必须当心，不要将培尔所言的第三个品格也添加上去，培尔先生说过，人们信仰的东西是无可辩解的，这是站不住脚的。因为这将使理性反过来以一种破坏信仰的方式获得胜利。不可理解性无碍我们相信自然真理。例如，一如我们前面已经指出过的，我们并不能理解一种气味和滋味的本性，然而我们却可以藉基于感官证明的一种信仰而确信，认识到这些可知觉的

性质是奠基于事物的本性之上的，它们并非错觉或幻觉。

42.还有一些事物，也与表面现象相矛盾，但只要它们得到了
充分的核实，我们也应当予以承认。有一部篇幅不大的起源于西
班牙的传奇故事书，其标题为我们绝对不要轻信所见的一切。还
有什么东西比假冒的马丁·盖尔[①]的谎言更加貌似言之凿凿呢？
但他却被真马丁的妻子和亲属误认为真的马丁，甚至当真的马丁 98
回来后，还让法官和亲属们在很长一段时间里踌躇不决。尽管如
此，最后还是真相大白了。信仰的情况也是如此。我已经指出：人
们所能够提出的与上帝的善和正义相对立的一切，都无非是一些
表面现象。这些表面现象用来反对一个人无疑相当有力，但倘若
用到上帝身上，倘若用来权衡致使我们确信其属性的无限完满性
的证据时，它们就全都无关痛痒了。因此，信仰是藉健全而高级的
理由战胜虚假理由的；这种健全而高级的理由使我们皈依信仰，但
如果相反的意见所具有的理由与构成信仰基础的理由一样强，甚
至更强有力一些，也就是说，如果存在有反对信仰的无可争辩的和
至关紧要的异议，信仰便无法取得胜利了。

① 马丁·盖尔(Martin Guerre)案件，是16世纪一个很著名的案件。马丁·盖尔是噶斯柯尼(Gascony)地方的一个绅士，有一天从家里出去后就失踪了。经过很长一段时间以后，一个本名叫亚尔诺·杜·梯尔(Arnaud du Thil)的人突然出现，自称是马丁·盖尔，盖尔的妻子也就误认他是自己的丈夫，并和他生了两个孩子。后来，他获知她真正的丈夫在法兰德斯，就愤怒地到法庭告发了这个骗子。案件审讯了很久，一直没有结论。最后，那个真盖尔突然出乎意料地出现在了法庭之上，这个案子才得以了结，这个假盖尔被判了死刑。参阅莱布尼茨：《人类理智新论》(下册)，陈修斋译，第313页。

43. 在这里，我们最好还是要看到，培尔先生称之为“信仰胜利”的东西，部分地只是推证理性对于表面的和骗人的理由的胜利，用这样一些理由来反对推证理性是不恰当的。我们必须看到，摩尼教的异议与自然神学的矛盾一点也不小于它们与启示神学的矛盾。即便人们放弃了圣经、原罪、上帝通过耶稣基督实施恩典、地狱的痛苦以及我们宗教的一些其他信条，他也不可能从这些异议中摆脱出来：因为人们无法否认，世界上确实存在有物理的恶（也就是苦难）和道德的恶（也就是犯罪），甚至物理的恶在尘世并不总是按照道德的恶的比例予以分配，但这却似乎是正义所要求的。因此，即便在自然神学中，也依然有这样一个问题，但是，一个全善、全知和全能的独一的原则，何以能够承认恶，尤其是允许犯罪呢？他又何以能够作出使恶者常常幸福，使善人常常不幸的决断呢？

44. 然而，为了认知存在有这样一个全善和全知的万物的独一原则，我们根本无需求助于启示的信仰。理性是藉正确无误的证明教授给我们这一原则的存在的。从而，有关事物进程的所有异议，我们在其中看到了种种不完满性，都只是以虚假的表面现象为基础的。因为要是我们能够理解普遍的和谐，我们就应当看到，我们试图挑剔的东西是与最值得选择的计划联系在一起的。简言之，我们应当看到而不是仅仅相信的是：上帝所做的一切是最好
99 的。在这里，我是将我们藉原因而先验认识到的东西称作“看见”的，而将人们仅仅藉结果进行判断的东西称作“相信”的，尽管这一个也与另一个一样，同样是确定地认识到的。在这里，人们也可以

援引圣保罗的话(《哥林多后书》5:7),我们是藉信仰而不是藉眼看走路的。因为只要上帝的无限智慧为我们所认知,我们便能因此得出结论说:我们所经验到的恶必定是为上帝所允许的;但我们也可以由结果后验地得出同样的结论,这就是,因为种种恶现实地存在着。这是培尔先生所承认的。培尔先生本来应当对此感到满足,就此止步,而不再进一步要求人们去终止与之相反的虚假表面现象。这就仿佛一个人要求再也不应当存在有任何更多的梦境或视觉幻想似的。

45. 毋庸置疑,上帝使我们洞察到了他的无限的善,并且准备好我们去爱他,正是对上帝的这样一种信仰和这样一种信任,使得我们尽管面对可能使我们望而却步的极其严峻的表面现象,当耶稣基督身上所体现的上帝的恩典在我们身上产生了种种运动时,便成为基督宗教神学美德的值得赞赏的演练。这也正是路德在反对伊拉斯谟(Erasme)时非常得体地说出来的东西,他说道:最高程度的爱就是去爱他,他对于肉身和血似乎没有什么地方值得爱,他对于不幸者如此严厉,随时准备予以判罚,而且他对种种恶事都进行判罚,而他自己似乎就是这些恶事的造因和从犯,至少在那些让虚假理由把自己弄得眼花缭乱乃至眩晕的人的眼中看来事情就是如此。因此,我们可以断言:因上帝的恩典而点亮了的真正的理性,同时也就是信仰和爱的胜利。

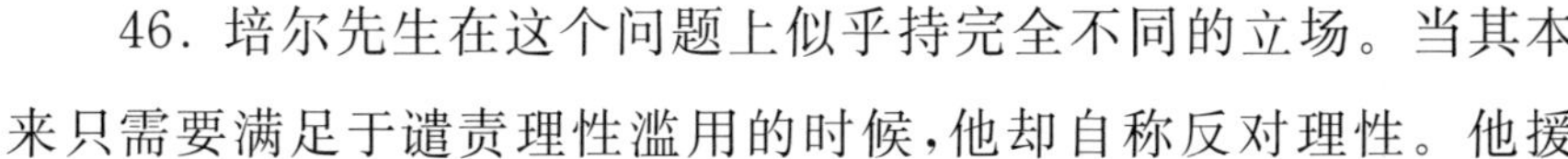

46. 培尔先生在这个问题上似乎持完全不同的立场。当其本来只需要满足于谴责理性滥用的时候,他却自称反对理性。他援

引了西塞罗著作所收录的科塔[①]的话，在那里他走得非常远，以至于说：如果理性是诸神赠品的话，则天意就应当因其赐予人们理性而受到谴责。因为这会给我们造成伤害。培尔先生也认为，人类理性是破坏的源泉，而非建设的源泉（《历史与批判辞典》，第 2026 页），它是一个不知道自己停在何处的跑步者，就像是另一个佩内勒普，她自己破坏她制作的产品。

> 她破坏着，她建设着，她化方为圆（mutat quadrata rotundis）。[②]

（《对一个外省人问题的答复》，第 3 卷，第 725 页）。但他却特别不辞辛苦地一个接一个地援引许多权威的言论，以便说明所有派别的神学家都和他一样反对使用理性，他们之所以呼唤人们注意这样一些反对宗教的微光，只不过是为了通过拒绝这些微光，答复那
100 些与之对立的证明的结论，而使之成为信仰的牺牲品。他是从对《新约》的引证开始的。耶稣基督满意地说："你跟从我来"（《路加福音》，5：27；9：59）。使徒则说："信，你们就必得救"（《使徒行传》，16：3）[③]。圣保罗承认，他的"学说是模糊不清的"（《哥林多前书》，

① 科塔（Cotta）在罗马独裁统治者苏拉（Lucius Cornelius Sulla，公元前 138—前 78）统治时期任大司祭和行政长官。西塞罗在其《论神的本性》第 3 卷中将其看作反对斯多葛派天意说的新学园派的代言人。

② 贺拉斯：《书札》，Ⅰ，1，第 100 行。这行诗的原文为：Destruit，ædificat，mutat quadrata rotundis. 佩内勒普（Penelope）为希腊神话中英雄奥德修斯（Odyseus）的妻子，在奥德修斯远征特洛伊期间忠诚地留守在家。

③ 参阅基督教《圣经》和合本《使徒行传》，16：31。其中说道："当信主耶稣，你和你一家都必得救。"

13:12)[①],“如果上帝不给予我们圣灵的眼力,我们便无法从中领会到任何东西,如果没有这样一种眼力,那就被视为愚蠢”(《哥林多前书》,2:14)[②]。他劝诫信徒“要提防哲学”(《歌罗西书》,2:8)[③],要避免和这门学科发生争执,致使许多人丧失信仰。

47. 至于教父们的言论,培尔先生向我们推荐了劳诺伊[④]先生编选的教父们反对运用哲学和理性的言论选集(《论亚里士多德的种种命运》,第2章),尤其是向我们推荐了阿尔诺先生为反对马莱[⑤]而选编的圣奥古斯丁言论选集,其中强调:上帝的审判是高深莫测的;这些审判虽然我们认识不到,但它们却不乏任何一点正义;这是一个无底的深渊,除非人们甘冒堕入深渊的风险,是断然不可能一探究竟的;人们若没有几分壮士一去不回还的气概,是不可能阐明上帝意欲隐蔽的奥秘的;上帝的意志无他,仅只是正义而已;许多试图解释这不可理解的深渊的人,都陷入了充满错误和迷乱的想象和意见之中。

① 参阅基督教《圣经》和合本《哥林多前书》,13:12。其中说道:“我们如今仿佛对着镜子观看,模糊不清。”

② 参阅基督教《圣经》和合本《哥林多前书》,2:14。其中说道:“然而属血气的人不领会上帝圣灵的事,反倒以为愚拙。并且不能知道,因为这些事唯有属灵的人才能看透。”

③ 参阅基督教《圣经》和合本《歌罗西书》,2:8。其中说道:“你们要谨慎,恐怕有人用他的理学,和虚空的妄言,不照着基督,乃照人间的遗传,和世上的小学,就把你们掳去。”

④ 劳诺伊(Launoy,1602—1678),法国神学家和批判的历史编撰家。在教皇政治领域,他是一个教皇权力限制者,在神学领域,他是一个詹森派。

⑤ 马莱(Charles Mallet,1608—1680),曾与阿尔诺就《新约》法文版的翻译问题展开过论战。

48. 经院哲学家们也讲过同样的话。培尔先生摘引了枢机主教卡耶坦[1](《大全》,第1集,问题22,第3条)一段措辞华丽的文字。他写道:“我们的心灵,不是止息于所知真理的明证中,而是止息于隐蔽真理的令人费解的深渊中。而且,一如圣格列高利所说:如果一个人认为他能够触及只有藉心灵才能够测度的神性,那他就是在贬低上帝的观念。然而,我也不认为,我们因此就必须否认我们所认知的任何事物,否认我们所看见的属于上帝的无可变动性、现实性、确定性和普遍性等,但我同时也认为,在这里要求确实存在有一个奥秘,这一奥秘要么与上帝和种种事件的关系相关,要么涉及事件本身与上帝的先见相关联的东西。因此,让我们反思一下,倘若我们的灵魂是那猫头鹰的眼睛,我们就会发现,这灵魂只能在无知中寻求安宁。无论是对于天主教信仰,还是对于哲学信仰,最好的事情就是去承认我们的无知或失明,而不是将那些并不能使我们的心灵得以满足的东西作为自明的确定不移的东西予
101 以肯定。由于这一缘故,我并不是在傲慢地指摘所有那些博学之士,竭尽全力但又吞吞吐吐地通过上帝选择和上帝与所有事件的关系的正确无误性,使人们想到上帝的理解活动、上帝的意志和上帝的能力的无可变动性、至上性和永恒的效能。这其中没有任何东西与我的这个推测相矛盾:存在有某种深度,对我们是隐而不见的。”卡耶坦的这段话更加值得注意,因为他是一位有能力洞察问题核心和实质的作家。

① 卡耶坦(Cajetan, 1468或1469—1534),意大利托马斯派神学家。多明我会修士,1517年任枢机主教,曾授权审查路德,曾参与起草谴责路德的通谕。曾著有《神学概要》和《托马斯·阿奎那〈神学大全〉评注》等著作。

49. 路德反对伊拉斯谟的著作充斥着措辞激烈的评论，对于那些企图将启示真理交给我们理性审判的人充满敌意。加尔文也常常以同样的腔调讲话，激烈地抨击那些试图揣摩上帝意图的人的狂妄和好奇。他在其讨论前定的论著中声称，上帝有正当的原因谴责某一个人，但其原因却不为我们所知。最后，培尔先生还援引了几个现代作家，他们也持同样的言论（《对一个外省人问题的答复》，第 161 章以下）。

50. 但所有这些言论以及无数其他类似的言论都无法证明：培尔所设定的反对信仰的异议具有无可辩驳性。诚然，上帝的意图是高深莫测的，但也不存在任何无可辩驳的异议能够足以得出结论，说这些意图是非正义的。凡是从表面现象看来属于上帝的不正义的东西，以及我们的信仰愚蠢，都只不过是表面现象而已。德尔图良[①]有句名言（《论基督肉身》）："上帝之子死了，这是完全可信的，因为这是荒谬的；他被埋葬又复活了，这一事实是确实的，因为它是不可能的。"他的这番俏皮话只能被理解为荒谬的表面性。在路德的《被奴役的自由意志》的论文中，也有一些与此相类似的话。路德写道（第 174 章）："倘若你乐意看到上帝为一个卑鄙

① 德尔图良（Tertullian，约 160—约 225），罗马帝国基督宗教神学家，早期拉丁护教士。生于北非迦太基城。约 195 年加入基督宗教，次年升任教父。呼吁罗马帝国将歧视基督宗教的政策改为容纳的政策，同时号召基督宗教教徒效忠皇帝。他推崇信仰，贬低理性。其著作大都用拉丁文写成，有第一个拉丁教父之称。许多新的拉丁神学术语，如"三位一体"等，都是他开始使用的。约 207 年，因不满正统教会日益世俗化而转入被正统教会成为异端的孟他努派。传播世界末日和千禧年即将来临。主要著作有《护教篇》、《论异端无权成立》和《论灵魂》等。

小人加冕，那你就不要不乐于他惩罚无辜。”倘若用稍微缓和的口吻表达，这句话的意思便是：如果你赞成上帝将永恒的荣光赐给那些并不比其他人更好一些的人，那你就不应当反对他摒弃那些并不比其他人更坏的人。而为了判定路德这里所讲的只是不义的表面现象，我们只需要掂量一下这同一位作者在同一篇论文中所说的就可以了。他说道：“在所有其他的事情上，我们都承认上帝具有至高无上的尊严；只有在正义这个问题上，我们敢于质疑：我们有时不愿意相信他是正义的，虽然他向我们许诺说：当时间到了的时候，他的荣光将显现，所有的人都将清楚明白地看到他曾经是正义的，他现在也是正义的。”

51. 我们还将发现，当教父们着手讨论时，他们并非简单地拒
102 绝理性。而且，在与异教徒争论时，他们通常总是竭力表明：异教是反对理性的，而基督宗教即使在这一方面也优势在握。奥利金①就曾经向塞尔修斯②表明：基督宗教是多么的合理，为何尽管

① 奥利金(Origen，约185—254)，基督宗教神学家，著名的亚历山大城的希腊教父。其著作主要有《第一原则》和《驳塞尔修斯》，此外还有大量的《圣经》注释。奥利金是一个很有创意的思想家，他按照精神意义解释法，第一次对“圣父”、“圣子”和“圣灵”作出哲学解释，并用希腊文 hypostasis 表示“本体”；宣称人类知识不可能穷尽上帝的“本体”，但却可以知道上帝的“存在”。但他的一些观点也遭到多方面的谴责。

② 塞尔修斯(Celsus，公元2世纪)，是一个具有二元论倾向的柏拉图派哲学家。其主要著作为《真逻各斯》。他宣称只有哲学思辨才能够达到神圣理性，指责基督宗教为因袭犹太教的落后宗教，基督宗教教义违反“真逻各斯”，基督宗教徒愚昧无知。奥利金在《驳塞尔修斯》中一方面宣称：希腊哲学所能达到的理性(逻各斯)只是人的智慧，但基督宗教宣扬的圣道则是神的智慧，神的智慧高于人的智慧；另一方面，他又宣称我们也不能因此而将神的智慧等同于信仰，将人的智慧等同于理性，从而神的智慧高于人的智慧并不意味着信仰高于理性。他坚持认为，知识高于信仰，以天赋理性获得的知识比单纯的信仰更接近上帝。

如此，大多数基督宗教徒还是在未经考察的情况下持守信仰。塞尔修斯则对基督宗教徒的行为大加嘲笑。他说道："这些人既不愿意听命于你的理性，也不愿意给你列举出他们所信仰的东西的任何理由，他们只满足于对你说：不要考察，只要信仰；或者说，你们的信仰将拯救你；而且，他们将'这个世界的智慧是一种恶'作为一项原则加以持守。"

52. 奥利金的回答很机智，而且，与我们在这个问题上所持守的原则相一致。因为理性，不仅不与基督宗教相对立，反而构成了这一宗教的基础，将使那些有能力对其进行考察的人接受它。但既然只有很少的人做到这一步，则引人向善的单纯信仰的上天赠品对于一般人也就足够了。他说："要是所有的人都能够摆脱人生事务，潜心于研究和默思，人们就根本无需寻找别的途径使他们接受基督宗教了。我们不要说任何可能冒犯任何人的话"（他以此暗示异教是荒谬的，但他又不愿意这样明说），"在基督宗教中所包含的精确性一点也不比其他的宗教少，不管是在对其教义的讨论中，还是在对其先知晦涩格言的诠释中，在对其福音格言以及其他无数业已发生的或象征性规定的事物的解释中，情况都是如此。但既然生活的需要和人的虚弱，除极少数人外，都不允许献身这样一种研究，人们除了耶稣基督为教化人民所使用的那些方法外，我们还能找到什么更合适的方法来造福这个世界上的每一个他人呢？我也非常乐意追问：既然有这么多人信仰，并且因其信仰而能够跳出此前深陷其中的罪恶的泥淖，这样一来岂不是更好一些吗？因为这样一来，就出现了两种情况：一种情况是，人们便可以在根本

无需考察的情况下即相信犯罪将受到惩罚、行善将得到奖赏；而另一种情况则是，人们必须等待着他们的皈依，一直到他们不仅相信这些教义的基础，而且还对这些基础进行过一番认真的考察；两相
103 比较，孰优孰劣不是显而易见了吗？无疑，如果采取后一种方法，那就只能有极少数人到达他们藉简单平实的信仰即可被引向的地方，而大多数人却依然深陷在他们堕落的泥淖之中。”

53. 培尔先生(在其《辞典》第二版末尾处对摩尼教徒的异议的解释中)曾经援引了这段话，奥利金的这段话旨在指出：宗教是经受得住对其教义讨论的检验的。他的意思似乎在于，这样一种检验并不是就哲学而言的，而是仅仅就《圣经》的权威和真正内涵得以建立的精确性而言的。但对于这样一种限定性说法似乎无迹可寻。奥利金写这段话时针对的是一个并不适合于这样一种限定的哲学家。看来，这位教父想要指出的是：在基督宗教徒之间存在的精确性一点也不少于斯多葛派和其他一些哲学家，这些人是既通过理性也通过权威来建立其学说的，例如，克吕西坡[①]就是在异教古代遗物的符号中发现其哲学的。

54. 塞尔修斯在同一个地方还对基督宗教徒提出了另一项批评。他说：“尽管他们全都整齐划一地躲进‘不要考察，只需信仰’

① 克吕西坡(Chrysippus，约公元前 280—前 207)，斯多葛派的第三任首领。他从阿尔克西劳(Arcesilaus)的怀疑论学院转向斯多葛派，并成功地制定和维护了斯多葛派体系。

的幕后，但他们至少还必须告诉我他们希望我去信仰的东西究竟是什么。”他在这个问题上无疑是正确的。他的这一说法针对的是这样一号人：他们一方面说上帝是善的和正义的，但另一方面他们又主张当我们将这些完满性归于上帝的时候，我们却根本没有善和正义的概念。但我们并不能总是要求我们称之为“充分概念”的东西，要求不包括任何未经解释的东西，因为甚至可知觉的性质，如热、光和甜等，都不可能赋予我们这样一些概念。因此，我赞同这样的观点，这就是：奥秘虽然应当接受一种解释，但这种解释却是不完满的。对诸如三位一体和道成肉身一类的奥秘能够有这样一种逻辑的理解也就足够了，这样，当我们接受这些奥秘时，我们就不是在宣布一个全然空洞无物的语词了。但这样一种解释也没有必要达到我们所期望的精确度，也就是说，达到理解的程度和高度，达到如何和为何的程度和高度。

55. 因此，培尔先生的做法让人感到奇怪：他拒绝裁决一般概念（见《对一个外省人问题的答复》，第 1062 和 1140 页），仿佛在回答摩尼教徒时无需诉诸善的概念似的；但他自己在他的《辞典》里所宣称的却完全是另外一回事。那些为究竟只存在有一个原则，即全善的原则，还是存在有两个原则，即一个为善另一个为恶，而争论不休的人，很有必要对善恶的含义达成共识。当我们谈论一 104
个物体与另一个物体、一个实体与它的偶性、一个主词与它的修饰语、场所与运动的物体、活动与潜能的联系时，我们便理解了所谓联系究竟是什么意思；当我们谈到灵魂与身体联系并且因此而构成一个单个的人时，我们也就同样理解了所谓联系究竟是什么意

思。虽然我并不主张灵魂能够改变身体的规律,或者身体能够改变灵魂的规律,虽然我引进了前定和谐,以避免秩序的混乱,但我还是承认灵魂与身体之间的联系是真实存在的,而且,正是后者构成了灵魂的基质(suppostum)。这样一种联系是属于形而上学的,而影响的联系则属于物理学。但当我们谈论上帝之道与人的本性的联系时,我们便应当满足于一种类比的知识,例如,灵魂与身体之间的联系这个比喻就能够提供给我们这样一种知识。再者,我们还应当满足于说:道成肉身乃造物主与受造者之间能够存在的最密切的联系。此外,我们便不应当再去做更进一步的探究了。

56. 其他奥秘的情况也是如此。温和适度的心灵将总是能够找到一种足以使人相信的解释,但这对于理解却并不是必不可少的。某种"其所是"(τι εστι)对于我们就足够了,但"何以然"或"所以然"(πως)却超出了我们的理解能力,而且,对于我们也并非必不可少的。至于人们在这里或那里提出的关于奥秘的解释,人们同样可以用瑞典女王的话加以回应。这位女王曾在一枚勋章上就她让出王位一事刻上这样的话:"我不需要它,它并不能够使我感到满足。"[①]我们同样也不需要(正如我已经指出的那样)去先验地证明奥秘,或者给它们指出一个理由。事情就是如此(το οτι),对我们也就足够了,即使我们并不知道为什么如此

① 克里斯蒂娜(Christine)在其父阿道夫二世(Gustav Adolf Ⅱ)阵亡后,于1632年接替他父亲成为瑞典国王,因改宗天主教而于1654年退位。

(το διοτι),也无关紧要。这后一种知识是上帝保留给他自己的。约瑟·斯卡利杰[1]就这个问题曾写下的下面这些诗行,非常动人,为他赢得了声誉:

> 不要怀着好奇心来探求万物的原因,
> 不要探索先知的天性究竟属于哪一个种类,
> 一切都由上天赋予神灵,
> 一切都充盈着真实的上帝;
> 不要肆无忌惮地强行闯入圣灵缄默的帷幕,
> 你应当谦恭地绕道走过,
> 你不要奢望连最好的教师都不愿传授的知识, 105
> 这也就是所谓有学问的无知。

培尔先生曾经援引过这些诗行(《对一个外省人的答复》,第3卷,第1055页),并且合理地推断说:斯卡利杰的这些诗行是针对阿明尼乌与戈马尔之间的争论而写的。[2] 我认为培尔先生是根据记忆引用的,因为他用的是“神圣”(sacrata),而不是“受神灵启

① 斯卡利杰(Joseph Scaliger,1484—1558)虽然如前所述,是一位语言学家,但他同时也是一位诗人。曾创作了许多拉丁文诗歌,并著有《诗论》。详见前面有关注释。

② 阿明尼乌(Arminius,1560—1609),著名的荷兰改革派神学家。他曾经相信加尔文的得救前定说,但后来对之表示怀疑,并开始强调自由意志。断言:上帝伸出拯救的手,凡凭信心回应这一召唤的人都必将为上帝拣选。他的这一观点遭到荷兰加尔文派神学家戈马尔(Gomarus,1565—1641)的反对。他们的争论导致荷兰改革派教会的分裂,而阿明尼乌及其派别最终也因此而被逐出了教门。

示”(afflata)。① 但用“知情”(prudenter)取代了为诗的韵律所要求的“谦恭”(pudenter),这显然是印刷错误所致。②

57. 没有什么比这些诗行所包含的警告更为正确和明智了。培尔先生非常妥帖地说道(同上书,第729页):那些声称上帝关于罪及其后果的态度所包含的无非是他们能够解释的东西的人,都是在向对手自首,祈求对手的宽恕。但他在这里将“解释一件事物”与“针对异议支持一件事物”这样两个完全不同的东西结合到了一起,却是不甚妥帖的。他接着补充说:“他们不得不让他(他们的对手)随心所欲地牵着鼻子走;而当他们承认我们的理智太过软弱,从而不可能完全排除掉哲学家所提出的种种异议时,他们便会不知羞耻地退却,祈求宽恕。”

58. 在这里,按照培尔先生的意见,与“答复异议”相比,“解释”令人失望,因为他恫吓进行解释的人说,即使他们做了解释,他们依然有责任去答复异议。但事情却正好相反:一个主张一种论点的人并不一定要对其论点作出解释,但他却必须回答对方的异议。按照法律,辩方一般而言无需证明他的权利,出示他的财产证明,但他却有责任答复原告的证明。因此,让我感到百思不解的

---

① “sacrata”,其基本含义为“神圣”“祝圣者”“献神者”“神圣尊严”和“可敬者”;而“afflata”的基本含义为“有灵感的”“受神灵启示的”。

② “prudenter”,其基本含义为“知情”“明智”“智慧”“睿智”“精神”“精巧”“深谋远虑”等义;“pudenter”的基本含义为“谦恭”“知耻”“慎重”“端方”“谨慎”等义。二者都含有审慎和智慧的含义,相形之下,前者更多地涉及知,后者则更多地涉及行。

是：像培尔先生如此精明又如此一丝不苟的作家却如此频繁地将理解、证明和答复异议这三种如此不同的理性活动混为一谈；仿佛当理性运用于神学时，一个术语与另一个术语根本不分彼此似的。因此，他在其死后出版的《对话录》（第73页）中说道：“培尔先生最经常反复强调的一项原则是：一条教义的不可理解性和对它提出的异议的无可辩驳性，均未提供出拒绝它的正当理由。”说教义的不可理解并不为错，但异议的无可辩驳性便另当别论了。而且，这实际上也就意味着，一个人说反对一个论点的无可辩驳的理由并非拒绝这一论点的正当理由。既然一个无可辩驳的反证都不能成 106
为拒绝一种论点的正当理由，则人们还能找到拒绝一种意见的其他正当理由吗？这样一来，我们还能有什么样的手段来推证一种意见的错误，甚至荒谬呢？

59. 我们还应当看到，一个人如果能够先验地证明一件事物，他也就能够通过动力因来解说它。而且，凡能够以精确充分的方式解说一件事物的人，他也就能够理解这件事物。正因为如此，经院神学家们曾经谴责雷蒙·吕里[①]试图用哲学来推证三位一体。人们是在他的著作中发现这种所谓的推证的。当巴塞罗缪斯·凯

① 雷蒙·吕里（Raymond Lully，1235—1351），西班牙著名的哲学家、逻辑学家、神学家和诗人。他在其著作《信仰与理性的辩论》中试图以科学手段阐释三位一体教义。他长期以来一直试图通过字母组合系统建立一个涵盖一切认识成果的概念体系。莱布尼茨青年时代所写《论组合术》即受到他的这样一种“伟大技艺”影响。此后，莱布尼茨毕生都致力于借助一种“普遍字符”（characteristica universalis）构建一门“普遍科学”（scientia generalis）的学术理想。

克曼[1]这位著名的宗教改革派作家对这同样一个奥秘做出同样的尝试时，也受到了一些现代神学家同样的谴责。因此，人们虽然对那些试图解说这一奥秘，使之成为可理解的人士予以谴责，但人们还是对那些不辞辛苦地维护奥秘、反驳对手异议的人士予以赞赏。

60. 我已经说过，神学家们通常总是将超乎理性的东西与反乎理性的东西区别开来。在他们看来，凡是人们不可能理解也不可能解说的东西都是超乎理性的；而任何一种意见，只要它为无可辩驳的理性所反对，与能够以精确健全的方式加以证明的东西相矛盾，它就是反对理性的。因此，他们虽然承认奥秘是超乎理性的，但他们却并不承认奥秘是反乎理性的。有一本书，虽然颇有见地，但却遭到了批评，其题目为《基督宗教并不神秘》。[2] 这本书的英国作者试图反对这样一种区别。但在我看来，他根本没有弱化这样一种区别。培尔先生也不太满意这样一种受到公认的区别。在这个问题上，他的有关评论如下(《对一个外省人问题的答复》，

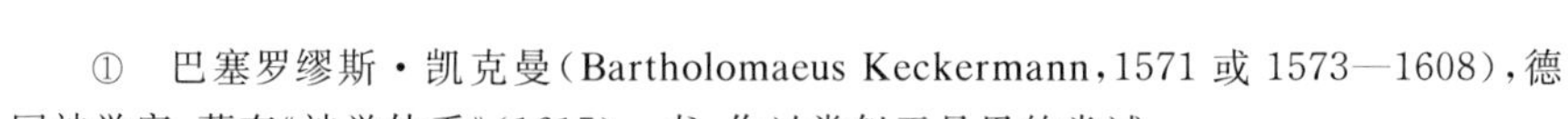

① 巴塞罗缪斯·凯克曼(Bartholomaeus Keckermann，1571 或 1573—1608)，德国神学家，著有《神学体系》(1615)一书，作过类似于吕里的尝试。

② 《基督宗教并不神秘》(1696)一著的根本目标在于表明：在基督宗教学说中，既没有什么反乎理性的东西，也没有什么超乎理性的东西；启示之为启示，就在于它“使以前是神秘的东西揭开了面纱”；在“所谓认识就是指理解所相信的东西”的意义上，“信仰即知识”。该著的作者为爱尔兰宗教哲学家和神学家约翰·托兰德(John Toland，1670—1722)。除《基督宗教并不神秘》外，托兰德还著有《拿撒勒教》(1718)和《致塞琳娜的信》(1704)等。参阅威廉·索利：《英国哲学史》，段德智译，陈修斋校，第151—155 页。

第 3 卷，第 158 章）。首先，他赞同索林[①]先生的意见，在下面两个论点之间作出区别：其中一个是，“基督宗教的教义与理性相一 107
致”，另一个是，“人类理性认识到它们与理性相一致”。他肯定第一个论点，而否定第二个论点。我也持同样的观点：如果在“一条教义与理性相一致”这个说法中，人们意指的是能够通过理性即可以解说这一点，即可以解释它的何以如此或所以然。因为上帝无疑能够做到这一步，但我们却不可能做到这一步。但我认为，如果所谓“认识一条教义与理性相一致”其所意指的是：如果需要，我们便能够推证在这条教义与理性之间根本不存在任何矛盾，从而我们便驳倒了那些主张这条教义是一种谬论的人的异议，则我们就必须同时肯定这两个论点。

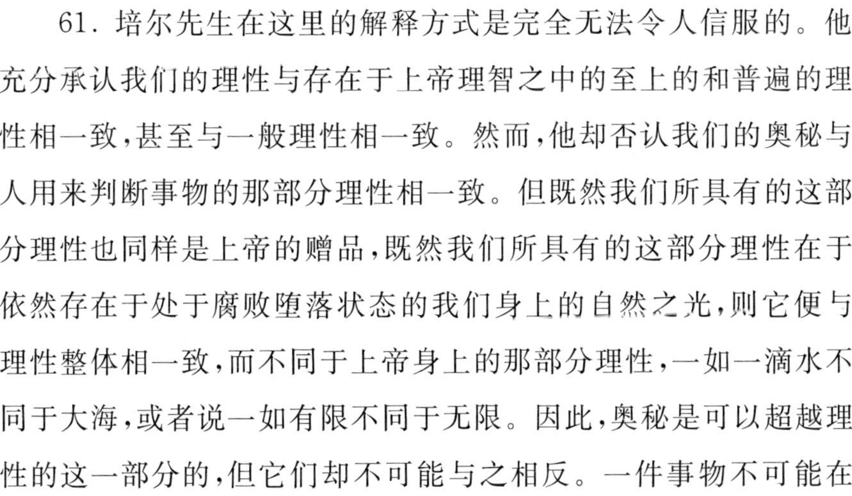

61. 培尔先生在这里的解释方式是完全无法令人信服的。他充分承认我们的理性与存在于上帝理智之中的至上的和普遍的理性相一致，甚至与一般理性相一致。然而，他却否认我们的奥秘与人用来判断事物的那部分理性相一致。但既然我们所具有的这部分理性也同样是上帝的赠品，既然我们所具有的这部分理性在于依然存在于处于腐败堕落状态的我们身上的自然之光，则它便与理性整体相一致，而不同于上帝身上的那部分理性，一如一滴水不同于大海，或者说一如有限不同于无限。因此，奥秘是可以超越理性的这一部分的，但它们却不可能与之相反。一件事物不可能在

① 索林（Elie Saurin，1639—1703），法国新教神学家。培尔所指的是他于 1697 年在乌德勒支出版的《为改革派教会的真正学说辩护》一书。

与其所属的整体没有矛盾的情况下，而与其一个部分相矛盾。凡与欧几里得的某一个定理相矛盾的，也都必定与欧几里得的《几何原本》相矛盾。存在于我们身上反乎奥秘的东西，并非理性，也非自然之光，也非真理的联结。此乃堕落、错误、偏见或黑暗。

62. 培尔先生也不赞同约书亚·斯特格曼[①]和特伦坦先生(M. Turretin)[②]的意见（同上书，第1002页）。这两位新教神学家主张奥秘仅仅与堕落理性相矛盾。他以嘲笑的口吻诘问道：所谓正确的理性，究竟应当理解为正统神学家的理性呢，还是应当理解为异端的理性呢？而他则极力主张三位一体奥秘的明证在路德的灵魂中也并不比在索齐尼的灵魂中更大一些。但按照笛卡尔所正确指出的，良好的判断力(bien remarqué)是分配给所有人的，因此，人们必须承认无论是正统派神学家还是异端神学家，他们都是禀赋有这样一种良好判断力的。正确的理性乃真理的联结，堕落理性则是与偏见和情感混杂在一起的。而且，为了在这两者之间作出区别，人们只需遵照良好的秩序行事，拒绝承认任何缺乏证据的论点，也不承认任何证明，除非它遵照最普通的逻辑规则以适当的形式运行。在理性问题上，人们既不需要任何别的标准，也无需任何别的仲裁者。人们由于没有注意到这一点，才授怀疑论者以
108 把柄，甚至致使神学界弗朗索瓦·韦龙[③]和其他一些激化了同新

① 约书亚·施特格曼(Josua Stegman,1588—1632)，一个反索齐尼派神学家。

② 弗兰西斯·特伦坦(Francis Turrentin,1623—1687)，意大利加尔文派神学家。培尔这里所指的是他于1679年在日内瓦出版的《神学驳斥的方法》一书。

③ 弗朗索瓦·韦龙(François Véron,1575—1640)，法国天主教神学家。莱布尼茨在这里所指的是他于1615年在亚眠出版的《以圣经处理宗教争端的方法》一书。

教派神学家争论的人士，以致达到不择手段的地步，一头栽进了怀疑论的怀抱，藉以证明有必要从外面接受一个正确无误的判官。不过，他们的路线并不为大多数专家所认同，即使他们自己的派别内部也见仁见智：加里斯都和戴雷认为它应当受到嘲笑，而贝拉明则持完全相反的立场。

63. 现在，我们进而讨论培尔先生对我们所关心的这种区别所做的评论（同上书，第 999 页）。他说："在我看来，在超乎理性的事物与反乎理性的事物之间所存在的这一著名区别中，潜伏着一种含混性或两可性。福音的种种奥秘都是超乎理性的，一如人们通常所说的那样，但它们却并非反乎理性。我认为，人们在这项公理前一部分赋予理性这个词的含义与他们在这项公理后一部分赋予理性这个词的含义并不相同：在前一部分，理性这个词毋宁被理解为人的理性（la raison de l'homme），或具体理性（la raison *in concreto*），但第二个理性则被理解为一般理性或抽象理性（la raison *in abstracto*）。因为假如理性这个词总是被理解为存在于上帝身上的一般理性或至上理性、普遍理性，则福音的种种奥秘并不超乎理性这个说法与它们并不反乎理性这一说法也就不能同时为真了。但如果在这项公理的这两个部分中，所意指的都是人的理性，我便看不清楚这种区别的依据何在：因为最正统的神学家也承认，我们对我们的奥秘何以能够与这项哲学公理相一致并不清楚。因此，对于我们来说，它们似乎同我们的理性并不一致。然而，在我们看来，与我们的理性不相一致的东西似乎是反乎理性的，这就好像在我们看来并不与真理相一致的东西似乎就是反乎真理的一

样。由此可见，人们为何不应当同样地说种种奥秘既反乎我们的软弱无力的理性，又超乎我们的软弱无力的理性呢?”我的回答是，一如我已经指出的那样，理性在这里乃我们藉自然之光所认知的各种真理的联结，从这个意义上讲，这条公理是正确的，是没有任何含混性的。种种奥秘超越我们的理性，因为它们包含着一些未曾纳入这一系列之中的真理。但它们却并非反对我们的理性，因为它们并不与这一系列能够引导我们认识的任何一种真理相矛盾。至于我们是否认识奥秘与我们的理性相一致这个问题，我的回答是：至少我们认识不到奥秘与理性之间的任何不一致或任何对立。再者，既然我们总是能够排除这样一种所谓的对立，从而，
109 如果这能够被称作信仰与理性的调和或和谐，抑或承认它们之间的一致，那我们就必须说：我们能够承认这样一种一致和这样一种和谐。但如果这种一致在于对其所以然提供一种合理的解释，我们便不可能认识它。

64. 培尔先生还制作了一个独具匠心的异议。他是从视觉这个例证推演出这个异议的。他说：“一座方形的塔，当从远处看时，对于我们来说，就像是圆的，我们的眼睛不仅清楚地证实它们在这座塔上没有知觉到任何方形的东西，而且还清楚地证实它们发现存在有一个圆的形状，这是与方的形状不相兼容的东西。人们因此便可以说：这座塔为方形的真理不仅是超越的，而且还违背我们微弱视力的见证。”必须承认，这一观察是正确的，尽管圆的表象只是由于角度的抹杀造成的，而角度的抹杀或消失则是由距离引起的。尽管如此，圆与方又确实是相对立的。因此，我对这条异议答

复如下:感官的表象,尽管它们提供了在其中发生的一切,但却往往与真理相矛盾。但这与推理的错误并非一回事,当推理照章办事时,事情必然如此,因为严格推演的证明无非是真理的联结。具体到视觉而言,也应当看到,还有一些虚假的表象,它们既不是由于“我们眼睛的软弱无力”,也不是由于因距离而产生的能见度的丧失,而是由于视觉本性本身使然。不管它多么完满,亦复如此。例如,一个圆,当从侧面看时便变成了几何学家称之为椭圆的东西,有时甚至变成了一种抛物线或双曲线的东西,或是实际上变成了一条直线,土星的光环就是一个证据。

65. 外在的感官,严格地讲,并不欺骗我们。使我们草率行事的往往是我们的内在的感官。这也发生在无理性的动物身上。例如,一条狗会对着自己在镜子之中的影子狂吠。因为无理性的动物具有一种类似推理的知觉的连贯性;如果人的活动只具有经验的品格,上述情况便会出现在人的内在感觉中。但无理性的动物却并没有做任何事情迫使我们相信它们也具有严格意义上理应称作推理意义的东西,这一点,我在其他地方已经证明过了。[①] 然而,当理智运用和遵循内在感觉的错误决定时,例如当杰出的伽利略认为土星有两个把手时,它就会受到表面结果所造成的判断的蒙骗,从中推导出其并未内蕴的东西。因为感觉获得的表面现象 110
并不能绝对地确保我们获得事物的真相,并不会比梦提供给我们

① 关于莱布尼茨的这段论述,请参阅他的《人类理智新论》第2卷第2章,《以理性为基础的自然的和神恩的原则》第5节以及《单子论》第26—28节。

的东西更多一些。我们也会因为利用这些感觉表象而使我们自己蒙受欺骗，也就是说，我们自己会因我们的错觉而使我们自己蒙受欺骗。其实，我们是允许我们自己藉盖然性证明进行推导的，从而我们便倾向于认为，我们所发现的现象本身往往是如此联结在一起的。既然通常显现出来没有角的东西实际上也没有任何角，我们因此便轻易地相信，所有的表面现象都始终如此。这样一种错误是可以谅解的，而且有时也不可避免，尤其是当必须立即行动，需要马上对所推荐的选项作出决断的时候，这样的事情就更难避免了。但倘若我们有闲暇和时间集中思想进行决断，我们还是将并非确实存在的东西误认为确实存在的东西，那我们就犯错误了。因此，虽然表面现象确实常常违背真理，但当我们的推理严格按照推理艺术的规则进行时，它就绝不至于如此。倘若所谓理性人们一般地理解为或妥当或不妥当地进行推理的能力，我则承认它可能会欺骗我们，而且它实际上也在欺骗我们，我们的理智所认识的现象与我们的感官所感觉到的现象一样，也常常具有欺骗性，但在这里我们所讨论的是真理的联结问题和异议的适当形式问题，从这个意义上讲，理性不可能欺骗我们。

66. 从我刚刚谈过的所有内容看，培尔先生将超越理性这个概念的意涵向前推进得太远了，以致仿佛它还包括异议之无可辩驳性似的。因为按照他的说法(《对一个外省人问题的答复》，第3卷，第130章，第651页)，“一条教义一旦超越理性，哲学便既不可能解释它，也不可能理解它，主张与之相反的异议也不会遇到任何困难”。就哲学不可能理解这条教义而言，我是赞同他的观点的，但我不仅已经证明：奥秘应当接受必要的语词解释，以免它最终成为空洞无物的语词；而且，我还证明：人们之能够回答异议也是必要的，不然的话，人们就势必会拒绝奥秘了。

67. 他援引了一些神学权威，这些神学权威似乎承认反对奥秘的异议具有无可辩驳的本性。路德是这些神学权威的首领之一，但我在前面第 12 节里，已经对此做了答复，在这一节里，他似乎说过哲学与神学相矛盾的话。在另外一个地方(《论被奴役的意志》，第 246 章)，他还说道：上帝表面上的非正义藉善人的不幸和恶人的富足加以证明，这样一个证明无论对于整个理性还是对于自然之光(la lumière naturelle)都是无可辩驳的。但随后不久，他 111
又解释说，他在这里所意指的只是那些对于来世生活一无所知的人，因为他补充说：福音书中的话可以排除这一困难，因为福音书教导我们说，还存在有来世生活，到了来世，今生未曾受到的惩罚和奖赏都将得到应然的兑现。由此看来，上述异议远非无可辩驳，甚至即使不借助于福音书，人们也可以想到这样一种答案。培尔先生还援引过马丁·克姆尼茨(Martin Chemnice)的一段话(《对一个外省人问题的答复》，第 3 卷，第 652 页)，这段话曾受到威德利乌斯(Vedelius)的指责，却又得到约翰·穆索乌斯(Jean Musæus)的辩护。在这段话中，这位著名的神学家似乎清楚明白地说道：上帝的话中所存在的真理不仅超越理性，而且反对理性。但这段话却只可以从与自然理性相一致的理性原则的角度加以理解，一如穆索斯所解释的那样。

68. 尽管如此，培尔先生确实发现了一些权威对他更为有利，笛卡尔先生即是这些权威的首领之一。这位大人物曾经明确地指出(《哲学原理》，第1篇，第41条)："我们将轻而易举地摆脱这一困难"(人们在调和我们的意志自由与上帝的永恒旨意中所遭遇到的困难)，"只要我们注意到我们的思想是有限的，而上帝的知识和全能则是无限的，从而上帝不仅能够永恒地认识所有存在的东西或能够存在的东西，而且，他也意欲其存在。因此，我们有足够的智力清楚明白地认识存在于上帝身上的这种知识和这种能力，但我们却不足以理解它们的范围，从而，我们也就不足以知道它们是如何使人的活动完全自由和不受决定的。然而，上帝的能力和知识绝对不会妨碍我们相信我们具有自由意志。因为倘若我们怀疑我们内在意识到的东西，并藉经验认识到它们即存在于我们身上，我们就将犯错，这只是因为我们并不理解那些我们知道其本性不可理解的别的事物。"

69. 笛卡尔先生的这段话，一直为其追随者所信奉(他们很少想到怀疑笛卡尔所说过的东西)，但却始终让我感到莫名其妙。笛
112 卡尔的一些说法是不能令人满意的。他不仅说他找不到调和这两个信条的任何办法，而且，他还将整个人类，乃至所有的理性受造物，都置于同样的境地。然而，难道他竟然会没有意识到根本不存在反对真理的无可辩驳的异议的任何一种可能性吗？因为这样一种异议只要是其他真理的必要的联结，其结论就会与人们主张的真理相矛盾。这样一来，在各种真理之间便会存在有矛盾，但这显然是荒谬的。再者，尽管我们的心灵是有限的，不可能理解无限的

东西，但它却可以理解关于无限的东西的证明及其证明的力度。为什么它对于异议就不会同样地理解呢？而且，既然上帝的能力和智慧是无限的和包罗万象的，便没有任何托辞来怀疑它们的范围。还有，笛卡尔先生要求的是一种并不为人们所需要的自由，因为他坚持认为人的意志活动是完全不受任何限定的，是一件永远不会发生的事情。最后，即使培尔先生自己也主张：笛卡尔先生用作证明我们自由基础的我们独立的这种经验和这种内在感觉并不能证明我们的独立性，因为从我们意识不到我们所依赖的原因，按照培尔先生的观点，推导不出我们独立的结论。但对这个问题，我们将在适当的场合予以讨论。

70. 笛卡尔先生在其《哲学原理》的一个段落里似乎也承认：要找到解决物质无限可分性困难的答案是不可能的，但他也承认这一困难现实存在。阿里亚加[①]和其他一些经院学者几乎同样承认：如果他们不辞辛苦，赋予这些异议应然的形式，他们就应当看到在他们的推理中存在有错误，而且有时还存在有产生混乱的错误的假设。我们不妨举出一个例子加以说明。一天，一个颇有才华的人以下述形式向我提出了一个异议：设直线 B A 在点 C 处被切割成两个相等的部分，同样，C A 在 D 点被分成两个相等的部分，D A 在 E 点被分成两个相等的部分，如此继续分割下去，直至无限。所有这些一半，B C、C D、D E 等，便构成了整个直线 B A。

① 阿里亚加（Rodrigue Arriaga，1592—1667），西班牙耶稣会士。他在《神学争论》中曾批评过托马斯·阿奎那《神学大全》中的一些观点。

因此，必定存在有一个最后的一半，因为直线 B A 是在 A 完成的。但这最后的一半是荒谬的。因为既然它是一条线段，它就将可能继续二分下去。所以，无限可分是不可能得到承认的。但我要给他指出的是：既然存在有一个最后的点 A，便必定存在有一个最后的一半，这样一个推论是不正当的，因为这个最后的点属于它这
113 一边的所有的一半。而我的这位朋友当其藉一种形式的证明来证实这一推论时，他自己也认识到了这一点。相反，正是因为这样一种分割能够无限进行下去，才根本不可能存在有最后的一半。而且，尽管直线 A B 是有限的，但我们却不能得出结论说分割这条线段的过程也有任何一个终点。同样的混乱也出现在进展到无限的数字系列中。人们可以设想一个终点，一个无限的数字或无限小的数字。但这一切全都是虚构。每一个数字都是有限的和特殊的；每条线段也同样如此。而无限或无限小所意指的只不过是人们所能设想的其所期望的一个大的或小的数值，以表明一个错误比为人们已经列举出来的要小一些，也就是说，根本不存在任何错误。或者，所谓无限小，也可以用来意指一个数值在其消失点或开始点上的数值状态，如果这个数值已经被设想为业已实现出来的数值的模式的话，事情就一定如此。

71. 现在，我们需要考察培尔先生提出的用来表明人们不可能驳倒理性针对奥秘提出的种种异议的证明。这个证明是他在其对摩尼教的评论中提出来的（《历史与批判辞典》，第 2 版，第 3140 页）。他说道：“人们只要普遍一致地承认福音的奥秘超越理性，我就心满意足了。因为由此我们便可以得出一个必然的结论，要消

除哲学家们提出的困难是不可能的，仅仅遵循自然理性的争论将总是以损害神学家而告终，致使他们被迫退让，寻求超理性之光的教规和圣经庇护。”令我感到吃惊的是，培尔先生以如此泛泛的措辞讲话，因为他自己曾经承认自然之光是反对摩尼教徒的，而且，是维护原则的独一性的；而且，上帝的善也为理性证明是无可辩驳的。然而，我们看看他接着究竟是如何说的。

72.“显然，理性永远无法达到超越它的东西。然而，如果它确实能够对那些反对三位一体的教义和本体同一的教义的异议提供反驳，那它也就因此而达到了这两个奥秘，它就通过与它的第一原则相比较，或者与由普通概念产生出来的格言相比较，而使这两个奥秘隶属于并服从最严格的考察，直到最后得出结论说：它们与自然理性相一致。这就是说，它这是在做超出其能力的事情，它这是在它的界限之外运行，然而，这是一种形式上的矛盾。因此，人 114
们必定说：只要人们不诉诸上帝的权威，不诉诸使人的理智顺从信仰的必然性，他们便不可能对他们自己的异议提供答复，从而常胜不败。”我看不出，这个推理有什么力量。我们之能够达到超越我们的东西，不是靠洞察它而是靠维护它，正如我们是藉视觉而不是藉触觉达到天空一样。为了回答这些用来反对奥秘的异议，人们也无需使这些奥秘从属于我们自己，藉同普通概念产生出来的原理的比较来对它们进行考察。因为如果一个人要回答这些异议，他就必须向前走得很远，提出这些异议的人也就必须首先如此行事。昭示论题乃异议的职责，对他来说只需回答是或者不是也就够了。他并没有义务藉区别来进行反驳。如果他否定了这个异议

中的某个命题的普遍性，或是批评它的形式，当需要做这两件事情的时候，他就可以只做这两件事情而无需超出异议进行探究。当有人向我提出一个他认为是无可辩驳的证明时，我则能够保持沉默，并督促他以适当的形式来证明他所提出的所有表述，即使这些表述在我看来是最少可疑的。因为仅仅出于怀疑的目的，我根本无需探究问题的核心；相反，我越是无知，我就越是有更正当的理由加以怀疑。

73. 培尔先生继续说道：“让我们尽力澄清这一点。如果某些学说是超越理性的，则它们便是理性力所不及的，理性不可能达到它们。如果理性不可能达到它们，理性便不可能理解它们。”（在这里，他是从“理解”开始的，说理性不可能理解超出理性的东西。）“如果理性不可能理解它们，它就不可能对它们有任何观念。”（这个结论有毛病。因为要理解一件事物，一个人只有这件事物的观念是不够的；人们必须具有有关构成这件事物的一切的所有观念，而且，所有这些观念也都必须清楚、明白和充分。[①] 自然界中有千百种事物，我们对它们有所了解，但我们却并不因此而理解它们。我们对光线有一些观念，我们在一定程度上可以对它们作出说明，但始终有一些东西使我们不得不承认我们尚未理解光的整个本
115 性。）“同样，也不可能产生出解决问题的任何一项原则”（为什么清楚明白的原则不应当与含糊混乱的知识混杂在一起呢?）；“因此，

① 莱布尼茨在《对知识、真理和观念的默思》（原载《学者杂志》，1684）中，曾提出过完满知识的标准。关于这一标准，也请参阅莱布尼茨的《形而上学论》第24节，《单子论》第22、60、61节，以及《以理性为基础的自然的和神恩的原则》第49节。

理性所提出的种种异议便依然没有遭到反驳”;(绝对没有;但困难毋宁在提出异议者一方。因为他在寻找一个可以提出异议的清楚明白的原则;而且,论题越是含混,他在寻找这样一种原则时所遇到的麻烦也就越多。再者,即使他找到了这样一种原则,他在解说这项原则与这一奥秘之间的对立时也还是会遇到更大的麻烦。因为倘若这一奥秘显然与一项清楚明白的原则相矛盾,它就不会是一种含混的奥秘,而成了一种显然的谬论了。)“或者,用与将受到攻击的论题同样含混的某种区分来加以回答,事情也没有什么两样。”(如果需要的话,人们也无需作出任何区别,只要否定某些前提或某些结论就可以了。如果人们怀疑对手所使用的某个术语意义含混不清,他便可以要求对方给这个术语下一个明确的定义。因此,当要回答对手自称他提供给我们的是一个无可辩驳的证明的问题时,辩护的一方便无需自找麻烦。但即便辩护的一方出于礼貌行事,或是为了简单起见,或是因为他感到自己足够有力,他都应当屈尊揭示异议中所隐藏的含混性,并且通过作出某种区分消除这样一种含混性,这样一种区分也无需导致比第一个论题更为清楚的任何东西,因为辩护的一方并无义务去阐明这一奥秘本身。)

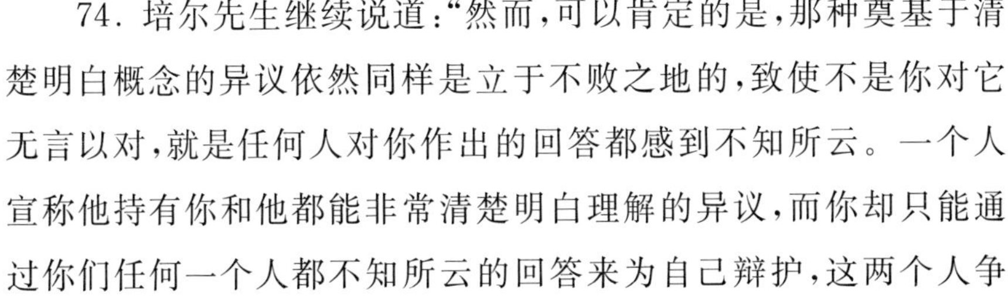

74. 培尔先生继续说道:“然而,可以肯定的是,那种奠基于清楚明白概念的异议依然同样是立于不败之地的,致使不是你对它无言以对,就是任何人对你作出的回答都感到不知所云。一个人宣称他持有你和他都能非常清楚明白理解的异议,而你却只能通过你们任何一个人都不知所云的回答来为自己辩护,这两个人争

论起来会不分伯仲吗?”(仅仅将异议奠基于非常清楚明白的概念是不够的,我们还必须将其运用到论题的反驳上。而且,如果当我回答一个人时,我只是否定某个前提,迫使他为之作出证明,或是否定某个结论,迫使他采取合理的形式,人们便不能够因此说:我什么也没有回答,或者说我回答的东西让人费解。因为既然我所
116 否定的是对方的可疑的前提,则我的否定就像他的肯定那样可以理解。最后,当我非常礼貌地借助于区分来自我辩白,这就足以使我所运用的术语具有某种类似于奥秘本身所内蕴的意义。由此可见,我的回答中,有些东西已经得到了理解:不过人们无需理解它所包含的一切,否则人们也就将理解这一奥秘了)。

75. 培尔先生接着继续说道:“每一场哲学争论都假设:争论的各方在某些定义方面意见一致”(人们虽然希望如此,但通常只有在必要的情况下才能够在争论过程之中达到这种一致),“他们也都承认三段论的规则,以及那些辨认错误证明的标记。然后,一切都依赖于人们的探究,看看对一个论题是否直接间接地符合人们已经达成共识的那些原则”(这一点需借助于提出异议的人的三段论才能够达成);“看看”(对手所提出的)“证明的前提是否为真;看看所得出的结论是否妥当;看看人们是否使用了包含有四个词项的三段论;看看人们是否违背了论反对或论批驳诡辩那章的原理。”①(简言之,只要否定某个前提或某个结论,或是最终解释或

① 这里所谓“论反对或论批驳诡辩那章的原理”,所意指的都是亚里士多德《工具论》中的内容。

要人解释某个歧义的词项，就足够了。）“人们之所以赢得胜利，或是由于表明争论的对象与作为业已形成共识的原理毫无关系”（也就是说，人们表明，这一异议什么也证明不了，从而辩方便赢得了胜利），“或是由于使辩方归于荒谬”（如果所有的前提和所有的结论都得到了妥当的证明）。“而人们或是通过向辩方表明他的论点的结论同时既是‘是’又是‘否’，或是通过迫使他在回答时只言说那些可以理解的事物，便能够使辩方归于荒谬。”（这后一种麻烦，他始终都是能够避开的，因为他无需提出新的论题。）“这类争辩旨在澄清含混不清的问题，以臻于自明。”（这正是反方的目标，因为反方所期望的就是去证明这一奥秘是虚假的；但在这里却不可能成为辩方的目标，因为他既然承认奥秘，也就意味着他同意人们不可能对奥秘做出推证这样一种观点。）“这就导致这样一种意见，人们在争论过程中，胜利究竟或多或少地垂顾辩方还是反方，这要视一方命题的清晰程度比另一方命题的清晰程度究竟是大些还是小
些而定。”（这样一种说法仿佛无论是辩方还是反方都同样毫无设 117
防似的；但实际上辩方却犹如一个四面楚歌的司令，凭借构筑起来的工事防护自己，而反方或攻击者则极力破坏这些工事。在这里，辩方无需任何自明的东西，他也无需寻求这类东西：但反方却极力寻求这样的东西来反对辩方，连续攻击，突破对手的防线，致使辩方不再受到防护。）

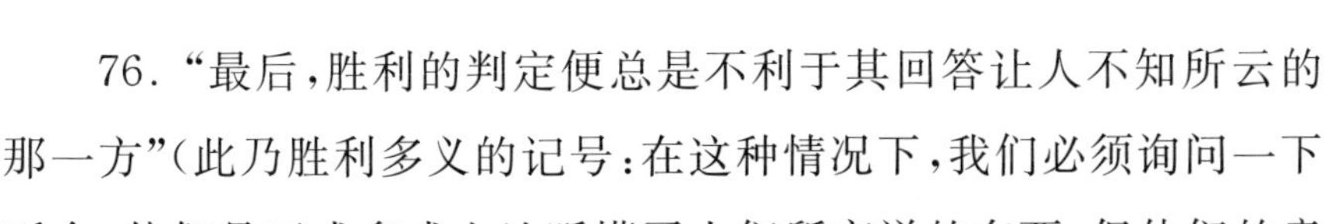

76．“最后，胜利的判定便总是不利于其回答让人不知所云的那一方”（此乃胜利多义的记号：在这种情况下，我们必须询问一下听众，他们是否或多或少地听懂了人们所言说的东西，但他们的意

见又往往见仁见智。形式完满争论的顺序在于：先以适当的形式进行证明，尔后再以否定或制造一种区分对这些证明作出答复。）“也不利于那些自己承认其回答不可理解的一方。”（但却应当允许主张一种奥秘真理的人们承认这一奥秘不可理解；而且，如果这样一种承认足以宣告他之失败，则人们也无需提出任何异议。一条真理虽然可以不可理解，但这绝对不意味着人们对其中所蕴含的一切一点也不理解这个说法正当。果真如此，它就会是古代学派称之为希恩达朴素（scindapsus）或布里提利（brityri）之类的东西了［亚历山大的克莱门特：《杂文集》，8］，也就是说，它就会是一些言之无物的空话了。）[①]“于是，人们便依据取得胜利的规则谴责他；即使当他因躲进掩护他的大雾之中，致使在他与其对手之间形成一道鸿沟，从而不可能受到追击，他也依然被认为被完全击败了，人们把他比作一支部队，在输掉战争之后，仅仅依靠夜幕偷偷溜掉，逃避得胜者的追击。”（让我们用一个寓言来回敬一个寓言。辩方只要他有防卫工事可以据守，他就不能说是被击败了；只要他在无需突围的时候不冒险突围，那就依然允许他退回到他的要塞，人们也大可不必对他进行谴责。）

77. 我特别不辞辛苦地分析培尔先生的这一大段话，在这段话中，他列出了支持他的意见的最有力也最有推理技巧的理由。而我则希望我已经清楚明白地表明，这位卓越人士是如何误入歧

① Scindapsus 是一种乐器的名称；brityri 意指的是一种竖琴的弦乐器。这两个词的基本含义是音色悦耳但内容空洞。

途的。哪怕是最有才华、最精明的人士，只要他任其智慧自由驰骋，对深入钻研其体系的基础本身缺乏必要的耐心，都会极其容易犯下这样一种错误。我们在这里探究过的种种细节将有助于对其他一些散见于培尔先生著作就这一问题所作出的种种证明作出回 118
答。例如，当他在《对一个外省人问题的答复》(第 3 卷，第 133 章，第 685 页)中说下述一段话时，情况就是这样。他说："为要证明人们已经使理性与宗教达成了一致，人们不仅必须证明他们已经具有了支持我们信仰的哲学原理，而且还必须证明那些被认为与教义问答书不相一致的特殊原理实际上却以一种明确设想的方式与教义问答书相一致。"我不明白，既然人们不想将推理一直延伸到这一奥秘之何以如此，他何以有做这一切事情的必要。如果人们只满足于维护这一奥秘的真理，无意于使其成为可理解的，人们便无需因证明而诉诸一般的或特殊的哲学原理。而且，倘若有人用一些哲学原理来反对我们，我们也没有义务去清楚明白地证明这些原理与我们的教义相一致，我们的对手却有义务去证明这些原理并不与我们的教义相矛盾。

78. 培尔先生在同一段话里继续说道："为了达到这样的结果，我们需要像异议那样清楚明白地作出回答。"我已经指出：当人们否定其前提时便已经得到了这样的回答，但对于一个维护这一奥秘真理的人来说，他没有必要提出清楚明白的命题，因为关于奥秘本身的主要论题并不是清楚明白的。他进一步补充说："如果我们必须答辩和进行再答辩，我们绝对不会裹足不前，也不会说：只要我们的对手所作出的回答像我们的理由那样清楚明白，我们便

达到了预期的目的。”但举证并非辩方的义务，对于辩方来说，他只要对其对手的理由作出回答也就够了。

79. 最后，这位作者得出结论说：“如果有人要求，一个人当其提出一个明白无误的异议时，他就必须满足于那种我们只能够当作虽然我们理解不了但却可能的事物加以陈述的回答，则这样一个要求便是不公正的。”他在其遗著《对话》（第69页）中，针对雅克洛先生（M. Isaac Jaquelot）[①]，重申了这一观点。我并不赞同这种意见。如果这一异议是你全然明白无误的，它就会取胜，而这个论题便被驳倒了。但如果这一异议仅仅奠定在表面现象之上，或者奠定在那些最经常发生的例证之上，如果提出这一异议的人却想要从中得出一个普遍的和确定的结论，则那个支持奥秘的人，就可
119 以用一个仅仅具有可能性的例证加以回答。因为这样一种例证足以证明：人们期望从这些前提推论出来的东西既不是确定的，也不是普遍的。但对于赞成这一奥秘的人来说，他只要主张这是可能的（possible）就行了，而根本无需主张这是有充分根据的（vraisemblable）。因为一如我常常说过的那样，奥秘是针对表面现象而言的。一个赞成奥秘的人，他甚至根本无需进行这样的举证。倘若他应当对它进行举证，那其实就是画蛇添足的工程，对于对手来说，反倒成了其混淆视听的更大的口实。

① 雅克洛（Isaac Jacquelot，1647—1708），法国新教神学家。他同培尔进行了长期论战。这场论战始于1705年。这一年，雅克洛出版专著《论信仰与理性的一致：驳培尔先生〈历史与批判辞典〉提出的主要难题》。1706年，雅克洛又出版了《培尔先生神学研究》。培尔的《对话》即是对雅克洛《研究》的一个回应。

80. 培尔先生死后发表的他对雅克洛先生的答复的若干段落，在我看来，似乎值得进一步考察。《对话》第36、37两页说："培尔先生在他的《辞典》中反复强调，任何时候，只要论题允许，我们的理性就更有能力进行反驳和破坏，而不是证明和建设，几乎没有一个哲学或神学问题，理性不能给它造成重大困难。因此，倘若人们顺应争辩的精神跟着它走下去，尽其所能向前推进，人们便往往陷入令人烦恼的困惑。总之，无疑存在有一些确实为真的学说，能够与难以解释的异议进行争论。"我则以为这里所说的用来申斥理性的话反倒有利于理性。因为当它推翻某个论题的时候，它同时也就在构建一个相反的论题。而当其似乎同时在推翻两个相反的论题时，它便在向我们允诺某种更为深刻的东西，只要我们跟着它走下去，一直走到其所能达到的尽头，不是出于一直争辩精神，而是怀着意欲探究和发现真理的热忱，便总是能够得到报偿，取得巨大的成功。

81. 培尔先生继续说道："因此，人们必定嘲笑这些异议，认识到人类心灵认识范围的狭小性。"但我则认为，人们也必定从中认识到人类心灵力量的标记，这种力量能够使它洞察事物的内部。这些异议是新的开端，可谓是允诺给我们带来更大光亮的缕缕曙光。所谓曙光，我意指的是哲学论题或自然神学的论题。但倘若人们用这些异议来反对启示的信仰，人们有能力驳倒它们也就够了，只要人们胸怀谦卑热忱的精神，旨在维护和提升上帝的荣光，也就能够如愿以偿。倘若我们在事关上帝的正义问题上也能够成功地做到这一步，我们就将同样获得上帝伟大的印记，并且为上帝

的善所陶醉，这样，上帝的正义、伟大和善就将穿过受外在现象所
120 遮蔽的似是而非的理性的乌云，而向我们展现出来，其展现的程度与我们的心灵为真正的理性提升达到那些我们虽然看不到但却确信的事物的程度正相呼应。

82. 让我们与培尔先生继续讨论下去。“理性将被迫放下武器，臣服信仰，这是它凭借它的一些最无可争辩的原理能够去做并且应当去做的事情。因此，在宣布放弃它的一些原理的同时，它依然按照其所是，即作为理性而活动。”但人们必须知道，“在这种情况下必须放弃的理性的这样一些原理只是那样一些使我们依据表面现象或依据事物的通常过程进行判断的原理”。但倘若存在有相反意见的无可辩驳的证明，这种理性即使在哲学问题上也会令我们放弃的。因此，我们一旦藉证明而确信上帝的善和正义，对于那些暴露在我们眼前的我们在上帝王国这一极其狭小领域所看到的触目惊心的和不义的表面现象，就会置之不理。至此，我们已经得到了自然之光和恩典之光的照耀，但尚未得到上帝荣光的照耀。在尘世上，我们看到了表面的不义，相信甚至认识上帝的隐蔽正义的真相。但至少在正义的太阳以其本来面目将自身显现出来时，我们才能够看到这种正义。

83. 可以肯定的是，培尔先生所说的只能被理解为那些必须为永恒真理让路的表面的原理。因为他也承认理性实际上并不反乎信仰，在他死后出版的《对话》中，他针对雅克洛先生（第 73 页）抱怨说，有人指责他，说他相信我们的奥秘实际上反对理性；针对

勒克莱尔（第 9 页），他还抱怨说，有人说他曾断言过，一个人只要承认一个学说受到无可辩驳的异议的攻击，就意味着他同时也承认这一学说是虚假的这一必然结论。尽管如此，如果这种无可辩驳性不只是一种外在表象的话，作出这样一种论断也是正当的。

84. 因此，在理性运用问题上，在我们同培尔先生开展了长篇争论之后，我毕竟发现他的意见并非如他自己所言，与我的意见在基本点上相去甚远。他的言论，虽然为我们的考察提供了材料，但却使人们误认为我们的观点相去甚远。诚然，他常常看上去仿佛是在绝对否认人们能够回答理性反对信仰的异议，他断言：一个人
为了作出这样的回答，他就必须理解这一奥秘究竟是如何生成的，121
或者说，是如何存在的。然而，在他的一些段落中，他的语气却比较缓和，只满足于说：至于如何回答这些异议，他是不清楚的。其中有一个讲得非常确定的段落，存在于关于摩尼教徒的附注之中，这在他的《辞典》第二版的结尾处可以找到，这就是："为了进一步满足最为细心的读者的愿望，他想在这里声明（第 3148 页），在我的《辞典》中，凡是遇到关于这样那样的证明是无可辩驳的说法的地方，我都不是为了让人们相信它们实际上就如此这般。我只是想藉此说明，它们在我看来是无可辩驳的。但人们不应当从中得出任何更进一步的结论。每个人，只要他自己乐意，便都能够想象，我之所以对这个问题持这样一种看法，乃是由于我的理智有欠敏锐的缘故。"对于这样一种情况，我却很难想象。因为我太了解他之敏锐过人的智力了。但我认为，在其将其全部心灵都用来赞美种种异议之后，他便没有足够的精力用于追求实现回答它们的

目标了。

85. 再者，培尔先生在其死后出版的反对勒克莱尔先生（M. Le Clerc）的著作中，承认反对信仰的异议不具有证明的力量。所以，他之认为这些异议无可辩驳，这种论题无法解释，只是就其符合一个人的心态（ad hominem seulement）而言的，毋宁说，只是就其符合人们的心态（ad homines）而言的，也就是说，其相关的只是人类的现存状态。其中还有这样一段话甚至暗示：他对找到这种回答或解释的可能性并未丧失信心，即使在我们的时代也是如此。因为在其死后发表的《对勒克莱尔的答复》（第 35 页）中，他说道："培尔先生敢于希望，他的辛勤著述将激励几位具有创建新体系才智的伟大人士，去发现迄今为止人们尚未知道的解决办法。"而他这里所谓"解决办法"似乎是一种能够洞察奥秘何以然的解释，但仅仅为了答复异议，这样一种说法却没有必要。

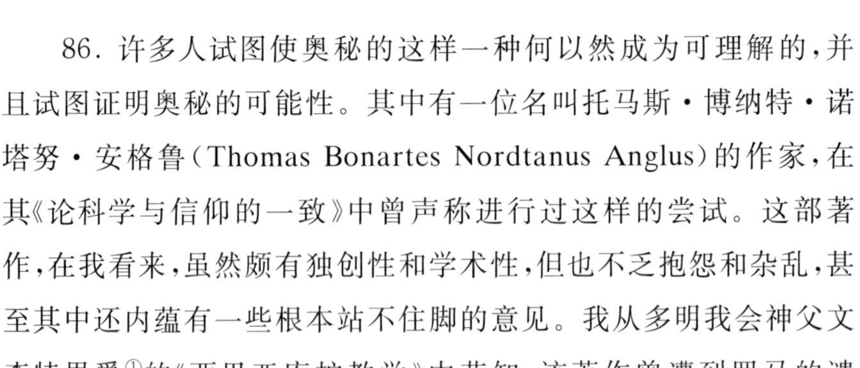

86. 许多人试图使奥秘的这样一种何以然成为可理解的，并且试图证明奥秘的可能性。其中有一位名叫托马斯·博纳特·诺塔努·安格鲁（Thomas Bonartes Nordtanus Anglus）的作家，在其《论科学与信仰的一致》中曾声称进行过这样的尝试。这部著作，在我看来，虽然颇有独创性和学术性，但也不乏抱怨和杂乱，甚至其中还内蕴有一些根本站不住脚的意见。我从多明我会神父文森特男爵[①]的《西里亚库护教学》中获知，该著作曾遭到罗马的谴

① 文森特男爵（Vincent Baron，1604—1708），法国神学家，传教士。他的《西里亚库护教学》于 1662 年出版。西里亚库（Cyriacus）为 4 世纪罗马教会的殉难者。

责，其作者是一位耶稣会士，他因出版此书而受尽苦难。受人尊敬
的博塞斯[①]神父，现在在希尔德谢慕耶稣会学院教授神学，他将罕 122
见的博学与过人的敏锐融为一体，无论在哲学领域还是在神学领
域都才华横溢。他曾告诉我，博纳特的真实名字叫托马斯·巴顿
(Thomas Barton)，其离开耶稣会后隐居爱尔兰，他在那儿的死亡
方式使人们对他的最后的意见作出了有力的评判。我非常同情这
些才智之士，他们因其辛勤和热情而自找麻烦。过去时代的皮埃
尔·阿贝拉尔[②]、德拉伯黑·吉尔伯特[③]、约翰·威克里夫[④]，我们
时代的英国人托马斯·阿尔比乌斯[⑤]以及其他一些埋头解释种种
奥秘的人，也都有类似的遭遇。

① 博塞斯(Bosses，1688—1738)，生于荷兰的神学家和数学家。1706—1716 年间，与莱布尼茨保持着相当频繁又极其重要的通信联系。他将莱布尼茨的《神正论》译成拉丁文出版。

② 皮埃尔·阿贝拉尔(Pierre Abélard，1079—1142)，法国经院哲学家、逻辑学家和神学家。其著作主要有《辩证法》，《认识你自己》，《是与否》，《基督宗教神学》，《神学导论》和《一个哲学家、一个犹太人和一个基督宗教徒之间的对话》等。他曾因倡导理性和宗教宽容，而先后遭到苏瓦松(Soisson)宗教会议(1121)和桑城(Sens)宗教会议(1140 年)的谴责。

③ 德拉伯黑的吉尔伯特(Gilbert de La Porrée，1070—1154)，法国神学家。他的宗教神学观点，尤其是他关于三位一体的意见，曾先后遭到巴黎宗教会议(1147)和兰斯(Reims)宗教会议的谴责。

④ 威克里夫(John Wyclif，？—1384)，欧洲宗教改革运动的先行者和《圣经》翻译者。曾任牛津大学教授。1369 年，开始任英王的侍从神父。1374 年受英王委派与教皇代表就英国教会的神职任免问题进行谈判，未果。自此开始抨击教皇，反对教皇权力至上。主张各国教会应隶属于本国国王。要求简化教会仪式，并用民族语言举行宗教礼仪，建立摆脱教廷控制的民族教会。遭到教皇格列高利十一世连续五次的谴责和坎特伯雷大主教的通缉。其主要神学著作为《三人对话录》。

⑤ 托马斯·阿尔比乌斯(Thomas Albius，1593—1676)，英国天主教神学家。他的一些神学和政治观点，尤其是他的灵魂观点，曾引起过激烈争论。

87. 圣奥古斯丁，和培尔先生一样，对于所欲求的解决办法之在今世找到的可能性也未丧失信心。但这位教父却认为，这样的事情应留给某个为特殊恩典所启迪的圣人去做。他说道："这是一项更为隐秘的事业，只能有更为杰出和更为神圣的人士来承当，他们凭借的并非他们的功德，而是上帝的恩典"(《〈创世记〉文字注》，第2卷，第4章)。路德将认识奥秘的事情交付给天国学院的拣选(《被奴役的自由意志》，第174章)。他写道："在那里，上帝将仁慈和恩典施给了卑鄙小人，而在别处，他却将愤怒和严厉展示给了无辜者。他在两个方面都显得过分和不义，但对他自己却正义和真诚。尽管我们现在还无法理解为卑鄙小人戴上花冠怎么可能是正义的，但当我们达到不再仅仅是信赖，而是直面启示者的地方的时候，我们就将认识到这一点。同样，我们现在也无法理解上帝这样一种方法怎么可能是正义的，但人们应当信仰这一点，直到人子显现的那一天。"但愿培尔先生现在发现他自己已经为我们在尘世所缺乏的那种荣光所环绕，因为有理由设想他并不缺少善良意志。

四周灯光辉煌，
达尔福尼(*Daphnis*)超乎寻常地驻足天堂门槛前，
惊讶不已！
他在脚下，
看到了层层的云雾，
还有点点星辰。

——维吉尔[①]

① 维吉尔：《牧歌》，V，第56—57行。

在那儿，用真实的光充实之后，
他凝视着漂移不定的天体，
以及固定在天极上面的星辰，
发现我们的白昼
竟偃卧在广袤的黑夜之中。

——卢坎[①]

① 卢坎(Lucan,39—65)，罗马时代西班牙诗人和修辞学家。深受斯多葛派哲学影响。因密谋暗杀暴君尼禄未遂，而割脉自杀。《内战记》(亦名《法尔萨莉亚》)是他唯一一部尚存的诗。他是中世纪最受欢迎的诗人，对 17 世纪古典剧作家也有极大影响。莱布尼茨所引用的出自《内战记》第 9 卷的第 11—14 行。

123 就恶的起源论上帝的正义与人的自由

上　篇[①]

1. 在如此这般确认了信仰和理性的权利，认定理性当服务于信仰而不是与之对立，我们随即便会看到它们是如何运用这些权利，来支撑和调解自然之光与启示之光在恶的问题上教给我们的有关上帝和人的种种东西。这些困难可区分成两类。其中一类困难由人的自由产生出来，而人的自由同上帝的本性似乎不可共存；尽管如此，为使人被视为有罪并愿意接受惩罚，自由却依然被认为是必要的。另一类困难则涉及上帝的行为，并且似乎使上帝在恶的存在方面担责过多，尽管人因其自由从而也难辞其咎。而且，这种行为似乎也有违上帝的善、神圣性（la sainteté）和正义，因为上帝既参与道德的恶，也参与物理的恶（au mal, tant physique que moral），既以道德的方式也以物理的方式参与了这两种恶行中的任何一种；而且还因为似乎这些恶不仅存在于神恩的秩序中，而且

---

① 法文版原文为：PREMIÈRE PARTIE。英文版为：EAASYS ON THE JUSTICE OF GOD AND THE FREEDOM OF MAN IN THE ORIGIN OF EVIL, PART ONE。此处据英文版译出。

也存在于自然的秩序中，不仅存在于今生短暂的生活之中，而且还存在于未来的永恒生活之中。

2. 为简明扼要地表述这些困难，我们必须看到：自由表面看来与任何种类的决定论（la détermination）或确定性（la certitude）都相对立；尽管如此，我们的哲学家们习以为常的意见还是说，关于偶然的未来事件的真理是受到决定的。上帝的先知（la prescience）虽
然使所有未来事件都变成确定的和受到决定的，但以先知本身为 124
基础的上帝的运筹（providence）和上帝的前定（préordination）就更其如此了。上帝并不像人那样，能够漠然地看待这些事件，并且悬置其判断，因为任何事物除非因他的意志的决定且通过其能力的活动便都不可能存在。即使人们不考虑上帝的参与，所有的一切在事物的自然秩序中也都是完全联系着的，因为除非有一个原因作出安排来产生某种结果，任何事情都不可能发生，这既适合于意志的行为，也适合于所有其他的行为。由此看来，似乎人是被迫做其所做的善事和恶事的。从而，他便既不应当受到相应的酬报，也不应当受到相应的惩罚：行为的道德性质因此便遭到破坏，而上帝和人的一切正义也因此而受到动摇。

3. 但即使我们承认人具有这种他为之自诩又给他带来伤害的自由，上帝的行为依然会使其遭到批评，这是因为这些想要以损害上帝为代价或是整个或是部分地为自己行为辩解的人非常傲慢无知。有人断言，整个实在以及人们称之为行为实体的东西，就罪的本身方面而言，也都是上帝的作品。因为一切受造物及其一切活

动都是从上帝那里获得它们所具有的实在的。由此人们便得出结论说：上帝不仅是罪的物理原因，而且也是罪的道德原因。因为上帝的活动完全自由，他做任何事情都不会对事情及其可能产生的结果缺乏完全的知识。但这也不足以说，上帝为他自己制定了一个参与人的意志和决断的规律，不管我们是根据流行的意见还是根据偶因体系（le système des causes occasionnelles）[①]来意愿和决断都是如此。不仅设想上帝在其对结果不知情的情况下为他自己制定出这样一条规律会让人感到莫名其妙，而且，主要的困难还在于，似乎如果没有上帝的参与，甚至没有上帝的前定，恶的意志本身根本就不可能存在，但正是这种参与或前定在人和其他理性受造物身上制造了这种意志。因为，一个行为并不会由于其恶而较少地依赖上帝。因此，人们将最终得出结论说，上帝做了一切事情，无论是善的还是恶的，都毫无差别；除非和摩尼教徒一起，自称
125 有两个原则，一个是善的，另一个是恶的。再者，按照神学家和哲学家的一般意见，保存（conservation）乃一种持久的创造，那就会说，人是持久地被创造成堕落的（corrupt）和犯错误的。还有，有许多现代笛卡尔主义者，他们声称上帝是独一的活动主体（le seul acteur），上帝所创造的存在者都只是纯粹被动的工具（les organs purement passifs）。而培尔先生的观点差不多都是建立在这样一种意见之上的。

① 偶因体系乃法国哲学家马勒伯朗士所主张的学说。有学者将其译作“偶然性原因的体系”。

4.但即使承认上帝只是一般地参与各种活动，甚至一点也不参与各种活动，至少不参与那些恶的活动，人们也有足够的理由认为，没有他的允许，任何事情都不可能发生，从而归咎于他，使其成为这类事情的道德上的原因。至于天使的堕落就更没有什么好说，因为上帝在创造了人之后，他把人置放到这样那样的环境中，对于将要发生的一切，他无所不知；尽管如此，他还是把人放到了那种环境中。人将受到诱惑，上帝也知道人经受不住这样的诱惑，从而生发出无穷无尽的可怕的恶行，殃及整个人类，使之陷于犯罪的必然状态，这是一种被称为“原罪”(péché originel)的状态。世界因此陷入不可思议的混乱，死亡和灾难以及其他成千上万的不幸和灾难都乘机而入，既折磨恶人，也折磨善人。邪恶甚至大行其道，德行在尘世受到贬抑，尘世看起来似乎很少受到天道支配。但当人们考察未来生活的时候，情况甚至更糟，因为届时只有少数人得救，所有其他的人都将永久地受到惩罚。更何况这些命定得救的人原本是通过一种无理性的拣选从堕落的人群中收回，不管说上帝拣选他们是因为考虑到了他们的未来行为、他们的信仰或他们的功绩，还是声称上帝因已经前定了他们得救而乐于赋予他们这些善良的品格和这些行为，都是如此。因为尽管人们在最温和的体系中断言上帝希望拯救所有的人，尽管人们在别的体系中通常也将下面一点视为理所当然，这就是：上帝已经使他的子禀受人的本性，以补赎人们的罪，使所有那些怀有活的和最终的信仰信他的人都将得救，但依然真实无疑的是：这种活的信仰乃上帝的赠品；我们对所有善的业绩都麻木不仁；即使我们的意志本身也必须藉在先的恩典激活，从而也就是上帝赋予了我们去意志和去作为

的能力。然而，不管是藉一种自身灵验的神恩实现出来，也就是藉
126 一种神圣的内在运动，完全决定着我们的意志趋向于我们所做的善事实现出来，还是虽然只存在有一种充足的神恩，但这种神恩本身却也不能不达到其目的，在人所处的并且是由上帝事先将其置放其中的内外环境中成为灵验的，人们都必须回到同样的结论上，这就是：上帝乃由耶稣基督体现出来的拯救、恩典、信仰和拣选的终极原因。而且，即使拣选是上帝赐予信仰意图的原因和结果，但依然真实无疑的是：他只将信仰和拯救赐给合其心意的人们，对他之何以只拣选很少一些人并没有给出任何辨认得出的理由。

5.这样一来，我们就会面对一个可怕的判断：上帝，由于把其唯一的子给了整个人类，从而成为人的救赎的唯一作者和主人，然而却只拯救他们中极少一部分，而把所有其余的人都抛给了恶魔即他的敌人，这个恶魔永久地折磨他们并且让他们诅咒他们的创造者，尽管他们之被创造出来，原本全都是为了传播和彰显他的善、他的正义以及他的其他完满性。这一结果使一切变得更加可怖，因为致使所有这些人永久遭受苦难的唯一的原因，正是上帝曾让他们的祖先经受过一种他明知其祖先抵挡不住的诱惑；因为上帝在人们的意志参与之前，就将这种罪附加到了人的身上，使其成为人与生俱来的东西；因为这种遗传的邪恶迫使他们的意志去犯现罪(des péchés actuels)；还因为无数的人，无论是儿童还是成人，在从未听到过或未曾充分听到过耶稣基督这位人类的救主，在其领受到为了使其从罪恶深渊超拔出去所必须的救援之前，便失去了生命。这些人被谴责为永远反叛上帝，与一切受造物中最邪

恶者一起，被投进了最可怖的灾难之中，尽管从本质上看，这些人并不比其他人更为邪恶，而且他们中的一些或许比少数选民中的一些人犯的罪还少，但这些选民却无缘无故地为神恩所拯救，享受了他们本不应该得到的永恒幸福。这些也就是对各式各样的人所关注的形形色色困难的扼要表述；而培尔先生即是其中一个在这些问题上最执着的人，当我们在下文考察他的种种言论时，这一点就表现出来了。我自信我已经收录了这些困难的要点：但我认为舍弃一些夸大其词的东西比较合适，因为这些东西只会引起人们的反感，而这些异议本身却不会因此而得到任何加强。

6. 现在，让我们回到问题的另一面，指出在回答那些异议时能
够作出的回答；为此，就有必要写作一篇较长的论文来阐述一下解 127
释的过程：因为人们虽然可以非常简洁地概述这些困难，但要讨论这些困难，却需要花费些笔墨。我们的目的是要人们抛弃掉虚假观念，这些观念把上帝说成是一个实施暴政的绝对的君王，从而既不适合人们爱戴也不值得人们爱戴。这些概念由于涉及上帝而更加险恶，因为虔敬的本质不仅在于畏惧上帝，而且还在于爱他胜过一切。而这种爱只有当人们认识到上帝的完满性时才能够产生出来，因为唯有这样一种认识才能够唤醒人们对上帝理应得到的那份爱，才能够使爱上帝的人们得到幸福。既然我们自己为不会不使上帝快乐的激情所振奋，我们便有理由希望，他将照亮我们，并且他自己将援助我们，以实现既为他的荣光也为我们的福利而承担的计划；他将希望他自己在实施既为他的荣光也为我们的福利所设计的计划中佑助我们。这样一项美好的事业成竹在胸。这项

事业如此美好使我们获得了信心：如果出现了对我们不利的貌似真实的假象，那我们这一边也就存在有令人信服的证据，从而我们就敢于向我们的对手说：

瞧，我们的投枪该是多么的锋利！①

7. 上帝是万物的第一理由：因为凡这样一些受到局限的事物，就像我们所看到和所经验到的所有其他事物一样，都是偶然的，其中没有任何东西能够使其存在成为必然的。很显然，时间、空间和物质，它们虽然结合成一体并且始终如一，对一切事物都毫无差别，但却可能领受到全然不同的运动和形状，并且处于另外一种秩序之中。因此，我们必须寻求世界存在的理由，而世界无非是偶然事物的整个集合，而且我们也必须在其自身即包含着世界存在理由的实体之中来寻求这种理由，从而这种实体就应当是必然的和永恒的。再者，这个原因也必定是有理智的：因为这个现存世界是偶然的，而无数其他世界也同样是可能的，也同样有权要求存在，这个世界的原因必定涉及所有这些可能世界，以便在它们之中确定一个并使之现实存在。而一个现存实体对于种种简单可能性的这样一种考虑或关系不可能是任何别的东西，而只能是具有这些可能世界观念的理智（l'entendement），而在它们之中确定一个现实存在也不可能是任何别的，而只能是作出选择的意志的行为。

① 维吉尔：《埃涅阿斯纪》，Ⅹ，480。这句话的原文为：Aspice，quan mage sit nostrum penetrabile telum。

然而,使其意志产生实效的正是这一实体的能力。能力相关于“存在”,智慧或理智相关于“真理”,而意志则相关于“善”。而且,这种理智的原因在所有方面都是无限的,在能力、智慧和善的方面都是绝对完满的,因为它相关的是所有可能存在的东西。再者,既然一切都是相互联系的,那就没有根据承认存在有不止一个的原因。128
它的理智是本质的源泉,它的意志是存在的本源。简言之,存在有关于唯一上帝及其完满性的证明,以及万物经由他产生出来的证明。

8.现在,这个至上的智慧,由于其与同样无限的善合成一体,便不能不选择最好的。因为正如一种较少的恶是一种善,如果一种较小的善妨碍了较大的善之实现,则就连较少的善也成了一种恶了;如果事情可能做得更好,那在上帝的行为中就存在有一些需要改正的东西了。就像在数学中那样,当既没有最大值也没有最小值,简言之,任何东西都毫无区别,一切都是同样做出来的,或者说在那个时候任何事物都没有产生出来,是不可能的;有关上帝的完满的智慧,我们同样也可以说,既然上帝的智慧与数学是同样有秩序的,则如果在所有可能世界中没有一个是最好的,上帝就产生不出任何一个世界。我把世界(monde)称作所有现存事物的整个系列和整个集结,以免人们说有若干个世界在不同时间和不同地方存在。因为所有这些事物必定需要全部集合在一起才被视为一个世界,或者如果你愿意的话,一个宇宙(univers)。而且,即使人们可以填满所有的时间和所有的地点,但依然真实无疑的是:人们可以用无数多的方式填满它们,从而也就必定存在有无数多个可

能的世界，以便上帝在其中挑选最好的。因为上帝做任何事情没有不按照其至上理性行事的。

9.某个回答不了这一论证的对手很可能藉一个反论证来回答这一结论，说这个世界本来可以既没有罪也没有苦难；但我否认这样一来世界就会更好些。因为，人们必须认识到，所有的事物在任何一个可能世界里都是相互关联的：这个世界，不管采取什么样的形式，全都是连成一体的，就像一个大洋那样。即使最微小的运动都会将其结果扩展到无论多么遥远的地方，尽管这个结果随着距离的增大而相应地变小。上帝由于事先已经看到了祷告和善恶行为以及所有其他的事情，他便事先一劳永逸地为其中的事物安排了秩序。而且，每一件事物在其存在之前作为观念便已经对上帝所作出的有关万物存在的决定贡献了力量。因此，世界上任何东西都不可能发生任何变化，哪怕是它的本质，或者如果你愿意的话，哪怕是它的数值上的个体性（individualité numérique），亦复如此。因此，如果世界上发生的最微小的恶在其中缺失了，它便不

129 再是这个世界；只有所有事物都一无缺失，所有允许的事物都一一造了出来，这个世界才被认为是造主所选择的那个最好的世界。

10.诚然，人们可以设想存在有一个其中没有罪也没有苦难的可能世界，也可以制造出某个像乌托邦或隋瓦兰布[①]之类虚构的

① 隋瓦兰布（Sévarambes）是新教作家维拉斯（Denys Veiras 或 Vairasse，约1635—约1685）所写的著名的虚构故事《隋瓦兰布传奇》中的主人公。该书曾先后在伦敦（1675年英文版）和巴黎出版（1677年法文版）。

世界，但这些世界在善的方面也远不如我们这个世界。对此，我是无法详细表述的。因为我怎么能够知道、怎么能够向你描述这些无限的东西，并且将它们放到一起加以比较呢？但你必须同我一起从结果上（ad effectu）加以判断，因为上帝已经选择的实际上就是这个世界。再者，我们也知道，一件恶事往往会产生一种倘若没有这件恶事便达不到的善。其实，甚至两件恶事相加也往往能够造成一个大善：

> 倘若命运想要如此，两倍的毒汁也会产生出有利的结果。[①]

甚至两种液体有时也会产生一种固体，这可以由海尔蒙[②]将酒精与蒸馏尿液（d'urnie mêlés）混合而形成一种固体为证；而两种冰冷和发黑的物体结合在一起也能够产生熊熊大火，这可以有霍夫曼[③]将酸性液体和一种有香味的油混合在一起形成大火为证。一个将军有时造成了一个不幸的错误，但这却使他赢得了一场伟大的战役；在复活节前夜，不是有人在教堂里依照天主教惯例在唱：

① 这句话的原文为：Et si fata volunt, bina venane juvant。

② 海尔蒙（Helmont，1580—1644），比利时化学家、生理学家和医学家，认识到个别气体的存在，并鉴定出二氧化碳，为从炼金术到化学的过渡阶段的代表。但有神秘倾向，相信点金石。其著作由其儿子弗朗西斯科·海尔蒙（1614—1699）编辑出版。后者与莱布尼茨过从甚密。据说，莱布尼茨就是从他那里接受“单子”概念的。

③ 霍夫曼（Friedrich Hoffmann，1660—1742），著名的德国医生和化学家。他与莱布尼茨有通信联系。莱布尼茨1699年9月27日曾致信霍夫曼，较为详尽地阐述了其针对笛卡尔和马勒伯朗士二元论体系构建其形而上学体系的情况。

啊，亚当犯罪的必要性确实无疑，
它因基督之死而一笔勾销！
啊，幸运的罪过，
它同样值得获得一位伟大的救主！[①]

11. 法国天主教教会的一些著名高级教士致信教皇英诺森十二世，表示反对红衣主教斯丰德拉蒂[②]论前定的书，由于他们拥护奥古斯丁的原理，从而其陈述非常适合于阐释这一重要观点。这位红衣主教更加喜欢的似乎不是天国，而是未受洗礼的濒死孩子的状态，因为罪是诸恶中最大的，而这些儿童则是在未犯任何现罪的情况下死去的。我在下面将会对此做更详尽的讨论。这些高级教士已经看到这种意见的论据有问题。他们说，使徒否认"作恶以成善"是正确的(《罗马书》，3:8)，但是我们却不能据此否认上帝，通过其超凡的力量，能够从对罪的允许中产生出更大的善，大于这些罪发生前所存在的善。并不是说我们应当在罪中取乐，上帝不允许这样！但我们相信这同一位使徒说过的话，他说(《罗马书》，
130 5:20)："罪在哪里显多，神恩就更显多了"。我们应当记住：我们是由于犯罪而赢得耶稣基督他自己的。因此，我们看到这些高级教士的意见倾向于主张：罪侵入其中的事物的后果可能比无罪侵入

① 这几句诗的原文是：
O certe necessarium Adae peccatum, quod Christi morte deletum est!
O felis culpa, quae talem ac tantum meruit habere Redemptorem!

② 斯丰德拉蒂(Sfondrati，1644—1696)曾于1697年在罗马出版了《拆解前定论之结》一书。

其中的事物的后果更好一些。

12.人们一向用感官快乐混合有接近疼痛的比较来证明在精神快乐中也有类似的东西。稍带酸、辣和苦味的食物常常比糖更使人获得快感;阴影常常使色彩更鲜亮,甚至在合适的地方加入不和谐音也常常使和声更突出。我们希望因走钢丝者在似乎要跌落下来的节点上的动作受到惊吓,我们也希望悲剧能够催人泪下。倘若一个人一生不曾有过小恙,他怎么可能为其足够的健康而感激上帝?小恶让善更能为人看清,或者说能够让善更大一些,这不就是最经常看到的恶的必要性吗?

13.但倘若说恶在同善的比较当中数量既大又多,这也是错误的。我们的善的这样一种减少只不过是我们对其缺乏注意罢了,而这样一种注意只有藉恶的掺和才能够在我们身上唤起。倘若我们经常害病,很少健康,我们对身体健康这种大善就会萌生出惊人的感觉,相反对我们的恶却感觉甚微。但尽管如此,倘若我们身体保持健康而偶尔染有小恙,岂不是要更好些吗?因此,还是让我们通过反思,补充我们知觉中所缺乏的东西,更清楚地看到健康的这种善为好。在对未来生活一无所知的情况下,我相信将只会有很少一些人在其濒死的时候,会不满足今世生活而不渴望继续再活一次;而这就意味着,假如经历同等数量的善恶,只要它们并不总是同一种类,他们就将乐于接受这样一种多样性,而不奢求比他们业已度过的今生状况更好。

14.当人注意到人的身体的脆弱性时，他就会诧异自然造主的智慧和善了，因为他使人的身体这样经久，能够如此承受其生存状况。我不能不常说，令我震惊的倒不是人何以能够有时有病，而是他们为何害病害得这么少而非总是生病。这也使我们对上帝在动物机器的设计方面所表现出来的技巧非常钦佩，它们的造物主使这些机器一方面如此脆弱和如此易于朽坏，另一方面却又如此善
131 于自我保护，因为疗养我们的是自然而不是医药。然而，这种脆弱性是事物本性的结果，只要人们想要这种进行理性思考又有血肉之躯的生物存活在世上，事情就必然如此。但这显然是一种缺陷，一种古代哲学家称之为“形式空缺”（*vacuum formarum*），即种相秩序的空缺（un vide dans l’ordre des espèces）。

15.有些人非常满足于自己天赋的本性和命运，从不抱怨它们，即使他们并不是被赋予最好的，在我看来他们本来应该被赋予另外一类本性和命运；因为且不要说这些抱怨缺乏根据，它们其实是对天道秩序不满。一个人在其生活的国家里不应当轻易地成为这种不满者中的一员，他在上帝之城里就更不应当如此。人们在上帝之城中成为不满者中的一员是完全错误的。论述人类苦难的著作，如教皇英诺森三世①的书，在我看来并不是最有益的。因为倘若人们将注意力集中到本应当避开的恶，他们就使恶增加了一倍，人们应当将注意力转向远远超过恶的善。我更不赞成诸如埃

① 英诺森三世（Innocent Ⅲ，1160/1161—1216），意大利籍教皇（1198—1216年在位）。在恢复罗马教廷权威方面曾发挥过重要作用。曾著有《论不屑的世界或论人类处境的不幸》一书。

斯普利[1]教士《论人类道德的虚伪性》的著作，我们最近收到了这部著作的节本。这样一部著作只揭示一切事物的坏的方面，从而使人们变坏，就像它对一切事物所描述的那样。

16. 然而，我们还是必须承认，在今生中存在有各种无序混乱的状况，尤其是许多恶人非常富足，而许多善人却不幸遭受种种灾祸。德国有个谚语，甚至认为恶人占便宜理所当然，仿佛他们通常情况下都运气最好：

木材越是弯曲，做出的拐杖就越好；
恶棍越是邪恶，他的运气就越佳。[2]

但愿贺拉斯的名句在我们的眼中成为真理：

刑罚就像跛行的脚，
鲜有不追随走在前面的凶恶无赖。[3]

---

① 埃斯普利(Abbé Esprit, 1611—1678)曾于 1678 年在巴黎出版其著作《论人类道德的虚伪性》。

② 这个谚语的原文为：

Je krümmer Holz, je bessre Krücke:
Je ärger Schalck, je grosser Glücke.

③ 贺拉斯：《诗集》, Ⅲ, 2, 第 31—32 行。这两句诗的原文为：

Raro antecedentum
Deseruit pede poena claudo.

这虽说不一定最经常，但也还是时有发生：

132　苍天在世人的眼中被视为公正。

人们也可以借用克劳狄安[①]的话说：

对鲁菲尼的判罚驱散了喧嚣，
也免除了众神之罪……[②]

17.但即使这种情况在尘世不曾发生，补救也已经在来世准备就绪。宗教和理性本身都将这些教授给了我们，而我们绝对不要为一次暂时延期而抱怨不止，至上智慧认为这样的暂时延期适合于让人产生悔改心情。然而，如果人们细心审视一下救赎和判罚，各种异议就在另一个方面获得多倍的力量。因为让人感到诧异的是，即使在伟大的永恒未来和在其本身即为至上善的上帝的至上权威之下，恶也超过善。这是因为虽然有许许多多的人受到召唤，但受到拣选并且因此得救的人却少之又少。诚然，我们从普鲁登蒂乌斯[③]《入眠前的颂诗》的诗行中即可以看出：

---

① 克劳狄安(Claudian，约370—约404)，古罗马诗人。生于埃及的亚历山大城，后到意大利从事诗歌创造。著有诗集《大克劳狄安》和《小克劳狄安》。在中世纪享有盛誉。

② 克劳狄安：《驳鲁菲尼》，Ⅰ，20—21。这两句诗的原文为：
Abstulit hunc tandem Rufini poena tumultum,
Absolvitque deos...

③ 普鲁登蒂乌斯(Prudentius，348—450后)，出生在西班牙境内的基督宗教拉丁语诗人。曾任律师和两届总督。著《日课颂诗》和《灵魂的奋斗》等，至今尚有影响。

但这同样仁慈的复仇者
节制着他的愤懑，
他只让少数不虔敬者
忍受那致死的毁灭。[①]

各色各样的人们在他们的时代都相信，那种恶贯满盈理应受到诅咒的人数微乎其微。在一些人看来，似乎当时的人们认为在地狱与天堂之间存在有一个中间地带(un milieu)。普鲁登蒂乌斯也讲过，仿佛他对这个中间地带很满意。尼萨的圣格列高利[②]倾向于这样一种立场。圣哲罗姆[③]则倾向于下述观点：所有的基督宗教徒最终都将获得恩典。圣保罗的一句名言说道：整个以色列都将得救。[④] 连他自己都认为他的这句话非常神秘，非常耐人寻味。各式各样的虔诚之士，以及那些虽然博学但却狂妄不羁的人士，复活了奥利金的观点。奥利金主张：善将在适当的时候，在一切事物中并在任何地方都赢得优胜地位，所有的理性受造物，甚至恶的天

① 这些诗句出自普鲁登蒂乌斯诗集《日课颂诗》中《入眠前的颂诗》。其原文为：
Idem tamen benignus
Ultor retundit iram,
Paucosque non piorum
Patitur perire in aevum.

② 尼萨的圣格列高利(saint Grégoire de Nysse，340—400)，基督宗教哲学—神学家，神秘主义者，小亚细亚反阿里乌主义的正统派神学家领袖。著《人的创造》、《教理大纲》等。信仰基督宗教柏拉图主义，追随奥利金，主张人的物质性是人类始祖犯罪堕落的结果，希望最后整个人类都获得恩典。

③ 哲罗姆(saint Jérôme，331—420)曾将圣经翻译成拉丁文。

④ 参阅《罗马书》，11：25—26。

使，最后都变得神圣，享受永福。那部讨论永恒福音的书，[①]最近在德国出版，得到了一部题为《诸灵最终再生论》(Αποκαταστσις πάυτων)伟大学术著作的声援，在这一伟大悖论的争论中，引起了巨大的轰动。勒克莱尔[②]先生虽然极其巧妙地为奥利金派的事业进行了辩护，但却没有表态，声明自己属于奥利金派。

133 18. 有一个才华出众的学者将我的和谐原则甚至引申成我一点也不赞成的任意假定，[③]自行构建了一种差不多就像是天文学的神学体系。这位学者认为，我们尘世现在的混乱是由治理我们地球天使的首席天使引起的，那时他还是一个太阳，即一个自身发光的恒星，与他管束的一些较小的天使一起犯了罪，很可能是不当地反抗了一个治理更大太阳的天使。同时，由于自然王国和神恩王国的前定和谐，也由于在一定时间内所出现的自然原因，我们的地球污秽遍地，不再透明，并且被逐出了其原来的位置，成了一个居无定所的漫游的星辰或行星；也就是说，成了另一个太阳的卫

① 莱布尼茨这里指的是1699年匿名出版的《所有受造物普遍再生的永恒福音》(L'Evangile eternal de la restauration générale de toute les créatures)。其作者被认为是当时的虔敬派教士约翰－桂劳目·彼得森。所谓所有受造物普遍再生是基督宗教救赎学说之一，认为一切灵性受造物，包括天使、人类灵魂和魔鬼都将得到上帝的恩典，获得再生。希腊教父亚历山大的克雷芒、奥利金和格列高利等都持这样一种观点。16世纪宗教改革运动兴起之后，某些新教派别也主张此说。但莱布尼茨对此持批判立场。

② 勒克莱尔(le Clerc，1657—1736)，瑞士百科全书编撰学家和圣经学家。详见前面有关注释。

③ 参阅G. 葛璐亚(G. Grua)：《莱布尼茨的普遍正义与神正论》，巴黎，1953年，第394页。该著将莱布尼茨的前定和谐学说称作“一个值得赞赏的假说”。

星，也许就成了其天使的特权受到地球天使抗争的那个太阳的卫星。路西法[①]的堕落就在于此。然而，作为恶的天使的这位首领，他在圣经中被称作尘世的君王，甚至被称作尘世的神，与作为其追随者的诸多天使一起，妒忌那些在地球表面四处走动的理性动物，上帝将其放到那儿，或许是当他们堕落时补偿他自己，努力使其成为理性生命的从犯或其不幸的分担者。这时，耶稣基督降临到世上来拯救人。他是上帝的永恒的儿子，也是上帝独一的儿子，但按照一些古代基督宗教徒和这一假说作者的说法，他从万物开初起，就被赋予了受造存在者中最卓越的本性，以便使所有的受造存在者都臻于完满，而且他自己还走到他们中间。这是他第二次成为圣子，他也因此而成为所有受造物的头生子。喀巴拉派[②]所谓亚当·卡德蒙（Adam Kadmon）指的就是他。大概他是在照耀着我们的巨大太阳之中搭起了他的帐篷。但他最后还是来到我们居住的地球上，为童贞女所生，领受人的本性，以便将人从其敌人及其本人的手中拯救出来。当审判的时间临近的时候，当我们地球的外貌将要毁灭的时候，他将以可见的形象再次降临，带领善者撤离地球，将他们迁移出去，很可能迁移到太阳里，在那里惩罚邪恶者以及那些曾经诱惑过他们的恶魔。这时，地球将开始燃烧，或许变成一颗彗星。这场大火将持续成千上万年。彗星的尾巴藉烟雾展现出来，按照《启示录》的说法，这烟雾将逐渐升腾，而这场世界大

① 路西法（Lucifer）在古罗马神话故事中被称作启明星，后来堕落成一个魔鬼。

② 喀巴拉派（cabalistes）是犹太教中的一个神秘主义派别，也被视为犹太教中出现的一场回归摩西的运动。最初发源于西班牙和法国，至16、17世纪，一度发展成欧洲犹太教的主流。详见前面有关注释。

134 火将成为地狱或圣经中所说到的第二次死亡。然而，地狱到最后将放出关在其中的死者，死亡本身将招致毁灭。理性与和平将重新开始在曾经受到诱惑的精神中赢得统治地位。人们将知觉到他们的错误，他们将崇拜他们的造主，甚至开始更加爱他。因为他们看到了他们所逃出的深渊之巨大。同时，由于自然王国与神恩王国的和谐平行（parallalélisme harmonique），这种持久而猛烈的熊熊大火将荡除掉地球上的所有污垢。它将再次成为一颗太阳。主持它的天使及其随从将重新占据它的位置。那些受到诅咒的人将与那些随从天使一道归属善的天使。我们地球的那位首领将宣誓效忠弥赛亚，效忠于受造存在者的首领。这位和解的天使将比其堕落之前更加伟大。

> 我们光辉灿烂的阿波罗将永远进行统治，
> 命运注定其将重新加入众神行列。[①]

这样一种景观在我看来是令人愉快的，也配得上奥利金信徒的称号。但我们却根本不需要这样的假设或虚构。在其中，风趣多于启示，甚至根本没有运用理性。看来，在已知的宇宙中，根本没有一个主要地方，比其他地方更值得最古老的受造存在者用作居留地，至少我们天体体系中的太阳不是这样一个地方。

---

① 这两句诗的原文为：
Inque Deos iterum factorum lege receptus
Aureus aeternum noster regnabit Apollo。

19. 因此，在坚持这一确定的学说，认为永恒受到诅咒者的数
量将无可比拟地大于得救者的数量的同时，如果我们考虑到上帝
之城的巨大规模，我们还必定说：恶相对于善，微乎其微，几乎可以
归零。库里乌斯·塞孔都·库里奥[①]曾经写过一本小册子，名为
《论天国之大小》，不久前曾经重印过。但他实际上远未涵盖天国
的广大范围。古人关于上帝业绩的观念相当淡薄。圣奥古斯丁，
由于对现代发现一无所知，当其着手解释恶的优势时便茫然不知
所措。在古人看来，似乎只有我们居住的这样一个地球，他们甚至
害怕住在地球两极的人：按照他们的看法，世界的其余部分就是由
几个发光的球体和晶体组合而成。但时至今天，不管人们是否为
宇宙设定边界，人们都必定承认：存在有无数个球体，它们和我们
居住的地球一样大，甚至还要大些，它们也同样有权利拥有理性的 135
居民，尽管我们不能得出结论说，他们也是人类。我们居住的地球
只是一颗行星，也就是说，它只是我们太阳的六个主要的卫星之
一。由于所有的恒星都同样是太阳，人们便发现我们的地球与这
些可见的事物相比是何等的渺小，因为它只不过是诸多太阳中的
一个的附属物而已。很可能所有这些太阳都只是由受到祝福的受
造物居住着；没有什么东西迫使我们承认在那些地方有许多人受
到诅咒。因为很少几个例证或范本便足以表明善从恶那里得到的
好处。再者，既然没有任何理由让我们相信到处都存在有星辰，则
在这些星辰之外不是很有可能存在有一个巨大的空间吗？不管这

① 库利奥（Coelius Secundus Curio，1503—1569），意大利人文主义者和神学家。所著《论天国之大小》（*De amplitudine regni Coelestis*）于 1554 年出版，并于 1614 年和 1617 年再版。有学者将《论天国之大小》译作《论天国之广延》。

是否是最高天(le ciel empyrée),这一环绕着整个星辰领域的巨大空间在任何情况下都可能充满幸福和荣光。人们可以想象它就像一个大洋,一切受到祝福死后升天的受造物在这一星辰体系中臻于完满,他们汇成的条条江河便都将注入其中。相形之下,我们的地球及其居民又能算作什么呢?既然我们的地球与某些恒星之间的距离相比只不过是一个小点而已,相形之下,它不是比一个物理的点还微乎其微吗?因此,既然我们所知的宇宙部分与我们尚不知道但却有理由假设其存在的宇宙部分相比几乎等于无,既然在异议中向我们提出的所有的恶都处于这样一种几近于无的状态之中,那我们就可以说,与存在于宇宙之中的善的事物相比,所有这些恶都几近于无。

20.但依然有必要处理业已提到那些更加思辨和更加形而上学的困难,它们涉及恶的原因。人们会首先提到的问题是:恶从哪里来?既然有上帝,何以会有恶?倘若没有上帝,何以会有善?[1]古人将恶的原因归于质料或物质,他们认为物质不是上帝创造出来的,是独立于上帝的,但我们既然将所有的存在都归因于上帝,我们又该到什么地方去寻找恶的源泉呢?其答案在于:必须到受造物的观念的本性中去寻找,但这种本性却又包含在存在于上帝理智内的永恒真理之中,从而完全不依赖于他的意志。我们必须看到,早在犯罪之前,受造物中即存在有一种原始的不完满性(une imperfection originale),因为这种受造物本质上是受到限

① 这两句的原文为:Si Deus est, unde malum? Si no est, unde bonum?

制的；从而，它便不可能全知，并且因此它不仅会自欺，而且还会犯其他错误。柏拉图在《蒂迈欧篇》说道，这个世界根源于同必然性相关联的理智之中。其他一些人则把上帝同大自然联系起来。人们能够赋予这样一些说法一种合理的意义：上帝就是这个理智；而 136
必然性，即事物的本质特性，即是理智的对象，这是就这个对象在于永恒真理而言的。但这对象内在于上帝的理智之中，并且寓于上帝的理智之中。我们在这里找到的不仅有善的原始形式，而且还有恶的根源：当我们寻找万物本源时，我们必须用永恒真理的领域取代物质。

这个领域既是善的观念的原因，似乎也可以说是恶的观念的原因。但严格地讲，恶的形式特征并没有任何动力因，因为它在于一种缺乏，一如我们将要看到的，也就是那种动力因产生不出来的东西。这就是经院学者习惯于称恶的原因为缺乏（déficiente）的缘由。①

21. 恶既可以从形而上学的角度看，也可以从物理学和道德的角度看。形而上学的恶在于纯粹的不完满性，物理学的恶在于苦难，而道德的恶则在于罪。虽然物理学的恶和道德的恶不是必然的，但凭借永恒真理它们却是可能的。既然真理的这一广阔的领域包含所有的可能性，那就必定有无限多的可能世界，恶便进入它们中的一些世界，甚至所有可能世界中最好的世界也都包含一定分量的恶。于是，就产生了上帝允许恶存在的问题。

① 这一段在拉丁版中与上一段是连接在一起的，英文版将其独立组成一段。

22. 但是，有一些人却会询问我：你为什么给我们讲到“允许”(permettre)呢？上帝不是既不作恶也不意愿恶吗？因此，解释一下“允许”是什么意思很有必要，以便使人们明白运用这个术语不是没有理由的。但在解释“允许”之前，必须先行解释一下意志的本性，意志的本性本身有不同的等级。在一般意义上使用意志这个词，人们可以说“意志”在于去做某些同其所包含的善成比例的倾向。这种意志，当其是独立的或超然的并且从善的接纳能力方面分别考察每一个善的时候，便被称作“前件意志”。在这个意义上，我们可以说上帝倾向于一切作为善的善，一如经院哲学家所说，倾向于作为单纯意义上的单纯的完满性(ad perfectionem simpliciter simplicem)，这是藉前件意志(une volonté antécédente)实现出来的。他热切地倾向于神圣化，拯救所有的人，排除罪，预防受到永罚。甚至可以说，这一意志是自行生效的，也就是说，倘若没有某种更强有力的理由来阻止它，其结果就将产生出来：因为这种意志并不能进入最后的实施状态，否则它就决不至于产生不出它的
137 充分的结果，因为上帝乃万物的主人。完整的和无误的成功只属于所谓的“后件意志”(la volonté conséquente)。它就是这种完整(complete)的东西；对其适用的规则在于：一个人只要具有一定的能力，他就永远不会不去做他意愿的事情。然而，这种后件意志，由于其是最后的和决定性的，便是由所有前件意志的冲突中产生出来的。这些前件意志倾向于善，甚至拒斥恶。所有这些特殊意志会同作用产生出总体意志(la volonté totale)。犹如机械中由对同一个运动物体会同作用的所有倾向所产生的复合运动那样，就其在同一个时间里都做同样的事情而言，每一个倾向都发挥了

作用。仿佛这个运动物体同等地考虑到了所有这些倾向，一如我在巴黎一个杂志上所发表的一篇旨在阐述复合运动普遍规律的文章（1693 年 9 月 7 日）[①]中曾经指出过的那样。在这个意义上，也可以说，前件意志总是以某种方式发挥作用，甚至可以说是成功有效的（effective avec succés）。

23.由此可以得出结论说：上帝先是意愿善的东西，随后是意愿最善的东西。至于恶，上帝根本不意愿道德的恶，他也不绝对地意愿物理的恶或苦难。因此，没有对惩罚的任何绝对的前定；至于物理的恶，人们可以说，上帝往往视之为罪过应得的惩罚，也常常视之为达到目的的手段，也就是用作阻止更大的恶或获得更大的善的手段。惩罚也有助于帮人改过或树立以儆效尤的典型。恶常常有助于我们更好地鉴赏善；有时还有助于受到恶的侵害的人获得更大的完满性，就像我们播下的种子在其萌芽之前先行霉烂一样。这是一个非常得体的比喻。耶稣基督自己就曾用过这个比喻。[②]

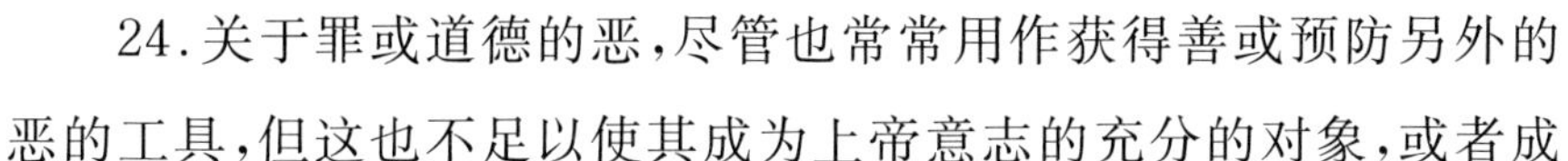

24.关于罪或道德的恶，尽管也常常用作获得善或预防另外的恶的工具，但这也不足以使其成为上帝意志的充分的对象，或者成

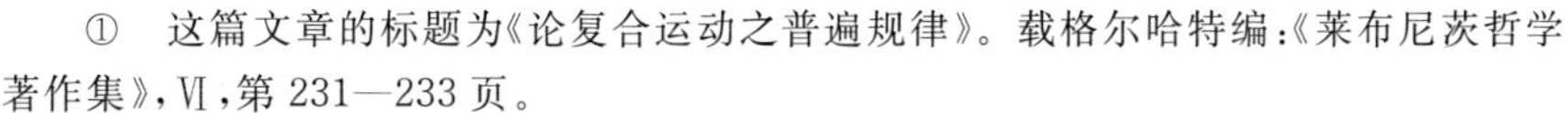

① 这篇文章的标题为《论复合运动之普遍规律》。载格尔哈特编：《莱布尼茨哲学著作集》，Ⅵ，第 231—233 页。

② 参阅《约翰福音》12:24—25。其中写道："我实实在在的告诉你们，一粒麦子不落在地里死了，仍旧是一粒。若是死了，就结出许多子粒来。爱惜自己生命的，就失丧生命。在这个世上恨恶自己生命的，就要保守生命到永生。"

为一个受造意志的合法对象。只有在其被视为一种责无旁贷的责任的某种后果时，它才得到承认或允许。倘若一个人不允许他人犯罪，而自己却因此而未能履行自己的职责，或者一个驻守某个重要据点的军官，为了进城阻止两个想要互相杀害的驻军战士的争吵而离开了据点，这样的恶就得不到承认或允许，在危险的时刻出现这样的情况，就更加如此了。

25.不可以作恶以成善以及甚至禁止以获得物质的善为目的而允许道德的恶这样一条规则，[①]上述例证非但没有违背它反而138 证实了它。其来源和理由均得到了论证。如果一个女王以拯救国家为借口进行犯罪活动，哪怕是允许犯罪，人们也不会认可她的行为。这种犯罪是确实无疑的，但为了国家作恶这样一种做法则是值得怀疑的。再者，赋予犯罪神圣性，如果受到认可，那就比一个国家的颠覆还要糟糕。一个国家政权的颠覆在任何情况下都足以发生，而且由于为阻止颠覆活动而采取这样一种预防手段反而使其更容易发生。但就上帝来说，则是毫无疑问的。因为任何事情都不可能违背“最善者规则”（*la régle du meilleur*），这项规则既不会遇到例外，也不会遇到特许。上帝也正是在这个意义上才允许犯罪的。因为倘若他追求的不是他意向的善的伟大结果，如果他选择的不是绝对最善的东西，他便失去了他归功于他自己、他的智慧、他的善、他的完满性所应具有的品格，尽管犯罪的恶由于永恒

① 参阅《罗马书》，3:8。其中说道：“为甚么不说，我们可以作恶以成善呢，这是毁谤我们的人，说我们有这话。这等人定罪是该当的。”

真理的至上必然性也蕴含其中。由此,我们可以得出结论说:上帝先行地意愿所有的善在其自身之中,他后续地意愿最善作为目的。他虽然有时也意愿无关紧要的东西和物理的恶,作为一种手段,但他却仅仅允许道德的恶作为不能不允许其存在者(du *sine qua non*),或者作为与最善者联系在一起的假设的必然性存在。因此,上帝的那种以罪为对象的后件意志只是一种允许的意志。

26.还有必要考察一下,道德的恶之所以会如此重大,只是因为它是物理的恶的源泉,是一种存在于最有能力的受造物身上的源泉,这些受造物是最有能力制造那些物理的恶的。因为恶的意志在其领域内就是摩尼教的恶的原则在宇宙中将要成为的东西。而理性,作为神的形象,为恶的灵魂提供了制造许多恶的重要手段。单单一个卡利古拉[①]或一个尼禄[②]所造成的恶比一场地震还要严重。恶人常常以制造苦难和破坏为乐,而且也确实有许多这样的机会。但上帝既然倾向于产生尽可能多的善,并且拥有为此所需要的所有的知识和所有必要的能力,则他自己身上存在有错误、过失或罪就是件不可能的事情了。因此,当上帝允许恶时,那就是智慧和美德。

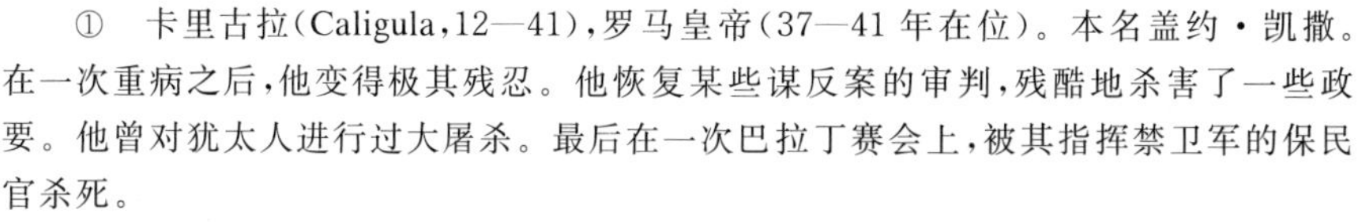

① 卡里古拉(Caligula,12—41),罗马皇帝(37—41年在位)。本名盖约·凯撒。在一次重病之后,他变得极其残忍。他恢复某些谋反案的审判,残酷地杀害了一些政要。他曾对犹太人进行过大屠杀。最后在一次巴拉丁赛会上,被其指挥禁卫军的保民官杀死。

② 尼禄(Néron,37—68),罗马皇帝。即位时不足17岁,为罗马的第一个少年皇帝。他执政后长期施行仁政,如取消极刑,减少赋税,给元老院更大的独立性等。但后来却变得极其凶残,先后下令处死他的母亲和妻子,生活也穷奢极欲,最后众叛亲离,被人按照元老院的决议,用鞭子抽死。

27. 事实上，毋庸置疑的是：如果我们在自己不犯罪的情况下不能阻止别人犯罪，则我们就必须克制住自己而不去阻止别人犯罪。但有人或许会提出异议，说正是上帝他自己在活动着并且产
139 生了受造物的罪中所有实在的东西。这种异议使我们在考察了道德的协同作用（le concours moral）之后，紧接着来考察上帝同受造物的物理的协同作用（le concours physique），而物理的协同作用则是一个更加复杂的问题。有一些人附和著名的圣普尔善的杜兰德[①]和知名的经院哲学家红衣主教奥勒鲁斯[②]，认为上帝与受造物的协同作用（我的意思是指物理的协同作用）只是一般的和间接的，上帝创造了实体并且赋予了它们所需要的能力；之后他就任其发展，几乎就只是保存它们，在它们的活动中也不援助它们。这个意见已经遭到大多数经院神学家的驳斥，而且此前他们似乎也不赞成贝拉基[③]作品所表达的观点。尽管大约在 1630 年，一个名叫

① 圣普尔善的杜兰德（Durand de Saint-Pourçain，约 1270—1332），法国神学家和哲学家，多明我会教士，曾任法国莫城主教。《〈箴言四书〉评注》作者之一（《箴言四书》乃彼得·隆巴迪的代表作之一）。主张哲学与神学、理性与信仰严格分离，坚持唯名论立场，认为世界上只存在有个体事物。曾与托马斯·阿奎那发生争论。

② 奥勒鲁斯（Petrus Aureolus，约 1280—1322），中世纪法兰西斯会经院哲学家和神学家，唯名论者。1318 年，被任命为巴黎大学神学教师。1321 年，被教皇约翰二十二世任命为普罗旺斯地区艾克斯大主教。《〈箴言四书〉评注》作者之一（《箴言四书》乃彼得·隆巴迪的代表作之一）。

③ 贝拉基（Pélage，约 380—约 430），可能是英国人，基督宗教隐修士、神学家和异端首领。约于 380 年到罗马，攻击奥古斯丁的恩典学说危害道德法则，反对原罪说，强调人性本善，主张人应该自由选择苦行生活，求得灵智进步。大约于 412 年到达巴勒斯坦。415 年，在耶路撒冷宗教会议上被斥为异端。416 年，著《论自由意志》。417 年，教皇英诺森一世批准对贝拉基定罪并处以绝罚。

多勒的路易斯·佩雷尔[①]的嘉布遣会[②]修士写了一本旨在复兴这种观点的书，至少就自由行为方面是如此。一些现代人也倾向于这种观点，贝尼尔[③]先生在一本论述自由和自由意志的小册子里也支持这样一种观点。但相关于上帝，如果不回到通常的观点，人们不可能说清楚何谓“保存”。而且，人们还必须说明上帝的保存行为涉及所保存的东西，涉及其所是及其所处的状态；因此，这样一种行为不可能是一般的或不确定的。这些一般性是个体事物的真理中发现不了的抽象东西，一个站着的人的保存是不同于一个坐着的人的保存的。如果保存仅仅在于防止和消除能够破坏人们希望保存的东西的某种外在原因的话，事情就不会如此；但当人们保存某些东西的时候，情况却往往这样。然而，如果撇开我们有时迫使我们自己去保存我们想要保存的东西这个事实时，我们就必须记住，上帝的保存在于受造事物的依赖性所要求的那种持续不断的直接的影响。这种依赖性不仅同实体有关，而且还同行为有关。神学家和哲学家们称之为“持续创造”(une creation continuée)，或许没有什么比这个说法更恰当了。

28. 人们会对此提出异议，说上帝因此而把人造成了一个罪

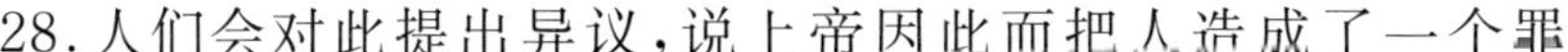

① 多勒的路易斯·佩雷尔(Louis Pereir of Dole，? —1632)，哲学家与神学家，著有《四论上帝与受造物联合协同方式》一书，讨论自然秩序中的自由行为，尤其是恶的行为，反对现代前定论。该书1634年在里昂出版。

② 嘉布遣会(Capuchin)，也称嘉布遣小兄弟会。天主教方济各会(法兰西斯会)的一个独立分支。1525年创立。该组织成员生活俭朴清贫，热心公益。

③ 贝尼尔(Bernier，1625—1688)，著名哲学家伽森狄的追随者，其著作的标题为《论自由与意志》，1685年出版。

犯，但在最初创造人的时候他却是无罪的。然而，从道德层面看，我们在这里必须说，上帝既然有至上的智慧，他就不会看不到某些
140 规律，并且按照道德的和物理的规律行事，因为正是他的智慧使他选择这些规律的。而且，使他把人创造成无罪但又倾向于堕落的同样的理由又使上帝在人堕落后重新创造人；因为上帝的知识能够使未来者成为当下者，从而无需上帝收回成命。

29. 至于物理的协同作用，人们在这里必须考虑到那条自圣奥古斯丁提出以来一直在经院中引起巨大震动的真理：恶是存在的缺乏，而上帝的行为却倾向于实有。在许多人看来，这种回答无疑是一种遁词，甚至荒诞不经。但在这儿却有一个类似的例证，有助于他们解惑释疑。

30. 著名的开普勒[1]以及此后的笛卡尔先生（在其《书信集》[2]中）曾经讲到过“物体的自然惰性”（l' inertie naturelle des corps）；而且，人们可以把这种惰性视为受造物原初局限性的一种完满的图像，甚至是一种标本，表明缺乏构成了存在于行为和实体之中的不完满性和不利状态的形式特征。让我们假定：同一条河流承载着各种不同的船只，其差别仅仅在于载货的品种和多少的

① 开普勒（Kepler，1571—1630），著名的天文学家。

② 笛卡尔（Descartes，1596—1650），西方近代理性主义和机械唯物主义主要代表人物之一。他在其1639年4月30日致F.德·鲍于那的信件以及1648年3月或4月致纽卡斯特勒的信件，特别详尽地阐述了“物体的自然惰性”问题，参阅亚当—坦纳里编：《书信集》，Ⅱ，第543页；Ⅴ，第136页。

不同,一些装载的是木头,另一些装载的则是石头,一些多些,另一些则少些。这就使得那些载得最重的船只要比别的船只走得慢些,除非假定风或桨,或某个别的类似的工具,根本不协助它们。严格地讲,这种障碍的原因也不是重量,既然这个船是下水(顺流前进)而不是上水(逆流前进)。在那些具有较大密度的物体中,也就是说,在那些以具有适合其质料的孔比较少而负荷较多的物体中,重量增加也出于同样的原因;因为通过细孔的物质,既然接受的并非同样的运动,便必定得不到考虑。因此,正是物质本身原本就倾向于慢速或速度的缺乏,实际上并非由于它在接受这一速度后自行地减低了这一速度,因为这是一种活动,而是因它对这一结果的接受能力低下受到节制的缘故。因此,船载货越重,同一个水流的力量推动的物质越多,船行驶得就必定越慢。同样,关于物体碰撞的实验与理性一起表明:两倍的力必定使一个具有同样质料却具有两倍大小的物体获得同样的速度。但如果这种质料对于运 141
动和静止是绝对没有差别的,如果它没有我们曾经讲到的那种自然惰性使其被推动的不一致,上述情况就不会必然发生。现在,让我们把水流作用于这些船只以及传导给它们的力量同上帝的行为做一番比较。上帝产生并且保存了受造物中一切实在的东西,并且赋予它们以完满性、存在和力。让我们权且把物体的惰性同受造物本性的不完满性、把货船的慢速同受造物的在性质和活动方面中所能发现的缺陷比较一下,我们就将发现:这一比较是再恰当不过的。水流是船只运动的原因但却不是它减速的原因;上帝虽然是受造物的本性和活动完满性的原因,但受造物的接受能力的局限性则是其活动有缺陷的原因。因此,柏拉图派、圣奥古斯丁和

经院哲学家们都正确地说道，上帝是存在于确定的东西之中(qui consiste dans le positif)的恶的质料因素的原因，而不是存在于缺乏之中(qui consiste dans le privation)的形式因素的原因。人们同样也可以说，水流是减速的质料因素，但却不是其形式因素；也就是说，它是船只的速度的原因，而并非这种速度受到限制的原因。如果河水不是船只减速的原因，上帝就更加不是犯罪的原因了。力之相关于物质，正如精神之相关于肉体；精神有意志，而肉体则软弱，精神总在活动……

只要敌对的肉体不使之减速就行。[①]

31. 由此可见，在上帝这样那样的活动与受造物这样那样的受动或领受性之间存在有一种完全类似的关系，这种类似关系在事物的通常进程中依照其领受性的大小臻于完满。如果说受造物是就其存在和活动而被说成是依赖上帝的，如果说甚至保存也是一种持续的创造，上帝就真的永远把这些赋予了受造物，并且持续不断地产生着受造物身上所有实在的、善的和完满的东西，甚至每一种完满的赠品都来自这位光明之父。另一方面，这些不完满性以及运作中的缺陷都来自这个受造物的原初的局限性，这种原初的
142 局限性从其存在之初就因限制它的观念的理由而不能不领受。为了不至于将一个受造物造成一个上帝，上帝不可能将一切都赋予

① 维吉尔：《埃涅阿斯纪》，Ⅵ，731。这句诗的原文为：Quantum non noxia corpora tardant。

这个受造物。因此，在事物的完满性中便需要存在有不同的等级，在每个种类的局限性中也必定同样存在有不同的等级。

32.这种考察也有助于给一些现代哲学家一个满意的答复。这些现代哲学家竟然妄自断言：只有上帝是活动主体。诚然，上帝是唯一一个其行动纯粹不混杂有遭受的存在，但这并不妨碍受造物也参与各种活动。因为“受造物的活动”(l’action de la créature)乃实体的变型(une modification de la substance)，这种变型从实体中流出，不仅包括上帝传达给受造物的完满性的变异，而且还包括这个受造物其本身为了成为其所是而与生俱来的局限性的变异。于是，我们就看到了，在实体与其变型或偶性方面存在有一种实在的区别。这与一些现代人士的意见，尤其是与已故白金汉[①]伯爵的意见大相径庭，已故白金汉伯爵在其最近重印的《论宗教信仰》的小册子里曾就此发表过自己的看法。因此，恶像黑暗一样，不仅愚昧，而且错误和怨恨从形式上讲也在于某种缺乏。下面我就列举一下我们曾经使用过的关于错误的例证。我看到了一个塔，虽然它实际上是方的，但从远距离看则像是圆的。那塔是它显现给我的样子的想法自然来自我看见的东西。当我凝思这一想法，肯定这样的想法时，就得出了一个虚假的判断。但倘若我深入探究这样一种考察，倘若某种反思使我知觉到这种表面现象欺骗

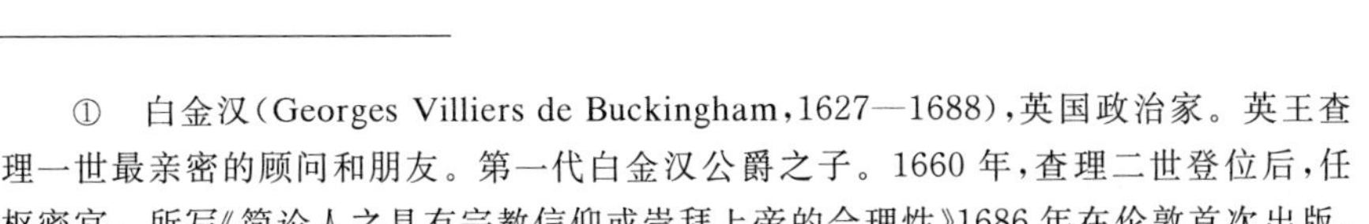

① 白金汉(Georges Villiers de Buckingham，1627—1688)，英国政治家。英王查理一世最亲密的顾问和朋友。第一代白金汉公爵之子。1660年，查理二世登位后，任枢密官。所写《简论人之具有宗教信仰或崇拜上帝的合理性》1686年在伦敦首次出版，1707年再版。

了我，我便摆脱了我的错误。如果在老地方裹足不前，辨认不出某种界标(remarque)，这些就是缺乏。

33．在邪恶或邪恶意志方面，情况也是如此。意志一般倾向于善，它必定追求有利于我们的完满，至上的完满则存在于上帝身上。所有的快乐在其本身之内都含有某种完满的感觉。但如果我们局限于感官快乐，或者局限于别的一些损害更大的善的快乐，如健康、美德、与神同在、幸福等，这种缺陷就在于缺乏更远大的抱负。一般来说，完满是实在的，它即一种绝对的现实；缺陷是缺乏，它来自局限性，并趋向新的缺乏。因此，这个谚语像它在古代一样真实无疑：善产生于完全的原因，恶则来自某一缺陷(Bonum ex causa integra, malum ex quolibet defectu)。另一个说法也同样真实无疑：恶虽然没有动力因，但却有欠缺的原因(malum causam
143 habet non efficientem, sed deficientem)。我希望在听到我刚才说过的那些话之后，这些格言的意义能得到更充分的领悟。

34．上帝与具有意志的受造物的物理的协同作用也助长了解说存在于自由方面的困难。我的意见是：我们的意志不仅豁免了强制，而且也豁免了必然性。亚里士多德曾经看到，在自由中有两个东西，也就是自发性(la spontanéité)和选择，我们对于我们行为的控制就在于此。当我们自由地行动时，我们不是被迫的，这情况就像是我们被推到一个悬崖上，被从上面掼下去的时候那样；如果我们从容不迫，我们就不会因此而妨害心灵成为自由的，这情况就像是当我们被人灌醉丧失辨别能力的时候那样。在形形色色的

自然行为中都存在有偶然性；但如果行动者没有判断力，也就没有自由。如果我们虽然有判断力但却没有任何行动倾向相伴随，我们的灵魂也就是一种没有意志的理智。

35. 然而，我们也不能想象，我们的自由就在于一种犹豫不决或一种平衡的漠然态度（une indifference d'équilibre），就好像当存在着若干个不同方向供我们选择时，我们可以同等地倾向于肯定和否定的一边，采取不同的行动路线。不论从哪个方向看，这种平衡都是不可能的。如果我们同等地倾向于方向 A、B 和 C，我们就不能同等地倾向于 A 和非 A。这种平衡性也绝对反乎经验，而且当我们反思我们自身的时候，我们就会发现始终有一些原因或
理由使我们倾向于所采取的路线，尽管我们常常意识不到促成我 144
们作出选择的东西。同样，当人们出门的时候，常常几乎意识不到其右脚在前或是左脚在前的原因或理由究竟是什么。

36. 但是，让我们来具体地考察一下这些困难。当今时代，哲学家们都赞同，关于未来偶然事件的真理（la vérité des futurs contingents）是确定的（déterminée），也就是说，偶然的未来事件是未来的，或者说，它们将要存在，亦即这些事件将要发生。确实，未来事件将要存在，正如过去的事件曾经存在。今天我将写作，这在一百年之前就已经真实无疑了，正如我曾经写作之在一百年之后也将是真的一样。因此，偶然事件，并不因为它是未来就减少了它的偶然性；而确定性（détermination），当其被认知的时候，就被称之为确实性（certitude），其与偶然性并非不可共存。人们常常

把确定性与确实性混为一谈，因为一个确定的真理总是能够认识到的。因此我们可以说，确定性就是一种客观的确实性。

37. 这种确定性来自真理的真实本性，而不可能损害自由；但还有来自其他方面的别的确定性，首先是来自上帝先知先见的确定性，许多人一直认为这种确定性同自由相对立。他们说，凡先知先见的事情便都不可能不存在，他们这样说也不无道理。但我们却并不能够由此推断出凡先知先见的事情都是必然的。因为所谓必然真理是那种其反面是不可能的真理，或者说是那种不能够包含矛盾的真理。但是，像我明天将写作这样的真理却并不具有这种本性，从而它就不是必然的。不过，既然假定上帝事先看到了它，则它之发生就是必然的；也就是说，这个结果是必然的，亦即它存在，因为它已经被事先看到了；而上帝是绝无谬误的。这就是人们所谓假设的必然性（une nécessité hypothétique）这个术语的含义。但我们这里所说的却并不是这样一种必然性；我们所要求的是一种绝对的必然性（une nécessité absolute），从而我们能够说一个行为是必然的，不是偶然的，不是自由选择的结果。此外，我们很容易看到，先知先见本身并没有为这种未来偶然事件真理的确定性增加任何东西，除非这种确定性因此而成为已知的；但这却并没有增大这些事件的确定性或所谓未来性，而这些却是我们从一开始就认同的。

38. 这个答案无疑完全正确。大家都同意，先知先见本身并没有使真理获得更多的确定性；真理之所以能够被事先看到，乃是因

为它是确定的和真实的；但它并不是因为它被事先看到才成为真实的。因此，未来事件的知识中没有什么不也存在于关于过去事件或现在事件的知识之中。然而在这里，可能有人会反对说：我承认你说的先知先见本身并不能使真理有更多的确定性，但这正是使它如此这般的先知先见的原因。因为上帝的先知先见必定在事物的本性中有其基础，而且，正是这样一种基础使真理成为前定的，从而阻止它具有偶然的和自由的性质。

39. 正是这一困难致使人们形成了两派：一派为前定论者（des prédéterminateurs），另一派为居间知识[①]说的支持者。多明我派和奥古斯丁派支持前定论者，法兰西斯派和现代耶稣会支持居间知识说。这两派出现于 16 世纪中叶或稍后一段时间。莫利纳[②]，与丰塞卡[③]一起，或许是最早一批把这种观点系统化的神学家，此 145 213 后其他一些赞同莫利纳观点的人便组成了所谓莫利纳派。莫利纳本人大约于 1570 年写了一部旨在调和自由意志与神恩的书，其中说到那些西班牙的神学博士（他指的主要是托马斯派）曾为阐述这样的观点已经著述了 20 年之久。他们在发现没有任何别的办法

① 居间知识，法文为 *la science moyenne*，英文为 mediate knowledge。有学者将其译作“中间的知识”。

② 莫利纳（Louis Molina，1536—1600），西班牙天主教耶稣会会士。主张在上帝恩典的前提下，人的意志仍是自由的。其神学理论的特点在于：一方面以乐观态度看待人生，另一方面又不否认恩典的充分作用。也就是说，上帝的恩典可以通过蒙恩者的愿望而使人得到救赎，但也不否定前定。其著作有《自由意志与恩典、上帝的先知、运筹、前定和永罚这些赠品的一致》。该著 1588 年在里斯本出版。

③ 丰塞卡（Fonseca，1528—1599），葡萄牙神学家，耶稣会会士，葡萄牙科英布拉大学教授，亚里士多德著名评注家。他和莫利纳是居间知识说的提出者和阐述者。

能够解释上帝何以能够对偶然的未来事件有确实的知识之后，便引进了前定说，认为前定对于自由活动是必不可少的。

40. 就他本人来说，他想要发现另外一条道路。他认为神的知识有三种对象：可能的事件、现实的事件以及有条件的事件，有条件的事件如果要转化为行为它就会作为一定条件的结果而发生。关于可能事件的知识是那种被称作“纯粹理智的知识”（la science de simple intelligence）；关于在宇宙发展进程中实际发生的事件的知识，被称为“直觉知识”。[①] 既然在纯粹可能的事物与纯粹的和绝对的事件之间有一种中项，即有条件的事件，按照莫利纳的意见，也可以说有一种介乎直觉知识和理智知识之间的居间知识。他举出了一个著名的例证，大卫询问上帝，假如扫罗围住基伊拉城（他打算把自己关在那里），这个城的居民是否会把他交给扫罗。上帝做了肯定的回答。于是，大卫改变了主意。[②] 然而，居间知识的一些倡导者却认为：由于上帝事先看到了人们一旦被放进了这样那样的环境之中就将会自愿做的事情，并且知道他们将会滥用他们的自由意志，于是便决定拒绝给他们神恩和有利的环境。而他这样决定可能是正当的，因为在任何情况下，这些环境和援助对他们一点用处都没有。但莫利纳却仅仅满足于一般地发现上帝这样决定的理由，这种理由是自由受造物在这样那样的环境中所可能做的事情。

① 观察知识，法文为 la science de vision，英译者将其译作 the knowledge of intuition。似欠妥。

② 参阅《撒母耳记上》，23：10—13。

41.我并不想深入到这一论战的细节;对我来说,只要提供一个例证就够了。一些古代作家,不接受圣奥古斯丁及其第一批信徒的意见,似乎持与莫利纳多少有些接近的观点。托马斯派和那些自称圣奥古斯丁信徒的人(但他们的对手却称他们为詹森派)反对这种学说的哲学和神学基础。一些人主张,居间知识必定包括 146
在纯粹理智的知识之中。但主要的反对意见所针对的正是这种知识的基础。上帝究竟以什么为基础得以看到基伊拉城的人将要做的事情呢?一个简单的偶然的和自由的行为本身是产生不出确定性原则的,除非人们把它看作是由上帝的决定以及依赖于它们的原因事先决定的。因此,存在于现实自由行为中的这种困难也存在于有条件的自由行为之中,也就是说,上帝也只是在它们的原因和他的决定的条件下才知道它们的:把这样的行为同那些原因分离开来以便以一种独立于其原因的认识方式来认知偶然事件是不可能的。因此,一切都必然追溯到有关上帝决定的前定上,人们所谓的居间知识是提供不出任何补救办法的。即使那些自称持守圣奥古斯丁观点的神学家也断言,莫利纳派的体系从人的善良品格中发现上帝恩典的源泉,这既践踏了上帝的荣耀,又有违于圣保罗的学说。

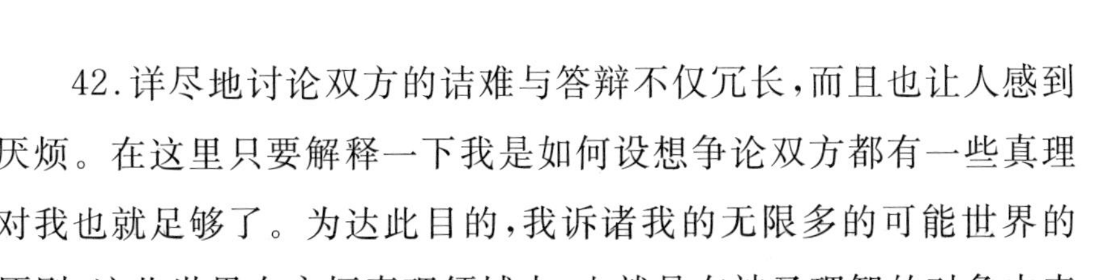

42.详尽地讨论双方的诘难与答辩不仅冗长,而且也让人感到厌烦。在这里只要解释一下我是如何设想争论双方都有一些真理对我也就足够了。为达此目的,我诉诸我的无限多的可能世界的原则,这些世界在永恒真理领域中,也就是在神圣理智的对象中表现出来,所有有条件的未来事件也都必定包含于其中。围攻基伊

拉城这个个案形成一个可能世界的一个部分，它同我们这个世界的区别仅仅在于同这个假设相关联的一切；而这个可能世界的观念表述了在这种情况下将要发生的一切。我们由此而获得了一个有关未来偶然事件确实知识的原则，不管这些事件实际发生还是在一定条件下必定发生都是如此。因为在可能事物的领域内，它们就是其所是，也就是说，它们是一些自由的偶然事件。因此，未来偶然事件的先知先见和这种先知先见的肯定性基础都不会引起我们困惑，不会被视为损害自由的东西。尽管由理性受造物的自
147 由行为所造成的未来偶然事件似乎真的或可能完全独立于上帝的决定和外在原因，那也依然有一些先知先见它们的手段；因为上帝在可能事物的领域内，在其决定允许它们存在之前，便看到了它们所是的样子。

43.虽然上帝的先知先见与我们自由行为是否独立毫无关系，但上帝的前定，他的决定以及我认为始终有助于确定性的原因系列却并非如此。如果我在第一点上支持莫利纳派的话，我在第二点上便支持前定论者，只要他们永远不把前定理解为强制(nécessitante)。总而言之，我认为这个意志将始终更多地倾向于它所采取的路线，但它也决不是一定要必然地采取这条路线。它之采取这条路线是肯定的，但却不是必然的。这种情况同“星辰在旋转，但却不强制”(Astra inclinant, non necessitan)这句名言所说的很一致，尽管这里的情况并不完全相同。因为这些星辰旋转的事件(这是一种从俗的说法，天文学中似乎也有其一定基础)并不总是发生，但这个意志更多趋向的路线却决不会不被采用。再

者，这些星辰虽然仅仅形成这个事件中协同作用的各种倾向的一个部分，但当人们说到意志的更大倾向时，他们所说的就是所有这些倾向的终极结果。这差不多就像我们在前面所讲到的上帝的后件意志，它是从所有的前件意志中产生出来的。

44.但客观的肯定性或确定性还是产生不出确定真理的必然性。所有哲学家都承认这一点，断言未来偶然事件的真理是确定的，尽管如此它们却依然是偶然的。即使结果并未接踵而至，事情本身也并不包含什么矛盾；而偶然性之为偶然性也就在此。为了更好地理解这一点，我们必须说明，我们的推理有两条大原则。一个是矛盾原则（le principe de la contradiction），说的是，在两个矛盾的命题中，一个为真，另一个为假；另一个是确定理由原则（le principe de la raison dé terminante），其所说的是，任何一件事物如果没有一个原因，或没有至少一个确定的理由，它就永远不可能产生。也就是说，任何一件事物如果没有它之所以存在而不是非存在，是这样存在而不是那样存在的先验的理由，就永远不可能产生出来。这条大原则适用于所有的事件，永远找不到反面的例证。虽然我们对这些确定的理由往往缺乏充分的认识，但我们还是能
够知觉到存在有这样一些理由。如果没有这条大原则，我们就永 148
远证明不了上帝的存在，我们也将因此而丧失无限多的以此为基础的非常正当和非常有利的证明。再者，它不会遇到任何例外，否则，其力量便会受到削弱。[①] 此外，再没有什么像那些一切都充满

① 这里所论述的“我们推理的两条大原则”，后来被接纳进《单子论》中，构成其第31节和第32节的基本内容。参阅北京大学哲学系外国哲学史教研室编译：《西方哲学原著选读》，上卷，商务印书馆1981年版，第482页。

变数或例外的体系缺乏力量了。这个错误并不能用来指控我所认可的体系，因为在我的体系中，一切都按照相互高度制约的普遍规则发生。

45. 因此，我们决不能像那些其观念倾向于幻觉的经院哲学家那样设想，似乎未来的自由偶然事件具有免受事物本性一般规则限制的特权。始终存在有一种占主导地位的理由推动意志作出它的选择，为了维持意志自由，这个理由只要倾向而非强制也就足够了。这也是柏拉图、亚里士多德、圣奥古斯丁等所有古代思想家的意见。除非藉超越相反观念的善的观念推动，意志决不可能采取行动。人们甚至认为即使上帝、善良天使以及受到祝福的灵魂也是如此；人们还承认，他们的自由并没有因此而减少丝毫。上帝虽然不能不选择最好的，但却并没有什么迫使他非如此不可。在上帝的选择对象中没有任何必然性，因为另外一个事物系列也同样可能。由于这样的理由，选择是自由的并且不依赖于必然性。因为这是在若干个可能事物的系列之间作出来的，而意志仅仅为这个对象的占优势的善所决定。因此，这并非一种同上帝和圣贤相关的缺陷，相反，如果不是这样，甚至在尘世的人身上，如果他们能够没有任何倾向的理由而活动，那倒是一个大缺陷，毋宁说是一种显而易见的荒谬。我们绝对找不到一个这样荒谬的例证；即使假定人们采取了这样一种任性的路线来论证他的自由，人们在这种自负中所能发现的快乐或好处也依然倾向于它的一个理由。

46. 因此，倘若所谓“漠然”被理解为没有什么东西能够使我们

必然采取这条或那条路线，那就存在有一种以偶然性为基础的自
由，或者存在有在一定程度上以漠然态度为基础的自由。但决没
有任何一种均衡的漠然态度(d'indifférence d'équilibre)，也就是 149
说，在那里，两边一切都全部扯平，而不倾向于任何一边。无数种
大大小小的内在外在的运动与我们一起协同作用，其大部分却都
不为我们所知觉。我曾经说过，一个人在其离开一个房间时，如果
他没有中断反思的话，就一定有这样那样的理由来决定我们首先
迈哪一只脚。因为在任何地方都没有一个奴隶，一如佩特罗尼[1]
笔下的特里马尔匈，向我们呼喊：首先迈右脚！我们刚刚说到的这
一切都与哲学家们的原则相一致。这些哲学家教导说，一个原因
在不具备趋向行动的意向(disposition)时，便不可能发挥作用。
正是这样一种意向包含着一种前定性，这种前定性无论这个行为
者是从外面接受到的，还是在他自己的先前品格的结果中已经获
得的，都同样如此。

47. 因此，我们无需同一些新托马斯主义者一道，诉诸一种经由上帝的新的直接的前定，以便使自由受造物抛弃其漠然态度，也无需诉诸上帝做出事先规定受造物的决定，致使上帝知道这个受造物将要做什么事情成为可能。因为这个受造物此前状态便足以事先决定它倾向于这一条路线而非另一条路线。再者，这一受造物与所有受造物的活动的所有这些联系都存在于上帝的理智之

---

① 佩特罗尼(Petronius Arbiter，? —66)，古罗马作家。欧洲第一部小说《萨蒂利孔》的作者。曾为尼禄皇帝的密友，担任过省督和执政官，最后却因受指控参与谋杀尼禄自杀身亡。

中，在上帝决定它们存在之前，就能够通过纯粹理智的知识得到认识。因此，我们看到，为了说明上帝的先知先见，人们既无需莫利纳派的居间知识，也无需巴内茨[①]或阿尔瓦雷茨[②]（两位在其他方面非常深刻的作家）所教导的前定。

48．莫利纳派因均衡的漠然态度这一虚假观念而陷入了相当尴尬的境地。人们不仅会质问他们，何以可能知道一个完全不确定的原因将做出什么样的决定，而且还会质问他们，最后怎么可能从中产生出一种没有任何来由的决定。倘若用莫利纳的话回答，便说此乃自由原因的特权。然而，这等于什么也没有说，而只是简单地肯认那个原因具有成为幻想的特权而已。看着他们为走出这个完全没有出口的迷宫而饱受折磨也是一件乐事。为了走出这种均衡状态，一些人便教导说：意志，在其从形式上受到决定之前，必定在事实上先行受到决定。多勒的路易斯神父在其论述上帝协同作用的著作中援引了莫利纳派的话，莫利纳派试图以这种权宜之计来逃避困难。因为他们被迫承认原因必须倾向于行动。但他们
150 却一无所获，他们只不过延缓了困难。因为人们会依然追问他们，这种自由的原因究竟是怎样在事实层面作出决定的。因此，他们如果不承认在这个自由受造物的先前状态中有一种前定性使其倾

① 巴内茨（Dominique Banéz，1528—1604），西班牙多明我会会士，托马斯派神学家。激烈反对莫利纳的自由论，认为人虽然可以自由作出决断，但却只能作出上帝所规定的决断。

② 阿尔瓦雷茨（Diego Alvarez，？—1635），西班牙多明我会会士，曾在罗马举行的审议莫利纳学派的会议上为巴内茨的立场进行辩护。

向于受到决定，则他们就永远不可能走出困境。

49. 所以，布里丹[①]的那头站在两块草坪之间的驴子，受到这两块草坪同等的吸引，这个例子在宇宙和自然秩序中是一种不可能存在的虚构的故事，尽管培尔先生对此持另外一种看法。诚然，假设这种情况可能出现，人们就必定说，这头驴子将会饿死。但从根本上看，这个问题所讨论的是一件不可能的事情，除非上帝特意使这样的情况发生。因为这个宇宙不可能把从穿过这头驴的中间划出的一个平面一分为二，这个平面垂直地将宇宙和这头驴切开，以致这两边是同等的和相似的，一如一个椭圆以及每个我称之为两面序列中的平面图形（amphidextres）能够以任何一条穿过其中心的直线这样二分。无论是这个宇宙的两个部分，还是这个动物的内脏的两个部分，都不一样，从而也就都不可能同样地放在这个垂直平面的两边。因此在这头驴身上和这头驴之外，都始终有许多东西，它们虽然并未显现给我们，但却决定着这头驴走向这一边而不是另一边。而且尽管人是自由的，而这头驴没有自由，但由于同样的理由，两个方面完全均衡的情况在人身上也同样不可能。

① 布里丹（Jean Buridan，1300—1358），亚里士多德派哲学家、逻辑学家和自然科学理论家。曾在巴黎大学师从奥卡姆研究哲学，随后在该校任教，并担任校长。1340年，谴责奥卡姆的观点，走向神学怀疑主义。修正传统道德决定论，宣称人们虽然追求最大的善，但人的意志可以推迟理性判断。而且，人们若在两个显然相同的事物之间作出特殊的道德选择，往往会出现窘境。人们对此常常用“布里丹的驴子”的讽喻来表述布里丹的思想，但实际上布里丹在对亚里士多德《论天地》的注释中所提及的动物是狗而不是驴，他要探讨的是一只狗在摆在它面前两份同等数量的食物之间进行选择时所使用的方法。倘若两件事物情况相同，选择机会也相等，这只狗便一定随意选择，这一研究成果导致人们研究概率。

进一步说，一个天使，至少上帝，总是能够解释人所采取的决断，指出那种实际上使其采取这种决断的原因或一个事先倾向的理由。然而，这种理由往往非常复杂，致使我们理解不了，因为连接在一起的因果链条实在太长。

50. 因此，即使笛卡尔先生所提出的以他所谓灵敏的内感觉(un prétendu sentiment vif interne)来证明我们自由行为的独立性的理由也毫无力量。严格地讲，我们感觉不到我们的独立性，我们也不总是能够意识到我们的决断所依赖的那些常常知觉不到的原因。这就好像磁针高兴指向北方一样，它自以为它之转动独立

151 于任何别的原因，是由于没有意识到磁针材料知觉不到的运动的缘故。尽管如此，我们后面将会看到，在什么意义上，人的灵魂，连同相关于其活动的它自身的自然原则，都完全真的依赖于它自身而独立于所有别的受造物。

51. 至于意愿(la volition)本身，把它说成是自由意志的对象是不正确的。我们意愿活动，但严格地讲，我们却并不能意愿意愿；否则的话，我们就依然能够说，我意愿具有意愿的意愿，这样就会无限地说下去。此外，当我们决定意愿的时候，我们并不总是遵循实践理智的最后判断；但在我们的意愿活动中，我们却始终遵循来自这个方向的理性和情感两个方面所有倾向的结果，而且这也常常是在没有理智明晰判断的情况下发生的。

52. 因此，在人身上，也如在任何别的地方一样，一切都是事先

决定和确定的，人的灵魂因此而是一种精神的自动机(d'automate spirituel)，尽管一般的偶然行为，尤其是自由行为，并不是由于这个原因而在同偶然性不兼容的绝对必然性的意义上成为必然的。所以，无论是未来性本身(尽管其本身确实无疑)还是上帝的绝对无误的先见，无论是原因的前定还是上帝的决定所安排的前定，都不会破坏这种偶然性和这种自由。即使在未来性和先知先见方面，这也是受到承认的，这一点我们在前面已经阐述过了。再者，既然上帝的决定仅仅在于他在对所有可能世界做过一番比较之后所形成的决断，选择那个最好的世界，并藉"许可"[①]这个全能的词，使这个世界连同其所包含的一切成为存在，那就可以明白无误地看到，这一决定在事物的构成方面没有改变任何东西。上帝听任它们一如既往地处于纯粹可能状态，也就是说，既没有改变它们的本质或本性，甚至也没有改变它们的偶性，而所有这些在这个可能世界的观念中都已经完全呈现出来了。因此，那种偶然的和自由的东西在上帝的决定之下和在上帝的先知先见之下完全一成不变。

53.但有人会问，难道上帝自己就不能够改变世界上的任何东西吗？可以肯定地说，他现在如果不想减损其智慧的话，他是不会对世界作出任何改变的。因为正是他已经事先看到了这个世界的存在及其所包含的一切，也正是他已经形成了将之创造出来的决断，而上帝又是既不会犯错也不会后悔的，从而他也不会作出一种

① "许可"这个词对应的原文为Fiat，其相应的法文为que cela soit。其基本含义为"允许"、"批准"、"好"、"我看是好的"。参阅《创世记》，1:4—31。

152 不完满的决断，只顾及世界的一个部分而不考虑世界整体。因此，既然一切从一开始都被安排好了，那就只是由于这种为每一个人都承认的假设的必然性，在上帝先知先见之后，或者在上帝决断之后，不再发生任何改变，然而这些事件本身却依然是偶然的。因为事件本身并没有任何使其成为必然的东西，也没有任何东西让人设想任何别的事物都不可以取而代之。我们姑且撇开有关事物未来性以及上帝先见或决断的设想，这个设想已经被说成是事物将要发生的事实，而且也与人们必定承认的下述观点相一致："每一件事物既然将要存在，它便必将存在；换言之，既然它肯定将存在，它将来便必然存在。"①至于原因与结果之间的联系，一如我刚刚阐明的，它仅仅倾向于自由活动主体而并不强迫自由活动；从而，它也就并未产生出一种假设的必然性，除非它得到了某种外在事物的协助，也就是说，除非它得到了占主导地位的倾向始终得胜这样一条原则的支持。

54. 还有人断言，如果一切都安排就绪，上帝因此便不可能再行奇迹了。然而，人们必须注意，发生在这个世界上的奇迹作为可能的事物同样也以一种纯粹可能性的状态包含和展现在所考察的这同一个世界里。上帝自从选择了这个世界以来，就一直在实现这个世界，实现这个世界也正是他在那时的决定。再者，还是有人会对此表示异议，认为发誓和祷告、功绩与罪过、善行与恶迹都毫

① 这句话的原文为 Unumquodque, quando est, oportet esse, aut unumquodque, siquidem erit, oportet futurum esse。

无用处，因为任何情况都不可能发生改变。这种异议使一般人大惑不解，然而这纯粹是一种诡辩。那些发生在今天的祷告、誓言、善行和恶迹早在上帝决定为事物制定秩序时就已经（作为观念）在上帝面前发生了。这些发生在这个现存世界里的事物，连同它们的作用和结果，当其还只是一种可能事物时，就已经呈现在这同一个世界的观念里了。它们在其中都一一显示了出来，获得上帝的自然的或超自然的恩典，招致惩罚或奖赏，就像上帝选择后它们在这个世界里现实发生的那样。祷告或善行在那时只是观念的原因或条件，也就是说，只是一种能够有助于上帝恩典或奖赏的倾向的理由，就像它们现在现实所起的作用那样。再者，既然世界上的一切都以智慧的方式联系在一起，那就很显然，上帝既然事先看到了自由发生的一切事物，便事先以此为基础来安排所有别的事物，或者说他选择这个可能的世界，在其中一切事物都依照这样一种方 153
式加以安排，这两种表述虽然说法不同，但其实质则是一样的。

55. 这种考察同时也驳斥了古人所谓懒惰诡辩说（le sophisme paresseus），这一学说旨在得出人们无需做任何事情的结论。他们说，因为人们将会说，如果我所要求的东西应该发生，那么即使我不做任何事情它也照旧发生；而如果它不应该发生，它就永远不会发生，不管我为获得它付出多大的辛劳都无济于事。这种假定存在于事件之中并且超然于其原因的必然性，可以称之为土耳其人的或穆罕默德式的命运观[①]，这一点我在前面已经论及。因

① 关于“土耳其人的或穆罕默德式的命运观”，请参阅前面有关注释。

为可以说正是这样一种类似的推理路线才使得土耳其人曾不愿逃离瘟疫施虐之地。但要驳倒它倒是非常容易。因为结果既然是确定的，将要产生它的原因也就同样是确定的。而且如果这个结果产生出来了，那就是由于一个相应的原因。因此，你的懒惰或许使你得不到你想要得到的任何东西，反而使你遭遇你谨慎行动本来可以避免的不幸。因此，我们看到原因与结果的这种联系，不仅产生不出那种不堪忍受的厄运，毋宁提供了消除这种厄运的一种手段。一个德国谚语说，死亡总要有一个原因（la mort veut toujour avoir une cause）。再没有什么说法比这更确实无疑了。你将在某一天死去（让我们假定确实如此，假定上帝预先看到了这事），这是肯定的，是毫无疑问的。但这只是因为你将会作出导致你死亡的事情。上帝的惩罚也同样如此，也依赖于它们的原因。在这里，我们援引一下圣安布罗斯[①]的那句名言再恰当不过了。圣安布罗斯说："只要你善于改变你的罪过，上帝也善于改变他的判决。"这句话不仅应当理解为是有关判罚的，而且还应当被理解为一种谴责，犹如约拿代表上帝向尼尼微城的居民发出的谴责。[②] 还有一句非常流行的谚语说："倘若你尚未被前定，你就应当设法为得到前定而操心。"[③]对这句话，不能仅从字面上加以理解，其真正的含

① 安布罗斯（Saint Ambroise，约340—397），古代基督宗教拉丁教父。约370年，任伊米利亚—利古里亚省长，住在米兰。374年，被市民拥戴为主教，始受洗入教，接受神职。他熟读当代希腊著作，运用新柏拉图派哲学解释《圣经》。奥古斯丁就是听了他的传教而加入基督宗教的。他的这句名言出自他对《路加福音》第1章第64节的评注，旨在说明施洗约翰之父撒迦利亚为何最终或治好哑疾，不仅使之开口讲话，而且还使之预言未来。参阅《拉丁教父全集》，米涅，15，col.1527—1860。

② 参阅《约拿书》，1：2；3：4。

③ 这句谚语的原文为：Si non es praedestinatus，fac ut praedestineris。

义在于：一个人倘若怀疑自己是否得到前定，他就只需去做那些要求他做的事情便可以藉上帝的恩典得到前定。那种旨在强调人们不必为任何事情操心的诡辩有时也许可以帮助一些人无所畏惧地面对危险。这尤其适用于土耳其士兵。但似乎其中麻醉剂的成分远多于诡辩术的成分，更不用说土耳其人的那种刚毅精神在我们时代已经被证明是种虚而不实的谣传。

56．一位博学的荷兰医生，名叫约翰·范·博艾威斯克，曾不辞辛苦地写出了《论生命极限》这样一本书，收集了他那个时代一些饱学之士在这个问题上所发表的形形色色的答案、书信和论文。154
这个集子出版后，让人大吃一惊，发现人们竟如此频繁地误入歧途，那些让人困惑不解的问题原本是世界上最简单不过的东西。令人感到诧异的是，世上竟然存在有如此众多的人类无法摆脱的困惑。其实，人们喜欢自我陶醉，这是心灵的一种漫步，以免遭受思虑、秩序和规则的束缚。我们似乎已经习惯于游戏和玩笑，以致我们即使在从事最严肃的工作时也往往扮演滑稽角色，尽管我们很少想到这一点。

57．最近，在奥格斯堡信纲的神学家们中间就忏悔的终极时刻(De Termino Paenitentiae Peremptorio)这一问题所展开的争论，在德国引发了非常多的论文发表。我担心，其中隐藏了某种误解，尽管是属于另外一种性质的误解。为法律所规定的终极时刻被法学家称作注定者(fatalia)。在某种意义上，人们不妨说，为人忏悔和自新所规定的终极时刻在上帝眼里是确定的，正如一切在

他眼里都是确定的那样。上帝知道一个罪犯在什么时候将受到严厉的惩罚,在此之后,无论什么样的补救都无济于事。实际上,这并不是因为他不可能再作忏悔,也不是因为永不失效的恩典在一段时间之后必定会对他失去作用,而是因为将存在有一个时刻,此刻过后,他将不可能再走上得救之路。但我们却永远得不到确定的标志,用以辨认出那一时刻。因此,我们永远不可能正当地判定一个人完全被摒弃。因为这无异于是一个草率的判断。我们最好始终给希望留有余地。这在我们全然无知的这样一种场合以及成千上万个别的场合都是大有裨益的。

上帝明智地以漆黑的夜色
收回了未来时代的结局。[①]

58.整个未来无疑是确定的,但既然我们既不知道它是什么,也不知道先见的或确定的是什么东西,我们就必须按照上帝赋予我们的理性及他为我们制定的规则,来履行我们的职责。此后,我们还必须心灵宁静,听任上帝他自己为此事的结果操心。因为他决不会不去做那将是最好的事情,不仅一般地去做,而且尤其为那些对他有怀有真正信心的人去做。所谓真正信心,也就是那种由真正的虔诚、活生生的信仰和热情的仁爱组合而成的信心,凭借这
155 种信心,我们将尽其自己所能,不放过任何一个机会,履行我们的

① 贺拉斯:《颂歌》,Ⅲ,29。这两句诗的原文为:
Prudensfuturi temporis exitum
Caliginosa noctepermit Deus。

职责，为上帝服务。诚然，我们并不能对上帝“提供服务”，因为他根本无需服务。但不论何时，只要我们努力落实上帝的假定意志(volonté présomptive)，力所能及地参与我们认识到的善的事情，用我们的话来说，这也就叫为上帝服务。因为我们必须始终假定，上帝是致力于我们所认知的善的，除非这个事件向我们表明他有更强大的理由，这种理由尽管或许不为我们所知，但却使他将我们所追求的善从属于他自己设计的另一个更大的善。对这一更大的善，他不能不去意愿，也不能不去实现。

59.我已经恰当地说明意志行为如何依赖于其原因。没有什么东西像我们行为的这种依赖性更适合于我们的本性。否则，人们就将陷入荒谬的和不堪忍受的命定性，亦即陷入土耳其人的命运或穆罕默德式的命运。这是一切情况中最为糟糕的。因为它颠覆了先见和缜密决策的价值。尽管如此，我们还是有理由表明自由行为的这种依赖性如何并不能从根本上消除我们身上有一种奇妙的自发性(une spontanéeté merveilleuse)存在，这种自发性在一定意义上使我们的灵魂在其决断中独立于所有其他受造物的物理影响。这样一种自发性，虽然迄今为止还鲜为人知，但却把我们对我们行为的支配提升到最高的程度，它乃前定和谐体系的一个成果。对于这个体系，我必须在这里作出一番解释。经院哲学家们认为，身体与灵魂之间有一种相互的物理影响，但是人们却一直认为思想和有广延的物质团块相互之间没有任何联系，它们在种类上属于不同的受造物。许多现代人也承认在灵魂与身体之间不存在任何物理的交通，尽管形而上学的交通始终存在，这使得灵魂

和身体组成了同一个主体(un meme suppôt),或者说被称之为人格(une personne)的受造物。这种物理的交通,如果存在的话,就将引起灵魂去改变身体中的某些运动速度的等级和方向路线,反之,身体也将改变灵魂中的思想系列。但这种结果不可能据身体和灵魂所内蕴的任何运动推断出来;虽然我们认识得最充分的东西莫过于灵魂,因为灵魂对我们来说是最内在的东西,而这对于它自身来说也可以说是最内在的。

156 60.笛卡尔先生希望调和一下,使身体的一部分活动依赖于灵魂。他认为,存在有一条自然规则,按照他的说法,这条法则断言:物体的运动总量恒定不变。他虽然认为灵魂的影响不可能违背物体的这条规律,但他却相信灵魂很可能有力量改变身体中所作出的各种运动的方向。这很像一个骑手,他虽然没有给他乘坐的马匹什么力量,但他却可以驾驭这匹马,使这匹马的力量按照他所高兴的任何方向发挥作用。不过,由于这位骑手是藉马勒、嚼子、马刺以及其他一些物质手段的帮助做到这一步的,对他何以能够如此是完全可以理解的。然而,无论在灵魂中,还是在身体中,却都没有这样一些工具可以用来达到这样的结果,也就是说,无论在思想中还是在物质团块中,都没有任何东西有助于解释一个为另一个所造成的改变。简言之,灵魂之改变力的总量以及灵魂之改变运动的方向路线这两件事情都同样得不到解释。

61.再者,自笛卡尔先生那个时代以来,关于这个问题,有两个重要真理被发现了出来。第一条发现在于实际保存的绝对力的量

与运动的量并不是一回事,这一点我在别处已经推证过了。第二条发现在于,即使在所有被人们认为是相互作用的物体之内,那相同的方向也恒定不变,不论它们以什么样的方式相互碰撞亦复如此。要是笛卡尔先生知道这条规则的话,他就准会认为身体运动的方向像它们的力量那样也不依赖于灵魂。我相信这将直接导致前定和谐假说,我就是被这样一些规则引导到这个假说之上的。权且不说这些实体相互之间的物理影响得不到解释,我还认为如果不彻底破坏自然规律,灵魂就不可能对身体发生物理的作用。我并不认为人们在这里应当倾听哲学家的说教,尽管他们在别的方面很有才华,他们好像在剧情发展的关键时刻造出一个上帝,可以说,用作救急神,他们主张上帝特别注意按照灵魂的意愿运动身体,并且按照身体的需要把知觉赋予灵魂。这个体系被称为偶因论[①],人们之所以这样称呼这个体系乃是因为它教导说上帝应灵魂的约请作用于身体,反之亦然。偶因论除了引进持续不断的奇
迹以建立这两种实体之间的交通,并不能消除对每个这样的实体 157
中所获得的自然规律的破坏,按照普通的意见,是它们的相互影响造成了这样的破坏。

62.既然根据别的考察已经相信了普遍和谐原则,那么我也就

① 偶因论这个词的法文为 ce Système des causes occasionnelles,相应的英文为 this system of occasional causes。偶因论是马勒伯朗士的哲学学说,旨在填补笛卡尔关于心身问题理论中的鸿沟。偶因论认为,身心之间因果作用的真正原因是上帝的干预,我们的意志只是这种干预的偶因。也有学者将马勒伯朗士的偶因论体系称作"机会原因体系"。

同样相信预成论（la préformation）以及所有事物之间的前定和谐，相信自然与神恩之间、上帝的决定与事先看到的我们的行为之间、在物质的各个部分之间以及甚至在未来与过去之间的和谐，整个世界同上帝至上智慧的一致，上帝创造的作品是我们能够设想的最和谐的东西。因此，我不能不达到这个体系，根据这一体系，上帝从一开始即以这样的方式创造了灵魂，使它连续不断地产生并表象身体内所发生的一切；同样，他也以这样的方式创造了身体，使其必定自行地做这个灵魂所命令的事情。由此看来，灵魂中的思想按照目的因[①]的秩序运动，并且同知觉的演化相一致，联系这些思想的规律必定产生出一种景象，同身体对我们感官的印象相适应和调和；同样，身体之中的运动规律，也相互遵循着动力因[②]的秩序，同灵魂中的思想相适应和调和，这个身体当灵魂希望它的时候便产生了行动。

63. 这个体系对自由非但没有什么害处，反而比任何东西都更有利于自由。雅克洛先生在其《论信仰与理性的一致》的书中对此做了非常生动的论证。在他看来，这就好像一个人知道我将命令一个仆人第二天一整天要做的一切事情，并据此造了一个同这个仆人完全一样的自动机，让它第二天准时做我所吩咐的一切。然而，这并没有妨碍我自由地安排令我高兴的一切事情，尽管为我服

---

① “目的因”的法文为 des causes finales，相应的英文为 final causes。有学者将其译作“终极原因”。

② “动力因”的法文为 des causes efficientes，相应的英文为 efficient causes。有学者将其译作“作用因”。

务的这个自动机的活动自身丝毫没有自由。

64.再者，既然在灵魂中所发生的一切，按照这个体系，仅仅依赖灵魂自身，既然它随后的状态也只是从它及它的现在状态派生出来，那么人们何以能够使它得到更大的独立性呢？诚然，在这个灵魂的结构中依然有某种不完满性。对这个灵魂所发生的一切都依赖于它自身，但却并不总是依赖于它的意志；这似乎超出了它的 158
能力。这样发生的事情甚至它的理智也不总是能够辨认出来或清楚明白地知觉到。因为在这个灵魂中，不仅存在有一种清楚明白知觉的秩序，在其中居主导地位，而且也有一系列混乱不清的知觉或遭受状态，在其中居附属地位。对此，人们无需诧异，如果它只有清楚明白的知觉，则它就成了神了。尽管如此，它还是有能力支配这些混乱不清的知觉，尽管这种支配是以一种间接的方式实现出来的。因为尽管它不能即刻改变它的遭受状态，但它还是能够经过一段时间达到相当的成功，使其自身具有一种新的遭受状态乃至习性。它甚至有同样的能力支配更清楚明白的知觉，能够使其间接地具有意见和意向，并且阻止其具有这种或那种意见和意向，推迟或加速其形成判断。因为我们能够事先想方设法阻止我们自己，以免一有机会就非常草率地作出结论；我们还可以发现某种意外变故，以正当地推迟我们的判断，哪怕作出判断的时机看起来非常成熟亦复如此。尽管我们的意见和我们的意志行为并不直接就是我们意志的对象（一如我已经说过的那样），但人们有时依然采取种种措施，以便在适当的时候，去意愿甚至相信人们现在还不意愿或相信的东西。人的精神就是如此深奥。

65.现在,为结束在自发性问题上的讨论,我们就必须说,按照严格的定义,灵魂在其自身即具有其所有活动的原则,甚至具有其所有遭受的原则;这也适用于分散到整个自然界的所有简单实体,尽管只有在那些理智的受造物中才存在有自由。在通常的意义上,从表面看来,我们也必须说灵魂以某种方式依赖于身体以及感觉印象。这很像当涉及日出日落这样的问题时,我们应当同托勒密[①]和第谷[②]一样用日常话语讲话,而同哥白尼一样思想。

66.然而,我们可以给我们假定的存在于灵魂与身体之间的这种相互依赖一种真实的和哲学的意义。两个实体中的一个之观念地依赖于另一个,这是就此一实体之中发生的事件的理由能够由存在于彼一实体之中存在着的事件提供出来。后者早在上帝事先

159 安排它们之间存在有和谐时就已经发生了。这甚至就像那个自动机,制造这个自动机的人虽然能够使之完全践履那个奴仆的职责,

① 托勒密(Ptolémée,活动时期为公元2世纪),著名的希腊天文学家、地理学家和数学家。其主要研究成果是在埃及亚历山大里亚完成的。他的地心宇宙体系,即托勒密体系,在天文学中占统治地位达1300年之久。其研究成果主要体现在他的《天文学大成》中。这部著作包含13卷。他在其中第1卷中,对地球处于宇宙中心静止不动的理论作了多方面论证。至16世纪哥白尼提出日心说后,托勒密的地心说才逐步丧失其在天文学中的统治地位。

② 第谷(Tycho Brahe,1546—1601),丹麦天文学家。其所作的天文观察可能是望远镜发明前最精确的,这些观察使欧洲人最终放弃了托勒密的地心说并接受哥白尼的日心说。他原本在哥本哈根大学学习法律,但后来因对如期出现日全食现象惊叹不已,开始了其对天文学的研究工作。他于1583年提出了太阳系结构模型,即第谷体系。该体系保留了古代托勒密体系中有关地球是宇宙的固定中心、太阳和月亮都围绕地球转动的观念,但他又像新出现的哥白尼体系那样,认为所有其他的行星都绕太阳公转。也有学者将其译作布拉赫。

但其有关奴仆的知识却在观念上依赖于我，由于他事先了解我对未来的安排，从而能够使之在整个第二天及时为我服务。关于我的未来意向的知识推动这位伟大的工匠制作了这个自动机，我的影响是目的性的(objective)，而他的影响则是物理的(physique)。因为就灵魂具有完满性和清楚明白的思想而言，上帝已经使灵魂同身体相和谐，并且事先作出安排，推动身体执行灵魂的命令。但如果灵魂不完满，其知觉观念又混乱不清，上帝便使灵魂适应身体，灵魂便为由身体表象产生出来的情感所左右。这就产生了同一种作用和同一种现象，仿佛一个直接地依赖于另一个，并且藉物理影响的力量实现出来。严格地讲，灵魂是借助混乱不清的思想来表象那些包围着它的物体的。这同样的道理也适合于说明我们藉简单实体相互作用所理解的一切。因为每个实体都可以被假定以与其完满性的程度相应的方式作用于另一个实体，尽管这只是从观念上和在事物的理由中完成的，就像上帝从一开始就按照每个实体中所存在的完满性或不完满性的程度安排一个实体与另一个实体相一致。然而，受造物的作用和遭受始终是相互的，因为用来清楚解释有关事件并用来使其存在的诸多理由中的一部分存在于这两个实体中的一个之中，而这些理由中的另一部分则存在于这两个实体中的另外一个之中，各种完满性和不完满性总是交织在一起，为这两个实体所共有。正因为如此，我将作用归因于此一实体，而将遭受归因于彼一实体。

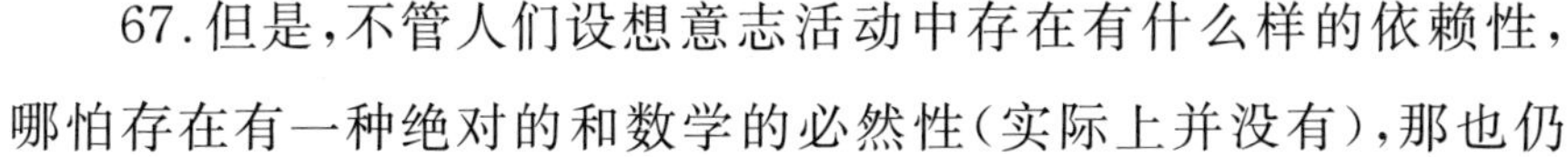

67. 但是，不管人们设想意志活动中存在有什么样的依赖性，哪怕存在有一种绝对的和数学的必然性(实际上并没有)，那也仍

旧得不出结论说，并不存在有一个充分的自由等级使奖惩公正和合理。诚然，我们一般地讲，仿佛行为的必然性取消了所有功绩和罪过作为褒贬及奖惩根据的所有正当性。但我们还是必须承认这个结论并非完全正确。我根本不赞成布雷德沃丁[①]、威克里夫[②]、霍布斯和斯宾诺莎的意见，这些人似乎在倡导一种完全数学的必
160 然性，对此我自认为已经做过充分的驳斥，或许比通常做的更加清楚明白。然而，我们必须始终去证明这种真理，而不是把任何从中推导不出来的东西强加给一个学说。再者，这些论据证明的东西超越了其应有的范围，因为它们不仅反对了假设的必然性，而且还为懒惰诡辩进行辩护。因为在这个问题上，因果系列的这种绝对必然性并没有给假设必然性的绝对无误的确实性添加任何东西。

68. 因此，首先，我们必须承认，当一个人面对一个疯子没有任何方法可以自卫时，便允许杀死他。同样，人们也会承认，杀死一些有毒的或极端有害的动物也是允许的，甚至是必要的，尽管这

① 布雷德沃丁(Thomas Bradwardine，1290—1349)，坎特伯雷大主教，神学家和数学家。曾就学于牛津大学默顿学院，并担任该院学监。著文抨击贝拉基主义，支持奥古斯丁的恩典论。他将奥古斯丁的恩典论与上帝的绝对先知联系起来，宣称：如果上帝不是白白地颁赐恩典，则上帝就预见不到自己的活动，他的先知因此也就不再是绝对的了。他将数学方法引进神学，力图将神学变成一门科学。

② 威克里夫(John Wycliffe，约1330—1384)，英格兰神学家、哲学家、宗教改革运动先驱者之一。曾受英格兰国王派遣，赴布鲁日与教皇代表就英格兰与教廷双方在教廷赋税和神职任免权等问题上的分歧进行商谈。曾为此发表《论神权》和《论政权》，强调人所行使的权力直接来自上帝，唯有义人才能拥有真正的权力。教皇格列高利十一世连续发表5份通谕，谴责威克里夫，要求英格兰政府将他逮捕。此后，他继续批判罗马教会，强调应由为上帝前定的人组成“无形”教会。大多数基督宗教教会史学家称他为宗教改革第一人。

些动物之所以有毒或极端有害并非它们自己的过错。

69. 其次，只要人们认为惩罚一个动物会有助于其纠正错误，便对它施加惩罚，尽管这个动物缺乏理性与自由。例如，人们会惩罚狗和马，并且总能获得很大的成功。我们为控制动物对其实施奖赏也收效不小。当一只动物饥饿时，扔给它一些食物，就会使它做一些平时永远不会做的事情。

70. 第三，人们甚至会以处死的方式来惩罚动物，这时已不再考虑受到惩罚的动物的悔改问题，只要这样的惩罚能够对其他动物起到以儆效尤的作用，或者对其他动物造成恐怖气氛，致使它们不再做恶事。罗拉留[①]在其论述动物理性的书中说道：人们将狮子钉在十字架上，以驱赶其他狮子远离城市和它们频繁出没的地方，他在穿过俞理耶(Juliers)省时还看到人们为了更好地确保羊群的安全而常常把狼吊死。在乡村，人们常常将前来捕食的小鸟钉在庭院大门上，类似的小鸟便不敢再贸然前来捕食。这些方法只要有效便总是被认为正当的。

71. 第四，既然已经证明，对惩罚的恐惧与对奖赏的希望有助于人们避恶向善，人们因此便有充分的理由使用这样一些手段，哪

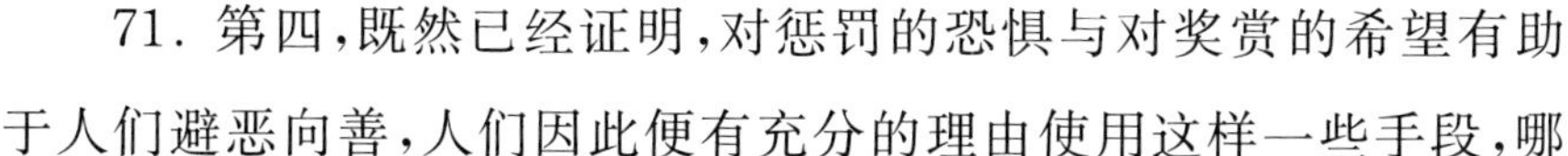

① 哲罗姆·罗拉留(Jérôme Rorario，1485—1556)，曾著有《论动物往往比人更好地运用理性》一书。莱布尼茨的《新系统》发表后，培尔在1696年出版的《历史与批判辞典》第1版里，在“罗拉留”条目中插进了关于莱布尼茨新系统的注释。也参阅前面有关注释。

怕人们的行为具有必然性，也不管这种必然性可能属于何种类别。对此，人们会提出异议说，既然善或恶是必然的，人们千方百计地
161 去获得或阻止它都是无用之举。但我在前面驳斥懒惰诡辩时已经对此进行了驳斥。倘若善或恶没有这些手段也依然是必然的，那就只能说明这些手段是多余的。但情况却并非如此。这些善行和恶迹只有藉助这些手段的帮助才发生，倘若这些结果是必然的，这些手段就将成为使其成为必然的种种原因的一部分，因为经验告诉我们：恐惧或希望往往能抑恶扬善。因此，这种异议几乎与懒惰诡辩毫无二致，我们认为懒惰诡辩既与未来事件的确定性也与未来事件的必然性相对立。因此，我们可以说：这些异议同时针对假设的必然性和绝对必然性，而且无论是针对假设的必然性还是针对绝对必然性，它们都没有提供出任何证明。

72. 在布拉姆霍尔主教与霍布斯先生之间发生过一场重要争论[①]，这场争论从他们两人逗留在巴黎期间开始，在他们返回英国后依然没有停止。所有与此有关的文章都收入了1656年在伦敦出版的一部四卷本的文集之中。这些文章全都以英文写成，据我所知既未翻译成拉丁文也未收入霍布斯先生的拉丁文著作集。[②]我曾经读到过这些文章，此后又翻阅过一遍。我一开始就注意到，

① 在布拉姆霍尔主教与霍布斯先生之间所发生的争论主要是围绕着自由与必然性问题展开的，这场争论绵延28年之久。也请参阅前面有关注释。

② 莱布尼茨这里说到的拉丁文著作集指的是1668年在阿姆斯特丹出版的《霍布斯拉丁著作哲学全集》。该全集共分四部。霍布斯的《论物体》、《论人》和《论公民》均收入其中第一部。参阅威廉·索利：《英国哲学史》，段德智译，陈修斋校，山东人民出版社1992年版，第374—375页。

霍布斯先生根本就没有证明万物具有绝对必然性，他只是充分地说明，必然性并不会推翻上帝的和人的正义的一切规则，也绝对不会妨碍这种美德的实施。

73. 然而，还存在有一种正义和一定种类的奖惩，似乎不适合于那些设定绝对必然性存在并且依照绝对必然性行事的人。这就是那种既不以悔改也不以警戒，甚至也不以抵偿恶行为指归的正义。这种正义仅仅以事物的适宜性(la convenance)为基础。这种适宜性要求恶行在一定程度上得到补偿。索齐尼派、霍布斯以及其他一些人都不承认这种惩罚性正义(cette justice punitive)，真正说来，这种惩罚性正义是一种报复性正义。在许多情况下，这种正义为上帝所专用；但上帝有时也不得不将这种特权赐予那些有权统治他人的人，而上帝藉助于这些人来实施这种正义，只要他们在理性而不是在情感影响下行事就行。虽然索齐尼派认为这种正义缺乏根据，但它却在事物的适宜性中享有某种根据，这项原则不仅使那些受到损害者而且也使那些看到这种适宜性的智慧人士感到满意；犹如一段优美的乐曲或一栋精美的建筑，使那些有教养的心灵得到享受。智慧的立法者由于进行威胁并且可以说是允诺 162
惩罚，他的坚定不移的立场便意味着他不会听任恶行完全逃脱惩罚，即使这种惩罚不再可能使人迁恶向善亦复如此。不过，即使他不曾允诺任何东西，仅仅存在有一种推动他做出这种允诺的事物的适宜性也就够了，因为智慧人士所允诺的无非是适宜性的东西。人们甚至可以说，在这里存在有一种心灵的补偿，因为倘若惩罚无助于恢复秩序，心灵便会遭到无序状态的伤害。我们也不妨读一

下格劳修斯[①]就耶稣基督的救赎行为所写的反对索齐尼派的著作，也不妨读一下克雷尔[②]对他的答复。

74. 因此，对受永罚者的惩罚将继续下去，即使这样的惩罚不再有助于人们迁恶向善亦复如此，同样，对得永福者的奖赏也将继续下去，即使这样的奖赏不再有助于他们光大他们的善行亦复如此。但我们却可以说，受永罚者会因他们犯新的罪过而受到新的惩罚，得永福者会因他们善行方面取得新的进步而给他们带来新的愉悦。因为这两者都是以事物的适宜性原则为基础的。根据这项原则，事情的安排必定使恶行受到惩罚。遵循目的因和动力因这两个王国相互平行的原理，人们有充分的理由相信：上帝在宇宙中已经建立了惩罚或奖赏与恶迹或善行之间的联系，使得前者总是由后者所造成，美德与邪恶根据事物自然秩序的结果分别获得它们的奖惩。事物的自然秩序除表现为灵魂与身体之间的交通外，还包含了另外一种前定和谐。简言之，上帝所做的一切，一如我们已经指出的，都是完满和谐的。或许，事物的适宜性原则将不再适用于那样一些没有真正自由或没有摆脱绝对必然性而活动的存在者；在这种情况下，只有矫正性正义（la seule justice corrective）得以实施，惩罚正义将得不到实施。这也就是著名的康林吉

① 这里所说格劳修斯的著作指的是他于1617年在莱顿出版的《为基督救赎的天主教信仰辩护，驳F.索齐尼》。也请参阅前面有关格劳修斯的注释。

② 克雷尔（Jean Crell，1590—1633），德国索齐尼派神学家，其著作《评格劳修斯的著作〈辩护〉》于1623年在克拉科夫出版。

乌斯[1]在其发表的论述何谓正义的著作中所持的观点。其实，彭波那齐在其讨论命运的书中所使用的理由也证明了奖惩的用处，尽管在我们行动中一切都是藉命定的必然性而发生，其针对的只 163
是悔改，而非补偿。再者，人们杀死参与犯罪活动的动物也仅仅是出于表面现象的考虑，就像人们将暴动者的房子夷为平地那样，都是为了制造恐怖气氛。因此，这是一种矫正正义，其中不包含惩罚正义的任何成分。

75. 但我们现在没有必要为了消遣而讨论那些更多地出于好奇而并非必要的问题，因为我们已经充分说明在意志活动中根本不存在这样的必然性。现在更应当说明，只需不完满的自由(la seule liberté imparfaite)，亦即那种仅仅排除了强制的自由，便足以用作根据来解释那种旨在避恶和改正的奖惩。人们由此也可以看到，一些才智出众之士自认为一切皆必然，但他们却是错误的。他们说：没有任何一个人可以既不受赞赏也不受谴责，既不受奖赏也不受惩罚。他们之所以如是说只不过是为了训练他们的才智而已，其托辞是一切都是必然的，在一切事情上我们都无能为力。但这样一种托辞毫无根据，即使必然的行为也是我们力所能及的，至少就我们既能够做这些事情也能够不做这些事情而言是如此。因为对赞赏或谴责、快乐或痛苦的希望或恐惧激发我们的意志，不论是必然地激发它还是与此同时还使自发性、偶然性和自由都不受

---

① 康林吉乌斯(Conringius，1606—1687)，德国法学家。莱布尼茨在这里所指的是他于1637年在黑尔姆斯达特出版的《关于法的哲学争论》一书。

到损害都是如此。赞扬和谴责、奖赏和惩罚始终都有其巨大的用处，即使我们的行为中存在有真正的必然性。我们甚至能够赞扬和谴责意志根本没有参与其中的好的或坏的自然品质，例如一匹马、一颗钻石和一个人身上的好的和坏的自然品质。有人谈到小加图[1]时，说他因本性善良而道德高尚，他不这样行事是根本不可能的，正因为如此他才更应该受到赞扬。

76. 迄今为止我致力于消除的种种困难差不多全是自然神学与启示神学共同遇到的问题。现在有必要阐释启示神学中的一个问题，这个问题既涉及人的拣选与拒绝，也涉及上帝的恩典在与上帝的仁慈或正义行为相联系情况下如何分配和应用。但在我回答上述异议的同时，也已经为处理那些余留的问题铺平了道路。这证实了我在前面所做过的说明（“论理性与信仰的一致”第43节）：

164 毋宁说这是存在于自然神学的真实理由与人的表象的虚假理由之间的冲突，而非启示的信仰与理性之间的冲突。因为在这个问题上，几乎没有向启示提出任何新的困难，一切困难都无不根源于以理性所认识的真理的方式所提出的东西。

77. 然而，既然所有派别的神学家都是由于他们在前定和恩

① 小加图（Carton of Utica，公元前95—前46），古罗马政治家，保守的元老院贵族党领袖。公元前62年，当选保民官。曾竭力反对凯撒提出的土地法案。内战爆发后，小加图为了捍卫共和制与庞培联合反对凯撒。最后以身殉国。小加图一去世，其人品便成为人们争论的话题。西塞罗为他写了颂歌《加图赞》，凯撒则针锋相对地写了《反加图论》。

典问题上的立场不同而相互区分开的，并且往往依据其不同的原则对同样的异议作出不同的回答，我们便无可避免地触及他们之间所存在的差别。一般说来，一些派别更多地从形而上学的维度来审视上帝，另一些派别则更多地从道德的角度来审视上帝。我在别的场合曾经说过：反抗议派持第一种立场，抗议派则持第二种立场。但为要正确地行动，我们便必须一方面肯认上帝的独立性与受造物的依赖性，另一方面又必须肯认上帝的正义和善，上帝的正义和善使上帝依赖于他自身，使上帝的意志依赖于他的理智或他的智慧。

78. 一些才华出众又心地善良的作者，想要证明这两个主要派别所提出的理据都非常有力，以便劝说他们相互宽容，认为整个争论都可以归结到关键的一点，这就是：上帝在作出有关人的决定时，其主要目的究竟何在？上帝作出这样的决定难道仅仅是为了藉展示他的特性并且为达此目的形成伟大的创世计划和运筹来炫耀他的荣光？抑或他更多考虑的是他设计创造的理智实体的意志运动？难道上帝之考虑这些理智实体在其可能置放其中的不同的环境和场合下将会意欲和将会做些什么，不正是为了形成合适的决断吗？不管人们对这一伟大问题给出的这样两种答案相互之间看起来多么对立，但在我眼里，它们却是容易调和与统一的。只要我们将问题限定到这一关键点上，这两大派别在原则上就是一致的，而根本无需任何宽容。实际上，上帝在其设计创造这个世界时，其唯一的目的即在于以最有效、与他的伟大、智慧和善最相称的方式来展现和传达其完满性。但正是他的这样一个目的使其允

诺在受造物的所有活动依然处于纯粹可能状态时即对它们进行考察,以便他可能形成最合适的计划。上帝就像一个伟大的建筑师,
165 以建筑一座美丽的宫殿获得的满足和荣耀为目的,故而他要考虑进入这一建筑程序中的一切:形式与材料、场所、位置、手段、工匠、支出,然后,他才能够形成一个完满的决定。智慧人士在拟定计划时不会将目的与手段割裂开来;在其不知道是否存在有达到目的的手段的情况下,他是不会冥想任何目的的。

79. 我不知道是否偶尔还会有人设想,既然上帝乃万物的绝对主宰,我们就可以据此推论说,对外在于他的一切,他都漠然视之,他只顾自己而不考虑所有别的事物,从而让一些人幸福,又让另外一些人不幸,一切都毫无原因,没有选择,也没有理由。关于上帝的这样一种说法既剥夺了上帝的智慧,也剥夺了上帝的慈善。我们只需说明,上帝考虑他自己,但也不忽视他该做的一切,并且得出结论说:上帝也考虑他的受造物,且以与秩序最相一致的方式利用这些受造物。因为一个伟大而善良的君王越是在意他自己的荣誉,他就越会想到如何使他的臣民过得幸福,即使他是一切统治者中绝对至上者,即使他的臣民一生下来就是奴仆,用法学家的话说就是农奴,亦即一些完全臣服于专制权力的人。加尔文本人以及其他一些上帝绝对决定论最伟大的辩护士也正确地主张:上帝的拣选及其恩典的分配都有着伟大而正当的理由,尽管对这些理由的细节我们一无所知。因此,我们必须大度地断定:即使前定学说最严厉的辩护士们也有太多的理性和太多的虔诚而不至于背弃这一意见。

80. 因此,在这一点上,如我所希望的,与那些讲道理的人是不会存在任何争执的。但在那些被称作普救论者与特殊神恩论者之间,就他们所教导的关于上帝的恩典和意志的不同主张,将始终存在有争论。然而,我还是倾向于认为,他们之间关于上帝拯救一切人的意志以及与此相关的问题(如果人们坚持将佑助学说或协助恩典的学说与之分开的话)的激烈争论更多的是涉及措辞而不是事情本身。[①] 人们不妨思考一下,上帝以及其他任何一个有智慧的善良的心灵都倾向于所有可能的善,而这种倾向是与善的事物的卓越相称的。再者,这也是我所谓“前件意志”的结果(请精确地考察一下问题本身),然而,它却并不总是产生出其完全的结果, 166
因为这种智慧的心灵必定还有除此之外的许多其他倾向。一如我已经解释过的,所有这些倾向的总和方才能够使他的意志完全且具有决定性。因此,人们有充分的理由用古人的话说:上帝之意欲拯救一切人所依据的是他的前件意志,而非他的后件意志,其后件意志绝不至于产生不出它的结果。如果那些否定这种普遍意志的人不允许将先行的倾向称作意志的话,他们也就只是因名称问题而自找麻烦了。

81. 但关于永恒生命的前定以及上帝所有其他的决定,还有一个更严重的问题,这就是,这种决定究竟是绝对的还是相对的(respective)? 存在有向善的规定和为恶的规定。由于恶既有道

① 在 1598 至 1602 年期间,在罗马曾经举行过多次高级神职人士参加的宗教会议,讨论莫利纳的学说。

德的也有物理的，各派神学家都一致认为，不存在关于道德的恶的命定，也就是说，没有任何一个人被注定去犯罪。至于最大的物理的恶，亦即遭受永罚，人们可以在规定与前定之间作出区别。因为前定似乎其自身内部即包含有一种绝对的规定，它先于对相关人士善行和恶行的思考。因此，人们可以说被弃绝者注定要遭受永罚，因为他们被认为不愿悔改。但人们却不可以用同样的理由说，被弃绝者被前定遭受永罚。因为根本不存在任何绝对的弃绝。这是因为这种绝对弃绝的基础在于被预见到的最后的不加悔改。

82. 诚然，有几位作者主张，上帝期望按照他认为有必要却不为我们所知的理由来展示他的仁慈和正义，故而在其对罪进行所有思考之前，甚至在其对亚当的犯罪进行思考之前，就选择了受拣选者，并且因此而拒绝了受弃绝者；在作出这一决定之后，他又认为，为了实现他的这样两种美德，允许犯罪是合适的；于是，他藉耶稣基督赐予一些人恩典，以便拯救他们，同时又拒绝赐恩典给另外一些人，以便使他们得到惩罚。因此，这些作家就被称作堕落前恩典论者（supralapsaires）。因为按照他们的观点，有关惩罚的决定先于对罪的未来存在的认识。但今天在被称作改革派的人士中间最为流行、受到多德雷赫特宗教会议[①]支持的意见则被称作堕落后恩典论者（infralapsaires），这种意见与圣奥古斯丁的概念有些
167 一致。因为奥古斯丁断言，上帝出于正当而又隐秘的理由，决定允

① 多德雷赫特宗教会议（le synode de Dordrecht）于1618—1619年召开，这次会议作出了有利于戈马尔派的裁决，阿明尼乌派被逐出教门。

许亚当犯罪和人类堕落,他的慈善又使他从堕落的人群中拣选出一些人,凭借耶稣基督的功绩自由地获救,他的正义又使他决定根据其应得的永罚来惩罚其他人。这也就是经院哲学家只将得救者称作被前定者(praedestinati),而将被弃绝者称作被前见者(praesciti)的缘由。必须承认,一些堕落后恩典论者与其他一些人有时遵循福尔金提乌斯[①]和奥古斯丁本人的榜样,也谈到永罚的前定,但他们所指的只是规定,但这些都只不过是词语之争,毫无意义。尽管如此,人们此前曾以此为口实,粗暴对待戈德夏尔克[②],戈德夏尔克这个人在9世纪中期曾轰动一时,他假借福尔金提乌斯之名,表明他是在仿效这位作者。

83. 至于永生拣选者的决定,不论是新教徒还是罗马天主教徒,其争论的焦点都在于:拣选究竟是绝对的,还是基于对最后活的信仰的先见?那些被称作福音派的教徒,亦即奥格斯堡信纲信徒,持后一种意见。他们认为,人们无需深究拣选的隐秘原因,因为人们可以发现圣经中已经展现出来的公开的原因,这就是信耶稣基督。在他们看来,对原因的先见乃对结果的先见之原因。那些被称作改革派的教徒则持不同的意见。他们承认,拯救虽然来自信仰耶稣基督,但他们看到,在实施中先于结果的原因在意向方

① 福尔金提乌斯(Fulgentius,468—533),北非主教和神学家。在恩典和前定问题上追随圣奥古斯丁,反对贝拉基主义。

② 戈德夏尔克(Godescalc,约808—868或869),萨克森僧侣。著《论前定》一书,主张绝对前定论或双重前定论,断言无论是永福和永罚都是上帝前定的。此说受到同时期被誉为第一个经院哲学家的爱留根纳(810—877)的猛烈抨击,并被定为异端。

面却是在后的，因为在这种情况下，原因是手段，结果乃目的。因此，问题在于：上帝的设计是不是先拯救人尔后再使其成为信者。

84. 我们由此看到，堕落前恩典论者与部分的堕落后恩典论者之间以及在这些恩典论者与福音派之间，争论的焦点问题在于：如何上溯到存在于上帝决定的顺序的正确概念。或许，人们只需断言：严格地讲，这里所讨论的上帝的整个决定都是同时做出来的，不仅就时间而论是如此，这是每个人都同意的，而且就逻辑（*in signo rationis*）而论，或就自然顺序而论，也是如此。事实上，谐和信经（la formule de concorde）依据圣奥古斯丁的某些言论将拯救和达到拯救的手段包括在同一个拣选决定（le meme décret
168 de l'élection）之中。为了论证我们在这里所关心的规定或决定的同时性，我们必须诉诸我不止一次运用过的应急手段，这就是：上帝在决定任何一件事物之前，在考虑事物其他可能的顺序时，也同时考虑他此后认可的顺序。这一事物的顺序表现为：始祖如何犯罪，如何使其后代堕落；耶稣基督如何拯救人类；一些人如何藉这样那样的恩典获得最终的信仰和拯救；其他人有或没有这样那样的恩典，没有得到坚定的信仰，继续犯罪，从而受到永罚。但上帝只是在考虑过这种顺序的所有细节之后，才会对这一顺序表示认可和裁决。因此，上帝在没有反复斟酌这一顺序的一切并将之与其他可能的顺序加以比较的情况下，不会贸然对我们将受到得救或永罚说出最后一言。因此，上帝对决定的宣布同时关涉到事物的整个顺序。他一锤定音，决定了这个事物顺序的存在。为了拯救其他人或为了以不同的方式进行拯救，他必须选择一种完全

不同的事物顺序,因为在每一种事物的顺序中,一切都是相互关联的。关于问题的这样一种概念最符合最高智慧,其所有的活动都是以最高可能的程度联系在一起的,从而只存在有一个总体决定(ce décret total),也就是要去创造这样一个世界。这一总体决定同等地包含所有特殊的决定,其间无孰前孰后之别。然而,人们还是可以说,汇入到总体结果的前件意志的每一项特殊活动都有其价值和等级,对应于这些活动所趋向的善的价值。但前件意志的这些活动并不能被称作决定,因为它们尚不是不可避免的,其结局依赖于总体结果。按照事物的这样一种概念,在这里可能产生的一切困难也就是我在考察恶的根源时所谈到和消除的那些困难。

85. 现在还剩下唯一一个值得讨论的重要问题,这个问题有其特殊的困难。它涉及获得拯救和获得永罚的手段与环境的分配。它也包含恩典的佑助这个话题。关于这方面的书籍,罗马方面自从克雷芒八世[①]主持关于佑助的宗教会议以来便不再容易获准出版了。在这次会议上,多明我会士与耶稣会士就这一问题发生了争执。所有的人都必定同意,上帝乃完全的善和正义,他的善
使他尽可能少地造成可能使人获罪的东西,同时又尽可能多地做 169
出有助于拯救他们的事情(我所谓可能,指的是以不破坏事物的普遍秩序为前提)。但他的正义却阻止他使无辜者遭受惩罚,听任善的行为得不到奖赏。他在实施奖惩过程中,甚至掌握精确的尺寸。

---

① 克雷芒八世(Clement Ⅷ,1536—1605),意大利籍教皇(1592—1605年在位),为反宗教改革时期的最后一代教皇。他使罗马教廷摆脱其对西班牙的依附,重新审定和出版了《通俗拉丁文本圣经》。

但我们所具有的关于上帝的善和正义这样一种观念却并不足以使我们充分认识上帝在人的拯救和永罚方面的各种行为。正是这一点造成了罪及其补救方面的种种困难。

86. 第一个困难在于,灵魂何以能够免受原罪的传染(原罪乃现罪[des péchés actuels]的根源),而上帝在昭示灵魂的这一危险倾向时又何以不将其陷于不义。这一困难使得在灵魂本身的起源问题上形成了三种不同的意见。第一种意见主张人的灵魂在另一个世界或在另一个生命中的先在,在另一个世界或另一个生命中,他们曾经犯过罪,并且因此受到判罚,成为人的身体的监牢。这是柏拉图派的意见,其来源为奥利金,但至今还有许多追随者。亨利·莫尔[①]这位英国学者在其写作的一本书中,非常明确地倡导与这一学说相类似的观点。在肯认灵魂先在学说的学者中,有一些向前走得更远,甚至接受灵魂轮回观念。小范·海尔蒙[②]便持有这种观念,那位于1678年以威廉·汪德尔[③]的名义发表了几篇关于形而上学默思的论文、思想锐敏的作者似乎也有这种理论倾

① 莫尔(Henry More,1614—1687),英国诗人,剑桥柏拉图派哲学家和神学家。早年曾受到笛卡尔哲学的影响,但后来在《论灵魂不死》和《形而上学手册》等著作中批驳了笛卡尔的二元论,提出并阐释了他自己的唯心主义的一灵论。他对霍布斯的无神论观点也进行了批判。莱布尼茨这里所提到的那本书是莫尔1659年出版的《论灵魂不死》。参阅索利:《英国哲学史》,第82—93页。

② 小海尔蒙,即弗朗西斯科·海尔蒙(the younger van Helmont,1614—1699),比利时哲学家与化学家,曾编辑出版其父海尔蒙(Von Helmont,1580-1644)的著作。其与莱布尼茨过从甚密。

③ 威廉·汪德尔(Guillaume Wander)为阿贝·德·拉尼翁神父(Abbé de Lanion)的笔名,是马勒伯朗士哲学的研究者。其著作《形而上学的默思》1678年在巴黎出版。

向。第二种意见主张转移说(la traduction),断言孩子们的灵魂似乎是由生育其身体的人的一个或数个灵魂生育出来的。圣奥古斯丁倾向于这样一种判断,认为它能更好地解释原罪。这一学说也是绝大多数奥格斯堡信纲派神学家说教的内容。不过,它在这些神学家中并未受到一致承认。因为耶拿大学和赫姆斯泰大学以及其他一些大学长期以来一直反对这一学说。第三种意见,也是今天受到最广泛认可的意见是创造(la création)说。它是大多数基督宗教教派主张的学说,但也是使原罪说充满最大困难的学说。

87. 关于形式起源(l'origine des formes)的哲学争论也进入了这场关于人的灵魂起源的神学争论之中。亚里士多德和他身后
的经院哲学将作为一种活动原则且在活动者身上所发现的东西称 170
作形式。这种内在原则不是实体性的就是偶性的,当其是实体性的时候被称作"灵魂",它存在于一个有机体内;当其是偶性的时候便被称作"性质"。这位哲学家还给灵魂起了一个总体名称"隐德莱希"(d'entéléchie)或活动(d'acte)。隐德莱希这个词显然来自其意思为"完满"(parfait)的希腊词,因此,著名的埃尔莫拉奥·巴尔巴罗①在拉丁文中依照字面意义将其表达为"完成"(perfectihabia)。因为活动乃潜能的实现。据说他为了认识到这一点曾经询问过魔鬼,但他本来是根本无需询问魔鬼的。然而,这位斯塔吉

① 埃尔莫拉奥·巴尔巴罗(Ermolao Barbaro,1454—1495),意大利人文主义者。他在探究亚里士多德隐德莱希这个术语的含义时感到绝望,于是询问魔鬼隐德莱希这个术语的含义究竟是什么,魔鬼告诉他这个术语的基本含义不是别的,就是"完成"。

拉哲学家[①]还假设存在有两类活动,即持久的活动(l'acte permanent)和连续的活动(l'acte successif)。持久的活动或持续的活动(l'acte permanent ou durable)无非是实体的或偶性的形式[②]。实体的形式,如灵魂,至少在我看来,是持久的;偶性的形式则只在一段时间里是持久的。但全然短暂的活动,由于其本性即是转瞬即逝的,存在于活动自身之中。我在别处已经证明,隐德莱希这个概念是不可以受到鄙视的,由于其持久不变,它就不仅自身拥有一种纯粹的活动能力,而且还具有人们称之为"力"(force)、"努力"(effort)、"追求"(conatus)的东西,只要不受阻碍,活动便能从中产生出来。能力(la faculté)只是一种属性(attribut),有时又是一种样式(un mode)。但力,当其并非实体本身的一种成分(也就是说,它不是原初的而是派生的力)时,便是一种性质,它区别于并且独立于实体。我还曾经指出,人们何以能够假设灵魂是一种原初的力,它藉派生的力或性质变型或改变,并且在各种活动中实施出来。

88. 然而,哲学家们却为实体形式的起源问题极端苦恼。因为若说形式与质料的复合者是产生出来的,而形式只是与之共同产生出来的(comproduite),这等于什么话都没有说。人们通常认为,形式是由质料的潜能获得的(les formes étaient tirées de la puissance de la matière),这被称作显现(*éduction*)。这在事实上

① "这位斯塔吉拉哲学家"指的是亚里士多德。这是因为亚里士多德公元前384年生于马其顿的斯塔吉拉,故而又被称作斯塔吉拉人或斯塔吉拉哲学家。

② 偶性的形式,其法文为la forme accidentelle,其英文为Accidental form。有学者将其汉译为"附属性的形式"。

也等于什么话都没有说，不过人们借助于与形态的比较也可以说对其作出了一定程度的解释。因为人们只有除掉多余的大理石石料，才有可能使雕像的形态显现出来。倘若形式被视为一种纯粹的限定，这一比较便可以成立，这和形状的情形是一样的。有些人曾经认为，形式是由上天派遣下来的，甚至认为形式是在身体被创造出来时专门创造出来的。朱利乌斯·斯卡利杰[1]认为，形式更可能来源于动力因的能动能力（也就是说，形式在创造的情况下来
自上帝的能力，在生育的情况下来自其他形式的能力），而不是来 171
自质料的被动能力。而这意味着，在生育的情况下，又回到了译码说（traduction）。维滕堡的著名医生和物理学家丹尼尔·塞纳[2]持这样一种意见，尤其是在涉及藉精子而生殖的动物身体方面是如此。一位名叫朱利乌斯－凯撒·德拉·加拉（Jules-César della Galla）寓居荷兰的意大利人和一位名叫约翰·弗莱塔[3]的医生著文激烈反对塞纳的观点。但维滕堡的一位教授约翰·斯贝灵[4]挺身为他的老师进行辩护，最终导致与耶拿大学教授约翰·蔡索德[5]发生争论，后者主张人的灵魂是创造出来的。

---

① 朱利乌斯·斯卡利杰（Jules-César Scaliger，1484—1558），著名医生，文献学家和人文主义者。受法国百科全书派影响，著有亚里士多德评注。

② 丹尼尔·塞纳（Daniel Sennert，1572—1637），著名的德国医生和物理学家。其主要著作为1635年出版的《关于自然事物的物理学概要》。

③ 约翰·弗莱塔（Johann Freitag，1581—1641），德国医生，亚里士多德派学者。1637年曾在阿姆斯特丹出版专著为亚里士多德辩护。

④ 斯贝灵（Johann Sperling，1603—1658），德国的医生和动物学家，塞纳的学生。1634年，发表论文《论形式的起源》。1647年，发表《作为物理学的人类学》，发展塞纳的思想。1638年，发表为塞纳进行辩护反对弗莱塔的论文。

⑤ 约翰·蔡索德（Johann Zeisold，1599—1667），耶拿大学教授、物理学家和医师。他的令莱布尼茨感兴趣的著作是1696年在累那出版的《论理性灵魂的生育与繁衍》。

89. 但译码说和显现说如果涉及发现灵魂起源问题，同样不可解释。偶性形式却不是这样一种情况，因为偶性形式只是实体的变形，其起源可以藉显现，即藉各种不同的限定得到解释，就像形态的起源那样。但实体的起源却完全是另外一回事，其产生和消亡同样难以解释。塞纳和斯贝灵并未贸然承认动物灵魂或其他原初形式的实体和不灭性，尽管他们也承认它们是不可分的和非物质的。但事实上，他们混淆了不灭性和不死性，不死是就人而言的，不仅灵魂而且人格都在于此。倘若人们说人的灵魂是不死的，其意思便是：构成人格身份证明的东西持久存在，一些东西藉保持它是其所是的意识或反思的内在情感来保持其道德品质，致使它得以接受惩罚或奖赏。但动物的灵魂却没有人格保存这样一种情况。而这也就是我之所以称动物灵魂是不灭的而非不死的缘由。然而，这样一种误解似乎是托马斯主义者和其他一些优秀哲学家的学说之所以存在重大矛盾的原因。他们都承认所有灵魂的非物质性和不可分性，但却不愿意承认它们的不灭性，对人的灵魂不死说造成了巨大损害。约翰·司各脱[①]，是个爱尔兰人（Scotus 这个词原义为爱尔兰人或爱尔兰哲学家爱留根纳），是虔敬者路易[②]及

① 约翰·司各脱，即我们通常所说的中世纪爱尔兰哲学家爱留根纳，其全称为约翰·司各脱·爱留根纳（Johannes Scotus Erigena，810—877 或 880）。在爱留根纳时代，Scotus 并非像后来那样，指苏格兰人，而是指爱尔兰人。他是卡罗琳文化复兴时期最著名的哲学家。长期在秃头查理宫廷中任语法教师。他坚持古代自然宗教观，宣扬世界灵魂和生命宇宙等观点，遭到特罗伊斯主教普鲁登提的攻击。他在秃头查理授意下，批判贝拉基的双重前定论，强调人的意志的自由选择。其代表作为《自然的区分》。他曾被一些史学家视为第一个经院哲学家。

② 虔敬者路易（Louis le Débonnaire，778—840），罗马帝国皇帝，813—840 年在位。

其儿子所处时代的一位著名作家，主张所有灵魂都能恒久保存。172
我看不出为何伊壁鸠鲁或伽森狄[①]的原子永存说所遭到的反对竟然比肯定所有真正单纯和不可分的实体持久存在说还少的缘由，这种真正单纯的和不可分的实体才是唯一真正的自然原子。一般而言，毕达哥拉斯无疑是正确的，一如奥维德[②]在其诗中使他所说的：

灵魂是不死的。[③]

90. 既然我喜爱健全的只允许尽可能少的例外的原理，则在我看来，在这个重要问题上，究竟什么才是在每种意义上都是最合理的呢？我认为，灵魂和单纯实体除非藉创造便不可能产生，除非藉消灭便不可能终结。再者，只有当人们设想已经存在有一种有机预成[④]时，自然秩序中被赋予灵魂的有机躯体的构成才能够得到合理的解释。我据此推断，我们所谓动物的生育只是一种转型和增大。因此，既然这同一个身体已经得到了诸多器官的装备，我

① 伽森狄(Gassendi，1592—1665)，著名的法国哲学家、科学家和数学家。致力于恢复古代伊壁鸠鲁的原子论。1617年，任埃克斯大学哲学教授，1645年，被任命为巴黎皇家学院数学教授。著有《论亚里士多德派的悖论》(1624—1659)，《伊壁鸠鲁生平、习性、意见评论》(1649)，《反笛卡尔哲学研究》(1649)及《伊壁鸠鲁哲学基础》(1659)。曾以写作《对笛卡尔〈沉思〉的诘难》的第五部分闻名。他虽然赞成伊壁鸠鲁的原子论，但却认为灵魂及其活动不能用原子论加以说明。

② 奥维德(Ovide，约公元前43—约公元18)，古罗马最伟大的诗人之一。其作品主要有《爱情诗》、《爱的艺术》、《爱的医疗》、《美狄亚》、《岁时记》、《变形记》等。中世纪奉为诗歌权威。至近代，对乔叟、莎士比亚、歌德和庞德均有影响。

③ 奥维德：《变形记》，XV，158。这句诗的原文为：Morte carent anoimae。

④ 有机预成，法文为 une préformation déjà organique。有学者将其译作“有机的先天形式”。

们便可以假定说：它已经有生命了，并具有同一个灵魂。反之，我从灵魂持久存在说出发，可以推断出：灵魂一旦被创造出来了，这个动物也将持久不变。表面上的死亡只是一种隐藏（un enveloppement）。[①] 因为在自然秩序中，灵魂没有任何可能脱离所有的身体完全独立存在，或者说灵魂没有任何可能藉自然的力量停止其存在。

91. 当我们考察了在动物身上建立的如此值得赞赏的秩序和如此普遍的规则之后，看来就没有理由认为人应当游离于这个秩序之外，认为与人的灵魂相关的一切都是藉奇迹在人身上发生的。此外，我曾经不止一次地指出，上帝智慧的本质要求他所创造的一切都是和谐的，自然与恩典并行不悖。因此，我认为，那些有朝一日将成为人类灵魂的灵魂，与其他种类的灵魂一样，都存在于精子之中，存在于一直可以上溯到被称作亚当的祖先之中，它们自有事物之日起，就始终存在于一种有机躯体之中。在这个问题上，似乎斯瓦默丹[②]先生、神父马勒伯朗士、培尔先生、皮卡纳[③]先生、哈索伊克[④]先生以及许多才华出众之士都与我的观点一致。我的这一学说也为列文虎克[⑤]先生和其他一些优秀观察者的显微镜观察所

① 参阅莱布尼茨：《单子论》，第 73 节。

② 斯瓦默丹（Swammerdan，1637—1680），著名的解剖学和昆虫进化史专家。

③ 皮卡纳（Archibald Pitcairne，1652—1713），苏格兰医学家。他开始尝试将力学和几何学原理用于医学研究领域。

④ 哈索伊克（Hartsoeker，1656—1725），荷兰的数学家和物理学家。

⑤ 列文虎克（Leuwenhoeck，1632—1723），著名的荷兰自然科学家。他用自制的 270 倍显微镜观察到细胞和精子。

证实。然而,在我看来似乎还有种种理由可以认为,灵魂在那时仅 173
仅作为有感觉的或动物的灵魂而存在,只被赋予知觉和情感,尚没有理性。我还进而认为,它们在它们所从属的人产生出来之前一直滞留于这一状态,但它们随着人的产生而获得了理性。究竟是因为存在有一种自然手段,能够将感觉灵魂(une âme sensitive)提升到理性灵魂(d'âme raisonable)的层次(对此我觉得难于理解),还是因为上帝可能藉某种特殊的运作,或者如果人们愿意的话藉一种越界性创造[①],将理性赋予这种灵魂。这后一种说法比较容易接受,因为启示教导我们上帝以直接运作的其他形式作用于我们的灵魂。这一解释似乎排除了哲学和神学在这个问题上设置的种种障碍。因为这样一来,形式起源的困难便烟消云散了。此外,这也更加适合于上帝的正义,去赋予因亚当的罪而在物理层面或动物层面堕落的灵魂一种新的完满性,即理性,而不是以创造或者以其他方式将一种推理的灵魂置放进它在其中必然从道德上堕落的身体之中。

92. 然而,既然灵魂曾经处于罪的支配之下,既然只要人一旦适合于运用理性他便很容易犯现罪(commetttre actuellment),这就提出了一个新的问题,即:一个未经洗礼和再生的人的这种倾向是否会因此而致使其遭受永罚,即使他从未犯现罪。这是可能发生的,而且也常常发生。这不是因为他在达到懂事年龄(l'âge de

① "越界性创造",法文为 une espèce de transcréation,对应的英文为 transcreation。有学者将其译作"转移性创造"。

raison)之前即死去，就是因为他在能够利用其理性之前就感觉迟钝。纳西昂的圣格列高利[①]被认为否认这种观点(见其《圣洗讲演录》)。但圣奥古斯丁却支持这一观点，认为原罪本身便足以使人遭受炼狱之火的煎熬，尽管这种意见至少可以说是非常尖刻。我在这里所谓永罚或地狱，所指的是种种痛苦，而不仅仅是对至上幸福享受权利的褫夺；我所指的是感觉痛苦，而非简单的损害(poenam sensus, non damni)。奥古斯丁派的领袖人物里米尼的格列高利[②]与另外几个人追随圣奥古斯丁，反对当时经院哲学家们所公认的意见，因此而被称作儿童的刽子手(tortor infantum)。反之，经院哲学家则不是将儿童送进地狱之火，而是为儿童设计了一个特殊的介于地狱和天堂之间的中间地带(un limbe exprès)，在那里居住，不会受苦，但却会受到被剥夺享见上帝的惩罚。圣布里吉特[③]在罗马声誉很高，她的启示(人们这么称呼)也支持这一教

① 纳西昂的圣格列高利(Saint Grégoire de Nazianze，约320—约390)，天主教教会神父，先后担任萨西默主教和纳西昂主教。他常被人称作神学家格列高利，被视为第一个明确区分神学与哲学，自觉以神学家身份思考哲学问题。其主要著作为《45篇布道词》。

② 里米尼的格列高利(Grégoire de Rimini，？—1358)，意大利神学家和哲学家，奥古斯丁信徒，倡导温和的唯名论，容许以证据证明上帝存在，容许用理性说明灵魂的超物质存在。在人的得救和灵魂福祉问题上，持守奥古斯丁的学说，断言人单凭自由意志而不依靠上帝的恩典不可能持守德操；上帝完全根据自己的意志施舍恩典选中义人，前定他们永享荣耀；未经洗礼而死亡的婴儿将受永罚。他的这些思想后来对宗教改革家路德也产生过一定影响。

③ 圣布里吉特(Sainte Brigitte，约1303—1373)，瑞典公主，布里吉特女修会创始人和神秘主义者。自称从年幼时就常见异象，曾见到基督钉死在十字架上的形象。著有《启示书》和《关于上帝启示的演讲集》。

理。萨马伦[①]与莫利纳以及在他们之前的安布罗斯·卡塔林[②]和其他人,都给予儿童某种自然的福乐。大主教斯丰德拉提不仅博学而且虔诚,也认可这种观点,最近甚至表示,在一定意义上他更 174
为喜欢的是作为幸福无辜的儿童状态,而不是那种得救的罪人的状态。我们是从其《前定论疑难之解答》中看到他的这种立场的。然而,他似乎向前走得太远了。诚然,一个真正受到启示的灵魂,即使它能够凭借这样一种手段获得一切可以想象的快乐也不会因此期望犯罪。但那种在犯罪和真福之间的选择只是一种荒唐的虚构,获得永福(即使在悔罪之后再获得永福)永远胜于永福之被剥夺。

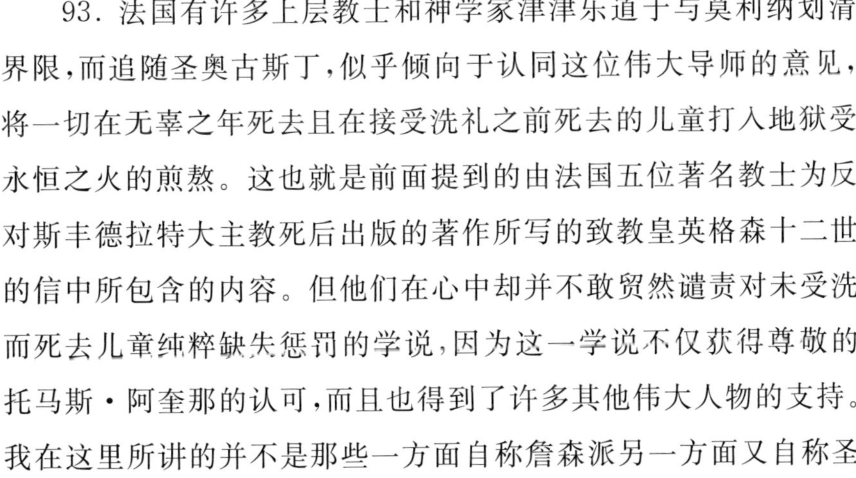

93. 法国有许多上层教士和神学家津津乐道于与莫利纳划清界限,而追随圣奥古斯丁,似乎倾向于认同这位伟大导师的意见,将一切在无辜之年死去且在接受洗礼之前死去的儿童打入地狱受永恒之火的煎熬。这也就是前面提到的由法国五位著名教士为反对斯丰德拉特大主教死后出版的著作所写的致教皇英格森十二世的信中所包含的内容。但他们在心中却并不敢贸然谴责对未受洗而死去儿童纯粹缺失惩罚的学说,因为这一学说不仅获得尊敬的托马斯·阿奎那的认可,而且也得到了许多其他伟大人物的支持。我在这里所讲的并不是那些一方面自称詹森派另一方面又自称圣

① 萨马伦(Salmeron,1515—1585),西班牙耶稣会神学家,为耶稣会创始人伊格纳斯·德·罗耀拉(Ignace de Loyola)的最早追随者之一。

② 安布罗斯·卡塔林(Ambroise Catharin,1483 或 1487—1553),意大利多明我会会士,著《论恩典》,特别强调上帝的前定和前见。

奥古斯丁的信徒，因为他们公开宣称他们完全地和坚定地支持这位教父的意见。但我们必须承认，这种意见无论在理性中还是在圣经中都缺乏充分的基础，而且，这种意见显得特别残暴和严厉。尼考莱先生在其为驳斥尤里欧先生而写作的《论教会统一》一书中，为这一意见做了蹩脚的辩护，尽管培尔先生在《对一个外省人问题的答复》第 3 卷第 178 章中站到他这一边。尼考莱先生所利用的托辞在于：在基督宗教中也存在有一些看似严厉的教义。然而，在另一方面，我们也必须考虑到，尼考莱先生所提及的其他教义，即原罪与惩罚的永恒性，只是从外部表面现象看来才显得严厉和不公，但对于没有现罪和再生而死去的儿童的永罚在实际上就是严厉的，因为它是对无辜者的永罚。由于这一理由，我认为倡导
175 这种意见的这一派即使在罗马教会本身也永远不可能占上风。福音派神学家在这个问题上往往采取相当温和的立场，一任这些灵魂接受造物主的裁决和宽厚处理。其实，我们也不清楚上帝为照亮灵魂可能采取的所有那些令人诧异的手段。

94. 人们还可以说，那些仅仅谴责原罪的人，那些因此而谴责未受洗礼或被排除在与耶稣基督盟约之外的死去的儿童的人，在一个意义上，无意识地对人的禀性(la disposition de l’homme)和上帝的先见采取了某种态度，虽然他们并不同意对其他人也采取这样的态度。因为他们并不主张上帝拒绝将他的恩典赐给那些他事先看到抵制其恩典的人，也不主张这种期望和这种禀性造成对这些人的永罚。但他们却声称，构成原罪的禀性，以及上帝在其中预见儿童一旦达到懂事年龄就将犯罪的禀性，便足以使这个儿童

事先受到永罚。那些主张一个方面而反对另一个方面的人都不足以保存其教义中这两个方面的一致性和关联性。

95. 在那些达到解事责任年龄(l’âge de discrétion)而陷入犯罪泥淖的人方面,存在的困难也并不少。如果他们不接受恩典的佑助而听任其堕落倾向发展,便必定不能在深渊的边缘止步,致使其跌入罪的深渊。但倘若因此而将他们永远罚入地狱,这也似乎太过严厉了,因为他们践行的无非是他们根本没有能力不做的事情。那些尚且使尚未达到解事责任年龄的儿童实施永罚的人,对于成年人便更无所顾忌了。有人分析说,这些人因其期待看到人们受苦而变得异常冷酷了。另外一些神学家则不是这样。我倒乐意站到他们这一边,承认所有的人都享有足以使其摆脱恶行的恩典,只要他们有充分的倾向力求从这种佑助中获利而不是对之自愿拒绝。有人会对此表示异议,认为在文明民族和野蛮人中,历来都有、现在也依然有不计其数的人从未有过关于上帝和耶稣基督的这种知识,而这种知识恰恰又是为通常的得救途径所不可或缺的。但倘若不通过纯哲学的关于罪的托辞来为他们进行辩解的话,倘若不停止对纯粹缺失状态的惩罚,对这两项我们在这里都没有机会予以讨论,我们便会怀疑这样一个事实,即我们何以能够知道他们没有获得不为我们所知的这样一类寻常的或超常的佑助 176
呢?凡尽力而为者便不会被拒绝赐予必要的恩典[1],在我看来,这

① 这句话的原文为:Quod facienti quod in se est, non denegatur gratia necessaria。

条原理即是永恒的真理。托马斯·阿奎那、布雷德沃丁大主教以及其他一些人都曾指出，在这方面，有时发生的事情是我们所不知道的。（托马斯·阿奎那：《论真理》，问题14，第11条，答异议1以及其他地方；布雷德沃丁：《论上帝本源》，开篇不远处。）在罗马教会中享有极大权威的各式各样的神学家教导说，对上帝之爱的任何一次真挚行为胜过一切，引起耶稣基督的恩典，从而足以得救。沙勿略[①]在回答日本人时说道：假如他们的祖先充分地运用了他们的自然之光，上帝也会赐给为他们的得救所必需的恩典。日内瓦主教撒勒的弗朗索瓦[②]也非常赞同沙勿略的这种说法（《论对上帝之爱》，第4卷，第5章）。

96. 前些时候，我曾向卓越的佩利松[③]先生指出：罗马教会比新教更进一步，并不不分青红皂白地诅咒其教派之外的人，甚至也不诅咒处于基督宗教之外的人，只用其唯一的标准来解释信仰。严格地讲，他在致我的极其友善的回信中，并未对之加以批驳。他曾将其收入他的《对宗教差别的反思》第4卷，使我倍感荣耀的是，他也将我给他的信添加到他的著作之中。那时，我还向他推荐一

① 沙勿略（François Xavier，1506—1552），耶稣会创始人之一，也是最早来东方传教的耶稣会士。曾先后到印度、锡兰、日本等地传教。曾多次试图进入中国内地传教，终究未能成功。最后病死于珠江口外的上川岛上。

② 撒勒的弗朗索瓦（François de Sales，1576—1622），1602年任日内瓦主教，其著作《论对上帝之爱》1616年在里昂出版。

③ 佩利松（Paul Péllisson，1624—1693），作家与历史学家。1670年，由新教改宗天主教。著有《对宗教差别的反思》。与莱布尼茨有书信往来。有关书信收入1691年在巴黎出版的《莱布尼茨先生与佩利松先生论宗教宽容与差别的书信》。

位名叫雅克·佩伊瓦·安德拉丢斯[①]的著名的葡萄牙神学家在奉命出席特伦特会议期间曾就这一问题针对开姆尼茨写出的一篇文章。现在，我不打算援引许多杰出的作者，只想提一下耶稣会神父弗里德里希·斯培[②]，斯培是耶稣会里最卓越的人士之一，他在对上帝之爱的功效方面也持这种通常的意见，这从他以德文写作的论述基督宗教美德的一部著作的序中就可以看出来。他在谈到这个问题时就像在谈论有关虔诚的极端重要的秘密那样，明白无误地表述了对上帝之爱消除罪过的力量，即使没有天主教会圣事的介入亦复如此，只要人们不鄙视它们就行。因为鄙视圣事毕竟与这样一种爱不可兼容。一个非常伟大的在罗马教会身居最高职位之一的人士曾最早向我通报了这样一种情况。顺便说一句，神父斯培出身于威斯特伐利亚贵族之家，死后留下圣洁的声誉，至 177
少从那位身居高位的人士允许这本书在科隆出版这件事看是如此。

97. 这位杰出人物使那些学识渊博、判断力健全的人士至今记忆犹新的还在于他是一部题为《对施巫术者审判的刑法保证》[③]著作的作者，他的这部著作轰动一时，并被译成多种文字。我是从

① 雅克·佩伊瓦·安德拉丢斯（Jacques Payva Andradius，1528—1575），著《对主要争论问题的正统解释》（1564 年），驳斥新教神学家马丁·克姆尼茨。

② 弗里德里希·斯培（Frédéric Spé 或 Spée，1591—1635），德国神学家与哲学家。著《黄金道德书》，在他死后于 1649 年出版。莱布尼茨曾将该书的“序言”译成法文。

③ 《对施巫术者审判的刑法保证》一书 1631 年出版。其书名原文为：Cautio criminalis，seu de Processibus contra Sagas libre。

美因茨选帝侯约翰·菲利普·封·荀博恩[①]那里获悉下述故事的。荀博恩是尊贵的现任选帝侯的叔父，后者光荣地继承着其尊贵前任的事业。斯培神父在弗兰克尼亚地区时，正是当地对所谓施巫术者大肆滥捕并大肆滥用火刑的时候。他甚至曾经陪伴他们中的许多人登上将要实施火刑的柴堆上，从他们的忏悔和他事后进行的有关调查研究中获知，他们这些人都是无辜者。因此，尽管在这个问题上在当时讲真话会招致危险，他还是下决心编著了这部著作，尽管没有署上他自己的真名。他的这本书引起了巨大轰动，在这个问题上甚至感动了选帝侯。这位选帝侯当时也只是一个普通教士，此后被晋升为维尔茨堡主教，最后成为美因茨大主教。他一上任，便立即停止火刑。仿效他这一做法的首先是布伦瑞克的公爵们，最后，德国多数的诸侯和分治邦国的君主也都纷纷仿效他的做法。

98. 前面的话似乎有些跑题，但在我看来也是合理的，因为这位作者确实值得让更多的人知道。现在书归正传，对我们讨论的话题做更深入的阐释。假如人们承认，今天为了得救依据肉身认识耶稣基督绝对必要，事实上这样一种教导也最可靠，则人们便可以断言上帝将会把这样一种知识赐给所有那些依照人的方式做适合其本性事情的人，上帝甚至会藉奇迹达到这一步。再者，我们也不可能知道人在死亡的瞬间灵魂究竟发生了什么事情；但既然一

① 荀博恩(Jean-Philippe de Schönboorn，1605—1673)，为时任美因茨选帝侯和班堡地区大主教劳塔弗兰茨·德·荀博恩的叔父。

些博学的和严肃的神学家声称，儿童们在接受洗礼时便接受了一种信仰，虽然到后来人们问及此事时他们也想不起来，则为何人们不可设想，类似的或更确定的事情不会在濒死者身上发生呢？只是在他们死后我们无法追问他们罢了。因此，存在有不计其数的敞向上帝的道路，使其有办法实施他的正义和他的善，人们能够提出的异议无非是我们不知他究竟采取了什么样的途径，但这样一种异议显然非常缺乏力量。

99. 现在让我们来讨论一下那些并不缺乏悔改能力却缺乏善 178
良意志的人。他们无疑是不可原谅的。但关于上帝，始终有一个重大难题。因为是否赋予他们同样的善良意志这事全仰仗上帝。上帝是所有意志的主宰，君王与所有其他人的精神全操在上帝的手上。圣经甚至讲得更彻底，说上帝有时使这些恶人非常冷酷，而他之所以如此乃是为了藉惩罚他们来展示他的能力。对上帝使恶人变得冷酷无情这件事不可以理解为上帝在以一种反恩典的方式激励人，也就是以一种与善抵触、甚至倾向于作恶的方式激励人，正如他赐予人的恩典是一种向善的倾向。毋宁说，上帝在考虑过他所建立的事物序列之后，发现在像容许法老处于可能增强其邪恶的处境这样一类情况下，上帝的智慧将会由这样的恶行引导出善来。

100. 因此，所有的一切往往都是由环境决定的，而环境则构成结合在一起的诸多事物的一部分。无数的例证表明很小的环境都有助于说明皈依或堕落。没有什么比圣奥古斯丁听到其隔壁房

间里传出的“取来读一下”[①]的叫喊声这个例证更广为人知了。当时他正在思索在分裂成多个教派的基督宗教徒中他究竟应该加入哪一派，他自言自语道：

我到底应该走哪一条生活道路呢？[②]

隔壁的叫声使他信手打开摆在他面前的圣经，阅读出现在眼前的话，这些话最终使他放弃了摩尼教学说。善良的斯泰诺[③]曾经告诉我们在他身上发生的一些类似的事情。斯泰诺是位丹麦人，时任提坦诺坡里斯名义主教，兼任汉诺威及周边地区的所谓罗马教廷代表，在那里还有一个属于他所在宗教的主政的公爵。他曾经是一位伟大的解剖学家，精通自然科学；不无遗憾的是，他放弃了有关研究，从一个伟大的科学家变成了一个普通的神学家。他几乎不再愿意倾听任何有关自然奇迹的报道，而一份明确的教皇训令《藉助神圣的顺从》又碰巧是泰沃诺[④]先生要求他摘录观察报告所需要的。他告诉我们，帮助他作出站到罗马教会一边决定的最

① “取来读一下”对应的拉丁文为：Tolle，lege。相应的法文为：Prends et lis。相应的英文为：Take and read。有关具体情节，请参阅奥古斯丁：《忏悔录》，周士良译，商务印书馆 1981 年版，第 158 页。

② 这句话的原文为：Quod vitae sectabor iter ？有关奥古斯丁进行生活抉择的具体情节，请参阅自奥古斯丁的《忏悔录》第 8 卷第 6—12 节，尤其是第 11 节。参阅奥古斯丁：《忏悔录》，第 155 页。

③ 斯泰诺（Stenonis，1638—1686），丹麦自然科学家，由信奉路德教转向信奉天主教。其著作讨论科学与宗教。他在 1677 年于佛罗伦斯出版的《关于本人皈依的书信》中曾论及皈依的环境问题。

④ 泰沃诺（Thévenot，1620—1692），法国的旅行家和学识渊博者，曾与他那个时代的许多学者保持联系。

大的东西是佛罗伦萨一位女士从一扇窗户向他喊出的声音:“先 179
生,请你不要转向你要走的一边,请转到你相反的一边。”他告诉我们:“这声音让我感到震撼,因为当时我正在沉思宗教问题。”这位女士当时知道他正在寻找一位与她住在同一栋房子里的男士,当看到他走向另一栋房子时,她给他指出了他的朋友所住的那个房间。

101. 耶稣会神父约翰·大卫丢斯[1]写了一部题为《作为占卜者的基督宗教徒》,所讲的像是圣经占卜法,要求一个人模仿圣奥古斯丁“取来读一下”的范例随便指出一些段落,这是一种祈祷游戏。但这样一种尽管我们自己并非自主置身其中的偶然环境对于人们获得拯救或失去得救所起的作用却是太大了。让我们设想一下两个在波兰出生的孪生子的情况,其中一个被鞑靼人掠去卖给了土耳其人,被说服叛离基督宗教成为不信上帝者,最后在绝望中死去;另一个则偶然得救,到了一个善良人家,受到很好的教育,笃信最健全的宗教真理,践行宗教所倡导的美德,最后怀着善良基督宗教徒的一切应有的情感死去。人们会为前者的不幸遭遇而痛惜,或许是一种无关紧要的环境使其不能像他的弟兄那样得救;人们同时也会大感诧异,那样一种微乎其微的偶然机会竟然永恒地决定了他的命运。

[1] 约翰·大卫丢斯(Davidius,1546—1613),比利时耶稣会神父,其著作《作为占卜者的基督宗教徒》1601年在安特卫普出版。

102. 有人或许会说，上帝藉居间知识预见到前者即使待在波兰，他也依然会成为恶人并且遭到永罚。诚然，或许也有发生这样一类事情的偶然情况。但人们因此而能够说这是一条普遍规则吗？在异教徒中遭受永罚的人中难道就不会有某个人会因偶尔生活在基督宗教徒中而得救吗？这岂不是与我们主所说过的话相抵触吗？我们的主不是说过推罗和西顿倘若有幸听到他的布道会比迦百农领会得更好吗？[①]

103. 人们即使在这里反对一切表面现象，承认居间知识的这样一种用处，但这种知识本身也依然蕴涵着上帝考虑到人在这样那样的环境中所做的事情；始终真实无疑的是：上帝本来是可以把他放在另一个对他更为有利的环境，并且给他各种内在和外在的援助，使他能够战胜存在于其灵魂中的最大的邪恶。人们会告诉我说，上帝并不一定这样做，但这种异议并不充分；他们还必须进
180 而补充说：有更大的理由使上帝不让他的所有的善为所有的人都感受到。因此，在这里必定需要选择，但我并不认为人们必须完全在人性的好坏方面寻求选择的理由。因为倘若按照一些人的意见，认为上帝选择虽然能够产生最大的善但却包含有罪和永罚的计划，从而他的智慧选择最好的品行成为其恩典的对象，这样一种恩典便不足以表明是一种免费的赠品了。这样一来，人们便因其一种与生俱来的功绩而相互区别。而且，这样一种假定似乎远离了圣保罗的原则，甚至远离了至上理性的原则。

① 参阅《马太福音》，11:21—24；《路加福音》，10:13—15。

104. 诚然，上帝的选择是有理由的，因此，我们必须进入对这个对象的考察，亦即对人的本性的考察。但这种选择似乎不大可能遵守我们能够设想的规则，诸如可能迎合人的骄傲的规则。一些著名神学家认为，上帝会提供更多的恩典，并且以一种更为有利的方式，给那些他预见到其抵抗较少的人，而任凭其余的人受其自我意志的摆布。我们很容易假设情况常常是这样发生的。这种方便智[①]，在那些使人在其本性上通过任何有利的东西而区别开来的东西当中，是最远离贝拉基主义的。但我不敢贸然使其成为一条普遍规则。再者，我们也没有原因自夸，因为我们对上帝选择的理由必定无知。因为上帝选择的理由太多而不可能都为我们所认识；上帝有时很可能藉克服最顽固的抵抗而显示其恩典的力量，以达到没有什么人有理由不是陷于绝望就是陷于狂妄。圣保罗当其以自己为榜样的时候，心里似乎想到了这一点。他说上帝怜悯我，以树立一个说明其宽容的伟大范例。

105. 从根本上看，很可能所有的人都同样的坏，从而不可能藉他们的善的自然品质或较少败坏的自然品质把他们相互区别开来。但他们却不是在同一个层面坏的。因为灵魂之间存在有一种固有的个体差异，一如前定和谐所表明的那样。一些人或多或少地倾向于某种特殊的善或某种特殊的恶，或者倾向于它们的反面，

① “这种方便智”对应的法文原文是 cet expédient，对应的英文是 this expedient。其基本含义是“方便的”，“合宜的”，“得当的”，“应急手段”，“权宜之计”等。我们译作方便智，乃是取佛教用语。佛教区分方便智或分别智与根本智或究竟智。方便智随机而发，虽然不是究竟智，但也依然难得。

一切都取决于他们天生的资质。但既然宇宙的普遍计划，为上帝至上理性所选择，使人处于各种不同的环境，那些身处更有利其本
181 性发展环境的人将会更容易成为最不坏者，最有德性者，享受最大幸福者；但这也始终得到上帝将其同环境联系在一起的内在恩典的佑助。有时，在人类生活过程中甚至也可能发生更卓越的本性获得的成功反而较少的情况，这主要是因其缺少培养或缺少机会的缘故。因此人们可以说，人之被选择或区分成不同等级的根据，与其说在于他们的卓越，倒不如说在于他们与上帝计划的一致。即使如此，也还是可能出现这样的情况：一块质量较次的石头却可能被用到一个大的建筑物上或某种组合之中，因为情况表明只有这一块特殊的石料才适合于填充某个间隙。

106. 总而言之，所有这些发现理由的尝试，在无需完全遵守某些假设的地方，都仅仅有助于向我们表明，存在有成千上万的方式证明上帝行为的正当。我们所看到的所有那些不利的因素，我们所遇到的所有障碍，人们可能向自己提出的所有困难，都不能妨害我们形成一种建立在理性基础之上的信仰，即使一如我们已经证明、我们在后面还将更加清楚证明的，它不可能依据确定性的证据亦复如此。这样一种信仰即是：没有什么像上帝的智慧那样崇高！没有什么像上帝的判决那样公正！没有什么像上帝的神圣性那样纯粹！没有什么比上帝的善更为博大！

就恶的起源论上帝的正义与人的自由 182

中　篇[①]

107. 至此，我已经对整个论题做了详尽而清晰的阐释。我虽然尚未特别地讲到培尔先生的异议，但我却在回答他的这些异议之前竭力做一些前期工作，找到答复这些异议的各种途径。我以详尽答复这些异议为己任，这不仅是因为还有一些培尔的段落需要进一步澄清，而且还因为他的论证通常都充满睿智和学识，有助于对整个争论获得更加清楚明白的了解。既然如此，就非常值得将分散在其著作中的种种异议的主要部分在这里收集到一起，给予说明，并且加上我的答复。我从一开始就指出："上帝既参与道德的恶也参与物理的恶，既以道德的方式也以物理的方式参与了这两种恶行中的任何一种。而人也以一种自由和能动的方式从道德和物理两个层面参与了这两种恶行，结果遭到了责备和惩罚。"[②]我还

① 法文版原文为：ÈDEUXIÈME PARTIE。英文版为：EAASYS ON THE JUSTICE OF GOD AND THE FREEDOM OF MAN IN THE ORIGIN OF EVIL，PART TWO。此处据英文版译出。

② 参阅上篇第1节等处。

曾说明：尽管要阐释清楚这些论点中的每一个都有其自身的困难，但其中最大的困难在于主张上帝从道德的角度参与了道德的恶，亦即参与了犯罪，但却又并非罪的发起人或责任人(auteur)，甚至也不构成同犯(complice)。

108. 上帝之所以能够做到这一步，乃是因为他不仅为了体现正义而允许犯罪，而且还凭借智慧使罪恶趋善，一如我已经以一种
183 非常容易理解的方式所表明的那样。但在这里根本的问题在于，培尔先生完全无视那些主张在信仰中根本不存在任何不可以与理性相和谐的人们的意见，我在这里尤其必须指出的是：我的原理是以理性的堡垒设防的，这些堡垒足以抵挡他最猛烈的炮击。他在其《对一个外省人问题的答复》第 144 章(第 3 卷，第 812 页)里，就将他的炮火对准了我。在那里，他将神学学说概括成 7 个命题，并以 19 条哲学原理与之对应。仿佛这些东西就像一排排重炮，其火力足以炸毁我的堡垒。现在，我们就来讨论他的神学命题。

109. 第一个命题，他说："上帝乃永恒必然的存在[①]，无限地善、神圣、智慧和有力量，永恒地具有既不可能增加也不可能减少的荣光和福乐。"培尔先生的这一命题是神学的，但同样也是哲学的。当上帝独一无二时说他具有一种"荣光"，这样一种说法所依赖的无非是"荣光"这个词的含义。我们可以借用一些人的话说，

① "永恒必然的存在"的原文为"l' être eternal et nécessaire"。有学者将其译作"永恒必然的本质"。

荣光无非是当一个人意识到自己的完满性时所得到的那种满足。从这层意义上讲，上帝始终具有荣光。但当荣光指的是他人意识到这些完满性时，我们便可以说，上帝只有当其将他自身启示给理性受造物时，他方才获得这种荣光。即使上帝并未因此而获得新的善，而只是使理性受造物当其正确地认识到上帝的荣光时得以从中获益，亦复如此。

110. 第二个命题，“他自由地决定受造物的产生，他从无限数量的可能存在者中选择了那些使其高兴选择的东西，使它们存在，由它们组成宇宙，与此同时他又使所有其他存在者处于虚无状态。”这个命题也和上一个命题一样，与哲学中被称作自然神学(la théologie naturelle)的那个部分完全一致。我们必须揣摩一下，弄明白这里所说的“上帝选择了那些使其高兴选择的东西”究竟是什么意思。因为当我说“使我高兴的东西”时，心里所想的必定仿佛是：“我看它甚好。”因此，正是对象的观念的善使我高兴，使我在许多并不使我高兴的事物中或是在较少使我高兴的事物中，也就是说，使我在那些较少包含着推动我作出选择的善的事物中，选择出使我高兴的事物。然而，只有真正善的事物才能够使上帝高兴，从而最使上帝高兴且最符合其选择要求的东西即是最善者。

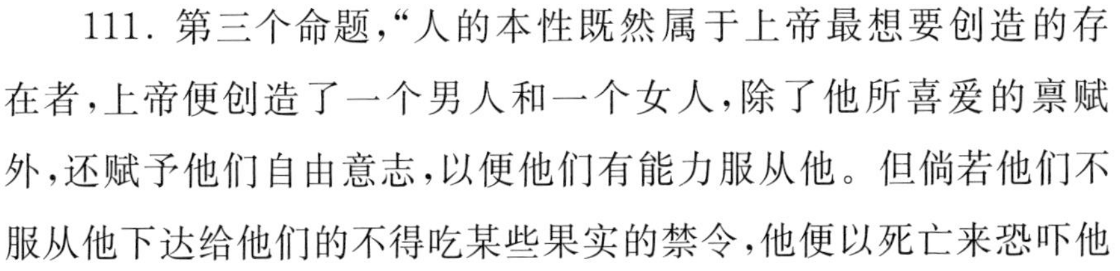

111. 第三个命题，“人的本性既然属于上帝最想要创造的存 184
在者，上帝便创造了一个男人和一个女人，除了他所喜爱的禀赋外，还赋予他们自由意志，以便他们有能力服从他。但倘若他们不服从他下达给他们的不得吃某些果实的禁令，他便以死亡来恐吓他

们。”这个命题已经部分地得到启示，人们承认它并无任何困难，只要按照我们已经解释过的，对自由意志作出恰如其分的理解就行。

112. 第四个命题，“然而，他们还是吃了那些果实，从而被判罪，他们及其所有的后代，都将在今生罹受苦难，遭受时间上的死亡和永罚，同时要服从这样一种犯罪的趋向，使他们自己陷入无休无止、永无止境的犯罪活动之中”。人们有理由假定，这一违禁行为由于自然的作用而自行招致这些恶果，上帝正是由于这个理由而非出于纯粹专制的判决禁止这种行为的，就像人们禁止孩子们接触刀具一样。著名的弗卢德或德·弗卢卡提布斯[①]——他是个英国人——曾经以R.奥特莱布的笔名写过一本书，题为《论生命、死亡与复活》，主张禁树上的果实是一种毒药。有关细节，我们不可能详述，只要指出上帝所禁止的是一种有害的东西就够了。因此，我们绝对不能设想上帝在这里扮演的只是一个颁布一项纯粹实在法的立法者的角色，或者说上帝在这里扮演的只是一个随心所欲地判决和实施一项处罚的法官的角色，根本不顾及罪过的恶与惩罚的恶之间是否存在任何关联。人们也不必去假设，上帝出于义愤藉一种超常的行为故意使人的灵魂和身体堕落来惩罚人，就像雅典人让他们的罪犯饮下毒芹汁那样。培尔先生是如此看待这个问题的，他讲的仿佛是原初的堕落是藉上帝的安排和运作置放进第一个人的灵魂之中的。正因为如此，他提出了下述异议

① 弗卢德(Fludde,1574—1637)，英国神智学家和医生。这里所引著作系作者托名鲁道夫·奥特莱布(Rudolphus Otreb)于1617年出版。该书的全称为《关于生命、死亡与复活的神学—哲学论说》。

(《对一个外省人问题的答复》,第3卷,第178章,第1218页):“理性不会称赞一个君主,他为了惩罚一个造反者而判罚他及其后代都具有一种反叛的倾向。”但这样一种判罚在恶人身上是自然发生的,无需立法者对其作出任何规定,因为恶人是耽溺于作恶的。倘若酒鬼藉体内发生的东西的自然后果而生下耽溺于同一恶习的孩子,则这种情况也是对这些孩子生育者的惩罚,而非一种法律惩罚。第一个人犯罪所产生的后果与这样一种情况也有某种类似。因为 185
对上帝智慧的默思使我们相信,自然王国服务于恩典王国,作为建筑师的上帝所做的一切都是按照适合于作为君王的上帝的方式操办的。我们虽然并不充分了解禁果的本性,这种行为的本性及其后果,不能对这一问题的细节作出判断,但我们却必须相信上帝的正义,相信上帝的正义所包含的内容并非画家给我们画出的东西。

113. 第五个命题,“他出于无限的仁慈而乐于使很少一部分人免受这样一种永罚,虽然使他们在今生期间遭受罪的堕落和苦难,但却也给他们种种佑助,使他们获得永无止境的天堂的福乐”。一如我在前面已经注意到的,在过去时代就有许多人怀疑,遭受永罚的人的数量是否像人们一般设想的那么多,他们似乎认为在永罚和完满的福乐之间存在有某个中间状态。但我们根本不需要这样一些意见,只要信守教会中流行的意见就够了。在这个问题上,培尔先生的上述命题是依据充分恩典原则(les principes de la grâce suffisante)设想出来的:按照这些原则,上帝的恩典将赋予所有的人,只要他们具有善良意志就行。尽管培尔先生本人持相反的意见,但他还是期望(如他随便所说)避免使用那些与上帝在

预见到种种偶然事件之后方才作出决定的体系不相一致的语词。

114. 第六个命题,“他永恒地事先看到了应当发生的一切;他安排着所有的事物,将其中每一件事物都置放在它自己的位置之上,他连续不断地随心所欲地引导并控制着它们。因此,没有什么事情能够不经其允许或违背他的意志而发生。只要他觉得好,他就能够阻止一切使其不快的事情发生,从而也就能够阻止罪的发生,因为世上的一切事物中,最冒犯他、让他最厌恶的事物不是别的,正是罪。同样,他也可以在每一个人的灵魂中产生出他所认可的所有思想”。这个命题也纯粹是哲学的,也就是说,藉自然理性之光是可以认识到的。正如我们在命题 2 揣摩“使人高兴的事物”一样,我们在这里也需要揣摩一下“那让人觉得好的事情”,也就是需要揣摩一下上帝觉得做了就好的事情。他能够避免或者消除所
186 有“那些使他不快的事情”,只要他“觉得这样好”。然而,我们必须记住,他厌恶的某些对象,如某些恶,尤其是罪,这些虽然为其前件意志摒弃过,但却只能为其后件意志或法令意志所拒绝,当然,这种拒绝也只能在最佳者规则所允准的范围内进行,而这最佳者正是这位全智者在对一切进行考察过后必定作出的选择。如果有人说“罪最冒犯上帝,上帝也最厌恶罪”,这些无非是人的言说方式。真正说来,上帝是不可能受到冒犯的,也就是说,上帝是不可能受到伤害、受到打搅、焦虑不安和被激怒的。同样,上帝也不会厌恶现实存在的任何事物的,这是因为所谓厌恶某件事物就是以憎恨的态度或者以使我们反感、给我们带来极大痛苦和不幸的方式来对待这件事物。但上帝是既不可能烦恼,也不可能有什么悲痛或

不幸的。他始终完全满足和心安理得。然而，这样一些措辞就其本真的意义看都是正当的。上帝的至上的善使他的前件意志摒弃所有的恶，摒弃道德的恶更甚于所有其他种类的恶。上帝的意志只会因为不容抵抗的更高级的理由才承认恶，而且还对恶极力进行矫正，以好的效益来补偿其坏的结果。诚然，上帝也能够在每个人的灵魂中创造出他所认可的一切思想，但这意味着要藉奇迹行事，这已经超出了所能设想的最完满的计划所容许的范围。

115. 第七个命题，“上帝将他的恩典赐给那些他知道其注定不接受恩典的人们，他们由于这样一种拒绝就使他们自己所犯的罪过比他们在上帝原本不赐给他们情况下所犯的罪过还要严重。因为上帝曾向他们担保，他热切期望他们接受这种恩典，但他却没有赐给他们他知道他们将愿意接受的恩典”。诚然，这些人由于他们拒绝接受恩典而犯下的罪过要比没有赐给他们任何恩典所犯下的罪过还要严重。上帝也知道这一点。但上帝允许他们犯罪要比上帝以一种使其受到指摘的方式活动更加妥帖一些。因为倘若上帝以使其受到指摘的方式活动，那些人就会以某种正当的理由抱怨说，他们根本不可能做得更好，即使他们原本期望如此。上帝希望他们接受他赐给他们适合于他们接受的恩典，希望他们接受他的恩典。他尤其希望赐给他们他事先看到的他们乐于接受的恩典。但这始终是藉一种前件的、超然的和特殊的意志做到这一步的，这在事物的普遍计划中不可能总是实现出来。这个命题，与我们已经陈述过的7个命题中的其他3个命题一样，也属于由哲学和启示建立的命题，只有在第3、第4和第5个命题中，启示才是

必不可少的。

187　116.　现在我们可以进而枚举和解说培尔先生相对于上述7个神学命题而提出的19条哲学原理。

第一条哲学原理,“既然无限完满的存在在其自身发现了既不可能减少也不可能增加的荣光和福乐,则单单他的善便决定他去创造这个宇宙。在他创造宇宙的活动中,既没有受人赞美的雄心参与其间,也没有任何一种保存或增进其福乐和荣光的任何有利害关系的动机参与其间”。这个原理很好:赞美上帝对他无用,但这种赞美对于赞美上帝的人来说却有益,而上帝也愿意人们得到他们的好处。但倘若说单单善决定上帝创造这个宇宙,人们最好还是进一步补充说:上帝的善推动上帝先行地创造和产生所有可能的善;但上帝的智慧却后续地作出选择,使他最终挑选了最善者;最后,上帝的能力使他获得了现实地实施他业已制订的伟大计划的手段。

117. 第二条哲学原理,“无限完满存在的善是无限的,但倘若人们能够设想出一个比这一存在更伟大的存在,这个存在就将不复是无限的。无限的这样一种品格对于其所有其他的完满性,如对美德的爱,对恶的恨等,也都是适合的,它们都必定是人们所能设想的最伟大者。(参阅尤利欧[①]先生在其《方法判》一书前面三

① 尤利欧(Pierre Jurieu,1637—1713),著名的新教神学家和辩论家。所引著作全称为《对解释天道与恩典严格方法与宽松方法的评判,以便发现一种能够调和信从奥格斯堡信纲的抗议派与改革派的中庸方法》。该著于1688年在鹿特丹出版。

节，文中连续地论证了这项原理，将其视为一个基本概念。也请参阅威蒂希[1]先生《论上帝的先见》注 12 中所援引的圣奥古斯丁《论基督宗教学说》[2]第 1 卷第 7 章中的两句话。一句是：‘如果我们设想上帝，那就应当把他设想为一个没有什么比他更好和更加崇高的事物。’[3]稍后的一句话是：‘不可能有什么人会将上帝看成一种尚有比他更好者的存在。’[4]）”

这条原理与我的思想完全一致，而我由此便可以得出结论说：上帝做的都是一切可能中最好的，否则，如果他的善不能推动他做出最好的，如果他缺乏善良意志，则他的善的实施就会受到限制。再者，如果他缺乏识别最好者和发现获得最好者手段的必要知识，或者他缺乏运用这些手段的必要的力量，他的智慧和他的能力也就同样受到了限制。然而，在对美德的爱和对恶的恨在上帝身上都是无限的这样一个论断中，存在有含混之处。如果这句话绝对地和无限制地真，则世界上就将不会现实存在有任何邪恶了。然而，尽管上帝的每个完满性就其自身而言都是无限的，但它却必须按照对象的实情和推动它的事物的本性进行运作。因此，对最好
者的爱从整体上将战胜所有其他个体的倾向或恨。此乃其运作绝 188
对无限的唯一动因，没有什么东西能够有力量阻止上帝宣称其追

① 威蒂希（Christophe Wittich，1625—1687），改革派神学家，莱顿大学教授，笛卡尔派学者。

② 《论基督宗教学说》原文为 De Doctrina Christiana，有学者将其译作《讲道集》，似欠妥。

③ 这句话的原文为：Cum cogitator Deus，ita cogitator，ut aliquid，quo nihil melius sit atque sublimius。

④ 这句话的原文为：Nec quisquam inveniri potest，qui hoc Deum credit esse，quo melius aliquid est。

求最好者。对一些邪恶与所有可能计划中最好的计划结合在一起,上帝是允许的。

118. 第三条哲学原理,“既然无限的善引导着造主创造这个世界,在其创世工作中所展现出来的知识、技能、能力和伟大的一切特征都注定为着理性受造物的幸福。仅仅为了这样一个目标,上帝才愿意展现他的完满性,以便这类受造物在对这一至上存在的知识、赞美和爱中发现他们的福祉”。

这条原理在我看来并不非常精确。我承认理性受造物的幸福是上帝设计的主要部分,因为他们最像上帝。但我却看不出人们是如何证明出此乃上帝的唯一目的。诚然,自然界(le règne de la nature)必须服务于神恩界(au règne de la grâce)。但既然在上帝的伟大设计中,一切都相互联系在一起,我们就必须相信:神恩界也以某种方式适应于自然界,以致自然蕴含有最大的秩序和美,从而使自然界与神恩界的结合达到能够企及的最完满的程度。而且,没有任何理由设定,上帝会为了某些人减少道德上的恶而颠倒整个自然秩序。受造物身上每一种完满性或不完满性都有其价值,但却没有任何具有无限价值的东西。因此,理性受造物的道德的和物理的善恶都不会无限地超出纯粹形而上学的善恶,即存在于其他受造物完满性中的善恶。但倘若上述原理绝对真实的话,人们就必定会如此说。当上帝向先知约拿解释他宽恕尼尼微居民的正当性的时候,他甚至论及了身陷这一大城市毁灭之中的动物的利益。[1] 在上帝面前,没有任何一个动物受到绝对的蔑视,也没

① 参阅《约拿书》,4:11。

有任何一个动物受到绝对的珍重。对这项原理的滥用或夸张的使用似乎部分地构成培尔先生所述的多种困难的根源。确定无疑的是,上帝对一个人要比对一头狮子更重视些。但我们却不能因此而说,上帝在所有的方面都把一个人看得比整个狮子族类还重。即便是这样一种情况,我们也不能由此得出结论说,一定数量的人的利益会超过弥漫于无限数量受造物之中普遍无序状态的考虑。这种意见无非是一切都是为人而造这样一种陈旧的、信誉扫地的 189
原理的沉渣泛起。

119. 第四条原理,“上帝赐给有能力享受幸福的种种好处都仅仅趋向他们的幸福。因此,他不允许这些反使他们招致不幸。如果他们对它们的错误使用能够破坏这些好处,他便会赐给他们正确使用它们的可靠的工具或手段。否则,这些便不是真正的好处,而他的善也就会比我们能够设想的另一个施主身上的善要小。(我这里指的是在与其赠品结合在一起的原因中存在有充分利用这些赠品的可靠技巧。)”

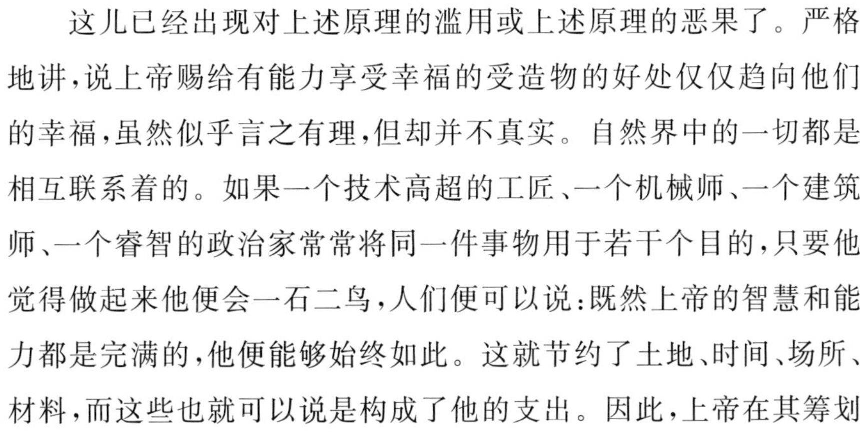

这儿已经出现对上述原理的滥用或上述原理的恶果了。严格地讲,说上帝赐给有能力享受幸福的受造物的好处仅仅趋向他们的幸福,虽然似乎言之有理,但却并不真实。自然界中的一切都是相互联系着的。如果一个技术高超的工匠、一个机械师、一个建筑师、一个睿智的政治家常常将同一件事物用于若干个目的,只要他觉得做起来他便会一石二鸟,人们便可以说:既然上帝的智慧和能力都是完满的,他便能够始终如此。这就节约了土地、时间、场所、材料,而这些也就可以说是构成了他的支出。因此,上帝在其筹划

中有不止一个目的。所有理性受造物的幸福只不过是他所追求的诸多目的之一。这并非他的整个目的,甚至也不是他的终极目的。因此,一些受造物的不幸可能是作为其他更大的善的伴生情况和结果而发生的。这一点我在前面已经解释过了,培尔先生也在一定程度上对此表示认同。各种善本身,就其自身来看,都是上帝先件意志的对象。上帝在其计划允许的范围内在宇宙内创造理性和知识。人们能够设想,在完全纯粹和原初的先件意志与后件的和终极的意志之间存在有一个中项。原初的先件意志(la volonté antécédente primitive)以每个善恶本身作为自己的对象,这些善恶本身是脱离了所有联系的,而且还趋向于扬善抑恶。但中介意志(la volonté moyenne)则是同各种联系盘根错节,就像人们把一种善附着于一种恶那样。因此,一旦善在其中超过了恶,这种意志就会具有一种趋于建立这样一种联系的倾向。但终极的决定性的

190 意志(la volonté finale et décisive)却是由对进入我们视野中的所有善恶进行的考察中产生出来的,它是由总体联系产生出来的。这就表明,中介意志,虽然在关涉到纯粹的原初的先件意志时,在一定意义上也可以被视为后件意志,但当其相关于终极的和决定性的意志时,却又必须被视为前件意志。上帝将理性赐给人类。因此,也就伴随着出现了不幸。上帝的纯粹的先件意志趋向于作为大善赐给人理性,以阻止相关的恶事。但倘若伴随着上帝赐给我们的理性赠品出现的是恶的问题的话,则由理性与这些恶的结合所构成的这样一种复合物就将是上帝中介意志的对象,中介意志将视善恶究竟何者占优势而趋向于产生或阻止这样一种复合。但即使表明理性比善对人更加有害(对此,我并不认可),从而上帝

的中介意志就将摒弃它与其所有伴随物的联系，但赐给人类理性却依然更加符合宇宙的完满性，尽管这种赐予也有可能产生出与之相关的所有那些恶果。因此，作为上帝能够开展的所有考察产生的结果，他的终极意志或决定就会是将理性赋予人们。上帝并不应当因此而受到人们的责备，相反，要是上帝不这样做，他倒是应该受到责备。所以，恶，或者恶在其中占优势的善恶混合物，只有作为伴生现象才会出现，因为它总是同处于这种混合物之外的更大的善联系在一起。因此，这种混合物或这种复合物不应当设想为上帝赐给我们的恩典或赠品，但被发现混合在其中的善还将是善的。这也就是上帝赐给那些误用其理性的人的理性赠品。理性就其本身而言始终是一种善。但这种善与由理性的滥用所产生出来的恶的结合，在那些因此而变得不幸的人看来却并不是一种善。然而，这只是作为一种伴生情况才存在的，因为从整个宇宙的角度看，它有助于产生更大的善。这无疑促使上帝将理性赐予那些使理性成为他们不幸工具的人。或者，依照我的体系，更确切地说，上帝既然在可能存在者中已经发现一些理性存在物在滥用他们的理性，便赋予那些已经包含在宇宙所有可能计划中的最好计划之中的人以存在。因此，任何事物也不能阻止我们承认，上帝将那些因人的失误而转化成恶的善赐给了人们，这往往使那些因误用上帝的恩典的人受到正义的惩罚。阿洛伊希乌斯·诺瓦利努[1]写过一本书，题为《论上帝藏匿的恩惠》；人们同样也可以写一本

① 阿洛伊希乌斯·诺瓦利努(Aloysius Novarinus，1594—1650)，意大利的神学家。他曾于1641年在里昂出版了一本题为《上帝之灵的乐趣》的著作，其副标题为《论上帝藏匿的恩惠》。

191《论上帝藏匿的惩罚》。克劳狄安的名言对某些人也是合适的：

> 他们被举到顶点，
> 以便将他们更重地摔下。[①]

但若说上帝不应当将善赐予他明知将会为一个邪恶意志所滥用的善，尽管事物的普遍计划要求他赐予这种善，或者说他应当提供防止这种滥用的一定手段，尽管这种努力与事物的普遍秩序相矛盾，那么，一如我曾经指出过的那样，这也就是在期望让上帝自己受到责备以防止人受到责备。一如人们在这种情况下常做的那样，说上帝的善会小于另一位提供更多有用赠品的施主的善，这就忽略了这样一个事实，即一位施主的善不应当藉一次施舍加以衡量。一个私人的一个赠品虽然也可能大于一个君主的一个赠品，但这个私人的所有赠品加在一起就将远远小于这位君主所有赠品加在一起的总和。因此，只有当人们将善的事物同整个宇宙关联起来考察它们的整个范围时，才能够对上帝所做的善的事情做出恰如其分的估价。再者，人们还可以说，那些被预见到将会带来伤害的赠品属于敌人的赠品，而敌人的赠品则不复是赠品（εχθρων δωρα αδωρα）。

> 但愿这样的赠品被赠予我的敌人。[②]

① 克劳狄安：《驳鲁菲》，Ⅰ，22—23行。其原文为："Tolluntur in altum，Ut lapsu graviore ruant"。

② 索福克勒斯：《埃阿斯》，665。其原文为：Hostibus eveniant talia dona meis。

但这只适用于捐赠者内心怀有恶意或怀有愧疚这样一种情况，一如贺拉斯所说的欧特拉佩鲁斯的内心世界那样，他之所以对人们做善事只不过是为了使他们获得自我毁灭的手段。[①] 他显然用心险恶，但上帝的用心也不会比他好到哪里。难道就因为有人滥用理性，就一定要让上帝糟蹋了他的整个体系？就一定要让整个宇宙的美、完满性和理性都变少些吗？在这里，我们不妨援引一句流行的谚语："滥用并不废除使用"（Abuses non tollit usum）；存在有两种丑闻：一种是"被强加的丑闻"（scandalum datum），一种是"受到认可的丑闻"（scandalum acceptum）。

120. 第五条原理，"一个心怀恶意的存在者，当其获悉他的敌人会因享用他的赠品而招致毁灭时，便会送给他的敌人堆积如山的华丽的赠品。由此可见，无限善的存在既然已经知道一些受造物肯定会利用自由意志使其招致不幸，但还是赋予他们以自由意志，这就不适当了。因此，如果他赐给他们自由意志，他就应当与 192
此同时又教给他们始终能够恰如其分使用它的技巧，而不允许他们在任何场合忽视对这种技巧的运用。倘若没有决定正确使用这种自由意志的可靠手段，他便宁可从他们身上收回这种能力，而不允许这种能力成为他们不幸的原因。更为显而易见的是，正如自由意志是这位无限善的存在出于自己的选择而赋予人们的恩典，而非人们请求他才赐给人们的那样，他对带给他们的不幸应当承担的责任就会大于他只是为了报答他们不合适的请求而给他们带

① 参阅贺拉斯：《书简》，Ⅰ，18、31ff。

来的不幸所应承担的责任”。

在这里，应当重述一下我在评论上一条原理结尾处所说过的那些话，它们足以推翻这条原理。再者，这位作者依然预设他在第3条原理中提出的那条错误原理，断言理性受造物的幸福乃上帝的唯一目的。倘若事情果真如此，无论是罪还是不幸也就永远都不会发生了，哪怕是作为伴生现象也不会发生。这样一来，上帝所选择的便只是一系列排除掉所有这些恶事的可能事物。然而，上帝因此便没有承担起他对整个宇宙应当承担的责任，也就是说，上帝因此便没有承担起他对他自己应当承担的责任。倘若宇宙中只有精神，精神就会在没有必要的联系的情况下而存在，就会在没有时间和场所的秩序的情况下而存在。因为这种秩序需要物质、运动及其规律；为使这些与精神相适应，最有可能的方式便是回归我们这个世界。当人们仅仅从整体上观察事物的时候，人们便可以设想成千上万不可能正当发生的事情却是切实可行的。人们期望不将自由意志赐给理性受造物，其实也就是在期望这些受造物根本不存在；而期望上帝阻止他们误用自由意志，其实也就是在期望只让这些受造物以及仅仅为他们造出来的事物存在。倘若上帝只关注这些受造物，他无疑会阻止他们自取灭亡。然而，在一定意义上，人们又会说：上帝已经将始终正确运用其自由意志的技艺赐给了这些受造物，因为理性的自然之光即是这样的技艺。始终具有行善的意志是必不可少的，但受造物却往往缺乏使他们自己具有他们本应当具有这种意志的手段，他们甚至往往缺乏这种意志去运用间接提供一种善良意志的手段。关于这一点，我曾经不止一次地谈到。这样一种错误必须予以承认，人们甚至还必须承认，上

帝本来或许能够使受造物免除这种错误，因为似乎根本没有东西能够阻止那些其本性始终具有善良意志的受造物存在。但我却认为，让所有的理性受造物都具有如此伟大的完满性，使他们与神 193
(la divinité)相差无几，既没有这种必要，也不切实可行。这也许只有藉上帝的特殊的恩典才有望实现。但在这种情况下，让上帝将这种品格赐予一切人，也就是说，让他马不停蹄地制造奇迹为所有的理性受造物操心，这合适吗？再没有什么比这些持续不断的奇迹更不合理了。受造物中存在有不同的等级，这是普遍秩序所需要的。将增强善的品格的伟大特权在那些具有善良意志的人处于更不完满状态的时候即赋予他们，这似乎完全符合上帝管理的秩序；因为这些人正处于斗争状态和朝圣(de pélerinage)状态，处于战斗的教会(Ecclesia militangte)之中，处于旅途状态(statu viatorum)。甚至善良的天使本身在创造之初也不是没有犯罪的能力。但我并不敢贸然断言，根本就没有生来就享有祝福的受造物，或根本就没有其本性无罪和神圣的受造物。或许有人将这种特权给了圣母玛利亚，因为即使到了今天，罗马教会还依然将她放到众天使之上。但在这里，只要指出下面一点对我们也就够了，这就是：宇宙非常伟大，其中的事物五花八门。期望给它划界只能表明我们对它知之甚少。培尔先生继续说道："上帝将自由意志赐给了具有犯罪能力的受造物，他们却并没有要求他赐给他们这种恩典。他既然赠送了这样的礼物，他就应当对他们由于使用这种赠品而招致的不幸负有责任，而且，他应当承担的责任也会大于他只是为了报答他们不合适的请求而给他们带来的不幸所应承担的责任。"但不合适的请求对上帝无关痛痒。他对我们究竟需要什么比我们

还要清楚，他赐给我们的只是那些有助于整体利益的东西。在这里，培尔先生似乎使自由意志只在于那种犯罪的能力。然而，他在别处却承认上帝和圣者是自由的，而他们却没有犯罪能力。然而不论可能出现什么样的情况，我都已经充分表明，上帝既然在做其智慧和其善联袂决定的事情，他就对其所允许的恶不承担任何责任。即使人当其在履行自己的义务时也不对其行为的后果承担任何责任，不管他们是否看到了其行为的后果，事情都是如此。

121. 第六条原理，“倘若人们确切地知道一个人自愿自缢而死而递给他一根丝绳，这就和人用匕首刺他的身体一样，同样是使其失去生命的可靠手段。无论是采用第一种方式，还是采用第二种方式，人们都同样是要他死亡。我们甚至可以说，采用第一种方式的人们用心似乎更为险恶，因为他企图将其死亡的所有的不幸和所有的责备都一股脑儿推给死者。”

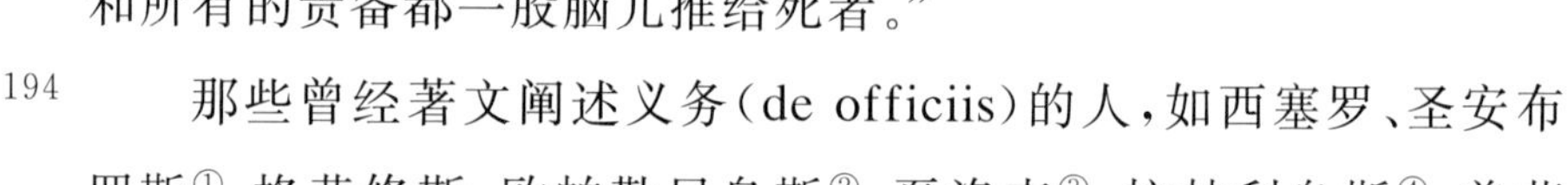

194 那些曾经著文阐述义务(de officiis)的人，如西塞罗、圣安布罗斯①、格劳修斯、欧帕勒尼乌斯②、夏洛克③、拉赫利乌斯④、普芬

① 圣安布罗斯(Saint Ambrose，约340—397)，古代基督宗教拉丁教父。曾著《论神职人员的义务》，从基督宗教的立场上阐释和发挥了西塞罗的有关观点。关于圣安布罗斯的其他信息，请参阅前面有关注释。

② 欧帕勒尼乌斯(Opalenius，1612—1662)，波兰作家与政治家。于1668年在哥尼斯堡和阿姆斯特丹出版《论义务》一书。

③ 夏洛克(Robert Sharrock，1630—1684)，英国法学家、科学家和神学家。曾针对霍布斯的观点写了一本论义务的著作，该书1660年在牛津出版。

④ 拉赫利乌斯(Samuel Rachelius，1628—1691)，德国伦理学家和法学家。曾著《论义务》一书，对西塞罗的观点进行了哲学和法学评注。该著1661年在黑尔姆斯泰特出版。

道夫[①]以及决疑论者都教导说，在一些情况下，人们并没有义务将收缴的事物归还其所有者。例如，当人们知道一把匕首的原来持有者意欲用他来刺杀某人时，他就不应将这把匕首退还给他。让我们假定我的手中掌握着墨勒阿革洛斯[②]的母亲想要用来杀死他的致命的渔网，或者掌握着刻法洛斯[③]无意用来杀害其普罗克里斯的神奇投枪，或者控制着忒修斯[④]的将会把希坡吕图斯撕成碎片的马匹，他们向我索要这些东西，我则有权拒绝他们，因为我知道他们索要这些东西的用意究竟何在。但倘若有一位主管法官命令我去归还这些东西，但我一时又无法向他证明我所知道的归还这些东西将会造成的恶果，我究竟该如何办呢？那时，我或许会像阿波罗对待卡珊德拉(Cassandra)那样，我虽被授予先知的赠品，但这却以我不为人相信为前提。在这种情况下，我还是应当退还这些东西，因为不然的话，除了招致自我毁灭外别无选择。这样一来，我就不得不参与作恶。还有一些类似的例子：朱庇特允诺塞墨勒[⑤]、阿

① 普芬道夫(Samuel von Pufendorf，1632—1694)，德国国际法专家、法理学家和历史学家。曾著《法学知识要义》，《以自然法为基础的人类与公民的义务》和《基督宗教在市民生活中的地位》等主要著作。其中，《以自然法为基础的人类与公民的义务》，8卷本，1673年在隆德出版。

② 墨勒阿革洛斯(Meleager)，古希腊神话中狩猎卡吕冬野猪的英雄。

③ 刻法洛斯(Gephalus)，希腊神话中的一位传奇英雄。普罗克里斯(Procris)乃他的妻子。

④ 忒修斯(Theseus)，阿蒂卡传说中的一位伟大英雄，为雅典国王埃勾斯和艾特拉的儿子。希坡吕图斯(Hippolytus)乃他的儿子。

⑤ 塞墨勒(Semele)为罗马神话故事中人物，系卡德摩斯与哈尔摩尼娅子女，为朱庇特相中，并怀上了朱庇特的儿子(其出生后为酒神狄俄尼索斯)。朱庇特曾允诺她将满足她提出的任何要求。后来，塞墨勒受朱庇特妻子蛊惑，执意要求朱庇特以神的形象现身。在百般无奈情况下，朱庇特只好照办，结果塞墨勒的肉眼凡胎无法承受朱庇特的神的形象的光辉，于是瞬间死去。在希腊神话故事中，相中并允诺塞墨勒的为宙斯。

波罗允诺法厄同[①]、丘比特允诺普赛克[②]，给予他们想要得到的好处。他们在斯提克斯[③]发誓：

> 有谁敢在这个令人敬畏之地发假誓，
> 来欺蒙神明。[④]

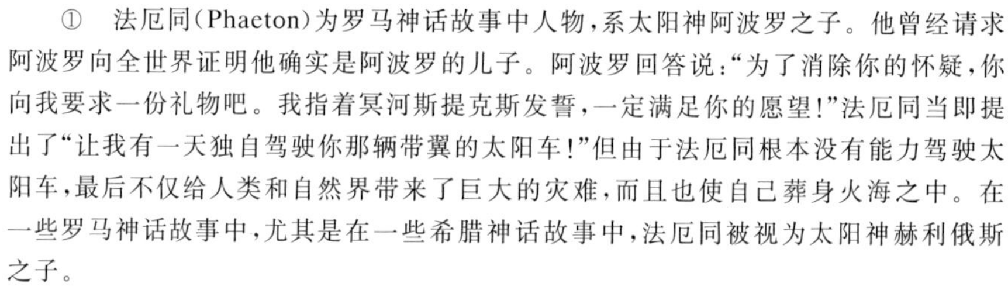

① 法厄同(Phaeton)为罗马神话故事中人物，系太阳神阿波罗之子。他曾经请求阿波罗向全世界证明他确实是阿波罗的儿子。阿波罗回答说："为了消除你的怀疑，你向我要求一份礼物吧。我指着冥河斯提克斯发誓，一定满足你的愿望！"法厄同当即提出了"让我有一天独自驾驶你那辆带翼的太阳车！"但由于法厄同根本没有能力驾驶太阳车，最后不仅给人类和自然界带来了巨大的灾难，而且也使自己葬身火海之中。在一些罗马神话故事中，尤其是在一些希腊神话故事中，法厄同被视为太阳神赫利俄斯之子。

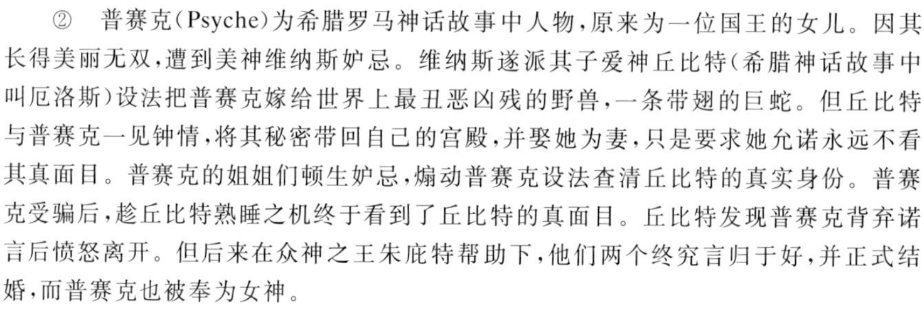

② 普赛克(Psyche)为希腊罗马神话故事中人物，原来为一位国王的女儿。因其长得美丽无双，遭到美神维纳斯妒忌。维纳斯遂派其子爱神丘比特(希腊神话故事中叫厄洛斯)设法把普赛克嫁给世界上最丑恶凶残的野兽，一条带翅的巨蛇。但丘比特与普赛克一见钟情，将其秘密带回自己的宫殿，并娶她为妻，只是要求她允诺永远不看其真面目。普赛克的姐姐们顿生妒忌，煽动普赛克设法查清丘比特的真实身份。普赛克受骗后，趁丘比特熟睡之机终于看到了丘比特的真面目。丘比特发现普赛克背弃诺言后愤怒离开。但后来在众神之王朱庇特帮助下，他们两个终究言归于好，并正式结婚，而普赛克也被奉为女神。

③ 斯提克斯(Styx)为希腊罗马神话故事中人物，系大洋神俄刻阿诺斯和忒提斯的女儿之一，在为捍卫宙斯神权的斗争中作出过重大贡献，因此被宙斯封为奥林匹斯山上监督众神誓言的女神，凡以她的名义所发的誓言都不得取消。一旦有人违反誓言，或者发誓言为假，就被首先判刑一年，其后九年也不得与众神来往，参与众神的任何活动。一说她具体负责掌管斯提克斯河(环绕冥土的九条冥河之一)。凡人只要碰到斯提克斯河水就必定进入冥界，凡神越过此河便失去神性，因此奥林匹斯山上的神灵以此河名义发誓属于最为隆重的誓言，故有斯提克斯法律之说。文中所谓斯提克斯，其所意指的实际上就是斯提克斯掌管的斯提克斯河。

④ 维吉尔：《埃涅阿斯纪》，Ⅵ，第 324 行。其原文为：Di cujus jurare timent et faller Numen。

还没有听完这个请求，人们就反悔，但为时已晚：

上帝刚想要说话者住嘴，
但脱口而出的话语却已经随风传开。[①]

在请求提出来之后，人们想收回他们的允诺，让这些提出请求者做一些无谓的抗议。但他们却还是逼迫你，他们对你说："难道你发誓就是为了不遵守诺言吗？"斯提克斯法律是不容亵渎的，人们必须服从。倘若人们在发誓时犯错，他就更加会在不信守誓言方面犯错。所以，诺言必须兑现，无论这种兑现对于要求兑现者可能多么有害，亦复如此。倘若你不兑现，你就会大难临头。这些故事的寓意似乎在告诉我们，一种至上的必然性很可能在迫使人们顺从恶。其实，上帝也知道任何一个法官都不可能迫使他赐给人用于行恶的事物，他不会像朱庇特那样惧怕斯提克斯。但他自己的智慧即是他能够发现的最高法官，从而根本无需诉诸它的裁决，这些裁决即是命运的决定。永恒真理，作为上帝智慧的对象，比斯提克斯更加不容亵渎。这些律法，这一法官并不强加于人，但却更加有 195
力，因为它们令人信服。智慧向上帝指出的只是实施其善的所有可能方式中最好的方式；从而此后所出现的恶则是为实现最好者所无可避免的结果。因此，我还将更坚定地补充说：允许这样的恶，当上帝允许它时，就是最大的善。

① 奥维德：《变形记》，Ⅲ，第295—296行。其原文为：Voluit Deus ora loquentis Opprimere；exeerat jam vox properata sub auras。

当他阻止这样的恶时，他就不再善了。

如果在我们讲过这些之后还有人说，让某人来承担其毁灭的全部不幸和责备更加出于恶意，这人也就太变态了。既然上帝将这种不幸和责备都推给了一个人，那么，这样一种情况在其出生之前就已然属于他了。它在上帝决定让其存在之前作为纯粹可能的东西就已经存在于上帝的观念之中了。因此，难道这事不留给这个人还能交给另外一个人不成？这就是全部问题之所在。

122. 第七条原理，“一个真正的施主，其施舍会很快，而不会等到他所爱的人们因其缺少从一开始就可以轻而易举、不费吹灰之力交付给他们的赠品而忍受长时间的苦痛。但如果由于其能力所限，不允许他在行善的同时不给对方带来痛苦或某种其他不便，对此他也只好默许，只能表示遗憾；倘若他有能力在其善行中不混杂任何种类的恶，他就绝不会采取要求服务回报的方式实施之。如果人们从其所加给他们的恶中所得到的好处同样也可以轻而易举地从纯洁无瑕的善中得到，他就会走纯洁无瑕的善的直路，而不会走由恶至善的弯路。倘若他大量施舍的是财富和荣誉，那也不是为了让那些享受到这些财富和荣誉的人为此后失去它们而比此前一直未享受这种快乐遭受更深的折磨，从而他们就比那些始终没有这些优惠的人更加不幸。正因为如此，心怀恶意的存在者往往将种种善的事物大量赠给他最恨的那些人”。

（关于这一点，可参阅亚里士多德《修辞学》，Ⅰ，2，C.23，p. m. 446：

例如，人们给予某人东西，为的是随后夺取这些东西，从而给他造成痛苦。

这正如谚语所说：

> 神给予许多人大量财富并非作为知己，
> 而是随之将它夺去使他们蒙受更大的痛苦。)[①] 196

所有这些异议差不多都依赖于同一个诡辩。他们篡改和阉割事实，只陈述事物的一个方面：上帝关心人，他爱人类，他期望人类好，再没有什么事物如此真实无疑。然而，他又允许人堕落，他不时地允许他们毁灭，他赐给他们财物，致使其走向毁灭；即使他让某个人幸福，那也是在他们遭受种种苦难之后。既然如此，上帝的慈爱究竟何在？上帝的善究竟何在？上帝的能力又究竟何在？种种自负的异议避而不谈关键问题，对人们讨论上帝这事根本不予置评。人们仿佛在议论一位母亲，一位监护人，一位导师，她唯一关心的几乎只是这个人的教养、保存和幸福，但却忽略了他们的义务。上帝关心的是整个宇宙，他不忽视其中的任何事物，他选择的是从整体上看最好的东西。倘若某个人邪恶和不幸，这在他看来理应如此。所以，他们说：上帝原本能够让所有的人都幸福，他原本能够很快地轻而易举地让他们幸福，这也不会给他带来任何麻烦，因为他无所不能。但他应当如此吗？既然他不这样做，就表明

① 亚里士多德：《修辞学》，Ⅱ，23，1399b23—26。

他不得不依照另外一种方式活动。不论我们由此得出结论说：上帝只是由于反悔和缺乏能力而不能使人幸福，首先是不能给人善而又不混杂有任何恶的成分，还是由于其缺乏善良意志，毫无保留并一劳永逸地给人以善，我们都是在将真正的上帝与希罗多德的神和亚里士多德所转述的那些诗句的作者笔下的恶魔混为一谈了；希罗多德[①]的神充满妒忌，亚里士多德所转述的那些诗句（我们在前面已经译成拉丁文）的作者笔下的恶魔给人以善的事物，其目的在于随后夺取这些事物从而使他蒙受更大的苦难。这是以一种持续不断的神人同形论将上帝浅薄化，把上帝说成是一个人，他必须全身心地投入到某个特殊的事件之中，他的善也必须首先用到仅仅为我们所知的那些对象上去，他不是缺乏能力就是缺乏善良意志。但上帝根本不缺乏这些东西。他能够做我们所意欲的所有善事，如果单独地看，他甚至也期望如此，但倘若考虑到与之对立的更大的善，他就绝对不会这样做了。再者，人们也没有任何理
197 由抱怨这样的事实：通常只有遭受许多苦难、背上耶稣基督的十字架才能够得救。这些恶有助于受到拣选者成为他们的主的追随者，并增加他们的幸福。

123. 第八条原理，“上帝身为他者的主人，能够获得的最伟大

① 希罗多德（Herodotus，约公元前 484—前 430 或前 420），希腊历史学家。所著 9 卷本《希腊波斯战争史》为古代第一部夹叙夹议的伟大史书。该著不仅明确地划出了历史与史前史的分界线，而且将整个历史解释成东方和西方的斗争史，并以公元前 480 年薛西斯人的入侵希腊为斗争的顶峰。该著虽然以人性论为基础，但却混杂有许多神话故事和传说。

和最实质的荣光在于他能维持他们中间的美德、秩序、和平和心灵满足。从他们的不幸中获得的荣光只是一种虚假的荣光”。

如果我们如其所是地认识上帝之城，我们就会看到，它是能够设计出来的最完满的国家。在那里，美德和幸福尽可能依照最好者规则占主导地位。罪和不幸（从事物的本性中完全排除掉它们是至上秩序的理性所不允许的）与善相比几近于无，而且它们还有助于更大的善的实现。然而，既然这些恶存在，也就必定要指派一些人经受这些恶，而我们就是这样一些人。假如是其他人，难道就不会存在有同样的恶的现象了吗？毋宁说，这其他人不就是被认作“我们”的那些人了吗？倘若上帝藉助使恶服务于产生更大的善的途径从这样的恶中产生出某种荣光，则说他产生了这种荣光就是非常合适的。因此，这并非一种虚假的荣光，与一个君王为了赢得中兴国家的荣誉而颠覆他的国家不是一码事。

124. 第九条原理，“那位主人能够藉以提供出来的对美德最大的爱的证据的方式就是尽其所能使其始终得到实践而不混杂有任何恶行。如果他能够轻而易举地使他的臣民获得这种好处，却又任凭恶行泛滥，尽管他在容忍了很长一段时间之后最终还是要对之加以惩罚，但他对美德的这份爱尚不是人们能够设想的最大的爱，从而尚不是无限的”。

对培尔先生的 19 条原理，我尚未评述到一半就感到厌烦了。因为我总是在反驳和回答同样的内容。培尔先生根本没有必要来增加他的所谓原理的数目来反对我的学说。如果人们将原本联系在一起的事物分离开来，如果将部分与它们的整体、将人类与整个宇宙分离开来，将上帝的各种属性、能力与智慧分离开来，那自然可以说，上帝能够使美德存在于世界上而不混杂有任何恶，甚至还可以说他可以轻而易举地做到这一步。但既然他已经允许了恶，则整个宇宙的秩序既然比任何一个别的计划都更让他喜欢，便势必要求恶的存在。人们必定相信，上帝是不允许整个宇宙造成别的样子的，因为做得更好是不可能的。这是一种假设的必然性
198 (une nécessité hypothétique)，一种道德的必然性(une nécessité morale)，这样一种必然性与自由并不相冲突，它是上帝选择的结果。人们必须相信，与理性相矛盾是智慧人士所不可能做的。于是，人们便提出了异议：上帝对美德的爱因此并不是所能设想的最大的，从而也不是无限的。关于这一点，我在评说第二条原理时就已然作出了回答，当时我说：上帝对无论什么样的受造物的爱都是与他所爱的事物的价值相称的。美德虽然是受造事物最高贵的品质，但却并非是受造物仅有的善的品质，它还有无数个别的品质致使上帝垂爱，正是从所有这些垂爱中产生出最大可能的善。这就证明，假如只有美德，假如只有理性受造物，宇宙的善就会变少。米达斯[①]当其只拥有黄金时，就被证明不那么富有了。此外，智慧必定要求多样性。只增加同一种事物将会是多余的，也是贫乏的。在某人的图书馆里只藏有成千上万部装帧精美的《维吉尔诗集》，始终反复不断地吟唱歌剧《卡德穆斯与鹤莫奥尼》中的曲调，为了

① 米达斯(Midas)为希腊神话故事中的佛律葵亚国王，贪恋财富，求神赐给他点金术。狄俄尼索斯神满足了他的欲求，最后连他的爱女和食物也都因被他手指点到而变成金子，致使他根本无法生存。于是他再次向神祈祷，请神收回赐给他的点金术，完全恢复原来的生活。

拥有金杯而砸碎一切瓷器，只佩戴钻石纽扣，除山鸡外什么也不吃，只喝匈牙利酒或西拉兹酒，所有这些都能叫作有理性吗？自然界需要有动物、植物，乃至有机物。这些受造物中虽然没有理性，但却存在有助于理性练习的奇迹。倘若没有无理性的事物，理性受造物还能干些什么样的事情呢？倘若既没有运动，也没有物质和感觉，理性受造物还能思考什么呢？倘若他只有明晰的思想，他不就成了上帝？他的智慧不也就无限了吗？由此可见，这些无非是我默思的一个结果。一旦存在有混乱思想的杂质，那就存在有感觉和物质。因为这些混乱的思想全都通过绵延和广延来自事物相互之间的种种关系。正因为如此，在我的哲学中根本不存在完全没有某个有机体的理性受造物，也根本不存在完全脱离物质的受造的精神。但这些有机体在完满性方面的多样性一点也不少于它们所从属的精神。因此，既然上帝的智慧需要有一个物体世界，需要一个能够具有知觉但却不能够具有理性的实体世界，既然简言之，有必要从可能事物中选择出一起产生出最好结果的东西，既然恶是通过这样一个渠道进入这个最好结果之中的，那么，假如上帝完全排除了恶，他也就不再全善了。

125. 第十条原理，“人们对最憎恨的事物的表达方式其实并 199
不是允许其长时间施虐然后再加以惩罚，而是在其产生出来之前便将其消灭掉，也就是说，不让它在任何地方展现出来。例如，一个国王在其财务系统中建立了如此良好的秩序，以致任何贪污现象都永远不可能滋生，这样，这位国王对其大臣的错误行为就将更为憎恨，而不是在他们以民脂民膏自肥之后，再将他们绞死”。

这始终是老调重弹，是纯粹的神人同形论。一般来说，国王最为操心的是使他的臣民免受压迫。他最关心的事情之一就是使他的财政管理具有良好的秩序。然而，有时候他也不得不同恶行和无序现象作出妥协。他被卷入一场规模巨大的战争，他感到精疲力竭，他在统率军队将领方面毫无选择余地，不得不迁就他手里所有的、在士兵中具有很高威望的人，如布拉齐奥[①]、斯福尔扎[②]和华伦斯坦[③]就是这样的人物。他缺乏钱，应付不了最紧急的需要，他必须求助于大财东，因为向这些人贷款可靠，但他同时又必须对他们的盗用行为予以默认。无疑，这些不幸的必要性往往是此前的错误酿成的恶果。在上帝身上却不会出现这样一种情况。上帝无求于任何一个人，他也不会犯任何一种错误，他所做的事情始终都是最好的。人们只要理解了上帝所做的事情，他甚至就不再指望这些事情还能做得更好。如果万物的造主企图改变万物中无论什么样的东西，如果他企图排除万物中所发现的恶，这便是万物造主自己身上存在有恶了。在这个受到完满管理的国度里，人们不仅意欲做善事，而且也尽可能地做善事，恶甚至有助于最大的善，这样一个国度怎么能够与一个把所有事情都搞得一塌糊涂又不尽最大努力行事的国王所治理的国家相提并论呢？它又怎么能够与一个鼓励人们压迫但随后又对人们的压迫行为加以惩罚、一方面乐于看到地位卑微的人们行乞另一方面又乐于看到地位显赫的人物被送上断头台的国王所治理的国家相提并论呢？

① 布拉齐奥（Braccio，1368—1424），意大利将军。

② 斯福尔扎（Sforza，1369—1424），意大利雇佣军队长。

③ 华伦斯坦（Wallenstein，1583—1634），神圣罗马帝国军队统帅。

126. 第十一条原理,“一个统治者,倘若致力于其臣民的美德和善,他就会竭尽全力来确保他们永远不违背他的法律。要是他必须对他们的违法行为进行惩罚,他就应务必使惩罚能够治愈他们行恶的倾向,在其灵魂中恢复强大有力又持续不断的向善的倾向,远非想要惩罚其错误反而使他们越来越趋向于恶”。

为了使人变得好上加好,上帝做了他应当做的一切,甚至在无 200
损于他应当做的事情的前提下,做了从他这个方面能够做的一切。惩罚最通常的目的在于迁恶向善,但这却并非惩罚的唯一目的,也非上帝始终追求的目的。关于这一点,我在前面已经论及。原罪,使人趋向于恶,并不只是对第一次犯罪的惩罚,它乃第一次犯罪的自然结果。关于这一点,我在对第四个神学命题的评述中也已经论说过了。这就和醉酒一样,醉酒既是对过量饮酒的一种惩罚,同时又是过量饮酒的一种结果:致使醉酒者容易滋生新的罪过。

127. 第十二条原理,“允许人们能够阻止其发生的恶也就是不在乎它是否发生,甚至还希望它发生”。

事情绝非如此。要是人们竭尽全力这样做,他们怎么会允许他们能够阻止的恶发生呢?但却有更为重要的考虑阻止他们这样做。当人们被迫卷进一场大规模战争时,是很难下决心对硬币流通方面的无序陋习作出调整的。英国国会在莱斯维克和约[①]之前在这方面的做法应该受到赞赏,但却不应当予以模仿。难道人们

① 莱斯维克和约(the Peace of Ryswyck)为欧洲战争双方法国与英国、荷兰、西班牙于1697年9月20日在荷兰莱斯维克缔结的和约,德国此后于10月30日也参与这一和约,从而结束了这场长达10年的欧洲战争(1688—1697)。

因此便能够得出结论说，这个国家根本不必对这样一种无序现象焦虑，甚至希望这种无序现象继续存在下去吗？上帝却有更为强有力、更值得他重视的理由，来容忍恶。他不仅要从这些恶中产生出更大的善，而且他还发现这些恶是与所有可能善中最大的善联系在一起的，从而倘若他不允许恶存在反而是一个错误了。

128. 第十三条原理，“统治者如果根本不在乎其所统治的国家是否存在有无序状态，他们便犯了严重的错误。要是他们希望甚至想要得到这样的无序状态，他们所犯的错误就更大了。但要是他们藉一种隐蔽和间接的但却是可靠的方式在他们的国家里策划暴乱，致使其濒于毁灭，以便为他们自己赢得荣光，表明他们具有勇气和智慧，能够拯救一个伟大王国于其毁灭之际，他们就最应该受到诅咒了。但倘若他们之所以策划这场暴乱，乃是因为他们没有任何其他的手段能够预防他们的臣民整个毁灭，并在新的基础上在几个世纪内增强民族的幸福，人们便必定会对他们所遭受
201 的这种不幸的必然性（参阅本著前面第146、147页，那里说到过必然性的力量）表示痛惜，并为他们利用这样一种必然性加以赞赏”。

这条原理，与他所提出的其他原理一样，也不适合于上帝的管理。且不要说人们用作异议的理据仅仅在于上帝王国的极小一部分的无序，说上帝根本不在意恶、上帝想要得到恶，他使诸恶存在，以便赢得减少恶的荣光，也都不真实。上帝意愿秩序和善；但有时也会出现这样的情况：部分的无序正是整体的秩序。我曾经援引过一条法律原理：人们要是不了解整个法律便作出判决是不正当的。允许恶出于一种道德的必然性。上帝的智慧和上帝的善使他

不能不这样做。这种必然性即是幸福，而这条原理中所论及的国王所面临的那种必然性却是不幸。这位国王的国家是最堕落的国家之一，但上帝管理的则是所有可能好的国家中最好的国家。

129. 第十四条原理，“对一定恶的允许只有当人们若不造成更大的恶便不足以弥补这种恶的损失的情况下，才是可以谅解的。但倘若人们手上确实掌握有消除这种恶以及由消除这种恶而滋生的所有其他恶的更加有效的手段，允许恶的存在就是一件不可原谅的事情了”。

这一条原理正确，但却不能用来反对上帝的管理。至上的理性使他不能不允许恶。要是上帝选择的并非绝对地或从整体上是最好的，这就是一种更大的恶，比能够以这种手段阻止产生的所有个体的恶的总和还大。这种错误的选择破坏了他的智慧和善。

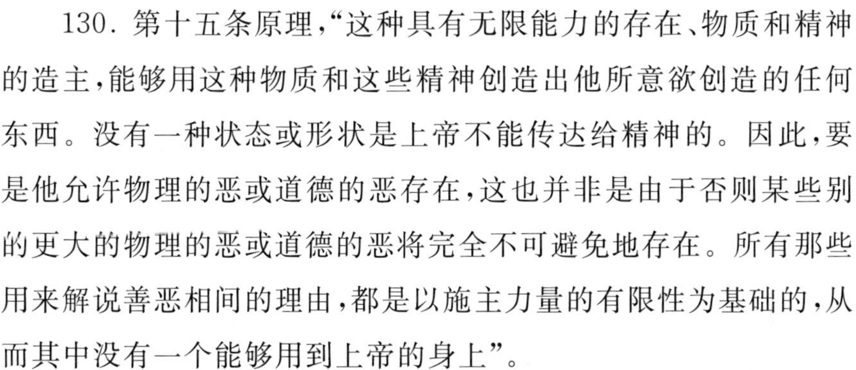

130. 第十五条原理，“这种具有无限能力的存在、物质和精神的造主，能够用这种物质和这些精神创造出他所意欲创造的任何东西。没有一种状态或形状是上帝不能传达给精神的。因此，要是他允许物理的恶或道德的恶存在，这也并非是由于否则某些别的更大的物理的恶或道德的恶将完全不可避免地存在。所有那些用来解说善恶相间的理由，都是以施主力量的有限性为基础的，从而其中没有一个能够用到上帝的身上”。

诚然，上帝用物质和精神制造了他所愿意制造的一切。但他却很像一位杰出的雕塑家，只想用这块大理石雕刻出他认为是最好的而且他也能对其作出恰当评价的雕像。上帝用物质创造了所

有可能的机械中最卓越的机械；他用精神创造了所有可能设想的
202 管理中最卓越的管理；而且，在所有这些之上，他还能依照我所提出的体系，为它们的联合建立其所有和谐中最完满的和谐。然而，既然在这一完满的作品中也存在有物理的恶和道德的恶，人们就必须得出结论（与培尔先生在这里的论断相反）说：否则，一种更大的恶就将完全不可避免。要是他选择的并非他已然选择的世界，这一更大的恶也就会是他的这样一种选择的错误的结果。诚然，上帝具有无限的能力；但上帝的能力却是受到决定的，他的善和智慧的结合决定着他去产生最好的。培尔先生在另一个地方提出了一个特别属于他的异议，这一异议起源于现代笛卡尔派。现代笛卡尔派说，上帝可以将他所想要的思想赋予灵魂，根本无需依赖于与物体的任何联系。灵魂因此便可以免除仅仅因身体的错乱而产生的大量的恶。对此，我在下面还要进行更详尽的讨论。现在，我们只要记住上帝不可能建立一个联系错乱、充满矛盾的体系也就够了。在一定意义上，这就是灵魂表象物体的本性。[①]

131. 第十六条原理，“无论人们以道德的方式产生一个事件，还是以物理的方式产生一个事件，他们都同样是这个事件的原因。一位国家重臣运筹帷幄，仅仅利用内讧小集团头头的情感，就能够粉碎他们的一切阴谋，这与他以突如其来的袭击粉碎他们的阴谋一样，导致了阴谋集团的毁灭”。

对于这一条原理，我无话可说。但恶却总是归于道德的原因，

① 参阅莱布尼茨：《单子论》，第56、87—90节。

而不总是归于物理的原因。在这里，我只是提请注意，倘若除非我自己犯罪便不足以制止他人犯罪，我之允许犯罪就是正当的，而且，我也不应当因此而成为他人犯罪的从犯或道德的原因。在上帝那里，每一种错误都将表示一种罪，甚至还有甚于犯罪。因为它破坏了神性。然而，上帝所能犯的更大的错误则在于他不去选择最好的世界。对此，我已经说过多次。因此，他是以比所有犯罪都更坏的方式来阻止犯罪的。

132. 第十七条原理，“不管人们运用必然的原因，还是运用自由的原因，只要人们在选择的时刻确实知道这是受到决定的，就都是一回事。如果我想象火药与火接触有能力起火还是没有能力起火，如果我确实知道在清晨 8 点钟最容易起火，那么，如果我在这 203
个时刻使它接触火，我就与我在这种情况下承认这是一种必然的原因一样为其结果的原因。就我而言，它将不再是一个自由的原因。因为当我捕捉到这一原因的瞬间，我就知道它由于它自己的选择而必然发生。一个存在者在其已然受到决定的方面以及它之受到决定的时间，不可能是自由的和中立的。所有这些存在的东西当其现实存在时都是必然存在的。（引自亚里士多德：《解释篇》，第 9 章。唯名论者采纳了亚里士多德的这条原理。司各脱和各种各样的经院哲学家似乎反对这条原理。但从根本上看，双方虽然有区别，但其结论却是一样的。关于亚里士多德的这段话，请参阅科英布拉的耶稣会士的著作[①]，第 380 页以下。）”

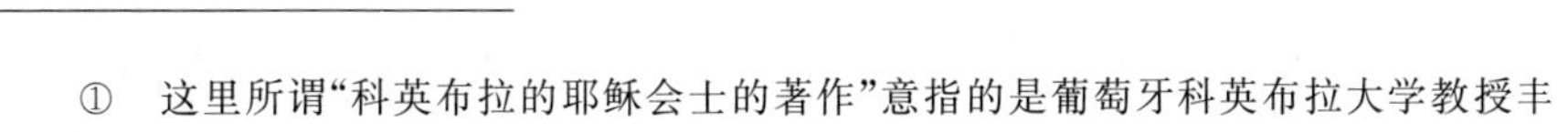

① 这里所谓“科英布拉的耶稣会士的著作”意指的是葡萄牙科英布拉大学教授丰塞卡（Fonseca，1528—1599）的著作。关于丰塞卡的其他情况，请参阅前面有关注释。

这条原理可以说也是成立的，我只是希望在措辞上小作调整。我不想用“自由”和“中立”这两个词来表示同一个含义，我也不想将“自由”当作“受决定”的反题。人们也永远不会对完全均衡的两个方面采取全然中立的态度。人们始终更加倾向于从而也更加确定这一方面而非另一个方面；但他却并未要求去作出他所作出的选择。我这里所说的是一种绝对的和形而上学的必然性。因为人们必须承认，上帝，亦即智慧，受道德的必然性推动，追求最好者。人们还必须承认，当人们现实地进行选择的时候，他们也被要求藉一种假设的必然性进行选择，甚至在事前，人们就被要求依照未来事件的真理进行选择，因为人们进行的正是这样的选择。这些假设的必然性并不造成任何损害。对这个问题，我已经讲得非常充分了。

133. 第十八条原理，“倘若一个伟大的民族都犯了谋反罪，那也不能以宽恕其中的十万分之一，而将所有其余的人全都杀死，甚至连正在哺乳的婴儿也不放过，来宣示仁政”。

在这里，人们似乎在假设，受到永罚的人要比得到拯救者多出十万倍，连未受洗而濒死的儿童也包括在受永罚者之列。这两个方面都是有争议的，对这些儿童的永罚更其如此。我在前面已经讲过这一点。培尔先生在别的地方也曾提出过同样的异议（《对外省人问题的回答》，第3卷，第178章，第1223页）。他说：“我们清楚地看到：当一个城市发生暴乱的时候，那个想实施其正义和仁政
204 的统治者便必须满足于惩罚极少数叛乱分子，而宽恕所有其余的人。因为倘若受到惩罚的人的数量与受到白白宽恕的人的数量之比是一千比一，那他就算不上仁慈，而是相反，是太过残忍了。如

果这位统治者决意长时期进行惩罚,如果他之所以放弃血腥手段只是因为他认识到人们宁愿死亡而不愿苟且偷生,而且,最后,如果他的严酷更多地是出于他的报复欲望,而不是出于他之意欲藉对几乎所有谋反者的惩罚而有助于国家福利,那他就肯定被人视为万夫所指的暴君了。被处决的罪犯由于其失去生命被视为完全赎清了他们的罪行,而公众也别无他求,对刽子手笨手笨脚愤愤不平。如果他们获悉刽子手在行刑时故意用斧头反复地砍人,他们便会向刽子手投掷石块。如果监督行刑的法官被认为从刽子手行刑的罪恶游戏中寻乐,并且因此而暗中鼓励他们如此行刑,也难逃遭石块击中的危险。"(需要注意的是,也不能理解为这样的情况极其普遍。在有些情况下,人们看到一些罪犯被缓慢处死。例如,弗朗索瓦一世[①]便以这样一种方式处决了在臭名昭著的1534年《通告》(Placards)中被指控为异端的一些人。人们甚至对以各种恐怖方式遭受折磨的拉韦拉克也未表示过一丝怜悯。参阅《法兰西信使》第1卷,fol. m.,第455页以下。也请参阅比埃尔·马提欧[②]的《亨利四世之死》。请不要忘掉他在第99页就法官们对如何拷问弑父者的有关讨论所做的评论。)"最后,一个尤其声名狼藉的事实在于:那些受到圣保罗引导的统治者,我的意思是说,那些

① 弗朗索瓦一世(Francis Ⅰ,1494—1547),法国国王(1515—1547年在位)。1515年,即在他登基当年,进军意大利,在马里尼亚诺战役中击败号称无敌的瑞士雇佣兵,教皇利奥十世在博洛尼亚迎接这位征服者,并向他献上拉斐尔所绘的圣母像。他是宗教改革运动的坚决反对者。1534年,当新教徒在巴黎张贴反对弥撒的标语时,他发出通告对新教徒进行残酷镇压。

② 比埃尔·马提欧(Pierre Matthieu,1563—1621),法国历史学家,著《亨利四世惨死的历史》。该著1611年在巴黎出版。

将圣保罗判定为永恒惩罚的人全部判定为永恒死刑的统治者,必定被视为人类的敌人和人类社会的破坏者。这些统治者的法律,按照立法者的目标,无疑远不适合于维护社会,而只能使社会遭到毁灭。”(小普林尼[①]《书信集》第8卷第22封信中的一段话也适合这样一种情况。他写道:“我要传诸后世的是特拉西厄这位思想非常宽容因而非常伟大的人物反复说过的一句话:谁憎恨恶行,谁便是在憎恨人类。”)他还补充说:人们在论及德拉古[②]这位雅典立法者的法律时,说它们与其说是用墨汁写出来的,毋宁说是用血写出来的。因为这些法律以极刑来惩罚所有的罪行,也因为永罚是一种比死刑还严酷的刑罚。但我们必须注意,永罚乃罪的结果。我
205 的一位朋友曾向我提出了一个反对意见,说在永恒的惩罚与有限的犯罪之间存在有不对称的情况。我回答他说:惩罚的持久性只不过是犯罪的持久性的一个结果,其间并不存在什么不正义的问题。到后面,我还要进一步讨论这个问题。至于受永罚的人数问题,即使他们在人类中比得救者的人数不可比较的大,但这样一种情况也并不排除在整个宇宙之中幸福受造物的数量无限超过不幸

---

① 小普林尼(Pliny the Younger,约61—约113),罗马演说家和作家。先后担任过律师、罗马执政官、军事和元老院的财务官,曾受图拉真皇帝派遣到比特尼亚调查市政管理方面贪污腐化情况。100—109年间,相继发表9卷本《书信集》。他的《书信集》不仅具有极高的艺术价值,而且由于涉及图密善皇帝、图拉真皇帝以及当时罗马的许多政要和种种政治事件而具有重要的史学价值。

② 德拉古(Draco,其活动时期约公元前7世纪),雅典立法者,所制定的法律(约公元前621年)极其残酷,凡犯罪者一律判处死刑。因此,人们常用“德拉古法”来形容苛法酷律。德拉古法典虽然未必是雅典的第一部成文法,但却很可能是雅典第一部比较完备的法典。公元前6世纪初,梭伦废除了该法典的所有条文,仅保留了其中有关谋杀的条文。

受造物的数量。至于一个国王只惩罚叛乱的头目,或一个将军只杀死其所掌控的军团中的一部分,这些例证在这里似乎无关紧要。这个国王和这个将军为其私利所迫才宽恕有罪者,即便他们依然执迷不悟;但上帝却只宽恕那些迁恶向善者,他能够识别他们。这样一种严厉更加符合完满的正义。但如果有谁问上帝为何没有将皈依信仰的恩典赐给所有的人,这个问题所涉及的便是另外一回事,与现在这条原理毫无关系。我在一定意义上已经回答了这个问题,不是为了发现上帝的理由,而是为了表明他根本不缺乏这样的理由,而且也根本没有任何有效的反对理由。再者,我们知道一座座城市化为废墟,居民倒在刀剑之下,使活着的人遭到恐吓。所有这些都可能有助于缩短一场大规模战争或一场暴乱,以流血的方式免除流血,这也不是什么大批屠杀。但实际上我们不能主张,我们地球上的恶人受到如此严厉的惩罚,乃是为了恐吓其他星球上的居民,使他们迁恶向善。然而,普遍和谐的许多理由,虽然不为我们所知,但却有望产生同样的效果。这是因为我们并不充分了解上帝之城的范围,也不充分了解一般精神共和国的形式,甚至也不充分了解种种物体的整个架构。

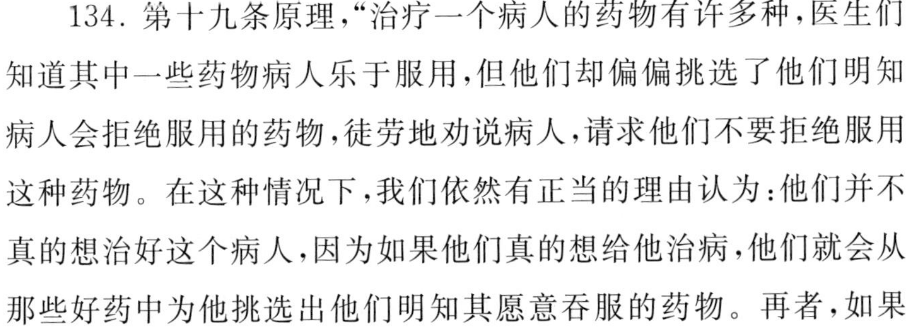

134. 第十九条原理,“治疗一个病人的药物有许多种,医生们知道其中一些药物病人乐于服用,但他们却偏偏挑选了他们明知病人会拒绝服用的药物,徒劳地劝说病人,请求他们不要拒绝服用这种药物。在这种情况下,我们依然有正当的理由认为:他们并不真的想治好这个病人,因为如果他们真的想给他治病,他们就会从那些好药中为他挑选出他们明知其愿意吞服的药物。再者,如果

206 他们知道拒绝服药会使病人的病情加重并导致病人死亡，我们就不能不说，尽管他们竭尽全力，但他们确实是希望病人死亡”。

但上帝却要拯救一切人。这就是说，只要人自己不阻止上帝施救，不拒绝领受上帝的恩典，他就会拯救他们。但他却并不一定或者受理性推动去克服人们的恶的意志。诚然，他有时也这么做，但这要经高级理性允许，他的由其所有理由产生出来的后件的和决定的意志对一定数量的人做出拣选才行。他对所有人的皈依和保存提供佑助，这些佑助对于那些具有善良意志的人绰绰有余，但他们却并不总是能够足以提供善良意志。人们或是通过特殊的佑助获得这种善良意志，或是通过使普遍佑助获得成功的环境获得这种善良意志。上帝不会拒绝提供其他拯救手段，即使他知道有人会拒绝这些手段，从而使他们自己犯更大的罪，但有谁希望上帝为了使人有望犯罪较轻而陷于不义呢？再者，恩典虽然对这个人无用却可能对另一个人有用，从而总是有用于上帝计划之总体，而上帝计划的总体，从概念上讲，也就是所有可能世界中最好的世界。难道上帝会因为一些地方地势低洼因此容易遭受水灾就不下雨了吗？难道太阳会因为有些地方太过干旱，它就不应该普照世界了吗？简言之，培尔先生在这些原理中所讲到的所有这些比喻，无论是医生的和施主的，还是国家重臣的和国王的，都是极其跛脚的，因为他们的义务究竟是什么？什么能够成为或应该成为他们关心的对象？所有这些都是人所尽知的。他们几乎都只有一项职责，他们都是因玩忽职守或心怀恶意而失职的。但上帝的对象却内蕴着某种无限的东西。他的关心涵盖整个宇宙。我们对其所知的几近于无，我们想要用我们的知识来测度上帝的智慧和上帝的

善。这是多么的狂妄！更确切地说，这是何等的荒谬！培尔先生
提出的所有这些异议都建立在错误的假定基础之上。人们对规律
问题作出判断，但却对事实一无所知，这样的判断毫无意义。用圣
保罗的话说就是：啊！多么巨大的财富和智慧！[①] 这并不是说要
人们放弃理性，毋宁说要人们运用我们认识到的理由，因为它们教
导我们认识使徒言说的上帝的无限性或不可测度性。但这也意味
着我们要承认对这些事实的无知。再者，我们在尚未看到之前还
要承认：上帝按照指导其行为的无限智慧将一切都做成所有可能
事物中最好的。诚然，只要我们在上帝的作品中看看某个完整的
东西，某个自身完全的东西和可以说是独立不倚的东西，在我们眼
前就有了这方面的证据和测试。这样一种可以说是藉上帝之手塑 207
造而成的整体即是一种植物、一个动物和一个人。无论我们如何
诧异其结构的美和技艺的精湛都不为过。但当我们看到动物的一
块碎骨、一片鲜肉和植物的一条残枝，呈现在我们眼前的便只是一
片混乱，除非观察到此类现象的是一位杰出的解剖学家。而且，即
使这样的解剖学家，倘若他事先没有看到过与整体相关联的相似
的片断，他也是什么也看不明白的。上帝的管理也是如此。迄今
为止我们所能看到的还不足以构成我们认识整体的美和秩序的一
个片断。因此，事物的本性所意指的是：上帝之城的秩序，是我们
在尘世尚未看到的，构成了我们对上帝信仰、希望和信任的对象。
倘若有什么人不这么看，对他们来说，事情就变得更糟，他们就会

① 参阅《罗马书》，11:33。其中写道："深哉，上帝丰富的智慧和知识。他的判断，何其难测；他的踪迹，何其难寻。"

对所有国家中这个最大和最好的国家持不满和反抗的态度,他们就会错误地不去利用上帝为他们树立的他的智慧和他的无限的善的榜样,上帝原本是藉此昭示他自己不仅超出万物值得赞叹,而且也超出万物值得去爱。

135. 我希望人们发现,我们刚刚考察过的培尔先生19条原理中所包含的内容没有什么没有给出必要的回答。很可能由于其此前常常思考这个问题,他在这些原理中就道德之恶的道德原因表达了最强烈的信念。然而,在他的著作中却到处都有一些段落使人们不能保持缄默。在关涉使上帝免于罪的责任问题上,他特别经常地夸大其中存在的困难。他注意到(《对一个外省人问题的答复》,第161章,第1024页),如果说莫利纳调和了自由意志与先知先见,他却没有调和上帝的善和神圣与罪。他对一些人士的诚实态度表示赞赏,这些人士不仅坦率承认(据他说皮斯卡托[①]就是这样)一切都归结为上帝的意志,而且还主张:上帝是不能不正义的,即使上帝是罪的作者,即使他使无辜者遭受永罚。另一方面,或者说在他的著作的另外一些段落,他似乎更加赞同那些以牺牲上帝的伟大为代价来维护上帝的善的人的意见,一如普鲁塔克[②]

① 皮斯卡托(Piscator,1546—1625),德国宗教改革派神学家,圣经的翻译家和诠释者。

② 普鲁塔克(Plutarch,约46—119),对16—19世纪的欧洲影响最大的古典作家之一。一生写过大量作品,据称多达227种。其中比较著名的有《希腊罗马名人比较列传》和《道德论》。后者题材非常广泛,涉及教育、哲学、伦理、宗教、政治、文学、自然科学。其哲学以柏拉图派为主,但也包括斯多葛派和逍遥派观点。到晚年,神秘主义成分加重。本著所涉观点见《道德论》中《驳斯多葛派的普遍概念》第34章。

在其著作中为反驳斯多葛派所做的那样。普卢塔克与伊壁鸠鲁派 208
相一致，他说道，“更加合理的说法是，无数的微粒”或者在无限空间四处随意飞舞的原子“以它们自己的力量战胜朱庇特的软弱居于上风，它们置朱庇特于不顾，并违背朱庇特的本性和意志，做了许多坏事和不合理的事情，而不是认定既没有混乱也没有邪恶，只有朱庇特是混乱和邪恶的作者”。对于这两派即斯多葛派和伊壁鸠鲁派可能说到的一切似乎都将培尔先生引导到皮浪派的“悬置”立场，即理性暂时不作出任何判断，只是把信仰撇在一边。对此，他承认是一种真诚的意见。

136. 然而，在进一步展开其论证的过程中，他甚至走得更远，差不多试图复兴和进一步增强摩尼信徒的观点，摩尼是基督之后出生于3世纪的波斯的异端，或许他试图复兴和进一步增强的是某个保罗的观点，保罗是7世纪亚美尼亚摩尼教的首领，因他的缘故，亚美尼亚的摩尼教徒也被称作保罗派(Paulicians)。所有这些异端都意在复兴一个以琐罗亚斯德之名闻名于世的一位中亚的古代哲学家所教导的思想。这位古代哲学家认为有两条万物的理性原则，一条为善，另一条为恶。这种学说很可能来自印度。在印度至今还有许多人持守这样一种错误观点，这种错误观点极易使人们滋生无知和迷信，许多野蛮民族，甚至在美国，也一直受到这种错误观点的欺骗从而根本无需任何哲学。据赫尔莫尔德[①]记载，

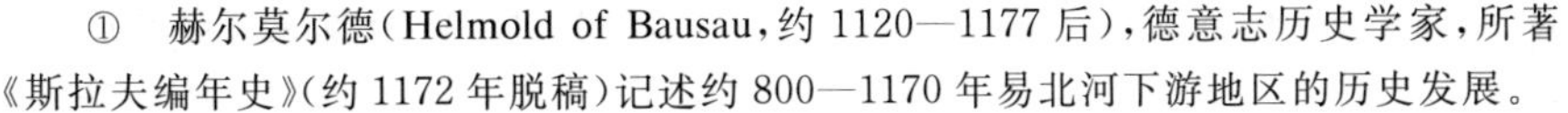

① 赫尔莫尔德(Helmold of Bausau，约1120—1177后)，德意志历史学家，所著《斯拉夫编年史》(约1172年脱稿)记述约800—1170年易北河下游地区的历史发展。

斯拉夫人有他们的泽那宝阁神（Zernebog）或黑神。希腊人和罗马人尽管看起来智慧过人，却也信奉维约维斯神（Vejovis）或反朱庇特神（维约维斯神也被称作普路托神或冥王神）以及许多别的邪恶的神灵。涅墨西斯[①]神喜欢贬损那些运气特别好的人。希罗多德在其著作的一些段落中阐述了他的信仰：所有的神灵都怀有嫉妒心。不过，他的这种观点与两种原则的学说不尽一致。

137. 普卢塔克在其《论伊西斯和俄西里斯》（On Isis and Osiris）[②]的论文中认为，在教导两种原则的作者中，再没有谁比琐罗亚斯德这位巫师更为古老了，而他是将琐罗亚斯德称作巫师的。特罗古斯[③]或查士丁则把他说成是巴克特瑞人的国王，他后来被尼努斯或闪米拉米斯[④]击败。他还认为琐罗亚斯德具有天文学知

① 涅墨西斯（Nemesis），希腊罗马神话故事人物。被认为是宙斯或俄刻阿诺斯的女儿。她代表无情的正义，被称作“复仇女神”。她认为人不应当占有过多的好运，因此，她常去诅咒那些有福之人。

② 伊西斯（Isis）是古埃及的主神之一，也是最原始的女神。其名字的基本含义是“王座”，作为王位的化身，她是法老王权的主要体现。法老被说成是她的孩子，坐在她提供的御座上。其夫俄西里斯（Osiris）之死使其极为悲恸，由此而成为祭祀亡灵礼仪中的形象，成为良妻贤母和魔术广大的守护神。这一神话人物后来在整个希腊—罗马世界也有极其广泛的影响。

③ 特罗古斯（Pompeius Trogus，活动时期为公元前1世纪晚期），南高卢人，第一位罗马皇帝奥古斯都的同时代人，罗马历史学家。著有《动物家》和《腓力史》（44卷），对研究希腊化极其重要。所著罗马文学通史只保存在查士丁（Justin，生活在3世纪）所作的有关节录中。文中提到的巴克特瑞人（Bactrians）的居住地传说是琐罗亚斯德的诞生地，亦即今天的伊朗。

④ 尼努斯（Ninus）为希腊神话故事中的亚述国王，尼尼微城的创建者。闪米拉米斯（Semiramis）为传说中的亚述女王，巴比伦空中花园的创建者。他们曾征服周围广大地区。

识，并且发明了巫术。但这种巫术很像是拜火教。琐罗亚斯德似乎将光和热视为善的原则，与此同时，他还添加上了恶的原则，也 209
就是浑浊、黑暗和寒冷的原则。普林尼[①]援引一位名叫赫米普斯这位琐罗亚斯德著作解释者的证明，琐罗亚斯德在巫术方面是一个名叫阿佐那库斯的人的门生。阿佐那库斯这个名字其实是奥罗玛斯的误写，对奥罗玛斯我马上就会讲到，柏拉图在《亚西比德篇》(*Alcibiades*)中称，此人乃琐罗亚斯德的父亲。现代的东方学者叫他泽尔杜斯特，他也就是希腊人所称呼的琐罗亚斯德。他也被视为墨丘利，有些民族所用的星期三(le mercredi)这个词就是由他得名的。要澄清琐罗亚斯德的生平，确切知道他生活的时代是相当困难的。《苏伊达斯》[②]说他生活在特洛伊城陷落之前五百年。一些古代学者，如普林尼和普鲁塔克则认为其生活的年代当向后推很久很久。但吕底亚人赞瑟斯[③](见第欧根尼·拉尔修[④]著作的"序言")却认为他生活于薛西斯[⑤]进军希腊之前六百年。柏

① 普林尼(Pliny，23—79)，古罗马作家。曾担任过西班牙代理总督和那不勒斯舰队司令等职。最后在观察维苏威火山爆发时，被火山烟雾窒息而死。所著37卷《自然史》是古代罗马时代的百科全书巨著。为区别于他的养子普林尼，他被称作老普林尼，其养子则被称作小普林尼。

② 《苏伊达斯》(Suidas)是17世纪编成的一部语言和百科辞典。

③ 赞瑟斯(Xanthus)，生活于公元前5世纪的爱奥尼亚历史学家。吕底亚为今小亚细亚地区的一个古代小国的名称。

④ 第欧根尼·拉尔修(Diogenes Laertius，活动时期为公元3世纪)，出生于西西里亚，希腊传记作家和哲学史家。编撰10卷本哲学史著作《著名哲学家的生平、学说和格言》。

⑤ 薛西斯(Xerxes，约公元前519—前465)，大流士一世之子和继承人。公元前486年即位，成为波斯国王，称薛西斯一世。公元前484年，镇压埃及叛乱。此后取消埃及和巴比伦尼亚的王号，自立"波斯人和米底人的国王"。公元前481年攻打希腊，最后大败而归。

拉图则如培尔先生注意到的，在同一段话里指出：琐罗亚斯德的巫术不是别的，无非是一种宗教研究。海德[①]先生在其论述古代波斯人的宗教的著作中极力为这种巫术辩护，不仅极力洗刷其不敬神的罪名，而且还极力洗刷其偶像崇拜的罪名。火崇拜不仅在波斯人中流行，而且也在迦勒底人中流行。有人认为亚伯拉罕在其离开迦勒底的吾珥[②]时，方才抛弃了这种信仰。米特拉是太阳，但他也被视为波斯人的神。按照奥维德的记载，马匹也被用来供奉他，

> 波斯人奉献一匹马，与光芒四射的太阳神和解，
> 对于疾驰如飞的神不可用步履迟缓的物品作牺牲。[③]

但海德先生认为，他们在其崇拜活动中只是用太阳和火作为神的象征。人们在这里，也和在别处一样，必须在智慧人士与普通民众之间作出区分。在波斯波里[④]或车尔米纳尔古城（车尔米纳尔的意思是四十根圆柱）规模巨大的遗址中，存在有体现其宗教仪式的雕刻。一位荷兰公使重金聘请一位画家对它们进行临摹，为此他

---

① 海德(Thomas Hyde，1636—1703)，英国东方学家，所著《古波斯人、巴息人和米太人的宗教史》1707 年在牛津出版。

② 吾珥(Ur)，据《创世记》载，为犹太人祖先的居住地，也即亚伯拉罕的诞生地。参阅《创世记》11：31—32。

③ 奥维德：《岁时记》，Ⅰ，第 385 行以下。其原文为：Placat equo Persis radiis Hyperionacinctum，Ne detur celevi victima tarda Deo。

④ 波斯波里(Persepolis)，古波斯帝国首都，建于公元前 6 世纪，后被不断扩建，公元前 330 年为亚历山大大帝摧毁。故城旧址在今伊朗设拉子城东北。莱布尼茨这里所说的“四十根圆柱”即是波斯波里城旧址中的一个重要部分。

花费了很长一段时间。但由于这样那样的偶然机会，这位画家所临摹的画作最后统统落入了一个名叫夏尔丹的著名旅游者手中，这事是夏尔丹[1]本人告诉我们的。要是这些画作散失，那就十分可惜。这些遗址也是地球上最古老也最精美的遗迹之一。这令我极其诧异，我们这个时代好奇心如此旺盛，但对它却竟至如此淡漠。

138. 古代希腊人和现代东方学家都一致认为，琐罗亚斯德将善神称作奥罗玛泽斯(Oromazes)或奥罗玛泽斯(Oromasdes)，而将恶神称作阿里玛尼乌(Arimanius)。如果斟酌一下中亚的一些伟大国王曾用霍尔米兹达(Hormisdas)这个名字，而伊尔米尼乌(Irminius)或赫尔明尼乌(Herminius)则为西徐亚—凯尔特人(the Scythian Celts)亦即日耳曼人的一个神或一位古代英雄的名字这样一个事实，就会使我们想到：这个阿里玛尼乌或伊尔米尼乌很可能是古代来自西方的一位伟大征服者的名字，正如后来的成吉思汗(Genghis Khan)和帖木儿(Tamburlaine)是来自东方的伟大征服者一样。因此，阿里玛尼乌很可能是从西北方，即从日耳曼和萨尔马提厄，穿过阿兰尼人(Alani)和马萨吉泰人(Massagctae)的领土侵入中亚由伟大国王霍尔米兹达领导的国家，正如据希罗多德记载后来其他西徐亚人在米达人国王西拿克撒勒时代所做过 210

① 夏尔丹(Jean Chardin，1643—1713)，法国著名旅行家。1665 年到波斯和印度旅行。1671 年再度去波斯，经印度、克里米亚、高加索，两年后到达伊斯法罕。在波斯居住 4 年后，再度访问印度，经好望角返回法国(1677)。1681 年定居伦敦，被英王查理二世授予公爵。其全部旅行记述首次发表于《夏尔丹游记》(1711)中。

的那样。治理着文明民族、维护着它们免受野蛮民族侵略的君王，到了后来，被这些民族奉为善神，而那些蹂躏这些民族的侵略者的头领则成了恶的原则的象征，这是完全合理的。由这类神话故事看来，这两种统治者似乎进行着长期的斗争，但无论哪一种都不是胜利者。因此，他们双方都维护着他们自己的神灵，就像这两种原则按照琐罗亚斯德所设定的那样共同主宰着这个世界。

139．依然需要证明的是，日耳曼人的古代的神或英雄被称作赫尔曼(Herman)，阿里玛尼乌或伊尔米尼乌。据塔西佗[①]记载，有三个部落组成日耳曼尼亚(Germania)，它们分别是英格旺人、艾斯泰旺人和赫尔米诺人或赫尔米翁人，它们是根据曼努(Mannus)三个儿子的名字加以命名的。不管这种说法是否真实，他都希望说明，曾经有过一个名叫赫尔米尼乌(Herminius)的英雄，按照他的说法，赫尔米诺人(Herminones)就是以他的名字命名的。赫尔米诺人、赫尔门那人、赫尔蒙都人(hermunduri)都是一个意思，这就是武士。即使在黑暗时代，赫尔曼尼(Hermanni)依然指从军的男子(viri militares)，在伦巴第法律中也有武士封地的条文。

140．我在别处已经证明：日耳曼尼亚表示部分的名称也用来

① 塔西佗(Cornelius Tacitus，约 55—约 120)，古罗马历史学家，罗马帝国高级官员。曾先后担任过财务官、行政长官、执政官、亚细亚省总督等要职。曾先后发表《阿格里科拉传》、《日耳曼尼亚志》、《历史》和《编年史》。莱布尼茨这里涉及的是《日耳曼尼亚志》第 2 章。

表示整体。所有条顿民族都从上述的赫尔米诺人或赫尔蒙都人得名而被称作赫尔曼人或日耳曼人的。这两个词的差别仅仅在于发送气音力量的大小。在拉丁人的 Germani 和西班牙人的 Hermanos 以及在拉丁人的 Gamarus 与低地德意志人的 Hummer(其含义为海虾)之间第一个字母的差别也是如此。此外,一个民族的一个部分成为整个民族的名称可谓司空见惯,例如,所有的日耳曼人都被法国人称作阿尔曼人(Alemani),然而,按照古代的命名法, 211
这个名称只用到施瓦本人和瑞士人身上。塔西佗虽然实际上并不知道日耳曼人这个名称的由来,但他却还是说了一些支持我的意见的观点。他注意到,一个名称不管其是否获得或被赋予恐怖情绪,它都能引起人们的恐惧。其实,它所指的都是一个勇士(a warrior);例如,Heer,Hari 的含义是军队,由此产生哈里班(Hariban)或“召唤到哈罗”,这是召集士兵到军队报道的一种普遍命令,因为这个词经过变形成了“征召诏书”(arrière-ban)。因此,哈里曼或者阿里曼、日耳曼、古厄尔曼的含义都是战士。因为正如 Hari 和 Heer 的含义是军队一样,Webr 的含义是武器,Wehren 的含义是战斗、打仗,Guerre 和 Gurra 无疑同源。关于武士封地(feudum Arimandiae)的事,我在前面已经论及。不仅赫尔曼人或日耳曼人的含义相同,而且上述古人赫尔曼这个所谓曼努的儿子,似乎也是因为他是一位卓绝的武士才这样称呼他的。

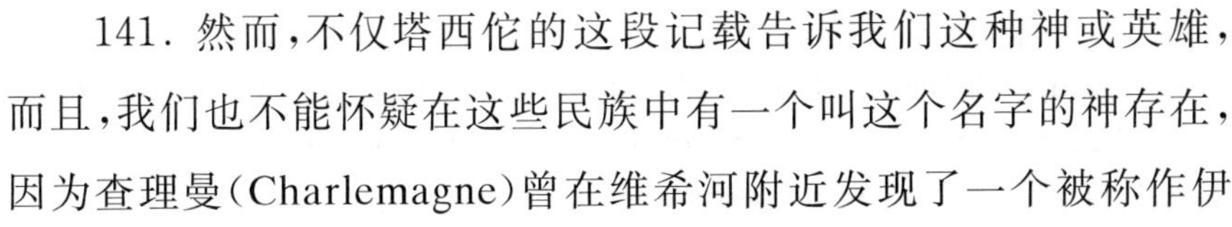

141. 然而,不仅塔西佗的这段记载告诉我们这种神或英雄,而且,我们也不能怀疑在这些民族中有一个叫这个名字的神存在,因为查理曼(Charlemagne)曾在维希河附近发现了一个被称作伊

尔敏柱（Irminsäule）的圆柱，这个圆柱是专门为了荣耀这个神建立的，他摧毁了这个圆柱。这个事实连同塔西佗的那段记载可以使我们得出结论：人们所崇拜的并非作为罗马敌人的著名的阿明尼乌[①]，而是一位更加伟大、更加古老的英雄。阿明尼乌只是恰恰与其同名，正如有许多人叫赫尔曼一样。阿明尼乌的伟大、幸运，在整个日耳曼尼亚的知名程度都不足以获得公众膜拜的荣耀，竟至受到萨克森人这样遥远部落的膜拜。萨克森人是在他之后很久才来到切鲁西人地区的。我们这位被亚洲人视为恶神的阿明尼乌则为我的观点提供了佐证。因为当这些问题的基础趋向于同一个目的时，这些问题相互关联和印证，而没有陷于任何逻辑循环。

142. 说希腊人的赫尔墨斯即墨丘利[②]就是同一个赫尔米尼乌或阿里玛尼乌并非难以置信。在他自己的民族中和他据最高统治地位的国家里，他很可能是各种艺术和多少有点更加文明的生活
212 的发明者或推进者，但他的敌人却把他视为混乱秩序的制造者。

---

① 阿明尼乌（Arminius，公元前 18？—公元 19），日耳曼部族切鲁西人的首领。公元 9 年，他大败罗马人，在托伊托堡森林（位于今西德迪利费尔德西南）歼灭普布利乌斯·昆克提尼乌斯·瓦鲁斯的 8 个军团。公元 16 年，他巧妙地顶住了罗马发动的全面进攻。公元 17 年，战胜马科曼尼国王杜斯。最后却被人害死。19 世纪晚期，被推崇为日耳曼民族的英雄。

② 赫尔墨斯（Hermes）是宙斯与迈亚的儿子，是奥林匹斯十二主神之一。赫尔墨斯是宙斯最忠实的信使。他不仅行动敏捷，而且多才多艺，他发明了字母、天文学、数学、弦琴和短笛。在罗马，赫尔墨斯被称作墨丘利（Mercury）。

谁知道他会不会像西徐亚人长途奔袭，为了追赶塞索斯特里斯[①]而竟至进入埃及呢？多伊特(Theut)、墨涅斯(Menes)和赫尔墨斯在埃及不仅广为人知，而且也受到尊敬。根据塔西佗提供的家谱，他们很可能是杜伊斯坎(Tuiscon)、杜伊斯坎的儿子曼努和曼努的儿子赫尔曼。墨涅斯被认为是埃及人最古老的国王；多伊特与他们一样也是墨丘利的一个名字。至少多伊特或杜伊斯坎，塔西佗把日耳曼人看作其后裔，多伊特人也是他的后裔，多伊塔斯卡(即日耳曼人)至今依然由此而得名；他(按照卢卡[②]的说法)与受到高卢人崇拜的多伊塔特斯(Teutates)是同一个人。凯撒则将他看作是上述那些人的牧人或普路托[③]。这是由于他的拉丁名字与多伊特或提阿特、提坦特奥顿非常相似。这些词在古代表示人们、人民，也有卓越人士的含义(与男爵这个词意义很近)，最后，表示一个君王。所有这些含义都有根有据。不过，我们不能在这里浪费太多的笔墨。奥托·斯贝灵[④]先生虽然以写作各种不同学术著作

① 塞索斯特里斯(Sesostris)为埃及第十二王朝国王。其中，塞索斯特里斯一世(Sesostris Ⅰ，公元前1971—前1928在位)的主要政绩在于征服埃及以南的努比亚。塞索斯特里斯二世(Sesostris Ⅱ，公元前1897—前1878在位)的主要政绩在于引尼罗河水进入王室驻地附近法尤姆地区，促进了该地区的繁荣。塞索斯特里斯三世(Sesostris Ⅲ，公元前1878—前1843在位)的主要政绩一方面在于巩固了中央政权，另一方面在于进一步开发利用努比亚，其死后成了埃属努比亚的保护神。

② 卢卡(Lucan，39—65)，西班牙诗人，老塞内加之孙，小塞内加之侄。眷恋共和政体，憎恨尼禄暴政。所著《法尔萨利亚》(一译《内战记》)，在中世纪与近代，都颇受推崇。

③ 普路托(Pluto)，古罗马神话里的冥王，阴间的主宰，人们死后灵魂世界的主宰者。参阅凯撒：《高卢战纪》，Ⅳ，18，1。

④ 奥托·斯贝灵(Otto Sperling，1634—1715)，古代斯堪的纳维亚的钱币学家和历史学家。其有关论文“论高卢人的古老来源”载《波罗的海文学新闻》1699年6月号上。

闻名于世，但却随时准备发表更多作品，他曾在一篇专论中讨论了作为凯尔特人的神的这个多伊塔特斯。他将我在这个问题上告诉他的几点意见连同他的回答一并投送给《波罗的海文学新闻》发表。他对卢坎这段话的解释与我有所不同：

> 遍设血腥祭坛的多伊塔特斯和赫苏斯，
>
> 还有塔马里斯以及西徐亚人的狄安娜的祭坛也不宽松。[①]

赫苏斯看来是战神，他被希腊人称作阿瑞斯(Ares)，被古代日耳曼人称作艾利西(Erich)，艾利西日(Erichtag)即星期二(Tuesday)这个名称因此便保留了下来。字母 R 与 S 都是藉同一个器官发音的，很容易相互转化。例如，Moor 与 Moos，Geren 与 Gesen，Er war 与 Er was，Fer，Hierro，Eiron，Eisen 都是如此。同样，古罗马人讲 Papisius，Valesius，Fusius，而不是讲 Papirius，Valerius，Furius。至于 Taramis 也许是 Taranis，众所周知，在凯尔特人中，塔兰(Taran)是雷或雷神，北日耳曼人则称之为托尔(Thor)，英国人因此则一向保留有“星期四”(Thursday)，亦即 jeudi，diem Jovis(朱庇特日)。而卢坎这段话也旨在告诉人们作为凯尔特人的神的塔兰的祭坛在残酷无情方面一点也不逊于陶里人的狄安娜的祭坛：塔兰的祭坛并不比西徐亚人的狄安娜的祭坛宽

---

① 卢卡：《法尔萨利亚》，Ⅰ，444—445。其原文为：Teutates，pollensque feris altaribus Hesus，Et Tamaris Scythicae non mitior ara Dianae。

和。(Taranis aram non mitiorem ara Dianae Scythicae fuisse.)

143. 这也并非不可能,在一段时间里,西方的或凯尔特人的君主们使他们自己成为希腊人、埃及人以及一大部分亚洲人的主 213
人,致使他们的崇拜依然保留在这些国家里。人们只要设想一下匈奴、撒拉森人[①]和鞑靼人是多么迅速地占领了我们大部分大陆,对此也就不会感到惊奇了。德语和希腊语有那么多的词汇如此接近也肯证了这一假设。卡里马库斯[②]在一首赞美阿波罗的颂歌中似乎想告诉我们:那些在其首领布伦努斯[③]指挥下攻打德尔菲神殿的凯尔特人,属于那些曾对朱庇特或其他神,亦即对亚洲和希腊君王发动战争的古代提坦人和巨人们(Giants)的后裔。很可能朱庇特本人就是提坦人或忒奥顿人的后裔,也就是早期凯尔特—西徐亚人的君主的后裔。已故的沙尔莫伊修士[④]在其论凯尔特人的

① 撒拉森人(the Saracens),系中世纪基督宗教用语,指所有信奉伊斯兰教的民族(阿拉伯人、突厥人等等)。在公元最初三个世纪,晚期古典作家所记叙的撒拉森人系指西奈半岛上的阿拉伯部族。此后几个世纪则泛指阿拉伯部族。哈里发成立后,拜占庭人把哈里发的一切穆斯林臣民皆称为撒拉森人。

② 卡里马库斯(Calimachus,约公元前 305—约前 240),希腊诗人、学者、亚历山大诗派最有代表性的诗人。曾任埃及皇家图书馆编目人。其诗作主要有《起源》(为奥维德《岁时记》和《变形记》原型)、《柏勒尼克的头发》、《抑扬格诗集》、《赫卡勒》、《颂歌》和《讽刺短诗》等。他的作品现仅存片段。他在第四首颂歌中描述了高卢人入侵希腊的情况。

③ 布伦努斯(Brennus,?—公元前 279),高卢酋长。公元 279 年,率军穿过马其顿,入侵希腊。在进军阿波罗神殿所在的德尔菲城的战斗中负伤后自杀身亡。

④ 沙尔莫伊修士(the Abbé de la Charmoye),名佩兹荣(Paul-Yves Pezron,1639—1706),法国语言学家和历史学家,1697 年成为沙尔莫伊修士。莱布尼茨在这里提及的著作为《古代民族及凯尔特人和高卢人所用的语言》。该著 1703 年在巴黎出版。

起源的著作中收集到的有关资料证实了这样一种可能性。尽管这位博学作家这本书中所阐述的在其他问题上的意见在我看来不大可能，尤其是他将日耳曼人排除在凯尔特人之外，没有充分重视古代作家提供的事实，没有充分意识到古高卢语与日耳曼语之间所存在的关系。然而，那些企图攻占天国的所谓巨人无非是追随其祖先足迹前进的新凯尔特人。而朱庇特尽管作为他们的亲戚似乎可以说被迫抵抗他们。正如建立在高卢领土上的西哥特人联合罗马人抵抗日耳曼人和西徐亚人的其他民族那样，罗马人在他们的首领阿提拉[1]率领下也追逐着西徐亚人，阿提拉在那时正控制着从波斯边境直到莱茵河这一广大地区的西徐亚人、萨马提人和日耳曼人的部落。人们为其在神话故事中自认为发现传说时代的远古历史的某些踪迹感到高兴时，我却认为这种兴奋或许将我向前推得太远了。我不知道我是否会比高罗皮乌斯·贝卡努斯[2]、施利克[3]、鲁

① 阿提拉（Attila，？—453），匈奴王（434—453 在位），进攻罗马帝国的最伟大的蛮族统治者之一。他不满足匈奴帝国对欧洲地区从阿尔卑斯山到波罗的海和里海广大地区的征服和占领，自 441 年起开始攻占东罗马帝国的腹地：不仅攻占了多瑙河一带的大片领土，甚至兵临君士坦丁堡城下，而且还入侵希腊、高卢和意大利等地。匈奴帝国在其死后分崩离析，但他的英雄事迹却以伊泽尔（Etzel）之名在德国英雄史诗《尼伯龙根之歌》中受到赞颂。

② 高罗皮乌斯·贝卡努斯（Goropius Becanus，1518—1572），其真名为高尔普（Jean Bécan van Gorp），弗朗德勒地区的医生和作家。他先在安特卫普行了几年医，之后便完全从事考古、文学及古代语言的研究。他认为人类始祖亚当的语言就是佛兰德斯语或条顿语，尼德兰就是天堂乐园的所在地，全部语言都是从低地德语（Cibrique）中引申出来。参阅莱布尼茨：《人类理智新论》，下册，陈修斋译，商务印书馆 1982 年版，第 307 页。

③ 施利克（Andrien Schrieckius，1560—1621），弗朗德勒地区的历史学家和语言学家。与贝卡努斯一样，也断言低地德语乃所有其他语言的源泉。

德贝克[①]先生和沙尔莫伊修士更为成功。

144. 现在，让我们重新回到琐罗亚斯德，他将我们引向奥罗
玛斯德和阿明尼乌，以为善恶的源泉。让我们设定他将它们视为
两项相互对立的永恒原则，尽管我们也有理由怀疑他的这个假设。
有人认为，塞尔多(Cerdon)的学生马西昂[②]早在摩尼之前就提出
了这种意见。培尔先生承认这些人的论证极其可怜。但他却认为
他们尚未充分认识到他们的优胜之处，或者说他们尚不知道如何
运用他们的主要武器，而他们的优胜之处就是解决恶的起源的这 214
个难题。他认为，他们方面的有才华的人士已经让正统观念彻底
陷入困境，似乎他自己在别无选择的情况下，希望去承担其在许多
人看来根本没有必要的任务。他说道(《历史与批判辞典》"马西
昂"条，第 2039 页)："基督宗教徒所建立起来的一切假设都难以抵
挡人们对它们的打击。但当这些假设用于进攻时，它们就将大获
全胜。"他承认，"二元论者"(这是他与海德先生对他们的称呼)，即
主张有两条第一原则的人们虽然会因来自上帝本性的先天理由会

① 鲁德贝克(Rudbeck，1630—1702)，瑞典的医生和学者，乌姆萨拉大学教授。他在其《亚特兰提卡》(Atlantica)一书中试图证明，瑞典即是柏拉图所说的亚特兰提斯，是人类文明的摇篮。

② 马西昂(Marcion，约 110—约 160)，马西昂派教会的创始人。生于黑海南岸的锡诺普。成为富裕船主后信基督宗教，在罗马结识基督宗教诺斯替派人物塞尔多，受其影响，决心对基督宗教进行全面改革，认为犹太教的上帝与基督宗教的上帝并非同一位神，前者只是"公义的上帝"(或称"义神")，只能以"律法"来约束人而不能救人，后者则是"善良的上帝"(或称"善神")，因而爱怜人，并以人的形象来到世间，以把人的灵魂从前者的管辖下拯救出来。其所建教会曾在罗马帝国境内许多地方兴盛一时，尤其是在东部地中海地区，直至 7、8 世纪才逐渐消失。

很快溃败，但他却又认为倘若人们利用由恶的存在而来的后天理由，那他们就会转败为胜。

145. 他在《历史与批判辞典》“摩尼教”条（第 2025 页）下，非常详细地论述了我们为更加清楚地阐述这一论题所需要进一步讨论的问题。他说道：“关于秩序最确实可靠又最清楚明白的观念告诉我们，一个藉自身而存在的又是必然的和永恒的存在必须是独一的、无限的、全能的，并且具有所有种类的完满性。这个论证似乎还应该得到更加完全的发展。”他继续说道：“然而，人们必须看看自然现象能否轻而易举地藉假设唯一一条原则得到解释。”其实，我已经对此作出过充分的解释，说明在有些情况下，在某一部分存在的无序状态对于在整体上产生更大的有序状态是必不可少的。但培尔先生的要求似乎有点过高。他希望能够具体详细地向他解释清楚恶是如何与整个宇宙最可能好的计划联系在一起的。这无疑是对整个现象的全面解释，但我却不堪重任。而且，我也不必这样做。因为我们并没有义务去做那些我们在现存条件下根本不可能做到的事情。我只要指出根本没有任何东西能够阻止某种个体的恶与从整体上最好的东西发生联系也就够了。这样一种不完全的解释虽然将一些东西留给来世加以发现，但却足以回答种种异议，尽管尚不足以把握整个问题。

146. 培尔先生补充说：“诸天和整个宇宙的所有其他部分都
215 在传扬着上帝的荣光、能力和同一。”由这样一种情况本来应该得出的结论是（我在前面已经对此作出过说明）：这是由于人们从这

些对象中可以说已经看到了某种完整的和独立不倚的东西。每当我们看到上帝的这样的作品时，我们都发现它是如此的完满，我们都必定会诧异它的精妙和美。但倘若我们看到的不是整个作品，只是窥见其残片或碎块，则如果善的秩序在其中并未展现出来也就不足为奇了。每一株植物，每一个动物，每一个人都在装备着这样的作品，都构成这样一种完满性的一个景点，人们从中可以辨认出造物主的令人诧异的精妙设计。但人类就我们认识到的而言，只不过是一个残片，只不过是上帝之城或精神共和国的一个微乎其微的部分。上帝之城或精神共和国由于其范围太大而我们所知的又少之又少，从而看不到它的令人诧异的秩序。培尔先生说："在我看来，在所有可见事物中，只有人这一造主的杰作，才对上帝的同一性提出了异议。"克劳狄安也提出了同样的看法，他的心声藉这一著名的诗句吐露了出来：

这种想法不时在我的心头萌生疑虑……[①]

但存在于所有其他事物中的和谐将允许这样一种有力的推测，这就是：倘若我们认识的宇宙整体，无论在人类的管理中还是普遍地在精神管理中都将存在有这样一种和谐。我们必须对上帝的作品作出理智的判断，就像苏格拉底对赫拉克利特[②]的作品所做的判

① 克劳狄安：《驳鲁菲》，Ⅰ，1 行。其原文为：Saepe mihi dubian traxit sentential mentem，etc。

② 赫拉克利特（Heraclitus，约公元前 540—475），希腊哲学家。其最著名的学说是"万物皆流"的思想以及与此相关的逻各斯概念和对立面统一的思想。

断那样。他说道：我从中理解到的东西让我感到愉悦，我认为其余的思想要是我理解的话也同样会让我愉悦。[①]

147. 这里还有一个特殊的理由，可以用来解说在与人相关的事务中所存在的表面上的无序状态。这就是：赐给人理性的上帝使人具有了神的形象。上帝让人在一定程度上在他自己的小的领域之内自行其是，以便让他装饰他已经得到的斯巴达（ut Spartam quam nactus est ornet）。上帝只以一种隐蔽的方式进入这一领域，因为上帝虽然给人提供存在、力量、生命和理性，但却不显露自己。自由意志从中帮忙并从中获益，而上帝也可以说是在同这些小神玩游戏、开玩笑，他认为创造他们是一种善举，一如我们在同孩子们玩游戏、开玩笑时，让他们忙于我们以让我们感到快乐的方

216 式秘密地鼓励或阻止其活动的事情。因此，人在他自己的世界或者在他以自己的方式管理的微观世界里，就像一个小上帝：他有时在那里创造奇迹，他的艺术也常常在模仿自然。

朱庇特畅游在为玻璃球体所限的苍穹，
他欢笑着对天神们说：众神，你们看
世上凡人的力量竟至如此！
但我的作品竟成了脆弱地球上的玩具。
星空的准则，自然的誓言，众神的律法——

① 参阅第欧根尼·拉尔修：《著名哲学家的生平、学说和格言》，Ⅱ，5，22。

一切的一切都为叙拉古老人[①]用他的技艺改写了。
我为什么还要为无辜的萨尔摩纽斯[②]和他模拟的雷鸣
　　感到震惊呢？
现在，脆弱的人手竟成了自然的竞争对手！[③]

但他也犯下了很大的错误，因为他任凭情感左右，而上帝也任凭他走自己的道路。上帝也为这样一些错误而惩罚他，时而像一个父亲或教师训练或责骂孩子们，时而又像一个公正的法官，惩罚那些背弃他的人。而恶在这些有理性的生命或他们的小世界发生冲突的时候发生得最为频繁。人发现他在这方面的失败与他所犯的错误相对应，但上帝却能够以绝妙的技艺将这些小世界的所有错误转换成他的大世界的更大的装饰。这就好像透视法的发明，一些美丽的图案乍一看一片混乱，但倘若从正确的角度看或者用一种玻璃或镜子看却恢复了它们的本来面目。只有当我们正确地摆放

① 这里的叙拉古老人指阿基米德。阿基米德（公元前287—前212），古希腊哲学家、数学家和物理学家，是静态力学和流体静力学的奠基人。生于希腊西西里岛叙拉古附近的一个小村庄。他有一句名言："给我一个支点，我就能撬动整个地球。"

② 萨尔摩纽斯（Salmonea/Salmoneus），希腊罗马神话中的人物。他曾在伊利斯（Elis）称王，并且建立了城市比萨（Pisatis），但他狂妄自大，模仿宙斯（朱庇特）的做派，用黄铜修了一座桥，驾驶战车全速驶过大桥，发出打雷一般的声音，还让人将火抛向空中来模拟闪电的效果。这种超越规制的做法激怒了宙斯（朱庇特），宙斯（朱庇特）发出霹雳摧毁了比萨市，并将其投入地狱受残酷的永恒折磨。

③ 克劳狄安：《格言诗》，51，第1—6、13—14行。其原文为：Jupiter in parvo cum cerneret aethera vitro，Risit et ad Superos talia dicta dedit：Huccine mortalis progressa potential，Divi？Jam meus in fragili luditur orbe labor. Jura poli rerumque fidem legesque Deorum Cuncta Syracusius transtulit arte Senex. Quid falso insontem tonitru Salmonea mirror？Aemula Naturae est parva reperta manus。

它们或者正确地使用它们的时候，我们才能够使之成为一个房间的装饰。我们小世界的表面上的畸形或缺陷也正是以这样的方式结合成或变成更大世界里的美，它们身上并没有任何与无限完满普遍原则的统一性相反的东西。它们反而更加增强了我们对使恶服务于更大的善的上帝智慧的诧异。

148. 培尔先生继续说道："人是邪恶的和不幸的；到处都是监狱和医院；历史无非是人类罪恶和厄运的集合。"我认为培尔先生在这里夸大其词。在人类生活中，善无可比拟地大于恶，一如住房无可比拟地多于牢房那样。就美德与恶行而言，平庸者还是居多数。马基雅维里[①]就曾经看到，只有很少的人非常邪恶，很少的人非常善良。许多伟大的事业之所以难以成就，究其原因即在于此。
我发现历史学家的一个重大错误即在于在他们的思想里恶永远多
217 于善。历史和诗歌的主要目的应当藉助典型来教导智慧和美德，
并以催生人们对恶行的厌恶、推动人们去避免恶或有助于人们去
以避免恶的方式来表现恶。

149. 培尔先生公开宣称："人们到处都可以既发现物理的善又发现道德的善，到处都可以发现美德和幸福的典范，而这恰恰是造成困难的东西。因为如果只存在邪恶和不幸的人们，那就根本

① 马基雅维里(Nicolò Machiavelli，1469—1527)，意大利政治家和政治学家。曾先后出任意大利第二国务厅长官、共和国执政委员会秘书、国民军九人委员会秘书等职。1512 年，被免除职务后潜心著述，先后完成《君主论》、《论李维的前十书》、《论战争艺术》和《佛罗伦萨史》等主要著作。

无需诉诸两条原则的假设。”让我百思不得其解的是，培尔先生这样一个值得受人赞赏的人士如此陶醉于这样一种两条原则的意见；令我吃惊的是他并未对人类生活这种传奇(ce roman)作出过任何说明，其实，人类生活的这样一种传奇与无数别的事物一起早就在上帝的理智中充分地设计出来了，上帝的意志之所以决定让其存在，也只是由于各种事件的这样一种结果得以与事物的其余部分最充分地保持一致，从而产生出最好的结果。而整个世界的这些表面的错误，以及我们只是其一道光线的太阳上面的那些黑斑，毋宁说增强而非削弱了世界和太阳的美，毋宁说通过获得更大的善而有助于达到这样的结果。虽然实际上存在有两条原则，但它们两者却都存在于上帝身上，这就是他的理智和他的意志。理智提供了恶的原则，但理智却未受到其玷污，从而不会成为恶。上帝的理智展现其存在于永恒真理之中的种种本性，其中也内蕴有允许恶存在的理由，但上帝的意志却只趋向于善。让我们再添加上第三条原则，这就是能力。上帝的能力甚至先于理智和意志，但只有当理智显示它且意志要求它时，它才运作。

150. 一些人，如康帕内拉[①]，曾经称上帝的这三个完满性为三原生说(trois primordialités)。许多人甚至认为，其中存在有与圣三位一体的神秘联系：能力相关于圣父，亦即神性的源泉，智慧相

---

① 康帕内拉(Thomaso Campanella，1568—1639)，意大利多明我会修士，柏拉图派哲学家。曾先后发表过《感官表现出来的哲学》(1591)、《论基督王国》(1593)、《反对路德派、加尔文派和其他异教徒的政治对话》(1595)、《太阳城》(1602)、《神学》(1638)和《普遍哲学》(1638)等著作。他在《普遍哲学》一书中提出了他那作为存在者之基本规定性的第一性学说。

关于永恒之道，最崇高的福音书作者将其称作 λογος（逻各斯），而意志或爱则相关于圣灵。几乎所有来自具有理智本性的措辞或比喻都倾向于这种说法。

151. 在我看来，要是培尔先生认真思考过我刚刚说过的关于事物原则的这些话，他就会回答他自己提出的问题，至少他不会像他在下面这段话中那样继续问下去。他询问道："如果人是一个唯
218 一的至上善、至上圣、至上全能原则的作品，他还会遭受疾病、冷热、饥渴、痛苦和悲伤吗？他还会有这么多恶的倾向吗？他还会犯这么多罪吗？至上的善何以会创造一个不幸的受造物呢？至上的能力与无限的善结合在一起怎么会不将大量的福赐给它的作品，又怎么不消除掉所有那些可能冒犯他并使其悲伤的东西呢？"普鲁登蒂乌斯[①]在其《论恶的起源》中也表达了同样的疑惑：

如果上帝不意欲恶存在，他为何不禁止它？有人问。

无论说他是恶之始作俑者还是说他是恶的创造者都无关紧要。

或者说他允许他最美的作品趋向那恶人与罪犯，

这些岂不一样？

因为他毕竟是全能的呀！

因为既然全能者意欲一切人保持清白，

① 普鲁登蒂乌斯（Prudentius，348—450 后），出生在西班牙境内的基督宗教拉丁语诗人。其他信息，请参阅前面有关注释。

善良意志便不应作恶，
　　他的手也不应当行恶！
主安排了恶，从高空俯瞰着恶，
他容忍恶，保存恶，仿佛这恶为他自己所造。
是主自己创造了恶，他不废除恶，将其排除出世界，
　　而是任其长期流溢，产生结果，
虽然他也能够阻止它。[①]

但对于所有这些问题，我都已经做了充分的回答。人自己即是其恶的源泉。正如他之像现在这样存在，他早已存在于上帝观念之中。上帝由于受到智慧的本质理由所推动，决定了人应当像他现在这样进入存在。培尔先生倘若将上帝的智慧与上帝的能力、上帝的善和上帝的圣(sa sainteté)结合起来予以考虑，他或许会知觉到我在这里以推证形式所提出的恶的这样一种根源。我顺便还要补充一点，上帝的圣不是别的，无非是最高等级的善，正如作为其对立面的罪恶是所有恶中最高等级的恶。

152. 培尔先生让希腊哲学家麦里梭[②]与琐罗亚斯德展开辩

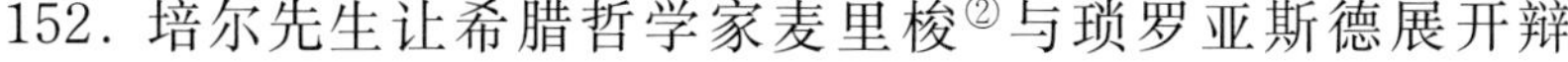

① 普鲁登蒂乌斯:《论恶的起源》(Hamartigenia)，Ⅴ，第640—649行。这段诗的最后一句的原文为：Ipsec freavit enim，quod si discludere posit，Non abolet，longoque sinit grassarier usu。

② 麦里梭(Melissus of Samos，生活于公元前5世纪中叶)，萨摩斯人，政治家和埃利亚派哲学家。曾指挥过公元前441—前440年战胜雅典人的萨米舰队。其对于埃利亚派哲学的主要贡献在于论证巴门尼德的独一无二的实在(元一)必定不仅在广度上无限，而且也没有终结和开端。此外他还论证说，既然每个物质事物都必定由部分组成，元一则必定是非物质的；但他同时又认为元一似乎还是占有空间的。

论，麦里梭维护第一原则的单一性（他或许甚至维护实体的单一性），而琐罗亚斯德则是二元论的第一个奠基人。琐罗亚斯德承认，麦里梭的假设更加符合秩序与先天理由，但他却否认其与经验和后天理由的一致性。他说道："在对现象的解释方面我胜过你，而对现象的解释乃一个好的体系的主要标志。"然而，在我看来，倘若专门为某种现象制定一条特殊原则，例如专门为恶的现象制定一条恶的原则，为冷的现象制定一条制冷的原则，那就不是对一种现象的非常健全的解释了。再没有什么比这更容易更乏味的东西
219 了。这几乎无异于说，逍遥学派在对星球运动现象的解释方面超过了现代数学家，因为前者赋予星球一种特殊理性以引导它们。按照这种说法，人们便非常容易设想，这些行星何以能够精确地沿着它们自己的轨道行进。在现代数学家方面，则需要有大量的几何学知识，经过反思才能够理解如此精确满足种种现象解释的开普勒的椭圆形运动如何能够从行星的重力之中产生出来，而这种行星的重力使行星的运动朝向太阳，与带动着它们一起运动的某种旋转或是它们自身运动的力结合在一起。一个无力进行深入思考的人开始时会赞同逍遥派的观点，而将我们的数学家视为梦想家。一些古代的盖伦[①]信徒对经院派学者也会作出类似的事情。他会承认存在有形成奶汁的、形成食糜的和形成血液的力量，他将

① 盖伦（Galen，129—199），古罗马医学家、哲学家和语言学家。在古代科学史上仅次于希波克拉底的重要医学家。其思想对拜占庭及伊斯兰文明产生深刻影响达1400年，对文艺复兴时期西方科学的复兴也起了重要作用。他认为好的医生也应当是哲学家。他曾研究过柏拉图、亚里士多德、伊壁鸠鲁、斯多葛派的哲学，形成其折中主义的哲学思想。他的著作多被译成阿拉伯文和拉丁文，但现在仅存部分阿拉伯译本。

为每一个运作都制定出一项特殊原则。他自以为他成就了一项奇迹，并且因此而嘲笑他愿意称之为现代人的妄想的行为，因为这些现代人竟力图通过机械结构来解释动物体内所发生的变化。

153. 用一个特殊的原则，即用一个恶的原则来解释恶的原因，属于同一种情况。恶根本无需这样的解释，一如冷和暗无需这样的解释一样：既不存在冷的原则，也不存在暗的原则。恶本身仅仅来自缺乏。实存的东西仅仅作为伴生现象进入其间，一如能动的东西作为伴生现象进入冷里。我们看到诸如火枪筒里的水当其结冰时能够致使火枪筒崩裂，然而冷却是力量的一种缺乏。其所以会如此，乃是由于致使液体颗粒相互分开的运动减弱的缘故。当这种致使液体颗粒相互分离开来的运动因冷而减弱时，隐藏在水中的压缩空气的微粒便会凝结它们。而当膨胀时，它们便能够藉着它们的张力向外作用。水中空气部分的表面所遇到的阻力以及与这些趋于膨胀的部分所发挥的力相对抗的阻力变小，从而大气泡中空气的效果就大于小气泡中空气的效果，即使这些小气泡结合在一起与大气泡一样大，亦复如此。因为阻力亦即表面是以平方的形式增加的，而力亦即受压缩空气的球体的容量则是以其直径的立方的形式增长的。因此，缺乏包含活动与力纯属偶然。我在前面已经说明缺乏究竟如何造成错误和邪恶，而上帝究竟为何愿意允许恶的存在，尽管在上帝身上并不存在任何恶意。恶来 220
自缺乏，从中只是偶尔产生某些实在的东西和活动，正如冷产生力量一样。

154. 培尔先生在《对一个外省人问题的答复》第 2323 页归于保罗派的说法并不确实可靠，这个说法是：自由意志必定来自两条原则，这样它就既可以有能力转向善，也可以有能力转向恶。因为倘若上述证明站得住脚的话，既然自由意志自身是单一的，它就更应当来自一条中立的原则。但自由意志趋向于善，即使偶尔遭遇到恶，也是由于这种恶隐匿在善的事物背后从而可以说是伪装起来的。奥维德借美狄亚(Medea)之口说：

> 我看到并认可更加善者，
> 但却追求更加恶者。[①]

这两句话的意思是，合乎道德的善为令人愉悦的善所掌控，倘若灵魂受到情感的干扰，那就会给灵魂留下更深刻的印象。

155. 再者，培尔先生还让麦里梭提供了一个出色的回答，但随后又对之进行了批驳。他在《对一个外省人问题的答复》第 2025 页中说道："要是麦里梭考察过秩序的种种概念，他就会回答说：当上帝造人时人并不是邪恶的。他将会说，人虽然从上帝那里领受了一种幸福的状态，但却由于没有遵循其良知之光，按照其造主的意图沿着道德的道路前行，所以，至善的上帝便理所当然地让人感受到其震怒的威力。所以，尽管道德的恶的原因并非上帝，但

① 奥维德：《变形记》，Ⅶ，第 20 行。其原文为：Video meliora proboque, Deteriora sequor。

他却是物理的恶的原因，也就是说，是惩罚道德的恶的原因。而这样一种惩罚，并非与至上善的原则不相兼容，而是其一种属性的必然外溢，这里所谓一种属性我指的是正义，正义与善一样也是必不可少的。麦里梭所给出的这样一种最合理的回答基本上是得体的和健全的，但也可能遭到一些更加似是而非、更加令人困惑的东西的批驳。事实上，琐罗亚斯德就批驳说：无限善的原则创造的人不仅应当没有现实的恶，而且也不应当具有致恶的倾向。上帝既然事先看到了罪及其所有的后果，他就应当阻止其存在和发生，他就应当让人成为道德的善者，而不允许人具有趋向犯罪的任何力 221
量。”这样一类话说说容易，但如果一个人遵循秩序的原则，这些就根本行不通，这只有藉连续不断的奇迹才有可能实现。那些造得与我们相似的动物的无知、错误和邪恶是以自然的方式互为因果的，难道宇宙中就应当缺少这样一个物种吗？我一点也不怀疑，这个物种尽管有其全部弱点，但在宇宙中实在太重要了，上帝是不会考虑让其绝种的。

156. 培尔先生在其《历史与批判辞典》里插入的“保罗派”词条里对其在“摩尼教徒”词条下所宣布过的东西又作出了进一步的发挥。依照他在《历史与批判辞典》第 2330 页的说法，正统派由于其将魔鬼视为罪的制造者似乎承认了存在有两条第一原则。贝克尔[1]先生这位阿姆斯特丹的布道师及《受到蛊惑的世界》一书的作

[1] 贝克尔（Balthazar Becker，1634—1698），荷兰改革派神学家，极力消除巫术迷信，但反对对巫术师的迫害。其《受到蛊惑的世界》一书 1690 年出版。

者曾经利用这个观念来推证人们不应当赋予魔鬼一种会使之与上帝相提并论的能力和权威。就此而言，他是完全正确的，但他的推论却向前走得太远。《永恒福音》[①]一书的作者认为，倘若魔鬼永远得不到征服，其权力永远得不到剥夺，倘若他始终占有他所掠夺的东西，倘若不可战胜者的头衔永远属于他，那就会损害上帝的荣光。但倘若人们之所以始终控制那些被他们引上歧途的人，只不过是为了和他们一起遭受永罚，那也只是一种可怜的优势。至于恶的原因，魔鬼无疑是罪的制造者，但恶的根源却来自更远的地方，因为其源泉是受造物的原初的不完满性，正是这种不完满性使得这些受造物能够进行犯罪活动，而且在事物的过程中也存在有致使这种犯罪能力在活动中展现自身的环境。

157. 恶魔在其堕落之前与其他天使一样也是天使，而且还有人认为，它们的头目也是一个天使首领，但圣经对此却解释得不甚清楚。《启示录》中说到与众龙斗争的段落，犹如一种幻象，留下诸多疑点，并没有将这个问题充分地讲清楚，其他一些圣著则几乎没有论及此事。这里也不是我们深入讨论这个话题的地方，但我们必须承认流行的意见与圣经文本还是最为贴近。培尔先生考察了圣巴西尔[②]、

① 《永恒福音》，全称为《所有受造物普遍再生的永恒福音》，1699 年匿名出版，作者被认为是虔敬派教士约翰—桂劳目·彼得森。请参阅前面有关注释。

② 巴西尔(Basil，330—379)，卡帕多奇亚的希腊教父。359 年，在卡帕多奇亚建修道院。370 年，被推选为凯撒城主教。著有《驳罪恶的优诺米的辩解》、《创世六天说》、《诗篇说》和《论利用希腊文学》。

拉克坦修[①]以及其他一些人关于恶的起源的一些论述。但由于他们所论的都是物理的恶，我暂且将这种讨论搁置起来，而着手考察有关道德的恶的道德原因方面的困难，这些困难散见于我们这位杰出作者著作的多个段落。

158. 他反对允许这种恶存在的说法，他希望人们承认上帝意欲恶。他援引加尔文的下面一段话（《论创世记》第3章）："倘若人 222
们说上帝意欲恶，有些人就感到逆耳。但请问，除了一种意志行为还有什么东西能够成为有资格禁止者的允许呢？或者说，除了一种意志行为还有什么东西能够成为事物掌控者的允许呢？"培尔先生对加尔文这段话以及此前的那些话作出了自己的解释，加尔文之承认上帝意欲亚当的堕落似乎不是就上帝是一个罪犯而言的，而是出于为我们所不知的某个别的概念。他还援引了措辞不太激烈的偶因论者的观点。这些人说：一个儿子之意欲其父亲死亡，并不是就这对于他本人是一种恶而言的，而是就这对于其继承人是一件善事而言的（《对一个外省人问题的答复》第147章，第850页）。在我看来，加尔文只是说：上帝是由于某个不为我们所知的理由才意欲人的堕落的。从根本上说，这是一种属于决定性意志

① 拉克坦修（Lactantius，约260—330），早期基督宗教拉丁护教士。其代表作是致君士坦丁皇帝的辩护词《神圣的原理》（又称《真正宗教导论》）。该著的基本思想是真正的智慧与真正的宗教是一回事。断言：希腊哲学已经达到了人类智慧的顶峰，已经认识到只有一个上帝存在，从而没有参与多神教与偶像崇拜活动，但它却没有能力对为何只有一个上帝作出说明，而基督宗教高于希腊哲学的地方正在于此。他曾针对贝拉基主义为基督宗教进行辩护，在其《论上帝的愤怒》中，他以天意学说驳斥伊壁鸠鲁的异议。

的问题，亦即属于作出一个决定的问题，在它们之间作出区别是没有什么意义的：如果一个人真的意欲一项活动发生，他便会在意欲这项活动的同时也一并意欲这项活动的所有性质。但如果它是一种罪行的话，上帝便只能意欲允许它：罪恶既不构成目的，也不构成手段，它只不过是一种必不可少的条件，因此它并不是直接意志的对象，这一点我在前面已经论证过了。倘若犯罪活动不违背上帝应当担当的责任，倘若犯罪活动不会导致比人的犯罪更坏的事情，倘若犯罪活动不违背最佳者规则，上帝是不可能阻止犯罪的。否则，一如我在前面已经指出的，那就会破坏神性。上帝是为存在于自身之内的道德必然性所限而允许受造物中存在有道德的恶的。当一个智慧心灵的意志仅仅具有允许性质的时候往往出现这样一种情况。我曾经说过：当他不放弃他自己应当承担的责任便无法阻止他人犯罪时，他便势必允许别人犯罪。

159. 培尔先生说道(《对一个外省人问题的答复》第 853 页)：“但在所有这些无限的组合中，上帝选择了这一致使亚当犯罪的组合，而且他优先于所有其他的组合藉其所作出的决定使这项计划付诸实施。”讲得好极了。这也正是我的说法，只要人们从构成整个宇宙的种种组合审视这个问题就行。培尔先生补充说：“因此，你将永远不可能使我们理解上帝究竟如何不意欲夏娃和亚当犯罪，这是因为他拒绝了使他们在其中不曾犯罪的所有组合。”但倘若从我刚才说过的一切来审视问题，一般来说事情是极其容易理
223 解的。构成整个宇宙的这一组合是最好的组合，因此，倘若上帝不失手的话，他是不会不选择它的，与其犯这样一种错误，作出对他

绝对不合适的事情,他宁可允许将人的过失或罪包含进这样一种组合之中。

160. 雅克洛先生和其他一些才能卓越的人与我的观点没有什么差别。例如他在《论理性与信仰的一致》第186页写道:“那些为这些困难所困惑的人太过局限于他们自己的看法,从而希望将上帝的所有意图都归结为自己的兴趣。当上帝创造这个宇宙时,他的整个视域都聚焦于他自己和他自己的荣光,从而我们只要获得有关所有受造物、它们各种不同的组合及其关系的知识,就当毫不困难地理解宇宙完满地符合这个全能者的无限智慧。”他在另一处(第232页)还说道:“人们既然假设上帝在不破坏人的自由意志的情况下便不可能阻止自由意志的错误使用,那就应当认同:既然上帝的智慧和上帝的荣光决定他去创造自由的受造物,这一强有力的理由便足以战胜他们的自由可能招致的惨痛后果。”我已经通过最佳者的理由以及致使上帝作出这种选择的道德的必然性进一步发展了这一思想,尽管这一选择包含了一些受造物犯罪这样的情节。我认为,我已经从根本上解决了这一困难。但为了对这一问题作出更清楚明白的阐述,我还是非常乐意将我的解决原则运用到培尔先生所提出的那些特殊困难上。

161. 这些困难中的一个是以这样的话语提出来的(第148章,第856页):“难道一个国王的慈善是以下面的行为作为标志吗?(1)他给100名信使作200里格旅行所需要的旅费;(2)允诺给所有那些完成整个旅行而没有任何借贷的人奖赏,而以监禁来

恐吓所有那些其旅费不够用的人;(3)他选出 100 个人,他确切知道其中只有两个人能够赢得奖赏,而其余 98 个人在路上注定或是遇上妓女和赌徒,或是遇上让其破费的其他事情,而所有这些又都是他自己在沿途的一些地方不辞辛苦地布局的;(4)这 98 名信使
224 返回之后便将其立即投入监狱。他对他们一点也不仁慈,相反,他对他们蓄意安排的不是所许诺的奖赏而是囚禁,这一点不是明白无误的吗?当然,他们也是罪有应得!但那个希望他们得到这样一种下场的人,那个以确实无误的方式安排他们得到这样一种下场的人,就因为他奖赏了其他两个人便值得人们称作仁慈吗?"仅仅这一条理由无疑不足以使他赢得"仁慈"的称号,但还是有其他一些情况可能有助于使他值得赞赏,例如他之所以使用这样一种手腕乃是为了认清那些人,并试验和训练他们;正如基甸[①]为了在他的士兵中挑选出最勇敢、情绪最稳定的人而使用了一些超乎寻常的手段。而且即使这位国王已经知道了这些信使的禀性,难道他就因此而不能对他们进行这种试验让其他人也认识他们吗?尽管这些理由用到上帝身上并不合适,但它们却可以使人们明白:像这位国王的这样一种行为当其与表明其原因的环境脱离开来时,从表面看来就会显得极其荒谬可笑。人们就更加必须认为上帝的行为完全正确,只要我们充分地认识到他做过的一切,我们就将明白这一点。

① 基甸(Gideon),以色列的著名英雄和士师,曾率领 300 人打败十几万米甸敌军,使以色列人太平 40 年。原来以色列人有 32000 人,他第一次将"惧怕胆怯"的淘汰出去,淘汰了 22000 人,第二次将"跪着喝水"的淘汰出去,淘汰了 9700 人,最后就剩下了 300 人。参阅《士师记》,6:1—8:28。

162. 笛卡尔先生在一封致伊丽莎白公主(《书信集》第1卷，第10封信)曾经运用过另一个比喻来解说人的自由与上帝全能之间的和谐一致。“他设想一个一向禁止决斗的君主确切地知道两位贵族倘若他们相遇便会决斗，他便采取万无一失的步骤促成他们相遇。他们两个实际上相遇了，并且他们也决斗了。他们对抗法律乃他们自由意志的一种结果，他们是应当受到惩罚的。”他继续补充说：“一个国王在这个事例中关于其臣民的某些自由行为能够做的事情无疑也是具有无限知识和无限能力的上帝对所有的人所能做的事情。他在把我们送到这个世界之前就已经确切地知道我们的意志将来的一切倾向，他将这些都赋予我们，他还安排好我们身外的所有其他事物，使这样那样的对象于这一刻那一刻出现在我们的感官面前。他知道，作为这种情况的结果，我们的自由意志将决定我们趋向于某件特殊的事物，而且他也早已意欲这样了，但他并不因此而强迫我们的自由意志。人们在这位国王身上可以区分出两种不同等级的意志，其中一个是他意欲这两个贵族决斗，因为他促成了他们两个的相遇；另一个是他并不意欲他们两个决斗，因为他禁止决斗。照此，神学家们在上帝身上也区分出了一种
绝对的与独立的意志和相对的意志，依照前一意志上帝意欲所有 225
的事物都按照其发生的情况发生，后一种意志则涉及人的功过，依照这种意志他意欲人们服从他的法律”(笛卡尔：《书信集》第1卷，第10封信，第51、52页。参阅阿尔诺先生在其《对马勒伯朗士先生体系的反思》[①]中对托马斯·阿奎那论上帝前件意志和后件意

① 该著1685—1686年在科伦出版，其标题全称是：《关于新的自然与神恩体系的哲学与神学反思》。

志的有关引文,第 2 卷,第 288 页以下)。

163. 培尔先生的回答如下(《对一个外省人问题的答复》,第 154 章,第 943 页):"在我看来,这位伟大的哲学家在这个问题上竟犯下了如此严重的错误。在这位君王身上根本不存在意志的任何等级,既没有微弱的意志,也没有强烈的意志,而这两位贵族也应当服从法律而不应当决斗。他全部意欲和唯一意欲的就是他们两个决斗。这当然不是为他们开脱罪责,他们完全感情用事,他们根本没有意识到他们是在照他们统治者的意志行事。但他实际上却是他们冲突的道德原因,而假设他以这样一种意欲来激励他们或者给他们下达决斗的命令,都不可能使这一事件如此圆满地如愿收场。你可以设想有两个国王,他们都希望他的长子自己服毒自杀。一个运用强制的方法,而另一个则秘密地为其制造烦恼,而且他知道这足以使他自己服毒自杀。难道你会怀疑后者的意志比前者的意志要弱些吗?所以,笛卡尔先生设定的一个不真实的事实,从而根本没有解决这一困难。"

164. 人们必须承认,笛卡尔先生就恶的问题论上帝的意志讲得有些草率。因为他不仅说上帝知道我们的自由意志决定我们趋向某一特殊的事物,而且他还说上帝希望如此,尽管他并不因此而强迫我们的自由意志如此。在这一卷的第 8 封信中,他的讲法也同样粗糙。他说,哪怕是最微不足道的思想之进入人的心灵都无不是上帝所意欲的,都无不是上帝永恒地意欲其进入的。甚至加尔文也没有说过任何比这还粗糙的话。不过,如果将之理解为一

种允许的意志，这倒情有可原。笛卡尔先生的解决方案等于在符号表达的意志（la volonté du signi）与表达善良愿望的意志（la volonté du bon plaisir）之间作出区分。这些措辞是现代人从经院学者那里借鉴过来的，只是赋予了这些措辞在古人那里不常有的含义。诚然，上帝可以命令一些事情，但却并不意欲它们付诸实施。例如，上帝曾命令亚伯拉罕献出他的儿子以为祭品，但他真正意欲的是服从，而不是献祭这样一种行为。然而，如果上帝命令一种道德行为并且禁止犯罪，他便实际上是在意欲他所命令和决定 226
的事情，但这只是出于一种先件意志，这一点我已经不止一次解释过了。

165. 由此看来，笛卡尔的比喻是不能令人满意的，但它却可以变得令人满意。为此，人们必须对事态作出某些改变，设想出某个理由迫使这位君主使这两位敌人或允许这两位敌人相遇。例如，他们两人必须一起参军或者一起从事另外一项义不容辞的公职，当时的环境不容许这位君主阻止他们走到一起，否则他的国家便有可能遭受危险。例如，他们中任何一个的缺席都有可能使他那一派的许多人脱离军队，或者引起士兵的抱怨乃至引起大的骚乱。因此，在这种情况下，人们便可以说，这位君主并不意欲他们决斗：他明明知道这一点，但他还是允许他们决斗。因为他宁愿允许别人犯罪而不愿自己犯罪。这个例子经这么一改便可能有用了，只要人们注意到在上帝和这位君主之间存在有差别就行。这位君主因其缺乏能力而不得不允许这样，一个更为强大的君主也许根本无需所有这些顾忌。但上帝却能够做一切可能的事情，他

之所以允许犯罪，仅仅是因为这对于任何一个人都绝对不可能有更好的选择。这位君主的行为也许并非没有伤心和遗憾。但这种遗憾源于他的不完满性，对此他也有所意识；他之所以伤心也在于此。但上帝是不可能有这样的情感和发现的，再说，也没有什么东西能使他如此；他无限地意识到自己的完满，人们甚至可以说，个别看待的受造物身上的不完满性因他相关于整体而变成了完满性，这又为造物主增添了荣光。当一个人具有了无限的智慧，当其又如他有智慧那样具有能力，当他能够无所不为，当他能够把一切都做得最好，他还能希望什么呢？

166. 人们一旦理解了这些观点，在我看来，便足以应对最猛烈有力的异议。我不想讳言它们，但其中有些我们只是点到为止，因为它们实在令人憎恶。抗议派[1]和培尔先生（《对一个外省人问题的答复》，第3卷，第152章，第99页）援引圣奥古斯丁的话说："如果人们要求另一个人罹祸以便能够对他表示怜悯，这是一种残忍的怜悯。"出于同样的目的，他们还援引了塞涅卡《论慈善》第6篇第36、37章的内容。我承认，人们反对一些人的意见也不无理
227 由，因为这些人认为，上帝之所以允许罪并无任何别的理由，无非是旨在对大多数人实施惩罚性正义，对极少数受拣选者显示其怜悯。但我们必须相信，上帝必定有许多对他而言更有价值、对我们

① 抗议派（Remonstrants），荷兰基督教会中信从阿明尼乌（Arminius，1560—1609）观点的一派。该派反对加尔文的预定论，主张上帝安排与人的自由意志并行不悖。他们于1610年向联省议会提出抗议书，申述他们与严格加尔文派的分歧。他们的开明派神学观点对荷兰归正会及其他会派发生过重大影响。

而言更为深刻的理由才允许罪的。有人竟胆敢拿上帝的行为方式与卡里古拉[①]比较，卡里古拉将他的诏书用小字书写但悬挂到很高的地方，使人们根本无法阅读。也有人拿上帝的行为方式与一个为达到她自己的私人目的而不顾自己女儿荣誉的母亲相比。还有人拿上帝的行为方式与凯瑟琳·德·美第奇[②]女王的行为方式相比，据说这位女王曾教唆其宫女们行风流韵事，以便获悉重臣的阴谋。甚至还有人拿上帝的行为方式与提比略[③]的行径比较，他安排刽子手执行非同寻常的服务，使禁止处决处女的法律条令不适用于瑟亚努斯的女儿。这最后一个比较是由当时为阿明尼乌派但最后改宗为罗马团契成员的彼得·贝尔修斯[④]提出来的。还有人在上帝与提比略之间做了一个可耻的比较，安德雷阿斯·

① 卡里古拉(Caligula,12—41)，罗马皇帝(37—41 年在位)。本名盖约·凯撒。为人极其残忍，不仅杀害了许多政要，而且在平息地方叛乱中实施大屠杀。最后，被指挥禁卫军的保民官杀死。

② 凯瑟琳·德·美第奇(Catherine de Medicis,1519—1589)，法王亨利二世的遗孀。她曾命建筑师菲利波特·迪罗门在 13 世纪菲利普二世建起的城堡西边建了一个名叫杜伊勒里宫的小宫殿，构成今日卢浮宫的雏形。但身为狂热天主教信徒的她在以王太后身份摄政期间，曾策划“圣巴托洛缪惨案”，从而因此得到“血腥王后”称号。

③ 提比略(Tiberius,公元前 42—公元 37)，古代罗马第二代皇帝。原名为提比略·克劳狄·尼禄·凯撒·奥古斯都。早年作为奥古斯都皇帝的义子，曾立过许多赫赫战功，并担任过执政官职务。公元 14 年，当其 56 岁时在奥古斯都皇帝去世后继承帝位。他曾以阴谋、毒杀和篡权等罪名处死他的侍卫队长塞让(Sejanus)。有史书称，鉴于当时罗马有不处死处女的法律规定，为了处死塞让的尚是处女的女儿，他令刽子手在行刑前先行将其奸污。

④ 彼得·贝尔修斯(Peter Bertius,1565—1629)，荷兰神学家、历史学家和地理学家。为其持守的阿明尼乌派立场而惶恐不安，最终避难法国，改宗天主教，并被任命为路易十三的史官。

卡洛里[1]在他于上个世纪出版的《教会纪事》中曾对此做过详尽的叙述，一如培尔先生所看到的。贝尔修斯以此来反对戈马尔[2]派。在我看来，这样一类证明只适用于反对这样一些人，他们主张正义在上帝那里是专断的东西，上帝甚至握有判罚无辜的暴虐的权力，或者认为行善并非上帝行为的动机。

167. 与此同时，一本反对戈马尔派的有独创性的题为《一个被前定的小偷的自述》[3]的讽刺小品问世，书中讲述了一个被判绞刑的小偷将其所做的所有恶事都归因于上帝。他认为尽管其恶行累累，但既然这一切都是前定，从而便应当得救。他想入非非，自认为他的这样一种信仰便足以使他得救，他藉他个人的这样一种证明便足以驳倒一个对他进行死前说教的反抗议派教士，但这位小偷还是因一位老牧师而发生了改变。这位老牧师曾因其阿明尼乌派观点而遭到免职。这个小偷之所以能够秘密地见到这位老牧师，一方面是因为这位监狱长对这个囚犯的怜悯，另一方面也因为

---

① 安德雷阿斯·卡洛里(Andreas Caroli，1632—1704)，路德派历史学家和神学家。曾著《17世纪值得纪念的教会事件》(两卷本)，该著先后于1697年和1702年在巴黎和图宾根出版。

② 戈马尔(Franciscus Gomarus，1563—1663)，荷兰基督教加尔文宗神学家，阿明尼乌派的激烈反对者，加尔文预定论的激进拥护者。曾多次与阿明尼乌派进行激烈辩论。坚持严格的加尔文宗观点，断言：蒙受救恩的人在人类始祖亚当堕落之前即被预先选定。阿明尼乌派则认为人人本来都有可能被上帝选中。遵奉戈马尔所倡导的堕落前预定说，认为罪恶并非上帝所创造，但人类的堕落却是出于上帝的积极意旨的则被称作戈马尔派(Gomarists)。

③ 《一个被前定的小偷的自述》(De gepredestineerde Dief)，以对话形式写成，1619年在安特卫普出版。莱布尼茨指出，该著1651年在伦敦出了拉丁文版。有人认为其作者为阿明尼乌派辩论家亨利·斯拉修斯(Henri Slatius，1580—1623)。

那位教士的软弱无能。这篇讽刺小品招来各式各样的回应，但所有这些回应文字却都没有这篇讽刺小品充满风趣。培尔先生说(《对一个外省人问题的答复》，第3卷，第154章，第938页)：这本书是克伦威尔时代在英国印行的，看来他并不知道他所看到的只 228
是一本更为古老的佛兰德文原著的译本。他补充说，乔治·肯德尔[①]博士1657年以《酷似法官的小偷》(Fur pro tribunali)为题著书予以反驳，该书1657年在牛津出版，其中插入了一段对话。这段对话有违事实真相，断言反抗议派使上帝成为恶的原因，以伊斯兰教的方式教导一种前定学说。按照这一学说，人们无论行善还是作恶都无关紧要，只要确信他已经被前定了这个事实就足够了。他们并没有向前走得这样远。然而，他们中确实有几位堕落前预定论者和其他一些人，他们很难清楚明白地表达上帝的正义及人的虔敬和道德原则这些概念。因为他们设想上帝身上存在有专制或独裁，要求人们毫无理由地相信他的拣选的绝对确定性，这样一种情况往往会产生危险的后果。但凡承认上帝在从所有可能的宇宙观念中选择了其中最好者之后便实施了这一最好计划的人，凡承认在这个计划中有人由于其作为受造物的原初的不完满性而倾向于滥用其自由意志从而陷入苦难深渊，凡承认上帝在确保由其自身溢出的宇宙完满性允许的范围内将阻止犯罪和不幸，在我看来，都更加清楚明白地证明：上帝的意图是整个世界上最正确和最神圣的意图，只有受造物罪责难逃，他的原初的局限性或不完满性乃其邪恶的源泉，其恶的意志乃其不幸的唯一原因；人们倘若没有

① 乔治·肯德尔(George Kendal，1610—1663)，加尔文宗长老派神学家，阿明尼乌派的反对者。

被规定为上帝儿女的圣洁便不可能被规定得救，人们受到拣选的任何希望都只能建立在善良意志的基础之上，而这种善良意志是由上帝的恩典灌输到人们心中的。

168. 形而上学的考虑也被用来反对我对道德的恶的道德原因的解释。但它们给我带来的麻烦甚小，因为我已经消除了更受人们关注的源自道德理由的异议。这些形而上学的考虑所关涉的是可能事物和必然事物的本性。它们反对的是我关于上帝已经在所有可能世界中选择了最好世界这样一个基本设定。有一些哲学家曾经主张，除现实发生的事物外根本没有任何可能的事物。也正是这样一些人认为或可能曾经认为，一切都是无条件地必然的。一些人之所以持这样一种意见，乃是因为他们承认在事物存在的
229 原因中有一种无理性的盲目的必然性。我有更充分理由反对的也就是这些人。但还有一些人他们之所以犯错误，乃是因为他们滥用了这些术语。他们混淆了道德的必然性与形而上学的必然性。他们设想，既然上帝不能不为实现最好世界而活动，他也就因此而被褫夺了自由，而事物也就被赋予了哲学家和神学家们极力避免的那样一种必然性。我与这些作家的争论只不过是一种语词之争，只要他们事实上承认上帝选择了最好者并且创造了最好者。但还有一些人向前走得更远。他们认为，上帝本来可以做得更好。这是一种我们必须加以驳斥的意见。因为尽管这种意见没有像盲目必然性倡导者所做的那样完全褫夺上帝的智慧和善，但由于为之设定了界限，从而也就贬损了上帝的至上完满性。[①]

① 参阅莱布尼茨：《单子论》，第53—55节。

169. 对未发生的事物之可能性问题，古人早已做过考察。按照亚里士多德的说法，伊壁鸠鲁似乎为了维护自由和避开一种绝对的必然性而主张：未来的偶然事件不容许具有确定的真理。因为如果说我今天应当写作这在昨天是真实的，它因此也就不会不发生，因此它就已经是必然的了。而且，由于同样的理由，我在写作这事也永恒地为必然的。因此，发生过的一切都是必然的，而且，任何不同的事物也不可能发生。但既然现实情况并非如此，按照他的观点，那就应该得出结论说，未来的偶然事件不具有任何确定的真理。为了支持这样一种意见，伊壁鸠鲁向前走得太远，以致否认理性真理的第一的和最伟大的原则，他否认每一种论断非真即假。人们以下述方式来反驳他的观点：“你否认我今天写作一事在昨天是真实的，这就是说它是假的。”既然这位善良的人不可能承认这个结论，他就得被迫说，这事既不真也不假。这样一来，他就无需再做任何批驳了。克吕西波①原本不必费神来证明这一伟大的矛盾原则。西塞罗在其《论命运》一书中曾对此做过下述记载：“克吕西波竭尽全力让人确信每个论断非真即假。伊壁鸠鲁曾经担心，他要是承认这一点，他就不得不进而承认所发生的一切都会按照命运的决定发生；既然两者之中的一种情况永恒地真实，它便是确定的；而既然是确定的，那就是必然的。所以，他说必然性和命运因此而得到证实。克吕西波同样也担心，要是他不坚持每个论断非真即假，则一切未来事件也就不可能因永恒的原因按照

① 克吕西波(Chrysippus，约公元前280—约前207)，斯多葛派的第三任首领，其地位非常重要，史上有“没有克吕西波，就没有斯多葛派”的说法。 230

命运的决定发生了。”[①]培尔先生评论说(《历史与批判辞典》,“伊壁鸠鲁”条,T段,第1141页):“这两位伟大的哲学家(即伊壁鸠鲁和克吕西波——英译者注)的任何一位都不理解每个论断非真即假这一命题的真理,每个命题的真假并不取决于所谓命运的东西,从而它不可能构成命运存在的证据,一如克吕西波所主张和伊壁鸠鲁所担心的那样。克吕西波本来能够不承认有些命题既不为真也不为假,因为这根本无碍他自己的立场。但他断言相反的东西也还是一无所获。因为不管有没有自由的原因,莫卧儿大帝明天将打猎这个命题非真即假这在任何时候都是同样真实的。人们有完全正当的理由认为提瑞西阿斯[②]的这个说法荒谬可笑:我将说的一切将或是发生或是不发生,因为伟大的阿波罗将预言能力赐给了我。因为即使假设没有上帝(这不可能),我们还是可以肯定世界上最大的傻瓜所预言的一切也都将或是发生或是不发生。无论是克吕西波还是伊壁鸠鲁都未曾注意到这一点。”西塞罗在《论神的本性》第1卷中在谈到伊壁鸠鲁派的这一遁词时曾经表达了一个非常健全的意见(一如培尔先生在同一页末尾所指出的):较为体面的做法是承认自己不可能回答自己的对手,而不是诉诸这样的遁词。然而,我们将会看到培尔先生本人也混淆了确定的东西与必然的东西。因为他主张,对最好东西的选择使得各种事物成为必然的。

① 西塞罗:《论命运》,Ⅹ,21。

② 提瑞西阿斯(Tiresias),希腊神话中底比斯的一位盲人预言者。据荷马史诗《奥德赛》,他甚至在冥界仍有预言能力。英雄奥德修斯曾被派往冥界请他预卜未来。

170. 现在,我们就来讨论并未发生的事件的可能性问题,我将复述培尔先生的话,尽管他说得有些冗长。他在《批判哲学辞典》(“克吕西波”条,S 段,第 929 页)中说道:“关于可能事物与不可能事物的著名争论源于斯多葛派的命运学说。其问题在于去认识:在从未存在、将来也永远不会存在的事物中是否存在有可能的事物;或者所有不存在的事物、所有未曾存在的事物、所有将永远不存在的事物是否是不可能的。”一个名叫狄奥多鲁斯[①]的麦加拉派的著名辩证学家对这两个问题中的第一个给了否定的回答,对这两个问题中的第二个则给了肯定的回答。但克吕西波却极力反对他。下面是西塞罗的两段话(《书信集》,第 9 卷,第 4 封,“致友人”):“你必须明白,关于可能的事物,我赞成狄奥多鲁斯的意见。
因此,你要明白,如果你要来,你之来便是必然的。但如果你不愿 231
意来,你之来便是不可能的。你瞧,究竟哪一种观点更符合你的意见?是克吕西波的还是我们亲爱的狄奥多鲁斯(这位斯多葛派学者曾长期住在西塞罗家里)的人们理解不了的观点。”这段话引自西塞罗致瓦罗[②]的一封信。他在《论命运》这本小册子中对这一问题的整个现状做了更为全面的陈述。我现在就摘引其中一段话:“注意,克吕西波,你不要放弃你正在与精明的辩证学家狄奥多鲁

① 狄奥多鲁斯(Diodorus Cronus,活动时期公元前 4 世纪),著名的麦加拉派辩证学家。出生于安纳托利亚的卡利亚雅苏斯,以其逻辑学上的杰出成就闻名于世。

② 瓦罗(Marcus Terentius Varro,公元前 116—前 27),罗马伟大的学者和卓有成就的讽刺家。曾出任罗马行省财务官,并被凯撒委任为图书馆馆长。一生写了 74 部计 600 多卷著作,广泛涉及法学、天文、地理、教育、文学等。现在留存的唯一一部完整的作品为《论农业》。其《论拉丁语》不仅是一部语言学著作,而且也是宝贵的史料来源。他的《梅尼普斯式讽刺诗》共 150 卷,留存约 90 个篇名和 600 个片段。

斯激烈争论的问题……人们坚持认为,有关未来的虚假不实的一切事物都是不可能发生的。但克吕西波,你根本不承认这一点,而且还恰恰为此与狄奥多鲁斯争论得不可开交。狄奥多鲁斯断言,只有真实者或将来会真实者才有可能发生;而凡是将来存在者,他说,就必然发生,凡是将来不存在者,便绝对不可能发生。反之,你却断言,即便将来不会存在者也可能发生:例如,这块宝石哪怕绝不会发生,它也可能破碎;曲普塞鲁[①]在哥林多的统治绝对不是必然的,虽然这事在一千年以前曾为阿波罗的预言宣布过。……狄奥多鲁斯认为,只有已经存在或者将要存在的东西才可能发生,这与争论的要点是联系在一起的:过去并非必然的东西便不会发生;凡可能发生者,要么曾经存在过,要么将会存在;未来者像既往者一样不会从真实变为虚妄,当然,在既往者中不变性是很明显的,而在某些未来者,这种不变性似乎是不存在的。因为它是不可感知的。对于一个身患不治之症的人来说,最大的真实是他将死于此症。但如果对一个病情尚未达到如此严重程度的人得出同一种真实性,那也同样如此'真实'。因此,即便对于未来者而言也不可能发生由真实变为虚妄的情况。"[②]西塞罗在这里相当明白地告诉我们克吕西波在这场争论中常常陷于困难境地,其实这也不足为奇,因为他所选择的进路与他的命运学说毫无关联。要是他知道如何连贯地进行推理或者他敢于连贯地进行推理,他就很容易采用狄奥多鲁斯的整个假设。我们已经看到,他赋予灵魂的自由以

① 曲普塞鲁(Cypselum),哥林多的一个贵族,公元前657年曾在哥林多建立僭主统治。

② 西塞罗:《论命运》,Ⅵ,12;Ⅶ,13;Ⅸ,17。

及他的圆柱体的比喻，都无碍于人的意志的一切行为是命运不可避免的结果这样一种可能性。由此，我们可以得出结论说：并未发生的一切都是不可能的，除现实发生的外没有任何事物是可能的。普鲁塔克（《论斯多葛派的矛盾》，第 1053、1054 页）就他的这一观
点以及他与狄奥多鲁斯的争论对他进行了全面的批驳，断言：他的 232
有关可能性的意见与他的命运学说完全矛盾。他指出，最杰出的斯多葛派学者虽然都曾就这一问题著书立说，但他们所采取的思想路线却不尽一致。阿里安[①]（《爱比克泰德[②]手册》，第 2 卷，第 166 页）曾提到他们四个人，这就是克吕西波、克莱安特斯（Cleathes）、阿尔奇德穆斯（Archidemus）和安提帕特（Antipater）。他对这场争论不屑一顾。梅纳日[③]先生根本没有必要将其作为一个对克吕西波《论可能事物》的著作表示认可和赞扬的作者加以引用（但阿里安却心怀敬意地引用了他的话，梅纳日编：《拉尔修文集》，Ⅰ，7，第 341 页）。因为很显然，“关于这些东西，克吕西波写过一些非常奇妙的话等”这些话在那个语境中并非一种颂扬

① 阿里安（Arrian，活动时期 2 世纪），希腊历史学家和哲学家。所著《远征记》有 7 卷记载亚历山大大帝的武功，第 8 卷讲述印度风俗习惯及尼尔库斯在波斯湾的航行。作为斯多葛派哲学家爱比克泰德的弟子，编有《爱比克泰德手册》和《爱比克泰德语录》。171 年，任雅典执政官。约 180 年卒。

② 爱比克泰德（Epictetus，约 55—135），斯多葛派哲学家和道德学家。被释放的奴隶，先在罗马后在伊庇鲁斯的尼科波利斯讲授哲学。其所讲授的内容由其学生阿里安记录成书，其中 4 卷以及一本关于爱比克泰德学说的概要，即著名的《爱比克泰德手册》被保存下来。这些著作不仅展示了爱比克泰德带有宗教热忱的道德说教，而且还展示了他关于通过服从天命和严格摈除一切力所不及之事来达到内在自由的信条。

③ 梅纳日（Gilles Ménage，1613—1692），著名的法国学者、文人。以语言学著作和赞助达 30 年之久的星期三文学会而闻名。他的朋友在其死后将其作品汇编成书，并于 1692 年在阿姆斯特丹出版。

之词。这一点可以由其前后的各个段落的内容显示出来。哈利卡尔那索斯的狄奥尼修①(《论词的搭配》,C.17,第 11 页)提到克吕西波的两部著作,以与论题不相符的标题探究了逻辑学领域的许多问题。著作的标题是《论演说词的分段结构》,但却只讨论了命题的真假、可能的命题与不可能的命题、偶然的命题与多义的命题等,这些都是我们的经院哲学家们不厌其烦穷究其本质的问题。人们应当看到,克吕西波承认过去存在的事物必然为真,而这却是克莱安特斯不愿意承认的(阿里安:上引书,第 165 页):"像克莱安特斯的追随者所认为的那样,并非一切过去的事物都必然是真的。"我们已经看到(第 562 页),阿贝拉尔所教导的学说被认为与狄奥多鲁斯的学说非常相似。我认为斯多葛派之所以允诺给可能的事物比给未来的事物以更大的空间,乃是为了淡化人们从其宿命教条中推导出令人厌恶的甚至可怕的结论。

显而易见的是,西塞罗在其写我们刚刚援引过的致瓦罗信中的那些话(上引书,第 9 卷,第 4 封)时,似乎尚未充分意识到狄奥多鲁斯意见的结果,因为他觉得这种观点更可以接受。他在其《论命运》一书中相当宽容地介绍了那些作者的各种意见,但令人惋惜的是,他始终不曾进一步提到他们所使用的理由。普鲁塔克在其论斯多葛派的矛盾的著作中感到惊奇,培尔先生也感到惊奇,克吕
233 西波与狄奥多鲁斯的意见并不一致,因为他钟情于宿命。但克吕
西波,甚至他的老师克莱安特斯在这一点上都比人们想象的更为

① 哈利卡尔那索斯的狄奥尼修(Dionysius of Halicarnassus,创作时期约公元前 20 年),古希腊历史学家、修辞学家。著有《古罗马史》、《论摹仿》、《论古代演说家》和《论词的搭配》。

合理。对此，我们很快就会看到。问题在于过去的事物是否比未 234
来的事物更具有必然性。克莱安特斯持肯定的立场。有人则提出反对意见，说未来的事物将发生从假设的角度看是必然的，一如过去的业已发生过的事物从假设上看是必然的一样。但其间存在有差别。对过去的状态是不可能发生任何作用的，否则就会构成矛盾，但对未来的事件产生某种结果则是可能的。不过，这两者都是假设的必然性：其中一个不可能发生改变，另一个将不会发生改变；一旦成为过去的事物，它之变成另一个就将不可能。

171. 著名的皮埃尔·阿贝拉尔表达了一种与狄奥多鲁斯非常相似的意见，他认为上帝只能做他做的事情。这个说法正是从他的著作中辑录的在桑城大公会议上受到谴责的十四个命题中的第三个命题。它源自其《神学导论》的第三卷，在这一卷中，他着重讨论了上帝的能力。他为他的这一说法所提供的理由在于上帝只能做他所意欲的事情。然而，上帝不可能在其所做的事情之外再意欲去做任何别的事情，因为他必定意欲一切适合做的事情。因此，人们可以得出结论说，他所不做的一切都是不适合做的，也就是说，他不可能意欲去做，从而他就不可能做。阿贝拉尔本人也承认，这种意见是特别地属于他的，几乎任何人都不能与他分享。但这种意见似乎与圣徒的学说和理性相矛盾，而且也有损于上帝的伟大。看来，这位作者有点太热衷于言过其词，标新立异。因为这实际上只不过是一场言辞之争，他在改变的不过是言辞的用法而已。能力与意志是两种不同的功能，其对象也有区别。说上帝只能够做他意欲的事情，这就将两者混淆了。相反，在各种不同的可

能事物之间，他只意欲他认为是最好的东西。因为所有可能的事物都被视为能力的对象但现实的和实存的事物则被视为他的命令意志的对象。这是阿贝拉尔自己也承认的。他给自己提出了异议：一个受永罚者也能够得救；但只有当上帝救他时他才能够得救。因此，上帝能够救他，从而上帝能够做他不做的事情。阿贝拉尔对此回答道：人们实际上可以说，这个人之能够得救乃是就人类本性的可能性而言的，因为人类就其本性而言是能够得救的；但人们却不可以说上帝之能够救他乃是就上帝自身而言的，因为上帝不可能做他绝对不做的事情。但阿贝拉尔还是承认，既然在一定意义上，人们在绝对地讲到受永罚者这个假设并且撤销这个假设时，可以完全有理由说，这样一个受到永罚的人能够得救，从而上帝也常常能够做他不做的事情，那么，他本来也就能够像其他人一样讲，如果他们说上帝能够救这个人，他就能够做他不做之事，他和他们的意思之间也就并无任何差别。

172.　在康斯坦茨大公会议①上受到谴责的威克里夫的所谓必然性似乎也出于同样的误解。我相信，具有才华之士如果无端地使用一些新的容易让人反感的措辞，那就不仅有损真理，而且也

① 康斯坦茨大公会议（the Council of Constance），天主教第16次普世会议（1414—1418）。1378年罗马方面选举格列高利十二世为教皇，阿维尼翁方面选举本尼狄克十三世为教皇，1409年比萨公会议为了解决西方教会大分裂，又选出一位教皇，形成三教皇鼎立局面。比萨方面的第二代教皇约翰二十三世在神圣罗马帝国皇帝西吉斯蒙德的压力下，召开康斯坦茨会议。1417年，会议选出新教皇马丁五世，教会大分裂至此结束。这次会议谴责威克里夫的45条论点和胡斯的30条论点，宣布胡斯为顽固不化的异端分子，交世俗司法当局以火刑处死。

伤害了他自身。在我们时代，著名的霍布斯先生也维护这样一种意见。凡不发生的事情都是不可能的。其证明如下：与一件事物将不存在所需要的一切条件不可能一起发现，从而这件事物也不可能以另外的方式存在。但谁不明白这里证明的只是一种假设的可能性呢？诚然，一件事物当其缺乏必要的条件时不可能存在。但既然我们声称能够说那件事物虽然不存在但却能够存在，我们便可以以同样的方式声称能够说这些必要的条件虽然不存在但它们却能够存在。这样，霍布斯先生的证明便没有解决任何问题。人们所持守的与霍布斯先生相关的意见，即认为他设想万物具有一种绝对必然性而使他声誉扫地，哪怕这只是他的唯一一个错误。

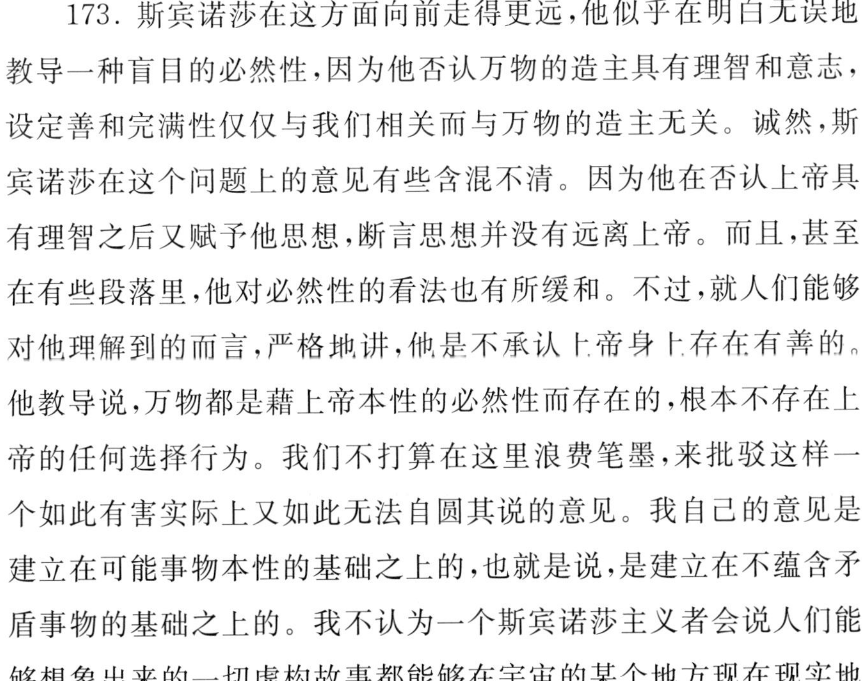

173. 斯宾诺莎在这方面向前走得更远，他似乎在明白无误地教导一种盲目的必然性，因为他否认万物的造主具有理智和意志， 357
设定善和完满性仅仅与我们相关而与万物的造主无关。诚然，斯宾诺莎在这个问题上的意见有些含混不清。因为他在否认上帝具有理智之后又赋予他思想，断言思想并没有远离上帝。而且，甚至在有些段落里，他对必然性的看法也有所缓和。不过，就人们能够对他理解到的而言，严格地讲，他是不承认上帝身上存在有善的。他教导说，万物都是藉上帝本性的必然性而存在的，根本不存在上帝的任何选择行为。我们不打算在这里浪费笔墨，来批驳这样一个如此有害实际上又如此无法自圆其说的意见。我自己的意见是建立在可能事物本性的基础之上的，也就是说，是建立在不蕴含矛盾事物的基础之上的。我不认为一个斯宾诺莎主义者会说人们能 235
够想象出来的一切虚构故事都能够在宇宙的某个地方现在现实地

存在，或者曾经存在过，或者将来存在。然而，无可否认的是，即使像斯居代里[①]小姐的小说或屋大维娅[②]那样的人的种种故事也是可能的。培尔先生的下面一段话，非常合我的心意，现在就让我们拿他的这段话来批评斯宾诺莎的观点。培尔先生在第 390 页说道："如果斯宾诺莎看到，按照他们的假设，斯宾诺莎未死于海牙[③]永恒地不可能，正如 2 加 2 等于 6 不可能一样，这对他们来说便极其难堪。他们会清楚地意识到，此乃由他们学说推论出来的一条必然结论，这是一条令人沮丧和令人恐怖的结论，一条让人心感厌恶的结论，因为它包含着荒谬的内容，与常识针锋相对。使斯宾诺莎派感到不快的是：人们应当认识到他们正在推翻的是一些如此普遍如此显而易见的真理，诸如凡蕴含有矛盾的事物都是不可能的以及凡不蕴含有矛盾的事物都是可能的真理。"

174. 关于培尔先生，人们可以说："他要想干成一件事，没有谁能比他干得更好。"尽管人们还不能像评价奥利金那样来评价他："他若想败坏一件事，没有谁比他败坏得更坏。"我只想补充一点，他称之为一条原理的东西无非是关于可能事物和不可能事物

① 斯居代里(Scudéry，1607—1701)，法国女小说家、社会活动家。她根据真人真事创造的小说在 17 世纪享有盛誉。于 17 世纪 40 年代末，成为巴黎文学界的女盟主，并创立了自己的沙龙"星期六俱乐部"。曾先后出版《易卜拉欣，或杰出的巴夏》、《居鲁士大帝》、《克雷莉娅，罗马的故事》、《奴隶王后》、《玛蒂尔德·达吉拉，西班牙的故事》和《凡尔赛漫步》等。

② 屋大维娅(Octavia，约公元前 69—前 11)，屋大维(后为奥古斯都皇帝)之妹，安东尼之妻。她与安东尼的婚姻有助于缓和安东尼与屋大维的紧张关系，并最终达成他林敦条约。

③ 斯宾诺莎于 1677 年 2 月 21 日死于海牙。

的那个定义。然而,培尔先生在这句话的结尾处又添加上一个评论,多少有损于他原本合理的说法:“假如斯宾诺莎死于莱顿,又会引出什么矛盾呢?自然会因此而不够完满、不够智慧、不够有力吗?”他在这里混淆了因不蕴含有矛盾而不可能的事物与因不适宜受到选择而不可能发生的事物。诚然,在斯宾诺莎死于莱顿而非死于海牙这个假设中并不存在任何矛盾;没有什么事物比这更可能了。这就是说,这个问题对于上帝的能力来说无关痛痒。但人们却绝对不能假设,任何事件,不管其多么微乎其微,对于他的智慧和他的善来说都能够视为无关紧要。耶稣基督曾非常庄严地说道:每一件事物都是有定数的,即使长在我们头上的毛发也是如此。[①] 因此,上帝的智慧不会允许培尔先生所说的这样一种事件以另外一种方式发生,并非由于它似乎更值得选择,而是由于它与值得优先考虑的宇宙整个序列的关联。倘若有人说已经发生的事

物是上帝的智慧对之不感兴趣的,并且由此推论说它因此就不是 236
必然的,那么,他们就是在做一个错误的假设,不适当地为一个正确的结论提供了理由。人们在这里混淆了藉道德的必然性,亦即依据智慧和善的原则成为必然的事物,与藉形而上学的和非理性的必然性而成为必然的事物;形而上学的和非理性的必然是在其反面包含着矛盾的情况下出现的。再者,斯宾诺莎在事件中寻求形而上学的必然性。他并不认为上帝为他的善和他的完满性所决定(这位作者视之为一种相关于整个宇宙的幻想),而是为他的本

① 参阅《马太福音》,10:29—31。其中说道:“两个麻雀不是卖一分银子吗?若是你们的父不许,一个也不能掉在地上。就是你们的头发,也都被数过了。所以不要惧怕,你们比许多麻雀还贵重。”

性的必然性所决定;犹如半圆必定只可能包含直角,对之既无需认识也无需意欲。因为欧几里得证明,在两条由直径两端引出的达到圆周一点的直线之间所形成的任何一个角都必定是直角,其反面则蕴含有矛盾。

175. 还有一些人,他们走向另一个极端。他们以将上帝的本性从必然性的枷锁中解放出来为口实,希望以一种平衡的中立立场将必然性视为一种全然无关紧要的东西。他们并未注意到,正如形而上学的必然性相关于上帝的对外行为荒谬可笑一样,道德的必然性对他却是有价值的。迫使智慧行善乃一种幸福的必然性,而对善恶麻木不仁则意味着缺乏善和智慧。此外,使意志保持完全均衡的中立立场其本身无非是一种幻想,这一点我们在前面即已经证明过了,这将违反确定性理由的伟大原则。

176. 那些认为上帝以专断意志确定善恶的人所采用的即是这样一种纯粹中立的奇谈怪论,但另外一些谬论则更为怪异。他们竟至剥夺上帝善的名号。因为倘若上帝在做完全不同的事情时也能够做得同样好,则人们还有什么理由来赞赏他所做的事情呢?我常常感到惊奇,形形色色的主张堕落前神选论(supralapsaires)的神学家,如撒母耳·拉瑟福德[①]这位苏格兰的神学教授,怎么会受到这么离奇思想的蒙骗。拉瑟福德在与抗议派的争论臻于高潮

① 撒母耳·拉瑟福德(Samuel Rutherford,1600—1661),反阿明尼乌派神学家,其著作《论神恩的护教实践》于1636年在阿姆斯特丹出版。

时从事写作，他在其《论神恩的护教实践》(*Exercitationes pro divina Gratia*)中明确说过，在上帝的诫命颁布之前，在上帝的眼里根本没有任何事情是不义的或在道德上是恶的。这就是说，倘若没
有这种诫命，人们不管是杀人还是救人，不管是爱上帝还是恨上 237
帝，不管是赞美上帝还是亵渎上帝，都无关紧要。再没有什么比这更不合理的了。人们可以教导说，上帝是藉一种实在法确立善恶的，人们也可以断言，在其诫命下达之前就存在有某种或善或恶的事物了，但他却没有必要去适应之，也没有任何事物能够阻止他行不义之事，或者阻止他惩罚无辜。但所有这一切都殊途同归，都差不多同样使上帝丢脸。因为倘若正义是上帝专断地毫无理由地建立起来的，倘若上帝就像人们抽签决定事情那样贸然行事，其中就展现不出上帝的善和上帝的智慧，从而也就没有任何事物使上帝加以依附。倘若上帝是藉纯粹专断的命令，无需任何理由，就建立起或创造出我们称之为正义和善的东西，则他就能够取消它们或改变它们的本性。从而，人们便没有理由假设上帝将始终遵守它们，因为人们同样也可以说上帝将以其正义和善建立在理性基础之上这样一个假设为根据来履行它们。即使上帝的正义与我们的正义不同，即使他的律法书上写着正义即是使无辜者永恒不幸，事情也不会有太多的改变。按照这样的原则，也没有任何东西会使上帝恪守诺言或向我们担保实现什么。因为对他而言，陈述合理的允诺必须兑现这样一种正义的法律究竟为何会比任何其他法律更加神圣不可侵犯呢？

177. 有三个命题：(1)正义的本性在于专断；(2)它虽然固定

不变，但却不能肯定上帝将遵守它；(3)我们所知道的正义并非他所遵守的正义。所有这些命题虽然相互间有些差别，但它们却都破坏了我们对我们得以心神平和的上帝的信任，也都破坏了我们得以获得幸福的上帝的爱。没有什么东西能够阻止这样的上帝像一个暴君和一个敌人那样对付忠厚老实的人们，阻止他从我们称之为恶的事物中寻乐。那么，究竟为什么上帝不应当被认为既是正统宗教独一的善的原则又是摩尼教的恶的原则呢？他至少会是中立的，悬置在两者之间，或者甚至有时为这一原则有时又为另一原则。这就好像人们所说的奥罗玛兹与阿里曼轮流执政，这要视他们中究竟哪一个更为强大或更为机敏而定。这与一位莫卧儿部落的女子的说法也颇为类似。她似乎听人说过她的民族以前曾在成吉思汗及其继承人治下占据过北方和东方的大部分地区，当伊

238 斯布兰德[①]先生最近受沙皇之命穿过那些鞑靼部落的国家前往中国时，她告诉莫斯科人说：莫卧儿人的上帝已经被逐出了天堂，但有朝一日他会重新回到他自己的位置上来。真正的上帝只有一个，甚至自然宗教本身也要求他本质上像他之强大有力一样，他也是善的和有智慧的。倘若有人说上帝毫无意识地活动，这也并不比主张他虽然具有意识但在其意识对象中却找不到善和正义的永恒规则，或者说他虽然有意志但却毫不顾忌这些规则，更加反乎理性和虔诚。

① 伊斯布兰德(Isbrand Ides，1657 或 1660—1708)，丹麦旅行家和外交官(一说英国旅行家和外交官)曾受沙皇彼得一世差遣出使中国，他这次远东之行的游记于1704 年在阿姆斯特丹出版。

178. 一些曾经就上帝对其受造物享有权利问题进行著述的神学家似乎也承认上帝具有一种无限制的权利，一种专断和暴虐的权力。他们认为，这样便将神性置放到能够设想的最崇高的层次上，而贬低受造物在造物主面前的地位，以致造物主对于受造物的制约可以达到不受任何种类法律限制的程度。在特维斯①、拉瑟福德和其他一些堕落前神选论者的著作中，有一些段落蕴含有上帝无论做什么都不可能犯罪的思想，因为他是不服从任何律法的。甚至培尔先生也认为这样一种学说极其荒谬，有悖于上帝的神圣性(《历史与批判辞典》，“保罗派”条，第2332页)。但我却宁愿设定，这些作家中有一些人的意图似乎并不像人们认为的那样坏。他们显然将权利这个术语理解成ανυπευθυνιαν，即任何一个人对其任何行为都不负任何责任的状态。但他们却并不否认上帝自己对善和正义要求他做的事情应当承担责任。关于这一点，人们可以查阅一下阿米劳特②先生《加尔文的护教学》一书，无疑，加尔文在这个问题上属于正统派，他绝不属于极端的堕落前神选论派。

179. 因此，如果培尔先生在什么地方说，圣保罗只是通过对上帝绝对权力的考察以及对其方法的不可理解性而使自己避免谈及前定，这就意味着人们一旦理解了它们，就会发现它们与正义是一致的，上帝也就不可能以别的方式来运用他的权力。圣保罗自

① 特维斯(Willian Twisse，1578—1646)，清教徒反阿明尼乌派神学家，所著《论上帝的权利与天道》1632年在阿姆斯特丹出版。

② 阿米劳特(Amyraut，1596—1664)，法国改革派神学家。其论著《加尔文绝对永罚教谕辩》1641年在索米尔出版。

已也说过，这虽然深奥，但却是一种有智慧的深奥(altitudo sapientice)，而正义也就包含在这个全智者的善(la bonté du sage)中。我觉得培尔先生在另一处(《对一个外省人问题的答复》，第81章，第139页)在论及我们的善的概念如何运用到上帝行为这
239 个问题时，讲得非常正确。他说道："在这个问题上，人们绝对不可以断言，无限存在的善根本不会与受造物的善遵守同样的规则。因为要是在上帝身上存在有一种堪称善的属性，一般善的标记也必定适用他。然而，如果我们对善进行最一般的抽象，我们便会从中发现行善的意志。如果人们按照自己的想法对这种一般的善进行划分和再划分成许多种类，如无限的善，有限的善，仁君的善，慈父的善，丈夫的善，教师的善，那就会发现在每个种类的善中都有行善的意志作为其不可分割的属性。"

180. 我还发现，培尔先生值得赞赏地反驳了那些断言善和正义仅仅依赖于上帝独断选择的人的意见；这些人还假设倘若上帝受到事物本身的善决定而活动，他在其活动中就会完全服从必然性，这是他的自由所不容许的。这是在将形而上学的必然性与道德的必然性混为一谈。培尔先生对这种错误做了如下的驳斥(《对一个外省人问题的答复》，第89章，第203页)："由这样一种学说我们能够得出的结论将是，在上帝决定创造这个世界之前，他没有看到美德中有什么东西好于恶习，他的观念也没有向他表明美德比恶习更值得他爱。这也不容许在自然权利和实在权利之间作出任何区别；在道德中也将不再有任何不可改变的或不可避免的东西；上帝也可能像命令人们行善那样命令人们作恶；而人们将无法

确定道德律是否有朝一日也会像犹太人的礼仪法规那样被全部取消。简言之，这就会将我们径直引向这样一种信仰：上帝是自由的造物主，不仅是善和美德的造主，还是万物的真理和本质的造主。事实上，这就是一些笛卡尔派所持的观点（参阅《再论关于彗星的各种思考》，第 554 页），我承认他们的观点在某些情况下也可能行得通。然而，这种观点由于众多的理由而颇受争议，并且也非常容易导致令人生厌的结论（参阅上引书，第 152 章），可以说，没有任何一个狂热的观点如此陷入难堪的境地。它敞开了通向最夸张其词的皮浪主义的大门。因为它倾向于断言，3 加 3 等于 6 这个命题只有在上帝喜欢它的场合和时间才是真的；它在宇宙的某些部分就可能是假的；也许到下一年它在人们之间也将是假的。凡依
赖于上帝自由意志的都只局限于某些地点和某些时间，就像犹太 240
教的礼仪法规那样。如果十诫的全部法规所命令的行为在本性方面与其所禁止的行为都同等地褫夺了所有的善，则这个结论就将扩展到十诫的全部法规上。”

181. 人们之所以说上帝在其决意按照他的样子创造人之后便不得不要求人类虔诚、节制、正义和纯洁，因为颠覆或打扰致使其作品的无序不可能使他高兴，这实际上就重新回到了流行的意见。美德之所以为美德只是因为它们有助于那些有美德的人完满或阻止其不完满，甚至能够有助于那些与有美德人士相关的人的完满或阻止其不完满。在上帝决定创造它们之前，它们便藉其本性以及理性受造物的本性而获得了这样一种能力。倘若主张另外一种不同的意见，就仿佛有人说有关音符的关系与和谐的规则是

音乐家随意杜撰出来的，因为它们只有在他们决定唱歌或演奏乐器的时候才在音乐中出现。但这恰恰是优美音乐必不可少的东西，因为那些规则甚至在尚没有人想到唱歌时，就在观念状态下属于音乐了，就被认为只要人们唱歌它们就必定属于音乐。同样，美德在上帝决定创造它之前，也就属于理性受造物的观念状态了。正是出于这样一个理由，我们才主张美德就其本性而言都是善的。

182. 培尔先生在《再论关于彗星的各种思考》中特别插入了一章（即第 152 章），以证明“基督宗教博士教导有一些事物在上帝决定之前即是正义的”。奥格斯堡信纲的一些神学家对一些似乎持不同意见的改革派神学家进行谴责；人们将这种错误视为绝对决定论的一种结果。绝对决定论这种学说似乎认为上帝的意志无需任何种类的理由，在这里意志抢占了理性的位置（ubi stat pro ratione voluntas）。但正如我在各种不同场合已经阐明的，即使加尔文本人也承认上帝的决定与正义和智慧相一致，尽管可以用来详细证明这种一致的种种理由并不为我们所知。因此，按照他的说法，善和正义的各种规则都是先于上帝的决定而存在的。培尔
241 先生在同一个地方援引了著名的特伦坦[①]先生在自然神法与实证神法之间所做的区分。道德法属于第一种，而礼仪律法则属于第二种。此前住在格罗宁根的一位著名神学家萨缪尔·德马雷[②]以

① 特伦坦（Turretin，1623—1687），意大利加尔文派神学家。有关进一步的信息，请参阅前面有关注释。

② 萨缪尔·德马雷（Samuel Desmarrests，1599—1675），法国抗议派神学家，南特赦令取消后移居荷兰。其代表作为《神学社团》，1645 年出版。

及目前还住在奥德河畔法兰克福的斯特里纳修斯[1]先生也倡导这样一种区分。我认为这是一种即使在改革派中也受到最广泛认可的意见。托马斯·阿奎那和所有托马斯主义者以及大多数经院哲学家和罗马教会的神学家也都持同样的意见。即使那些决疑论者也持这样一种观点，而在所有这些人中，格劳修斯是最杰出的一位。在这个问题上，他的所有的评论家都追随他的观点。普芬道夫[2]先生似乎持一种不同的意见，他置一些神学家的谴责于不顾而极力坚持他的主张。但对他无需特别在意，因为在这样一类问题上他并没有取得什么值得特别注意的进展。他在《随军巫师》(*Fecialis divinus*)一书中曾激烈反对过绝对决定论，但又认可了决定论拥护者的意见中最坏的内容，而按照改革派中其他一些人的解释，这样一种决定原本是可以容忍的。在正义问题上，亚里士多德非常正统，经院哲学家们则追随他的立场，他们像西塞罗和法学家们一样，在对一切人和在一切地方都有约束力的永恒法与只适用于某些时代和某些民族的实证法之间作出区分。我曾经兴致勃勃地读过柏拉图的《游叙弗伦篇》(*Euthyphro*)，他让苏格拉底在这个问题上站到真理一方，而培尔先生也同样注意到了这一段。

① 斯特里纳修斯(Strinesius，1648—1730)，德国改革派神学家，致力于调和路德派和改革派。

② 普芬道夫(Samuel von Pufendorf，1632—1694)，德国国际法专家、法理学家和历史学家。在《新教各派的同异》中致力于新教教会的统一，该著在其死后于1695年在卢比克出版。有关普芬道夫的其他信息，请参阅前面有关注释。

183. 培尔先生极力支持这条真理，尽管他的有关段落非常长，但将其整个地摘录下来还是很值得的（《再论关于彗星的各种思考》，第2卷，第152章，第771页及其下面各页）。他说道："依照无数重要作家的学说，在自然中和在一些事物的本性中存在有先于上帝决定的道德的善恶。他们主要是藉由与之相反的教条引申出来的可怕结论来证明这一学说。这样，倘若不冤枉任何一个人这个命题不是由于其自身而是由于上帝意志的专断安排才成为一个善行，那么，人们由此便可以得出结论说：上帝本来是能够给人一种与十诫诸诫条所有各点都正相反对的法律。这让人感到恐怖之至。但这里还有更为直接的证明，亦即来自形而上学的证明。有一件事是确定无疑的，这就是上帝的存在并非他的意志的一种结果。他之存在并不是因为他意欲他的存在，而是由于其无限本
242 性的必然性使然。他的能力和他的知识的存在也是由于同样的必然性使然。他之所以全能，之所以认识所有的事物，也不是因为他意欲如此，而是因为这些乃与之必然等同的属性。他的意志的辖域仅限于其能力的实施范围，他在自身之外所能施加的影响只限于他所意欲的对象，而任凭所有其余的东西都处于纯粹可能的状态。由此便可以得出结论说，意志的辖域只能扩展到受造物的实存，而扩展不到它们的本质的存在。上帝能够创造物质，一个人，一个圆，也可以让它们滞留于虚无之中，但他却不可能在不赋予它们必要特性的情况下产生出它们。他必定将人造成一个理性的动物，给一个圆以圆的形状，因为按照他的永恒的理念，人的本质不依赖上帝意志的自由决定，只在于其是动物性的和理性的特性，而一个圆的本质也不依赖上帝意志的自由决定，也只在于它之具有

圆周的所有部分距离圆心的距离相同。这就致使基督宗教哲学家承认事物的本质永恒以及存在有关于永恒真理的命题,从而事物的本质和第一原则的真理不可改变。这不仅应当被理解为是针对理论第一原则而言,而且也应当理解为是针对实践第一原则以及所有那些包含着受造物真实定义的命题而言。这些本质和这些真理与上帝的知识一样都是从本性的必然性中流溢出来的。因此,既然上帝存在、上帝万能、上帝具有关于万物的完满的知识凭借的是事物的本性,则物质、三角形、人及人的某些行为等,便也是凭借事物的本性而具有这样那样的必不可少的特性。上帝从所有的永恒性和必然性中看到了数字之间的本质关系,也看到了包含着每一件事物的本质的命题中主谓项的同一性。他同样也看到了正义这个词包含在这样一些命题之中:尊重可尊重者,感激自己的施主,履行契约的规定以及其他许多有关道德的命题。因此,人们可以非常正当地说,自然法的规定假设了所规定内容的合理性和正义,践履其所包含的内容乃人的义务,即使上帝极其任性以至于在这方面并未作出任何规定。请大家注意,倘若我们在思想上返回
到上帝尚未作出任何决定的那个理念时刻,我们便会在上帝的理 243
念中发现蕴含在那些意指义务的语词中的道德原则。我们认为这些原则是确定不移的,源于永恒不变的秩序:这适合于理性受造物遵照理性行事;依照理性行事的理性受造物应当受到赞扬,而不依照理性行事的理性受造物则应当受到谴责。没有谁敢于否认,这些真理当与所有那些依照严格理性的行为有关时就要求人们承担一种义务,例如人们必须尊重所有值得尊重的人;人们必须以善报答善;人们绝对不能冤枉任何一个人;人们必须尊重父亲;人们必

须将每个人应该得到的东西给予每个人，等等。然而，既然藉事物的本性本身，并且在神法之前，道德真理就使人承担了一些义务，托马斯·阿奎那和格劳修斯便十分正当地说道，哪怕没有上帝，我们也还是有义务照自然法行事。也有一些人说，即使现实存在的理性存在者都灭亡了，真命题也依然为真。卡耶坦[1]也主张，即使宇宙中所有别的事物都无一例外地灭绝，唯独他还存在，他所具有的有关玫瑰本性的知识仍将继续存在。"

184. 莱比锡已故著名教授雅各布·托马修斯[2]在其对耶拿的教授丹尼尔·斯塔尔[3]的哲学规则的注释中曾作出过恰如其分的评论，认为完全超越上帝是不可取的，人们绝对不能像斯多葛派那样说，永恒真理即使没有理智，甚至没有上帝的理智也依然能够存在。因为在我看来，正是上帝的理智将实在性赋予了永恒真理，尽管上帝的意志并未参与其间。所有的实在都必定建立在某种存在的事物之上。诚然，一个无神论者也可以是一个几何学家，但要是没有上帝，几何学就不可能有任何对象存在。而且，要是没有上帝，不仅不可能有任何实存的事物，而且也不可能有任何可能的事物。然而，即使对那些并未看到万物相互联系及其与上帝的联系

① 卡耶坦(Cajetan，1468 或 1469—1534)，意大利托马斯派神学家。曾著有《神学概要》和《托马斯·阿奎那〈神学大全〉评注》等著作。其他有关信息，请参阅前面有关注释。

② 雅各布·托马修斯(Jacob Thomasius，1622—1684)，莱比锡大学哲学与道德教授，莱布尼茨大学低年级学习时的老师，曾为莱布尼茨的学士论文《个体性原则的形而上学论辩》作序。

③ 丹尼尔·斯塔尔(Daniel Stahl，1589—1654)，哲学家与逻辑学家，《哲学准则解释》一书的作者。该著 1662 年在耶拿出版，1663 年在牛津出版。

的人来说，这也构不成任何障碍，他们在看不到其寓于上帝之中的第一源泉的情况下，仍能够理解一些科学。亚里士多德虽然说不上认识这种源泉，但也说出了一些与此非常接近的同一类型的话。他承认知识的个体形式的原则依赖于一种更高级的知识来为它们 244
提供理由。而这种更高级的知识必定是以存在，从而必定是以作为存在源泉的上帝为其对象的。柯尼斯堡的德赖尔[①]先生正确地评论道，亚里士多德所追求的、他称之为την ζητουμενην的真正的形而上学，即他的可意欲者(desideratum)，是神学。

185. 然而，正是这个培尔先生说了那么多值得称赞的话，以证明善和正义的规则以及一般意义上的永恒真理都是藉自己的本性而存在，而不是藉上帝专断选择而存在，但在另一个段落里(《再论关于彗星的各种思考》，第2卷，第114章结尾处)，在谈到这些问题时却又踌躇不决。笛卡尔先生及由其追随者所组成的一个派别主张上帝乃真理和本质的自由原因。培尔先生在对他们的这样一种意见作出一种说明之后，又补充说道(第554页)："我已经竭尽全力，以便对他们的这样一种学说获得真正的理解，进而找到解决与其相关的种种困难的办法。我坦率承认，我依然对之不明根底。但这并不能使我气馁。我像其他哲学家在其他情况下一样，也设想时间将会澄清这一高贵悖论的内在含义。我期望马勒伯朗士神父甘愿对这一悖论进行辩护，但他却走上了另外的道路。"怀

① 德赖尔(Dreier，1610—1688)，哲学家与神学家，德国柯尼斯堡大学哲学与神学教授。所著《亚里士多德第一哲学的睿智》1644年出版。

疑的乐趣怎么可能如此左右一个才华出众的人士，使他希望有能力相信两个对立面仅仅因为上帝的禁止而永远不可能并存，但上帝原本却是能够给它们下一道命令使它们永远并存呢？实际上确实存在有这么一个高贵的悖论！马勒伯朗士另辟蹊径确实彰显了其伟大的智慧。

186. 我甚至无法想象，笛卡尔先生竟然十分严肃地持这样一种意见，尽管他让其信徒觉得他的意见能够轻而易举地相信，并且天真地追随他到他打算去的任何地方。这显然是他设下的骗局之一，是他的哲学手段之一。他为自己准备好了脱身之计(quelque échappatoire)，就像当年为了否认地球运动而找到一种骗局那样，但在最严格的意义上，他那时却是一个哥白尼主义者。我怀疑，在这里他心里想的是另外一种异乎寻常的属于他自己发明的言说方式，这就是说，肯定和否定以及所有一般的内在判断都无非是意志的运作。通过这样的技巧，直到笛卡尔时代一直被称作上帝理智对象的永恒真理便突然转换成了上帝意志的对象。然而，上帝的意志活动是自由的，所以，上帝即是真理的自由原因。这便
245 是问题的结局。你们自己去验证吧！(Spectatum admissi)[①]词语含义的微小变动竟造成全面骚动。但倘若对必然真理的肯定是最完满心灵的意志行为，这些行为便不可能是任何别的东西，而只能是自由，因为在这种情况下别无选择。笛卡尔先生似乎并未充分说明自由的本性，他的自由概念有点非同寻常；因为他将其引申得

① 贺拉斯：《诗艺》，5。

很远，以致他甚至认为对必然真理的肯定在上帝身上也是自由的。这就使得自由概念徒有其名。

187. 培尔先生附和其他一些人的意见，将这种自由设想成一种中立的自由，断言上帝不得不建立（举例说）数的真理，规定三乘三等于九，但他本来是能够命令它们等于十的。他以这样一种莫名其妙的意见想象为其进行辩护是可能的，从中可望获得某种优越于斯特拉托派的东西。斯特拉托①是亚里士多德学派的领袖之一，是狄奥弗拉斯图②的继承人。据西塞罗记载，他主张这个世界由于自然或者由于一种没有认识能力的必然原因造成现在这个样子。我承认，倘若上帝事先这样造成物质，从而能够仅仅通过运动规律形成这样一种结果，事情原本是这样发生的。但倘若没有上帝，甚至就根本不会有存在的任何理由，更不要说有关任何一件特殊事物存在的理由了。这样，人们就根本无需担心斯特拉托的体系了。

188. 尽管如此，面对这样一个问题，培尔先生也困难重重。

① 斯特拉托（Strato，卒于公元前269年），古希腊哲学家，自公元前286年起，继狄奥弗拉斯图之后担任逍遥派（吕克昂学园）第二任领袖。他从亚里士多德的物理学中剔除了目的论，从而扫清了培尔和休谟称之为“斯特拉托无神论”的道路。有关他的其他信息，请参阅前面有关注释。

② 狄奥弗拉斯图（Theophrastus，约公元前370—约前288），博学的亚里士多德派哲学家。亚里士多德的学生、合作者，作为吕克昂的首要人物成为亚里士多德的后继者。其著作流传下来的有《植物研究》、《植物的起因》、《论感性知觉》、《品格论》。其思想是经验主义的和研究性质的，他修改了亚里士多德研究中一些较为思辨的方面。

他不愿意承认卡德沃思[①]先生与其他一些人所倡导的无意识的可塑的自然(le natures plastiques)，担心现代斯特拉托派即斯宾诺莎主义者从中渔利。这致使他陷入与勒克莱尔先生的争辩之中。由于受主张一种无理性的原因(une cauce non intelligence)在技巧或机械装置(l'artifice)出现的地方产生不出任何事物这样一种错误观念的影响，他根本不承认我所说的以自然方式产生动物器官的预成，同样也不承认由上帝置放进躯体之中的前定和谐体系，但正是这种前定和谐使躯体按照它们自己的规律相应于灵魂的思想和意志。但他本来应当说明，这种在植物的种子内和动物的精液中产生出如此美妙的事物并且按照意志的命令完成躯体活动的无理性的原因，是藉上帝之手形成的。而上帝比起钟表匠来，其技
246 术要无限精巧，尽管一个钟表匠也能够造成机械和自动装置，使之产生出奇妙的结果，仿佛它们具有意识似的。

189. 现在，我们讨论培尔先生对斯特拉托派的担心，只要人们承认真理不依赖上帝的意志，他似乎便害怕斯特拉托派利用永恒真理的完满性规则来反对我们。因为这些规则只产生于事物的本性和必然性，而不接受任何意识的指导。培尔先生担心，人们会像斯特拉托派那样从中得出结论说，世界也能够通过一种盲目的

---

① 卡德沃思(Ralph Cudworth，1617—1688)，英格兰神学家和伦理哲学家，对剑桥柏拉图派哲学进行过系统阐述。先后担任剑桥大学研究员、剑桥克莱尔学院院长、索默塞特的北卡德伯里教区长、剑桥基督学院院长等职。著有《论最后晚餐之真正意义》、《基督和教会的结合》、《真正理智的宇宙体系》、《论永恒不变的道德》。在《真正理智的宇宙体系》中，他提出了“可塑的自然”或“有塑造力的自然”的概念。参阅索利：《英国哲学史》，段德智译，陈修斋校，山东人民出版社 1992 年版，第 93—98 页。

必然性而成为有规则的。但这个问题却并不难回答。在永恒真理领域之内能够发现一切可能性,从而既能发现不规则的可能性也能发现规则的可能性。所以,便必定有一个用来解说秩序和规则何以优先的理由,但这一理由却只能够在理智之中找到。再者,这些真理本身也不可能在没有认识它们的理智的情况下享有存在。因为倘若没有它们在其中得以实现出来的上帝的理智,可以说,它们也不可能存在。因此,斯特拉托并未如愿以偿,将意识从进入事物根源之中的东西排除出去。

190. 培尔先生所设想的有关斯特拉托方面的困难有点过虑和牵强附会。这也就是人们所谓"杞人忧天"(timere, ubi non est timor)。他也因此而制造了另外一个困难,几乎没有什么根据,这就是:上帝将服从一种命运。其原话如下(第 555 页):"如果它们是有关永恒真理的命题,它们是藉其本性而非通过上帝的设立成为如此这般的,如果它们并不是经由上帝意志的自由决定而成为真的,而是相反,是由于此乃它们的本性而承认它们必然为真,那就存在有一种他所服从的命运,存在有一种绝对的不可超越的自然的必然性。由此便可以得出结论说,处于其观念无限性之中的上帝的理智始终并且从一开始便发现它们与其对象完全一致,根本无需任何意识的指导。因为倘若有人说任何一个典范因(cause exemplaire)都服务于上帝理智的行为计划,这就自相矛盾。人们循此道路永远发现不了永恒观念,永远发现不了任何第一理智(première intelligence)。因此,人们必须说,一种必然存在的本性总是能够找到它的道路,根本无需得到任何指引。在这种情况

下，我们究竟怎样才能克服斯特拉托派的顽固思想呢？”

191. 这个问题也同样不难回答。这种甚至约束上帝的命运不是别的，无非是上帝自己的本性，无非是向他的智慧和他的善提供规则的上帝自己的理智。这是一种幸福的必然性，倘若没有这
247 种必然性，那上帝就既没有善也没有智慧了。人们难道希望上帝既不完满也不幸福吗？难道我们的那样一种使我们容易招致失败的状态值得嫉妒吗？倘若我们可以做主，难道我们不应当心甘情愿地将这样一种状态转换成一种无罪状态吗？如果有人意欲这样一种毁灭自己的自由，如果有人怜悯神灵没有这样一种自由，人们实际上便必定感到厌烦。培尔先生自己在另外一处也利用这些理由反对那些将一种夸大了的自由吹捧上天的人，这些人当其使意志不依赖于理性时便认定自由即存在于意志之中。

192. 再者，培尔先生感到诧异的是，“处于其观念无限性之中的上帝的理智始终并且从一开始便发现它们与其对象完全一致，根本无需任何意识的指导”。这条异议空洞无物，毫无价值。每个清楚明白的观念都由于其清楚明白而与其对象相一致，只不过在上帝身上只有清楚明白的观念罢了。再者，除非在最初时，任何地方都没有对象存在，但只要有对象存在，它就会是按照这个观念形成的。此外，培尔先生也非常清楚地知道，上帝的理智根本无需时间就能看到事物之间的联系。推理的整个链条都以卓越的形式存在于上帝身上，而且，在上帝理智之中也像在我们的理智之中一样，它们之间都保持着一种秩序。只不过在上帝那里只是一种本

性的秩序和在先性，而在我们身上则有一种时间的在先性。因此，人们大可不必诧异，能够一举洞察万物的上帝始终能够一开始即捕捉到事情的真相。而且，人们也绝对不能说上帝是在没有得到任何认识指导的情况下一蹴而就的。正相反，他的意志活动之所以如此完满，正是由于他的知识完满的缘故。

193．至此，我业已证明，上帝的意志并不独立于智慧的规则，尽管实际上这个问题一直让人们争论不已，为这样一条如此伟大又充分确立起来的真理大动干戈着实让人惊奇不已。但差不多同样让人惊奇的是，还有些人认为上帝只在一定程度上注意到了这些规则，从而并未选择最好者，尽管他的智慧也使他认识到这一点。一句话，还有一些作家认为上帝还能把事情做得更好。这差不多有点像著名的卡斯蒂利亚国王阿方索[①]所犯的错误。阿方索曾经被几位选帝侯选为罗马皇帝，他提议创作了以他的名字命名
的天文图。据说他曾经说过，倘若上帝在创造世界时向他咨询一 248
下，他会向上帝提出一个很好的建议。显然，这位国王对当时占统治地位的托勒密体系并不满意。因此，他认为既然一些设计得更好的事物本来能够造出来，从而他也就是正确的。但如果他当时已经知道了哥白尼体系以及开普勒现在藉行星重力知识所做的种种发现，他实际上也会承认真正体系的设计是美妙绝伦的。因此，

① 阿方索十世(Alfonso Ⅹ，1221—1284)，费迪南德三世之子，1252—1284 年为卡斯蒂利亚和莱昂的国王。他长于立法，编有《七法全书》，但不善于理政。他不惜劳民伤财，一心想作日耳曼国王和神圣罗马帝国皇帝。他虽然于 1257 年如愿当选日耳曼国王，但教皇不予承认。最后，他在内讧中死去。

我们看到，在这里问题只在于美妙的程度不同而已。阿方索国王主张更好的东西本来就能够做出来，从而他的意见遭到了各方面的指摘。

194. 然而，哲学家和神学家们竟敢武断地支持这样一种信念。我不止一次感到诧异的是，一些具有才华的虔敬的人竟为上帝的善和完满性设定界限。因为倘若断言上帝知道何为最好者，他本来能够造出最好者但他却并没有去造，这也就等于承认是否使这个世界比现在更好完全取决于上帝的意志，但这也就是人们所谓缺乏善。而这也恰恰是在违背我们前面已经援引过的那条原理行事：小善具有恶的本性。倘若有人依据经验证明上帝本来能够做得更好，他们也就使自己成为上帝作品的可笑批评者了。对于这号人可以像给予所有那些谴责上帝行为方式的人那样作出答复，后者也是从同样的假设，即从世界的所谓缺陷出发断定存在有一个恶的上帝，或至少存在有一个介于善恶之间的中性的上帝。倘若我们持阿方索国王那样一种意见，我可以说，我们便会得到如下的答复：你们认识这世界才不过三天，你们看到的差不多只是你们鼻尖下面那么一块地方，但你们竟对整个世界吹毛求疵。等到你们更多地认识了这个世界，尤其是考察过构成一个完全整体的各个部分（一如考察一个有机体那样）之后，你们便会发现存在有一个超乎所有想象的精巧和美。让我们由此得出万物造主具有智慧和善这样的结论，甚至在我们尚不认识的事物上也是如此。我们发现宇宙中也有一些事物我们并不喜欢，但我们应当意识到整个宇宙并不仅仅是为我们造的。不过，如果我们具有智慧，也可以

说这个宇宙是为我们而造的，只要我们用它为我们服务，它就将服务于我们，只要我们希望在其中得到幸福，我们就会在其中享福。

195. 也有人会说，造出一个最好的世界是不可能的，因为根 249
本不存在任何完满的受造物，从而创造更为完满的受造物是完全可能的。我则回答说：用来言说一个受造物或一个特殊的实体的话并不适合于用来言说整个宇宙，因为一个受造物或一个特殊的实体是始终能够为另一个受造物或一个特殊的实体超过的，但整个宇宙由于其必定扩展到整个未来的永恒，从而是一种无限。再者，即使在最微小的物质微粒中也存在有无限数目的受造物，因为对连续体的现实划分趋于无限。而无限者，作为无限数量的实体的集合，严格地讲，并不构成一个整体，正如无限数目本身那样，我们不能说它究竟是偶数还是奇数。这一点恰恰可以用来驳斥将世界看成一个上帝或者将上帝说成是世界灵魂的人；因为世界或宇宙不能够被看作一个动物或一个实体。

196. 因此，这里关涉的不是一个受造物的问题，而是整个宇宙的问题。因此，我们的对手将不得不主张一个可能的宇宙可能比另一个更好，由此推论下去以至无穷。但他因此而陷入一个错误，即他不可能对此作出证明。倘若这种意见为真，那就可以得出结论说，上帝根本没有创造出任何一个宇宙，因为他不可能毫无理由地行动，甚至反乎理性行动。这就好像人们在假设上帝决定创造一个物质性球体，却没有任何理由决定其具有任何特殊的尺寸。这样一个决定就将是无用的，因为它自身即包含着阻止其产生结

果的阻力。倘若上帝决定从一个给定的点画一条直线达到另一个给定的直线，无论在其决定中还是在其伴生情况中都没有确定这个角，那就要另当别论了。因为在这种情况下，这种确定性是由事物的本性产生出来的，如果这条线是一条垂线，则这个角就将是一个直角，因为这一切都是确定无疑和辨认得出来的。由此，人们便必然想到所有可能宇宙中最好宇宙的创造，因为上帝不仅决定创造一个宇宙，而且还进而决定创造所有可能宇宙中那个最好的宇宙。这是因为他倘若不认识这一切便不会做出任何决定，他也不可能做出任何一个漠不关心的决定[①]，这样一种漠不关心的决定无非是意志的一种前件行为。对此，我们在前面已经充分地解释过了，它们完全有别于上帝的真正的决定。[②]

197. 我在罗马结识的狄罗伊斯[③]先生，是红衣主教德艾斯特
250 雷斯[④]的神学家，曾写过一本题为《支持基督宗教的证据与假设》的书，1683 年在巴黎出版。培尔先生曾援引狄罗伊斯先生提出的异议（《对一个外省人问题的答复》，第 3 卷，第 165 章，第 1058 页）。狄罗伊斯说道："这里还存在有一个困难，解决这一困难的重

① “漠不关心的决定”的原文为“décrets détachés”，英译本将其译作“separate decrees”。“détaché”与“separate”虽然都有“分开的”、“分割的”和“不连接的”含义，但“détaché”却另有“冷淡”、“漠不关心”这一重要含义，而“separate”则另有“不同的”、“各别的”、“单独的”、“独立的”和“孤独的”这些重要含义。两者之间似乎小有差别。

② 参阅莱布尼茨：《单子论》，第 53 节。

③ 狄罗伊斯（Diroys，1620—1690），法国天主教神学家。莱布尼茨所提到的他的著作的全称是《基督教和天主教反对虚假宗教与无神论的证明与偏见》。

④ 红衣主教德艾斯特雷斯（Cardinal d'Estrées，1628—1714），主要负责路易十四在罗马的使命和协商或谈判事务。

要性并不亚于前面那些困难，因为它给那些藉建立在最纯粹和最崇高的原理基础之上的思考来判定善恶的人造成的麻烦更多。既然上帝是至上的智慧和善，所以，在他们看来，上帝就应当像有智慧有德性的人们所希望的那样去做一切事情，遵循上帝刻印在他们上面的智慧和善的规则去做一切事情，而且，上帝还应当像他们那样，只要事情取决于他们，他们便迫使他们自己去做这些事情。既然世界上的种种事情，按照他们的意见，并不像它们可能进行的那么顺利，也不像他们参与其间将会进行的那么顺利，于是，他们便得出结论说：比他们无限善良和无限智慧的上帝，或者毋宁说就是智慧和善本身的上帝，其实并不关心这些事情。”

198. 狄罗伊斯先生对此曾做过一些恰当的评论，在这里我将不予赘述，因为我已经在不止一个段落里对这一异议作出了相当充分的答复，而这也一直是我的整个论述的首要目的。但他提出的某些看法我却不能苟同。他声称，这一异议能证明太多的东西。我们必须再次依据培尔先生（第 1059 页）援引狄罗伊斯先生的话：“倘若至上的智慧和善不能理所当然地做出最好的和最完满的事情，那就可以得出结论说，一切存在者都将永恒不变地和本质地尽可能完满和善。因为倘若不从一种较差的状态过渡到一种较好的状态或从一种较好的状态过渡到一种较差的状态，任何事物都不可能发生改变。然而这种情况根本不可能出现，因为上帝如果能够做最好的或最完满的事情而他却不去做并不是理所当然的。因此，所有的存在者都将必定永恒地和本质地充满上帝能够赋予它们的完满的知识和美德。鉴于此，凡永恒地和本质地像上帝那样

完满的存在者本质上都来源于上帝；简言之，都永恒地和本质地像上帝那样善，从而也就像上帝那样是上帝。这便是这条原理的内涵，不将事物制造得尽可能善和完满将与至上的正义和善相抵触。摒弃所有那些与之全然抵触的东西对于本质的智慧和善是本质的和必要的。因此，人们必须像有关上帝对于受造物的行为的第一真理那样来断言，将事物造得没有它们所能达到的那么完满，或者说允许受造物或完全不再是其所是或发生改变和变坏，这样一类
251 事情都不与上帝的至上的善和智慧相抵触。这并没有冒犯上帝，因为除上帝外还有其他存在者，而这些存在者能够不是其所是，能够不做它们做的事情，或者说能够做它们不做的事情。”

199. 培尔先生虽然称这个答复毫无价值，但我却觉得他对异议的反驳也同样如此。培尔先生使那些主张两项原则的人士首先依据上帝至上自由这一假设来表明立场。因为倘若上帝被迫创造他能创造的一切，他也就创造了罪与悲伤。因此，倘若事物的独一原则既倾向于善也倾向于恶，则二元论者便无法由恶的存在推演出与原则独一性相反的东西。但培尔先生在这里将自由概念向前推进得太远了：因为即使上帝是至上自由的，我们也不可能得出结论说：他持一种均衡的中立立场（une indifference d’équilibre）。而且，即使他倾向于活动，我们也不可能由此得出结论说，他为这样一种倾向所强迫而创造所有那些他能创造的东西。他将只创造他所意欲的东西，因为他的倾向只推动他向善。我也承认上帝具有至上的自由，但我不能因此而将之与均衡的中立立场混为一谈，仿佛他能毫无理由活动似的。因此，狄罗伊斯先生想象二元论者

极力主张单一的善的原则创造不出恶，这显然言过其实。因为照狄罗伊斯先生的看法，依据同样的理由，他们还应当进而要求上帝应当创造最大的善，而较小的善即是一种恶。我则认为二元论者在第一点上是错误的，但在第二点上却是正确的，狄罗伊斯先生在第二点上指责他们是毫无道理的。毋宁说，人们能够将恶或较小的善在某些部分与整体上的最好者协调一致起来。倘若二元论者要求上帝应当做最好者，他们的要求并不为过。他们错就错在他们要求整体上最好者在其各个部分都不应当有恶，从而认定上帝所造的并非最好者。

200. 但狄罗伊斯先生却主张，倘若上帝（Dieu）始终创造最好者，他就会创造另外一些神灵（autres dieux）；否则，他所创造的每个实体便既不可能是最好的，也不可能是最完满的。但他搞错了，因为他没有考虑到事物的秩序和联系。倘若每个实体单个地看都是完满的，则所有的实体就都会差不多。这既不合适也不可能。倘若它们都成了神灵，那就根本不可能将它们产生出来。因此，事
物的最好体系将不包含上帝。它将始终是一个由物体（也就是说，252
在其中事物都是依据时间和场所进行安排的）和灵魂组成的体系，灵魂表象和认知着物体，物体据此在很大程度上受到灵魂的指引。既然一栋楼房在其目的、开支和环境方面的设计全都是最好的，既然呈现在你面前的各种物体的一些图像安排也是所能发现的最好的，我们也就同样可以想象，宇宙的某个结构可能是所有结构中最好的，但它却并非因此而成为一个神。事物之间的联系和秩序使每个动物和每种植物都由其他动物和其他植物组成，或者由其他

有生命的和有机的存在者组成。从而，其间也就存在有一种从属关系，一种物体、一个实体服务于另一种物体、另一种实体；如是，它们的完满性便不可能完全相等。

201. 培尔先生认为（第 1063 页），狄罗伊斯先生混淆了两个不同的命题。按照其中一个命题，上帝必须按照智慧和道德的人们所希望的应然模式那样，也就是按照上帝已经刻印在他们身上的智慧和善的规则去做所有被做的事情，就像如果这些事情依赖他们的话，他们就迫使他们自己去做这些事情。另外一个命题在于，倘若不能做最好的和最完满的事情便不符合至上的智慧和善。按照培尔先生的意见，狄罗伊斯先生将第一个命题设定为他自己的异议，而只回答第二个命题。但在我看来，他这样做是非常得体的。因为这两个命题是密切相关的，其中第二个命题无非是第一个命题的结论：一个人做得没有其能够做到的那么善，这也就意味着他缺乏智慧和善。成为最好者，与成为最道德和最有智慧的人们所欲求的，其实是一回事。而且，人们还可以说，倘若我们理解宇宙的结构和组织系统，我们就将发现，它是像最智慧和最道德的人们所希望的那样造成并且受到治理的，因为上帝不能不这样做。尽管这种必然性只具有一种道德的本性，而且，我也承认，倘若上帝为一种形而上学的必然性所迫，去创造他所创造者，他就或是将所有可能的事物统统创造出来，或是干脆什么也不创造。从这个意义上讲，培尔先生的结论无疑是完全正确的。但既然所有可能
253 的事物在同一个宇宙序列中不可能完全兼容，由于这样一种理由，所有可能的事物便不可能统统都创造出来，从而我们就必须说，上

帝并不是在形而上学的意义上被迫去创造这个世界的。人们可以说，一旦上帝决定创造某种事物，在所有可能性之间，在所有那些希望存在的事物之间便存在有斗争，而那些由于它们关联在一起能够产生最大实在、最大完满性、最大意义的事物便获得胜利。诚然，所有这些斗争都只是观念性的，也就是说，这些斗争都只能是存在于最完满的理智之中的各种理由之间的冲突，最完满的理智不可能不以最完满的方式活动，从而不可能不选择最好的。然而，上帝却由于道德的必然性而必然以不可能更好的方式创造事物，否则，不仅其他事物有理由来批评他所创造的东西，而且，更有甚者，连他自己也会对自己的工作不满，会为其不完满而自责。同时，这也有违作为上帝本性的至上幸福。而他对自己错误或不完满性的这样一种持续不断的感觉将是他忧伤的不可避免的根源，一如培尔先生在另外一个场合(第 953 页)所说的那样。

202.狄罗伊斯先生的证明包含了一个错误的假设。他说，除非从一种较差的状态过渡到一种较好的状态或者从一种较好的状态过渡到一种较差的状态，否则，任何一种变化都不可能发生。因此，如果上帝创造了最好的，他所创造的东西便不可能改变，从而也就成了一种永恒的实体，成了一个神。但我却看不出一件事物为何在不改变其等级的情况下便不可能改变其善恶的种类。在从音乐享受向绘画享受的过渡中，或者相反，在从视觉享受向听觉享受的过渡中，享受的等级虽然可能一样，但后一种享受除新鲜感外却并不比前一种享受占有优势。如果圆的方形能够实现或者方的圆形能够实现(两者是一回事)，也就是说，如果一个圆能够变成同

样大小的方形，那么，如果不考虑某种特殊的应用，整个地看，就很难说人们究竟是有所得还是有所失。由此可见，最好的可能会变成另外一种东西，它既不会有所不及，也不会有所过，但在它们之间却始终有一种秩序，即所有可能秩序中最好的秩序。如果就事物的整个序列看，最好者是没有任何对等的东西的，但这个序列的一个部分却可以与这同一个序列的另一个部分对等。此外，我们还可以说，趋于无限的事物的整个序列可以是所有可能序列中最好的，尽管在整个宇宙中，在时间的每个阶段所存在的事物并非是最好的。因此，如果万物的本性不允许同时达到最好者，那么这个
254 宇宙便很可能甚至变得越来越好。但这些是我们很难做出判断的难题。

203. 培尔先生说（第 1064 页），上帝能否创造比其所创造的更为完满的事物，这个问题也非常难以回答，无论赞同还是反对的理由都很有力。但在我看来，这似乎也就是人们提出的上帝的行为是否遵循最完满的智慧和最伟大的善这样一个问题。这实在让人感到莫名其妙，人们竟只要稍微变更一下语词就可以将人们只要恰当理解任何事物都能一目了然的问题抛入疑云。反方的理由是没有任何力量的，因为它只是以表面上的缺陷为基础。而培尔先生的异议试图证明最好者的规律将把一种真正的形而上学的必然性强加给上帝，这只不过是由滥用术语产生出来的一种幻觉而已。培尔先生此前曾主张一种不同的意见，那时，他曾推荐马勒伯朗士神父的意见，在这个问题上与我的意见非常接近。但培尔先生在著文反对马勒伯朗士之后，改变了自己的意见。我猜想，随着

年龄的增长，其怀疑论倾向也逐渐加强，从而导致了这样一种结果。阿尔诺先生无疑是一位伟大的人物，他的权威分量很重，他在反对马勒伯朗士的论著中发表了许多极好的看法，但他反对这位神父在最好者规则这个问题上与我类似的说法却是缺乏正当理由的。

204.《真理的探求》的卓越作者在从哲学转向神学之后，最终出版了一部值得赞赏的著作《论自然与恩典》。在这部著作中他以自己的方式证明，一如培尔先生在《关于彗星的各种思考》第 234 章所解释的，由普遍规律的强制中所产生的种种事件并非上帝特殊意志的对象。诚然，当人们意欲一件事物的时候，他在一定意义上也就意欲必然伴随发生的一切，这样，上帝便不可能意欲普遍规律而不意欲在某种意义上必然随之产生的所有特殊后果。但始终确实无疑的是，这些特殊事件并非由于它们自身的缘故而被意欲，而这也就是人们所说的它们并非为一种**特殊的**和直接的**意志**所意欲的意思。毫无疑问，当上帝决意对外采取行动的时候，他选择的是一种配得上至上完满存在的行为方式，也就是说，它虽然无限单纯和一致，但却具有无限的多产性。人们甚至可以假设，这种意志 255
普遍行为的行为方式比另外一种行为方式对他更为合适，更为复杂，也更为符合规则，尽管从中必定会产生出一些多余的事件（我还可以补充说，倘若孤立地看甚至是恶的事件）。这些即是马勒伯朗士神父的意见。再没有什么东西比这样一种假设（按照培尔先生的意见，那时他正在写作《各种不同的思考》）更适合于解决针对上帝运筹提出的成千上万的困难了。他说道："质问上帝为何造出

那么多使人变得更加邪恶的事物，也就是质问上帝为何用一种最简单和最一致的方法来实施他的那个只能够是无限美好的计划，为何他没有用相互无休止冲突的复杂决定来阻止人们滥用人的自由意志。”他还补充说：“作为特殊意志的奇迹必定有一个值得上帝期待的目的。”

205. 他在这些基础之上对那些抱怨恶人享福的人的不公正态度作出了一些精辟的反思(第 231 章)。他说道：“我将毫无忌惮地说，所有那些对恶人享福感到惊奇的人对上帝的本性都缺少默思，他们将治理万物的原因的责任贬损到一个完全从属的运筹的范围。真可谓心胸狭窄！那又怎么样呢？上帝在将自由的原因和必然的原因结合得无限适合于展现其无限智慧的奇迹之后，难道还要让他建立起与自由原因的本性相一致却又缺乏坚固性的法律，以致招致一个人哪怕最微不足道的烦恼都将使所有的法律全部颠覆，人的自由也荡然无存吗？倘若一个城市的治理者因有人私下抱怨他而不时地改变他的规定和命令，他便会因此而成为人们嘲笑的对象。上帝的律法涉及的善如此普遍，我们所看到的世界的一切只不过是它的一个微不足道的附件而已，难道上帝也一定要因他们今天不喜欢这个、明天不喜欢那个而背离他的律法吗？还有，一个迷信的人因其错误地认为怪胎预兆着致命的灾难，难道就应该从他的错误发展到犯罪的牺牲行为吗？倘若一个善良的灵
256 魂，因其不够充分珍视美德以至于认为美德的缺失本身即是足够的惩罚，就应该为恶人富有并享受精力充沛的健康而震惊不已吗？难道人们对普遍运筹还能够形成任何比这些更错误的概念吗？每

个人都同意,强者战胜弱者这一自然法的提出非常智慧,倘若有人主张当一块石头落到其主人非常喜爱的一个易碎的瓶子上时,上帝便应当背离这条法则,以免这瓶子的主人烦恼,这人会显得多么可笑。因此,人们难道就不应当承认,倘若有人主张上帝为了防止一个恶人因抢劫一个善人而致富而必须背离同一条法则,不也同样可笑吗?恶人越是置良心和荣誉感的呼唤于不顾,他在力量方面便越是超出善人,以至于他一旦抓住善人,就会依据自然法置善人于死地。再者,倘若他们两个人都从事财政金融事业,按照同样的自然法,这个恶人就必定比那个善人更容易致富,一如熊熊大火比细火要耗费更多的木材一样。那些希望恶人生病的人,有时就像那个希望一块石头掉在一块玻璃上而不会将玻璃砸碎的人一样,是不公正的。因为恶人的身体器官安排的,无论是他摄取的食物还是他吸进的空气,按照自然法则,都不可能损害他的健康。因此,那些抱怨恶人身体健康的人其实是在抱怨上帝不背离他所建立的这些法则。在这方面,他们全都不公正,因为藉仅仅存在于上帝能力中的结合和连接,自然进程便足以常常导致对罪的惩罚。”

206. 极其可惜的是,培尔先生如此迅速地偏离了他已经如此幸运地踏上的道路,为了天道(la Providence)进行推理。他的工作原本可以硕果累累,他原本可以藉他的精彩言论道出许多善的理论。我赞同马勒伯朗士神父的意见,上帝以最配得上他的方式行事。但关于“上帝意志的一般的和特殊的行为”问题,我比他向前走得更远。既然上帝不可能毫无理由地做任何事情,即使他在施行奇迹时也是如此,那我们便可以得出结论说,他在实施个别事

件时所具有的意志也无非是由某种普遍真理或普遍意志产生出来的东西。因此，我可以说，上帝绝不会具有像这位神父所理解的那样一类特殊意志，也就是说，上帝绝不会具有一种原初的特殊意志。

207. 我认为，从一个方面看，即使奇迹也没有什么区别于其
257 他事件的东西，因为上帝是为一种高于自然秩序的秩序的理由所推动而实施奇迹的。因此，我不会附和这位神父的意见，认为只要为秩序所需要，上帝就会背离普遍规律。因为他之所以背离一条规律，只是为了另外一条更适合的规律，而秩序所要求的东西不可能不与秩序的规则相一致，但秩序的这种规则即是一种普遍规律。严格意义上的奇迹的特殊标志在于它们不可能由受造事物的本性加以解释。这也就是上帝为何在制定一个致使物体相互吸引的普遍规律时，只能藉持续不断的奇迹实现他的运作。同样，如果上帝意欲人类身体的器官按照偶因论的体系适应灵魂的意志，这条规律也就只能藉持续不断的奇迹实施运作。

208. 因此，人们必定假定，在那些并非绝对必然的普遍规则当中，上帝挑选出最自然的规则，这种规则最容易解释其他事物，也最大地有助于解释其他事物。这无疑是最卓越也最令人满意的结论。即使前定和谐体系由于其消除了多余的奇迹而在其他方面并非是必然的，上帝还是会由于它是最和谐的而选择它。上帝的方法是最简单的和最一致的，因为他选择的各种规则相互之间限制最小。这些规则相对于**方法和手段的单纯性**而言又是最**多产**

的。这就好像人们在谈论一栋房子时说，这是以一定的成本所能建造的最好的房子。其实，人们还可以将这两个条件即单纯性和多产性归纳为一个优点，即产生最大可能的完满性。从而，在这一点上马勒伯朗士神父的体系便等同于我的体系。虽然假设效果更大而步骤更简单，我认为人们还是可以说，当一切都说过和做过后，如果人们不仅考虑到终极效果而且还考虑到中间效果，这种效果本身还是不够大。因为最智慧的心灵尽力而为，各种手段在一定意义上也成了目的，也就是说，它们值得欲求的不仅在于它们所做的事情，而且还在于它们之所是。更复杂的过程要占据太多的场地、太多的空间、太多的位置、太多的时间，所有这些原本是可以得到更好的运用的。

209. 然而，既然每一件事物都在于变成最完满的，我们便重 258
新回到我的最好者规律上。因为完满性不仅包含理性受造物的道 391
德的善和物理的善，而且还包括纯粹形而上学的善，从而也就涉及无理性的受造物。我们可以得出结论说，恶在理性受造物身上只有作为伴生情况才能够发生，它并非藉前件意志而是藉后件意志包含进最好可能的计划之中；而包含每件事物在内的形而上学的善有时使物理的恶和道德的恶成为必要，对此我已经不止一次解释过了。无独有偶，古代的斯多葛派的观点与这一体系也相去不远。培尔先生在他的《历史与批判辞典》“克吕西波”条 T 段 中也曾提及这一点。援引他自己的话很有意义，可以说明他有时陷于自相矛盾的境地，并使他回到他此前曾经发表过的那些精辟观点上。他说道（第 930 页）：“克吕西波在他的《论天道》这部著作中，

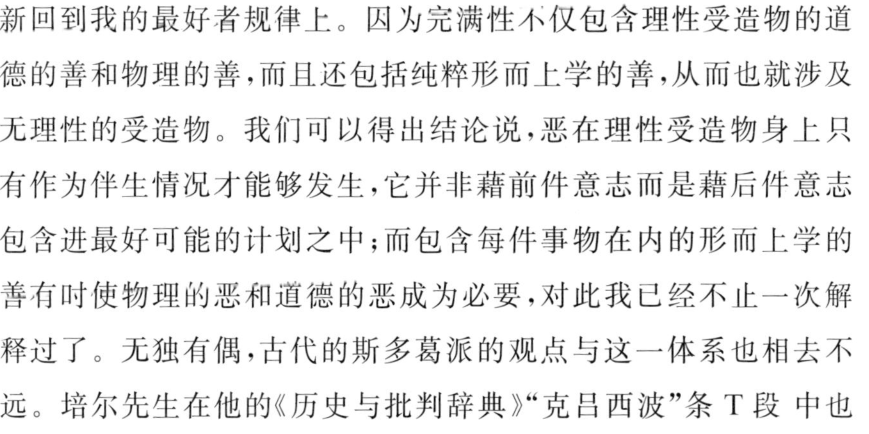

在考察其他问题时还考察了这样一个问题:事物的本性或天道除创造世界和人类外,难道还创造了人们容易患上的疾病吗?他回答说,自然的首要意图并非让人害病,因为这与作为一切善的原因不相一致。但自然在准备和创造许多受到卓越安排并且具有巨大用处的伟大事物时,却发现其中出现了一些弊端,它们与原初的意图和目的并不相符;这些弊端是作为这项工作的一种伴生现象而产生的,从而它们是作为结果而存在的。克吕西波说,因为人类身体的构成,这项工作的最精美的观念及其效用本身都要求人的头部由极薄、极精细的骨骼组织组成;但也正因为如此,它就必定存在有一种缺点,这就是经受不住打击。自然造就了健康,但同时作为一种伴生现象也展现了人类招致疾病的源泉。同样的情况也适用于美德。自然的直接行为产生了美德,但作为其反作用也造成了一伙恶徒。我在这里并未逐字逐句将下面一段话按字面直译出来,因此,我从奥卢斯·盖留斯[①]的著作中(第 6 卷,第 1 章)摘引了这段拉丁文,以方便懂拉丁文的人士阅读。这段话如下:“dem Chrysippus in eod. lib. (quarto, περὶ προνοιας) tractat consideratque, dignumque esse id quaeri putat, ει αι των ανθρωρων νοσοι κατα φυσιν γιγνονται. Id est, naturane ipsa rerum, vel providen-

① 奥卢斯·盖留斯(Aulus Gellius,创作时期为公元 2 世纪),古罗马拉丁文作家。以 20 卷杂文集《阿提卡之夜》(Noctes Atticae)闻名于世。其中辑录了许多古代作家和学者的著述,使之得以保存下来。该杂文集系为消磨冬夜而著于雅典,是饶有趣味的史料来源,足以说明他那个时代的学问和知识状况。他既在罗马学过文学和修辞,又在雅典学过哲学,其许多师友均为著名人士。他把他们的生活轶事都收集在该著作中。莱布尼茨在这里转引的由培尔摘录的拉丁文段落出自《阿提卡之夜》第 6 卷第 1 章。

tial quae compagem hanc mundi et genus hominum fecit, morbos quoque et debilitates et aegritudines corporum, quas patiuntur hominess, fecirit. Existimat autem non fuisse hoc principale naturae consilium, ut faceret hominess morbis obnoxious. Nunquam enim hoc convenisse naturae auctoriparentique rerum omnium bonarum. Sed quum multa, imquit, atque magna gigneret, pareretque aptissima et utilissima, alia quoque simul agnate sunt incommode iis ipsis, quae faciebat, cohaerentia: eaque non per naturam, sed per sequels quasdam necessarias facta dicit, quod ipse appellatκατα παρακολουθησιν. Sicut, inquit, quum corpora hominum natura fingeret, ratio subtilior et utilitas ipsa o[peris postulavit ut tenuissimis minutisque ossiculis caput compingeret. Sed hanc utilitatem rei majoris alia quaedam incommoditas extrinsecus consecuta est, ut fieret caput tenuiter munitum et ictibus offensionibusque parvis fragile. Proinde morbid quoque et aegritudines partae sunt, dum salus paritur. Sic Hefrcle, inquit, dum virtus hominibus per consilium naturae gignitur, vitia ibidem per affinitatem contrariam nata sunt."我并不认为,一个异教徒说出过任何更合理的观点,因为他对人类始祖堕落一无所知,而有关知识只有藉启示才能够达到我们身上,这种堕落实际上正是我们苦难的真正原因。如果我们读到引自克吕西波著作的各种各样的摘录,更进一步,如果我们能够直接阅读他的著作,我们对他的天赋的美好便会获得比现在更令人满意的观念。"

259

210. 现在，让我们在发生了变化的培尔身上看一看问题的另外一面。他在其《对一个外省人问题的答复》中(第 3 卷，第 155 章，第 962 页)援引了雅克洛先生与我的观点非常接近的一段话："改变宇宙秩序是一件具有比好人的富足无限重大意义的事情。"他还补充说："这一想法具有某种不可思议的令人眼花缭乱的内容：马勒伯朗士神父对它作出了可能达到的最好的说明。他已经说服了他的一些读者相信，一个体系简单又非常多产比一个体系更加复杂而不甚多产相应地却更能够逃避不规则性更加符合上帝的智慧。培尔先生属于那些相信马勒伯朗士神父以这种方式提出绝妙方案的人士之一。"下面是培尔先生本人的原话："但在读过阿尔诺反对这一体系的著作并且默思过有关至上完满存在浩瀚无垠的观念之后，人们便几乎不可能再满足这样一种解决办法了。这
260 一观念向我们表明，对于上帝来说，没有什么比遵循一个简单、多产、合乎规则又同时适合于所有受造物的计划更容易的事情了。"

211. 我在法国期间，曾经将我以拉丁文写作的一篇讨论恶的原因和上帝的正义的对话拿给阿尔诺看。这事不仅发生在他与马勒伯朗士神父争论之前，而且甚至还发生在《真理的探求》这本书出版之前。[①] 我在这里所维护的原则，即罪之所以被允许乃是因为它包含在最好的宇宙计划之内，早已运用在这篇对话之中了。阿尔诺先生似乎并未对此感到震惊。但后来他与马勒伯朗士神父

① 马勒伯朗士的《真理的探求》一书于 1674—1675 年出版，而莱布尼茨则是在 1673 年前后将他以拉丁文写作的讨论恶的原因和上帝的正义的对话通报给阿尔诺的。

的一些争论使他更加注意考察这个问题,也使他的有关判断更加严肃认真。然而,我对培尔先生在这个问题上的表述方式也不尽满意,我并不赞成他的"一个更为复杂而不甚多产却更能够逃避不规则性"这样一个意见。各种规则乃普遍意志的表达:人们越是遵守规则,规则性就越强;简单性与多产性都是规则的目标。人们将会用这样一种异议来反对我,断言一个一致的体系将没有任何不规则性。我的回答是,太过整齐划一即是一种无规则性,它违背了和谐的原则。弹琴者要是老是弹一根弦是会遭人耻笑的(Et citharoedus Ridetur chorda qui simper oberrat eadem)。[①] 因此,我认为上帝能够遵循一个简单、多产又有规则性的计划;但我并不认为最好的和最有规则的计划是所有受造物始终同时适合的。我在这里是在做后天的判断,因为上帝所选择的计划并非如此。然而,我曾经以数学为典范对此作过先天的证明,我现在就举出另外一个例子。一个主张所有理性的受造物最后都将变得幸福的奥利金主义者将更加容易得到满足。他将仿效圣保罗关于今世苦难的说法,说凡有限的东西都不值得与永恒的幸福相提并论。

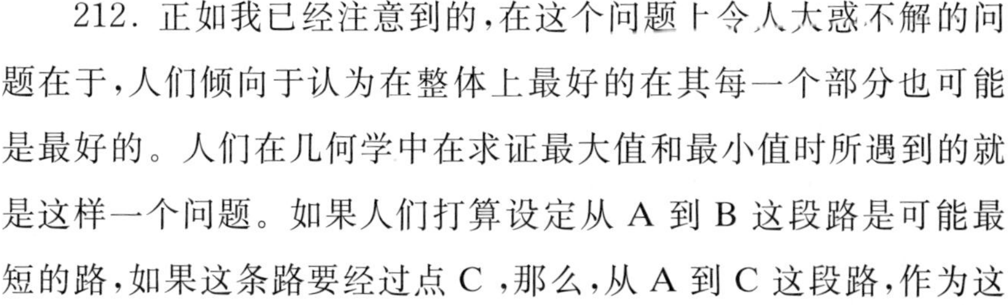

212. 正如我已经注意到的,在这个问题上令人大惑不解的问题在于,人们倾向于认为在整体上最好的在其每一个部分也可能是最好的。人们在几何学中在求证最大值和最小值时所遇到的就是这样一个问题。如果人们打算设定从 A 到 B 这段路是可能最短的路,如果这条路要经过点 C ,那么,从 A 到 C 这段路,作为这

① 贺拉斯:《诗艺》,355—356。

条路的第一部分，也就必定是可能最短的路。但从量到质的推论
261 却并不总是正确的，人们从相等值向相似值的推论就更其如此。因为相等值是其量相同的值，而相似值则是在质上相互没有什么差别的值。阿尔托夫的著名数学家已故的施图尔姆先生，青年时期旅居荷兰时，曾在那儿出版过一本题为《天主教徒欧几里得》的小册子。在这本小册子里，他受其老师已故的艾哈德·魏格尔①先生的鼓励，极力为非数学问题提供精确的普遍规则。他将欧几里得提出的用于言说相等值的原理转用到相似值上，并提出下面这条原理：相似值以相似值方式加相似值等于相似值。但这条新规则必须有非常多的限定条件才能被视为正当，因此，照我的意见，最好从一开始就有所保留，将之表述为：若相似值以相似值方式加相似值，其和则等于相似值。再者，即使几何学家也往往要求不仅相似而且以相似方式得出结果。

213. 量与质之间存在的差别也表现在我们给出的例子中。两个端点之间的最短的路的一部分也是这一部分两个端点之间最短的路；但最好的整体的一部分却并不一定是由其所可能构成的最好者。一件美的事物的一部分并不总是美的，因为它能够以一种不规则的方式从整体之中抽取出来，或是从这个整体之内取下。

① 艾哈德·魏格尔(Erhard Weigel，1625—1699)，德国哲学家与数学家，也是莱布尼茨1663年在耶拿大学的老师。当年，魏格尔在耶拿大学讲授“自然法”，但他熟悉几何学，著有《从欧几里得中重建亚里士多德的分析学》(1658)。魏格尔认为，计算不仅是一种逻辑学、方法论意义上的运作，而且也是进入伦理学的演练。这对青年时代的莱布尼茨产生了重大影响。莱布尼茨十多年后提出的二进位制数字体系据说受到了魏格尔此说的影响。

倘若善和美始终存在于某件绝对的和一致的事物之中，诸如广延、物质、黄金、水以及其他被认为是同质的或类似的物体，人们便必定说，善和美的东西的一部分将和整体一样善和美，因为其始终类似于整体，但具有相互关系的事物却并非这样一种情况。下面，几何学的这个例子将可以恰当地解释我的观念。

214. 有一种几何学被汉堡的容吉乌斯[①]先生称作经验几何学，容吉乌斯先生是他那个时代最值得赞赏的人物之一。这种几何学用确定无疑的经验证明了许多欧几里得命题，尤其证明了那些关于两个图形相等的命题，通过将一个图形切割成几个部分，然后又将之放到一起组合成一个新的图形。按照这种方式，人们细心地分解直角三角形两个边上的正方形，然后小心地组合这些部分，将它们组合成这个三角形的弦的正方形。这样，人们便以经验的方式证明了欧几里得《几何原本》第1卷第47个命题。现在，假定两个较小正方形的一些部分从中消失，致使一些东西在由它们所构成的那个大的正方形中有所缺失，这样一种有缺陷的组合不仅不讨人喜欢，而且还因其丑陋而令人不快。因此，倘若构成有缺陷图形的保留下来的各个部分被独自看待，而不顾及应藉助它们 262
形成的大的正方形，人们便可以以完全不同的方式将它们组合在一起，形成一个可以容忍的好的图形。但只要这些消失的部分重新出现，残缺图形的间隙得以填满，紧接着就会出现一个既美丽又

① 容吉乌斯(Joachim Jungius，1587—1657)，德国数学家、医生、逻辑学家和科学哲学家。著有《汉堡逻辑》和《经验几何学》。他认为数学乃科学的基础，数学和逻辑学有助于弥补形而上学和神秘思辨的缺陷。莱布尼茨曾对他做出高度评价。

有规则性的图形,即一个完满的大的正方形。这一完满的图形要比那个仅仅由未消失的各个部分组合而成的可以容忍的好的图形美得多。这一完满的图形相当于宇宙整体,而那个仅为完满图形一个部分的有缺陷的图形相当于宇宙的某个部分,在这一部分中我们所发现的缺陷是万物的造主所允许的。因为不然的话,要是他希望重塑这一有缺陷的部分,使之成为一种可以容忍的好的组合,则宇宙整体就会因此而变得不怎么美了。因为有缺陷组合的这些部分,当进行更好组合后成为一种可以容忍的好的组合,并不能适当地形成这种整体的和完满的组合。托马斯·阿奎那已经模模糊糊地认识到这一点。他说过:"为增加整体之善而略过一个部分之善中的缺陷,这是明智的成事者之举(托马斯·阿奎那:《反异教大全》,第2卷,第71章)。"托马斯·加塔克尔[①]在其对马可·奥勒留著作(按照培尔先生的意见,是《沉思录》第5卷,第8章)的注释中援引了一些作者的一些段落,这些作者说各个部分的恶往往构成整体的善。

215. 现在,让我们回到培尔先生的说明上。他想象一个国王(第963页)正在派人修建一个城市,这位国王从个人的不良趣味出发,刻意要求城市气象壮观,建筑离奇别致,而不在意城市居民的生活方便。但倘若这位国王真正高尚的话,他会更加注重城市居民的生活方面而非建筑的壮观。这是培尔先生的判断。然而,

① 托马斯·加塔克尔(Thomas Gatacre,1574—1654),英国神学家和哲学家。他于1652年编著出版了斯多葛派哲学家、罗马皇帝马可·奥勒留的《沉思录》。

在我看来，在有些情况下，人们更多追求宫殿建筑的美而非少数居民的方便倒是合理的。但我也承认，一座建筑不管它可能多么美，容易致使住在里面的居民患病，它就是坏的建筑；除非统筹考虑到美、方便和居民的健康，才有可能使它成为一种更好的建筑。实际 263
上，人们不可能同时兼顾到所有这些优点。因此，假设人们希望将城堡建筑在更令人感到凉爽的山的北侧，但如果这个城堡因此不能经久耐用，人们倒宁可把它建在山的南侧。

216. 培尔先生还进一步提出异议说，我们的立法者诚然永远发明不出让所有个人都感到方便的规则，因为“任何法律都不可能为所有人都十分乐意接受，重要的是，它从总体上有益于多数人。(加图[1]语，载李维[2]:《罗马史》，第 34 卷)。”但他们的认识为条件所限这样一个理由迫使他们坚持所有人都认为其利大于弊的法律。所有这一切都不适合于上帝，因为上帝在能力和理智上同在善和真正伟大方面一样，都是无限的。我的答复是：既然上帝选择了最好可能的世界，人们便不能因此而指责他的完满性存在有什么局限。在整个宇宙之内，不仅善超过了恶，而且恶也有助于增

① 加图(Marcus Porcius Cato，公元前 234—前 149)，罗马政治家、演说家、第一位重要的拉丁散文作家。曾先后担任过财务官、营造官(公元前 199)、撒丁行政长官、执政官(公元前 191)和检察官(公元前 184)。曾著有《史源》(7 卷)、《农书》、《格言集》以及论医学、司法和军事的其他许多著作。此外，他还至少发表了 150 多篇演说。在史书中，加图常被称作大加图，以区别作为其曾孙的小加图。

② 李维(Livy，公元前 59—公元 17)，罗马三大历史学家之一，与萨卢斯特、塔西佗齐名。所著《罗马史》共 142 卷。他不是从政治上解释罗马城的历史，而是从个人和道德的观点看待和描述历史的进程。他曾写道：“当我叙述古代的事迹时，我的心也成为古代的了。”

加善。

217. 此外，培尔先生还注意到，斯多葛派从这一原则出发还引申出了亵渎神明的言论。他们说，恶必须加以忍受，或者说恶不仅对于宇宙的福祉和完满性是必要的，而且对于指导着宇宙的上帝的幸福、完满性和保存也是必要的。马可·奥勒留在他的《沉思录》第5卷第8章中就这个问题说道："由于双重理由，你应当热爱你所遇到的东西：其一，它是与生俱有的和先天赋予你的，就像附在你身上的那样；其二，它部分地有助于成功、完满和自身的保存，从而也有助于宇宙的管理。"但这一告诫并非这位伟大皇帝的最具有理性的告诫。一种"应当热爱"徒劳无益；一件事物并不会仅仅因为它是必要的，因为它命里注定附着于某人而令人喜欢；对我为恶的也不会因为它对我主为善而对我不再为恶，除非此善也反馈到我的身上。在宇宙中，许多善的事物中还有一种善的事物，这就是普遍之善实际上成为那些热爱所有善的造主的人的个体之善。但这位皇帝和斯多葛派的主要错误在于：他们假定宇宙的善必定使上帝高兴，因为他们想象上帝乃世界灵魂。这种错误与我的学
264 说毫无共同之处。按照我的学说，上帝是马提安努·卡佩拉[①]所称呼的外在于尘世的理智，或者毋宁说是超尘世的理智。再者，他

① 马提安努·卡佩拉(Martianus Minneus Felix Capella，创作时期4世纪末—5世纪初)，迦太基律师和拉丁哲学家。著有《墨丘利的婚礼与语言学》、《论语法》、《论辩证术》、《论修辞》、《论几何》、《论数学》、《论星占》和《论和谐》等著作。其中，《墨丘利的婚礼与语言学》在中世纪被称作自由七艺百科全书，成为中世纪广为流行的教科书，产生了广泛影响。

之所以活动乃是为了行善，而不是为了接受善。施与好于领受(Melius est dare quam accipere)。他的幸福始终完满，既不可能从内部也不可能从外部有所增加。

218. 现在我们来讨论培尔先生依据阿尔诺先生的看法向我提出的主要异议。这一异议比较复杂。他们主张，如果上帝一定要创造最好的世界，上帝就是被迫无奈，他是必然如此行事的；或者说要是他没有发现更好的办法来排除罪和其他的恶，那他至少就是缺乏能力。这在实际上也就否认了这个宇宙是最好的，否认了上帝必定坚持最好的。我已经在不止一处充分驳斥了这一异议。我已经证明，上帝不可能不创造最好的；由这样一个假设，我们可以得出结论说，我们所经验到的恶并不能合理地从宇宙中排除出去，因为它们就现实地存在于宇宙之中。然而，我们还是应该考察一下这两位卓越人士所提出的究竟是一个什么样的问题，或者毋宁说我们还是应该考察一下培尔先生的异议究竟是什么，因为他声称他已经从阿尔诺先生的证明中获得益处。

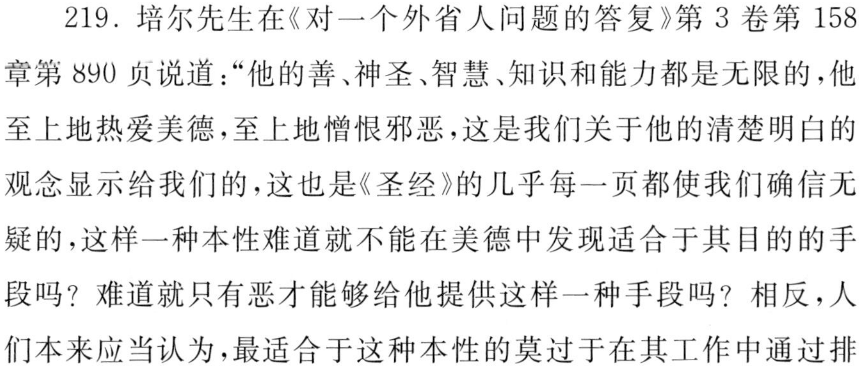

219. 培尔先生在《对一个外省人问题的答复》第 3 卷第 158 章第 890 页说道：“他的善、神圣、智慧、知识和能力都是无限的，他至上地热爱美德，至上地憎恨邪恶，这是我们关于他的清楚明白的观念显示给我们的，这也是《圣经》的几乎每一页都使我们确信无疑的，这样一种本性难道就不能在美德中发现适合于其目的的手段吗？难道就只有恶才能够给他提供这样一种手段吗？相反，人们本来应当认为，最适合于这种本性的莫过于在其工作中通过排

除所有的恶来建立起美德。”培尔先生在这里言过其实。我承认一些恶是同宇宙的最好计划联系在一起的，但我并不赞同他的观点，说上帝不可能在美德中找到适用于其目的的任何手段。只有根本就不存在任何美德，处处都是恶取代善而占主导地位，这种异议方才站得住脚。当然，他也可以说，只要恶占上风，美德与之相比微不足道就足够了。但我根本不赞同他的这种说法。我认为其实恰当地说，在理性受造物身上，道德的善无可比拟地多于道德的恶，对此我们认识到的不过九牛一毛而已。

220. 这种恶即使在人身上也没有人们所说的那么大。只有那些禀性邪恶的人，或者那些像卢奇安[①]笔下的泰门[②]由于屡遭不
265 幸而变得有点愤世嫉俗的人，才会觉得世上到处都是邪恶，并且因他们给予的种种解释即使那些最善的行为也都包藏祸心。我这里讲的只是那些完全将这一套当真而认真行事的人，他们从中得出

---

① 卢奇安（Lucian，125—192），2世纪希腊修辞学家、演说家和讽刺作家。其作品对当时罗马帝国黄金时代的文学、哲学和文化生活的虚伪和荒唐进行了巧妙而激烈的批评。生于萨莫撒塔（罗马治下的叙利亚），但长期在雅典生活。其著作是逐篇发表的。至古代晚期，才有一位无名编辑将其作品搜集起来，成为中世纪抄本的依据。其传世作品有83种。其中最为著名的是《神的对话》和《冥间的对话》。前者讽刺希腊的神话，后者揭露某些人生前的虚荣。

② 泰门（Timon），古代一个历史人物或一个半传奇人物，是卢奇安同名对话《泰门》中的人物。该对话写的是泰门贫苦愤世，诉于天神宙斯，天神宙斯派财富（Pluto）与宝藏（Thesaurus）陪同其儿子赫尔墨斯（Hermes）访问泰门，他投以泥石，但神意不可违，终掘出黄金。从前的朋友又纷纷上门，却被他一一在咒骂声中驱逐出去。莎士比亚的最后一个悲剧《雅典的泰门》刻画的也是一个愤世嫉俗的人物。考虑到莎士比亚的希腊文程度尚不具备直接阅读卢奇安原作的能力，且当时也尚无该对话的英译本而只有该对话的意大利文译本和法文译本，至今很难断定莎士比亚的悲剧与卢奇安的对话有关。

恶的结论，而这些结论反过来又污染了他们的行为。还有一些人之所以这样做，只不过是为了展现他们自己的机敏。人们曾经发现塔西佗身上存在有这样的错误，笛卡尔先生也在其一封信[①]中对霍布斯的《论公民》[②]作出过批评，霍布斯的这本书在当时印数很少，只在朋友圈子里发行，而我们现在看到的第二版是经作者加注后发行的。尽管笛卡尔先生承认，这本书的作者才华出众，他还是发现其中有一些极其危险的原则和原理，该书假定所有的人都是邪恶的，或者所有的人都有作恶的动机。已故的雅各布·托马修斯[③]先生在其值得称赞的《实践哲学表》中说道，霍布斯先生这本书中各种错误的首要原因在于他将合法状态看作自然状态，也就是说，堕落状态被他视为尺度和规则，而亚里士多德则将合法状态视为最符合人的本性的状态。因为按照亚里士多德的观点，所谓自然的（naturel）就是最紧密符合事物本性（la nature de la chose）的完满状态。但霍布斯先生却将自然状态这个词应用到最少技艺的状态，他在这里或许没有注意到人的本性在其完满性中即内蕴有技艺。但这种名称之争，亦即这种关于究竟什么可以称作自然的问题之争，倘若不是亚里士多德和霍布斯都将其作为自然权利概念的基础，他们每个人都坚持自己的含义，原本并没有什

① 参阅《笛卡尔1643年的信件》，亚当—坦尼里编订，第4卷，第333封，第67页。

② 霍布斯的《论公民》为霍布斯《哲学原理》第三部分（第一部分为《论物体》，第二部分为《论人》）。该著1642年在巴黎出版，1647年在阿姆斯特丹再版。

③ 雅各布·托马修斯（Jacob Thomasius，1622—1684）有关著作的全称是《实践哲学，附私人用法连续表》（philosophia practica，continuis tabellis in usum privatum comprehensa），该著1661年在莱比锡出版。关于托马修斯的其他信息，请参阅前面有关注释。

么重大意义。我在前面已经说过，我在《论人类道德的虚伪性》[①]一书中所发现的与笛卡尔先生在霍布斯先生《论公民》一书中所发现的正是同一种缺陷。

221. 但即使我们假设在人类中恶超过美德，一如人们假设的受永罚者的数量超过受拣选者的数量，也绝不可能得出结论说，在宇宙中恶和不幸超过美德和幸福。人们毋宁应当相信相反的情况。上帝之城必定是所有可能状态中最完满的，因为它是由所有君王中最伟大的和最好的君王一手建造起来并且受他持久治理的。这种回答也为我在前面谈及信仰与理性一致时所提出的观点所证实：即这些异议的最大源泉在于混淆表面的假象与实在的东
266 西。在这里，所谓表面假象，我所指的并不简单是那些由对事实的精确讨论所产生出来的东西，而是那些由我们经验中微不足道的东西产生出来的东西。倘若有人试图将如此不完满和几乎没有什么根基的表面现象与理性的证明和信仰的启示对置起来，这将是徒劳无益的。

222. 最后，我已经说过，爱美德和恨邪恶以一种无限的方式催生美德的存在并阻止邪恶的存在，只是意志的一种先件行为，产生所有人的幸福并拯救他们免于苦难就是意志的这样一种先件行为。先件意志的这些行为只构成上帝先件意志整体的一部分，其

① 《论人类道德的虚伪性》系法国天主教士埃斯普利（Abbé Esprit，1611—1678）的著作，该著 1678 年在巴黎出版。参阅前面有关注释。

结果便形成后件意志或创造最好世界的决定。正是由于这一决定,对美德的爱和对理性受造物幸福的爱,尽管其本身是无限定的并将尽可能向前扩展,却受到了小小的限制,这是由于必须顾及普遍的善的缘故。因此,人们必须理解,上帝至上地热爱美德,至上地憎恨邪恶,但一些恶却还是被允许。

223. 阿尔诺先生和培尔先生似乎主张,这样一种解释事物的方法,这样一种在宇宙的所有计划中确立一个最好的所有任何别的计划无法超越的计划的方法,为上帝的能力设定了界限。阿尔诺先生在其《对自然与神恩新体系的反思》第2卷第385页中对马勒伯朗士神父说道:“您是否已经考虑过当您在作出这样的假设时您是否已经推翻了《使徒信经》[①]的第1条?我们不正是依据这一条才声称相信上帝和全能的父吗?”他还说过(第362页):“人们要是不自欺欺人的话,怎么能够主张一种必定使大多数人毁灭这样严重后果的行为方式,比另外一种只要上帝愿意采用便可以拯救所有人的行为方式,更多地具有上帝的善的烙印呢?”而且,鉴于雅克洛先生所主张的与我在这里刚刚提出的各项原则没有什么区

① 《使徒信经》系基督宗教四大《信经》之一(其他三个为《尼西亚信经》、《迦克顿信经》和《亚他那修信经》),其内容最简明也最基本。共12句,分三个部分:第一部分相信全能的父神,用来对抗马西昂派;第二部分相信耶稣基督是完全的神也是完全的人,用来对抗嗣子论、幻影说、神格唯一论;第三部分相信圣灵、教会、赦罪及复活,除对抗神格唯一论外,也澄清诺斯替派靠知识得救的论点。曾有一种说法认为《使徒信经》由使徒写成,甚至有12使徒一人提供一句之说。但人们普遍认为《使徒信经》应当是在使徒亡故后才逐渐编写出来的,但因其信仰中心建立在使徒的教导上,故而称作《使徒信经》。《使徒信经》这个名称至8世纪才出现。《使徒信经》的第一句为:“我信全能者天主圣父,化成天地。”

别，培尔先生也向他提出了类似的异议。他说道(《对一个外省人问题的答复》，第3卷，第151章，第900页)："如果有人采信了这样一些解释，他就会发现他自己被迫放弃有关至上完满存在本性
267 的最显而易见的概念。这些概念教导我们：凡不蕴含矛盾的事情在他都是可能的，从而拯救他不拯救的所有人在他也是可能的。因为倘若受拣选者的数量大于这些人的数量，那又将产生什么样的矛盾呢？此外，他们还教导说，既然上帝至上幸福，他就绝对没有他不可能实现的意欲。那么，我们究竟如何来理解他意欲拯救所有人却又不可能拯救所有人呢？我们在寻求澄清问题的办法，以帮助我们摆脱我们在比较上帝的观念同人类状态时所陷入的种种困惑。你瞧！人家在为我们阐明事理，但他们的这样一种阐明却使我们陷入更浓重的黑暗。"

224. 所有这些路障都由于我刚刚作出的阐释而灰飞烟灭了。我赞同培尔先生的原则，其实这也是我的原则，这就是：凡不蕴含有矛盾的事物都是可能的。但就我而言，既然像我这样已然断定上帝创造了可能受造者中最好的，或者说他根本不可能创造出一个比他已经创造的这个世界更好的世界，既然我们还认为对他的整个作品的任何一个别的判断也就是在损害他的善或他的智慧，那么我必须说：创造出某种在善的方面超出最好者本身的事物，其实这种说法本身即蕴含有矛盾。这就好像是有人主张上帝能够从一个点到另一个点画出一条比直线还短的线，从而谴责那些否认这一点的人，说他们颠覆了我们据以相信上帝和全能的父的信条。

225. 可能事物的无限，不管有多大，毕竟也大不过上帝的智慧，因为上帝认识所有可能的事物。人们甚至可以说，即使这种智慧在外延上超不过可能的事物，因为理智的这些对象不可能超出在一定意义上可以独自得到理解的可能的事物，但从内涵方面看确实可以超过，这是由于它构成了无限多个无限的组合，它对它们有许多考虑的缘故。上帝的智慧并不满足于简单地包含所有这些可能的事物，它还洞察它们、比较它们、相互权衡它们、评估它们完满或不完满、强和弱、善和恶的等级；它甚至超出了有限的组合，将它们构成无限事物的无限状态，亦即将它们构成整个宇宙的无限可能序列，而这些序列中的每一个都包含着无限的受造物。而这意味着上帝的智慧将所有它业已独立默思过的可能的事物分配到同样多的普遍体系之中，并进一步对它们相互之间进行比较。所有这些比较和考虑的结果即是从所有这些可能体系中挑选出最好者，这是智慧为了全面满足善而作出的一种选择；确切地说，这正 268
是有关现实存在着的这个宇宙的计划。再者，上帝理智的所有这些运作，尽管它们之间存在有一种秩序和本性的优先性，却始终是同时发生的，其中没有任何时间上的先后之分。

226. 我希望，人们对这些问题做过仔细考察之后，能够对上帝完满性的伟大，尤其是对上帝的智慧和善的伟大形成一个观念，这一观念不同于那些使上帝无需任何原因或理性完全随意活动的人的心灵中的任何一个观念。而且，我不明白他们究竟如何才能不陷入这么一种奇怪的意见，除非他们承认上帝的选择有其理由，这些理由来自他的善；由此我们必定可以得出结论说，所选择者对

于未被选择者具有善的优势，从而它是所有可能选择者中最好的。最好的在善的方面是不可能被超过的，如果说上帝不能够行不可能之事，这也并未限制上帝的能力。培尔先生说，难道就不可能有一个比上帝已经实施的计划更好的计划吗？人们的回答是：这是不可能的，而且实际上也没有必要，换言之，根本没有，因为不然的话，上帝就会首先选择它了。

227. 在我看来，我已经充分证明了在宇宙所有可能的计划中，存在有一个好于所有其余计划的计划，上帝不能不选择它。但培尔先生却要由此推论说，上帝因此并不是自由的。在讲到这个问题时，他说道（上引书，第 151 章，第 899 页）："我本来认为我是在与一个同我一样主张上帝的善和能力以及智慧是无限的人进行争论；现在，我却发现其实这个人认为上帝的善和能力局限于相当狭隘的范围。"不过，在这个问题上，这个异议已经解决了。我并没有为上帝的能力设定任何界限，因为我承认上帝的能力可以最大地延伸，可延伸到一切事物上面，可扩展到所有不蕴含矛盾的事物上面。而且，我也没有为上帝的善设置任何边界，因为上帝的善可以达到最好者或最佳者。但培尔先生却不肯罢休。他说道："因此，在上帝身上根本没有自由。他是为他的智慧所迫才去创造的，然后为他的智慧所迫去确切地创造这样一个作品，最后为他的智慧所迫去确切地以这样一种方式创造这样一个作品。这样就存在有三种奴役状态（trois servitudes），这三种奴役状态便形成了比斯多葛派的命运更具有强制性的宿命，致使未进入它们领域之内的一切事物都成了不可能存在的事物。按照这样一个体系，上帝在

形成其决定之前似乎可以说：我既不可能拯救这个某某人，也不可 269
能永罚那个某某人，因为命运禁止如此，我的智慧不允许如此。”

228. 我的回答是，正是善推动上帝去创造世界以便与他自己相沟通，而这种与智慧结合在一起的同一种善又推动他去创造最好的，而所谓最好者则包括整个序列，既包括结果也包括过程。因此，它是在推动他而非在迫使他，因为这并没有使那些不曾使其选中的事物成为不可能。倘若将这称作命运，也是在一种好的、与自由不相矛盾的意义上使用这个术语。命运（fatum）这个词来自fari，也就是去讲话，去宣判。它指的是上帝的一个判断，一个决定，也就是他的智慧的判决。说一个人仅仅由于其不意欲而不能够做一件事情，这就是在滥用词语。智慧的心灵只意欲善的事物，意志按照智慧运作难道是一种奴性行为吗？难道有谁能够比按照最完满的理性依据自己的选择行动更少奴性吗？亚里士多德过去常常说，当一个人缺乏指导或需要得到指导时便处于一种自然的奴役状态。奴役来自外部，它导致那些令人厌恶的事情，尤其是导致那些有理由令人厌恶的事请，他人的暴力与我们自己的情感都能使我们处于奴役状态。但上帝是绝不会为他自身之外的任何事物所动的，他也不会受内在情感的驱动，他绝对不会导致任何能够使他厌恶的事物。由此看来，培尔先生是将一些令人厌恶的称号加到了世上最好的事物上面，从而从根本上颠覆了我们的概念，用奴役这个词来言说最伟大和最完满的自由状态。

229. 在这段话之前不远处，他还说道（第151章，第891页）：

“倘若美德或任何一种别的善像恶一样符合造物主的目的，恶便不会获得优先权了。这必定是造物主曾经用过的唯一手段。因此，这种方法的应用是纯粹必然的。所以，既然上帝热爱他的荣光，并非由于中立的自由，而是出于必然，他便必定热爱所有那些舍之便不可能显示其荣光的手段。然而，倘若恶作为恶是达到这一目的的唯一手段，那就可以得出结论说，上帝必定热爱作为恶的恶，这样一个思想让我们感到恐怖。而他启示给我们的恰恰是相反的东西。”他同时还注意到，堕落前神选论者中一些神学博士，如拉瑟福
270 德，否认上帝意欲罪之为罪，他们又承认在罪是应当受到惩罚并可以得到宽恕的意义上以允许的方式意欲罪。

230. 培尔先生在我们刚刚读到的这些话中作出了一个错误的设定，并且从中得出了错误的结论。倘若上帝必然地热爱他自己的荣光被理解为他必然地被引导到通过他的受造物获得其荣光，这就并非事实。因为如是，他就始终并且到处都能获得荣光。创世的决定是上帝自由作出来的。上帝被推动，面向一切善；善的事物，甚至是最好的事物使他倾向于采取行动，但这并非是在迫使他，因为他的选择并没有在与最好的事物相区别的事物中创造出任何一种不可能的事物，他并不会在使上帝没有创造的事物中蕴含有任何矛盾。因此，在上帝身上存在的不仅是没有强制而且也没有必然性的自由。我这里所说的是一种形而上学的必然性。而这位最智慧者之必定去选择最好的则属于一种道德的必然性。上帝选择它用来达到其荣光的手段也属于这样一种情况。至于恶，我们在前面诸段中已经表明，它不是作为手段，而是作为不可或缺

的条件(conditio sine qua *non*),构成上帝决定的对象,而且也仅只是由于这个理由才被允许。它充其量只是诸多手段之一,而且还是无数个其他手段中最微不足道的手段之一。

231. 培尔先生继续说道:“另一个可怕的结论,万物的宿命,接踵而至:上帝将不可能自由地以不同的方式安排各种事件,因为用以显示其荣光的他所选择的手段乃适合于其智慧的唯一手段。”但一如我刚刚证明过的,这种所谓的宿命或必然性只是道德的,这种必然性无损自由。相反,它设定了对自由的最好的运用。它并未使为上帝的选择所放弃的对象成为不可能的。他补充说:“那么,人的自由意志又会变成什么呢?亚当犯罪中就不存在必然性和宿命吗?倘若他不曾犯罪,他便会推翻上帝必然制定的这个唯一的计划。”这又是对术语的一种滥用。亚当自由犯罪是上帝在可能事物的观念中看到的,上帝决定允许他照上帝看到他的样子进入存在。这样一种决定并未改变各种对象的本性,它并未使本身为偶然的事物成为必然的,或者使本身是可能的事物成为不可能的。

232. 培尔先生继续说道(第892页):“精细的司各脱[①]非常敏 271
锐地断言,要是上帝没有中立的自由,任何受造物也就不可能具有

① 司各脱被称作“精细博士”(le Docteur subtil)。subtil这个拉丁词既有“精致”、“细密”、“睿智”、“高雅”的含义,也暗含有“晦涩”的含义。他的著作比大多数其他经院哲学家的著作更加复杂和难懂。参阅赵敦华:《基督教哲学1500年》,人民出版社1994年版,第458页。

这样一种自由。”我赞成此说，只要他所谓中立所指的并不是一种均衡的中立，不是说在其中根本不存在更多地倾向这一边而非那一边的理由。培尔先生也承认(第 168 章，第 1111 页)，中立这个术语所指的并不排除先行的倾向或偏爱。因此，这足以说明，在人们称之为自由的行为中根本不存在任何形而上学的必然性，足以说明选择是在若干个可能的方式中作出的。

233. 他在上文提到的第 157 章第 893 页继续说道：“如果上帝不是凭借其善的自由运动，而是凭借其荣光的私欲决定来创造这个世界，他的荣光是他必然要爱的，而且还因之与其实体并无二致而是他所爱的唯一的事物，如果他对他自己所怀有的这种爱迫使他通过最合适的手段来彰显他的荣光，如果人的堕落即是这样的手段，则这种堕落便显然是必然发生的，从而夏娃和亚当对上帝命令的服从便不可能。”这依然是一种滥用词汇的错误。上帝所怀有的对他自己的爱对他是必不可少的，但对他的荣光的爱，或者说获得这种荣光的意欲，在任何意义上都并非如此。因为他所怀有的对他自己的爱并不迫使他必然地采取外在活动，这些活动依然是自由的；而且，既然存在有第一对父母不应当犯罪的可能的计划，他们的罪因此就不是必然的。最后，其实我所说的正是培尔先生在这里所承认的：“上帝决意藉他的善的自由运动去创造这个世界。”我只是补充说，这同一个运动又推动他去选择最好的。

234. 这同一个回答也适用于培尔先生的下面这个说法(第 165 章，第 1071 页)：“最适合于达到目的的手段必定只有一个(说

得好极了,至少就上帝选择这样一种情况看是如此)。”“因此,如果上帝无可抵挡地受到推动使用这样的手段,他就是必然地使用它的。”(他无疑受到推动,受到决定,毋宁说他是自己决定使用这一手段的。但确定无疑的东西并不总是必然的,或者说并不完全是不容抵抗的。事情也可以以另外一种方式发生,却并未以另外一种方式发生,这是有其充足理由的。上帝在所有可能的不同方式中进行选择。从形而上学的角度看,他是能够作出选择或造出并非最好的事物,但从道德的角度看他却不能这么做。让我们用几何学的一个例子来打个比喻。从一个点到另一个点的最好的道路 272
(权且不考虑路中间的障碍和其他偶然因素)只有一条,这就是那条以最短的线亦即直线经过的道路。然而,从一个点到另外一个点却存在有无数条道路。因此,根本不存在使我走一条直线的任何必然性。但一旦我选择了最好的路径,我就受到决定走这条路,尽管这只是智慧人士身上的一种道德的必然性。这就是我们何以舍弃其他结论的原因。)“所以,他只能够去做他做的事情。从而,未曾发生的或将永远不会发生的即是绝对不可能的。”(在我看来,这些结论都是站不住脚的,因为既然有许多事情从来未曾发生过而且永远也不会发生,尽管它们可以明白设想且不蕴含矛盾,但人们如何能够说它们全然不可能呢?培尔先生本人在我援引过的批评斯宾诺莎派的一段话中也曾批驳过这种观点,并且反复承认除非蕴含矛盾没有什么是不可能的。但在这里他却改变了他的调门和用语。)“因此,亚当之保持其无辜状态始终不可能,从而他的堕落全然不可避免,甚至可以说是先于上帝的决定,因为说上帝能够意欲一件与其智慧相反的事物蕴含有矛盾。毕竟这就等于说这对

上帝是不可能的，就像说如果上帝意欲之，上帝便能够做这件事，但他却不意欲之。”（人们在这里说，人们能够意欲，人们将意欲，在一定意义上这又是在滥用语词；“能够”在这里所关涉的是人们所意欲的活动。然而，上帝意欲，无论是直接意欲还是允许意欲一件并不蕴含有矛盾的事情，这并不蕴含有矛盾，在这个意义上人们被允许说上帝能够意欲之。）

235. 总而言之，当人们讲及一件事物的可能性时，这里所谈的是一件事物能够产生的原因或能够阻止其现实存在的问题，否则，人们便改变了这些用语的本性，使可能事物与现实事物之间的区别失去意义。阿贝拉尔是这么做的，在阿贝拉尔之后，威克里夫似乎也是这么做的，结果他们两个都毫无必要地使用了一些不合适的、人们不怎么认同的措辞。这就是为什么当一个人问一件事物究竟是可能的还是必然的，进而考虑到上帝意欲或选择的究竟是什么的时候，他便更换话题的原因。因为上帝是在可能的事物
273 之间进行选择的，正因为如此他是自由选择的，而并非受到强迫。要是只有一种可能的路线，那么就既无选择可言也无自由可言。

236. 人们也必须回答培尔先生的三段论，以便不放过这位才华出众人士的任何异议。培尔先生的各种三段论出现在他的《对一个外省人问题的答复》的第 151 章（第 3 卷，第 900、901 页）。

第一个三段论

“上帝不可能意欲与他对其智慧所拥有的那种必然的爱

相对立的任何东西。

“然而，拯救一切人却是与他对其智慧所拥有的那种必然的爱相对立的。

“所以，上帝不可能意欲拯救一切人。”

237. 这个大前提是自明的。因为人们不可能做任何一件其对立面带有必然性的事情。但这个小前提却不能苟同，因为尽管上帝必然地爱他的智慧，为他的智慧所推动的他的行为却只能是自由的，其智慧没有推动他去做的事情并未因此而不再是可能的。再者，他的智慧虽然曾经推动他去拯救一切人，但这却并非藉后件的和决定的意志予以推动的。既然这种后件意志，由于只是自由的前件意志行为的结果，从而也不能不成为自由的。[①]

第二个三段论

“最配得上上帝智慧的作品，除其他别的事物外，还包括一切人的罪和对大多数人的永罚。”

“然而，上帝必然意欲最配得上其智慧的这一作品。

“所以，他必然意欲这一作品除其他事物外，还包括一切人的罪和对大多数人的永罚。”

这个大前提是站得住脚的，但我否认这个小前提。上帝的决

① 在《神正论》英文版中，第 236 节和第 237 节是合在一起的，从而并未单列出第 237 节。但在《神正论》法文版中，这两节却都是独立的。在这里，我们采取的是《神正论》法文版的格局，将第 236 节和第 237 节各自单独列出。

定始终是自由的，即使上帝始终受到寓于向善意图之中的诸多理由的推动。因为在道德上为智慧所驱使，为对善的考虑所制约，也就是自由，这并非形而上学意义上的强制。只有形而上学的必然性，一如我无数次所强调的，才与自由相对立。

238. 在这里，我将不去考察培尔先生在接下一章（第 152 章）的异议中所提出的三段论；这种三段论针对的是堕落前神选论者
274 的体系，尤其是泰奥多尔·德· 伯撒[①]于 1586 年在蒙贝利亚尔会议上所做的演说。这次会议只不过加剧了各派别之间的冲突。“上帝是为了他的荣光而创造世界的；如果他的仁慈和正义得不到彰显，他的荣光便不为人所知（按照伯撒的说法）。仅仅由于这个原因，他决定藉他的恩典使一些人永生，藉一种正义的审判使另外一些人获得永罚。但仁慈预设了苦难，而正义则预设了罪过。”（他还可以补充说，苦难也预设了罪过。）“但既然上帝是善的，而且实际上就是善本身，他便能创造人，使人成为善的和正义的，但却容易变化，能够出于他自己的自由意志而犯罪。人的堕落并非出于随意或轻率，或是出于由某个别的上帝所注定的原因，一如摩尼教所认为的那样，而是由于上帝的运筹；尽管如此，上帝却并未参与

---

① 伯撒（Theodore de Bèze，1519—1605），法国新教神学家和学者，在早期新教改革运动中曾发挥过重要作用。他是加尔文的信徒和加尔文在日内瓦的继承人。早年在巴黎求学时接受宗教改革思想。1548 年前往日内瓦，受到加尔文接待。1553 年，为加尔文指使烧死塞尔维特辩护，著《异端者应受政府处分》。1557 年，周游欧洲各地，联络基督教各改革派。1564 年加尔文死后继任牧师团领袖，传播加尔文思想，成为加尔文宗的权威。早年写过一些人文主义小册子，晚年研究神学和《圣经》，曾利用剑桥大学所藏《圣经》古抄本，编有希腊文本和通俗拉丁文本《圣经》的对照本。伯撒在这次会议上的演说中着重阐发了加尔文主义中关于上帝自由和恶的来源的观点。

这种错误，因为人并不是受到强制而去犯罪的。”

239. 这一体系并不是设计得最好的。它非常不适合彰显上帝的智慧、善和正义。所幸的是，它今天几乎被人摒弃了。倘若没有其他一些更深刻的理由能够使上帝允许作为苦难源泉的犯罪，世上也就既不会有犯罪也不会有苦难；但仅仅这里所述说的理由是不充分的。如果他能够阻止苦难，他便能更好地声称他的仁慈，如果他能够阻止犯罪、提升并奖赏美德，他便能更好地声称他的正义。此外，人们尚没有看到他不仅使人能够堕落，而且还布局了致使人堕落的环境，倘若没有其他原因迫使他非如此不可，他何以能够不担当任何责任呢？但当人们注意到上帝尽管是善的和智慧的，但却必须创造出最好的宇宙计划能够具有的一切美德、善和幸福，并且注意到在某些部分的一种恶往往有助于造成整体的更大的善，人们便能够轻而易举地得出结论说，上帝很可能给不幸留有存在的空间，甚至允许犯罪，一如他所做的那样，而不应当因此而受到指责。这是对所有有缺陷的体系所能提供的唯一补救，尽管这些体系安排了上帝的决定。这些思想曾经得到圣奥古斯丁的支持，关于夏娃，人们可以借用一位诗人为颂扬穆西乌斯·斯凯沃拉[①]的手的诗句加以言说：

① 穆西乌斯·斯凯沃拉（Galus Mucius Scaevola），传说中的罗马英雄人物。据说在伊特拉斯坎国王波塞纳围攻罗马城时，他自告奋勇前去行刺，但他刺死的却是波塞纳的侍从。他在法庭上受审时，为了向敌人显示其大无畏精神，把右手伸进正在熊熊燃烧的祭坛圣火里，看着烈焰把手烧焦，始终不缩回来。波塞纳被他的勇气打动，又害怕刺客接踵而至，就下令将他开释，并同罗马人讲和。穆西乌斯回罗马后得到奖赏和“斯凯沃拉”（“左撇子英雄”）称号。

倘若他没有弄错，他也干不出如此宏伟的事业。[①]

240. 我发现，一位著名的英国高级教士[②]撰写了一部颇有创意的论述恶的起源的书。培尔先生在其《对一个外省人问题的答
275 复》第2卷摘引了其中一些段落予以批驳。尽管他与我在这里所论证的一些意见不尽一致，似乎有时候显得过于专断，仿佛上帝的意志在涉及善恶问题时并不遵循智慧的规则，而是武断地决定这样那样的事物必定被视为善或者恶；仿佛受造物的意志，就其是自由的而言，在选择事物时并不是由于对象在他看来是善的，而是出于一种纯粹任意的决定，完全不依赖对象的表象。我要说明的是，这位主教所言说的道理似乎更有利于我的学说，而不是他自己的学说中似乎与我的观点相反的东西。他说道：一个无限智慧和自由的原因已经选中的东西要好于他未曾选择的东西。难道这不是在承认善乃其选择的对象和理由吗？在这个意义上，人们在这里将恰如其分地说：

众神作出如此裁决，要求更多即是亵渎神灵。[③]

---

① 马提雅尔：《铭辞集》，Ⅰ，22，8。马提雅尔（Martial，约38/41—约104），罗马著名铭辞作家。他的铭辞共1500多首，比较全面地反映了当时的社会情况。生于罗马在西班牙的移民地比尔比利斯，后长期住在罗马，晚年又返回西班牙。他实际上是现代警句诗的开山祖师。

② 莱布尼茨所说的“英国高级教士”指的都柏林的大主教威廉·金（William King，1650—1729）。其所著《论恶的起源》一书于1702年在伦敦出版。莱布尼茨在本著附录《对最近在伦敦出版的论“恶的起源”的著作的评论》中曾对该著做过具体深入的分析。

③ 马提雅尔：《铭辞集》，Ⅰ，22，8。

就恶的起源论上帝的正义与人的自由 276

下 篇[①]

241. 至此，我们终于讨论完了关于道德的恶的原因问题。物理的恶（Le mal physique），即悲痛、苦难和不幸，解释起来麻烦要小些，因为这些无非是道德的恶的结果。一如格劳修斯所说，惩罚乃因行动中的恶而施予的隐忍痛苦之恶。[②] 人们因其有所行动而遭受痛苦；人们因其行恶而遭遇恶：

我们自身痛苦的原因
乃是我们自己。[③]

诚然，人们也往往因他人作恶而蒙受苦难；但倘若我们没有参与犯

---

① 法文版原文为：TROISIÈME PARTIE。英文版为：EAASYS ON THE JUSTICE OF GOD AND THE FREEDOM OF MAN IN THE ORIGIN OF EVIL，PART THREE。此处据英文版译出。

② 格劳修斯：《战争与和平法》，Ⅱ，20，3。

③ 该句的原文为：Nostorum causa maloyum Nos summus。

罪活动，人们便必定可以据此确信：我们现在蒙受的苦难无非是我们将来获得更大幸福的一种准备。关于物理的恶的问题，亦即关于各种苦难的起源问题，所面临的困难与形而上学的恶的起源问题所面临的困难一样，其有关例证可以由宇宙中的畸形与表面上的无规则性提供出来。但人们必须相信，即使苦难和畸形也依然是秩序的一个部分。人们不仅必须牢记，承认这些缺陷和畸形比违背普遍规律要好一些，就像马勒伯朗士神父有时所主张的那样，而且，人们还必须牢记，这些畸形本身也是有规则的，与普遍的意志行为也是一致的，尽管我们认识不到这种一致性。这就像有时
277 在数学中也存在有无规则性的表面现象，但当我们对这些现象穷根究底后便会发现，它们终归处于伟大的秩序之中。我在这部著作中之所以强调，按照我的原则，所有个体事件都无一例外地是普遍意志行为的结果，究其原因全在于此。

242. 因此，如果我在这里致力于用纯粹数学的例证来阐释这些问题，人们是没有理由感到诧异的。在数学中，一切都是有序进行的。人们从中可以藉精确的探讨，洞察一切，可以说使我们享见上帝的观念。人们可以设想一连串数字或一个数字系列，这个数字系列看起来毫无规则，数字增减毫无秩序可言。不过，一个人要是知道有关数学公式的钥匙，了解这一数字系列的起源和结构，他就能够指出一条规则，而且，只要他正确地理解这条规则，他就可以表明这个数字系列完全合乎规则，甚至具有卓越的特性。人们可以藉助线段对这一点做出更清楚明白的说明。一条线可以迂回曲折，其各点可以反射也可以折射，可以中断，也可以有其他各种

形状，其中既无韵律也无理由可言，当我们只关注它的某一个部分时，事情便更其如此。但只要能够找到它的方程式和结构，一个几何学家便会发现所有这些无规则性的理由和适当性。对于由宇宙中的畸形和其他所谓缺陷所构成的种种无规则性，我们也必须作如是观。

243. 在这个意义上，人们可以运用圣贝尔纳[①]的这句名言(《书信集》，第 276 封："致尤琴尼乌斯三世")："Ordinatissimum est，minus intgerdum ordinate fieri aliguid."其意思是说，"有时存在有某些较小的无序现象，其实属于伟大的秩序。"人们甚至可以说，这种较小的无序从整体上看只是一种表面现象，如果人们考虑到遵循秩序轨道者享有幸福生活这样一种情况，这样一种较小的无序甚至连无序表面现象也说不上。

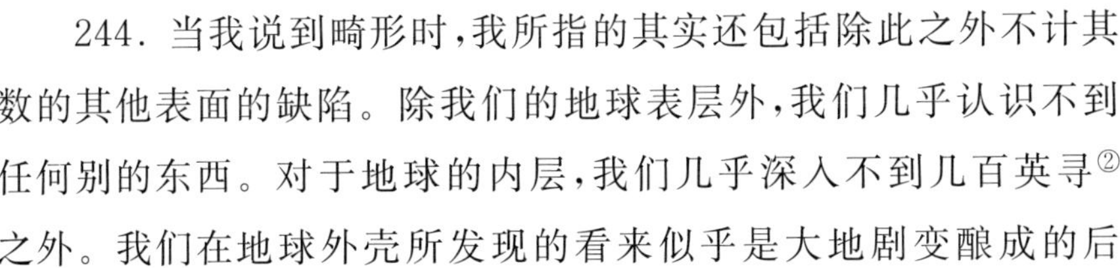

244. 当我说到畸形时，我所指的其实还包括除此之外不计其数的其他表面的缺陷。除我们的地球表层外，我们几乎认识不到任何别的东西。对于地球的内层，我们几乎深入不到几百英寻[②]之外。我们在地球外壳所发现的看来似乎是大地剧变酿成的后

① 贝尔纳(Bernard，1090—1153)，1112 年加入西多会，1115 年在明谷建立修道院，一直担任该院院长至死。故有明谷的贝尔纳之称。他严厉镇压异教、异端的政策在历史上留下了难以洗刷的污迹。例如，他曾鼓动教皇发动十字军东征，参与组织教会武装条顿骑士团，倡导成立宗教裁判所等。他对 12 世纪两位著名的辩证学者阿贝拉尔和吉尔伯特实施迫害。其著作主要有《论上帝之爱》(1126 年)、《论恩典与自由意志》(1127 年)、《论沉思》(1150—1152 年)等。他实际上是当时西欧的精神领袖，也是中世纪最重要的圣徒之一。他的著作对耶稣会和路德有较大的影响。

② 英寻(fathom)，为长度单位，合 6 英尺或 1.829 米。

278 果。似乎这个地球曾一度处于燃烧状态，现在构成地壳基础的岩石乃巨大熔化过程后的残渣。因为在地壳内部所发现的金属和矿物与我们在熔炉中炼出的东西极其相似。整个海洋很可能是一种澄清的油（*oleum per deliquium*），犹如湿地上形成的酒石油（l'huile de tartre）。因为当地球表面在大火后冷却下来时，受火焰推动升上天空的水汽重新降落到地面，清洗地球表面，溶解和吸收残留在灰烬中的盐块，最后充满地球表面的这一巨大凹陷处，形成充满盐水的海洋。

245. 但在大火之后，人们必定断定，大地和水造成的破坏不小。很可能冷却后形成的地壳，地壳下面产生巨大的溶洞，地壳也可能因此塌陷，以至于我们仅只生活在废墟之上，一如已故英国国王宫廷神父托马斯·伯内特[①]先生及其他一些人正确指出的那样。各个时期的洪水泛滥留下来的层层沉渣，其痕迹和残留物至今都说明海洋曾存在于今天距离它最为遥远的地方。但到最后，所有这些剧变都停了下来，地球便呈现出我们现在所看到的形状。摩西言简意赅地暗示了这些变化：光与暗的分开表明了大火引起的溶解过程；而湿与干的分开标志的则是洪水泛滥的结果。[②] 但有谁看不出正是这样一些混乱无序助推万物达到现在这样一种状态，我们现在所拥有的财富和种种便利无不归因于这些变化，而且

① 托马斯·伯内特（Thomas Burnet，1635—1715），苏格兰神学家和地质学家。与莱布尼茨有通讯联系。于1681—1689年完成其著作《神圣的地球理论》。于1692年出版《哲学考古学》一书，在书中他力图将他的地质理论与圣经的创世史协调起来。

② 参阅《创世记》，1：1—31。也请参阅段德智：《哲学的宗教维度》，商务印书馆2014年版，第428—437页。

也正是由于这样一些变化，这个地球才变得适合我们耕种。这种种无序状态都纳入了秩序之中。我们从远处看到的那些实在的或表面的无序现象有太阳黑子和彗星。但我们并不知道它们究竟会给我们带来什么好处，也不清楚它们所遵循的规则。曾经有过一个时期，各种行星被视为种种漫游天际的星辰；但现在我们却发现它们的运动是有规则可循的。彗星的情况或许也同样如此，以后我们终究会认识到这一点。

246. 人们不应当将状态的不同列入无序状态，雅克洛先生诘问那些希望每一件事物都同样完满的人士是言之有理的，为何岩石没有枝叶和花朵？为何蚂蚁不能成为孔雀？倘若处处都必须平等，穷人就会用这种理论来反对富人，仆人就会用这种理论来反对主人。管风琴的各个管子的尺寸绝对不能一样。但培尔先生却说，善的缺乏与无序之存在有差别；无生命事物中的无序与理性受造物中的无序也有差别，无生命事物中的无序是纯粹形而上学性质的，理性受造物中的无序则是由犯罪与苦难组合而成的。他对不同的无序状态作出区分，非常正确，但我们将其结合在一起予以 279
考虑也同样正确。上帝并不忽视无生命事物：它们本身固然没有感觉，但上帝却为它们而感觉。上帝也不忽视动物：动物本身虽然没有理性，但上帝却为它们而具有理性。上帝为宇宙中存在的最微不足道的现实的缺陷而自责，即使对这样的缺陷没有谁能知觉到，亦复如此。

247. 看来，培尔先生并不赞成在可能存在于无生命事物身上

的无序与扰乱理性受造物和平和幸福的无序之间所作出的任何一种比较;他也不赞成我们以一些恶行乃避免干扰运动规律所必须为理由为允许恶行而辩护的正当性。按照培尔先生的看法(其死后出版的《答雅洛克先生》,第 183 页):“上帝之所以创造这个世界只不过是为了炫耀他在建筑和机械方面的技巧,而他的善的属性以及他对美德的爱并未参与到这项伟大作品的构建之中。这个上帝引以为荣的仅只限于技巧方面;他宁可让整个人类灭亡,也不肯让一些原子运行得比普遍规律对其所要求的更快或更慢。”假如培尔先生真正了解了我所提出的普遍和谐体系,他就不至于提出这样的反对意见了。我的这一体系断言:动力因领域和目的因领域相互之间并行不悖;上帝既是最好的君主,同样也是最伟大的建筑师;将物质安排得如此恰当,以致各种运动规律都有助于得到精神的最好指导;从而表明上帝达到了最大可能的善,只要人们对形而上学的善、物理的善和道德的善做出总体的考察,事情就必定如此。[①]

248. 但培尔先生也许会说,上帝既然有能力藉小小的奇迹即可以避免不计其数的恶果,那他为何不将恶清零呢?为了使人堕落,他提供了那么多超乎寻常的佑助,但这样一类佑助哪怕是提供给夏娃一点点就能够阻止她的堕落,致使蛇的诱惑落空。我已经从一般意义上充分回答了这类异议:上帝既已选择了这个最好的世界,他就不应当再去选择另外一个世界,在其间他只不过用了一

① 参阅莱布尼茨:《单子论》,第 87—90 节。

些必要的奇迹。我曾答复培尔先生说，奇迹改变了世界的自然秩序。他却答复道，这只是一种错觉，例如，迦南婚礼上的奇迹对房间的空气并未造成任何改变，只不过是吸收了一些酒微粒而非水 280
微粒而已。[①] 但我们必须注意，事情的最好计划一旦选定便没有一点更改的余地。

249．至于奇迹（我在本著中业已对此谈过一些看法），它们或许并非属于同一个类型：其中有许多是上帝藉助不可见的实体，如天使，产生出来的，马勒伯朗士神父也这么认为。这些天使或这些实体按照符合它们本性的通常规律行动，它们具有比我们更加稀薄却更有活力的躯体。这样一些奇迹只是比较而言、相对于我们才被称作奇迹，正如我们的工作在动物看来会被视为奇迹一样，倘若这些动物能够对之加以评论的话，事情就必定如此。水之变成酒便可能属于这样一类奇迹。但创造、道成肉身以及上帝其他一些超乎一切受造物能力的行为，都是真正的奇迹，甚至是奥秘。倘若在迦南水变成酒是一种最高类别的奇迹的话，上帝因此便因物体的联系而改变了世界的整个进程，否则，他就会藉奇迹阻止这样一种联系，使与奇迹不相干的物体像奇迹未曾发生那样活动。奇迹结束后，他必定使那些与奇迹相关的物体本身的一切统统回到未发生奇迹时所达到的状态：此后一切又都重新回到其原初进程。由此可见，这种奇迹的要求超出了其原初的表面现象。

① 参阅《约翰福音》，2：1—10。其中谈到耶稣在迦拿一个“娶亲的筵席”上行“变水为酒”的奇迹。

250. 至于受造物的物理的恶，亦即它们的苦难，培尔先生激烈反对那些努力藉助种种特殊理由为上帝在这方面的行为方式进行辩护的人。在这里，我权且不论动物的苦难，因为培尔先生在这里讨论的主要是人的苦难，这或许是因为在他看来无理性的禽兽完全没有感觉的缘故。正是由于这样一种不公正立场，在动物苦难问题上，各种各样的笛卡尔派学者都力图证明，动物只不过是机器而已，quoniam sub Deo justo nemo innocens miser est，这句拉丁文的意思是，既然是在一个像上帝这样的主治理之下，无辜的受造物便根本不可能遭遇不幸。这条原则是好的，但我并不认为由此可以推断出动物没有任何感觉的结论。因为在我看来，严格地

281 讲，知觉不伴随反思便不足以产生不幸。幸福也同样如此：倘若没有反思，便没有幸福可言。

啊！认识他们固有之善的，真是太幸福了！[①]

如果人们依据理性进行判断，便不可能怀疑动物存在有痛苦的感觉，但动物的苦乐似乎不像人的苦乐那样强烈，因为动物既然没有反思，便既不可能有伴随痛苦的悲伤，也不可能有伴随快乐的愉悦。人有时也处于与动物状态非常接近的状态。这时，他们几乎仅仅出于本能、仅仅凭感觉经验获得的印象行事。在这种状态下，他们的快乐和痛苦微乎其微。

---

① 维吉尔：《农事诗》，Ⅱ，第 458 行。其原文为：O fortunatos nimium, sua qui bona norint!

251. 但让我们现在从对动物的讨论转向对理性受造物的讨论。培尔先生所讨论的有关理性受造物的问题在于：世界上存在的物理的恶是否多于物理的善？(《对一个外省人问题的答复》，第2卷，第75章)为了正确认识和处理这一问题，人们就必须解释清楚这些善恶究竟显现在什么地方。我们都一致承认，所谓物理的恶无非是不快，在我看来，不快包括痛苦、悲伤以及其他任何种类的不适。但难道物理的善就仅仅在于快乐吗？培尔先生所持的似乎就是这样一种意见。但在我看来，它还表现为诸如健康这样一种中间状态。当人们没有任何一种疾病时，他们便会感觉良好。不干傻事，这在一定意义上也就算是有智慧了：

> 不干蠢事，
> 即智慧的开端。[①]

同样，一个人当其不可能受到正义的责难时，他便值得称道了：

> 倘若我不受到指摘，便是对我的充分颂扬。[②]

在这种情况下，所有不致使我们感到不快的感觉，我们的能力所开展的所有那些并不致使我们感到不适的活动(对其阻止反倒引起我们感到不适)，都是物理的善，即使当它们并未引起我们的快感

① 贺拉斯：《书札》，Ⅰ，1，第42行。其原文为：Sapientia prima est，Stultitia caruisse。

② 这句话的原文为：Si non cupabor，sat mihi laudis erit。

时，亦复如此，因为它们的缺乏乃物理的恶。因为健康的善以及其他各种类似的善，只有当我们失去它们的时候，我们才知觉到它们的善。据此，我不揣冒昧地主张：即使在今生，善也超过恶，我们的舒适也超过我们的不适。笛卡尔先生曾经非常正当地写道（《通讯集》，第1卷，第9封信）："自然理性告诉我们，我们在今生所有的善比恶多。"

282 252. 我们还必须补充说：享乐太过频繁和过头也会成为极大的恶。有一些快乐，希波克拉底称之为癫痫，肖普[①]无疑只对麻雀羡慕不已，他曾在一部虽然具有学术性但也不乏幽默的著作中开了一个很有分寸的玩笑。调味过重的食物不仅有损健康，还会弱化味觉的敏感。而且，一般而论，肉体快乐本身即是精神的一种消耗，尽管这样一种消耗在一些人身上比在另外一些人身上能够得到更好的补偿。

253. 为了证明恶超过善，培尔先生援引了莫特·瓦耶[②]先生的话（第134封信）。瓦耶先生说，倘若他不得不再次扮演天道曾经安排给他的同一个角色，他宁愿不回到这个世上。但我曾经说过，只要新的角色允诺我们，一个人能够重新连接命运之线，我们

① 肖普（Scioppius，1576—1649），著名的语文学家和文献学家，1595年编辑出版了《普里阿波颂歌》评注，其中以欣赏的口吻谈到了麻雀的性能力。参阅培尔：《历史批判辞典》，"肖普"条。

② 莫特·瓦耶（Motte Vayer，1588—1672），一位有怀疑论倾向的法国哲学家。培尔所引书信见1669年出版的《著作集》，第12卷，第204页；也请参阅培尔：《历史批判辞典》，"瓦耶"条E段。

肯定会接受这一建议，哪怕这个角色并不比原来的角色更好。由此看来，从德·拉·莫特·勒·瓦耶先生的这样一种说法中我们得不出像培尔先生所设想的那样一种结论：他不会希望扮演他曾经扮演过的角色，哪怕是一个新的角色。

254. 心灵的快乐最纯粹，也最有助于愉悦持续不断。卡尔丹[①]已经成为一个老人时，对其状态非常知足，他郑重宣布：即使让他回到富有、年轻却又无知的状态他也不肯。瓦耶自己援引了卡尔丹的这个说法却并未对之加以指摘。知识无疑具有那些不知知识为何物者所能设想的魅力。我这里所指的并非那种只知其然不知其所以然的知识，而是像卡尔丹所具有的那样一种知识，他虽然具有所有那些错误但仍不失为一位伟大人物，要是没有那些错误他就无与伦比了。

认知万物的原因，该是多么幸福！
他无所畏惧，将那无可逃避的厄运
踩在自己脚下……[②]

对上帝和世界感到满意，对于我们将要发生的定命无所畏惧，对于

① 卡尔丹(Jerome Cardan，1501—1576)，意大利哲学家、数学家、占星术士、医生。曾被控为阿维洛伊和彭波那齐信徒，并因此而被捕。后因其私下声明放弃异端思想而重新获得自由，但却失去职位和著书权。

② 维吉尔：《农事诗》，Ⅱ，第490—492行。其原文为：Felix，qui potuit rerum cognoscere causas！Ille metus omens et inexorabile fatum Subjecit pedibus。

降临到我们头上的一切都毫无怨言，所有这一切都并非区区小事。对真正原则的认识使我们具有了这样一种优点，与斯多葛派和伊壁鸠鲁派哲学衍生出来的大相径庭。真正的道德与他们的道德之
283 间的巨大差别，一如愉悦与忍耐之间的差别：因为他们的心灵宁静仅仅以必然性为基础，而我们的心灵宁静却依赖于万物的完满性和美，依赖于我们自己的幸福。

255. 那么，关于身体的痛苦，我们又当如何评说呢？难道它们还不够剧烈，不足以打乱圣者宁静的心灵？亚里士多德认同这种观点，但斯多葛派却持不同的意见，甚至伊壁鸠鲁派也同样如此。笛卡尔先生使我们想到这些哲学家的学说。他在我们刚刚提及的那封信中写道："人们只要知道如何运用自己的理性，即便遇到最严重的不幸和最难以忍受的痛苦，他们也依然能够心满意足。"对此，培尔先生说道(《对一个外省人问题的答复》，第3卷，第991页)："这等于什么也没有说，这是在为我们开出一剂几乎无人理解的药方。"我则认为这种事情并非不可能，人们只要默思和修炼，便能够达到这样的境界。且不说那些真正的殉道者以及那些得到上天佑助的人，确实也曾经存在有一些模仿他们的仿制的(faux)殉道者。例如，那个西班牙奴隶为了给其主人报仇而杀死了迦太基的总督，即使遭受最严酷折磨也依然表露出极大的愉悦，这足以让哲学家们无地自容。人们为何不可以像他这样呢？人人都可以像言说不利那样来言说有利：

有谁不会遇到可能遇到的事呢？[①]

256. 但即使今天，整个部落，如休伦人、易洛魁人、加利比人以及美洲的民族在这个问题上都给予我们很大的教益。人们不禁惊奇地读到，他们以多么无畏和几近麻木的态度勇敢面对他们的敌人，这些人以细火烧烤他们，一片一片地吃他们的肉。倘若这些民族能够保持他们体魄和勇气方面的优点，又能将之与我们的知识结合起来，他们就将在各个方面超过我们：

宛如一片茅屋中耸立着一座辉煌宫殿。[②]

他们之于我们，犹如巨人之于侏儒，大山之于小丘：

其伟大如艾吕克斯山[③]，其伟大如阿托斯山[④]和崇高的亚平宁[⑤]，

他自豪地登上高耸入云、白雪皑皑的山巅。[⑥]

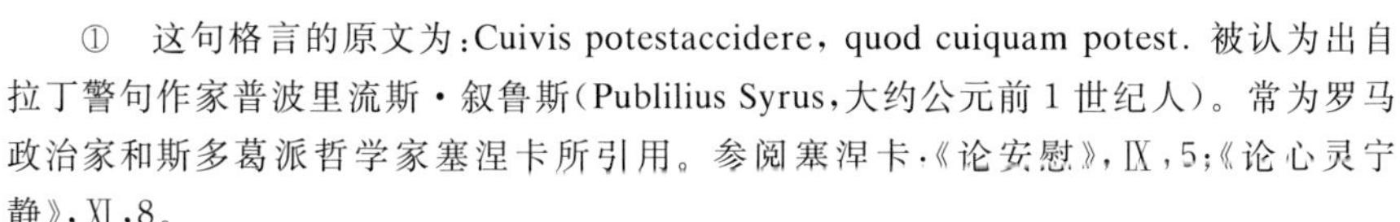

① 这句格言的原文为：Cuivis potestaccidere, quod cuiquam potest. 被认为出自拉丁警句作家普波里流斯·叙鲁斯（Publilius Syrus，大约公元前 1 世纪人）。常为罗马政治家和斯多葛派哲学家塞涅卡所引用。参阅塞涅卡·《论安慰》，Ⅸ，5；《论心灵宁静》，Ⅺ，8。

② 该句的原文是：Extat ut in mediis turris aprica casis。

③ 艾吕克斯山（Eryx），位于意大利西西里岛的一座高山。

④ 阿托斯山（Athos），位于希腊北部的一座高山，希腊文称 Hagion Oros，意为圣山。

⑤ 亚平宁（Apenninus），系位于意大利亚平宁半岛的一个山脉，贯穿整个亚平宁半岛。

⑥ 维吉尔：《埃涅阿斯纪》，Ⅻ，第 701—703 行。其原文为：Quantus Eryx, et quantus Athos, gaudetque nivali Vertice se attollens pater Apenninus ad auros。

284 257. 这些出于最罕见的荣誉感而保持着坚韧不拔精神的野蛮人,以其身体和心灵的奇妙活力所达到的一切,我们都可以通过教育,通过克己灵修,通过保持建立在理性基础上的无法自已的愉悦心态,通过保持在纷乱骚扰环境下心无旁骛定力的大量训练获得。这样一类事物中,有些与古代阿萨辛派[①]相关,阿萨辛派由老者毋宁说由山中长者的臣民和弟子组成。这样一种教派倘若追求善的目标对于那些希望回到日本的传教士来说倒是很有助益的。古代印度的赤裸苦行派[②]大概也有与此类似的情况,一位名叫卡拉努斯[③]的人曾当着亚历山大大帝的面表演自焚,无疑受到其师傅伟大榜样的鼓舞,受到不惧痛苦的严重苦难的训练。信奉这一印度教派的女人甚至到了今天还请求与其丈夫的尸体一同火化,似乎依然保持她们国家那些古代哲人的一些勇气。我并不期待人们立即创建一种宗教秩序,旨在将人们提升到完满的极高境地。这样一些人超出众人太多,也不是当局能够左右得了的。人们既然鲜有陷入需要如此巨大心灵力量的极端处境,也就很少想到为此而牺牲我们习以为常的舒适生活,尽管由此的所得无可比拟地

---

① 古代阿萨辛派(the ancient Assassins),指11—13世纪以暗杀敌人为宗教义务的伊斯兰教新伊斯玛仪派。1094年,该派首领哈桑·萨巴哈攻占伊朗的阿剌模忒城堡,并以该城堡为大本营,指挥一群狂热的恐怖分子以及潜伏在敌人营垒和城市中的无数特务进行暗杀活动。他们曾暗杀阿拔斯王朝的许多文武官员和几个哈里发。12世纪初,他们的恐怖活动扩展到叙利亚。1256年,旭烈兀率蒙军攻陷阿剌模忒城堡。该宗教恐怖团体之所以被称作阿萨辛派,乃是因为其成员在进行暗杀活动前通常都服用大麻叶阿萨希(Haschisch)的缘故。其首领称作谢赫(Sheik,意为长者或老者),因其据有山中城堡,故又有山中老者之称。

② 赤裸苦行派(Gymnosophists),是希腊历史学家对古希腊婆罗门教中的一种全裸的苦行派的称谓,其基本含义为裸体的智者。

③ 这位苦行者的生平事迹载普鲁塔克:《亚历山大传》,第65、69段。

大于所失。

258. 虽然如此，人们无需这样一种重大的补救措施这样一个事实也是善已然超过恶的一个明证。欧里庇得斯也说过：

> 凡人所拥有的善比恶占有优势。[1]

荷马以及其他一些诗人则持不同的看法，人们也普遍认可他们的意见。之所以如此，乃是因为恶比善更能引起我们的注意。但这样的理由反过来又说明恶更为罕见。因此，人们绝对不要轻信普林尼的愤世嫉俗的言论，他曾经将自然贬为继母，人既是所有受造物中最不幸者，又是所有受造物中最自负者。人的这两个绰号并不兼容：一个人若是充满自我，他就不会如此不幸。诚然，人们之所以过分鄙视人的本性，显然是因为他们并没有看到还有一些别 285
的受造物能够引起他们妒忌。但他们全都自视过高，一个人很容易自满自足。因此，我非常赞同梅里克·卡索波[2]的意见，他在对第欧根尼·拉尔修《色诺芬尼》的注释中，高度称赞欧里庇得斯令人钦佩的意见，竟至赞颂他，说他的话透露出一种充盈着神性的精神（*things quae spirant θεόπνευστον pectus*）。塞涅卡（《论仁慈》，第4卷，第5章）令人信服地说到自然赐给我们的种种福气。培尔

① 这句话的原文为：Mala nostra longe judico vinci a bonis.

② 梅里克·卡索波（Meric Casaubon，1599—1671），学问渊博的学者，著名古典语言学家伊萨克·卡索波之子。他对第欧根尼·拉尔修著作的注释本1664年在伦敦出版，1692年在阿姆斯特丹再版。也请参阅培尔：《历史与批判辞典》，“色诺芬尼”条D段。

先生在他的《历史与批判辞典》“色诺芬尼”条中援引了各色各样的权威言论来反驳他的这种观点，其中从斯托波伊斯[①]选编的《诗集》中援引了诗人狄菲洛斯[②]的诗句，他的希腊诗句可以译成下述拉丁诗句：

Fortuna cyathis bibere nos dalis jubens,
Infundit uno terna pro bono mala.[③]

259. 培尔先生认为，假如这里讨论的只是人们之间的罪过的恶或道德的恶，这种情况很快就会变得对普林尼有利，对欧里庇得斯则极为不利。对此，我并不反对。我们的恶行无疑超过了我们的美德，此乃原罪的结果。然而，在这个问题上，人们确实普遍夸大其词，一些神学家甚至如此毁谤人类，竟至误判人类造主的旨意。正因为如此，我才不认同认为异教徒的美德只不过是闪光的恶行(splendida peccata)是在极大荣耀我们宗教的人士的意见。这是圣奥古斯丁的标新立异，但在圣经中却找不到任何依据。这显然有违理性。不过，在这里，我们只限于讨论物理的善恶，从而我们必须对今生的荣盛与不幸做一番详尽的比较。培尔先生几乎想完全放弃对健康的考察。他将健康比作稀释了的物体，对稀释

① 斯托波伊斯(Stobaeus，生活于公元5世纪)，曾根据内容分类辑录了500多首诗，并将其结集成《诗集》。

② 狄菲洛斯(Diphilus，生活于公元4世纪)，古希腊诗人，喜剧作家，新喜剧的代表人物，受到拉丁作家广泛借鉴。

③ 载斯托波伊斯：《诗集》，104，16。这段拉丁译文的基本含义是：命运服侍我们饮酒，它为了那一份善而斟进了三份恶。

了的物体,人们几乎感觉不到,就像我们对待空气一样。但他却将痛苦比作高密度的物体,即使体积很小也非常重。但一旦我们失去健康,痛苦本身便使我们意识到健康的重要性。我也注意到,过分的肉体快乐乃一种实在的恶,事情也不能不如此。精神自由实在太重要了。拉克坦修(《神圣的原理》,第3卷,第18章)曾经说道:人如此敏感,即使偶染小恙,也抱怨不已,仿佛这样的小恙会耗尽其所享受到的所有福祉似的。对此,培尔先生评论道,人们的这样一种感受足以使人们作出判断:他们处境险恶,因为感受乃衡量 286
善恶的尺度。但我却答复说,现在的感受并非过去和将来善恶的真正尺度。我承认,人们在对这样一些懊恼进行反思时,心境是不会好的,但这并不妨碍此前感觉良好,也不意味着无论如何,世界上的善都不可能超过恶。

260. 我一点也不感到奇怪,异教徒不满意他们的神,抱怨普罗米修斯[①]和厄庇墨透斯[②],责怪他们为何锻造出了人这么一种柔弱的动物。我也不会感到奇怪,异教徒竟为有关年迈的西勒

① 普罗米修斯(Prometheus),希腊宗教神话中的提坦之一,是善于运用诈术的神和火神。传说诸神宙斯曾把火种藏起来,不给人类使用。普罗米修斯盗取天火,把它送给人间。作为对普罗米修斯的报复,宙斯派神将他锁起来,让一只恶鹰啄食他的肝脏,他的肝脏一面被啄食,一面被重新长好,最后被赫拉克勒斯解救。普罗米修斯是一位能工巧匠,他将各种生存手段和各种技艺与科学带给人类。

② 厄庇墨透斯(Epimetheus),在希腊宗教神话中为普罗米修斯的弟弟。被视为最愚笨的神之一。普罗米修斯被称作“先知”,而他则被称作“后知者”。作为火的代价和对人类的惩罚,宙斯创造了一个女人潘多拉,并将她送给普罗米修斯的弟弟厄庇墨透斯。厄庇墨透斯不听普罗米修斯的劝告,收下潘多拉为妻。潘多拉打开自己带来的盒子,灾难、艰苦的劳作、疾病从中飞出,传遍人间,只有希望留在里面。

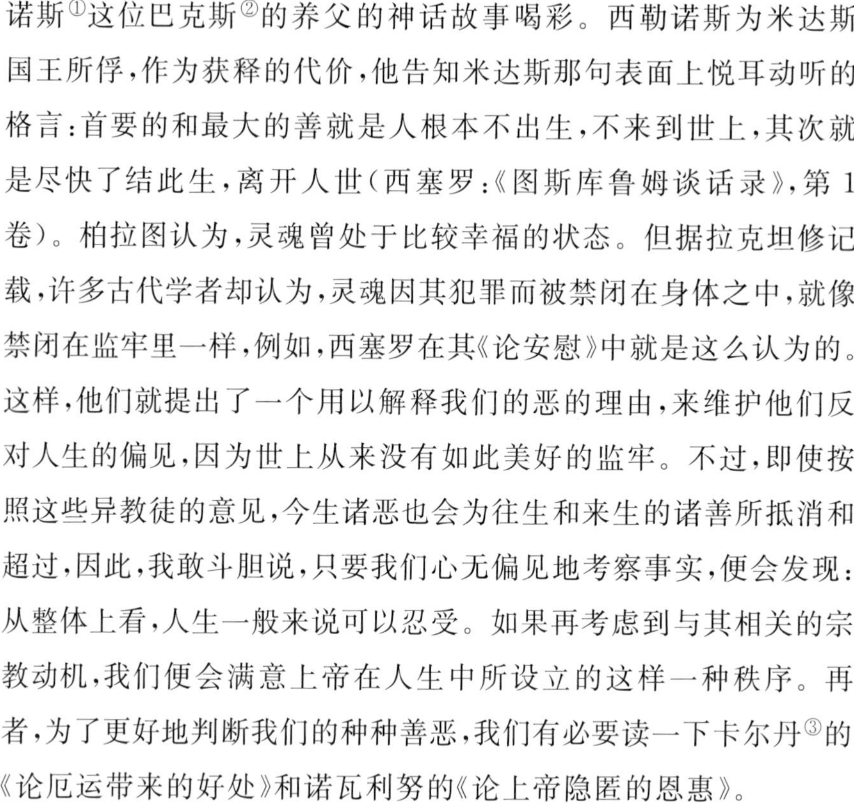

诺斯[①]这位巴克斯[②]的养父的神话故事喝彩。西勒诺斯为米达斯国王所俘，作为获释的代价，他告知米达斯那句表面上悦耳动听的格言：首要的和最大的善就是人根本不出生，不来到世上，其次就是尽快了结此生，离开人世（西塞罗：《图斯库鲁姆谈话录》，第1卷）。柏拉图认为，灵魂曾处于比较幸福的状态。但据拉克坦修记载，许多古代学者却认为，灵魂因其犯罪而被禁闭在身体之中，就像禁闭在监牢里一样，例如，西塞罗在其《论安慰》中就是这么认为的。这样，他们就提出了一个用以解释我们的恶的理由，来维护他们反对人生的偏见，因为世上从来没有如此美好的监牢。不过，即使按照这些异教徒的意见，今生诸恶也会为往生和来生的诸善所抵消和超过，因此，我敢斗胆说，只要我们心无偏见地考察事实，便会发现：从整体上看，人生一般来说可以忍受。如果再考虑到与其相关的宗教动机，我们便会满意上帝在人生中所设立的这样一种秩序。再者，为了更好地判断我们的种种善恶，我们有必要读一下卡尔丹[③]的《论厄运带来的好处》和诺瓦利努的《论上帝隐匿的恩惠》。

① 西勒诺斯（Silenus），希腊宗教神话中的人物，系希腊的林野之神。畜牧神潘的儿子，一说是盖亚的儿子或赫尔墨斯的儿子，一说是潘的兄弟。后来成为酒神的养育者、教师、信徒和伴从。其形象是一个快活的老人、秃头、狮子鼻，很胖，总是背着酒囊。他有智慧，有预言能力。一次，他在醉酒之后在山里到处乱跑，被山民抓住后，交给贪婪的国王米达斯。米达斯以礼相待，为表示谢意，西勒诺斯愿意答应米达斯实现一个愿望，米达斯要求赐给他点金术，西勒诺斯遂满足了他的愿望。莱布尼茨在这里的叙述来自西塞罗《论安慰》中的一个有关故事。

② 巴克斯（Bacchus），罗马神话中的酒神和植物神，相当于希腊神话中的狄俄尼索斯。

③ 卡尔丹（Jerome Cardan，1501—1576），意大利哲学家和数学家，其著作《论事物的精妙》（*De utilitate ex adversis capienda*）于1561年出版。他的其他信息，请参阅前面有关注释。

261. 培尔先生大谈大人物的不幸。大人物通常被认为最幸运,久而久之,他们的优越处境便使他们对善缺乏意识,对恶反而极为敏感。可以说,这对他们尤为糟糕。如果他们不懂得如何享用本性和福气的好处,其罪过岂不正在于本性和福气吗?然而,也有一些大人物智慧过人,他们知道如何利用上帝赐给他们的优势,能够轻而易举地化解他们遭遇的不幸,甚至能够正确对待他们自己的罪过,吃一堑长一智。但培尔先生对于这些却置若罔闻,一味相信普林尼的话。普林尼认为奥古斯都[1]作为运气最为眷顾的君 287
王之一,所经历的恶至少与善一样多。我也承认他有重大理由为他的家族而懊恼,因其对共和制的压制所生的内疚也使他饱受煎熬,但我却认为他这个人太有智慧而不至于为此悲伤不已。梅塞纳斯[2]显然使他懂得罗马需要像他这样一个主宰。要是奥古斯都

① 奥古斯都(Augustus,公元前 63—公元 14),古罗马帝国第一代皇帝,在他的治下(公元前 27—公元 14),罗马世界进入和平与繁荣的黄金时代。原名盖乌斯·屋大维(Gaius Octarius)。尤里乌斯·凯撒收他为义子,当作自己的继承人。公元前 44 年凯撒遇刺后,屋大维与安东尼和李必达组成"三头"执政。公元前 31 年,屋大维打败安东尼,随后将埃及划归罗马版图。公元前 27 年,罗马元老院授予屋大维"奥古斯都"称号,不久又被称作"祖国之父"。但公元 9 年,罗马将军瓦鲁斯在托伊托堡森林遭到惨败,致使罗马帝国的边界未能跨过莱茵河。据说奥古斯都对此痛惜万分,惊呼:"瓦鲁斯,你把我的军团还给我!"这一时期也是拉丁文学史上最卓越的时代之一,涌现了一批伟大的作家,如维吉尔、贺拉斯、李维、奥维德等,与之前的西塞罗时代一起构成拉丁文学的黄金时代。他一生多病,却活到 75 岁的高龄。他曾结婚 3 次,却只生下一个女儿。

② 梅塞纳斯(Gaius Maecenas,约公元前 70—前 8),罗马皇帝奥古斯都杰出的外交官和顾问,古代著名的文学赞助人。当屋大维不在罗马时,他往往处于摄政地位。在屋大维建立元首制后,他继续处理外交和内政事务。他与诗人维吉尔和贺拉斯关系甚笃,维吉尔的《农事诗》和贺拉斯的前三部《颂歌》都是献给他的。他死后无嗣,把全部财产遗留给奥古斯都。他与奥古斯都一直都保持着友谊。

在这个问题上并未改弦更张，维吉尔也不会评说一个迷惘的灵魂：

> 他为金钱而出卖祖国，给她披上至上主人的号衣；
> 他为钱而颁布法律，但随后又将其废除。[①]

奥古斯都本来应该认为，他和凯撒都会被这些诗句顺便提及，因为这些诗行讲到一位强加给一个自由国家的主宰。但种种迹象表明，他并不觉得这两行诗针对的就是他的统治，因为在他看来他的统治与自由是兼容的，是克服共和政治弊端的必要手段，这正如当今的君王们并没有对号入座，将康布雷[②]《泰雷马克历险记》谴责国王们的说法移用到他们自己身上。每个人都认为自己对。塔西佗这位公正的作家在其《编年史》中曾开门见山地用两句话来评判奥古斯都。但奥古斯都本人比其他任何人都能更好地判断他自己的好运。他在临死时看来心满意足，这可以用作他对自己一生感到满意的证据。因为他在弥留之际还反复向他的朋友们吟诵希腊诗句，其大意相当于人们在一出成功戏剧收场时往往发出的喝彩。

---

① 维吉尔：《埃涅阿斯纪》，Ⅵ，第621—622行。其原文为：Vendidit hic auro patriam Dominumque potentem Imposuit，fixit leges pretio atque refixit。

② 康布雷(Cambray)指法国天主教大主教、神秘主义神学家和文学家费奈隆(François de Salignac de la Mothe-Fénelon，1651—1715)。1676年，任新立公教学院院长。曾与新教教徒展开辩论。1689年任路易十四之孙王储路易的教师。1693年，当选法兰西学院院士。1695年被选为康布雷大主教。曾著《论女子教育》(1687)、《亡灵对话》(1690)、《释众圣关于内心生活的语录》(1697)和《泰雷马克历险记》(1699)。主张限制王权及实行经济改革，并主张教会摆脱政府控制以便针砭政务时弊。其所著《释众圣关于内心生活的语录》为静修派灵修理论辩护。1999年教皇应反对静修派灵修理论的波舒哀主教及路易十四之请，谴责这部著作。费奈隆被贬，回到本主教管区，继续从事著述。

苏埃托尼乌斯曾援引过这句诗：

> 倘若你们喜欢就为这场演出鼓掌，
> 表达我们的赞赏与喜悦。[①]

262. 但即使人类注定恶多于善，如果整个世界善无可比拟地多于恶，这对于上帝也就够了。人们在谈到拉比迈蒙尼德[②]时，称他是第一个不再空谈的拉比，这一说法再充分不过地承认了他的优点。他对世上善多于恶这个问题，也做出了非常智慧的判断。他在《迷途指津》(第 12 章，第 3 页)[③]中说道："一些缺乏教养的人，其内心往往涌现出种种错误想法，致使他们认为世上的恶多于善，在异教徒的诗歌和民间歌谣中，人们往往把一些善事的发生视 288
为奇迹，而将恶视为司空见惯和经久不变的东西。不仅广大民众信守这样一种错误观点，而且那些希望被视为智慧人士的人物也

① 参阅苏埃托尼乌斯：《奥古斯都生平》，99。其原文为：Δότε κρότον καί πάντες υμεῖς μετα χαρας κτυπησατε。

② 迈蒙尼德(Moses Maimonides，1135—1204)，犹太教法学家、哲学家、科学家和医生。曾任埃及著名穆斯林军事领袖拉丁苏丹及其子艾尔阿夫达勒的侍从医师，同时成为犹太居民中的领袖。其主要著作有：《密西拿评论》(1168)、《犹太人法典》(1178)、《迷途指津》(1190)和《论复活》(1191)等。他的著作，尤其是《迷途指津》极力调和亚里士多德哲学和犹太教教义。迈蒙尼德受益早期伊斯兰教哲学家，尤其是受益于阿维洛伊。他本人对同时代以及后来的犹太教、伊斯兰教和基督宗教的哲学家影响甚巨。基督宗教哲学家如大阿尔伯特和阿奎那都曾仔细读过《迷途指津》的拉丁译本。至近代，该书也受到斯宾诺莎、莱布尼茨和门德尔松等人的称赞。

③ 英译本的文内注说明这段引文出自《迷途指津》"第 12 章，第 3 页"，比较含混，理应标注为"第 3 篇，第 12 章，第 3 页"。这是因为《迷途指津》共含三篇，其中第一篇，除"给约瑟夫拉比的信"、"绪论"、"本书导读"和"导语"外，含 76 章；第二篇，除"绪论"外，含 48 章；第三篇，除"绪论"外，含 54 章。为方便读者查找，专此说明。

上当受骗。一个名叫阿尔拉西[①]的著名作家在其《上帝智慧》(*Sepher Elohuth*)的著作中,除其他种种谬论外,还说道:恶多于善;对社会安定时期人们所享受的消闲和快乐与吞没人生的种种痛苦、折磨、烦恼、罪过、忧虑、悲伤和苦难的比较表明,人生其实就是一大恶事,就是强加给我们的用来惩罚我们的现实的苦难。”迈蒙尼德还补充说:他们之所以犯如此严重的错误,其原因就在于他们设定自然是仅仅为他们而创造的,他们无视一切有别于他们人格的东西;因此,当一些令他们不快的事情发生时,他们便断定整个世界上的一切都是恶的。

263. 培尔先生说道:迈蒙尼德的解释不得要领,因为我们在这里所讨论的是在人中间恶是否超过善这样一个问题。但认真思考一下这位拉比的话,我发现他所阐述的是个一般性的问题,他希望去驳斥的却是那样一些人,他们藉从人类的恶中推断出某个特殊理由来决定这个问题的是非,仿佛一切都是为人造的,似乎他所驳斥的作者也只是一般地讲讲善恶。迈蒙尼德说得对,如果人们考虑到人与宇宙相比多么渺小,便会清楚明白地认识到恶的优势地位虽然在人间很显著,但并不因此而必然存在于天使之间,也不因此而必然存在于天体之间、各种元素之间、无灵魂的复合体之间以及许多种类的动物之间。我在别处已经证明,如果人们假设受永罚的人数超过得救的人数,尽管这一假设并非完全确定,人们当然可以承认就我们所知的人类而言,恶多于善。但在这里我要指

① 阿尔拉西(Alrasi,约在923年去世),阿拉伯医生和哲学家。

出的是，这既不意味着无论在道德层面还是在物理层面理性受造物不会普遍存在比恶无比多的善，也不意味着包含一切受造物的上帝之城并非最完满的国度。倘若人们再进一步考虑到存在于所有实体中的形而上学的善恶，考虑到它们不仅存在于禀受理性的实体之中，也存在于不禀受理性的实体之中，考虑到在这样广大的范围内既包含物理的善恶，也包括道德的善恶，人们便必定得出结论说：现实存在的这个世界必定是所有世界体系中最好的体系。

264. 再者，培尔先生在考察我们的苦难时并未将我们的过错与之关联起来。倘若他在这里谈的仅仅是一个对这些苦难的评估 289
问题，他倒是没有什么不对的。但倘若人们设问这些苦难是否应当归诸上帝，情况就不同了，而这实际上却正是培尔先生由于将理性和经验置放到宗教的对立面而造成困难的主要原因。我知道，他总是喜欢说倘若人们诉诸自由意志是无所裨益的，因为他的异议也试图说明滥用自由意志同样必须考虑到上帝，因为上帝不仅允许滥用自由意志，而且他还参与其间。他还提出一条准则，人们绝对不可以因为遇到困难就多多少少地摒弃一个体系。他提出的这种看法尤其有利于严格派(des rigides)的方法和堕落前神选论者(des supralapsaires)的教义。他假定虽然他们并未解决一丝困难，人们依然可以赞同他们的意见，因为其他体系尽管解决了某些困难，却不可能解决所有困难。我则认为我所阐述的这一真正的体系可以让所有人感到满意。即使情况并非如此，我坦承我也不喜欢培尔先生的这条准则，我宁可选择一个能够解决大部分困难的体系，也不要一个什么困难都解决不了的体系。人的所有的不

幸几乎都是其恶行的结果，对人的恶行的考察至少表明他们根本没有权利进行抱怨。既然这里涉及的只是一个惩罚恶棍的问题，正义本身便根本无需深究恶棍邪恶的起源。当然，倘若问题在于防止犯罪，那就另当别论了。大家都非常清楚，性情、教养、交往甚至偶然情况本身，都在很大程度上导致了犯罪，难道人因此便应当少受些惩罚吗？

265. 我承认，还存在另外一个困难。虽然上帝不必对恶人的恶行负责，但他似乎有责任对他自己，对那些荣耀他和爱戴他的人，就他允许恶行和犯罪说明他自己行为方式的正当性。但就我们在尘世的需要而言，他已经让我们感到满足了：他既然赐给了我们理性之光，也就赋予了我们得以解决所有困难的手段。我希望我在本著的“前言”中已经把这一点讲清楚了。我在本著前一部分[①]就一般证明所能达到的程度，做了充分的解释。所以，既然允许罪是正当的，则作为罪的结果的各种恶的问题便不存在任何更
290 进一步的困难了。因此，在这里将我们的讨论限制在罪过之恶方面，以期说明惩罚之恶一如圣经以及差不多所有的教会神父及布道师所做的那样，是一件再正当不过的事情。而且，为了使人们不至于说这只有利于布道，我们只须考虑到下面一点就行了，这就是：根据我业已提供出来的解释，似乎再没有什么比这种方法更正确或更精密了。因为上帝在做出现实决定之前，在可能事物中，就已经发现了人滥用其自由从而给自己带来不幸，然而上帝又不能

① 这里所谓“本著前面一个部分”所指的是本著“中篇”。

不允许其存在，因为这为普遍的计划所要求。所以，我们不必附和尤里欧[①]的说法，我们必须像圣奥古斯丁那样独断，像贝拉基那样布道。

266. 这种方法从罪过之恶引申出惩罚之恶，不可能受到任何人指摘，尤其有助于说明最大的物理的恶，亦即永罚。恩斯特·索纳尔[②]曾经担任过阿尔多夫大学哲学教授，该大学建立在自由城市纽伦堡境内地区。他虽然被视为一位卓越的亚里士多德主义者，但最终还是被发现是一位隐蔽的索齐尼派。他曾经写过一篇短论，题为《反对永罚的推证》。他的论证奠定在一个有点陈腐的原则之上，这就是无限的惩罚与有限的罪过之间不成比例。传到我手上的这部著作似乎是在荷兰出版的。当时我的回答是：已故索纳尔先生避而不谈的一个问题应当得到考察，这就是人们有充分的理由说：罪过的持久性导致惩罚的持久性。既然受永罚者恶性不改，他们也就不应当摆脱他们的苦难。因此，人们为了解释受永罚者遭受苦难的永久性，根本无需假定罪因冒犯对象即上帝的

① 尤里欧（Pierre Jurieu，1637—1713），著名的新教神学家和辩论家。鉴于奥古斯丁强调原罪说，主张人之善离不开上帝恩典的参与，鉴于贝拉基要求摒弃原罪说，强调人性本善，主张人的意志自由，声称人凭借其本性即可达到无罪和完满，但他的这一学说被斥为异端，尤里欧主张人们至少在布道中必须容忍人的健康理智说（指贝拉基），同时又应严格坚持奥古斯丁的观点。有关尤里欧的其他信息，请参阅前面有关注释。

② 恩斯特·索纳尔（Ernst Sonner，1572—1612），德国哲学家和医生。曾著《亚里士多德〈形而上学〉评注》。莱布尼茨在这里提到的索纳尔的短著的全称是《对亵渎宗教者施予永罚并不证明上帝的正义而是证明其不义这一命题的神学和哲学推证》。该短论曾于1654年收入索齐尼派编辑出版的一个文集之中。

无限本性而获得无限性这样的砝码。对这个论题我尚未作过充分的探究,故而无法对它作出判断。我知道,按照《箴言》大师[①]的说法,经院哲学家的普遍意见认为在来世既无功绩也无罪过,但我却并不认为这在严格意义上能够成为一个信条。罗斯托克著名神学家费希特[②]先生在其《受永罚者状态》著作中对此做了有力的批驳。他说(第 59 节),这种观点是极其错误的;上帝根本不可能改变其本性;正义对上帝是本质的、必不可少的;死亡关闭的只是恩典之门,而非正义之门。

267. 我已经说过,许多才华出众的神学家已经像我刚才那样
291 解释了受永罚者痛苦的持久性。著名的奥格斯堡信纲神学家约翰·格哈特[③](在其《神学论证》的"论地狱"第 60 节中)做了许多证明,认为受永罚者依然具有恶的意志并且缺乏使其变善的恩典。海德堡神学家扎哈里亚斯·乌尔西努斯[④]在其《论信仰》一书中在

---

① 这里所谓"《箴言》大师"指的是彼得·隆巴迪。彼得·隆巴迪(Peter Lombard,约 1095—1160),意大利中世纪神学家,生于隆巴迪的诺瓦拉附近,就学于波隆那、兰斯和巴黎。曾任巴黎圣母院学校校长。其最有影响的著作是他编著的《箴言四书》,在欧洲大学长期享有标准教科书的地位。直至 16 世纪宗教改革运动开始后,他的这部著作的这种崇高地位才被动摇,在一些大学神学院中才逐步为托马斯·阿奎那的《神学大全》所取代。

② 费希特(Jean Fecht,1636—1716),德国改革派神学家。莱布尼茨所提到的这部著作的全称为《对受永罚者状态的考察》(Examen de l'état des damnès)。该著 1683 年出版。

③ 约翰·格哈特(Johann Gerhard,1582—1637),德国路德派神学家。著 9 卷本《神学圣地》(Loci theologici)系统论证了路德宗的神学理论。该著于 1610—1622 年在耶拿出版。

④ 扎哈里亚斯·乌尔西努斯(Zacharias Ursinus,1534—1583),德国改革派神学家,著名的 3 卷本《海德堡教理问答》(1612)编著者之一。

明确阐述了罪为何应当受到永恒惩罚这样一个问题时，首先提出了普通理由，即因其冒犯的对象是无限的，然后，提出了第二个理由：既然罪行并未结束，惩罚也不可能结束。耶稣会神父德雷克斯勒[①]在其标题为《胜利，或被战胜的放纵性》的著作（第2卷，第11章，第9节）中也说道："受永罚者永受折磨是不足为奇的，因为他们连续不断地亵渎上帝，既然他们以这种方式犯罪不止，从而他们也就永远遭受惩罚。"他在《论永恒》一书（第2卷，第15章）中也申明和认可这一理由。他说道："一些人所坚持的东西并不使我感到反感，受永罚者在地狱中仍然犯罪不止，因而永远受到惩罚。"他想藉此表明，这种意见在罗马教会的学者中非常普遍。他还提出了另一条理由，这条理由原本是教皇大格列高利[②]（《道德论》，第4卷，第44章）提出来的，其内容是：受永罚者之所以永远受到惩罚，乃是因为上帝藉一种居间知识预见到只要他们永远留在世间他们就会永远犯罪。但这个假设疑窦丛生。费希特先生还援引了许多

① 德雷克斯勒（Drexler，1581—1638），德国耶稣会会士。曾著多部著作。莱布尼茨所论及的《胜利，或被战胜的放纵性》1631年在科隆出版，《论永恒》1621年在慕尼黑出版。

② 大格列高利（Gregory the Great，约560—604），意大利籍教皇（590—604年在位），史称格列高利一世，自称"上帝奴仆的奴仆"。32岁任罗马行政长官，两年后辞职。579年任教皇驻君士坦丁代表。格列高利在教廷实行权利集中，整治贪污和渎职分子。596年，派一批修士到英格兰传教。主张以武力迫使蛮族接受基督宗教，支持奴隶制度和奴隶贸易。他建立教皇直辖地，成为中世纪教皇国滥觞。其巩固权势活动，为中世纪罗马教皇制度奠定基础。有"中世纪教皇之父"之说。自8世纪以来，他被尊为教义师。著《〈约伯记〉中的道德》（一译《道德论》或《伦理丛谈》）和《论神职人员的职责》（一译《司牧训话》）等。为了统一教会仪式中的音乐，他将教会礼仪歌曲、赞美歌等收集、整理成一本《唱经歌曲》（即"圣咏"），史称"格列高利圣咏"，被天主教会沿用至今。其神学理论主要遵循奥古斯丁学说，但较少强调预定论。

著名新教神学家的言论，来支持格哈特先生的意见，尽管他也提及一些持不同见解的神学家的意见。

268. 培尔先生本人在不同场合向我提到两位与他同属一派的杰出神学家的言论，涉及我的这些说法。尤里欧先生在其《论教会的统一》这部著作中，针对尼考莱先生同一主题的著作[①]，发表了他的意见（第379页）："理性告诉我们，一个不可能停止做罪犯的受造物也不可能停止其苦难。"雅洛克先生在其《论信仰与理性的一致》一书（第220页）中说："受永罚者必定永远被剥夺享受永福的荣光，通过反思这些不幸的受造物以剥夺他们的永福来抵偿他们的罪过，这样一种剥夺很可能就是他们遭受所有痛苦的起源
292 和原因。人们知道，妒忌使那些人目睹自己被剥夺掉善，被剥夺掉那些曾经到手但又被他们所拒绝的高尚的荣耀，尤其是当他们看到他人被赐予这种善和这种荣耀时，他们该是多么的后悔呀！"他的观点虽然与尤里欧先生的观点小有差别，但他们有一点是一致的，这就是：受永罚者自己就是他们持久遭受折磨的原因。勒克莱尔先生笔下的奥利金[②]派并非完全有别于这种立场。他在其《精

---

① 这里所说尼考莱的"同一主题的著作"指的是尼考莱于1687年在巴黎出版的《论教会的统一——驳尤里欧先生的新体系》，为了回击尼考莱，尤里欧于1688年在鹿特丹出版了《论教会的统一与一些基本问题——驳尼考莱》。关于尼考莱和尤里欧的其他信息，请参阅前面有关注释。

② 奥利金（Origen，约185—254），亚历山大城的希腊教父，基督宗教神学家。年轻时因读到《马太福音》第19章"有为天国的缘故自阉的"，竟实行自阉，过上禁欲生活。奥利金一生著述，非常多产，据说其著作有6000多册。其主要著作有《第一原则》和《反塞尔修斯》。在《反塞尔修斯》中，奥利金强调希腊哲学所能达到的逻各斯只是人的智慧，但基督宗教所宣扬的则是神的智慧。但他又认为神的智慧并不等同于信仰，且

选文集》(*Bibliothéque choisie*)第 7 卷第 341 页中说道:“上帝虽然预见到人将堕落,却并未因此而惩罚人,上帝之所以惩罚人,仅仅是因为他虽然有能力改恶从善,却并没有改恶从善,这就是说,他自由地保持其恶习直到其生命终结。”倘若他将这样一种推论延伸下去,超过今生,他就会将恶人痛苦的持久性归因于他们罪过的持久性。

269. 培尔先生说道(《对一个外省人问题的答复》,第 175 章,第 1188 页):“奥利金派的这个意见具有异端性质,它认为永罚并不仅仅基于罪过,而且基于自愿的不忏悔。”但自愿的不忏悔不就是罪过的延续吗? 不过,我并非简单地重复说,因为人原本有能力改恶从善却并不改恶从善,而是希望补充说:因为人不肯藉助恩典的佑助使他自己改恶从善。但在今生之后,尽管人们认为这种佑助将停止,但在罪人身上,即使当其受到永罚,依然有一种获罪的自由和一种微乎其微的改恶从善的能力,尽管这种能力永远不可能付诸行动。人们不妨说这种程度上的自由缺乏必然性,却不缺乏确定性,既存在于受永罚者中,也存在于享永福者中。再者,受永罚者根本无需今生需要的那样一种佑助,因为他们对人们在今生必须相信的东西再清楚不过了。

知识高于信仰。在《第一原则》中,奥利金主张人有两种本性:一种是“可见的本性”,另一种是“不可见的理性”,前者支配身体欲望和活动的动物本能,后者则影响灵魂的自由意志,并且宣称:“意志的自由在于,没有任何从外部发生在我们身上的事情可以刺激我们行善和作恶。”后来的神学家用上帝的恩典补充和限制人的意志自由,从而发展出正统的“意志自由说”。

270. 一位英国国教的著名高级教士最近出版了一本论恶的起源的著作，培尔先生在其《对一个外省人问题的答复》的第二卷中曾对之做过一些考察，就受永罚者的痛苦问题讲得极其深刻。人们将这位高级教士的意见表述成(依据1703年6月号《文坛共和国新闻》作者的意见)：仿佛他“使受永罚者成了众多心怀强烈不幸感的疯子，却为自己的行为方式而沾沾自喜，他们宁愿存在，宁愿像他们现在这样存在，而不愿意根本不存在。他们将爱他们的状态，不管这种状态多么不幸，甚至像怒火中烧的人们、热恋中的人们、野心勃勃的人们、嫉妒成性的人们，恰恰从只会增加其不幸的事物本身取乐。进而言之，那些邪恶的、根本不敬畏上帝的人已
293 经使他们的心灵习惯于作出错误的判断，以致他们此后将永远不会作出任何别的种类的判断，并且他们因此将持续不断地从一个错误走向另一个错误。他们将连续不断地希望得到他们根本无法享受到的东西，对这些东西的褫夺又会使他们陷入不可名状的绝望，任何经验也永远不可能使他们在将来变得智慧一点。他们因他们自己的罪过而完全毁掉了他们的理智，使他们的理智再没有能力对任何问题做出健全的判断”。

271. 古人就曾经想象恶魔受到折磨时情愿离开上帝，而不愿以屈服的行为挽救自己。他们编造故事说：一位隐修者在幻觉中得到上帝的允诺，倘若邪恶天使之王肯承认自己的罪过，他就可以重新获得恩典，但这个魔鬼却离奇地拒绝了这位调停人的建议。神学家们至少通常在下面一点具有共识，这就是：恶魔和受永罚者都仇恨上帝和亵渎上帝；这样一种状况势必导致他们罹受苦难的

持久性。对此，人们不妨读一读博学的费希特先生《论受永罚者状态》。

272. 在许多时候，人们都持守这样一个信念，灵魂一旦迷失要得救是不可能的。人们都熟知关于教皇大格列高利的故事，据说经他的祷告他已经将图拉真[①]皇帝的灵魂从地狱里撤了回来。图拉真皇帝的善如此著名于世以致人们总是希望有一位新的皇帝能够在好运方面超过奥古斯都，在本性良善方面超过图拉真。正是这一点赢得了圣父对图拉真的怜悯。据说上帝答应了他的祷告，却禁止他将来做类似的祷告。按照这个故事，圣格列高利的祷告具有埃斯科拉庇俄斯[②]灵药的妙用，后者曾将希波吕托斯[③]从冥间救出。如果他继续做这样的祷告的话，上帝就将大怒，就像维吉

① 图拉真(Trajan，约53—117)，罗马皇帝。原名为马尔库斯·乌尔皮乌斯·图拉伊阿努斯。曾担任91年两位执政官之一。97年，被晋升为日耳曼总督，并被确定为皇位继承人。98年，成为罗马皇帝。在位期间，对民众宽容仁厚，在政治上励精图治，不仅减免赋税，而且还改革慈善机构，在意大利和各行省亲自监督扩建公共工程，其遗迹遍布意大利、西班牙、北非和巴尔干半岛。自101年起放弃以往几个皇帝不扩展罗马边界的政策，发动了侵略达契亚、安息的战争。据说在抵达波斯湾时，图拉真面对大海，为自己年事已高不能重复亚历山大征服印度的业绩而热泪盈眶。

② 埃斯科拉庇俄斯(Aesculapius)，罗马神话中的医药之神，亦即希腊神话中的医药之神阿斯克勒皮俄斯(Asclepius)。阿斯克勒皮俄斯是太阳神阿波罗(医疗、真理和预言之神)和仙女科洛尼斯的儿子，经半人半马怪喀戎培养教育和雅典娜女神的帮助，医术极其高明，有起死回生之术。这令掌管人间生死的主神宙斯极为愤怒，于是将其以雷电击死。但事后宙斯又生悔意，又将他"催生"为医神，成为人类的庇护者。

③ 希波吕托斯(Hippolytus)，希腊宗教神话中的一个小神。据欧里庇得斯的悲剧《希波吕托斯》，他是雅典国王忒修斯和希波吕忒的儿子。忒修斯的第二个妻子菲德拉爱上了他，但在遭到拒绝后却自杀，并留下遗言说他侮辱了她。忒修斯将他放逐，并把海神波塞冬送给他的三个诅咒中的一个降到希波吕托斯身上。波塞冬派去的一个海怪吓惊了希波吕托斯的马，结果马失去控制，踩坏了战车，并把主人拖死。

尔诗中的朱庇特那样：

> 但全能的父极为震怒：一个凡人
> 竟从黑暗的冥间走出，重见生命之光，
> 他以闪电将阿波罗之子——
> 那灵药和绝技的发明者打入冥河的水中。[①]

294 戈德夏尔克[②]先生生活在9世纪，是他那个时代，甚至也是我们时代神学家们争论不休的一位僧侣。他主张被摒弃者应当祈求上帝使他们的痛苦变得可以容忍一些。但人们只要一息尚存，就不应当认为自己是个被摒弃者。追思亡者弥撒中的这段话更加合理：恳求减轻受永罚者的痛苦，而且，按照我刚刚说过的那个假设，人们必定希望他们有一个更好的灵魂（*meliorem mentem*）。奥利金依据《诗篇》第77篇第10节[③]断言：上帝不会忘记仁慈，不会因为不快而关闭自己的仁爱胸怀。圣奥古斯丁回答说（《教义手册》，第112章）：受永罚者的痛苦固然会永远地延续下去，但这些痛苦却是可以减轻的。假如这个文本的意思就是如此，则所谓减轻，就其绵延的时间而论，将一直继续到无限，但就其程度而言，却具有一

---

① 维吉尔：《埃涅阿斯纪》，Ⅶ，第770—773行。其原文为：At pater omnipotens aliquem indignatus ab umbris Mortalem infernis ad lumina aurgere vitae, Ipse repertorem edicinae talis et artis Fulmine Phoebigenam Stygias detrusit ad undas。

② 戈德夏尔克（Godescalc，约808—868或869），萨克森僧侣。主张绝对前定论或双重前定论，断言无论是永福和永罚都是上帝前定的。此说被定为异端。详见前面有关注释。

③ 参阅基督教圣经中文本（和合本）《诗篇》第77篇第9节。其原文为：“难道上帝忘记开恩，因为发怒就止住他的慈悲吗？”

种界限(*a non plus ultra*)。甚至几何学中的渐进图形也是这样一种情况,其中,无限的长度在广度方面却只造成有限的进展。如果邪恶富豪这种故事描绘了确实迷失的灵魂的状态,则使这些灵魂如此疯狂又如此邪恶的假设就会缺乏根据。但故事中这个富豪对于其弟兄们的施舍与人们加给受永罚者的那种邪恶等级似乎并不相称。圣大格列高利(《道德论》,第9卷,第39章)认为,这位富人担心受永罚者受到的永罚会增加他的痛苦,但这样一种担心似乎与全然邪恶意志的性情不相吻合。波那文都[①]在其《〈箴言四书〉注》中说道:这个邪恶的富豪想要看到的是每个人都受到永罚,但既然事情不可能如此,他就欲求他的弟兄们得救而不是其他人得救。这样一种回应并不合理。正相反,他所意欲的拉撒路[②]的使命可能会使许多人得救,他为他人受到惩罚而如此高兴,以致他愿意看到每个人或许都想要这一些人而非那一些人受到永罚;但一般而论,他不会有让每个人都得救的意向。然而,很可能,人们在任何情况下都必须承认,具体的细节谁也说不准,因为上帝启示给我们的只是致使我们惧怕最大不幸事件所需要的一切,而非我们理解最大不幸事件所需要的东西。

① 波那文都(Bonaventura,约1217—1274),基督宗教神学家、方济各会会长、枢机主教。13世纪奥古斯丁主义的核心人物。原名为费登萨的约翰。1243年,与托马斯一起获神学硕士学位,当年加入方济各会,并改名为波那文都。1482年,被封为圣徒;1587年,获"六翼天使博士"称号。其著作主要有:《〈箴言四书〉注》(1252)、《论辩问题集》(1254—1256)、《论学艺回归神学》(1252)和《心向上帝的旅程》(1259)。

② 拉撒路(Lazarus)是《约翰福音》中记载的人物,他病危时没等到耶稣的救治便死去了。但耶稣一口断定他将复活。四天后,拉撒路果然从山洞里走出来,证明了耶稣的奇迹。参阅《约翰福音》,11:1—44.

273. 至此，既然为了去解释其他的恶今后获准诉诸自由意志的滥用，诉诸恶的意志，既然上帝对这种滥用的允许的正当性已经
295 明白无误了，则神学家们的普通体系的正当性也就同时得到了证明。这样，我们便能够满怀信心地在受造物的自由中来寻求恶的起源。第一邪恶是我们大家都熟知的，这就是魔鬼及其天使的邪恶：魔鬼从一开始就犯罪，为了这个目的，上帝的儿子显现了，他可能破坏魔鬼的工作（《约翰一书》，3:8）。[①] 魔鬼是邪恶之父，他从一开始就是一个凶手，不恪守真理（《约翰福音》，8:44）。[②] 因此，上帝也不饶恕犯罪的天使，而是把他们投入地狱，并且给他们戴上黑暗的锁链，直到审判（《彼得后书》，2:4）。[③] 而那些不能够固守在他们自己住处的天使，他永远地用锁链将他们锁在黑暗之中，直到伟大的审判之日的到来（《犹大书》，1:6）。[④] 由此不难看出，这两封书信中必定有一封为另一封信的作者看到过。

274.《启示录》的作者似乎希望澄清其他一些圣经作者未说清楚的东西。他介绍了天堂发生的战斗。天使长米迦勒及其天使们同龙争斗，龙也同他的天使们争斗。“但是，他们并没有制胜对方，

---

① 这一节的文本是：“犯罪的是魔鬼。因为魔鬼从起初就犯罪。上帝的儿子显现出来，为要除灭魔鬼的作为。”

② 这一节的文本是：“你们是出于你们的父魔鬼，你们父的私欲，你们偏要行。他从起初是杀人的，不守真理。因他心里没有真理。他说谎是出于自己，因他本来是说谎的，也是说谎之人的父。”

③ 这一节的文本是：“就是天使犯了罪，上帝也没有宽容。曾把他们丢在地狱，交在黑暗坑中，等候审判。”

④ 这一节的文本是：“又有不守本位，离开自己住处的天使，主用锁链把他们永远拘留在黑暗里，等候大日的审判。”

在天上再也找不到他们的地方。这条大龙被逐了出去。而这条古蛇,称作魔鬼,又被称作撒旦,欺骗全世界的人。他被摔到了地上,他的天使也和他一起被摔到了地上”(《启示录》,12:7－9)。尽管这个介绍是从一位妇女逃进荒野之后开始的,它也旨在表明某种有利于教会的剧变,这位作者的意图仿佛想要同时表明原来敌人的旧的倒台(l’ancienne chute du premier ennimi)和新敌人的新的倒台(une chute nouvelle d’un ennemi nouveau)。

275.撒谎或邪恶来自魔鬼自身的本性,来自他的意志,因为早在上帝作出任何决定之前,这就写进了那本包含着所有可能事物的关于永恒真理的书中,这种受造物一造出来就自由地转向了恶。夏娃和亚当就是这样一种情况。他们是自由地犯罪的,尽管魔鬼也诱惑了他们。上帝把堕落的心灵交给了恶人(《罗马书》,1:28),[①]任凭他们自行其是,拒绝给他们他不应该给予他们而应当拒绝给予他们的恩典。

276.圣经说到上帝使人的心刚硬;[②]上帝差遣了一个说谎的

① 这一节的文本是:“他们既然不认识上帝,上帝就任凭他们存邪恶的心,行那些不合理的事情。”

② 参阅《出埃及记》,4:21,7:3。其中写道:耶和华对摩西说,“我要使他(指埃及法老——引者)的心刚硬”。“我要使法老的心刚硬。”以赛亚“求主垂顾”:“耶和华阿,你为何使我们走差离开你的道,使我们心里刚硬不敬畏你呢?”也请参阅《以赛亚书》,63:17。其中写道:以赛亚“求主垂顾”:“耶和华阿,你为何使我们走差离开你的道,使我们心里刚硬不敬畏你呢?”

296 灵；[①]他极力欺骗，说他们当相信谎言；[②]他欺骗先知；[③]他命令示每诅咒人；[④]以利的孩子们不听父亲的话，因为主想要杀死他们；[⑤]主夺走约伯的财产，尽管这是通过强盗的行径夺走的；[⑥]他挑动法老，以便藉他显示他的大能；[⑦]他像一个窑匠，拿一块泥做成卑贱的器皿（《罗马书》，9：21）；主向聪明智慧人士隐藏真理（《马太福音》，11：25）；他若是对外人讲话，凡事都用比喻，叫他们看是看得见，却不晓得；听是听得见，却不明白；恐怕他们皈依宗教，他们的罪就有可能得到赦免（《马可福音》，4：12；《路加福音》，8：10）；耶稣是按上帝确定的决策和先知先见交出来的（《使徒行传》，2：23）；[⑧]本丢·彼拉多和希律与外邦人和以色列人所做的乃上帝的手和意

① 参阅《列王纪上》，22：23。其中写道："现在，耶和华使谎言的灵入了你这些先知的口，并且耶和华已经命定降祸于你。"

② 参阅《帖撒罗尼迦后书》，2：11。其中写道："故此，上帝就给他们一个生发错误的心，叫他们信从虚谎。"

③ 参阅《以西结书》，14：9。其中说道："先知若被迷惑说一句预言，是我耶和华任那先知受迷惑，我也必向他伸手，将他从我民以色列中除灭。"

④ 参阅《撒母耳记下》，16：10。其中写道："王说，洗鲁雅的儿子，我与你们有何关涉呢？他咒骂，是因耶和华吩咐他说，你要咒骂大卫。如此，谁敢说你为甚么这样行呢？"

⑤ 参阅《撒母耳记上》，2：25。其中写道："人若得罪人，有士师审判他，人若得罪耶和华谁能为他祈求呢？然而他们还是不听父亲的话，因为耶和华想要杀他们。"

⑥ 参阅《约伯记》，1：6—22。其中写道："有一天，约伯的儿女正在他们长兄的家里，吃饭喝酒，有报信的来见约伯说：牛正耕地，驴在旁边吃草。示巴人忽然闯来，把牲畜掳去，并用刀杀了仆人。"

⑦ 参阅《出埃及记》，9：16。其中写道："我叫你存立，是特要你显我的大能，并要使我的名传遍天下。"也请参阅《罗马书》，9：17。其中写道："经上有话向法老说，我将你兴起来，特要在你身上彰显我的权能，并要使我的名传遍天下。"

⑧ 参阅《使徒行传》，2：23。其中写道："他既按着上帝的定旨先见，被交与人，你们就藉着无法之人的手，把他定在十字架上杀了。"

旨此前就规定了的事(《使徒行传》,4:27－28);正是主使敌人的心肠刚硬,来与以色列人争战,好叫他们尽被杀灭,使他们得不到任何好处(《约书亚记》,11:20);主使乖谬的灵混到埃及人中间,使他们所做的一切都有差错,就像醉汉一样(《以赛亚书》,19:14);罗波安王不肯依从百姓,因为这事是由主安排的(《列王纪上》,12:15);他转变埃及人的心去恨他的百姓。[①] 但所有这些以及其他类似的说法都只让人想到,上帝所做过的这些事情,常常被用作无知、错误、邪恶和恶行的机缘,其实上帝事先就看到了这一切,并试图将之用于自己的目的。因为完满智慧的更高的理由已经决定他要允许这些恶,甚至要参与其间。用圣奥古斯丁的话说就是:“假如全能者不能以恶造成善,善者便不会允许恶。”但在本著的前面一部分[②]里,我们已经对此做过更为详尽的阐释。

277.上帝照着他的形象创造了人(《创世记》,1:26);他使人正直(《传道书》7:29)。但他又使人自由。人已经做了坏事,他已经堕落了;但在他堕落之后他依然有一定的自由。摩西按照上帝的话说:“我将呼天唤地向你作见证。我将生死、祸福陈明在你面前,
所以你要拣选生命”(《申命记》,30:19)。“耶和华如此说,看哪,我 297
将生命的路和死亡的路,摆在你们面前”(《耶利米书》,21:8)。他将人作出决定的能力留给人,并向人提出了他的命令和告诫。“如果你愿意的话,你就遵守这些戒律。”“他已经把火或水摆在了你的

① 参阅《诗篇》,105:25。其中说道:“使敌人的心转去恨他的百姓,并用诡计待他的仆人。”

② 这里所谓前面一部分,指的是本著“中篇”。

面前，伸出你的手去接受你想要的东西”(《圣经后典·便西拉智训》，15:14—16)。堕落的和灵魂未得再生的人处于罪和撒旦的控制之下，因为这样使他高兴；他是通过他的恶欲而成为一个自愿的奴隶。因此，自由意志和奴隶意志完全是一回事。

278."人被试探，不可说，我是被上帝试探。""但各人被试探，乃是被自己的私欲牵引诱惑的"(《雅各书》，1:13—14)。撒旦在这方面是有贡献的。"此等不信之人被这世界的神弄瞎了心眼"(《哥林多后书》，4:4)。但是，人是由于他自己的贪婪欲望而将自己交付给魔鬼的：他在恶中发现的快乐乃他上钩的诱饵。柏拉图早就这样说过，西塞罗也这样重申过："柏拉图称享乐乃恶者的诱饵"(Plato voluptatem dicebat escam malorum)。[1] 但恩典与之相比却是更大的快乐，一如奥古斯丁曾经说过的那样。所有的快乐都是对完满性的一种感觉；一个人爱一个对象的程度同其感受到的它的完满性相称；没有什么能够超过上帝的完满性。由此便可得出结论说，上帝的仁慈和爱能够提供可以设想的最大快乐。这种快乐与人为这些情感所渗透的程度相称，这些情感(ces sentiments)并非存在于人们之间的普通情感，而使人疲于奔命的则是那些与他们的激情(passions)相关的对象。

279.由此看来，既然我们的堕落并非完全不可克服，既然即使我们处于罪的束缚之下我们也不一定犯罪，我们也就同样必定可

① 参阅西塞罗：《论老年》，XIII，44；也请参阅柏拉图：《蒂迈欧篇》，69D。

以说，上帝对我们的佑助并非是不可抵制的；不管上帝的恩典可能多么灵验，若说人们能够对之加以抵制也是合理的。但当它实际上已经得胜的时候，那么，这在事先就是确定无疑和绝对无误的，人们将屈服于它的诱惑，无论是因为它自身即具有力量，还是它通过适应环境而发现了通达胜利的道路。因此，人们必须始终在绝对无误的东西与必然的东西之间作出区分。

280. 那些自称为奥古斯丁信徒的人的体系离开我们所说的也
并不太远，只要人们排除掉那些理应受到谴责的东西就行，不管这
些东西是存在于措辞方面还是存在于学说本身，都是如此。从措 298
辞方面看，我觉得，主要是“必然的”或“偶然的”、“可能的”或“不可
能的”一类术语的运用，这些术语有时授人以把柄，让人费解。正
因为如此，一如年轻的勒舍尔[①]先生在题为《绝对命令的突发》的
学术论著中所说，路德在他的《论奴役意志》(*Du Serf arbitre*)这本
书中想要找到一个词比必然性这个词更合适表达他希望表达的东
西。一般地讲，服从上帝的戒律总是可能的这个说法看来更合理，
也更得体，即使对那些灵魂未得再生的人也是如此；上帝的恩典总
是可以抵抗的，即使那些最圣洁的人士也可能如此；自由不仅不受
强制性的制约，而且也不受必然性的制约，尽管它并非没有绝对无
误的确实性(la certitude infaillible)，或者说它并非没有倾向的确

① 勒舍尔(Valentin-Ernest Löscher，1673—1749)，路德派神学家和辩论家。莱布尼茨所说的那篇论著《绝对命令的突发》(De Paroxysmis absolute decreti)，旨在反对偏激的前定论。该著1707年在维滕堡(Wittemberg)出版。

定性(la determination inclinante)。[①]

281.尽管如此,从另一方面看,在一定事态下和在某种意义上,即使在正直的人身上,也常常缺乏做善事的能力;罪常常是必要的,即使在灵魂再生者身上也是如此;有时一个人不犯罪是不可能的;恩典是不可抵抗的;自由并不排除必然性。但是,这些表述在我们今天这样的环境中既有欠精确,也令人不快。它们在一般情况下也更容易被滥用。此外,它们也具有口语的一些特点,在口语中,这些术语的运用有很大的自由度。然而,在一些环境下,这些术语不仅可以使用,甚至还非常有用。正是由于这种情况,一些严肃的和正统的作家,甚至圣经,虽然在使用这些术语时同时采取了两种用法,却也没有引起任何实际的矛盾,这和圣保罗与圣雅各之间并不存在任何实际的矛盾没有什么两样,或者说这些术语的模棱两可并未引起这两个方面的任何一方的错误。人们已如此习惯于这些术语的这种种不同的用法,以致人们往往很难精确地说出究竟哪种意义更为常用,也更为自然,是为作者所强调的含义。因为同一个作家在不同的段落里有不同的目的,言说的同一种方式在人们所敬重和效法的某个大人物或权威决定之前或决定之后被认可或可能被认可的程度便有多少之别。其结果就是人们可能把某种表述权威化或予以禁止:但这对信仰的意义或内容并没有造成任何差别,只要人们不对这些术语添加具体而充分的解释,事情便必定如此。

① 参阅莱布尼茨:《形而上学谈》,第13节。

282.因此,充分理解某些区别极为必要,例如,充分理解我常常极力强调的存在于必然性与确实性以及存在于形而上学的必然性与道德的必然性之间的区别就十分必要。可能性与不可能性之 299
间的区别也是如此,因为其对立面是可能的事件是偶然的,而其对立面是不可能的事件则是必然的。在最近潜能和遥远潜能之间的区别也可以正确地区别开来;而且依据这些不同的含义,一个人在一个意义上说一件事情可能发生,在另一个意义上又说这件事情不可能发生。在一定意义上,人们可以说得永福者不应当犯罪是必然的,恶魔和受永罚者应当犯罪是必然的;上帝本身应当选择最好的是必然的;人应当模仿最激励他的活动方式是必然的。但这种必然性并不同偶然性相对立;它不是那种被称作逻辑的、几何学的或形而上学的必然性,后面这种必然性其反面是蕴涵矛盾的。尼考莱先生曾在某个地方使用过一个说得过去的比喻。一个有智慧的、严肃的、未丧失理智的官员不可能参加某种离谱的公众活动,例如,他不可能赤身裸体地跑过大街,以便引人发笑。在某种意义上,得永福者的情况也同样如此。他们很少能够犯罪,不许他们犯罪的必然性也属于同一种类型。最后,我还坚持认为,“意志”与潜能和必然性一样也是一个多义词。我已经说过,一些人使用了下面这项原理:一个人只要力所能及,便不会错过他意欲做的事情,他们由此推论说:上帝并不意欲所有的人都得救,而这其中便蕴含着一种决定性意志(une volonté décrétoire)。只有在这个意义上,人们才能够支持下面这个命题:智慧永远不会意欲它所知道的将不会发生的事件。另一方面,倘若人们从更为一般、与习惯用法更为一致的意义上来使用意志这个词,人们便可以说,有智慧者

的意志先件地倾向于所有的善，尽管他是最后才决定去做最适合的事情。由此可见，倘若有人否认上帝具有拯救所有人的严肃而强烈的意欲，他将是极其错误的，因为这样一种意欲是圣经给他的；倘若有人将一种原初的厌恶赋予上帝，使他不能够拯救一些人，即对这些人有一种先件的厌恶，这同样是极其错误的。人们毋宁应当主张，有智慧的心灵趋向于一切作为善的善，这是与他的知识和能力相当的，但他却只创造那些他能够创造的最好的东西。有些人承认这一点但否认上帝具有拯救所有人的先件意志，这些人错就错在对术语的滥用，错在他们还承认上帝应当给予所有的
300 人以足够的帮助，使他们只要愿意利用这些帮助便都可以得到拯救。

283. 对圣奥古斯丁的信徒所持守的教义本身，我不能认可其对灵魂未得再生的儿童的永罚的主张，也不能认可其仅仅由原罪产生普遍永罚的主张。我也不能苟同其关于上帝会判罚那些缺乏必要之光者(de lumières nécessaires)的主张。一个人可以像许多神学家那样相信，人们所得到的佑助要比我们意识到的多，尽管这种佑助只有到了弥留之际才获得。而且，所有那些得救的人似乎也并非总是通过自身有效的恩典得救，而根本不依赖外界环境。我也并不认为异教徒的所有美德都必定是虚伪的，他们的一切作为都必定是罪行，尽管凡不是来自信仰的行为，凡不是来自面对上帝的正直灵魂的行为，都确实受到了罪的污染，至少从本质上看是如此。最后，我认为上帝也不能通过绝对专制的命令或一种不依赖合理动机的意志随意行动。我相信上帝在他的恩典的分配中，

始终按照对象的本性所分有的理由行动。否则,他就不是按照他的智慧行事了。尽管如此,我认为这些理由也并非必然同人的善的或不太坏的自然本性密切相关,仿佛上帝仅仅依据这些好的品质分配他的恩典似的。然而,我认为,一如我已经解释过的,这些品质,同别的条件一样,也在考虑之列,因为在至上智慧的设计中没有什么会忽略掉的。

284.除这几点以及少数其他几点,圣奥古斯丁看来含糊不清、甚至令人感到厌恶外,人们似乎能够认同他的体系。他说到,从上帝的实体只能产生出一个上帝,从而,受造物都是从无中产生出来的(奥古斯丁:《论自由意志》,第 1 卷,第 2 章)。而这也就是致使受造物不完满、有缺陷和容易堕落的可腐败的原因(奥古斯丁:《〈创世记〉文字注》,第 15 章;《驳摩尼教的书信》,第 36 章)。恶并非来自本性,而是来自恶的意志(奥古斯丁:《论善的本性》全书)。上帝不可能命令不可能的事情:“人们可以非常坚定地相信,正义而善良的上帝不可能命令不可能的事情”[①](《论自然与恩典》,第 43、69 章)[②]。“没有谁会在不可避免的事情上犯罪”[③](《论自由意志》,第 3 卷,第 16、17 章;第 1 卷,著述要目新编,第 11、13、15 章)。在正义上帝治下,没有谁会不幸,除非他理应如此,“neque 301

① 这句引文的原文为:Firmissime creditor Deum justum et bonum impossible non potuisse praecipere。

② 关于这句话的出处,法文本与英译本有出入,我们在这里采取的是法文版的注释。

③ 这句引文的原文为:Nemo peccat in eo, quod caveri non potest。

sub Deo justo miser esse quisquam，nisi mereatur，potest”（第 1 卷，第 39 章）。自由意志若得不到恩典的佑助便不可能完成上帝的命令（《致希拉书》）。我们知道，恩典并不是按照功过而赐给的（《书信集》，第 106、107、120 封）。人在无辜状态下，只要他愿意，就能够获得必要的帮助，使他成就善事；但这种愿望依赖自由意志，“他得到的是那种他为了拥有能力且缺之便没有意愿的必要的救助，而非那种仅仅为他产生意愿所必要的救助”（habebat adjutorium，per quod posset，et sine quo non vellet，sed non adjutorium quo vellet）（《论告诫与恩典》，第 10、11、12 章）。上帝让天使和人努力按照他们的自由意志去做他们能够做的事情，然后去做他的恩典和他的正义能够做成的事情（同上书，第 10、11、12 章）。罪使人离开了上帝，使他转向了受造物（第 1 卷，问题 2，“致辛普立修”）。以犯罪为乐是奴隶的自由（《教义手册》，第 103 章）。“自由意志很少在犯罪者身上消失，所以，所有那些乐于犯罪的人恰恰是通过它而犯罪的”（第 1 卷，“致伯尼法克”，第 2、3 章）。

285. 上帝对摩西说过：“我要恩赐谁就恩赐谁，要怜悯谁就怜悯谁。”（《出埃及记》，33：19）。“据此看来，这不在乎那定意的，也不在乎那奔跑的，只在乎那发怜悯的上帝”（《罗马书》，9：15－16）。而这也并不妨碍所有那些怀有和保持善良意志的人都能得救。但上帝却给予他们那意愿和那作为。“如此看来，上帝要怜悯谁，就怜悯谁，要叫谁刚硬，就叫谁刚硬”（《罗马书》，9：18）。不过，这同一个使徒却又说，上帝意愿所有的人得救，并且达到真理的知识；我不能按照圣奥古斯丁的其他段落对它作出解释，仿佛它指除了那些他意欲的人得救外没有什么人能够得救，仿佛他要拯救的不是一些种族中个别的人，而是个别人所从属的种族（*non singulos generum, sed genera singulorum*）。但我毋宁说，根本没有什么人是他不意欲拯救的，除非有更大的理由允许他这样做。因为这些理由会使上帝只拯救那些接受他提供给他们信仰并且藉助他赐给他们的恩典献身于这一信仰的人，这符合他的工作的整体计划，符合这个不可能更好的计划。

286. 至于拯救的前定，按照圣奥古斯丁的意见，也包括导致拯救工具的前定。“圣者的前定无非是对上帝恩典的预知和准备，由此那将得到拯救者将确定无疑地得到拯救”[①]（《论恒毅》，第 14

章）。由此可见，他在这个问题上并未将之理解为一种绝对决定； 302
他主张存在有一种恩典，不为任何硬心肠的人所反对，因为它之被给予乃是为了专门软化硬心肠的（《论前定》，第 8 章；《论恩典》，第 13、14 章）。然而，我并未发现圣奥古斯丁充分强调这种使心灵顺从的恩典始终自行生效。或许人们可以在不损害其本意的前提下断定，这同一等级的内在恩典在这个人身上因外在条件的助推而得胜，但在他人身上却胜利不了。

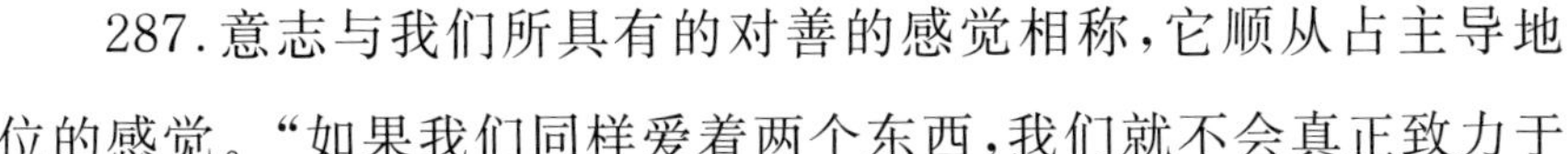

287. 意志与我们所具有的对善的感觉相称，它顺从占主导地位的感觉。“如果我们同样爱着两个东西，我们就不会真正致力于

① 该句的原文为：Praedestinatio sanctorum nihil aliud est, quam praescientia et preparation beneficiorum Dei, quibus certissime liberantur quicunque liberantur。

这两者中的任何一个。同样，我们行动所依据的必定是带给我们更大快乐的东西”[①]（参阅《加拉太书》，第 5 章）。尽管如此，我已经解释过，实际上我们如何对我们的意志具有巨大的支配能力。圣奥古斯丁的看法略有不同，而且，其对问题的审视也不太深入，例如他说除了我们的意志活动，再没有什么东西如此深藏于我们的能力之中。而他给出的理由近乎同语反复：因为他说，这样的活动总是在我们怀有意愿的瞬间准备就绪。“没有什么东西能够像意志自身那样存在于我们的能力之中，因为只要我们愿意，它即准备就绪”[②]（《论自由意志》，第 3 卷，第 3 章；《上帝之城》，第 5 卷，第 10 章）。但这只意味着当我们怀有意愿时便怀有意愿，而不意味着我们怀有的是那种我们希望怀有的意愿。人们更有理由和他一起说：“意志要么根本不存在，要么就应该被称作是自由的”[③]（d. Ⅰ，3，c. 3）；可以说，那种正确无误或确定不移地趋向于善的东西并不能妨碍其成为自由的。“完全荒唐的论断认为，愿意获得幸福并不属于我们的意志（我们的自由），因为我们受到本性的强制而绝对不可能怀有这种意愿，享受不到幸福这样一种善。而且，我们更不敢妄言，在上帝方面根本不存在任何意志自由，而只存在有正义的必然性，因为我们不能够以他可能怀有犯罪的意愿为借口。

① 这句话的原文为：Si utrumque tantundem diligimus，nihil horum dabimus. Item：Quod amplius nos delectate，secundum id operemur necesse est。

② 这句话的原文为：Nihil tam in nostra potestate est，quam ipsa voluntas，ea enim mox ut volumus praesto est。

③ 这句话的原文为：aut voluntas non est，aut libera dicenda est。

难道由于上帝不可能犯罪我们就贸然否认他拥有自由意志吗?”[①](《论自然与恩典》,第46、47、48、49章)。他也恰如其分地说道:上帝给了善的第一推动,但此后人也活动起来了。“他们之被推动,乃是为了使他们活动,但不是为了他们自身而活动”[②](《论告诫与恩典》,第2章)。

288.我已经证明自由意志是罪过的恶,从而也是受惩罚的恶的最近因;虽然已经存在于永恒观念中的受造物的原初的不完满性乃其第一个和最遥远的原因。尽管如此,培尔先生始终反对对自由意志概念的这种使用;他并不愿意将恶的原因归于自由意志。303
人们必须倾听他的反对意见,但我们首先必须对自由的本性作出更进一步的阐释。我已经表明,根据神学派别所要求的定义,自由就在于理性[③],它包含了一种对深思熟虑对象的明确的知识,在于自发性(spontanéité),通过这种自发性我们予以决断,以及在于偶然性,也就是说,在于对逻辑的和形而上学的必然性的排除。理性,可以说是自由的灵魂,而其他的则就像它的身体和基础。自由实体是自我决定的,而且按照为理性所知觉到的善的动机,这种动

① 这段话的原文为:Perquam absurdum est, ut ideo dicamus non pertinere ad voluntatem (libertatem) nostrum, quod beati esse volumus, quia id omnino nolle non possumus, nescio qua bona constictione naturae. Nec dicere audemus ideo Deum non voluntatem (liberatem), sed necessitatem habere justitiae, quia non potest velle peccare. Certe Deus ipse numquid quis peccare non potest, ideo liberum arbitrium habere negandus est?

② 这句话的原文为:Aguntur ut agant, non ut ipsi nihil agant。

③ 在这里,“理性”所对应的英文单词是 intelligence,其所对应的法文单词为 intelligence,如果将它们译作“理智”,也未尝不可。

机倾向于它而不强制它：自由的所有条件都包含在这几句话中。尽管如此也有必要指出，我们的知识和我们的自发性中所存在的不完满性，以及包含在我们的偶然性中的绝对无误的决定，都既不破坏自由，也不破坏偶然性。

289.我们的知识有两种，一种是清楚的，另一种是混乱的。清楚的知识或理智，发生在理性的实际使用中；但感觉却提供给我们混乱的思想。我们可以说，当我们藉清楚的知识而行动时，我们便摆脱了奴役状态，但当我们的知觉混乱时，我们就成了情感的奴隶。在这个意义上，我们尚不具有所期望得到的完整的精神自由；我们可以用奥古斯丁的话说，由于我们困于犯罪，我们所享有的就只能是一种奴隶的自由。然而，一个奴隶，即便作为奴隶，也依然具有与其地位相当的进行选择的自由，尽管他更其经常的是处于严酷的必然状态，不得不在两种恶之间进行选择，因为凌驾在他上面的力量使他得不到他所追求的善。镣铐和强制在一个奴隶身上所起到的作用也正是激情在我们身上所起的作用，激情的强制虽然甜蜜，但其危害性却一点也不少。诚然，我们只意欲使我们感到快乐的东西，但不幸的是那些使我们感到快乐的东西却往往是一种实在的恶，一旦我们睁开理性的眼睛，它们也就使我们感到厌恶了。但奴隶的恶的状态，也正是我们自己身处的状态，却并不妨碍我们像奴隶一样，去进行自由选择，去选择那些在我们所处的状态下与我们当下的力量和知识相称的最使我们感到快乐的事物。

290.至于自发性，按照亚里士多德的正确的界定，就其为我们

自身内部所固有、构成我们活动源泉的东西而言，它属于我们。实际上，外在事物的印象常常使我们偏离我们的道路，人们通常便认 304
为，至少就此而言，我们活动的一些源泉在我们自身之外。我承认，人们倘若习惯于这样一种流行的表述方式便必定会如此说，这在一定意义上，也可能不至于歪曲真理。但倘若从精确表达自己的角度看问题，我便要主张：我们的自发性不容许有任何例外，从严格的哲学意义上讲，外在事物对我们并无任何物理的影响。

291. 为了更好地理解这一点，人们必须知道，真正的自发性于我们和简单实体是公共的，它在理性实体或自由实体中则构成其行为的主宰。对此没有什么能够比前定和谐体系更好地予以解释，实际上，早在几年之前我就提出了这个体系。我在这一体系中指出，每个简单实体自然就有知觉，其个体性就在于造成指定给它的诸多知觉系列的永恒规律，这些知觉自然地一个接着一个产生出来，表象着指派给它的躯体，并且以此为媒介来表象整个宇宙，它按照专属于这个简单实体的观点来表象整个宇宙，根本无需接受躯体方面的任何物理的影响。即使这样，这个躯体就其本身而言也通过自己的规律使自己适应灵魂的愿望，从而按照这些规律的提示只服从灵魂的意志。由此便可得出结论说，灵魂自身有一种完满的自发性，以至于它在活动中仅仅依赖上帝和它自身。

292. 由于这个体系此前并不为人们所知，人们曾寻求走出这一迷宫的其他方法，笛卡尔派在自由意志这个问题上就曾陷入窘境。他们不再满足于经院学者的“官能”(des facultés)说，认为灵

魂的所有活动似乎都由来自外部的东西所决定，其依据是感官印象，从而归根到底世界上的一切都为上帝的天道所操纵。由此也就自然地产生出了这样一种反对意见，因此也就根本不存在任何自由。对此，笛卡尔先生回答说，我们根据理性确信上帝的天道，但我们根据自身内部的经验同样确信我们的自由；我们必须相信两者，尽管我们看不到调和它们如何可能。

305 293. 这意味着快刀斩乱麻，一举斩断戈尔迪[①]之结。但这却不是通过驳斥对方而是以一个相反的证明与之对立来回答这个证明得出的结论。这个过程并不符合哲学争论的规律。尽管如此，大多数笛卡尔主义者却满足于此，虽然他们所援引的内在经验，一如培尔先生所明确指出的，并不足以证明他们的论断。雷吉斯[②]先生如此解释了笛卡尔先生的学说（《哲学》，第 1 卷；《形而上学》，第 2 卷，第 2 篇，第 22 章）。他说道："大多数哲学家都已经陷进错误。一些人由于不理解存在于自由行为与上帝天道之间的关系，否定上帝是自由意志的第一动力因：但这是对上帝的亵渎。另外一些人，由于不理解上帝的效验(l'efficacité de Dieu)与自由活动

① 戈尔迪之结(the Gordian knot)，流行欧洲的一个谚语，其意思是说，只有通过激烈行动，才能快刀斩乱麻，解决问题。公元前 333 年，当亚历山大大帝行军途中经过安纳托利亚的时候，曾经到达弗里吉亚的首都戈尔迪乌姆。在那里，有人向他展示建造该城的戈尔迪曾经使用过的双轮马拉战车，战车上的轭是用不露出头的绳结绑在辕杆上的。神谕说，只有解开此绳结者方能征服亚洲。亚历山大用自己的剑将这个绳结一剑劈开，并且取得了东征亚洲的重大胜利。

② 雷吉斯(Pierre-Sylvain Regis，1632—1707)，笛卡尔派哲学家。他用以全面解释笛卡尔哲学体系的著作的全称为《哲学全书或以笛卡尔原则建立的一般体系》，该著共有 3 卷，1690 年出版。

的关系而否认人是被赋予自由的:这也是对上帝的一种亵渎。在这两个极端之间所能找到的中庸观点是说”(同上,第485页):“即使我们不能够理解存在于自由与上帝天道之间的所有关系,我们也必然承认我们是自由的并且依赖于上帝。因为这两条真理都同样认识得到,一条是通过经验认识到的,而另一条则是通过理性认识到的;而且,智慧也禁止人们以其理解不了存在于他们之间的所有关系以及其他一些非常著名的真理为借口,而放弃为其所确信的真理。”

294.培尔先生在这里非常中肯地指出:“雷吉斯先生的这些话未曾指出我们所意识到的人的活动与上帝的天道之间的关系,这种关系在我们看来同我们的自由不可兼容。”他还补充说,雷吉斯的这些话太过谨小慎微,反而削弱了这个问题的重要性。他说道:“作者们一方面认为,这种困难仅仅是由于我们缺乏洞见才出现的;另一方面却又说,这种困难主要是由我们所具有的洞见产生出来的,而我们却无法使这种洞见(按照培尔先生的意见)与我们的奥秘相调和。”这些话与我在本著开头说过的话几乎毫无二致,我在那里指出:倘若奥秘与理性不可调和,倘若存在有我们的理性根本回答不了的异议,我们就应当认为它是错误的,而不是认为它是不可理解的。诚然,在这里根本不存在什么奥秘的问题,而只存在自然宗教的问题。

295.培尔先生就是这样反对内在经验的,而内在经验正是笛卡尔派的自由所依赖的东西:但他藉以开始的各种反思却是我不 306

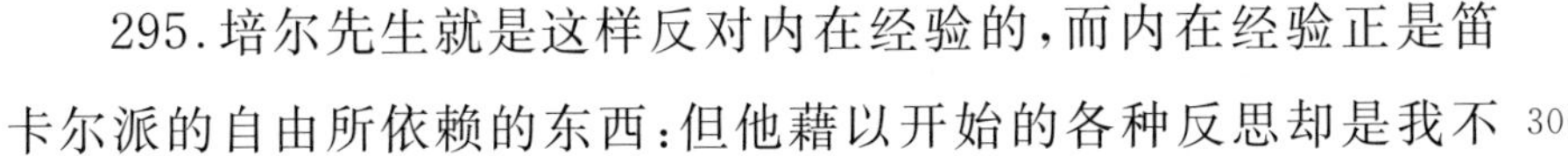

能苟同的。他说道(《历史与批判辞典》,“海伦”条,TΔ 段):“那些并不能透彻考察其内心世界的人很容易轻信他们是自由的,而如果他们的意志推动他们作恶的话,那就是他们的过错,因为这是通过他们作主的选择活动实现的。反之,那些认真研究过其活动的动力和条件并深入思考过其灵魂活动进程的人则作出另外一种判断。这些人通常都怀疑他们的自由意志,甚至自信他们的理性和心灵都是奴隶,根本没有能力抵制那种挟持他们到他们不愿去的地方的力量。主要就是这样一些人把他们的恶行的原因归诸众神。”

296.这些话使我想起大法官培根[①]的名言。他说道:一知半解的哲学使我们背离上帝,但深邃的哲学却将人们的心灵带到上帝面前。那些反思其行为的人也是如此:开始时,在他们看来,我们所做的一切全都是他人推动的结果,我们所认识的一切也全都是从外部通过感官,印到我们空无一物的心灵之上,犹如印在一块白板上。但更深入的默思则向我们表明,一切(甚至包括各种知觉和各种情感)都是藉完全的自发性从我们自己的内在存在流向我们的。

297.不过,培尔先生引用了一些试图为人类开脱罪责的诗句,

① 培根(Francis Bacon,1561—1626),英国哲学家和政治家。1582 年,成为律师。1607 年,任副检察长。1617 年,任掌玺大臣。1618 年,加封为大法官(兼上议院院长)。其著作除《新工具》、《自然史和实验史概论》和《科学推进论》外,还有《新大西岛》。

将罪责推到众神身上。奥维德笔下的美狄亚[①]这样说过：

美狄亚，你的抵抗徒劳无益，
我不知道究竟是哪位神在与你作对。[②]

在稍后的一行诗里，奥维德又让美狄亚补充说：

一股陌生的力量把我抓走，情欲作出一种选择，
而理智却教我作出另一种选择：看到并赞同善者，
但我却追随那恶者。[③]

但人们却能够用维吉尔的诗行来反对奥维德。维吉尔使尼索斯[④]

① 美狄亚(Medea)，希腊神话中的一名女巫，曾帮助阿尔戈英雄的领袖伊阿宋取得金羊毛。她还可能是一位女神，善占卜。她嫁给伊阿宋并运用她的魔法帮助伊阿宋取得成功。欧里庇得斯的《美狄亚》讲述了这个故事的后面一部分，即伊阿宋和美狄亚带着金羊毛逃走并被逐出科尔喀斯之后的事迹。这对夫妇来到科林斯之后，伊阿宋抛弃美狄亚，与科林斯国王克瑞翁的女儿相爱。为了报复，美狄亚杀死克瑞翁及其女儿以及她与伊阿宋生的两个儿子，然后逃到雅典国王埃勾斯那里。奥维德在《变形记》中把故事接着讲下去。美狄亚成了埃勾斯的妻子，但她却想毒死他的儿子忒修斯，于是埃勾斯赶走了她。

② 奥维德：《变形记》，Ⅶ，第 11 行。这行诗的原文为：Frustra，Medea，repugnas，Nescio quid Deus obstat，ait。

③ 奥维德：《变形记》，Ⅶ，第 19 行。这行诗的原文为：Sed trahit invitam nova vis，aliudque Cupido，Mens aliud suadet；video meliora proboque，Deteriora sequor。

④ 尼索斯(Nisus)，希腊神话中迈加拉国王潘迪翁之子。他有一绺具有魅力的紫色头发，只要保住这绺头发，就可以保住他的生命，并继续享有他的王国。克里特国王弥诺斯围攻迈加拉时，尼索斯的女儿斯库拉爱上了弥诺斯，并接受了他的贿赂。她割掉了父亲那绺头发，出卖了她的国家。尼索斯死后变成一只海鹰。斯库拉后来可能变成一只经常受到海鹰追逐的海鸟。

更有理由说：

> 不是神使人的灵魂生出如此炽热的欲望，
> 尤瑞艾莉[①]，每个人不是把自己的狂躁激情
> 当成他的神了吗？[②]

298. 威蒂希[③]先生似乎曾经认为，我们的独立其实只不过是
307 一种表面现象。他在其《论上帝的先见》第 61 节中使意志自由在于我们对那些呈现在我们灵魂面前的对象采取一种肯定或否定、爱或恨的态度，在这样一种方式下，我们感受不到我们受到任何外在力量的决定。他还补充说，如果上帝本身产生我们的意志，我们的活动就是最自由的；上帝的活动对我们的影响越是有效和有力，我们就越是能够成为我们活动的主宰。“既然上帝造成意志本身，那么，他的作用愈是有效，我们便愈会怀有意志；当我们做怀有意志的事情时，我们便最有力量将事情控制在我们手里。”[④]诚然，当上帝在我们身上产生一种意志时，他也就产生了一种自由活动。

---

① 尤瑞艾莉（Euryale），一译欧律阿勒，海神福耳库斯的女儿，希腊神话角色，传说凡看见她的眼睛的人就会变成石头。她是戈尔工三姐妹（蛇发女妖三姐妹）之一，与她的妹妹美杜莎不同，她不是凡身，而是魔身，拥有不死之躯的超凡能力。

② 维吉尔：《埃涅阿斯纪》，Ⅸ，第 184、185 行。其原文为：Di ne hunc ardorem mentibus addunt, Euryyale, an sua cuique Deus fit dira cupido。

③ 威蒂希（Christophe Wittich，1625—1687），笛卡尔派学者。详见前面有关注释。

④ 这几句话的原文为：quia enim Deus operator ipsum velle, quo efficacius operator, eo magis volumus; quod autem, cum volumus, facimus, id maxime habemus in nostra potestate。

但在我看来,这似乎并非一个普遍原因的问题,或者作为受造结果与之适合的我们意志的产生问题,因为受造物身上现实存在的各种要素与万物的所有其他绝对实在一样,也是藉上帝的参与连续不断地、现实地被创造出来的。我们在这里所关心的是意愿的理由以及当上帝赋予我们善良意志或允许我们具有恶的意志时所运用的工具。产生意志的,无论是产生善的意志还是产生恶的意志,都始终是我们,因为这是我们的活动:但始终存在有使我们采取行动的理由,这种理由既无损于我们的自发性,也无损于我们的自由。恩典所给予的无非是通过合适的动机促使意志运作起来的印象,诸如一种注意、一种追问(*a dic cur hic*)、一种预期的快乐都是这类印象。很显然,这根本无损于自由,无异于一位朋友提出忠告和提供动机。由此可见,威蒂希先生像培尔先生一样,在这里求助上帝毫无用处。

299.现在,让我们摘引培尔先生另一段合理得多的话,在这段话中,他对笛卡尔派用作自由证据的所谓活的自由感进行了更加有力的批驳。他的这段话的确充满睿智,耐人寻味,载于《对一个外省人问题的答复》第3卷,第140章,第761页以下。培尔说道:“通过我们对于我们的存在所具有的明白清楚的感觉,我们还分辨不出我们究竟是通过我们自己而存在,还是从另一个人那里获得了我们的存在。我们只有藉反思才能认识到这一点,这就是说,我们只有通过默思我们在保存我们自己以及使我们自己免于对我们周围事物的依赖等所表现出来的无能为力才能认识到这一点。异 308
教徒(同样也必须说到索齐尼派,因为他们否认创世说)实际上确

实从未获得过这一真正学说的知识，按照这一学说，我们都是从无中造出来的，我们在我们生命持续的每一瞬间都是从无产生出来的。因此，他们错误地认为，宇宙中的所有实体都是通过其自身而存在的，而且也永远不可能归于无，除非就它们的变化而言，亦即除非因外在原因的活动遭受破坏，它们根本不依赖于任何别的事物。这种错误难道不是由我们对保存我们的创造活动的无知，只知道我们自己存在这种情况产生出来的吗？我要说，如果我们得不到另外一种知识的帮助而仅仅靠感觉方式，我们对我们存在的原因不就永远无知吗？我们还要说，我们对于我们的意志活动所具有的明白清楚的感觉也不可能使我们分辨出我们究竟是自己将这些活动赋予我们自己，还是从赋予我们存在的那个原因那里接受这些活动。为了具有这种辨别能力，我们必须诉诸反思或默思。鉴此，我要强调的是，靠纯粹哲学的默思，人们永远不可能得到我们即我们意志活动动力因这种确定无疑的知识。因为一个人只要进行过一定研究便会明白地认识到：倘若我们在意志方面只是一个被动的主体，这时我们获得的经验感知就同我们认为我们自由时我们所具有的经验感知没有什么两样。为了对此作出证明，让我们设想，上帝是如此安排灵魂与身体之间联系的规律，以致灵魂的所有样式都无一例外地与大脑样式的介入必然地联系在一起。这样，你就会认为，除了我们感知到的东西外，任何事情都没有对我们发生。于是，在我们的灵魂中存在有同一个思想序列：从作为第一步的感性对象的知觉到作为最终阶段的最确定的意志活动。在这一序列中还将存在有对观念的意识、对肯定的意识、对优柔寡断的意识、对意志薄弱的意识以及对种种意志活动的意识。因为不论意志活动是由外部原因强加给我们的，还是由我们自己产生出来的，我们在意欲，我们感觉到我们在意欲，这一点都是同样千真万确的。再者，既然这种外在原因能够如愿地将之兴致注入到它强加给我们的意志活动中，我们也就能够不时地感觉到我们的意志活动使我们无限快乐，而且它们还按照我们最强烈倾向的爱好引导着我们。我们感受不到任何强制，人们都知道有这么一个格言：意志不能强制（*voluntas non potest cogi*）。一个风向标，当 309
人们始终同时地让它朝向地平线的某一点摆动时（然而，其方法是自然的优先性，如果人们愿意的话，一种实在瞬间的优先性就将附着到这种摆动的意欲上），朝向这个方向的愿望就将被误认为这个风向标是自行摆动，完成它所怀有的欲望的。难道这不是一件清楚明白的事情吗？现在我设定，这个风向标根本不知道存在有风，或者说它根本不知道外在的原因同时改变着一切，既改变着它的方向，也改变着它的欲望。就我们的本性而言，这也就是我们所处的状态：我们并不知道是否有一个不可见的原因足以使我们从一个思想过渡到另一个思想。因此，人们以为是他们在决定着他们的行为乃一件自然不过的事情。但依然需要进一步考察的是，在这个问题上他们是否弄错了，就像他们在仅仅凭一种本能根本未进行哲学默思便加以肯定的无以计数的其他事情上常常弄错一样。因为既然对发生在人身上的事情存在有两种假设：一种假设认为他只是一种被动的主体，另一种假设则认为他具有能动的力量，因此，只要人们将感觉作为证明，便没有理由采信后者而舍弃前者。因为我们会以同样的力量去感知我们希望这个或那个，我们的意志究竟是由外在的和不可见的原因加印在我们灵魂之上

的，还是我们自己形成它们的。”

300. 这里有一个卓越的证明，可以用来有效地反对通常的体系；但对于前定和谐体系则是失败的，前定和谐体系使我们比过去向前走得更远。例如，培尔先生断言，“通过纯粹哲学的沉思，人们永远达不到一个业已建立起来的确实性：我们是我们意志活动的动力因”。但对这一点我是不能苟同的：因为由于前定和谐体系的建立，论证了在自然过程中，除了我们惯常所说的上帝的协同作用外，每一个实体都是其所有行动的唯一原因，它不受每个别的实体的全部物理的影响。而且，这个体系还表明，我们的自发性是实在的，而不仅仅是表面上的，就像威蒂希先生所说的那样。培尔先生也以同样的理由断言（第 170 章，第 1132 页），如果真有一种星象命运（*a fatum Astrologicum*）的话，那也不会破坏自由；如果自由只被视为一种表面上的自发性的话，我会同意培尔先生的这一说法。[①]

301. 因此，我们行为的自发性就不再有什么值得怀疑的了；亚里士多德就曾经给它下了一个很好的定义：当一个行为的源泉在
310 行为主体身上时，这个行为就是**自发的**：“Spontaneum est, cujus

① 参阅莱布尼茨：《单子论》，第 51 节。在其中，莱布尼茨强调指出：“在单纯的实体中，只有一个单子对另一个单子所发生的理想的影响，它只是通过上帝为中介，才能产生它的效果，因为在上帝的观念中，一个单子有理由要求上帝在万物发端之际规范其他单子时注意到它。因为一个单子既然不能对另一个单子的内部发生一种物理的影响，那就只有靠这种办法，一个单子才能为另一个单子所依赖。”

principium est in agente。”但正是由于这个缘故，我们的一切活动和意志活动才完全依赖我们。诚然，我们并不直接就是我们意志的主人，尽管我们是它的原因；因为我们并不能选择意欲，我们是通过我们的意欲来选择我们的行为的。然而，我们对我们的意志也有一定的支配力量，因为我们能够间接地出力，使我们在另一个时间去意欲我们现在不得不意欲的东西，这一点我已经说明过了：然而严格地讲，这并不是那种不导致行动的单纯愿望（velléité）。即便在这一点上，我们对我们的行为和我们的意志也有一种个体的甚至是知觉得到的控制力，这种控制力是从自发性与理性的结合中产生出来的。

302. 至此，我已经阐述了亚里士多德提出的自由的两个条件，即**自发性**和**理性**。这两者当我们深思熟虑时在我们身上是结合在一起的，而禽兽则缺乏这两个条件。但经院学者则还进一步要求第三个条件，即他们所谓的“无差别性”（l’indifférence）。实际上，当无差别意指偶然性的时候，我们就必须承认它；因为我在前面已经说过，自由必须排除绝对的和形而上学的或逻辑的必然性。但我已经不止一次声明，这种无差别性，这种偶然性，这种非必然性，如果我可以贸然这样说的话，乃自由的一种典型特征，并不妨害人们对于其所选择的方面具有更强的倾向；这无论如何都不意味着要求人们对两个相反的方面采取绝对和同等的无差别的立场。

303. 因此我只是在一个意义上，即在偶然性或非必然性的意义上，才承认无差别。但我已经不止一次声明，我并不承认那种均衡的无差别(une indifference d'équilibre),我并不认为人们能够在绝对无差别的情况下进行选择。这样一种选择,可以说是一种纯粹的偶然而没有任何确定的理由,无论是表面上的还是隐藏着的理由。但这样一种偶然,这样一种绝对的和现实的偶然性,是一种在自然中绝对不会出现的幻象。一切有智慧的人都赞成,这种偶然只是一种表面的事情,就像运气一样:只有对原因的无知才产生这样的假象。但如果有这样一种含糊的无差别,毋宁说如果我们在没有任何东西推动我们去选择的情况下作出选择,偶然就将是某种现实的东西,这类似于原子微小偏离所发生的情况,按照伊
311 壁鸠鲁的说法,原子发生微小偏离是没有任何原因或理由的。伊壁鸠鲁引进原子微小偏离说乃是为了避免必然性,他的这种观点遭到西塞罗言之有理的嘲笑。[①]

304.原子的这种偏离在伊壁鸠鲁的心里有一种目的因,其目标在于使我们免去命运的束缚;但是,它却不可能在事物的本性中找到动力因,此乃所有幻想中最不可能的事情。培尔先生值得赞赏地驳斥了它,我们马上就可以看到这一点。然而,令人吃惊的是,他在别的地方却像是承认某些和这种假定的偏离本性类似的东西:下面就是他谈论布里丹的驴子时所说的话(《历史与批判辞典》,"布里丹"条,第13段):"那些倡导自由意志的人承认人身上有一种决定是举右手还是举左手的能力,甚至当这一动因在两个

---

① 西塞罗曾反对伊壁鸠鲁的原子自然偏斜说,参阅西塞罗:《论命运》,Ⅹ,22—23;ⅩⅩ,46—48。

相反对象的每一边都完全一致时也是如此。因为他们主张,我们的灵魂在除了运用其自由没有任何别的理由的情况下能够说:‘我更喜欢这个而不是那个,尽管我没有看到我选择这个比选择那个有更大的价值’。”

305. 凡承认正确称谓的自由意志的人都不会由于这个理由而认同培尔先生的这种由非确定性原因所产生的确定性。圣奥古斯丁和托马斯主义者相信一切都是受到决定的。而人们也看到他们的对手也常常诉诸有助于我们作出选择时发生作用的那些情况。经验无论如何也证明不出这种均衡的无差别的幻象;笛卡尔派曾经用我们独立的活泼感觉(le sentiment vif)来证明自由,我们在这里也能够运用培尔先生本人用来反对笛卡尔派这种证明方式的论证。因为虽然我并不能够总是看到促使我在两个貌似一样的方面作出选择的理由,却始终存在有决定着我们选择活动的某种印象,不管这种印象是如何的不可知觉。那种利用人们自由的纯粹欲望,对于我们具体指定这一方面还是那一方面,或者对于我们决定选择这一方面,还是那一方面,都毫无影响。

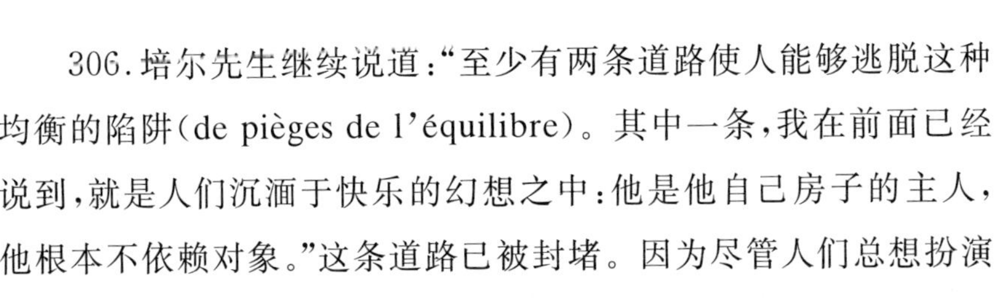

306. 培尔先生继续说道:“至少有两条道路使人能够逃脱这种均衡的陷阱(de pièges de l’équilibre)。其中一条,我在前面已经说到,就是人们沉湎于快乐的幻想之中:他是他自己房子的主人,他根本不依赖对象。”这条道路已被封堵。因为尽管人们总想扮演自己房子主人的角色,但这只是一厢情愿,没有任何确定的效果对于作出这方面的选择和那方面的选择都一样有利。培尔先生接着 312

说道:“他采取了这样一种活动:我更喜欢此而非彼,因为这样做使我高兴。”但“因为这使我高兴”,“因为我喜欢这些”这些话本身已经蕴含有对“令人高兴的对象”的偏爱。

307.因此,培尔先生并没有理由接着这样说:“这样一来,决定他的东西不会来自对象;其动因只能来自人所具有的有关他们自身的完满性或他们自然官能的观念。另一条道路是通过占卜或运气作出决定:依据短的麦秆作出决定。”这条道路虽然有一个结果,却达不到目的:这种做法改变了问题,因为在这种情况下,作出决定的并不是人。如果有人强调说,在这种情况下毕竟依然是人藉占卜来作出决定,则我们便可以说,人本身不再是均衡地对待两个决定了,因为占卜并不均衡,而人自己则听命于占卜。在自然中始终存在有种种理由,使得各种事情藉机会或通过占卜而发生。让我感到有些吃惊的是,像培尔先生这样一个如此精明的人竟然让自己在这个问题上误入歧途。我在别处已经对布里丹的诡辩作出了真正的反驳,说明两个决定之间出现完全均衡的情况是根本不可能的,因为宇宙永远不可能如此均衡地被一分为二,以至于两边所有的印象都完全相等。

308.让我们看看培尔先生本人在别处针对臆想的或绝对含混的无差别状态所说的话。西塞罗在其《论命运》一书中曾经说过:卡尔内亚德[①]发现了某种比原子偏离还要微妙的东西,这种观点

① 卡尔内亚德(Carneades,约公元前214—前129),古希腊哲学家。中期学院派领袖阿尔克西劳的学生和继任者,新学园派的正式创立者。阿尔克西劳为了反对斯多葛派的独断论,提出了以“悬搁”为基础的怀疑论,既反对芝诺以“认知印象”为知识标

将所谓绝对含混的无差别状态归因于灵魂的随意运动，因为灵魂的这些运动根本无需外在的原因，它们的活动来自我们的本性。但培尔先生却非常正确地回应说(《历史与批判辞典》，“伊壁鸠鲁”条，第1143页)，所有那些出自事物本性的东西都是受到决定的：从而决定性依然存在，卡尔内亚德的遁词徒劳无益。

309.此外，他在另外一处(《对一个外省人问题的答复》，第2卷，第90章，第219页)还指出：“一种远离这种所谓均衡的自由无可比拟地更为有利。”他说：“我指的是那种始终遵循心灵判断的自由，它不可能抵制那些被明白无误地认为是善的对象。我知道没有什么人会不赞成那种被明白无误地被认为迫使灵魂认同的真理”(毋宁说是决定，除非所讲的是一种道德的必然性)；这一点是经验告诉我们的。在学院中，人们不断地教导说，正如真是理智的

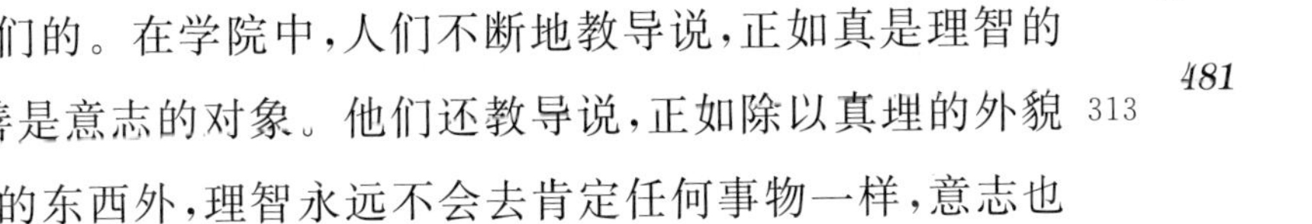

对象一样，善是意志的对象。他们还教导说，正如除以真理的外貌 313
展现给理智的东西外，理智永远不会去肯定任何事物一样，意志也永远不会爱那些对它并不显现为善的东西。人们绝对不会相信虚假本身，也绝对不会爱恶之为恶。在理智中，存在有趋向于一般的真实、趋向于被清楚认识到的每个个别真理的自然决断(une determination naturelle)。在意志中，也存在有趋向一般的善的自然决断。许多哲学家据此得出结论说：从个体的善为我们清楚认识

准，也反对伊壁鸠鲁以感觉为准则。卡尔内亚德一方面坚持了阿尔克西劳的怀疑论立场，否定绝对的不变的标准，另一方面又主张以“令人信服的印象”为知识的标准。他把印象区分为两类：一类是“好像为真”，另一类为“好像为假”。前者是清晰的，后者是模糊的。非常清晰的印象亦即卡尔内亚德的“令人信服的印象”。这种印象虽然其本身尚不是知识，却构成了知识的前提和基础。

到的那一瞬间起,我们就必定被迫去爱它们。只有当理智的对象显得模糊的时候,理智才悬置其活动。因为在这种情况下,对于它们究竟为真为假,存在有值得怀疑的原因。这使许多人得出结论说:只有当灵魂对显现给它的对象是否对它为善举棋不定的时候,意志才处于一种均衡的状态。但一旦灵魂作出肯定的决断,它就必定依附这个对象,直到心灵的其他判断决定它去依附别的对象。那些以这样一种方式解释自由的人自以为从中发现了证明功过的足够丰富的材料。因为他们认为,心灵的这些判断都是从考察对象、比较对象和辨别对象的心灵的自由注意中产生出来的。我们绝对不要忘记有一些真才实学的人士”(如贝拉明[①]:《论恩典与自由意志》,第3卷,第8、9章;卡梅伦[②]:《答学识渊博人士埃皮斯考比乌斯的信》),“他们以非常令人信服的理由主张:理智必定始终遵循理解活动的最后的实际行为。”

310.人们对这个问题必定会有一些看法。对最好者非常明确的认识决定着意志;但严格地讲,这种认识并不能使之成为必然。人们必须始终在必然的东西和确定的或绝对无误的东西之间作出区别,我已经不止一次地说明过这一点,并且把形而上学的必然性

---

① 贝拉明(Robert Bellarmin,1542—1621),意大利枢机主教和神学家,在欧洲宗教改革时期为天主教辩护。但他主张对新教著作和新教信仰持开明公正立场。详见前面有关注释。

② 卡梅伦(John Cameron,1579—1625),在法国创立的苏格兰抗罗宗神学家。所著《恩典与自由意志》1618年在索米尔出版。《答学识渊博人士埃皮斯考比乌斯的信》1624年在索米尔发表,是对荷兰神学家埃皮斯考比乌斯(Simon Episcopius,1583—1643)的《一位学识渊博人士致一位朋友的信》的回应。

和道德的必然性区别开来。我还认为，只有上帝的意志才能始终遵循理智的判断：所有理智的受造物都会受到一定情感的影响，至少会受到知觉的影响，这些情感和知觉并不完全是由我所说的完满的观念（idées adéquates）[①]组合而成的。尽管在享永福者身上，这些情感由于自然规律和与之相关的前定的事物的体系而总是趋向真正的善，不过，这种情况却并不总是以他们对善具有完满知识的方式发生。这对于他们和对于我们都是一样的，我们并不是在 314
任何时候都理解我们种种本能的理由。天使和享永福的人与我们一样，都是受造的存在者，在他们身上，也始终有一些与清楚的知识掺和在一起的混乱的知觉。关于他们，苏亚雷斯[②]也曾经说过一些类似的话。他认为（《论祈祷》，第1卷，第11章），上帝已经事

① 这里所谓“完满的观念”，其原文为“idées adéquates”，也可译作“贴切的观念”、“完全的观念”或“相称的观念”。参阅莱布尼茨：《人类理智新论》，上册，陈修斋译，商务印书馆1982年版，第281页。莱布尼茨写道：“我看到，先生（指斐拉莱特，洛克的代言人——引者）您所喜爱的作者称为 ideas adaequatas aut inadaequatas 的东西，您叫作完全的或不完全的观念；人们也可以称它们为完满的或不完满的（accoplies ou inaccoplies）。我从前曾把 ideam ideam adaequatam（一个完满的观念）定义为这样清楚的观念，以致它的一切成分都是清楚的，一个数的观念差不多就像那样。”

② 苏亚雷斯（Francisco Suarez，1548—1617），西班牙出生的天主教耶稣会神学家和哲学家，国际法奠基人之一。人们通常视之为托马斯·阿奎那之后最杰出的经院哲学家。其主要哲学著作《形而上学论辩集》（1597年）作为欧洲大多数大学（无论是天主教的还是新教的）的课本达一百多年之久。这部著作专门讨论人的意志问题。在这部著作中，他大量援引了亚里士多德和托马斯·阿奎那的学说，但也有所突破，故而也有人将其哲学学说称作苏亚雷斯主义。此外，苏亚雷斯在《辩护书》和《论法律》（1612年）中还阐明了其政治理论和法律哲学。他在驳斥君权神授说基础上宣称，政权最初是属于人民自身的；国家由人民所同意的社会契约产生。他为一个人对于生命、自由和财富所拥有的天然权利进行辩护，而对亚里士多德认为某些人生来就要受奴役的看法予以反驳。他在《论战争和印度群岛》中批评西班牙殖民当局，认为印度群岛也是主权国家，与西班牙平等。

先如此安排好了事物，以致当他们以充分的意志进行祷告时，他们的祷告总能奏效：这可以说是前定和谐的一个典范。至于我们，我们对我们的理性判断虽然具有明确知识，但其中却总是掺和着一些混乱的感官知觉，从而产生了种种情感乃至我们知觉不到的倾向，对于这些情感和倾向，我们并不是在任何时候都意识得到的。这些运动往往干扰了实践理性的判断。

311. 至于存在于理性与真之间的关系和意志与善之间的关系的平行，人们必定知道，对真理的清楚明白的知觉之中实际上包含着对这种真理的肯定：这就是说，理性被迫趋于这个方面。但无论人们对善有什么样的知觉，依据判断去行动的努力（按照我的看法，这构成了意志的本质），是明显地区别于它的。因此，既然需要时间把这种努力推向高潮，实现出来，那它就会由于这段时间里出现与之相反的新的知觉或倾向而中止甚至改变，这些新的知觉或倾向会使心灵从它转向别处，甚至有时会引起它作出相反的判断。正因为如此，我们的灵魂就有许多手段抵制它所知道的真理，从而使从心灵到心情的过渡（trajet de l'esprit au coeur）变得十分漫长。当理性在很大程度上仅仅从模糊的思想出发的时候，事情就更其如此了，这些思想对情感的影响极其微小，正如我在别处已经解释过的那样。因此，判断和意志之间的联系并不如人们所设想的那样是必然的。

312. 关于真理，培尔先生继续说道（第 221 页）：“在人的灵魂中不可能存在有错误，从而对于一般的善，它根本没有任何无差别

的自由。倘若有人较真，毋宁说它有一种无序，一种过度的不完满性。我并不太在意我究竟是幸福还是不幸；我并没有更多的决定去爱善而不是去恨恶；我能够同等地去爱善和恨恶。这样看来，倘若偏爱一般的善是一种值得赞赏的优秀品质，那么，倘若人们被迫 315
去考虑被明白无误视为我们的善的每个个体的善，便不可能是一种错误。这甚至仿佛是一种必然的结论：如果灵魂对一般的善没有任何无差别的自由，则它对于特殊的善，在经过充分考察断定对它是一种善之后，也没有任何无差别的自由。我们不妨设想一下：倘若一个灵魂在作出这样的判断之后，仍然有能力不去爱这些善，甚至去恨这些善，并且引以为豪，声称：我清楚不过地知道这些对我是善的，对此，我拥有一切必要的智慧，尽管如此，我依然不愿意爱它们，我会恨它们；我的决定已经作出，我将付诸行动；这并非因为某个理由"（这就是说，这是另外一种理由，而非那种建立在"我喜欢如此"基础之上的理由）"促使我这样做，而是由于我愿意如此行事；对于这样一个灵魂，我们会有何感想呢？难道我们发现不了这样一种灵魂比它没有这种无差别的自由更加不完满又更加不幸吗？"

313."这种使意志服从理性最后行为的学说不仅提供了关于灵魂状态的更为有利的观念，而且还表明沿着这条道路前进比沿着无差别道路前进更容易使人们获得幸福。这种观念将足以照亮人的心灵，使其明白他的真正利益，从而使他的意志立即适应理性所提出的各种判断。但如果他有独立于理性以及独立于清楚认识到的对象性质的自由，他就是所有动物中最倔强的物种，人们便永

远不可能指望他作出正确的选择。世界上所有的忠告和所有的证明都可能毫无用处。你给他作出种种解释，你说服他的心灵，但他的意志却依然桀骜不驯，犹如磐石岿然不动。维吉尔写道：

316 他的面容不会为这些言说感动，
如岩石，如马尔帕西亚①的大理石，顽固不化。②

任性、空洞无物的怪想都会使人顽固不化，拒绝所有种类的理由；这使他不愿去爱他已经明白无误地认识到的善，而是使他去恨这种善。先生，难道你会认为这样一种能力会是上帝给人造出的最丰厚的礼物，是我们获得幸福的唯一工具吗？难道这不就是我们幸福的障碍吗？难道能够说出“我对我的理性的所有判断都不屑一顾，我走的是全然不同的另一条道路，仅仅考虑我的善良意志”这样一类话，就能构成我们自吹自擂的资本吗？在这种情况下，一旦作出的决定酿成苦果，人们究竟会遭受什么样的悔恨之苦的折磨呢？因此，这样一种自由对于人们来说会是弊大于利，因为理性并未表现出对象的足够清楚的所有的善，剥夺掉意志的拒绝能力。所以，对于人而言，最好使自己始终使自己服从理性判断的决定，而不是任凭意志悬置理性的活动。因为以这样一种方式，人们便可以更加容易也更加可靠地达到他们的目标。”

① 马尔帕西亚（Marpesia），爱琴海帕罗斯岛上一座山的名字，该山以盛产大理石闻名。

② 维吉尔：《埃涅阿斯纪》，Ⅵ，第470行。其原文为：Non magis incepto vultum sermone movetur，Quam si dura silex，aut atet Marpesia cautes。

314.关于这个问题,我将提出进一步的看法,诚然,无差别的自由,如果是不确定的和没有任何决定性理由的,会是有害的,甚至会令人生厌,因为它是不切实际的和虚幻的。那些希望这样行动的人,那些至少看起来是没有合适理由而行动的人,完全可以被看作是非理性的人。但当严格按照这个假定行事时,事情便确实是不可能的。人们一旦想提供一个范例,他就会言不及意,并对这个人的实际情况大惑不解:既然他没有原因便不可能作出决定,则他便不是由于判断而是由于嗜好和激情作出决定的。一旦人们说:"我之所以对我的理性的所有判断都不屑一顾,只是由于我只考虑我的善良意志,我喜欢如此行事",这就好像他在说:我更看重的是我的嗜好而非我的利益,是我的兴致而非我的好处。

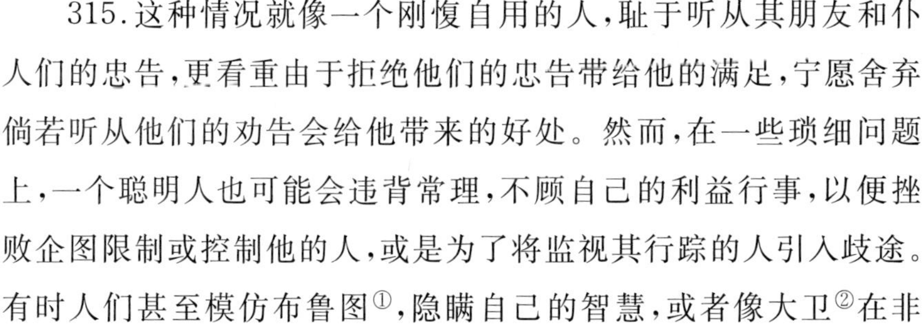

315.这种情况就像一个刚愎自用的人,耻于听从其朋友和仆人们的忠告,更看重由于拒绝他们的忠告带给他的满足,宁愿舍弃倘若听从他们的劝告会给他带来的好处。然而,在一些琐细问题上,一个聪明人也可能会违背常理,不顾自己的利益行事,以便挫败企图限制或控制他的人,或是为了将监视其行踪的人引入歧途。有时人们甚至模仿布鲁图[①],隐瞒自己的智慧,或者像大卫[②]在非

① 布鲁图(Marcus Junius Brutus,公元前85—前42),公元前44年刺死凯撒的密谋集团领袖。公元前49年罗马发生内战时,他加入庞培的军队。公元前48年,庞培失败,凯撒宽恕他,先后任命他担任山南高卢总督(公元前46年)和内事行政长官(公元前44年),但他依旧反对凯撒的独裁统治,企图恢复共和政体,因而参加刺杀凯撒的密谋。公元前43年,元老院授予他东方最高司令官的职权。公元前42年,其所率领的军队被安东尼和屋大维联军彻底击溃,布鲁图见大势已去,于是自杀。他还是一个斯多葛派学者,作品甚多,但流传至今的只有他与西塞罗相互通信的9卷本《书信集》中的两卷。

② 大卫(David,公元前1011—前97),古以色列国第二代国王,新约圣经强调耶

利士人的国王面前那样装疯卖傻,这倒也有其合理之处。

317 316.培尔先生值得称道地增补了许多典型例证,以表明违背理性判断行事极其不完满。他写道(第225页):即使按照莫利纳派的观点,“正确履行义务的理性将表明究竟什么是最好者”。他援引上帝对居住在伊甸园的我们的始祖所说的话(第91章,第227页):“我已经将我的知识、判断事物的能力以及控制你们意志的全部能力都赐给你们。我将向你们颁布指示和命令;但我已经赋予你们的自由意志却具有这样的性质:你们具有同样的能力根据情况服从我或不服从我。你们将受到检验:倘若你们正确地利用了你们的自由,你们就将是幸福的;倘若你们错误地利用了你们的自由,你们就将是不幸的。你们要想明白,你们究竟是作为新的恩典要求我在你决定滥用自由时允许你滥用,还是要求我阻止你滥用你的自由。请仔细考虑一下,我给你们24个小时的时间。难道你们不清楚地理解”(培尔先生补充说)“他们(指我们的始祖)的尚未被罪弄混乱的理性曾经使他们得出结论:他们必须祈求上帝,请上帝不要允许他们滥用他们的能力,以免自我毁灭,这就是上帝所能赐予的最高等级的恩惠吗?假如亚当错误地以自己安排自己

稣是大卫的后裔。大卫青年时是牧羊人,善于弹琴,曾被选召到基比亚宫中为扫罗王弹琴驱魔。因徒手击杀非利士巨人歌利亚而名声大震,成为轰动一时的少年英雄。人们称赞他说:“扫罗杀死千千,大卫杀死万万。”不料此事竟招致扫罗王嫉妒,遂对大卫进行迫害。大卫逃到迦特时,“在众人面前改变了寻常的举动”“假装疯癫”,“在城门的门扇上胡写乱画,使唾沫留在胡子上”,人们把他当成“疯子”,从而成功地躲过了迫害。参阅《撒母耳记上》,21:10—15。

的活动为荣，拒绝能够确保其幸福的上帝的指引，他就会成为法厄同[①]和伊卡洛斯[②]的原型了，难道有谁会一定不承认这一点吗？他几乎就会像索福克勒斯笔下不敬神的埃阿斯[③]那样，企图不依靠众神的佑助取胜，声称若依靠这样的佑助，最怯懦的人也会击溃他们的敌人。”

317. 培尔先生还指出（第 80 章）：倘若人们从上面得到佑助而不是藉自己的选择获得其幸福，人们也同样庆幸自己，甚至还更加相信自己。倘若有人更乐意靠在我们身上突然爆发的躁动的本能而不是靠深思熟虑的理由行事，他这样做时便会感到无比的快乐。因为他自以为，上帝或我们的守护天使或者某个在好运（fortune）这样一个模糊名义下所幻想的东西迫使我们作出了这样的选择。

① 法厄同（Phaeton），据希腊神话，他是太阳神赫利俄斯和仙女克吕墨涅的儿子。由于被人说成是私生子而感到受到嘲弄，乃向他父亲诉说。赫利俄斯发誓满足他的一切要求以证明自己的父亲身份。法厄同要求驾四轮金车遨游天空一日。赫利俄斯虽然怀疑他驾驭金车的能力，因有言在先也就只好允诺。法厄同出发后因无法控制金车，结果离地球太近，几乎把地球烧毁。为防止更大灾祸，宙斯只好用雷霆将他击落。这一神话故事说明，人若过于自负必定自食恶果。

② 伊卡洛斯（Icarus），希腊神话中发明家代达罗斯的儿子。他曾与父亲一起被囚禁在克里特迷宫，后来父子两个装上用蜡制的翅膀逃出迷宫，但伊卡洛斯因飞得靠近太阳，蜡制的翅膀熔化，最后坠海而死。

③ 埃阿斯（Ajax），亦称小埃阿斯（Ajax the Lesser），希腊神话中洛克里斯王俄琉斯之子。尽管他身材矮小，却在攻打特洛伊战斗中和其他英雄一起建功。他好夸口和争吵，为人极其自负。在攻陷特洛伊城之后，他将国王普里阿摩斯的女儿卡桑德拉（一说为女祭司）从雅典娜的神殿里拖走，并奸污了她。他因此被他的希腊联盟者用石头几乎砸死。在乘船返回时，他遇到船难，但本人却得救。后来，他又向人炫耀自己得救。他因此被波塞冬投到海中淹死。希腊悲剧诗人索福克勒斯（约公元前 496—前 406）据此写成同名剧本（公元前 442）。

其实，苏拉[①]和凯撒最洋洋自得的是他们的好运而非他们的智慧。异教徒，特别是诗人，尤其是荷马，总是使他们笔下的英雄人物在神的推动下行事。《埃涅阿斯纪》的主人公只是在神灵的指引下活动。倘若有人对帝王们说：他们之所以取得胜利，不仅应归功于他
318 们的部队，而且还应当归功于他们借给众将军的众神灵，一如贺拉斯所说："由于你提供的军队、筹划和你本人的神灵"，[②]那就是对他们很高的赞赏。将军们在帝王们的庇护下率军战斗，仿佛相信帝王们的好运那样，因为从属的大臣并没有任何权利对将军们进行庇护。人们为受到上天的宠爱而荣耀备至。他们更为珍视的是他们所具有的运气，而非他们自己的才干。没有谁比神秘主义者更自认为幸运了。他们想象，他们平静如水，但上帝却在他们身上活动着。

318.培尔先生补充说(第83章)："另一方面，一个斯多葛派哲学家将一切都与不可避免的必然性连接在一起，也和另外一个人一样，怀疑因正确选择获得快乐。每个具有智慧的人都会发现，人们不应当为经过长久考虑最终选择最值得荣耀的事物而乐在其中，最为惊人的满足是人们自信他对美德的爱如此根深蒂固，以致能够近乎毫无抵抗地挫败诱惑。如果让一个人干一件违背其义

---

① 苏拉(Lucius Cornelius Sulla，公元前138—前78)，罗马将军和独裁者。公元前107年，任会计官。公元前94年，担任掌握军权的执政官。公元前88年，成为罗马共和国执政官。公元前82年，任独裁官，拥有立宪、立法、司法和军事大权。公元前79年，突然宣布退位，成为一个普通公民，撰写回忆录。

② 贺拉斯：《颂歌》，Ⅳ，14，33—34。其原文如下：Te copias, te consilium et tuos praebente Divos。

务、荣誉和良心的事情，他能够当下就回答说，他不能进行这样一种犯罪活动，而且他也肯定不能干这样的事情，同另一个人要求思考一段时间，经过几个小时还迟疑不决，不知究竟作出什么决定才好相比，对自己将满意得多。在许多场合，当人们因面对两个决定无所适从，不能下定决心而懊悔不迭时，如果好友的建议或来自上面的帮助促使他们作出正确的选择，人们也会非常高兴。”所有这一切都向我们表明，确定的判断相较于使我们陷于不确定状态的含混的无差别具有优越性。但其实我已经充分证明，只有无知和激情才使我们有能力滞留在怀疑状态，而这就向我们提供了一个理由，说明上帝为何永远不会处于怀疑状态。我们离上帝越近，我们的自由越是完满，我们的自由就越是受到善和理性的决定。韦利乌斯①在谈到加图的性格时，说他不可能干出任何不端的事情，他将始终不会喜欢那种摇摆不定的人。

319. 我怀着极大兴趣陈述和支持培尔先生反对含混的无差别的这些证明，既是为了阐明他自己所处理的论题，也是为了推证出他不应当抱怨加给上帝的所谓必然性。按照这种必然性，上帝选择可能最好的方式是必然的。因为上帝要么是藉一种含混的无差别和偶然而行动，要么是凭他的任性或藉某种别的情感而行动，或者他最后必须藉一种主要的理性倾向而行动，这种理性倾向推动 319

① 韦利乌斯(Velleius Paterculus，约公元前19—公元30以后)，罗马军人、政客和历史学家。曾在色雷斯、马其顿和东方任军事长官。后在日耳曼和潘诺尼亚服役8年，任骑兵司令和副总督。公元7年任检察官。公元15年任罗马军政长官。所著罗马史对从凯撒之死到奥古斯都之死这一历史时期的叙述极为详尽。

他达到最好者。但各种情感，由于其来自对表面的善的混乱的知觉，而不可能存在于上帝身上；这样含混的无差别便是某种虚妄的东西。因此，只有最有力的理性才是调节上帝选择的东西。我们自由的不完满性使得我们能够选择恶而不是选择善，选择大恶而不是选择小恶，选择小善而不是选择大善。这些都是由善恶的表面现象产生出来的；而上帝却始终都追求真实的和最大的善，亦即绝对真实的善，对于这样一种善，他是不可能不知道的。

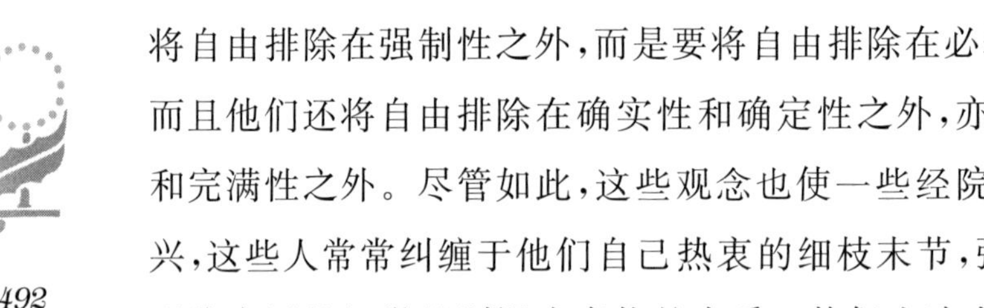

320.这种错误的自由观念是一些人的臆想，这些人并不是要将自由排除在强制性之外，而是要将自由排除在必然性本身之外，而且他们还将自由排除在确实性和确定性之外，亦即排除在理性和完满性之外。尽管如此，这些观念也使一些经院哲学家感到高兴，这些人常常纠缠于他们自己热衷的细枝末节，强调微言大义，误将术语的细微差别视为事物的本质。他们生造出一些虚妄的概念，自以为能够从中产生某些用法，并以种种诡辩来维护这些概念。完全的无差别即具有这样的性质；承认意志具有这种无差别性质也就是给予意志一种类似于某些笛卡尔派和一些神秘主义者在上帝本性中所发现的那样一种特权，一种能够做不可能做的事情、能够制造谬论、能够使两个矛盾命题同时为真的特权。要求从一种绝对不确定的完全的无差别中产生决定，也就是要求这个决定自然地从无中产生出来。人们设想上帝并不能作出这样一种决定：于是，它的来源便既不存在于灵魂里，也不存在于躯体里，也不存在于周围环境里，因为所有这一切都被认为是不确定的；然而，它却毫无准备地出现了，并且现实存在着，也没有任何东西来为它

做准备，天使，甚至上帝自身都无法看到或者说明它是为何存在的。不仅是某种东西从无中出现了，而且是无通过自身出现的。这种学说所倡导的是一些荒谬可笑的东西，有点像我们前面提及的原子偏离学说，伊壁鸠鲁提出这一学说是想说明：这些微小的物体最初沿着直线运动，但其中的一个却突然无缘无故地偏离了它的轨道，之所以如此，仅仅是因为意志命令它如此。人们还注意到，伊壁鸠鲁之所以诉诸这样一种学说，仅仅是为了证明这种完全 320
无差别的所谓自由的正当性，这样一种自由由此看来是一种具有非常古老起源的虚妄概念。人们完全有充分的理由说：以讹传讹，虚妄观念产生虚妄观念（*Chimaera Chimaeram parit*）。

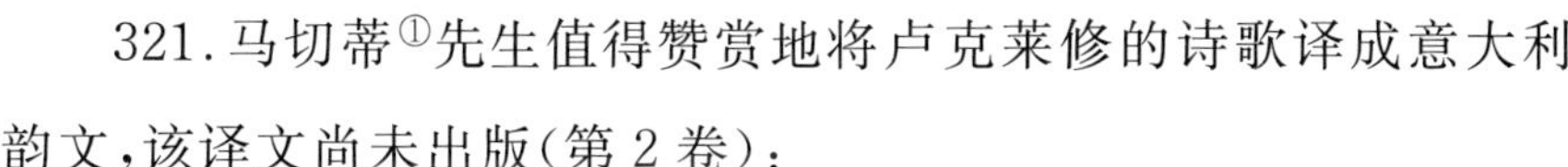

321. 马切蒂①先生值得赞赏地将卢克莱修的诗歌译成意大利韵文，该译文尚未出版（第 2 卷）：

Mà ch' iprincipii poi non corram punto
Della lor dritta via, chi veder piote?
Si finalmente ogni lor moto sempre
Insieme s' aggruppa, e dall' antico
Sempre con ordin cert oil nuovo nasce;
Ne tracciando I primi semi, fanno
Di moto untal principio, il qual poi rompa

① 马切蒂（Alessandro Marchetti，1631—1714），意大利的诗人和学者。他的这部译著直到 1717 年才在伦敦出版。

I decreti del fato, acciò non segua
L' ibera voluntà, per cui ciascuno
Va dove piu l' agrada? I moti ancora
Si declinan sovente, e non in tempo
Certo, ne certa region, mà solo
Quando e dove command ail nostro arbitrio;
Poiche senz' alcun dubbio à queste cose
Dà sol principio il voler proprio, e quindi
Van poi scorrendo per le membra I moti.[①]

极其滑稽可笑的是,像伊壁鸠鲁这样一个人,在摒弃了众神和所有非物质实体之后,居然能够设定他自己认为由原子构成的意志竟能控制原子,致使原子偏离它们的道路,却又没有给人们讲出这究竟是如何可能的理由。

322.卡尔内亚德并没有像伊壁鸠鲁原子论那样倒退得那么远,而是要求从人的灵魂中就找到所谓含混无差别的理由,他径自

---

① 这些诗句的大意是:"谁不明白这浅显的道理,元素如果不偏离它们的直线轨道,一切运动最终将重又合二为一,最初的运动如果不因偏离而重新开始,按照不变的秩序——新物怎又会从旧物中产生? 新开端撕裂了命运的纽带,原因与原因不再相互连接以致无限。所以,我说凡人都有自由意志,每个人都去他的意愿领他去的地方。我们在我们的一切运动中各行其道,不遵守确定的时间,也没有确定的地点。每个人都独自做着他的意志命令他的事。每个人自己的意志主宰着——这种种事物——这毫无疑问,肢体因了它而有了自己的运动。"(卢克莱修:《物性论》,第2卷,第249—262行。)请参阅卢克莱修:《物性论》,方书春译,商务印书馆1982年版,第76—77页。

将伊壁鸠鲁为其寻找理由加以解释的东西作为事物的理由。[①] 卡尔内亚德将一无所获，除非轻而易举地欺骗一些粗枝大叶的人，他将荒谬性从一个太过显然的主体转移到另一个更容易混淆是非的主体上，也就是说，从躯体转移到灵魂上。因为大多数哲学家对灵 321
魂的本性并无清楚的概念。伊壁鸠鲁认为灵魂是由原子组合而成的，至少在下面一点是正确的，这就是：他从他认为是灵魂本身的起源中来寻找灵魂规定性的起源。正因为如此，西塞罗和培尔先生从伊壁鸠鲁身上错误地发现了那么多缺点，却对卡尔内亚德甚为宽容，甚至大加赞赏，简直毫无道理可言。我不明白如此聪明过人的培尔先生竟会满足于这样一种乔装的谬论，以致称之为人类心灵在这个问题上能够作出的最大努力。在培尔先生看来，作为理性寓所的灵魂仿佛比躯体更有活动能力，既不受内在的理由或原因的决定，也不受外在的理由或原因的决定；或者说，仿佛如果没有原因便没有什么事情能够发生这样一条最伟大的原则只与躯体相关似的。

323.诚然，形式或灵魂比物质有这种优越性，它是活动的源泉，在它自身之内就有一种运动或变化的原则，按照柏拉图的称谓，就是自动者（*τὸ αὐτοκίνητον*）；[②]而物质则只是被动的，需要受到推动才能活动：*agitur, ut agat*。但如果灵魂自身是能动的（如它实际所是），其真正的理由正在于它对于活动不像物质那样是绝对

---

① 参阅西塞罗：《论命运》，Ⅺ，23—24；ⅪⅤ，31—32。

② 参阅柏拉图：《菲德罗篇》，245C。在其中，柏拉图断言“这个自动者是其他被推动的事物的源泉和运动的第一原则”。

无差别的,它在其自身之内必定能够找到据以决定的根据。按照前定和谐体系,灵魂在其自身中,也在其先于存在的观念的本性中,发现它据以作出决定的理由,发生改变,适应它周围的一切。它就这样在其纯粹可能的状态中永恒地受到决定达到自由活动,一如它达到存在时所做的那样。

324.培尔先生自己的评论非常妥当。他说,无差别的自由(这是人们必定承认的那种自由)既不排除倾向性,也不要求均衡。他相当充分地论证说(《对一个外省人问题的答复》,第139章,第748页以下):人们可以将灵魂比作一台天平,在这台天平上,理由和倾向取代了砝码。我们可以按照他的看法解释我们作出决定的过程:假设人的意志就像一台天平,在静止时,其两个秤盘上的砝码完全一样,它总是随着一边秤盘上砝码的增加而倾向于这一边或那一边。一个新的理由构成一个更重的砝码,一个新的观念比旧观念绽放出更耀眼的光芒;对于严重惩罚的恐惧压倒了某种快乐;当两种激情争夺地盘时,更为强烈的激情总能制胜,除非另一方得到了理性的帮助或得到了某种别的起作用的激情的帮助。当人们为了救命而将货物掷下船的时候,经院哲学家称之为混合活
322 动(mixte),这种活动就是自愿的和自由的。在这种情况下,对生命的爱无疑压倒了对财富的爱。悲伤源于人们对所失去的财富的回忆。相互反对的理由的分量越是接近,人们在作出决断时困难就越大。相反,当两边的砝码差别很大时,天平便极其迅速地向一边倾斜。

325.然而,由于往往是在几个决定之间进行选择,人们不是用天平,而是用一种同时向不同方面施加作用的力量比喻灵魂,但这种力量只对活动最容易发生的一点或抵抗最小的一点发挥作用。例如,当空气被最紧密地压缩在一个玻璃容器内的时候,为了逃出这个容器它就需要打破这个容器。空气虽然向这个容器的各个部分施压,但最后却从这个容器的最薄弱的部分逃离出去。因此,灵魂的所有倾向扩展到所有呈现在它面前的善:这就是先件意志;但后件意志,作为先件意志的结果,却在最密切关注的方向上受到决定。

326.不过,在众多倾向性之中的这样一种优势地位却并不妨碍人们在他们自己的国度里成为主宰,只要他知道如何利用他自己的能力。他自己的国度就是理性的国度,他只要及时准备抵制种种激情,他就能够遏制最猛烈激情的汹涌势头。让我们设想一下当年奥古斯都的情况。他在下达处决费边·麦克西姆[①]的命令时,按照他的习惯,遵照一位哲学家向他提出的忠告:当他在盛怒之下做一件事之前最好先行背诵一遍希腊字母。这样一种反思既挽救了费边的生命,也挽救了奥古斯都的声誉。但倘若没有一些

① 费边·麦克西姆(Fabius Maximus,约公元前280—前203),罗马统帅和政治家。在第二次布匿战争(公元前218—前201年)初期,采用拖延战术,为罗马争得恢复力量的喘息时间,终于对汉尼拔率领的迦太基入侵军队发动了反攻。因此,费边主义成了缓步前进或谨慎小心的同义语。费边先后担任过公元前233年及公元前228年的执政官和公元前230年的检察官。公元前217年,当选为独裁官。公元前215年和公元前214年,连续当选执政官。在其第五次任执政官期间(公元前209),罗马军队终于攻克了汉尼拔坚持了多年的他林敦(今塔兰托),取得最后胜利。

幸运的反思，这种反思有时得自上帝的特殊的仁慈，倘若没有像奥古斯都那样事先获得的一些技巧，使我们能根据时间和地点进行反思，激情便会战胜理性。当车夫按照他应当和他能够的方法驾驭马匹的时候，他就成了马匹的主人；但有些时候，他疏忽大意，那时，他信马由缰：

> 车夫听任马拉着走，车便不再顺从缰绳。[①]

327.人们必须承认，在我们身上始终具有足够的能力支配我
323 们的意志，但人们却并非始终都想到运用这种能力。正如我不止一次指出的那样，这就表明，灵魂所具有的支配其倾向的能力是一种只能以间接方式加以运用的能力，差不多就像贝拉明所要求的教皇对国王世俗权力所行使的权利。事实上，我们力所能及的种种外在活动都绝对地依赖我们的意志；但我们的意志活动却只有藉一些巧妙的手腕，给我们提供出悬置或改变我们的决断，才依赖我们的意志。我们是我们自己房子的主人，不像上帝那样，是整个世界的主人，他只要发发话就行了，正像一位英明的君王是他国家的主人，一位优秀的父亲是他家里的主宰一样。培尔先生有时对这个问题也持不同的立场，仿佛我们为了炫耀我们具有自由意志而必须具有一种根本不依赖理性和种种手段支配我们自己的绝对能力似的。但即使上帝也没有这样一种能力，而且就涉及其意志

① 维吉尔：《农事诗》，Ⅰ，第513行。这行诗的原文为：Fertur equis auriga，nec audit currus habenas。

而论，他也绝对不可能在这个意义上拥有它；他不可能改变他的本性，他也不可能不按照一定的方法和秩序而活动；人怎么可能一下子就改变了自己呢？我曾经说过：上帝的王国，智慧的王国，其实就是理性王国。然而，只有上帝才能始终意欲最值得意欲的东西，从而他就根本无需改变他的意志。

328. 如果灵魂为它自己房子的主妇，培尔先生说（第 753 页），它只要怀有意志，伴随着对激情胜利的烦恼和痛苦就将即刻消失。按照他的说法，为达此目的，人们只要对激情的对象采取冷漠的态度（l'indifférence）就行了（第 758 页）。他诘问道：既然人们是自己房子的主人，为什么不使自己采取这样一种冷漠态度呢？但这样一种诘问就像诘问为何一家之长既然需要黄金又为何不给他自己黄金呢？诚然，他也能够得到一些黄金，但他只能够通过他的技能获得，而不能像在精灵和米达斯国王时代那样，藉一种意志的纯粹命令或他的触摸获得。人们仅仅是其房子的主人这一点是远远不够的；人们为了使自己获得其所想要的一切，还必须成为一切事物的主人；因为人们在自己的家中是找不到一切事物的。因此，人们对待自己必须像对待其他事物那样才行得通；人们必须对其对象的结构和性质具有知识，并据此确定其合适的运作方式。所以，人们在瞬间，只藉一次意志活动是不可能调整好自己，从而获得一个较好的意志的。

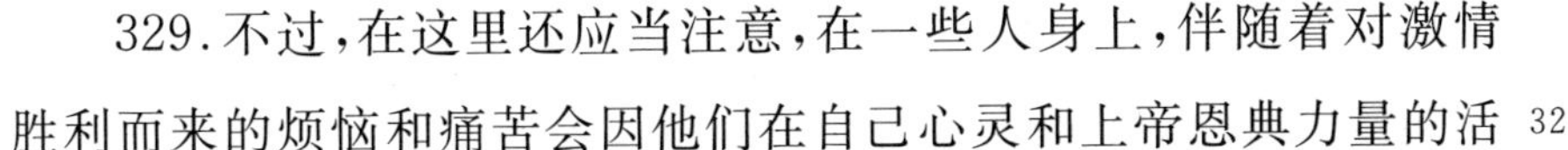

329. 不过，在这里还应当注意，在一些人身上，伴随着对激情胜利而来的烦恼和痛苦会因他们在自己心灵和上帝恩典力量的活 324

泼感中所发现的巨大满足而转变成愉悦。苦行者和真正的神秘主义者能够谈到他们这方面的一些经验；甚至一个真正的哲学家也能在这方面讲到一些东西。人们是能够达到这样一种幸福状态的，这是灵魂为增强其主宰地位所能运用的主要手段之一。

330. 如果说司各脱派和莫利纳派似乎支持含混的无差别性（我之所以说似乎，乃是因为我怀疑他们一旦认识到含混的无差别究竟是怎么回事，是否真的还会这么做），托马斯主义者和奥古斯丁信徒则支持前定论。因为人们必须持这一方或另一方的立场。托马斯·阿奎那习惯于将推理建立在健全的原则之上，而司各脱则处心积虑地驳斥他，往往不是为了澄清问题，而是将问题弄得更加模糊和混乱。托马斯主义者一般来说都步其祖师的后尘，认为灵魂在没有促成其作出决断的某些预先决定性事物存在的情况下，是不可能作出任何决断的。但是，新托马斯主义者的前定说或许并不完全是人们所需要的东西。圣普尔善的杜兰德[①]，虽然往往独树一帜，反对上帝特殊参与观念，却也依然支持某种前定说。他认为上帝在灵魂的状态及其环境中看到了其前定的理由。

331. 古代斯多葛派在这个问题上基本上持托马斯派的意见。他们同时也支持决定论而反对必然说，尽管人们谴责他们断言一切事物都具有必然性。西塞罗在他的《论命运》一书中说过，德谟

① 圣普尔善的杜兰德（Durand de Saint-Pourçain，约 1270—1332），法国神学家和哲学家，多明我会教士。主张哲学与神学、理性与信仰严格分离，坚持唯名论立场，认为世界上只存在有个体事物。曾与托马斯·阿奎那发生争论。详见前面有关注释。

克利特、赫拉克利特、恩培多克勒和亚里士多德都认为命运蕴涵有必然性；[①]另一些人则反对这种观点（他或许是指伊壁鸠鲁和亚加德米派[②]）；而克里西波斯则寻求中间路线。我认为，对亚里士多德，西塞罗可能弄错了，因为亚里士多德充分承认偶然性和自由，他甚至走得更远，说（在我看来，他并非有意为之）关于偶然的未来事件的命题并没有任何确定的真理；在这一点上，他为大多数经院学者所抛弃是不无理由的。甚至克吕西波的老师克莱安特斯虽然也赞成未来事件具有确定的真理，却否认其必然性。倘若经院哲学家们对未来偶然事件的这种确定性深信不疑（例如，作为一部著名哲学讲义之作者的科英布拉的神父们就是如此），认识到普遍和 325
谐体系所宣告的事物之间的这种联系，他们便会得出结论说：人们如果不承认事物原因和事物理由中的前定性，也就不可能承认未来事物的原初的确实性或确定性。

332. 西塞罗试图为我们阐释克里西波斯所采取的中间路线。

---

① 参阅西塞罗：《论命运》，XVII，39。

② 亚加德米派（Academicians），亦即学园派。亚加德米原为雅典郊外的一片橄榄树林，以英雄亚卡德谟斯的名字命名。约公元前387年柏拉图开始在这里讲学，形成柏拉图哲学学派，历时达900年。学园派在其发展过程中大体经历了老学园、中期学园（新学园）和晚期学园三个时期。老学园派时期大约从公元前4世纪中叶到公元前3世纪中叶（公元前347—前247）。该派这个时期比较注重柏拉图思想中的毕达哥拉斯派因素，强调理念是数。其主要代表人物有斯彪西波、色诺克拉底等。中期学园或新学园大约从公元前3世纪中叶（公元前247年）起到公元前1世纪（公元前81），其主要代表人物有阿尔塞西劳斯和卡尔内亚德。其思想特征是把怀疑主义引进了学园。晚期学园则混合了亚里士多德和斯多葛派的一些观点，它从公元前81年到公元529年东罗马皇帝尤士丁尼下令封闭雅典的柏拉图学园止。

但贾斯特斯·里普斯[①]却在其《斯多葛派哲学》一书中写道：西塞罗的这段话遭到了阉割，奥卢斯·盖留斯[②]却为我们保留下了这位斯多葛派哲学家的整个证明(《阿提卡之夜》，第6卷，第2章)。现将这段话摘录如下：命运乃所有事件的不可避免的和永恒的联系。有人对此持反对态度，认为由此得出的结论是：种种意志行为都是必然的，罪犯们既然都是被强制作恶，也就不应当受到惩罚。对此，克吕西波回答说，恶是由灵魂的原初结构中产生出来的，灵魂的这种结构构成了命定秩序的一个部分，受到自然精心设计的灵魂对于外在原因的影响具有较强的抵御能力；但那些其自然缺陷并未因修炼得到校正的灵魂则容易使自己堕落。然后，他按照西塞罗的观点，[③]对主要原因与次要原因作出区别，并用滚筒打比喻，滚筒的旋转力、速度和运动的灵活性都主要来自它的形状，假如它表面粗糙，它的运动便会慢慢放缓。尽管如此，它依然需要推动，一如灵魂需要接受感觉对象的作用一样，而且它是按照它自己的结构接受这种作用的。

333.西塞罗认为，克吕西波之所以如此混乱，是因为他有意无

① 贾斯特斯·里普斯(Justus Lipsius，1547—1606)，著名的学识渊博的学者和哲学家。其所出版的与斯多葛派相关的著作主要有：《斯多葛派哲学导论》(安特卫普，1604)，《斯多葛派物理学》(3卷本，安特卫普，1604)。莱布尼茨这里提到的里普斯的有关评论其实载于《斯多葛派物理学》，Ⅰ，ⅩⅣ，第865页。也请参阅培尔：《历史与批判辞典》，“克吕西坡”条，H段。

② 奥卢斯·盖留斯(Aulus Gellius，创作时期为公元2世纪)，古罗马拉丁文作家。以20卷杂文集《阿提卡之夜》(Noctes Atticae)闻名于世。详见前面有关注释。

③ 参阅西塞罗：《论命运》，ⅩⅧ，42页以下。

意地确认了命运的必然性。培尔先生几乎持同样的意见(《历史批
判辞典》,“克吕西波”条,H段)。他说,这位哲学家陷入泥淖而不
能自拔,因为这一滚筒究竟是平滑还是凹凸不平,取决于工匠把它
造成的样子;这样,上帝、天道、命运将由于其使恶成为必然而成为
恶的原因。对此,贾斯特斯·里普斯回答说:按照斯多葛派的观
点,恶能够从物质中产生出来。在我看来,他似乎在说制造滚筒的
工匠有时由于石料太过粗糙和太过不平整而造不出一个好的滚筒
来。培尔先生为了驳斥克吕西波而援引了优西比乌[①]在其《福音
的准备》(第6卷,第7、8章)一书中为我们保留下来的欧诺莫斯[②] 326
和第欧根尼[③]的片断;而他首先用作依据的是普鲁塔克[④]在其著作
中对斯多葛派的驳斥,培尔先生在《历史与批判辞典》“保罗派”G
段中曾援引了有关内容。但这种驳斥并没有太多的内容。普鲁塔
克认为最好是否认上帝具有允许罪的能力而不是嫁祸于他。他并
不承认恶可能有助于产生更大的善。相反,我则已经说明,上帝依
然是全能的,尽管上帝除创造最好者外不可能再做任何更好的事

① 优西比乌(Eusebius of Caesarea,260—340),基督宗教主教和辩护士,教会史著述家。他生活在罗马帝国对基督宗教由镇压转变为宽容的历史转折时期。271年,优西比乌撰文驳斥新柏拉图哲学家波菲利对基督宗教的攻击,并斥责迫害基督宗教的俾锡尼亚行省总督将新毕达戈拉斯派哲学家阿波罗尼奥斯同耶稣相提并论。他还曾注释《圣经》,并对四福音书进行比较。313年,任该撒利亚主教。著《基督宗教教会史》,扬名后世。318年,亚历山大司铎阿里乌提出圣子从属于圣父的神学观点,该观点在325年的安提阿会议上受到批判,优西比乌受到牵连。他所著《福音的准备》收录了许多非基督宗教徒的论述,并说明他们的这些论述为基督宗教开辟了道路。

② 欧诺莫斯(Onomaus,公元2世纪),犬儒派哲学家,反对斯多葛派的宿命论。

③ 第欧根尼(Diogenianus,公元前2世纪),伊壁鸠鲁派哲学家。

④ 普鲁塔克(Plutarch,约46—119),对16—19世纪的欧洲影响最大的古典作家之一。他在其《道德论》中曾批驳过斯多葛派的宿命论观念。详见前面有关注释。

情，即使在上帝所创造的最好者中即包含有对恶的允许。再者，我还一而再再而三地指出：孤立地看被认为有缺陷的部分也可能有助于整体的完满。

334．对于这样一类内容，克吕西波已经有所注意，不仅在他那部论天道的著作的第4卷中断言（见奥卢斯·盖留斯：《阿提卡之夜》，第6卷，第1章），恶有助于人们注意到善（作为一条理由在这里并不充分），而且，他还在他的论自然的著作的第2卷中（据普鲁塔克记载）以一出戏作比喻对此做了更好的说明。他在这一卷中说，有时在一部戏剧中有一些段落其本身并无什么价值，但却为这部戏剧增色不少。他将这些段落称作警句或铭文。我们对古代戏剧的本性了解得不甚充分，无法充分理解克吕西波这段话的意思。但既然普鲁塔克认同了他的观点，那我们便有理由相信，他的这个比喻并无什么不妥。对此，普鲁塔克首先回答说，世界与一部戏剧不同，它不可能供人消遣。但他的这个比喻并不怎么高明，其可取之处仅仅在于：一个不怎么好的局部也可以使整体更好一些。其次，他还回答道：这一较差的段落只是戏剧的一小部分，但人生却恶贯满盈。这样的回答同样也没有任何价值，因为他本来应当注意到，我们所知道的只不过是宇宙的微乎其微的部分。

335．但还是让我们回到克吕西波的滚筒上。当他说恶是从某些心灵的原初结构中产生出来时，他无疑正确。但他也遭遇到了是上帝造成它们的异议，而他却只能通过指出物质的不完满性作答，这一点却不允许上帝把事情做得更好。这样的回答毫无价值，

因为物质自身对于所有形式都是无差别的，而物质也是上帝创造的。恶毋宁说是从处于超然状态的形式本身产生出来的，也就是说，是从观念中产生出来的，上帝并不是藉他的意志活动将这些观念产生出来的，正如数字和图形以及所有可能的本质那样，人们必定将所有这些都视为永恒的和必然的；因为它们都处在可能事物 327
的观念领域，也就是说，处于上帝的理智之中。因此，就本质只是可能性事物而言，上帝并非本质的创造者。然而，却没有什么现实的东西不是上帝判定并赋予其存在的；而且，他之所以允许恶，乃是因为恶被包含于有关可能事物的领域的最好计划之中了，而这一计划则是至上智慧不能不选择的。这样一来，这个概念便同时满足了上帝的智慧、能力和善，不过，却留下了一条通向恶的道路。上帝在宇宙可能允许的范围内将完满性赋予了受造物。人们推动那个滚筒，但它形状上的任何粗糙都会限制它运动的速度。克吕西波所做的这个比喻同我的比喻并没有太大的区别，我用的是一个由河水承载着的货船的比喻，船为河的水流推动，当负载加重时，其速度也就变慢了。这些比喻都旨在同一个目的；并且表明如果我们充分了解古代哲学家的这些意见，我们从中便能发现比人们所能设想的更多的理由。

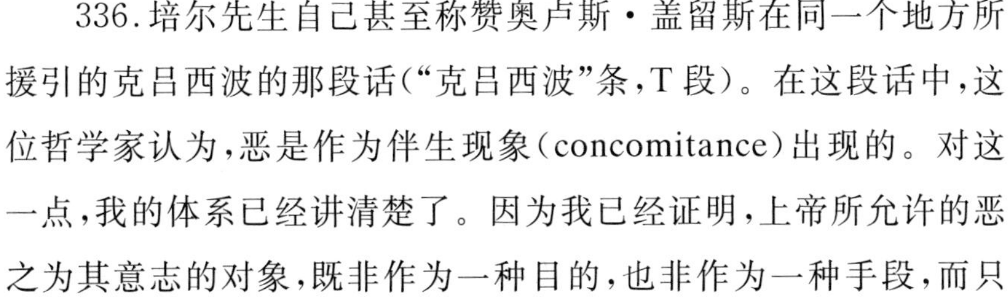

336．培尔先生自己甚至称赞奥卢斯·盖留斯在同一个地方所援引的克吕西波的那段话（“克吕西波”条，T 段）。在这段话中，这位哲学家认为，恶是作为伴生现象（concomitance）出现的。对这一点，我的体系已经讲清楚了。因为我已经证明，上帝所允许的恶之为其意志的对象，既非作为一种目的，也非作为一种手段，而只

是作为一个条件，因为它必须被包含进最好的世界之中。不过，人们也必须承认，克吕西波的滚筒并未回答以必然性为依据的异议。他应当进而补充说，首先，一些可能事物之所以存在，乃是由于上帝自由选择的结果；其次，理性受造物也按照他们原初的本性而自由活动，这在永恒观念中就已经存在了；最后，善的动力倾向于意志，而非强制意志。

337.存在于这种受造物身上的自由的有利条件无疑也以无比卓越的方式存在于上帝身上。这必定是就其真正是一种有利条件以及就其不预设任何不完满性而言得到理解的。因为一个人可能
328 犯错或误入歧途是一种不利条件，而掌控激情实际上是一种有利条件，但这却预设了一种不完满性，亦即激情本身，上帝则不能够这样。司各脱断言：倘若上帝不自由并且没有必然性，那就没有任何受造物能够如此，他的这个说法言之有理。但上帝在无论什么事情上都是不能够不确定的：他不能够无知，他不能够怀疑，他不能够悬置他的判断；他的意志始终受到决定，而且只能够受到最好者的决定。上帝永远不可能具有一种原初的特殊意志，即独立于规律或意志普遍行为的意志；这样的意志是不合理的。当上帝在对亚当、彼得、犹大或任何一个个体作出决定时，是不可能不存在他作出这样一种决定的理由的；而且，这一理由必然会导致某种普遍的说明（énonciation générale）。聪明的心灵总会按照原则行事；总是按照规则而不是按照例外行事，除非这些规则由于相反对立的倾向而冲突，其中最有力者占据上风；否则，它们便会或者相互妨碍，或者最终出现第三个决定。在所有这些情况下，总有一项

规则有助于解释另外规则的例外，而始终依照规则行事的人身上绝对不可能存在有原初性的例外(d’exceptions originales)。

338.如果有人认为拣选与摒弃是上帝以一种绝对专制的力量完成的，不仅没有任何明显的理由，而且实际上没有任何理由，哪怕是隐藏的理由，他们就是在维护一种既破坏事物本性又破坏上帝完满性的意见。这样一种可以说是绝对绝对的决定(un tel décret absolument absolu, pour parler ainsi)将无疑是不能容忍的。但路德和加尔文却远离了这样一种信仰：前者相信未来生活将使我们理解上帝选择的正当理由；而后者则明确地辩护说，这些理由是正当的和神圣的，尽管它们是我们所不知道的。在这个问题上，我已经引证过加尔文论前定的著作，下面就是他说过的原话："上帝在亚当堕落之前就反思过他必须做的事情，这是由于为我们所隐藏的原因……因此，很显然，他有正当的原因摒弃人类中的一部分，但这些原因却为我们所不知。"

339.上帝所做的一切都是合理的，都是不能够做得更好的，这条真理从一开始就给每个具有健全理智的人留下了深刻印象，可以说迫使他们对之大加赞赏。不过，那些最机敏的哲学家却具有一种注定的癖好，这就是：在其论辩过程中和最激烈的时刻，往往不假思索地违背健全理智的第一原则，因为这些原则有一层掩饰
它们的术语外壳。我们从前面所说的已经看到卓越的培尔先生尽 329
管极其精明，却反对我们刚才提到的这项从上帝至上完满性可靠推导出来的原则。他自以为这样一来便能够为上帝的事业进行辩

护,并使他摆脱一种想象的必然性,但留给他的却是从众多的善中选择最小的善的自由。我曾经讲过狄罗伊斯[①]先生以及其他一些人,也曾受到这种奇怪意见的蛊惑,由此可见,这种意见得到了相当广泛的认可。不过,支持这一观点的人却并未认识到,这种观点意味着他们希望为上帝所保留的或者毋宁说强加给上帝的是一种错误的自由,即一种可以不合理进行活动的自由。这就使上帝的事业受到修正,使得我们对允许恶作出任何评论成为不可能之事,甚至使得我们希望能够对允许恶作出任何评论也成为不可能之事。

340.这种错误对培尔先生的证明也极为有害,并且已经堵塞了他摆脱许多困境的出路。这看来再次与自然领域的规律有关:他认为这些规律是任意的和无差别的;他声称,倘若上帝不遵循这些规律,倘若上帝能够更经常地违背这些规律,倘若上帝甚至能够制造出另外一些规律,上帝就能够在恩典领域中更好地达到他的目的。他认为,这特别适用于灵魂与身体相联系的规律。因为他和现代笛卡尔派都深信,上帝赋予灵魂感知性质的观念(按照他们的观点)虽然由物体的运动引起,却不包含任何表象这些运动或与这些运动相似的东西。所以,上帝是纯粹任意地赋予我们关于热、冷、光的观念以及我们经验到的其他观念,而不是赋予我们以同样方式引起的完全不同的观念。我常常感到诧异的是,如此才华出众的人士居然会津津乐道这样一些如此没有哲学深度又如此违背

① 狄罗伊斯(Diroys,1620—1690),法国天主教神学家。详见前面有关注释。

基本理性原则的概念。再没有什么比下面一点更能清楚地表明一个哲学的不完满了，这就是：由这位哲学家所经验到的必然性使他承认一些事物的发生，按照他的体系，是没有任何原因的。这一点也同样适合于伊壁鸠鲁的原子偏离的观念。不管在运作的是上帝
还是自然，这种运作活动都是有其理由的。在自然的运作活动中， 330
这些理由或是依赖于必然真理，或是依赖于上帝所发现的最合理的规律；而在上帝的运作活动中，这些理由将依赖于使其发生作用的至上理性的选择。

341.著名的笛卡尔主义者雷吉斯先生在其《形而上学》(第2篇，第2卷，第29章)中断言：上帝赋予人的能力是按照自然的普遍秩序人们所能获得的最卓越的能力。他说道："如果人们自己只考虑上帝的能力和人的本性，那就很容易认为，上帝能够将人造得更加完满；但如果人们考察人时，不是就其自身、与所有别的受造物割裂开来进行考察，而是将之作为宇宙中的一员，视之为服从运动普遍规律的一个部分进行考察，人们便一定会承认：人所具有的完满正是他所能达到的那种完满。"他还补充说："我们不能够认为，上帝为了保存我们的身体所可能运用的手段中再没有什么比痛苦更为合适的了。"雷吉斯先生说，就整体而论，上帝不可能做得更好了，一般而言，他的说法是正确的。虽然从表面上看，在宇宙的某个地方，存在有比人更为完满的理性动物，但人们还是可以说，上帝创造每个物种，使一些物种比其他物种更加完满，是正确的。或许，在某个地方存在有一种动物，他们与人极其相似，甚至比我们更完满，这也并非不可能。随着时间的推移，人类甚至能够

比我们现在所能想象的更加完满。因此,运动的规律并不妨碍人变得更加完满,但上帝为人在空间和时间上所安排的位置限制着他能够领受的那些完满性。

342.我和培尔先生一样,也怀疑痛苦对于向人们警示危险究竟是否必要。但这位作者向前走得太远(《对一个外省人问题的答复》,第 11 卷,第 77 章,第 104 页):快感似乎也能产生同样的效果,为了防止一个小孩离火太近,上帝可以赋予这个小孩与他保持与火的距离相应的快乐观念。我觉得用这样一种权宜之计来应对一切恶并不切实可行,除非出现奇迹。更为自然的方法是:如果离火太近就会产生一种恶,那就要有一种东西在其离火较近时产生对恶的某种预兆。不过,我承认,这样一种预兆有可能比痛苦更为微弱,而且通常都是这样一种情况。因此,为了使人们避开当下的危险,痛苦实际上并非必要。痛苦毋宁有助于用作对实际上参与
331 恶的行为的一种惩罚,同时也是对进一步犯错的一种警告。也存在许多痛苦的恶,单靠我们是无法避免的。由于我们身体连续性的瓦解是可能发生在我们身上的许多偶然事件的结果,身体的这样一种不完满便应当藉灵魂中的某些不完满感觉体现出来。但我不敢担保,宇宙中没有任何一种动物,其结构如此巧妙,以致在其身体的连续性遭到瓦解时,例如,当人们截去一个坏死的肢体时,依然足以产生一种无所谓的感觉,或者甚至还能产生一种快感,就像人们在挠痒一样。因为伴随着实体解体的这种不完满性有可能导致获得一种更大完满性的预感,这种完满性因现在已经消解的连续性而被推迟或中止。从这个方面看,身体确实就像是一个

牢笼。

343. 也没有什么能够妨碍宇宙中存在有类似于西拉诺·德贝尔热拉克[1]在太阳中偶然发现的那种东西的动物。这种动物的身体是一类由无数微小动物组合而成的流体，这些小动物能够按照大动物的欲望进行排列，并以这种方法瞬间使自己发生变化，只要它愿意；连续体的瓦解给它带来的伤害极其微小，几乎与摇动船桨引起大海发生的变化没有什么区别。但这种动物毕竟不是人，它们也没有生活在我们的地球上或我们这个世纪。上帝的计划确保地球上应该有一种有血肉和骨骼、其结构对痛苦具有敏感的理性动物。

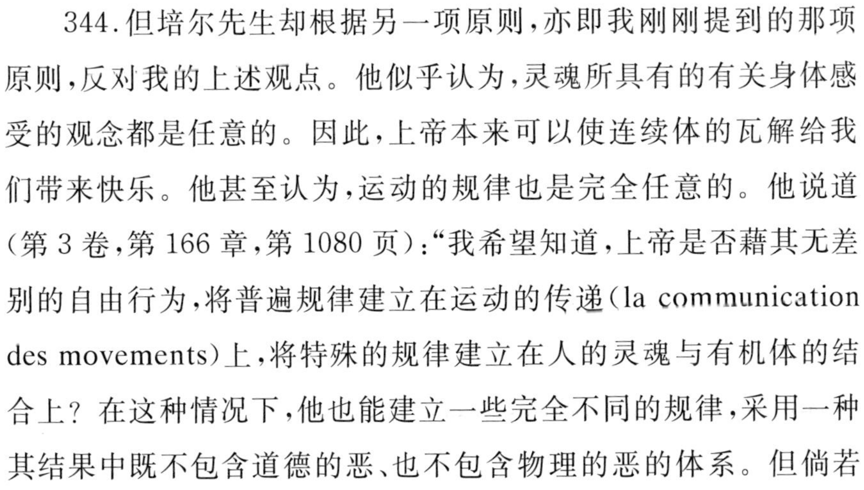

344. 但培尔先生却根据另一项原则，亦即我刚刚提到的那项原则，反对我的上述观点。他似乎认为，灵魂所具有的有关身体感受的观念都是任意的。因此，上帝本来可以使连续体的瓦解给我们带来快乐。他甚至认为，运动的规律也是完全任意的。他说道（第3卷，第166章，第1080页）："我希望知道，上帝是否藉其无差别的自由行为，将普遍规律建立在运动的传递（la communication des movements）上，将特殊的规律建立在人的灵魂与有机体的结合上？在这种情况下，他也能建立一些完全不同的规律，采用一种其结果中既不包含道德的恶、也不包含物理的恶的体系。但倘若 332

① 西拉诺·德贝尔热拉克（Cyrano de Bergerac，1619—1655），法国科学家，伽森狄的学生。莱布尼茨在这里引证的材料出自其著作《太阳的状态与帝国演变史》（1662）。

人们就此回答说，上帝是受至上智慧所强制建立他已然建立起来的规律，那就绝对无误地存在有斯多葛派的命运（Fatum）了。智慧将为上帝规划出一条道路，上帝不可能抛弃这条道路，一如他自己不可能消灭自己本身那样。”对这一异议，我已经做过充分驳斥了。而那种必然性只是一种道德的必然性；而且，人之一定要按照完满智慧的规则行事始终是一种幸福的必然性（une heureuse nécessité）。

345. 再者，在我看来，许多人相信运动规律具有任意性的理由似乎来自这样一个事实，即有少数人曾经严格地考察过这些规律。现在人们知道，笛卡尔先生的有关论断犯了严重错误。我已经确凿证明，同一运动量的守恒（la conservation de la même quantité de movement）是不可能发生的，但我认为同一力的量（la même quantité de la force）则是守恒的，不仅绝对地或指向性地和各自地是守恒的，而且整体地和部分地也是守恒的。我的这些原则对这个问题已经作了尽可能全面的阐述，虽然至今尚未完全发表，[①] 但我已经就这些原则与那些有能力对它们作出判断同时认可它们的朋友进行了交流，而他们又使另外一些被公认为才华出众的饱学之士转向了我的立场。我同时发现，这些运动规律现实地存在于大自然之中，并且得到了经验的证实，实际上却并不像几何命题那样，是绝对可推证的；但对它们之如此这般却也不是必然的。它

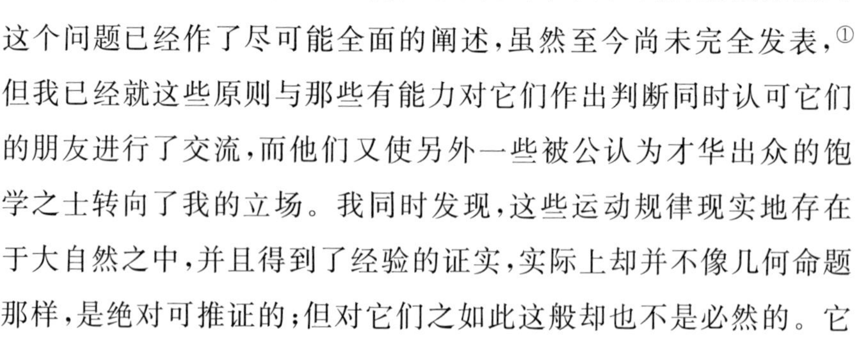

① 莱布尼茨关于守恒的不是笛卡尔所说的同一运动的量（mv），而是同一运动的力（mv^2）的论证，请参阅莱布尼茨 1686 年 3 月发表在《学者杂志》上的《对笛卡尔一个值得重视的错误的扼要推证》（载《莱布尼茨数学著作集》，Ⅵ，第 117—119 页）。

们并非完全由必然性原则产生出来，而毋宁说是从圆满性原则和秩序产生出来。它们是上帝的选择和智慧的结果。我虽然能够以各种不同的方式推证这些规律，却必须始终假设其中一些事物并不具有绝对的几何学的必然性。因此，这些值得称赞的规律与斯特拉托[①]和斯宾诺莎所倡导的绝对的和无理性的必然性体系相反，乃理性的和自由的存在者的绝妙证明。

346. 我发现，人们可以藉一种假设来解释这些规律，这一假设是：结果在力的方面始终等于其原因，或同一种力始终守恒，这两种说法其实是一回事，但这条公理属于更高形态的哲学，不可能以几何学加以证明。人们还可以运用类似性质的其他一些原则，例如，作用与反作用始终相等这项原则，这项原则假设事物排除任何外在变化(changement externe)，它既不可能从广延推导出来，也不可能从不可入性推导出来；而其他的原则，即简单的运动与那些可能属于一种复合运动的运动具有同样的特性，例如，它们都能产生同一种位移现象。这样一些假设貌似有理，而且作为对运动规 333
律的解释也是成功的。可以说，再没有什么像这样合适的假定了，因为它们之间相互一致。但在它们中却也没有发现任何绝对的必然性，可以迫使我们承认它们，就像人们被迫承认逻辑规则、算术规则和几何学规则那样。

① 斯特拉托(Strato，卒于公元前269年)，古希腊哲学家，他从亚里士多德的物理学中剔除了目的论，断言：宇宙是最终的和自立的，不需要诉诸宇宙之外的某种神圣的解释原则。详见前面有关注释。

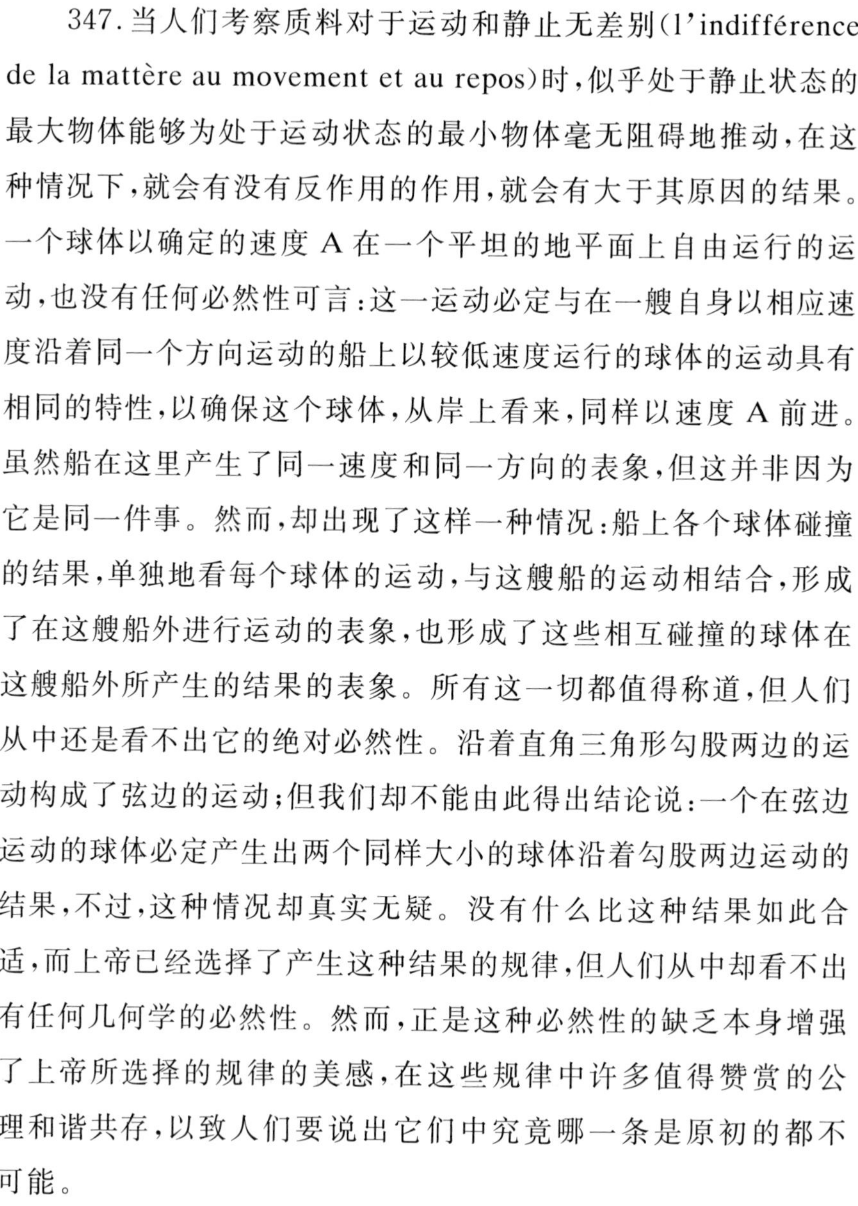

347.当人们考察质料对于运动和静止无差别(l'indifférence de la mattère au movement et au repos)时,似乎处于静止状态的最大物体能够为处于运动状态的最小物体毫无阻碍地推动,在这种情况下,就会有没有反作用的作用,就会有大于其原因的结果。一个球体以确定的速度A在一个平坦的地平面上自由运行的运动,也没有任何必然性可言:这一运动必定与在一艘自身以相应速度沿着同一个方向运动的船上以较低速度运行的球体的运动具有相同的特性,以确保这个球体,从岸上看来,同样以速度A前进。虽然船在这里产生了同一速度和同一方向的表象,但这并非因为它是同一件事。然而,却出现了这样一种情况:船上各个球体碰撞的结果,单独地看每个球体的运动,与这艘船的运动相结合,形成了在这艘船外进行运动的表象,也形成了这些相互碰撞的球体在这艘船外所产生的结果的表象。所有这一切都值得称道,但人们从中还是看不出它的绝对必然性。沿着直角三角形勾股两边的运动构成了弦边的运动;但我们却不能由此得出结论说:一个在弦边运动的球体必定产生出两个同样大小的球体沿着勾股两边运动的结果,不过,这种情况却真实无疑。没有什么比这种结果如此合适,而上帝已经选择了产生这种结果的规律,但人们从中却看不出有任何几何学的必然性。然而,正是这种必然性的缺乏本身增强了上帝所选择的规律的美感,在这些规律中许多值得赞赏的公理和谐共存,以致人们要说出它们中究竟哪一条是原初的都不可能。

348.我还曾经指出,在这里还应重视连续律(la continuité)。

这条规律或许是我最先提出来的，这是一块试金石。[①] 笛卡尔先生、法布里[②]神父、帕蒂斯[③]神父、马勒伯朗士[④]神父以及其他一些人的规则都将通不过它的测试。依据这条规律，人们必定能够将静止视为一种在连续不断减弱之后逐步消失不见的运动，将相等 334
视为一种同样逐步消失的不相等，就像两个不相等的物体中那个较大物体连续不断的减小而较小的物体保持尺寸不变所发生的情况一样。作为这样一种考察的结果，不相等物体或运动中的物体的一般规则，作为这一规则的一种特殊情况，必定也适用于相等物体或其中之一处于静止的诸物体。这用在运动的真正规律上是卓有成效的，但对于笛卡尔先生以及其他一些才俊所虚构的一些规律却不起作用，这便已经表明这些规律在这一点上太欠严谨，从而人们可以预言：它们将得不到经验的证实。

349.这样一些考察清楚地说明，规范着运动的自然规律既不

① 莱布尼茨在这里指的是他的一部短著：《对 M.L 一封信的摘要：论通过考察上帝智慧论一条普遍原则对于解释自然规律的用处》，发表于《文坛共和国新闻》1687 年 7 月号上，参阅《莱布尼茨哲学著作集》，Ⅲ，第 51—55 页。

② 法布里(Fabry，1607—1688)，耶稣会哲学家和学者。

③ 帕蒂斯(Pardies，1636—1673)，耶稣会几何学家和物理学家。著有《论位移运动》(巴黎，1670 年)和《统计力学：关于力的运动的科学》(巴黎，1673)等。

④ 马勒伯朗士(nicolas Malebranche，1638—1715)，法国天主教神父、神学家和哲学家。他力图将笛卡尔主义与奥古斯丁的思想和新柏拉图主义结合起来。其代表作为《真理的探求》(1674—1675)。在其中，他提出了一种被称作偶因论的关于身心关系的学说，断言两个物体碰撞时，一个物体的运动并不引起另一个物体的运动，身心之间也不存在任何相互作用，它们之间的相互作用都是上帝干预的结果。此外，他还提出"我们在上帝中看一切"的观点，断言我们的观念并非由外物所引起或产生。在物体运动学说方面，他开初接受了笛卡尔的有关学说，但后来为莱布尼茨说服，遂抛弃了笛卡尔的观点。

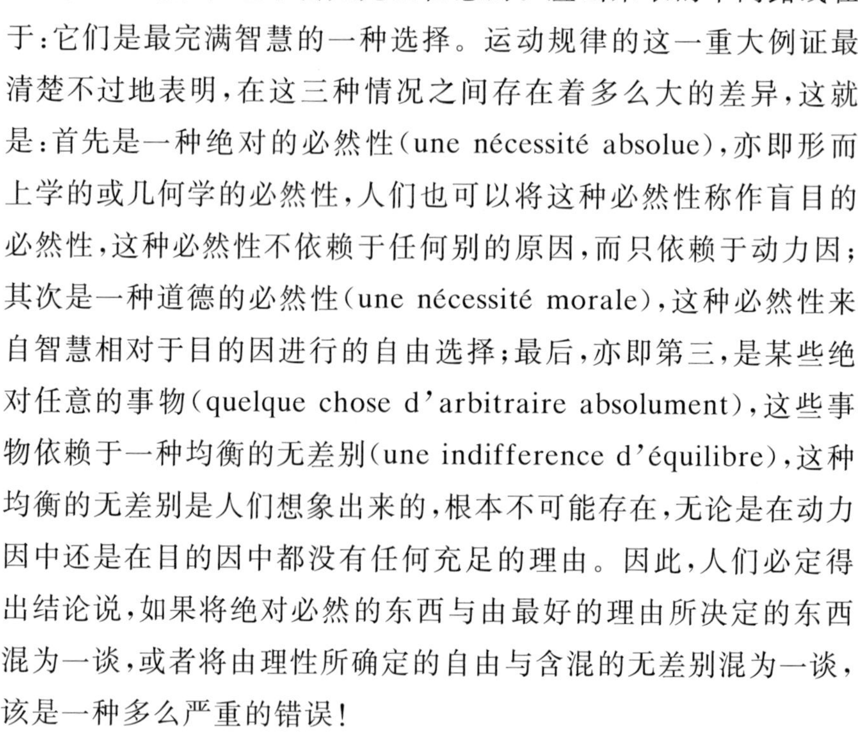

会是完全必然的，也不会是完全任意的。应当采取的中间路线在于：它们是最完满智慧的一种选择。运动规律的这一重大例证最清楚不过地表明，在这三种情况之间存在着多么大的差异，这就是：首先是一种绝对的必然性（une nécessité absolue），亦即形而上学的或几何学的必然性，人们也可以将这种必然性称作盲目的必然性，这种必然性不依赖于任何别的原因，而只依赖于动力因；其次是一种道德的必然性（une nécessité morale），这种必然性来自智慧相对于目的因进行的自由选择；最后，亦即第三，是某些绝对任意的事物（quelque chose d'arbitraire absolument），这些事物依赖于一种均衡的无差别（une indifference d'équilibre），这种均衡的无差别是人们想象出来的，根本不可能存在，无论是在动力因中还是在目的因中都没有任何充足的理由。因此，人们必定得出结论说，如果将绝对必然的东西与由最好的理由所决定的东西混为一谈，或者将由理性所确定的自由与含混的无差别混为一谈，该是一种多么严重的错误！

350. 这也消除了培尔先生的疑虑，因为他担心，如果上帝始终是确定的，自然就通过事物秩序的必然性而产生出归因于他的同样的结果。这也许会是真的。例如，倘若运动规律以及其他一切都在具有动力因性质的几何学必然性中有其源泉，事情就会这样；但归根到底，人们应当诉诸某种依赖于目的因和相适宜的东西。
335 这就完全破坏了自然主义者似乎最有说服力的理由。以其化学著作闻名于世的约翰·乔阿基姆·贝歇尔[1]博士曾写过一篇给他招

① 约翰·乔阿基姆·贝歇尔（Johann Joachim Becher，1635—1682），德国医生、化学家和经济学家。

来麻烦的祷文。祷文开始的一句为:“啊! 自然,神圣的母亲,万物永恒的秩序”(O sancta mater natura, aeterne rerum ordo)。而祷文结尾的一句则说:这一自然必定原谅他的过错,因为其自身即是这种过错的原因。但事物的本性,倘若没有理性和选择,其中便没有任何充分确定的东西。贝歇尔先生并未充分说明万物的造主必定是善的和有智慧的,而我们则能够为恶,但万物的造主却无需成为我们恶行的同谋。如果有一个恶人现实存在,上帝必定在可能事物的领域中发现了作为万物系列一部分的这样一个人的观念,对这样一个事物系列的选择为宇宙最大完满性所要求,其中的种种错误和罪不仅受到惩罚,甚至也是对更大好处的补偿,因而它们有助于获得最大的善。

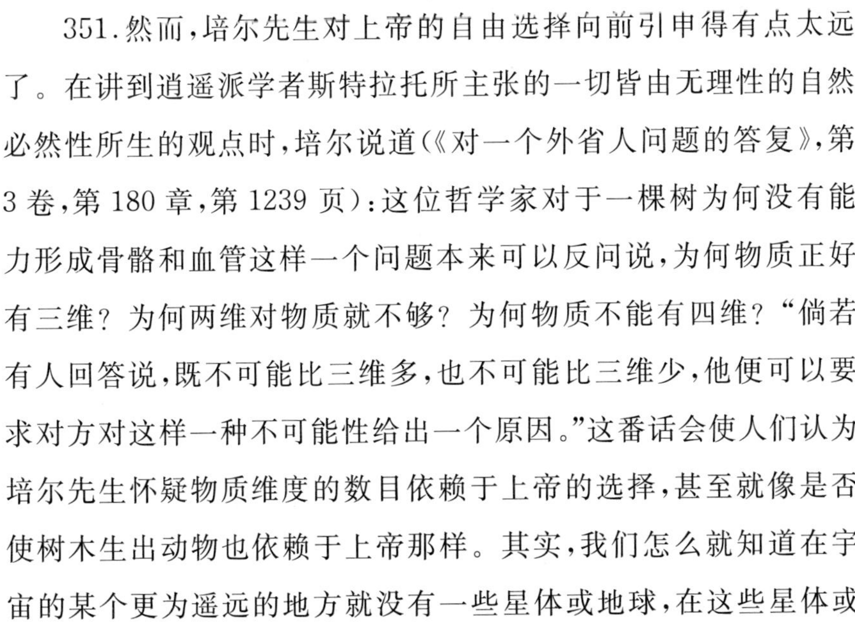

351.然而,培尔先生对上帝的自由选择向前引申得有点太远了。在讲到逍遥派学者斯特拉托所主张的一切皆由无理性的自然必然性所生的观点时,培尔说道(《对一个外省人问题的答复》,第3卷,第180章,第1239页):这位哲学家对于一棵树为何没有能力形成骨骼和血管这样一个问题本来可以反问说,为何物质正好有三维?为何两维对物质就不够?为何物质不能有四维?“倘若有人回答说,既不可能比三维多,也不可能比三维少,他便可以要求对方对这样一种不可能性给出一个原因。”这番话会使人们认为培尔先生怀疑物质维度的数目依赖于上帝的选择,甚至就像是否使树木生出动物也依赖于上帝那样。其实,我们怎么就知道在宇宙的某个更为遥远的地方就没有一些星体或地球,在这些星体或

地球上，苏格兰树鹅[①]（一种由树生出来的鸟）的寓言得到了证实？我们怎么就知道就没有一些国家，人们能够说：

……宏伟多荫的白蜡树生育出整个人类，
儿童乃从生殖力旺盛的榿树上落下来的青涩的果实？[②]

但物质维度的情况却与此不同，物质维度之为三这个数目并不是由关于最好者的理由决定的，而是由几何学的必然性决定的。因
336 为几何学家能够证明只有三条相互垂直的线才能够在同一个点上相交。为了显示在解说智慧选择的道德的必然性与斯特拉托和斯宾诺莎信徒为了否认上帝具有理性和意志而主张的无理性的必然性之间的差别，人们选择的例证再没有什么比下面这个例证更合适了，这就是去考察存在于运动规律的理由与物质维度为三这个数字的理由之间的差别，其中前一个理由在于对最好者的选择，后一个理由则在于一种几何学的和盲目的必然性。

352. 在讲过物体（身体）的规律，亦即运动法则之后，现在让我们进而讨论身体与灵魂之间的联结的规律问题。在这个问题上，培尔先生认为，他再次发现了一种含混的无差别性，一种绝对任意的东西。他在其《对一个外省人问题的答复》（第 11 卷，第 84 章，

① 树鹅（Barnaclegees），一种短嘴的鹅。长期以来，人们都认为它们从树上作为树的果实生长出来，这种果实可供人们在封斋期间食用。

② 斯塔斯（Stace）：《第白德》（Thébaide），Ⅳ，第 280—281 行。这两行诗的原文为：... populos umbrosacreavit Fraximus, et foeta viridis puer excidit alno?

第 163 页)中说道:“身体是否具有一种自然能力,给人的灵魂造成伤害或行善,至今依然是个让人困惑不解的问题。倘若人们作出肯定的回答,便会因此而陷进一个愚蠢的迷宫。因为既然人的灵魂是一种非物质的实体,人们就必定说,一些身体(物体)的位移运动即是心灵中各种思想的动力因,这样一种说法显然违背哲学家们告知我们的最清楚明白的概念。倘若人们作出否定的回答,人们将被迫承认,我们的器官对我们思想的影响既不依赖于物质的内在性质,也不依赖于运动规律,而是依赖于造物主的任意设置。因此,人们必须承认,我们灵魂的特殊思想与我们身体的特殊样态的结合完全依赖于上帝的自由,上帝在此前甚至就已经制定了关于物体(身体)相互作用的所有规律。由此我们可以得出结论说:宇宙中物质的任何部分都不可能因其临近而伤害到我们,除非上帝那时想要它如此。因此,地球就像任何别的场所一样,能够成为幸福人们的居住地。……总之,为了避免作出错误的自由选择,显然根本无需将人迁出地球。对尘世间的所有意志行为,只要上帝安排了他所前定了的事物的后果,他就能够成就他在这些事物善的工作方面所担负的工作。上帝无论是藉实效的恩典还是藉充分的恩典做到这一步,都丝毫无损于自由,都始终会得到灵魂的认同。对于上帝而言,在尘世就和在天上一样,都极其容易使我们的灵魂作出善的选择。”

353.我与培尔先生一样认为,上帝无论是藉助自然还是藉助超常的恩典,都能够对地球上的身体和灵魂作出如此的安排,使之 337
成为恒久的天堂,成为享永福者天上状态的尝试。没有任何一个

理由能够说明不会有什么世界能够比我们这个世界更加幸福。但上帝却有充足的理由意愿我们这个世界就应当是它现在这个样子。不过，为了说明在尘世间可能会有一种更好的状态，培尔先生根本无需诉诸偶因论体系。由于其充满着奇迹和假设，即使其倡导者也承认这一体系毫无根据。最重要的是，这一体系自身所具有的这两个缺陷使之与真正的哲学体系风马牛不相及。首先，令人吃惊的一个原因在于：培尔先生这时并未想到他此前曾经考察过的前定和谐体系，这个体系对于这个问题本来极其合适。但既然在这个体系中，一切都是联系着的，和谐的，一切都是由理由得出来的，没有什么事物是残缺不全的，没有什么是完全无差别的轻率的判断，培尔先生便似乎不太乐意接受它，因为他在这里有点倾向于支持这样一种无差别，尽管他在别的场合曾经对之提出过强烈的质疑。他常常非常轻易地从一个极端跳到另一个极端，并非出于恶意或者违背他自己的良知，而是因为他对所讨论的问题心里尚无任何定见。他采用无论什么他认为合适的手段，以挫败他心目中的对手，其目标仅仅在于使哲学家们难堪，以彰显我们理性的软弱无力。在我看来，无论是阿尔克西劳[①]还是卡尔内亚德[②]，

① 阿尔克西劳（Arcesilaus，约公元前315—前241），继克拉特斯（Crates）之后担任学园领袖的哲学家。他扭转了学园的发展方向，极力恢复早期对话中苏格拉底的方法，将苏格拉底的“自知其无知”发展到极致，强调苏格拉底甚至不知道自己是否无知，将苏格拉底的方法与怀疑派皮浪的“悬置”态度联系在一起，将“悬搁判断”作为自己的口号，激烈反对斯多葛派，从而开创了中期学院派。

② 卡尔内亚德（Carneades，约公元前214—前129），中期学院派领袖阿尔克西劳的学生和继任者，新学园派的正式创立者。卡尔内亚德一方面坚持了阿尔克西劳的怀疑论立场，否定绝对的不变的标准；另一方面又主张以“令人信服的印象”为知识的标准。详见前面有关注释。

都不曾如此雄辩和机智地进行过支持和反对的论证。但毕竟人们不可以为怀疑而怀疑：怀疑必须有助于我们获得真理，成为我们达到真理的跳板。这也是我过去常常对已故傅歇[1]教士讲的道理。他的一些著作表明，他刻意为学园派所做的，也就是里普斯和肖普[2]为斯多葛派以及伽森狄先生为伊壁鸠鲁所做的事情，以及达西埃[3]先生为维护柏拉图已经卓有成效开始做的事情。我们绝对不可以用著名的卡索波[4]的话来谴责真正的哲学家，有人指着索邦神学院的大厅对卡索波说，人们曾在那儿争论了几个世纪，卡索波则告诉他们说：这又能得出什么样的结论呢？

354. 培尔先生继续说道（第 166 页）：“既然运动规律确实是以我们现在在世界上看到的形式确立起来的，则一下就击中一个坚果的锤子便会以一种不可避免的必然性砸碎它，一块落在人脚上 338

① 傅歇（Simon Foucher，1644—1696），法国第戎的一位教士，笛卡尔派批判哲学家。在哲学上持怀疑论立场，曾试图复兴后期学园派（新柏拉图派）哲学。从 1676 年至 1695 年间长期与莱布尼茨保持通信联系，先是讨论认识论方面的问题，后来讨论物理学方面的问题。他先后出版了多部著作，如《论〈真理的探求〉——对古代和现代独断主义错误的揭露》（巴黎，1679），《论〈真理的探求〉，对学园派的辩护，其对宗教更为有用，也更加符合理性》（巴黎，1687），《论〈真理的探求〉，学园派哲学的历史和原则》（巴黎，1693）。在这些著作中，批驳了马勒伯朗士的哲学观点，为新学园派的反独断主义立场辩护。也请参阅前面有关注释。

② 肖普（Scioppius，1576—1649），著名的语文学家和文献学家。他曾著《斯多葛派道德哲学原理》（1606）。详见前面有关注释。

③ 达西埃（André Dacier，1651—1722），法国语言学家、作家和翻译家。1699 年，他发表了一些柏拉图对话的译作以及柏拉图的生平及其一些主要哲学原理评论的文字。

④ 梅里克·卡索波（Meric Casaubon，1599—1671），法国著名古典语言学家和作家。详见前面有关注释。

的石头便会以一种不可避免的必然性使人的这只脚部分青肿或部分受伤。但这就是这块石头的活动能够给人的身体所能造成的一切。但倘若你除此之外还希望它引起一种痛感，则人们便还需在规范物体相互作用与反作用法则之外另提出一套法则。我的意思是说，人们必须诉诸有关灵魂与一定身体联系规律的特殊体系。既然这个体系并不必然地与其他体系联系在一起，上帝在选定了另一个体系之后，便不会即刻停止对这一体系的冷漠态度。因此，他完全自由地将这两个体系结合起来，就像两件并非自然地相互承续的事物那样。因此，藉助一种任意性的机制，上帝便可以安排身体上的伤口在与这一身体结合在一起的灵魂中引起疼痛。所以，选择灵魂与身体结合的另一个体系仅仅依赖于上帝：因此他能够选择这样一个体系，按照这一体系，伤口只唤起治疗的观念以及运用治疗观念的强烈而适合的欲求。他能够作出安排，使可以打破一个人头颅或穿透一个人心脏的一切物体能够唤起人们鲜活的危险感，而这样一种鲜活的危险感能够使身体迅速移动，走出其可能招致伤害的范围。所有这一切都能够在没有奇迹的情况下实现。因为在这个问题上总会存在有一些普遍规律。我们凭经验认识到的这个体系告诉我们，一些物体运动的确定性会随着我们欲望的追求而发生改变。因此，在我们的意欲与一些物体的运动之间产生一种结合是可能的，由于这样一种结合，营养的汁液就会发生变化，使得我们器官的妥善安排永远不会受到影响。”

355.很显然，培尔先生认为，凡藉普遍规律发生的一切都是在没有奇迹的情况下发生的。但我已经充分证明，倘若规律没有奠定在理由之上，倘若它无助于通过事物的本性来解释事件，它便只有藉奇迹才能实施出来。例如，倘若上帝命令所有的物体都必须进行圆周运动，他就需要藉助持续不断的奇迹或天使的帮助才能使他的命令付诸实施。因为上帝的这样一个命令违背了运动的本性，从而，倘若物体没有受到任何事物的阻止，它就会偏离圆周线 339
而以正切直线继续它的运动。所以，上帝单单发出使伤口产生一种舒适感的命令是不够的，他还必须找到实现这一目的的自然手段。而上帝藉以使灵魂意识到身体中所发生的情况的真实手段，在灵魂的本性中即有其根源，因为灵魂表象着身体，灵魂事先就被做了如此的安排，致使其中通过思想的自然秩序先后产生出来的表象与身体中的变化相一致。

356.表象与被表象的东西具有一种自然的关系。倘若上帝使一个圆形的物体表象成一个方形的观念，那就是一个不恰当的表象。因为这个表象里出现了角和凸出处，而物体原本是平整和光滑的。表象当其不完满时，往往隐瞒某些东西，而不可能增添任何东西；这非但不能使之更为完满，反而使之成为虚假的表象。再者，隐瞒在我们的知觉中从来都不是完全的，而且，在表象中一旦出现混乱，就会比我们看到的程度更甚。因此，我们有理由假设，关于热、冷和颜色等性质的观念仅只表象了当我们意识到这些性质时我们器官中所实施的微小运动，尽管这些运动的多样性和微小特性妨碍了它们的清晰表象。差不多与此如出一辙的是这样一种现象：我们分别不出在绿色的表象中以及在绿色的组合色调中扮演其构成成分的蓝色和黄色，但显微镜却能表明显现为绿色的

东西是由黄色部分和蓝色部分组合而成的。

357.诚然,同一件事物也可以以不同的方式表象出来。但在表象与事物之间必定始终存在有一种精确的关系,从而在同一件事物的不同表象之间也存在着同样的关系。圆的锥线法(le cercle aux sections coniques)透视的各种投影表明:同一个圆可以通过椭圆、抛物线和双曲线表象出来,甚至也可以通过另一个圆、一条直线和一个点表象出来。没有什么东西像这些图像那样看起来如此不同,也没有什么东西像这些图像那样看起来如此不相似,然而,在每个点和每个其他的点之间却又存在有一种精确的关系。因此,人们必须允许每个灵魂都是按照它的观点,藉其特有的关系,将宇宙表象给它自己;但其中却始终存在有一种完满的和谐。倘若上帝想要通过灵魂中的一种舒适感来表象身体连续性的瓦解,他便不应忽视通过使身体得到某种新的放松来确保这种瓦解
340 本身能够有助于身体的某种完满,一如人们给卸下了重担或被打开了镣铐那样。但这样一种有机体尽管可能存在,在我们的地球上却并不存在,我们的地球无疑缺乏上帝在其他地方加以运用的无数发明。然而,让我们感到满足的是:就我们的世界在宇宙中被允许占有的地位而言,再没有什么为我们地球所做的事情能够比上帝所做的更好了。上帝最可能好的运用了他所建立的自然规律,而且,一如雷吉斯先生在这同一段话中也承认的,“上帝在自然中所建立的这些规律乃可能设想出来的最卓越的规律”。

358.我还要补充一点。培尔先生于1705年3月16日在《学

者杂志》上发表过一篇评论，这篇评论后来收入他的《对一个外省人问题的答复》(第 3 卷，第 162 章，第 1030 页)中。所考察的问题摘引自一部论恶的起源的极为精辟的现代著作，我在上文已经提及此书。[1] 这段话说道："这本书对于物理的恶所给出的一般解决办法在于：宇宙必定被视为一个由组成一个整体的各个不同的部分组合而成的作品；按照自然中建立起来的各种规律，一些部分除非其他部分变得更糟便不可能变得更好，除非从中产生出一个整体上更不完满的体系。"这位作者继续说道："这项原则虽然好，但倘若不补充任何东西，就会显得不充分。为何上帝建立的规律会引起这么多困难呢？简言之，上帝为何要为自己制定规律呢？上帝为何不能不要普遍规律，而完全按照他的能力和善行事呢？这位作者并未将困难追踪得这么远。通过剖析他的思想，人们其实可以发现解决难题的一些办法，但人们在他的书里却找不到对这个问题的任何更进一步的发挥。"

359. 我觉得，这段引文的天才作者，当他想到这一难题有望解决时，他心里想到的一些东西与我在这个问题上的原则有几分类似。倘若他在这段话中肯屈尊进一步表明态度，他看上去就会像雷吉斯先生那样回答说，上帝所建立的这些规律是能够建立起来的最卓越的规律。同时，他也就会承认，上帝不可能克制自己不建 341
立规律和遵循规则，因为规律和规则是造成秩序和美的东西；不遵

① 这里指的是《恶的起源》这部爱尔兰都柏林大主教威廉·金(William King)的著作。该著拉丁版 1702 年在都柏林和伦敦出版，培尔曾对之进行过批评。详见前面有关注释。

循规则而活动也就是不遵循理性而活动；正由于上帝将其所有的善都付诸活动，他的全能的实施才与智慧的规律相一致，以确保获得尽可能多的善。最后，他可能还会说，降临到我们身上的一些特别弊端的存在实在是一种确实可靠的标志，说明最好的计划并不允许它们的离场，它们有助于获得总体的善，对这样一种观点，培尔先生曾在不止一个地方表示过认同。

360.既然我已经充分证明了一切都是按照确定的理由发生的，对于上帝先知的种种原则也就不存在任何更进一步的困难了。尽管这些确定并不具有强制性，但它们却是确实无疑的，它们预见到将要发生的一切。诚然，上帝选定我们这个宇宙时，便同时看到了这个宇宙的整个序列，从而根本无需借助因果之间的联系以事先看到这些结果。但既然他的智慧使他选择了一个完满联系着的序列，他就必定能够在这个序列的另一部分中看到它的这一部分。我的普遍和谐体系的规则之一就在于：现在孕育着未来（le présent est gros de l'avenir），看到一切的他是在现在存在的事物中看到将来存在的事物的。还有，我已经令人信服地证明，上帝是在宇宙的每个部分中看到整个宇宙的，这是万物联系具有完满性的缘故。上帝比毕达哥拉斯眼光无限敏锐，尽管毕达哥拉斯仅仅依据赫丘利脚印的大小就能准确判断出他的身高。因此，结果确定地从其原因中产生出来必定是毫无疑问的，尽管有偶然性，乃至自由，但它们与确实性或确定性却并行不悖。[①]

① 参阅莱布尼茨：《单子论》，第56、77节。

361.除其他人外,圣普尔善的杜兰德曾经对此做过非常清楚的说明。他说道,偶然的未来事件在其原因中能够确定地看到,上帝既然认识一切,看到所有那些有能力诱惑或抵制意志的事物,他就会从中看到意志将要采取的决定。我还能列举出许多持同样说法的作者,理性也不允许以另外一种方式进行思考的可能性。雅克洛先生(《信仰与理性的一致》,第 318 页及其以下)和培尔先生(《对一个外省人问题的答复》,第 3 卷,第 142 章,第 796 页)一样指出:人心的性情和环境的特点使上帝准确无误地认识到人将作 342
出的选择。培尔先生还补充说,一些莫利纳派人物也说过同样的话,并向我们提到了斐扬派修士[①]皮埃尔·德·圣约瑟夫[②]《论和谐一致》一书中所援引过的人物(第 579、580 页)。

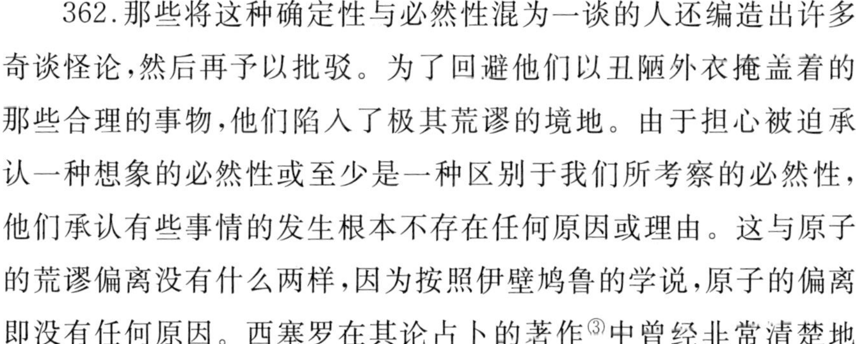

362.那些将这种确定性与必然性混为一谈的人还编造出许多奇谈怪论,然后再予以批驳。为了回避他们以丑陋外衣掩盖着的那些合理的事物,他们陷入了极其荒谬的境地。由于担心被迫承认一种想象的必然性或至少是一种区别于我们所考察的必然性,他们承认有些事情的发生根本不存在任何原因或理由。这与原子的荒谬偏离没有什么两样,因为按照伊壁鸠鲁的学说,原子的偏离即没有任何原因。西塞罗在其论占卜的著作[③]中曾经非常清楚地

① 斐扬派修士(Feuillant),天主教斐扬派修士。法国大革命时期的君主立宪派在巴黎斐扬修道院集会,故而被称作斐扬派(Feuillants)或斐扬俱乐部(Club of the Feuillants)。

② 皮埃尔·德·圣约瑟夫(Pierre de S. Joseph,1594—1662),莫利纳派神学家,曾同詹森派神学家进行辩论。莱布尼茨所提及的他的著作的全称为《论人的自由与前定的不可改变的确定性和恩典佑助功效的美妙和谐》,1639 年在巴黎出版。

③ 参阅西塞罗:《论占卜》,Ⅱ,ⅴ—ⅵ及其以下。

指出，倘若一个原因产生出一个完全无关紧要的结果，其间必定存在有一种真正的侥幸，一种真实的运气，一种实在的意外，也就是说，这种情况不只是相对于我们和我们的无知状态而言的。对此，人们可以说：

> 但对于您，幸运，我们将您奉为女神，
> 我们将您安置到天上。①

而且，即使相对于上帝，相对于事物的本性，也是如此。因此，人们以过去事件判断未来事件的方式是不可能预见事件的。在同一段话中，他还非常适当地补充说："有谁能够预见到既没有其未来实现的任何原因，也没有其未来实现的任何征兆的事件？这样的事件究竟是如何产生出来的呢？"②他在稍后一点又接着说道："没有什么东西像偶然或幸运那样与理性和秩序如此对立，所以，我觉得，即便上帝也不可能知道将偶然地和幸运地发生的事情。因为倘若他知道将要发生的事情，这件事情肯定将要发生，既然它肯定发生，它也就不复是偶然的了。"③如果未来事件是确实的，那就不

① 西塞罗：《论占卜》，Ⅱ，ⅵ，17。其原文如下：Sed Te Nos facimus, Fortuna, Deam, coeloque locamus。

② 西塞罗：《论占卜》，Ⅱ，ⅵ，17。其原文如下：Qui potest provideri, quicqquam futurum esse, quod neque causam habet ullam, neque notam cur futurum sit?

③ 西塞罗：《论占卜》，Ⅱ，ⅵ，17。其原文如下：Nihil est tam contrarium rationi et constantiae, quam fortuna; ut mihi ne in Deum quidem cadere videatur, ut sciat quid casuet fortuito futurum sit. Si enim scit, certe illud eveniet: sin certe eveniet, nulla fortuna est。

存在运气这样一类事物。但他却又错误地补充说:“但也存在有一种偶然情况,使得人们无法预见任何未来的事件。”[①]因此,既然存在有运气,未来事件便不可能预见。他毋宁应该得出结论说:既然凡事件都是能够被事先决定和事先看到的,那就根本不存在任何运气。但这样一来,他所讲的针对的就是斯多葛派,从而具有学园派的味道了。

363.斯多葛派已经从上帝的决定推演出事件的预见。正如西塞罗在同一部著作中所说:“另一条结论是:众神无所不知,因为一切都是由他们安排的。”[②]而且,按照我的体系,上帝既然已经看到 343
了他决意创造的那个可能世界,他也就事先看到了其中的一切。因此,人们可以说,上帝直观到的知识区别于单纯理性的知识,其区别仅仅在于:它将把对以恰恰选择这一事物序列的现实决定的认识添加到单纯理性曾经表象出来的这一事物序列之上;由单纯理性曾经表象出来的这一事物序列仅仅是一种可能之物,而现在,这一决定却使这种可能之物变成了眼下这个宇宙。

364.因此,索齐尼派不可原谅,因为他们根本否认上帝对未来事件,首先是对自由受造物的未来决定,具有确实的知识。因为即

① 西塞罗:《论占卜》,Ⅱ,ⅶ,18。其原文如下:Est autum fortuna; rerum igitur fortuitarum nulla praesensio est。

② 西塞罗:《论占卜》,Ⅱ,Li,105。其原文如下:Sequiturporro nihil Deos ignorare, quod omnia ab iis sint constituta。

便他们妄称存在有一种完全无差别的自由，以致意志能够进行无原因的选择，从而其结果并不能在其原因中看到（此乃一极大的谬误），但他们始终应当说明，上帝能够在他决意创造的那个可能世界的观念中事先看到这一事件。然而，他们所具有的上帝的观念却配不上万物造主这个称号，与这一派的著作家在一些特殊讨论中所展现出来的才干和智慧也不相称。《索齐尼派概论》①的作者指出：索齐尼派的上帝既无知又无能，与伊壁鸠鲁的上帝一样，天天为这种事件缠身，一日复一日地这样活下去，要是他只靠推测来认知人会有什么意愿的话，事情就必定如此。

365. 因此，这里的整个困难仅仅来自关于偶然性与自由的错误观念。这种观念认为需要一种完全的无差别或均衡，一种臆想的东西，既没有这种东西的概念，也没有这种东西的例证，而且这种东西永远都不可能存在。很显然，笛卡尔先生青年时代在拉弗莱什学院读书的时候曾接受了这种观念。这使他断言（《哲学原理》，第1章，第41节）："我们的思想是有限的，而上帝的知识和全能是无限的，凭借着他的这种知识和全能，他不仅可以永恒地认识现在存在的每件事物，或者能够存在的每件事物，而且他还能永恒地认识他意欲的每件事物。因此，我们有足够的理智清楚明白地

① 《索齐尼派概论》(Tableau du socinienisme)的全称为《索齐尼派概论——人们能够发现索齐尼派教义的混乱与虚假以及人们所发现的索齐尼派宽容异端方法的奥秘》。该著作1690年在海牙出版，其作者为著名的新教神学家和辩论家尤里欧(Pierre Jurieu，1637—1713)。关于尤里欧，详见前面有关注释。

承认，上帝身上存在有这种能力和这种知识。但我们却不足以这
样理解它们的范围，以致不可能知道它们是如何让人的活动成为
完全自由的和不确定的。”[①]接下来的部分我们在上文已经援引过
了。说“完全自由”，无疑正确；倘若人们再加上“完全不确定”，这
就把一切事情都弄糟了。人们为要看到上帝的预知和预见允许我
们的活动自由，根本无需具有无限知识。因为上帝在其观念中事
先看到的我们的活动便和它们现在的状态一模一样，也就是说，它 344
们是自由的。洛伦佐·瓦拉虽然在其《反对波爱修的对话》中（我
即将在下面予以摘引）其实就已经相当巧妙地将自由与预知协调
起来，但他却不敢奢望他能够将自由与天道协调起来。然而，自由
与天道的协调一致并不比自由与预知的协调一致有更大的困难，
因为让这一活动存在的决定对这一活动本性的改变并不会多于纯
粹的意识对它的改变。但根本没有任何一种知识，不管它多么无
限，能够以一种不确定的原因，也就是以一种臆想的和不可能的存
在，来调和上帝的知识和天道。意志的这些活动从两个方面受到
决定，一方面受到上帝的知识和天道的决定，另一方面又受到直接
的特殊原因的性情的决定，而这种性情则在于灵魂的种种倾向。
在这一点，笛卡尔先生遵循的是托马斯主义的路线，只是其措辞带
有其惯常的谨小慎微，以免与一些神学家发生争执。

366. 培尔先生谈到（《对一个外省人问题的答复》，第 3 卷，第

① 参阅笛卡尔：《哲学原理》，关文运译，商务印书馆 1959 年版，第 15—16 页。

142 章，第 804 页）奥拉托利会[①]（the Oratory）的吉比欧夫[②]神父于 1639 年出版了一本论上帝和受造物的自由的拉丁文著作；他因此遭到了强烈反对，有人指出该著第一卷中就有 70 处矛盾。20 年之后，法国国王的忏悔神父安纳特[③]在其《论无强制的自由》（罗马，1654 年，4 开本），对其依然保持沉默的做法加以指摘。培尔先生补充说，在各种不同的会议喧嚣过后，还有谁会不认为托马斯主义者关于自由意志本性所宣讲的东西会与耶稣会的意见完全对立呢？然而，倘若人们考察一下安纳特神父从托马斯派的著作中所摘引出来的段落（载于一本题为《恩典自行有效说的辩护士托马斯派对詹森派的定罪》的小册子，该小册子 1654 年在巴黎以 4 开本出版），人们便能实实在在地看到，这两个教派之间的争论其实只不过是一场文字之争。这一派的自行有效的恩典（La grâce efficace par elle-même）留给自由意志的抵抗力与另一派的适宜的恩典（les grâces congrues）留给自由意志的抵抗力一样大。培尔先

① 奥拉托利会（the Oratory, Oratorians），天主教两个性质相似的在俗司铎修会。一个以罗马为中心，另一个以法国为中心。圣菲力普·内里奥拉托利会由菲力普·内里于 1575 年创立于罗马，下属兼收神长和在俗人员的奥拉托利小兄弟会。该会总部设在罗马，在意大利、西班牙、英格兰等地都有其分支机构。耶稣和无原罪圣母奥拉托利会通称贝律尔会，1611 年由法国人贝律尔创立于法国，其主要工作在于培训司铎。

② 吉比欧夫（Guillaume Gibieuf，？—1650），笛卡尔和梅森（Mersenne）的朋友。莱布尼茨这里所指的是其著作《论上帝与受造物的自由》。在这部著作中，他支持了詹森派的预兆理论，但却又不赞同这种理论。他受到耶稣会士德·雷诺（Th. Raynaud）在其标题为《对自由的一种新解释》（巴黎，1632）著作的攻击。

③ 安纳特（Le P. Annat，1590—1670），著名的耶稣会士，1654 年任法王路易十四的忏悔神父。莱布尼茨在这里提及的他的著作的标题为《论无强制的自由与恩典自行有效说的辩护士托马斯派对詹森派的定罪》。

生认为，关于詹森本人的情况也大体如此。培尔说道，詹森这人才华出众，注重方法，勤勉有加。他为了撰写《奥古斯丁》这部著作，竟历时 20 年之久。他的一个主要目标就是批驳耶稣会的自由意志教条。不过，我们尚无法确定他究竟是拒绝了还是采纳了无差别的自由。人们从他的著作中既可以摘录出大量的支持这一意见的段落，也可以摘录出大量的反对这一意见的段落，一如安纳特神 345
父本人在《论无强制的自由》中说过的那样。这很容易让人捉摸不透，培尔先生在其论述的结论中就是这么说的。至于吉比欧夫神父，我们必须承认，他不时地变更其用语的含义，因此，从根本上说，他不可能对问题作出解决，尽管他也不时地发表一些高见。

367.其实，混乱往往来自术语的歧义以及人们不肯下功夫获得有关它们的清楚观念。这就造成了这些持久的而且通常都是由误解而产生出来的有关必然性与偶然性、可能事物与不可能事物的争论。但只要人们理解了从严格的和形而上学意义上看待的必然性与可能性都仅仅依赖于对象自身或者其对立面是否蕴含有矛盾这个问题；只要人们考虑到偶然性与有助于意志作出决断的倾向或理由相一致；只要人们认识到如何在必然性与确定性或确实性之间、在不允许进行任何选择的只提供一个可能对象的形而上学的必然性与迫使最有智慧者选择最好者的道德的必然性之间作出清楚的区分；最后，只要人们摆脱了那些只要在哲学家的书本上或纸上才能找到的完全无差别的臆想（因为哲学家们甚至不可能在其头脑中形成这样的概念，也不可能用事物中的例证来证明这样的概念），人们便可以轻而易举地走出这一迷宫。而建造这一不

幸迷宫的代达罗斯[①]其实就是人的心灵。这个迷宫不仅在古人中，而且在后来的时代都产生了无限的混乱，它甚至致使人们陷入了懒惰诡辩(sophisme paresseux)的荒谬错误，这种错误与土耳其式的命定论极其相似。倘若有人认为其实托马斯主义者与耶稣会士，甚至莫利纳派与詹森派在这个问题上比人们所设想的要更为一致，我一点也不会感到奇怪。一个托马斯主义者，甚至一个有智慧的詹森派都会满足于某种确定性，而没有继续前进至必然性，倘若有人达到了这一步，其错误或许就会仅仅停留在用词上。一个有智慧的莫利纳派将会满足于与必然性相对立的无差别，但这种态度也不应当排除占优势地位的倾向。

368. 然而，这些困难给培尔先生留下了极为深刻的印象，他更
346 加倾向于凝思它们而非解决它们，尽管倘若他将心思调整到解决它们上，他或许比其他任何一个人都能够更成功地解决这些困难。下面就是他在《历史与批判辞典》“詹森”条G段第1626页中在谈到这些困难时所说的话：“有人说恩典这个问题是一个既没有海岸也没有海底的大海。倘若他将恩典这个问题比作墨西拿海峡，或许讲得要更为确切，因为人们在这个海峡里始终处于危险之中，在极力避开一个海礁时又总会撞上另一个海礁。

① 代达罗斯(Daedalus)，神话传说中的希腊建筑师和雕刻家。据说，曾为克里特王弥诺斯建造迷宫。失去弥诺斯宠爱之后，他用蜡给自己和儿子伊卡诺斯做成翅膀，逃亡西西里。但伊卡诺斯因飞得距离太阳太近，其翅膀被熔化，掉入海里淹死。他的尸体被冲到一个岛上，后来这岛就被叫作伊卡利亚。一说代达罗斯在建造好迷宫之后，涉嫌谋杀，从而他和其儿子伊卡诺斯一起都被弥诺斯囚于他建造的迷宫之中。

据守右岸者是斯库拉[①],

占领左岸者是无情的卡律布狄斯[②]……[③]

最后,一切都返回了原点:亚当是自由犯罪吗?倘若你作出肯定的回答,人们就会告诉你,他的堕落因此就是没有被预见到的。倘若你给出否定的回答,人们就会告诉你,他因此就是无罪过可言的。你可以写出一百卷书来反对这些结论中的这一个或那一个,不过你还是得承认,或者对一个偶然事件的绝对可靠的预见乃一个不可设想的奥秘,或者一个不能自由活动的受造物,其犯罪的方式是全然不可理解的。”

369.这样,要么我根本弄错了,要么这两种所谓的不可理解性经由我的解决得以全然冰消瓦解。但愿上帝使人们能够轻而易举地回答如何治疗高烧以及如何去避免两种可能引起慢性病危险这样两个问题,这两种可能引起慢性病的危险之一是因为人们根本

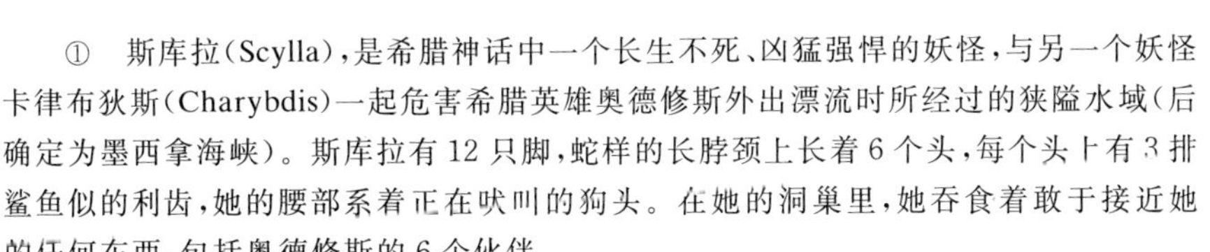

① 斯库拉(Scylla),是希腊神话中一个长生不死、凶猛强悍的妖怪,与另一个妖怪卡律布狄斯(Charybdis)一起危害希腊英雄奥德修斯外出漂流时所经过的狭隘水域(后确定为墨西拿海峡)。斯库拉有 12 只脚,蛇样的长脖颈上长着 6 个头,每个头上有 3 排鲨鱼似的利齿,她的腰部系着正在吠叫的狗头。在她的洞巢里,她吞食着敢于接近她的任何东西,包括奥德修斯的 6 个伙伴。

② 卡律布狄斯(Charybdis),是希腊神话中一个长生不死、凶猛强悍的妖怪,与另一个妖怪斯库拉一起危害希腊英雄奥德修斯外出漂流时所经过的狭隘水域(后确定为墨西拿海峡)。卡律布狄斯据说因盗窃赫拉克勒斯(Heracles)的牛被宙斯用雷电击死,变成一个水妖,伺伏在离对岸一箭之地的一株无花果树下,每天吞吐海水 3 次,形成巨大漩涡,对来往船舶危害极大。

③ 维吉尔:《埃涅阿斯纪》,Ⅲ,第 420—421 行。其原文为:Dextrum Scylla latus, Laevum implacata Charydis Obsidet。

没有治疗高烧，另一种则是由于治疗的方法不当。倘若人们断言，一个自由事件根本不可能被预见到，人们便混淆了自由与不确定性，或者说混淆了自由与那种完全的和均衡的无差别。倘若人们断言，缺乏自由会阻止人们犯有罪过，那么，人们所说的自由所排除的便并非确定性或确实性，而是必然性和强制性。这就表明这个难题并未得到很好的表述，在这两个危险的暗礁之间，其实存在有一条宽阔的通道。因为人们可以回答说，亚当是自由地进行其犯罪活动的，上帝在亚当的可能状态中就看到了他的犯罪活动，亚当犯罪的可能状态是根据上帝允许的命令而成为现实的。诚然，亚当是受到某些主导性倾向的决定而去犯罪的，但这样一种决定性既没有破坏偶然性，也没有破坏自由。再者，存在于人身上的某种犯罪的决定性，一般而论，并未剥夺其避免犯罪活动的能力，而
347 如果其犯罪，也不能阻止其内疚并得到应有的惩罚。更何况这样一种惩罚有望帮助他本人或他人今后不再犯罪。此外，这种惩罚性的正义超出了补偿和改恶向善的范围，而且，其中也不存在为意志偶然裁决的某种决定性所动摇的倾向。可以说，正相反，倘若奖惩不能够在人们的下次活动中限定意志做得更好些的话，奖惩在一定范围内便不起作用，达不到它们诸多目的中的一个，即改恶向善。

370.培尔先生继续说道："在与自由相关的地方，有两条路可走：其中一条是说，所有那些区别于灵魂且参与自由的一切原因都给予自由以一种或者行动或者不行动的能力；另一条道路是说，所有这些原因限制着自由，以致自由不能自制而不去这样行动。第

一条是莫利纳派所走的道路，另一条是托马斯主义者、詹森派和日内瓦信纲[①]新教所走的道路。然而，托马斯主义者却大声疾呼他们并非詹森派，而后者也同样激烈地声称在自由问题上他们并非加尔文派。另一方面，莫利纳派主张，圣奥古斯丁根本没有教授詹森派那样的说教。这样一来，这一边根本不愿意承认他们与被视为异端者一致，而另一边则矢口否认他们悖逆了其意见被视为正宗的博学的圣人，双方都极尽歪曲对方之能事。”

371. 培尔先生在这里区分开的两条道路并不排除第三条道路的存在。按照这条道路，灵魂的限定不仅来自区别于灵魂的所有原因的参与，而且还来自灵魂自身及其倾向的状态，这些倾向与感觉印象混合在一起，或是增强或是削弱着这些倾向。这样一来，所有这些内在的和外在的原因一起，使灵魂受到的是一种确定的限定，而非必然的限定：因为倘若灵魂以另外一种方式受到了限定，那也不蕴含任何矛盾，因为意志可能倾向于某种东西，但不可能必然地受到强迫。在这个问题上，我不敢贸然讨论存在于詹森派和改革派之间的差别。他们在这样一个扑朔迷离的、人们往往陷入迷津的问题上，或许在所指事物上或语词表达上都不充分一致。348

① 日内瓦信纲(the Geneva Confession)，加尔文对加尔文宗初信者编写的用来传授其基本教义的教材。早在1537年，加尔文曾编写过一本非问答体的《教理纲要》。后来发现该纲要比较晦涩，儿童难以理解，遂决定重新撰写。1542年，他将《教理纲要》改写成问答体《教理问答》，使繁难的教义简明易懂，1545年，该《问答》以拉丁文发表，成为加尔文宗改革派教会遵奉的信纲。

西奥菲勒·雷诺[①]在其《加尔文主义——猛兽的宗教》一书中意在打击多明我会修士，尽管没有指名道姓。另一方面，那些自称圣奥古斯丁追随者的人则指控莫林纳派为贝拉基主义者，至少是半贝拉基主义者。有时双方都言过其实，不管是在他们为含混的无差别以及将人拔得太高进行的辩护中，还是在他们教导允许依据行为状态而不是依据其实质来设想某种限定性上，亦即在他们断言在非再生者身上存在有一种恶的限定性，仿佛致使他们除犯罪外什么事情也不干方面，情况都是如此。我则认为，我们毕竟不能责怪霍布斯和斯宾诺莎的追随者，说他们破坏了自由和偶然性。因为他们认为只有发生的事情才是可能的，而且，凡发生的事情也都是藉一种无理性的几何学的必然性而发生的。霍布斯使一切事物都成为物质的，并且使之仅仅服从数学的规律。斯宾诺莎也剥夺掉上帝的理性和选择，使他成为一种盲目的能力，一切都必然从这种能力发散出来。这两个新教派别的神学家都同样热情地批驳这种不堪忍受的必然性。尽管多德雷赫特宗教会议[②]精神的追随者有时宣称摆脱强制对于自由也就够了，但他们却让自由蕴含的必然性似乎只是一种假设的必然性，人们称之为确定性和绝对无误性或许更为合适。由此，我们可以得出结论说，困难往往只在于这

① 西奥菲勒·雷诺(Theophile Raynaud，1587—1663)，法国耶稣会神学家。这里所引证的小册子《加尔文主义——猛兽的宗教》(Le Calvinisme，religion des bêtes fauves)1630 年在巴黎发表。其矛头直指加尔文派以及多明我会的巴内茨(Banéz)。关于巴内茨，详见前面有关注释。

② 多德雷赫特宗教会议(the Synod of Dordrecht)，指新教加尔文派于 1618—1619 年在荷兰多德雷赫特举行的宗教会议，会议旨在压制主张前定论、强调意志自由的荷兰谏诤派。

些术语上。在我看来，詹森派也同样是这样一种情况，尽管我并不希望在每个问题上都为这些人辩解。

372. 在希伯来喀巴拉派[①]的用语中，*Malcuth* 或王国(the Kingdom)，乃上帝本质的完满性[②]的最高表现，其意思是说：上帝虽然不可抗拒地控制着一切，但却是温和地、没有暴力地控制着万物，致使人们认为当其落实上帝的意志时他还是在按照他自己的意志行事。他们说，亚当的犯罪是将这个王国与植物分离开来，也就是说，亚当在上帝的王国之内构建了他自己的王国，而且自以为他自己有一种不依赖上帝的自由，但他的堕落使他明白，他不可能自行独立存在，人必须通过弥赛亚才能够赎回自身。这一学说可以获得一个好的解释。然而，斯宾诺莎虽然对他本民族作家所撰写的有关喀巴拉的著作非常精通，并且说过(见《神学政治论》，第2章，第6节)：人在其对自由的理解中，在上帝王国之内建立了一个王国，向前走得太远。上帝王国在斯宾诺莎看来不是别的，无非 349

① 喀巴拉派(Cabalists)，系一犹太教信仰喀巴拉神秘主义体系的神秘主义派别。喀巴拉为希伯来文 kabbalah 的译音，其词义为“接受的”或“传统的”。最初用来意指与《摩西五经》对立的先知书和圣书卷。后来发展成对与律法对立的灵的强调以及对与理性对立的情感的强调。其最有代表性的著作有《光明之书》、《创造之书》和《光辉之书》。但有更多的内容只以口头的方式传承，禁止被书写下来。该派的神秘主义学说宣称，一切存在者都是从“原光”(Ensôf)流溢出来的，原光的十个等级(Sephiroth)体现了上帝本质的完满性。人由于犯罪而使上帝身上的审判和惩罚力量占据上风，于是恶便进入尘世。

② “上帝本质的完满性”，其对应的英文为 Sephiroth，其对应的法文为 séphiroth。这两个外文单词的基本含义为上帝本质的十个完满性；而王位、王权或王国在上帝本质的十个完满性中属于第十个完满性，故而莱布尼茨称它是上帝本质的完满性的最高表现。

是一个必然王国，一个具有盲目必然性的王国（如斯特拉托所说），一切事物都是通过这种必然性从上帝的本性产生出来，而上帝也无任何选择的余地，而人的选择也未能使他自己摆脱必然性。他还补充说，为了建立起他称之为国中之国的东西，他便妄称人的灵魂即是上帝的直接创造，是一种不可能经由自然原因产生出来的东西，他还进一步指出，人的灵魂具有一种绝对的决定能力，他的这种说法有悖于经验。斯宾诺莎反对一种绝对的即一种没有任何根据的决定能力，无疑是正确的。但他之认为灵魂作为一种单纯实体能够自然地产生出来则是错误的。其实，灵魂，在他看来，只不过是一种暂时的样态；当他试图使之持久乃至恒久时，他便以物体（身体）的观念取代了灵魂的观念，而物体（身体）观念纯粹是一个概念，而非一种实在的和现实的事物。

373.培尔先生对鹿特丹市民约翰·布雷登堡[①]的叙述颇为精细（《历史与批判辞典》，“斯宾诺莎”条，H 段，第 2774 页）。布雷登堡针对斯宾诺莎曾出版过一部题为《驳〈神学政治论〉，并驳以几何学原理证明作为此书之唯一基础的自然并非上帝的命题》的著作。人们惊奇地发现，一个并非以著述为业、学问根底不深的人（他以弗莱芒语写成此书，后请人译成拉丁文），通过公正、直率的分析，使斯宾诺莎的所有原则进入展示其充分力量的状态，从而能够如此深入洞悉斯宾诺莎的所有原则，并卓有成效地颠覆它们。

① 约翰·布雷登堡（Johan Bredenburg，生活在 17 世纪中叶），其著作《驳〈神学政治论〉，并驳以几何学原理证明作为此书之唯一基础的自然并非上帝的命题》1675 年在鹿特丹出版。

培尔先生补充说，人们告诉我，这位作家在对他的回答和其对手的原则作过深思熟虑的反思之后，最后发现可以将这项原则归结为一种推证的形式。于是，他自己便承担了这样一种推证的任务，证明：一切事物除自然外没有任何别的原因，而自然是必然存在的，是依据一种不可改变、不可避免和不可取消的必然性活动的。他考察了几何学家们的整个体系，在构建其他推证之后，又从每个想象得到的角度对它进行了彻底考察，他极力寻找其弱点，但未能发现破坏它的任何方法，甚至未能发现削弱它的任何方法。这使他极为苦恼：他抱怨不迭，请求其最有才智的朋友帮他寻找这一推证 350
的缺陷。尽管如此，他却不太乐意人们转抄他的手稿。索齐尼派的弗兰茨·库珀[①]曾经针对斯宾诺莎写过一本题为《无神论泄密》的著作（该书于1676年以4开本在鹿特丹出版），他在获得一个手抄本后，原封不动地以弗莱芒语出版，只是附加了一些评论，指控作者为一个无神论者。布雷登堡作为被指控者同样以弗莱芒语进行了辩护。奥洛比奥[②]这位颇有才华的犹太医生（他曾受到利姆堡先生的批驳，我听说，他在一部被人流传但尚未公开刊印的遗著

① 弗兰茨·库珀（Franz Cuper，？—1695），荷兰哲学家。莱布尼茨所提及的他的著作《无神论泄密》（Arcana Atheismi Revelata）实际上是对斯宾诺莎的反驳。

② 奥洛比奥（Isaac Balthazar Orobio de Castro，约1620—1687），犹太医生和哲学家，曾在西班牙萨拉曼卡（Salamanca）大学教授哲学。因被宗教裁判所怀疑为秘密犹太教徒而逃往荷兰并转宗犹太教。曾一度与阿明尼乌派神学家菲力普·德·利姆堡（Philippe de Limborch，1633—1712）讨论基督宗教问题。后者曾著《就基督宗教问题与一位犹太朋友友好商榷》（De veritate religionis christianae amica collation cum erudito Judaeo），该著1687年于阿姆斯特丹出版。奥洛比奥批驳布雷登堡的著作为《维护上帝与自然真理的哲学斗争——驳布雷登堡的原则》（Certamen Philosophicum Propugnatae Veritatis Divinae ac Naturalis，adversus F. B. principia）。

中曾对这一批驳作了答复)针对布雷登堡的推证写作了一部题为《维护上帝与自然真理的哲学斗争——驳布雷登堡的原则》的著作,该著于1684年在阿姆斯特丹出版。奥贝尔·德·韦尔斯[①]先生在同一年又针对他以拉提努斯·塞尔巴图斯·萨尔顿西斯(Latinus Serbattus Sartensis)的笔名著书反对这一论证。布雷登堡则声称,他对自由意志和宗教都深信不疑,他希望人们能够向他展示出驳倒他自己论证的一种可能性。

374.我很想看看这个所谓的推证究竟是什么,很想知道它是否旨在证明这个产生一切的原初的自然是在没有选择和没有知识的情况下而活动的。在这种情况下,我承认,他的证明是斯宾诺莎主义的,是极其危险的。但倘若他的意思是说神性的自然(la nature divine)受到其选择的决定并通过实现最好者的动因趋向它所产生的事物,则人们便根本无需为他这种所谓不可改变的、不可避免的和不可取消的必然性而苦恼了。这只是一种道德的必然性,一种幸福的必然性。它非但不破坏宗教,反而最有利于显示神的完满性。

375.我还想利用这个机会补充说,培尔先生援引了一些人的意见(第2773页),这些人认为那本1665年出版的题为《路西乌斯·

① 奥贝尔·德·韦尔斯(Aubert de Versé,约1650—1714),法国医生,原来为天主教徒,后改信抗罗宗,1690年又皈依天主教。其著作《罪证确凿的无神论者——论斯宾诺莎,驳其无神论基础》1684年在阿姆斯特丹出版。莱布尼茨称他并未发现该著像培尔先生所说用笔名发表,断言培尔先生看到的很可能是该著的一个译本。

安提斯提乌斯·康斯坦蒂斯的教士权利专论》(Lucii Antistii Constantis de Jure Ecclesiasticorum libre singularis)是斯宾诺莎的作品。[①] 但我却有理由对此提出怀疑,尽管科勒鲁斯(Colerus)也持同样的意见,科勒鲁斯给我提供过他所撰写的关于这位著名犹太人的生平的一个说明。姓名开头的三个字母 L. A. C. 使我认为这本著作的作者是德·拉·库尔(de la Cour)先生或范·登·胡夫(Van den Hoof)先生,胡夫先生以其出版了《荷兰的利益——政治平衡》(Intérêt de la Hollande, la Balance politique)以及其他许多攻击荷兰行政长官权力的著作(其中一些用了 V. D. H. 的笔名)而闻名于世,这种权力在当时被视为是对荷兰共和国的一种危险。因为当时人们对谋害威廉二世亲王的事件记忆犹

新。荷兰大多数教士都站在这位亲王当时尚年幼的儿子一边,他 351
们怀疑维特[②]先生以及所谓洛温斯坦集团支持阿明尼乌派、笛卡尔派以及其他一些更加危险的派别,从而极力煽动民众起来反对他们。他们的这一做法,一如结局所表明的那样,并非没有效果。因此,库尔先生出版这样一部著作是件非常自然的事情。诚然,在

① 也有人认为该著是斯宾诺莎的一个名叫路易斯·梅耶(Louis Meyer)的朋友的著作。

② 维特(Johan de Witt,1625—1672),荷兰数学家和政治家,17世纪欧洲最重要政治家之一。他的《曲线初阶》(1650年以前写成,但在1659—1661年刊印)是最早的解析几何教科书之一。1653年(他时年28岁)任荷兰首相,1658、1663和1668年重新当选,一直任职到1672年去世。1653年,他拒绝克伦威尔提出的英格兰与荷兰合并的建议,但在1654年签订了对英格兰让步的威斯敏斯特条约。1667年,他促成布雷达条约的签订,阻止了法王路易十四占有西属尼德兰的企图。1668年,荷兰与英格兰和瑞典结成反法同盟。1672年,法军入侵荷兰,人民举行反对维特的游行,1672年8月4日辞去首相职务,8月20日,在海牙被暴乱群众杀害。

那些推进派别利益的著作中用语很难始终得体。我顺便提一下，不久前德·拉·库尔先生的《荷兰利益》出了法文版，其标题改为《纪念维特首相》，很有迷惑性，仿佛一个平民的这样一些思想能够乔装打扮成其时代最杰出人物之一的产物似的；诚然，他的确属于德维特一派，也很有才华，但毕竟对国务活动缺乏足够的认识，也没有像这位伟大政治家所具有的足够的写作能力。

376. 我从法国取道英国和荷兰途中，曾会见了德·拉·库尔先生和斯宾诺莎，从他们那里获悉了当时发生的许多奇闻轶事。[①]培尔先生说道（第 2770 页），斯宾诺莎曾经师从一位名叫弗朗茨·范·登·恩德的医生学习拉丁文。他根据塞巴斯提安·科托尔特[②]先生（他在为其已故父亲所著的《三个骗子——切伯里的赫伯

① 1676 年 10 月，莱布尼茨结束了长达四年的巴黎之行（1672—1676 年）回国，他先是绕道伦敦，然后横渡海峡来到阿姆斯特丹。在那里，他如饥似渴地阅读了斯宾诺莎的友人能够交给他的斯宾诺莎的每一件作品。最后，于当年 11 月，莱布尼茨到海牙会见了斯宾诺莎，两人讨论了许多哲学问题。关于他们之间的讨论，莱布尼茨几乎没有留下任何记录，他只是评论说："斯宾诺莎没有十分清楚地看出笛卡尔运动规律学说的缺陷；当我开始向他说明这些关系同因果关系的性质相抵牾时，他竟惊讶不已。"鉴于莱布尼茨执着要求，最后终于促使斯宾诺莎出示了他的《伦理学》手稿（至少是手稿的一部分）。这时，最令莱布尼茨感到不满意的是斯宾诺莎对终极因或目的因的论述。因为斯宾诺莎将目的论视为一种最根本、最有害的"成见"。参阅斯宾诺莎：《伦理学》，贺麟译，商务印书馆 1981 年版，第 34—36 页。也请参阅段德智：《莱布尼茨哲学研究》，北京：人民出版社，2011 年，第 10—11 页。

② 塞巴斯提安·科托尔特（Sebastian Kortholt，1670—1740），文学批评家，《三个骗子》一书作者、新教神学家克里斯提安·科托尔特（Christian Kortholt，1633—1694）的儿子。该著第一版 1680 年出版，第二版 1700 年出版，塞巴斯提安·科托尔特为第二版作序。该著被指是用来反对霍布斯、斯宾诺莎和切伯里的赫伯特勋爵的。

特勋爵[①]、霍布斯与斯宾诺莎》所写的第二版序言中曾提及此事）的权威记载，告诉我们，一位姑娘曾教斯宾诺莎拉丁文，她后来嫁给曾与斯宾诺莎同时为其学生的凯柯灵先生。与此相关，我还注意到，这位女士乃弗朗茨·范·登·恩德先生的女儿，她曾协助其父亲开展教学工作。这个还被称作 A. 菲尼布斯[②]的范·登·恩德之后到了巴黎，在圣安东区的佛布格主持一所寄宿学校。作为一名教师，他被认为非常杰出。当我在那儿拜访他的时候，他告诉我，他敢打赌，他的听众总是全神贯注地听他讲课。那时他身边也有一位姑娘讲拉丁文，对几何学推证也有贡献。他讨好阿尔诺先生，招致耶稣会士开始妒忌他的声誉。但此后不久，他便因参与骑士罗汉[③]的谋反活动而失去生命。

377. 我认为，我已经充分证明了，无论上帝的预知，还是上帝的天道都既不能够损害他的正义或他的善，也不能够损害我们的自由。所剩下来的便只有上帝同受造物的活动的参与所产生出来的困难了，这种参与似乎同他的善（相关于我们的恶的行为）和我 352

① 切伯里的赫伯特勋爵（Herbert of Cherbury, Lord, 1583—1648），英国史学家、文学家和哲学家。曾被任命为英国驻巴黎大使，并先后获得爱尔兰和和英格兰贵族爵位。他的著作《真理论》（巴黎，1624）颠覆了理性宗教的基础。他的另一本著作《论各族的宗教》（De Religione Gentilium）1663 年出版，被视为一部比较宗教学的早期著作。参阅威廉·索利：《英国哲学史》，段德智译，陈修斋校，济南：山东人民出版社，1992 年，第 37—44 页。

② A. 菲尼布斯（A. Finibus）乃荷兰文名字范·登·恩德（Van den Ende）拉丁文译名。

③ 骑士罗汉（the Chevalier de Rohan, 1635—1674），因犯有谋反罪于 1674 年 11 月 27 日被判处死刑，范·登·恩德也因参与谋反活动被处以绞刑。

们的自由(相关于善的行为也相关于其他东西)有更加密切的联系。培尔先生以其惯常的激烈态度提出了这一问题。我将尽力阐明他所提出的这种困难,然后,我们便可以就此结束我们这部著作了。我已经证明,上帝的参与在于连续不断地提供给我们自身和我们活动中所有实在的东西,这是就其包含有完满性而言的;但其中所有那些受局限的和不完满的东西却是原本存在于受造物身上那些先前即具有的局限性的结果。再者,既然受造物的每个活动都是其样式的一种变化,那就很明显,这种活动就其局限性和否定性而言来自受造物,因为这种局限性或否定性就存在于受造物自身之中,并且随着其状态的改变而改变。

378.在这部著作中,我已经不止一次地指出,恶是缺乏所造成的结果。我认为,我已经将这一点解释得足够清楚了。圣奥古斯丁已经提出过这样一种思想,圣巴西尔[①]在其《六天创世布道集》(Hexaëmeron)第2卷中也讲过一些类似的话:“恶行并非一种有生命的和有灵魂的实体,而是灵魂反乎美德的一种倾向,这种倾向是由人抛弃善的事物产生出来的,从而根本无需去寻找一种本源的恶。”培尔先生在《历史与批判辞典》(“保罗派”条,D段,第2325

---

① 巴西尔(Basil,约330—379),卡帕多奇亚的希腊教父,370年被选为凯撒城的主教。著有《驳罪恶的优诺米的辩解》、《六天创世布道集》、《诗篇说》及《论利用希腊文学》。其中,《驳罪恶的优诺米的辩解》旨在解说圣子与圣父同性同体,反对阿里乌派的圣子“被生”说和“异体”说。《六天创世布道集》由9篇布道演说构成,实际上是对《创世记》中六天创世的评注。值得注意的是,他在其中提出了宇宙和谐的猜测,并将光视为宇宙和谐的物质基础。参阅赵敦华:《基督教哲学1500年》,人民出版社1994年版,第129—131页。

页)援引这段话时,称赞了普凡纳[①]先生的说法(他称普凡纳先生为德国神学家,但他却是一个职业法学家和萨克森公爵的顾问)。普凡纳先生指责圣巴西尔不愿意承认上帝是物理的恶的造主。倘若人们设定道德的恶业已存在,上帝无疑是物理的恶的造主。但一般而言,人们可以认为上帝在允许作为物理的恶的源泉的道德的恶中已经含蓄地允许了物理的恶。斯多葛派似乎也认识到恶的实存性极其脆弱。爱比克泰德的这句话即是一个明证:“正如脱靶并非设置一个靶子让人打不中,同样,世界上根本不可能有任何本性上为恶的事物。”[②]

379.因此,一如圣巴西尔正确指出的,根本无需诉诸恶的原则。也没有必要从物质中寻找恶的起源。那些认为在上帝插手之前存在有一种混乱无序状态的人试图从中寻找无序的源泉。这种
观点是柏拉图在《蒂迈欧篇》中提出来的。[③] 亚里士多德对他提出 353
批评(《论天地》,第 2 章),因为按照这一学说,无序便是原初性的

① 普凡纳(Tobie Pfanner,1641—1716),虽然是一位法学家和历史学家,但同样也是《神学体系》(Système de théologie)一书的作者。他在该著第 9 章第 253 页摘录并谴责了巴西尔的上述意见。

② 爱比克泰德(Epictetus,约 55—135),斯多葛派哲学家和道德学家,强调通过服从天命和严格摈除一切力所不及之事来达到内在自由。莱布尼茨在这里引证的爱比克泰德的语录源自他的《手册》第 27 章。其原文为:Sicut aberrandi causa meta non ponitur, sic nec natura mali in mundo existit。也有学者将其译作“正如提出目的并不是为了让人错过它,同样世界上也没有恶之天性”。关于爱比克泰德,详见前面有关注释。

③ 参阅柏拉图:《蒂迈欧篇》,30A。

和自然的，而秩序反倒是违背自然引进来的。[①] 阿那克萨戈拉则回避了这个问题，他使物质在受到神推动之前处于静止状态。亚里士多德在同一段话中对他大加赞赏。[②] 据普鲁塔克记载(《论伊西德与奥西里德》和《关于〈蒂迈欧篇〉所提出的灵魂产生说》)，柏拉图承认在物质中存在有某种反叛神的行恶的灵魂或力量：这是一种现实的缺点，对上帝计划的实现是一种障碍。斯多葛派也认为，物质乃缺陷的源泉，贾斯特斯・里普斯[③]在其《斯多葛派物理学》一书第一卷中曾指出这一点。

380. 亚里士多德反对混乱无序说是正确的，但要澄清柏拉图的概念却并不总是一件轻而易举的事情，至于一些其作品已经散佚的古代作者，要澄清他们的概念就更不容易了。开普勒[④]这位最杰出的现代数学家承认物质中存在有不完满性，尽管其中并无不规则运动。他将这种不完满性称作"自然惰性"(inertie na-

---

① 参阅亚里士多德：《论天地》，Ⅲ，2，300b16—18。

② 参阅亚里士多德：《论天地》，301a11—13。

③ 贾斯特斯・里普斯(Justus Lipsius，1547—1606)，著名的学识渊博的学者和哲学家。其所著《斯多葛派物理学》含三卷，于 1604 年在安特卫普出版。有关里普斯的信息，详见前面有关注释。

④ 开普勒(Johannes Kepler，1571—1630)，杰出的德国数学家、天文学家和占星家。行星三大运动定律的发现者和近代光学的奠基人。1591 年，在图宾根大学获硕士学位。1594 年，经图宾根大学推荐，前往奥地利格拉茨的路德派高校讲授数学。1596 年，出版《宇宙的神秘》一书，阐述了他的宇宙和谐思想。1601 年，在布拉格受聘为皇家数学家。1601 年发表《占星术的可信基础》，进一步阐述了他的宇宙和谐概念。他的《新天文学》(1609)和《宇宙和谐论》(1619)系统阐述了行星运动三大定律。其后，又著述和出版了《哥白尼天文学概要》(1618—1621)和《鲁道夫星表》(1627)。晚年生活极其贫困。

turelle)，这使物质对运动有一种阻力，由于这种阻力，获得同样力量的物体中，较大的物体获得的速度便较小。他的这样一种解说是可靠的，我在这部著作中就曾经运用过他的这个思想，以便打一个比喻来说明受造物的原初的不完满性如何限制着创造者之趋向善的活动。但既然物质自身也是上帝创造的，它就只能提供一个比喻或例证，而不可能成为恶和不完满性的源泉本身。我已经证明[①]，这种源泉在于可能事物的形式或观念，因为可能事物的形式或观念必定是永恒的，但物质却不是永恒的。既然上帝创造了一切并非永恒的肯定性的实在，他也就会造出恶的源泉，倘若它不在于事物的可能性或形式，事情就必定如此。而这种可能性或形式就是唯一并非上帝创造的东西，因为上帝并非他自己理性的创造者。

381. 不过，即使恶的源泉在于可能的形式，先于上帝的意志，上帝在将形式引进质料的现实实施过程中也参与了恶，而这恰恰是引起我们这里所考察的困难的东西。圣普尔善的杜兰德、奥勒鲁斯枢机主教、尼古拉·陶磊勒、多勒的路易斯神父、贝尼尔先生以及一些其他人，在讲到这种参与时，都只不过是泛泛而谈，生怕有损于人的自由和上帝的神圣。他们似乎认为，上帝既然将这种活动能力赋予了受造物，便只能满足于保存这种能力。另一方面，354
培尔先生按照某些现代作家的意见，将上帝的这种参与又向前引申得太远；他似乎担心受造物对上帝的依赖还不够充分。他向前

① 参阅本著上篇第30节。

走得如此远，以致根本否认受造物能够活动；他甚至不承认在偶性与实体之间存在有任何实在的区别。

382. 他尤其主要依赖经院哲学家所公认的一个学说，这就是：保存乃一种持续不断的创造。由这一学说所得出的结论似乎在于：受造物似乎永远不会现实存在，它像时间、运动和其他瞬息万变的存在者一样，永远处于新生或濒死状态。柏拉图认为这属于物质的和可触摸的事物，说它们都处于持久不断的流中：它们永远流动，却永不存在（semper fluunt，nunquam sunt）。但对于非物质实体，他却作出了完全不同的判断，认为只有非物质实体才是实在的：在这一点上，他也并非全然弄错。不过，连续不断的创造却毫无区别地适用于一切受造物。不少杰出的哲学家都反对这一学说。培尔先生告诉我们，洛顿的大卫[①]这位在持守日内瓦信纲的法国人中颇有声望的哲学家就曾对之进行过极其慎重的批驳。阿明尼乌派也不赞成此说。他们并不热衷于这些形而上学的微言大义。对这些东西更加缺乏兴趣的索齐尼派就更不用说了。

383. 为了对保存是否乃一种持续不断的创造进行适当的探究，有必要对构成这一教条基础的诸多理由做一番考察。笛卡尔派以其大师为榜样，为证明这一点而使用了一项不太令人信服的原则。他们说："既然时间各个瞬间相互之间并没有任何必然的联系，那就不能得出结论说：因为我在这一瞬间存在，所以，我在接下

① 洛顿的大卫（David de Rodon，1600—1664），新教哲学家。

来的那个瞬间也将存在，除非在这一瞬间使我存在的同一个原因也能使我在下一个瞬间存在。”《索齐尼派概论》一书的作者使用了这一证明，培尔先生（或许他就是《索齐尼派概论》一书的作者）也援引过这一证明（《对一个外省人问题的答复》，第3卷，第141章，第771页）。对此，人们可以回答说：其实，从我现在存在固然不能必然得出我将来存在的结论，但倘若没有什么事物予以阻止，便可以自然地，亦即自行地得出这样的结论。这就是在本质的方式与自然的方式之间能够得出的区别。因为同一个运动，倘若没有新的原因阻止它或改变它，它就会自然地持续下去，因为使它在这一瞬间停止下来的理由，倘若不是任何新的理由，在此之前就已经使 355
它停止下来了。

384.已故的艾哈德·魏格尔[①]先生，耶拿著名的数学家和哲学家，以他的《欧几里得分析》、他的数学哲学、他的一些灵巧的机械发明以及以他推动帝国的新教诸君主对历法进行最后改革（尽管他未能亲自目睹这项改革的成功）所付出的巨大辛劳闻名于世。我要强调的是，魏格尔先生曾向他的朋友们提出过关于上帝存在的一种证明，他的这一证明其实也就是持续创造（création continuée）观念。由于他往往将计算与推理相提并论，其算术道德学说（Morale arithmétique）即是一个证据，所以，他说：推证的基础是从毕达哥拉斯的“一乘一等于一”（une fois un est un）表开

① 艾哈德·魏格尔（Erhard Weigel，1625—1699），德国哲学家与数学家，也是莱布尼茨1663年在耶拿大学的老师，对莱布尼茨思想的成型产生过重要影响。详见前面有关注释。

始。这些反复重复的一即是事物存在的各个瞬间，其中的每一个都依赖上帝，上帝在每一瞬间都可以说是恢复着他自身之外的所有事物：鉴于所有的事物在每一瞬间都在消亡，它们也就永远需要有一个东西恢复它们，而这个使所有事物得以恢复的东西除上帝外不可能是任何别的东西。但若要这样一种说法配得上推证，那就还需要有更精确的证据，就有必要证明受造物始终是从无中产生出来又立即回归于无，尤其是必须证明，凭其本性即能够存在不止一个瞬间的特权只属于那必然的存在者。在这个问题上还存在有一个连续体的组合（la composition du continuum）方面的困难。这一教条似乎将连续体分解成各个瞬间，而另一些教条则将瞬间或点视为连续体的纯粹的样态，也就是能够指定给它的各个部分的端点，而非作为构成成分的部分。但这里并非我们深入探究这一迷宫的地方。

385.就眼下这个问题能够肯定言说的东西在于，受造物连续不断依赖上帝的运作，无论是在其存在最初开始的时候，还是在其开始存在之后，受造物都同样如此。这种依赖性意味着，倘若上帝不持续不断地活动，受造物便不可能持续不断地存在。简言之，上帝的这种活动是自由的。倘若上帝的这种活动是一种必然的流溢，就像圆的特性从圆的本质产生出来那样，人们便必定会说，上帝从一开始便必然地创造了受造物。或者人们就必须说明，上帝
356 在创造受造物的活动中，是如何将保存它的必然性又加到他自己身上的。这样一来，只要人们愿意，也就不存在任何一个用来解说这种保存活动何以不被称作产生甚至创造的理由了：因为既然这

种依赖性在此后和在开始时一样大,无论是否是新的外在名称(la dénomination extrinsèque)都改变不了这一活动的本性。

386.因此,让我们在这个意义上承认保存乃持续不断的创造,也让我们根据《索齐尼派概论》一书作者的转述,看看与尤里欧先生对立的培尔先生会从中推论出什么东西(第771页)。该书作者说道:“在我看来,人们必定得出结论说,一切都系上帝所为,在一切创造活动中,根本不存在什么第一因、第二因,甚至也不存在任何偶因(occasionnelles),这是很容易证明的。在我讲话的这一瞬间,我如我现在所在那样存在,连同我的所有外部环境,连同这样一些思想和这样一些活动,不管我是坐着还是站着。如果上帝在这一瞬间把我创造得像我现在这个样子,人们依据这个体系必定说,上帝把我创造得具有这样的思想、这样的活动、这样的运动和这样的决断。人们不能够说上帝首先创造了我,然后又说:一旦上帝创造了我,他与我一起产生了我的运动和我的决断。这是站不住脚的。我们之所以这样说,有两个理由。第一个理由在于:倘若上帝在这一瞬间创造了我或保存了我,他不可能把我作为一个无形式的存在者,就像一个种相或逻辑共相(des universaux de logique)那样加以保存。我是一个个体,上帝将我作为这样一个个体,作为我在这一瞬间所是的一切,连同我在场的整个环境,创造我和保存我。第二个理由在于:倘若上帝在这一瞬间创造了我,人们说,在此之后,他又与我一起创造了我的活动,那就必定设想了另一个造成活动的瞬间。因为在活动之前,人们必定存在。这样一来,在我们假定只有一个瞬间的地方却出现了两个瞬间。因

此，在这一假设中，受造物与其活动的联系和关系肯定不会比它在第一次受造的第一个瞬间与其活动的产生所曾有过的联系和关系更多一些。”《概论》的作者从中得出了人们能够设想的最无情的结论。他最终向人们证实，人们从任何一个教会那些肯认这一体系者如何使其摆脱这些可怖谬误的人那里究竟得到了多么大的恩惠！

387. 培尔先生将这个问题的讨论进一步向前推进。他说道（第 775 页）：“如您所知，在经院哲学家的著作中，这个问题得到了推证”（他援引阿里亚加的《物理学》第 9 章第 6 节，尤其是其中第 3 小节说）“受造物既不可能是其保存的全部原因，也不可能是其保存的部分原因。因为倘若情况如此，受造物就会在其存在之前存在，但这是矛盾的。您也知道，人们是这样进行证明的：凡自我
357 保存的东西都是活动着的；而凡是活动着的东西都存在着；没有任何事物在其没有达到完全存在之前就能够活动；所以，倘若一个受造物能够自我保存，它在其存在之前便能够活动了。这项证明并非以盖然性（probabilités）为基础，而是以形而上学的第一原则为基础，也就是以‘不存在的存在者没有任何偶性，活动乃存在的结果’（Non entis nulla sunt accidentia, operari sequitur esse）为基础。这些原理就像阳光那样清楚明白。让我们进一步讨论下去。倘若受造物与上帝一起也参与了保存它们自身的活动（这里我指的是主动参与，而非那种作为被动工具的参与），它们就将在其存在之前便活动了。这一点已经证明过了。倘若它们与上帝一起参与了任何别的事物的产生，它们也就在其存在之前便活动了。因

此，正如它们不可能与上帝一起参与它们自己的保存那样，它们与上帝一起参与任何别的事物的产生也是不可能的（如位移运动、一种肯定、一种意欲，以及如人们所断言的与它们的实体现实相区别的种种实存）。既然它们的保存是一种持续不断的创造，既然世界上所有的人都必须承认他们在其存在的最初瞬间不可能与上帝一起协同作用，既不可能与上帝一起产生他们自己，也不可能赋予他们自己任何样态，因为这也就是在其存在之前而活动（敬请读者注意托马斯·阿奎那和其他经院哲学家的教导：倘若天使在他们受造的最初瞬间即犯罪，上帝也就成了这罪行的制造者了。参阅斐扬派修士皮埃尔·德·圣约瑟夫《论人类自由的和谐一致》第318页及其以下；这就表明他们承认受造物在其受造的最初瞬间不可能以任何方式进行任何活动），由此显然可以得出结论说，他们在随后的任何一个瞬间也都不可能参与上帝的活动，既不可能参与产生它们自己的活动，也不可能参与产生任何别的事物的活动。倘若他们能够在其存在的第二个瞬间参与这样的活动，那就没有任何东西能够阻止它们在第一瞬间参与这样的活动。”

388. 对于这些证明有必要作出如下回答。让我们设定，受造物在每个瞬间都重新产生出来；让我们还承认，这样一种瞬间由于具有不可分性便排除了时间的所有在先性。但让我们指出，它并未排除本性的在先性，并未排除我们在理智上（in signo rationis）称作在先的东西，而这就足够了。产生或上帝藉以产生的活动，在本性上先于产生出来的受造物的存在；受造物自身及其本性和必然属性先于其偶然属性及其活动；不过，所有这一切都在同一瞬间 358

处于存在状态。上帝是依据他的智慧规律，遵照此前瞬间的紧迫要求产生受造物的。受造物遵照自己的本性而运作，而它的这种本性是上帝在持续不断的创造它的过程中传送给它的。受造物的局限性和不完满性通过受造物的本性产生出来，受造物的本性对上帝的创造设置了种种边界；此乃受造物原初的不完满性的结果。另一方面，恶行与犯罪是通过受造物内在的自由运作产生出来的，这是就这种运作能够在这一瞬间之内发生，由于此后反复出现从而使之成为可辨别的现象而言的。

389. 本性的在先性是哲学的一个老生常谈。人们之所以这样说，乃是因为上帝的种种决定之间具有一种秩序。倘若人们正确地将受造物用来进行证明和得出结论的理智给予上帝，以致他们所有的推证和三段论都为上帝所知，都被发现以卓越的方式存在于上帝身上，人们便会看到在这些命题或真理中存在有一种本性的秩序。但其间却根本不存在任何时间的秩序，或者说根本不存在某种使他得以在知识方面前进并从前提过渡到结论的时间间隔。

390. 我在这个证明中并没有援引这些反思不能满足的任何内容。当上帝产生事物时他是把这个受造物作为个体而不是作为一种逻辑共相产生出来的，这一点我也承认，但他是在产生其偶性之前产生其本质的，在产生其运作之前产生其本性的，遵循的是其本性的在先性和理智的在先性(la priorité de leur nature, et in signo anteriore rationis)。由此，人们便看到这个受造物如何能够成为罪的真正原因，而上帝的保存活动并不能阻止这种罪过的发生；

上帝按照这个受造物的在先状态安排事物，以便它能遵循他的智慧的这些规律，尽管这个受造物从一开始就造成了罪。但上帝确实并不是从一开始就创造这个灵魂处于从最初瞬间就已经犯罪的状态，经院哲学家们曾经正确地注意到了这一点：因为在上帝智慧的规律中并没有什么东西能够使他这样做。

391.智慧的这条规律还使上帝一再地产生同一个实体，同一个灵魂。对于这个问题，培尔先生在其《历史与批判辞典》（“皮浪”条，B段，第2432页）提到的那位教士本来是能够作出回答的。这一智慧造成了事物之间的联系。因此，我承认受造物并不与上帝一起参与他自己的保存（这是从我刚刚解释过的那种保存的意义 359
上讲的）。但我也看不出有什么东西能够阻止这个受造物与上帝一起产生任何别的事物：当涉及其内在运作时情况就更其如此，例如一个思想，一个意欲，这些事物实际上是区别于实体的。

392.但在这里，我不止一次地与培尔先生交锋过。培尔先生认为根本不存在这样一种区别于实体的偶性。他说道（第773页）：“我们的现代哲学家们用来推证偶性实际上并非区别于实体的存在者的种种理由，并不只是一些困难；它们是战胜对手的证明，是无法批驳的证明。”他还补充说：“关于这些证明，您不妨花些工夫去翻阅一下迈尼昂[①]神父、马勒伯朗士神父、嘉里[②]先生（凯恩

① 迈尼昂(Maignan，1601—1676)，哲学家与学者，著《哲学教程》，该书1653年于法国图卢兹出版。

② 嘉里(Pierre Calli，生活于17世纪下半叶)，著《哲学原理》，该著1674年出版。

大学哲学教授)的著作，或者去翻阅一下萨古恩斯[①]神父的《偶性的毁灭》(Accidentia profligata)一书，萨古恩斯神父是迈尼昂神父的学生，《文坛共和国新闻》1702 年 6 月号刊登了该书的节录。倘若您只想查阅一个作家的有关资料，您可选择本笃僧侣(religieux bénédictin)杜牧・弗朗索瓦・拉弥[②]的书，拉弥是法国能够发现的最具影响力的笛卡尔派学者之一。您在他的 1703 年于特雷武出版的《哲学通讯》中会读到一封信，他在其中以几何学的方法推证出“上帝乃所有实在事物的唯一真正的原因”。我很想看到所有这些著作，至于引文中最后一句话，在一个很好理解的意义上也很可能是真的：上帝乃纯粹绝对实在或完满性的唯一根本原因：次级原因藉助第一因发挥作用(Causae secundae agunt in virtute primae)。但倘若人们将实在这个词理解为局限性和缺乏，人们便可以说，次级原因参与有局限的事物的产生；否则，上帝就会成为罪的原因，甚至成为罪的唯一原因。

393. 再者，值得当心的是，为了防止混淆实体与偶性，剥夺受造实体的活动，人们便陷入了斯宾诺莎主义。斯宾诺莎主义乃一种放大了的笛卡尔主义。不能活动的东西就不配实体这个称号。倘若偶性与实体无别，倘若受造的实体像运动那样是一种连续的

① 萨古恩斯(Saguens，生卒年月不详)，P. 迈尼昂的学生和传记作家。莱布尼茨所引著作的全称是：《偶性的毁灭与种相的建立或圣餐祝圣仪式之后圣饼与酒种相的持久存在》。该著 1700 年在米兰出版。

② 杜牧・弗朗索瓦・拉弥(Dom François Lami，？—1711)，著 5 卷本《自我认识》(1694—1698 年在巴黎出版)。文中所说他在 1703 年出版的《哲学通讯》上所发表的那封信的全称是：《关于若干重要问题的哲学通讯》。关于拉弥，详见前面有关注释。

存在，倘若它并不超出瞬间绵延并像它的偶性那样不能保持其同
一的本质（在某个说到的时间段），倘若它像一个数学图形或数字
那样没有任何运作，人们为何不能够像斯宾诺莎那样说上帝是唯
一的实体，受造物只是偶性或样式呢？迄今为止，人们一向假定： 360
实体持续存在，偶性变动不居；但我则认为，人们应当依然坚持这
一古老学说，因为依据我的记忆，我所读到的种种证明都不能对其
反面提供证据，其所证明的也没有超过所需要的东西。

394. 培尔先生说道（第 779 页）：“被断言为存在于实体与其偶性之间的所谓区别产生出来的谬论之一在于：受造物如果产生偶性便会具有创造能力和毁灭能力。因此，人们倘若不创造不计其数的实在存在者，倘若不使不计其数的实在存在者化为虚无，便不可能实施哪怕是最微乎其微的活动。人们只要动一下舌头呼喊或进食，便可以创造像舌头各个部分的运动那么多偶性，并破坏像食物中各个部分的偶性，并使之丧失其形式，变成浆液和血液等。”这种证明只能令人恐惧和烦恼。倘若在宇宙的每个瞬间，甚至在宇宙的每个部分，都有无限的运动、无限的形体产生和消亡，还有什么不幸产生不出来呢？再者，人们还能够推证事情必然如此。

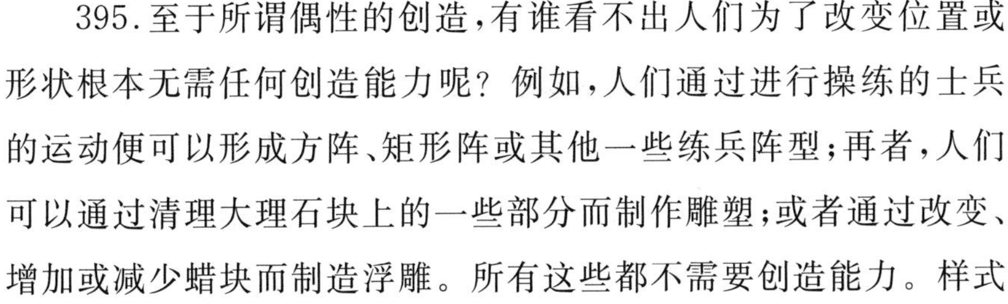

395. 至于所谓偶性的创造，有谁看不出人们为了改变位置或形状根本无需任何创造能力呢？例如，人们通过进行操练的士兵的运动便可以形成方阵、矩形阵或其他一些练兵阵型；再者，人们可以通过清理大理石块上的一些部分而制作雕塑；或者通过改变、增加或减少蜡块而制造浮雕。所有这些都不需要创造能力。样式

的产生从来都不被称作创造。以这些手腕来恐吓世人是对术语的滥用。上帝从无中造出实体,而实体则藉改变自己的界限造出偶性。

396.至于灵魂或实体的形式,培尔先生正确地补充说:“对于那些承认实体形式的人来说,没有什么比提出异议说这种形式除非经过现实的创造便不可能产生出来更便捷了,经院哲学家们若致力于回答这个问题确实是值得怜悯的。”但对于我及我的体系来说,也没有什么比回答这一异议更为便捷。因为我主张所有的灵魂、隐德莱希或原初的力、实体形式、单纯实体或单子,无论人们叫
361 它们什么名称,都既不能自然地产生,也不能自然地消灭。至于那些性质或派生的力,或者被称作偶性形式的东西,我则理解为原初隐德莱希的变形,一如形状乃物质的变形一样。这就是这些变形何以持续不断改变而单纯实体则恒久不变的原因。

397.我在前面(本著上篇第 86 节以下)已经证明,灵魂不可能自然地产生,也不可能相互产生出来。我们的灵魂必定不是被创造出来的,就是事先存在的。我甚至已经提出了一条介于创造和全然先在之间的中庸之道。我发现,我们不妨说从事物开始时即事先存在于精液中的灵魂只具有感觉能力,但当该灵魂所属的那个人被孕育时,当这个有机躯体虽然从一开始就始终伴随着这个灵魂,但却经历了许多变化,受到决定形成人的躯体时,它就被提升到了一个更高的阶段,亦即理性阶段。我还考虑到,人们可以将感觉灵魂的这样一种提升(通过这种提升,使灵魂达到了更加崇高

的存在阶段,即理性阶段)归因于上帝的超常的运作。尽管如此,我还是有理由补充说,在人的生育方面,也和在动物的生育方面一样,我宁愿放弃奇迹一说。对此,我们可以作出如下的解释:倘若人们想象,在如此众多的灵魂和动物中,或者在至少存在于精液中的有生命的机体中,只有那些注定有朝一日达到人的本性的灵魂,才在自身之内包含了有朝一日在自己身上显现出来的理性,只有这些灵魂的有机躯体先行构成和先行安排有朝一日具有人的形状,而其他那些自身之内事先没有设置这样一些东西的微小的动物或准生命的存在者在本质上与他们不同,它们只具有一些较低级的特性。这样一种产生过程是一种"翻译"[①],但比人们通常所说的那类东西更容易为人们所接受:它不是讲一个灵魂从另一个灵魂派生出来,而只是讲一个有灵魂的存在者从另一个有灵魂的存在者派生出来。这就避免了一种新的创造的反复重复的奇迹,而这种新的创造将使一个新的和纯粹的灵魂进入一个必定使之灭亡的躯体之内。[②]

398.然而,我与马勒伯朗士神父却持同样的意见,一般而论,正确理解的创造并不像人们所想象的承认起来那么困难,在一个意义上,创造已经包含在受造物依赖性这个概念之中了。马勒伯朗士神父在其《基督宗教的沉思》(Méditat. chrétienn)(第 9 章,

① "翻译"一词的原文为 traduction。该法文单词的基本含义是"翻译"、"译文",也被引申为"表达"。关于人的生育和人的灵魂的产生问题,请特别参阅本著上篇第 88—89 节。

② 参阅莱布尼茨:《单子论》,第 74 节以下。

362 第3节)中惊呼:“哲学家们是何等的愚蠢和可笑!他们妄自认为创造根本不可能,因为他们无法想象上帝的能力竟大到足以从无中造出某些事物来。但他们难道能更好地设想上帝的能力何以能够摇动一根稻草吗?”他还补充说:“如果物质不是创造出来的,上帝就不可能推动它,或者由物质产生出任何事物。因为上帝不认识物质,他便不可能推动物质,或者智慧地对物质作出安排。然而,上帝倘若不使物质存在,他就不可能认识物质:他只能够从他自身派生出他的知识。没有什么东西能够作用于上帝,也没有什么东西能够开导上帝。”

399.培尔先生由于不满意说我们持续不断地受造,而坚持从我们的灵魂不可能活动必定得出的另外一个学说。对这个问题,他是这样讲的(第141章,第765页):“他太了解笛卡尔主义”(他是在讲,笛卡尔主义是一个有力的对手)“而不会不知道在我们今天,人们是多么强烈地坚持认为根本不存在任何能够产生运动的受造物,就感觉和观念以及有关痛苦和快乐的情感而言,灵魂乃一个纯粹被动的主体等。倘若这尚未涉及意志活动,那也只是由于启示真理的缘故。否则,就会发现意志活动和理智行为一样是被动的。证明我们的灵魂并不形成我们的观念,并不激发我们的器官的同样的理由,也能证明我们的灵魂不可能形成我们的爱的活动和意志活动等。”他还可以补充说,我们的灵魂也不可能形成我们的恶的行为,我们的犯罪行径。

400.他所称赞的这些证据的力量并不像他所认为的那样大,

因为倘若真的这么神奇，那这些证据证明的东西也就太多了。它们竟使上帝成为罪的制造者。我承认，灵魂不可能通过物理的影响激发器官，因为我认为，身体必定是事先就这样构成的，以至于它能够在时空中完成那些与灵魂的意志活动相对应的活动，尽管灵魂确实即是这种运作的原则。但如果人们说灵魂产生不出它的思想、它的感觉，它的痛苦和快乐的情感，在我看来是毫无理由的。在我的体系中，每个单纯实体(即每个真正的实体)都必定是它的所有活动和内在情感的真正的直接原因；而且，从形而上学的意义上严格地讲，除了它所产生的那些东西外，它没有任何别的东西。那些持不同意见的人，那些使上帝成为唯一活动主体的人徒劳地陷入语词的牢笼，如果他们不违背宗教便很难摆脱困境；再者，他 363
们也毫无疑问违背理性。[①]

401. 然而，我们现在就来考察一下培尔先生证明的依据。培尔先生说，我们做不了那些我们不知道如何去做的事情。但对这项原则我不敢苟同。我们不妨听一下他的论断(第 767 页以下)：“令人吃惊的是，差不多所有的哲学家(亚里士多德著作的注释家们例外，他们承认一种普遍理智，区别于我们的灵魂，是我们知觉的原因；参阅《历史与批判辞典》，“阿维洛伊”条，E 段)都附议这一平庸之见，认为我们是能动地形成我们的观念的。不过，在什么地方会有这么一个人，他一方面不知道他对于观念究竟如何形成绝对无知，另一方面又不知道倘若他对如何缝纫全然无知，他连两个

① 参阅莱布尼茨：《形而上学谈》，第 8 节以下；《单子论》，第 62 节。

针脚都缝不出呢？难道缝两个针脚这项工作本身比一个人虽然根本没有学过绘画却要在其思想中描绘出他第一次见到的玫瑰更加困难吗？相反，在思想上形成图画这项工作其本身看起来难道不比我们不经学习便无从在画布上画出一朵花的形状更加困难吗？我们全都相信，倘若我们不知道如何使用钥匙，这把钥匙对于我们打开一个箱子就毫无用处。尽管我们的灵魂既不知道必定用于我们双臂运动的神经究竟在什么地方，也不知道在何处获得在这些神经中奔流的动物精神(les esprits animaux)，但我们却还是妄自认为，我们的灵魂乃我们双臂运动的动力因。我们每天都有这样的经验，我们乐意唤起的观念迟迟不来，而当我们不再想它们的时候，它们却又自行显现。倘若这样一些情况不妨碍我们设想我们是它们的动力因，人们究竟拿什么用作雅洛克先生似乎深信不疑的各种感觉的证据呢？难道支配我们观念的权威比支配我们意志活动的权威更经常地不足吗？如果我们仔细计算一下，我们就会发现，在我们的生命过程中，不导致活动的空泛愿望(de velléités)多于意志活动，这就是说，我们意志遭受奴役的证据多于其占主导地位的证据。同一个人究竟会有多少次体验不到他没有能力实施某个意志行为呢？例如，要他对一个刚刚侮辱过他的人示爱的行为；要他对自己写成的一首优美的十四行诗表示鄙视的行为；要他对情人表示憎恨的行为；要他对一句荒谬的箴言表示赞许的行为。请注意，我在这里所讲的只是那些用“我要”表达的关于内在活动
364 的行为，诸如“我要鄙视”、“我要认可”等。他又有多少次体验到哪怕他在这时会遭到一百支手枪的射击，他也甘愿遭受射击，胸怀藉经验证据使自己确信他在自己的王国里就是主人这样一种坚定不

移的志向呢?”

402.“为了言简意赅地概括出我刚才对您讲的上述内容,我将说,对于所有那些深入探究这些问题的人都显而易见的是:一个结果的真正动力因必定不仅认识这结果,而且还意识到这一结果藉以产生出来的方式。当然,倘若人们只是这原因的工具,只是其活动的被动的对象,这自然就没有必要了。但人们无法想象,这对于一个真正的活动主体来说没有必要。鉴此,倘若我们认真地反思一下我们自己,我们便会深信不疑:第一,我们的灵魂不依赖经验便很少意识到何谓意志活动,就像我们的灵魂不依赖经验很少意识到何谓观念那样;第二,我们的灵魂在经过长期经验之后,对我们的意志活动何以形成的认识并不比它曾经意欲过任何事物之前认识得更加充分。除了说我们的灵魂既不可能是其意志活动的动力因,也不可能是其观念或引起我们双臂运动的精神运动的动力因,我们还能从中得出什么样的结论呢?(请注意,我在这里并非意在对问题绝对地作出决断,只在于对异议所涉及的各项原则作出考察。)”

403.这种推理的方式竟如此乖戾!人们究竟有什么必要应始终知道所做之事是如何做出来的呢?难道盐、金属、植物、动物以及千百种有灵魂和无灵魂的物体也知道它们的活动是如何发生的吗?它们有知道的必要吗?难道一滴油也必须理解了几何学才能够在水的表面扩散开来吗?缝纫固然与此不同,人们为着一个目的而缝纫,人们必须知道达到这一目的的手段。但我们不会因为

我们有此意愿而形成我们的观念。它们是在我们内部并且通过我们形成的,这并非我们意志的结果,而是根据我们的本性和事物的本性形成的。胎儿在动物身上形成以及成千上万其他自然奇迹都是上帝所赋予的本能产生出来的,亦即借助于上帝的预成(la préformation divine)产生出来的,上帝的预成造出了这些令人惊叹的自动装置,适合以机械方式产生出如此美妙的结果。同样,我们也不难相信,灵魂乃一种更加令人惊叹的精神的自动装置,通过
365 上帝的预成,它产生出了这些如此美妙的观念,对这项工作,我们的意志根本无法参与,我们的技艺根本无法企及。精神自动装置的这样一种运作,是灵魂的一种运作,这种运作并非机械性的,但它却在最高层次上包含着机械学中的美。这些在身体中开展的运动通过表象聚焦于灵魂,就像聚焦于一个观念世界一样,这个观念世界表象着现实世界的规律及其结果,但与存在于上帝之中的那个完满的观念世界不同,因为其他实体大多数知觉都是模糊的和混乱的。很显然,每个单纯实体都以其模糊含混的知觉或感觉包含着整个宇宙。这些知觉的连续虽然受到该实体特殊本性的规定,但却始终表象着宇宙中的整个本性;每个当下的知觉都导向另一个新的知觉,正如它所表象的每个运动都导向另一个运动。但这灵魂却不可能清楚地认知它的整个本性,不可能清楚地知觉到这些不计其数的微知觉如何堆积,更确切地说是不可能清楚地知觉到这些不计其数的微知觉如何聚集在一起,使自己成型。要做到这一步,它就必须完全认识为它们所包含的整个宇宙,也就是说,它必须成为一个上帝。

404. 至于那些不可能导致活动的空泛的意愿，它们只不过是一种不完满的有条件的意志。我能故我愿(Je voudrais, si je pouvais)：如果许可即自由(Libert, si liceret)。在不可能导致活动的空泛的意愿情况下，严格讲来，我们所意愿的并非去意愿，而是去能够。这就解释了何以在上帝身上根本没有任何不可能导致活动的空泛的意愿。我们绝对不能将其与先件意志混为一谈。我在别处已经充分说明，我们对意志活动的控制只能间接地实施，我还充分说明，倘若人们想要在自己的领域里能够做到没有任何原因、没有任何韵律或理由充分地成为自己的主人，那将是一种不幸。倘若人们抱怨自己没有这样一种支配能力，那就表明他与普林尼没有什么两样，普林尼由于上帝不能毁灭掉他自己而对上帝的能力吹毛求疵。

405. 在我对在培尔先生著作中所能找到的他就这一论题所发表的所有异议作出回答(在我看来)之后，我打算就此收笔。但由于我记得我在前面已经提及的洛伦佐·瓦拉[①]针对波爱修所写的

① 瓦拉(Lorenzo Valla，1406 1457)，文艺复兴时期意大利人文主义者、修辞学家和语言学家。他反对宿命论，倡导意志自由。其著作涉及伦理学、逻辑学、历史学和神学等领域。其代表作有《论快乐》、《论真正的善》、《辩证法的争论》、《优雅的拉丁语》和《关于意志自由的对话》等。其中《论快乐》攻击斯多葛派，为伊壁鸠鲁的快乐观辩护。《论真正的善》对斯多葛派、伊壁鸠鲁派和基督宗教的伦理观进行了批判的考察，断言斯多葛派为德性而德性，其所谓的德性其实是与最高的善相违背的恶；伊壁鸠鲁为快乐而追求德性，虽然正确地看到了德性的实用目的，但却否认来世报应；基督宗教徒虽然追求来世的快乐和永恒的善，但也不应当因此而忽视现世快乐。《辩证法的争论》旨在重建辩证法，解决哲学的基本问题，质疑当代亚里士多德派将辩证法囿于演绎推理的做法，努力用拉丁文的用法简化逻辑学。他将亚里士多德的十范畴简化成三范

《关于自由意志的对话》,我认为在保留其对话形式的前提下,将其摘录下来,然后在他中断的地方继续写下去,保持其原始的虚构和推定,很有必要。这固然为了使这一论题更加生动有趣,但更多的
366 是为了在本著的结尾尽可能清楚明白地以最可能普遍理解的方式阐明我自己的观点。瓦拉的这个对话及其论快乐和论真正的善的著作表明他不仅是个人文主义者,而且也同样是位哲学家。他的这四本书针对的是波爱修的《哲学的慰藉》的前四卷,他的《对话》针对的则是《哲学的慰藉》的第五卷。一个名叫安东尼·克拉里阿(Antonio Glarea)的西班牙人,请求他在书中就自由意志的难点作出说明,这一点虽然鲜为人知,却很值得知道;因为今生和来世的正义与不义、赏与罚都依仗对这些难题的说明。洛伦佐·瓦拉回答他说,我们必须以世上所有的人都与我们一样无知而自慰,这正如人们以其没有鸟的翅膀而自慰一样。

406.安东尼:我知道,您能给我那些翅膀,像另一个代达罗斯

畴,即主体、属性和活动,从而与名词、形容词和动词相对应。《优雅的拉丁语》是人文主义者批判经院文风的代表作,旨在恢复古典拉丁文的光荣和纯洁,确定拉丁文在古罗马作家著作中的正确用法,有效地解决经院的种种“文字之争”。该书作为中古以来第一部拉丁语法教科书,在欧洲一度相当流行。在《关于意志自由的对话》中,瓦拉讨论了上帝的预知是否与人的意志自由相一致的问题,强调预知与原因的区别,断言预知是理智活动,原因出自意志力量,强调上帝的预知留给人的自由的余地问题是一个信仰问题,而非哲学和逻辑问题。波爱修的《哲学的慰藉》含5卷:第1卷“精神之痼疾”(论自我与理智);第2卷“淡看身外之物”(论欲望);第3卷“幸福之所在”(论幸福);第4卷“掌命运之舵”(论善恶);第5卷“理智的神圣光辉”(论自由意志)。莱布尼茨说瓦拉的《关于意志自由的对话》的内容对应于波爱修《哲学的慰藉》的第五卷,他的其他四本书(很可能是我们在前面提到的四本书)的内容则对应于《慰藉》的第1—4卷。看来,莱布尼茨无论对瓦拉还是对波爱修都做过一番深入研究。

那样，这样我就可以飞出无知的牢笼，上升到真理的领域，而真理之域乃灵魂的故乡。我已经看到的那些书并未满足我的欲望，哪怕著名的得到广泛赞誉的波爱修的著作亦复如此。我不知道他自己是否充分理解了他关于上帝的理智和关于超越时间的永恒性所说过的话；因此，我请求您就他调和预知与自由的方式谈一下您的意见。

洛伦佐：我担心倘若我批驳这位伟大人物，会招致许多人不满。不过，如果您肯给我作出承诺，我会不顾这一担心而考虑一位朋友的恳求。

安东尼：要我承诺什么？

洛伦佐：请您承诺在我家用过中餐之后，不再请求在我家吃晚饭。也就是说，我希望您满足于我对您所提问题的回答，而不再提出进一步的问题。

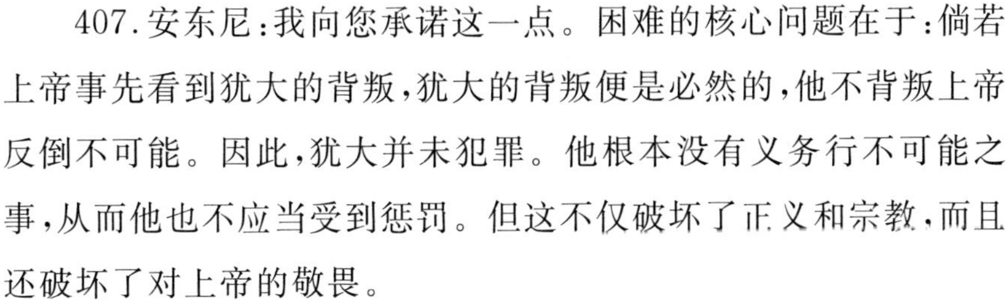

407. 安东尼：我向您承诺这一点。困难的核心问题在于：倘若上帝事先看到犹大的背叛，犹大的背叛便是必然的，他不背叛上帝反倒不可能。因此，犹大并未犯罪。他根本没有义务行不可能之事，从而他也不应当受到惩罚。但这不仅破坏了正义和宗教，而且还破坏了对上帝的敬畏。

洛伦佐：上帝事先看到了罪；但他并未迫使人去犯罪，犯罪是自愿行为。

安东尼：但这种意志或意愿是必然的，因为它已经被事先看到了。

洛伦佐：倘若我的认识并未造成过去或现在的事物存在，我的预知也同样不会造成未来的事物存在。

408.安东尼:这个比喻具有欺骗性。无论是现在的事物还是过去的事物都是不可能改变的,它们都已经是必然的了;但未来的事物,虽然自身可以改变,但由于预知却也变成固定不变的和必然的事物了。
367 让我们设定一个异教的神自夸自己认知未来事物:我会问他:他是否知道我将首先迈哪只脚,然后,我便迈出与其事先所说相反的那只脚。

洛伦佐:这个神却知道您打算做什么。

安东尼:他究竟是怎么知道的呢?因为我做的与他会说的相反,而且,我假定他会说的即是他所想的。

洛伦佐:您的这个假设是错误的。因为上帝不会回答你;再者,倘若上帝真的回答了你,您对上帝所怀有的信仰也会敦促您立即照他的指示办事;从而,他的预言对你来说就是一道命令。但我们已经偏离了问题。我们所关心的并非上帝将预言什么,而是上帝究竟预见到了什么。因此,还是让我们言归正传,回到预知这个题目上来,并且区分开必然性与确定性。事先看到的事情并非不可能不发生;但将要发生的事情却是确定无误的。我既能够成为一个士兵,也能够成为一个教士,但我却不会成为士兵或者教士。

409.安东尼:恰恰在这里我牢牢地抓住了您的错误。哲学家们的规则在于:凡可能的事物都是能够被视为存在着的。但倘若您肯定的事物是可能的,亦即一个有别于被曾经看到的事件现实地发生了,那么,上帝也就弄错了。

洛伦佐:哲学家们的规则在我看来并非神谕。您刚才说的这条规则尤其不正确。两个矛盾的方面往往两者都是可能的。它们两者都能够存在吗？但为了给您作出进一步解释，我们不妨假设：到德尔斐神庙询问阿波罗神谕的塞克斯都·塔奎尼乌斯[①](Sextus Tarquinius)得到的回答说：

> 你将在某一天因全城震怒而受到放逐，沦为乞丐，
> 在异国他乡了结此生。[②]

这位青年会抱怨说：我给你带来了王室般的礼品，但阿波罗，难道你就向我宣布这样一个如此不幸的命运？阿波罗便会对他说：你的礼品让我高兴，而我做的是你求我为你做的事情，即我告诉你将要发生的事情。我虽然知道未来，但我却不能使之发生。要抱怨，你就去找朱庇特和命运三女神抱怨去吧。塞克斯都倘若此后继续抱怨阿波罗，他就太荒谬可笑了。难道事情不是这样吗？

安东尼：他会说，我谢谢你，神圣的阿波罗，谢谢你没有对我置之不理，谢谢你向我吐露了真情。但究竟为什么朱庇特对我如此残忍，究竟为什么为我这么一个无辜的人，为我这么一个虔信众神的人准备了这么一种残酷的命运呢？

---

① 塞克斯都·塔奎尼乌斯(Sextus Tarquinius)，系高傲者塔奎尼乌斯(Tarquinius Superbus)的儿子，传说是罗马的末代国王。高傲者塔奎尼乌斯(活动时期为公元前6世纪下半叶)为传说中罗马的第七代国王。也有些学者认为实有其人，公元前534—前510年在位；据说他是塞尔维乌斯·图利乌斯的女婿，在害死图利乌斯之后建立独裁政权；许多元老院议员惨遭他的毒手；后来一些元老院议员发动叛乱，将其全家撵走。

② 这句神谕的原文为：Exul inopsque cades irata pulsus ab urbe. Pauvre et banni de ta patrie, On te verra perdre la vie。

洛伦佐:你真的是个无辜者吗?阿波罗会对你这样说。你要知道,你会得意忘形,你会与人私通,你会背叛你的祖国。塞克斯
368 都也能够反驳说:阿波罗,其实你就是这一切的原因;因你事先看到了这一切,你就能够迫使我去做这些事情吗?

安东尼:我承认,倘若你作出这样的回答,你就肯定精神失常了。

洛伦佐:因此,即使叛徒犹大也不能抱怨上帝的预知。而这也就是对你的问题的回答。

410. 安东尼:你的答案出乎意料地令我满意。您做了波爱修做不到的事情:我终生都将对您感激不尽。

洛伦佐:不过,还是让我们将这篇小故事继续编下去。塞克斯都会说:不!阿波罗,我不会按照你说的去做。

安东尼:怎么?上帝会说,难道你的意思是说,我是一个说谎者?我再对你讲一遍,你会做我对你刚刚说过的一切。

洛伦佐:塞克斯都或许会祈求众神改变他的命运,给他一颗更善良的心。

安东尼:众神给他的回答将是:

> 不要指望祈求让众神心软,改变他们为你规定的命运。[①]

---

① 维吉尔:《埃涅阿斯纪》,Ⅵ,第376行。其原文为:Desine fata Deum flecti sperare precando。

他不能使上帝的预知成为谎言。但塞克斯都会说些什么呢？难道他不会发泄他对众神的怨气？难道他不会说：怎么？莫非我不自由？莫非遵循美德非我能力所及？

洛伦佐：阿波罗或许会对他说：我的可怜的塞克斯都，你应当知道，众神使每个人都成为他自己当是的那个样子。朱庇特使狼贪婪，使兔子胆怯，使驴愚蠢，使狮子勇猛。他给你一个邪恶的无可救药的灵魂。你将按照你的自然性情行事。而朱庇特将按照你的行为对待你；他为此还在斯提克斯①面前发过誓呢！

411. 安东尼：我向你承认，在我看来，阿波罗在其申辩中谴责得更多的是朱庇特而非塞克斯都。塞克斯都可以这样回答他：因此，朱庇特藉我来谴责他自己的罪行；因为唯一有罪的就是朱庇特。他本来可以让我成为另外一副样子。但他既然使我成为我现在这个样子，我也就必须按照所意愿的行事。他凭什么惩罚我？我就不能对抗他的意志吗？

洛伦佐：我承认，我和你一样，我也感到一时无话可说。我已经让朱庇特和阿波罗诸神登场，以便使你在上帝的预知和天道之间作出区分。我已经证明：阿波罗和预知根本无损自由；但在朱庇特意志的决定，亦即天道的命令方面无法给你满意的回答。

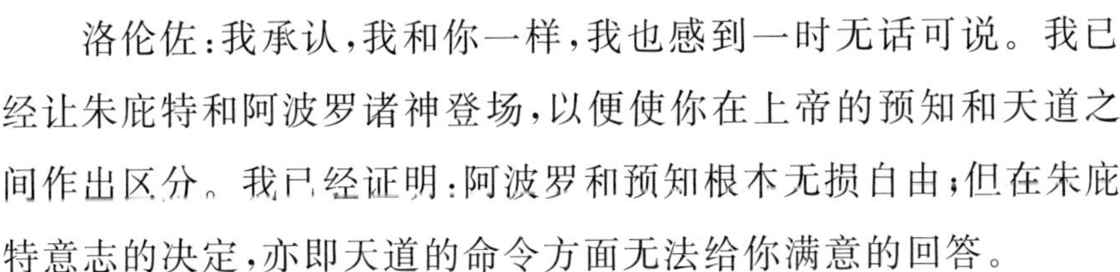

安东尼：您将我从一个深渊中拖了出来，但又将我拽进了另一 369
个深渊，而且是一个更大的深渊。

① 斯提克斯（Styx），为希腊罗马神话故事中人物，系大洋神俄刻阿诺斯和忒提斯的女儿之一，被宙斯封为奥林匹斯山上监督众神誓言的女神，凡以她的名义所发的誓言都不得取消。详见前面有关注释。

洛伦佐:请不要忘掉我们的约定,我已经请您吃了一顿中餐,难道您还要我请您再吃一顿晚餐吗?

412.安东尼:现在,我发现您很狡猾:您捉弄了我,这个约定不诚实。

洛伦佐:你要我怎么做?我已经倾尽我这个穷家的所有,为你备办这些酒饭;至于那些琼浆玉液和山珍海味,你应当找众神讨要;这些唯有众神才享用的美味佳肴在人间是找不到的。让我们倾听圣保罗的教导,圣保罗这个被拣选出来的器皿,甚至一直被带到了第三重天,他在那儿听到了许多无法用语词表达的话,他将用陶工的比喻,用上帝方式的不可理解,以对上帝智慧深渊的诧异来回答你。尽管如此,你还要特别注意,人们切莫问上帝为何事先看到事物,这很好理解,因为事物将要存在,而要问他为何这样安排事物,为何他使这个人如此顽固不化,而对另一个人却怜悯有加。我们并不知道他之所以这样做可能拥有的理由,但既然他是非常善的也是非常智慧的,就足以使我们认为他这样做的理由也是善的。既然他是正义的,就可以得出结论说:他的决定和他的运作并不破坏自由。有些人还从中寻找某种别的理由。他们说,我们是用腐败的和肮脏的物质造成的,甚至可以说是用垃圾造成的。但亚当和天使却是用银和金造成的,尽管如此,他们也依然犯了罪。有的人有时即使在再生之后也依然顽固不化。因此,我们必须寻找恶的别的原因,我怀疑,即使天使也未必知道这种原因;尽管如此,他们依然不停地幸福,依然不停地赞美上帝。波爱修倾听得更多的是哲学的回答,而不是圣保罗的回答。这就是其失败原因之

所在。让我们相信耶稣基督，相信他是上帝的美德和智慧：他教导我们，上帝想要拯救一切人，他并不忍心罪犯死亡。因此，让我们相信上帝的仁慈，让我们不要因我们的虚荣和我们的恶意而错失我们领受它的资格。

413. 瓦拉的这篇对话极其卓越，即使人们必须将其中一些内容视为例外。而它的主要缺点在于：它斩断了扭结，他似乎在朱庇特的名义下谴责了天道，使他差不多成了罪的作者。因此之故，我们不妨将这篇小故事再向前演绎一点。塞克斯都在辞别德尔斐的阿波罗之后，前去拜访多多纳的朱庇特。他献祭后便开始大发牢骚。伟大的神，你为何诅咒我，使我变得邪恶和不幸？你究竟要改变我的命运和我的心，还是承认你的错误？朱庇特回答他说：倘若 370
你愿意放弃罗马，命运三女神就会为你编制另一种命运，你就会变得智慧，你也就会幸福。

塞克斯都：为何必须放弃戴上王冠的希望？难道我就不可以成为一个好的国王吗？

朱庇特：不，塞克斯都。我想知道的是究竟什么才对你更为有益。倘若你去了罗马，你就丧失了机会。

塞克斯都由于不能下决心作出如此巨大的牺牲，便离开神殿，任凭其命运的摆布。神与塞克斯都对话时在场的大祭司特奥多鲁斯(Theodorus)对朱庇特说了下面这番话：伟大的众神之主，您的智慧值得尊重。您已经使这个人相信了他自己的错误。他以后必定将他的不幸归因于他的恶的意志。他对此将无话可说。但您忠诚的敬仰者却又大惑不解，他们既惊讶您的善，也惊讶您的伟大；

一切都在于您给他一个不同的意志。

朱庇特：你到我的女儿帕拉斯[①]那里去问问，她会告诉你我必须做什么事情。

414. 于是，特奥多鲁斯来到雅典。人们吩咐他躺下睡在女神殿里。在梦中，他发现自己被转移到一个不为人知的地方。那里耸立着一座人们意想不到的壮丽辉煌的宫殿。女神帕拉斯出现在大门前面，在她周围威严炫目的光辉四射。

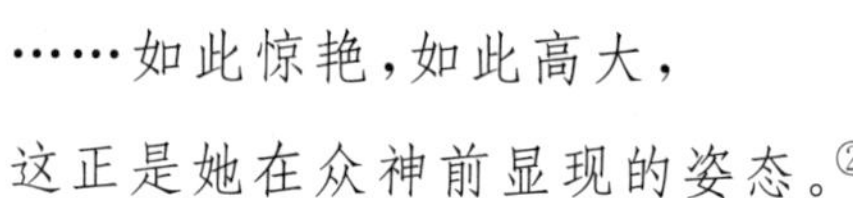

……如此惊艳，如此高大，

这正是她在众神前显现的姿态。[②]

她用她手中的橄榄枝触摸了一下特奥多鲁斯的脸。他顿时充满力量，能够直面朱庇特女儿神圣的光彩以及她显示给他的一切。她对他说，爱你的朱庇特已经将你推荐给我，让我开导你。你在这儿看到了命运的宫殿，这座宫殿就是由我来守护的。宫中所展现的不仅有发生的事情，而且还有所有可能的事物。朱庇特在现存世界开始之前就审视过了这里的一切，将一切可能的事物分门别类

① 帕拉斯（Pallas），雅典娜的别称之一。帕拉斯或雅典娜或雅典娜－帕拉斯，系希腊罗马神话中的智慧女神、农业与园艺的保护神、司职法律与秩序的女神和女战神。在希腊神话中，她被说成是宙斯之女，在罗马神话中，她被说成是朱庇特之女。在一些希腊罗马神话故事中，她也被称作海之信使特里同之女，甚至将其称作提坦神克利俄斯与欧律比亚之子。

② 维吉尔：《埃涅阿斯纪》，Ⅱ，第591—592行。其原文为：. . . Qualisque videri Coelicolis et quanta solet。

地放进了各个世界之中，然后从中选择了这个最好的世界。他也不时地访问这些宫殿，津津有味、提纲挈领地评述这些事物，更新他自己的选择，这无不给他带来快乐。我只需讲一声，我们就会看到我的父亲可能创造出来的一整个世界，其中能够展现出人们能够从他那里要求得到的一切；以这样一种方式，人们还可以知道，倘若任何一种特殊的可能世界成为现实存在届时将会发生的一 371
切。假如人们提出的条件并不十分确定，这里就将如愿地出现那么多相互间不同的世界，它们将以尽可能多的不同方式回答同一个问题。你可能像所有受过良好教育的希腊人一样，年轻时学习过几何学。所以，你知道，倘若为寻求一个点所需要的条件不足以确定这个点，从而存在有无限多个所寻求的点，那么，它们这些点就将全部落入几何学家称之为轨迹的东西之内了，而这样一种轨迹（往往被称作一条线）至少将是确定的。以这样一种方式，你就能够为你自己设想出诸多世界的有规则的连续系列。这个诸多世界的连续系列将包含着每一个世界，而每一个世界都是所考察的个案，而且也将改变着它的环境和它的结果。但倘若你设定一个个案，仅仅由于一个确定的事物及其结果区别于现存世界，那么，这些确定的世界中就会有确定的一个世界将会回答你。所有这些世界全都在这儿，亦即全都在观念之中。我现在就向你展示出其中几个不同的世界，在其中，你会发现，它们所包含的虽然并非如你所看到的绝对同一的塞克斯都（这是不可能的，因为他总是带有他将是的某种东西），但其中却有若干个与他相似的塞克斯都，他们具有你从真正的塞克斯都身上所获知的一切，但却并非存在于他身上的知觉不到的一切，从而也非将在他身上发生的一切。在

一个世界里，你将会发现一个非常幸福而高贵的塞克斯都，而在另一个世界里，你又将发现一个对自己的平庸地位洋洋自得的塞克斯都，实际上，这里有各式各样的具有无限多样形式的塞克斯都。

415. 接着，女神将特奥多鲁斯引进了该宫殿的一个大厅。当他走进大厅时，这个大厅已经不再是一个大厅，而成了一个世界，

他看到它所特有的太阳和它所特有的星辰。

按照帕拉斯的吩咐，朱庇特神殿所在的多多纳以及正在露面的塞克都斯在这个世界里出现了。人们听见他正在说他将服从上帝。他来到一座城市，这座城市位于两个大海之间，酷似哥林多。他在那里购买了一个小花园；他在耕耘花园时，发现了宝藏；他成了富翁，讨人喜欢，受人尊重；他高龄时，受到全城人的爱戴。特奥多鲁斯瞬间看完了塞克都斯的一生，就像在一个剧院里观看演出一样。在这个大厅里有一本巨大的书；特奥多鲁斯不禁问这是一本什么样的书。女神告诉他，我们现在正在访问的是这个世界的历史，这本书记载的就是这个世界的种种命运。你在塞克都斯的额头上看
372 到一个数字，你在这本书中可以找到这个数字所标识的地方。特奥多鲁斯按照塞克都斯额头上的数字在书中寻找塞克都斯，很快找到了塞克都斯的历史，其内容比他刚刚看过的梗概详尽得多。帕拉斯对他说道，你将你的手指放到你感兴趣的任何一行上，这一行概括记述的事情便会现实地、详尽无遗地展现在你的面前。特奥多鲁斯依法炮制，他很快就看到了塞克都斯的一生中某个时刻

的一切细节。他们接着又进入了另一个房间。这里出现了另一个世界，另一个塞克都斯，他从神殿里出来，决心听从朱庇特，前往色雷斯。在色雷斯，他与国王的女儿结婚，这位国王只有这一个女儿，没有任何别的孩子。他继承了王位，受到臣民的尊敬。他们进入一个又一个大厅，他们看到的总是新的景观。

416. 一个个大厅以金字塔的形式高耸着，当人们向塔顶攀登时，景观便越来越美，展现的世界也越来越美。最后，他们登上了最高层的一个大厅，这是金字塔塔顶，此乃所有大厅中最美的一个大厅：这个金字塔虽然有开端，但人们却看不到它的终端；它有顶部，但却没有基座，它一直向下延伸，直至无限。按照女神的解释，这是因为在无限数目的可能世界里有一个最好的世界，否则，上帝便不会决定去创造任何一个世界；但每个世界之下都有不太完满的世界；这也就是这座金字塔何以无限向下延伸的原因。特奥德鲁斯在踏进这间最高大厅的时候，突然陷入一种出神入迷状态；他不得不接受女神的救助，女神在他的舌上滴了一滴神奇的汁液，他便立即恢复了神智；他欣喜若狂。女神说，我们现在又处于现实的真实世界之中，而你正站在幸福源泉旁边。请看，这就是为你准备的，不过，你要一如既往地忠心服侍朱庇特。这是塞克都斯现在和将来实际所是的样子。他正愤怒地离开神殿，对众神的忠告不屑一顾。你看，他正在走向罗马，他使到处都陷入一片混乱，他粗暴地践踏他朋友的妻子。你看，在那儿，他与他的父亲一起，被人驱赶，遭受鞭打，非常不幸。倘若在这里朱庇特让在哥林多过幸福生活或在色雷斯当国王的塞克都斯取代他，那就不会有这个可能世

界了。尽管如此，朱庇特还是不得不选择这个世界，因为这个世界在完满性上超过了所有其他世界，从而构成了金字塔的塔顶。否则，朱庇特便抛弃了他的智慧，并放逐作为他的女儿的我。你看到
373 了，我的父亲并没有使塞克都斯邪恶；他永世以来就是这样，他始终这样，并且是自由的。我的父亲只是赋予其存在，他的智慧不可能拒绝包括他在内的这个世界：他使他从可能事物领域达到现实存在者领域。塞克都斯的罪恶有助于一些伟大事件的发生：他使罗马获得了自由；由此兴起了一个伟大的帝国，给人类树立了伟大的典范。但与这整个世界的价值相比，这些是算不上什么的。当众神使你从这个尘世状态幸福地过渡到另一个更美好的状态，并使你适合于认识到这一点的时候，你才会惊叹这整个世界的美。

417. 到这一瞬间，特奥多鲁斯突然醒过来了。他向女神致以谢意，他承认了朱庇特的正义。他的精神沉浸在所见所闻之中，他将以其神的真正仆人的全部热忱以及一个凡人所能享受到的所有愉悦，履行好他的大祭司职责。在我看来，整个故事的这个续篇有望澄清瓦拉不愿触及的一个困难。倘若阿波罗正确地展现了直觉（涉及现存的存在者）的上帝知识，我希望，帕拉斯也不失身份地担当起展现被称之为单纯理智知识（包含了一切可能事物）的重任，因为在这种简单理智知识中最终必定能够找到万物的源泉。

附　　录

被压缩成形式证明的争论摘要[①] 377

一些眼光锐敏人士希望我加上这一附录。我本人也非常乐于奉命行事，因为这使我有机会处理一些难题，并对本著中未曾充分详尽讨论过的一些问题作出一些评论。

异议之一

凡未选择最好部分者（le meilleur parti），不是由于其缺乏能力，就是由于其缺乏知识或善。

上帝在创造这个世界时并没有选择最好的部分。

所以，上帝不是缺乏能力，就是缺乏知识和善。

回　　答

我否认这个小前提，即我否认这个三段论式的第二个前提。

---

① 我们注意到，莱布尼茨在1710年10月30日致伯内特的信中宣布《神正论》即将出版，但在谈到其有关附录时却并未提到这一《摘要》。该《摘要》的英文版标题为：SUMMARY OF THE CONTROVERSY，REDUCED TO FORMAL ARGUMENTS；其法文版的标题为：ABRÉGÉ DE LA CONTROVERSE，RÉDUITE A DES ARGUMENTS EN FORME。

对手是藉下面这样一个前三段论式[①](ce prosyllogisme)来证明这个小前提的。

前三段论式

凡制造了其中存在有恶的事物的都未选择最好的部分，因为这些事物本来是可以造得不包含任何恶的，或者它们本来是根本无需造出来的。

上帝造了一个其中包含有恶的世界，这个世界本来是可以造得不包含任何恶的，或者说这个世界是根本无需造出来的。

所以，上帝并未选择最好的部分。

378

回　答

我承认这一前三段论式的小前提：因为人们必须承认，在上帝所造的这个世界里存在有恶。但造一个其中不存在有恶的世界，甚至根本不造任何一个世界，是可能的，因为世界的创造依赖于上帝的意志。但我却否认大前提，亦即否认这一前三段论式两个前提中的第一个前提。我本来可以只满足于要求对方提供有关证

① 在复合三段论法中，一个三段论的结论可以成为另一个三段论的前提。因此，在构成复合三段论法的一连串三段论中，当一个三段论的结论成为下一个三段论的前提时，这个三段论就被称为“前三段论”(prosyllogism)；若一个三段论的前提是另一个三段论的结论，那么这个三段论就被称为“后三段论”或“从三段论”(episyllogism)。参阅亚里士多德：《论题篇》，Ⅷ，155b1—156a21。

明。然而,为对这一问题作出更加清楚明白的阐释,我觉得我有必要对我之所以否认大前提作出说明,指出:所谓最好的部分并不总是竭力避免恶的那个部分,这是因为恶可以与更大的善并存不悖。例如,一个将军宁可打一个大胜仗却有轻微伤亡,而不愿维持一种既无伤亡也无胜利的状态。对此,我在本著中已经做了较为详尽的证明,运用数学和其他方面的例证说明:部分的不完满可能为达到整体的更大的完满所必须。在这个问题上我遵循奥古斯丁的意见。奥古斯丁千百次地说过,上帝之所以允许恶乃是为了从中获得善,也就是说,乃是为了从中获得更大的善。而托马斯·阿奎那也说过(《〈箴言四书〉注》,第 2 部,第 32 章,问题 1,第 1 条),对恶的允许乃是为了达到整个宇宙的善。我也曾经指出,古人将亚当的堕落称作 *felix culpa*,亦即一种幸运的罪,因为它藉圣子的道成肉身获得巨大的好处而得到了补偿,上帝因此而赐予宇宙一些比受造物中可能存在的任何别的事物都更为高贵的事物。为使人们更加透彻地理解这一问题,我还以许多优秀作家为楷模补充说,上帝使他的一些受造物有机会运用他们的自由与秩序和普遍的善并不矛盾,即使他预先看到他们会因此而转向恶亦复如此:因为上帝能够轻而易举地矫正这种恶,为了防止罪,他始终以超常的方式活动反倒不合适。因此,只要证明一个含有恶的世界有望比一个完全没有恶的世界更好就足以驳倒这一异议了。但我在本著中向前走得更远,我甚至指出,这个宇宙事实上必定比任何一个别的可能的宇宙都更好。

异议之二

如果在理性受造物[①]身上恶多于善，则在上帝的整个作品中

379 便也恶多于善。

现在，在理性受造物身上恶多于善。

所以，在上帝的整个作品中恶多于善。

回　　答

我既否定这个条件三段论中的大前提，也否定这个条件三段论中的小前提。就大前提论，我之所以不承认它，乃是因为这一从部分推及整体、从理性受造物推及所有受造物的推论心照不宣却又毫无任何证据地预设了一个前提，这就是：缺乏理性的受造物根本不可能与理性受造物相提并论，根本不可能进行任何比较。但究竟为何非理性受造物身上充盈这个世界的过剩的善（le surplus du bien）补偿不了，甚至无可比拟地超过不了理性受造物身上的过剩的恶（le surplus du mal）呢？诚然，后者的价值要更大一些，但相形之下，前者的数量却要比后者无可比拟地多。数与量的比例很有可能超出价值与质的比例。

① “理性受造物”在法文版中是 les creatures intelligentes，其基本含义为“有智力的受造物”和“理解力强的受造物”；在英文版中是 intelligent creatures，其基本含义为“理解力强的受造物”或“有才智的受造物”等。从上下文看，我们将有关法文或英文译作“理性受造物”比较顺畅，但倘若译作“理智受造物”，也未尝不可。

至于小前提，我也同样不可能承认，也就是说，我不可能承认在理性受造物身上恶多于善。人们甚至不会赞成，人类身上存在的恶多于善。因为一种非常可能又非常合理的情况是：享永福者的荣光和完满很可能无可比拟地多于受永罚者的苦难和不完满，而且，人数较少的善者身上总体的善的卓越也很可能超过人数较多的人身上总体的恶。得永福者通过神性的中介在其作为这些受造物能够达到的程度上尽可能地接近神性，其在善的方面有望取得的进步是受永罚者在恶的方面不可能企及的，尽管他们也会尽可能地接近恶魔的本性。上帝是无限的，恶魔则是有限的；从而善能够进展到无限，并且它实际上也总是在不断前进，走向无限，而恶却是有其界限的。因此，不仅可能而且非常可能的是：对享永福者和受永罚者进行的比较中所出现的情况与我们已经说过的对幸福者与不幸者进行的比较中所出现的情况正相反对，这就是说，在后一种比较中，程度上的比较超过数量上的比例，但在理性受造物与非理性受造物的比较中，数量的比例却大于价值的比例。人们完全有理由设想，一件事物只要其不可能没有得到证明，它就可能如此这般，其实我们在这里所论及的已经超出了设想的范围。 380

其次，即使人们承认在人类身上恶多于善，人们依然有理由不承认在所有理性受造物身上恶多于善。因为存在有不可思议的数目的精灵（de génies），而且或许还存在有不可思议的数目的别的理性受造物，而我们的对手则不可能证明在由像不计其数的理性受造物那么多的具有无限不同种类的精灵组成的整个上帝之城中，恶也多于善。尽管人们为了回答这一异议，根本无需证明一件事物只要有纯粹的可能性，就会存在，但我在我的这部著作中还是

说明，宇宙君王至上完满性的结果之一即在于：上帝王国乃所有可能的国度或政府中最完满的，从而它其中所包含的少量的恶为提供存在于其中的足够分量的巨大无垠的善所不可或缺。

异议之三

如果不犯罪始终都不可能，则实施惩罚便始终都是不公正的。

现在不犯罪始终都不可能，毋宁说，所有的罪都是必然的。

所以，惩罚始终都是不公正的。

对这个三段论式的小前提证明如下。

1. 第一个前三段论

事先规定好了的每一件事物都是必然的。

每一个事件都是事先规定好了的。

所以，每一个事件（以及从而每一次犯罪）都是必然的。

对这个前三段论式的小前提证明如下。

2. 第二个前三段论式

凡未来的事物，凡被事先看到的事物，凡包含在原因中的事物，都是事先规定好了的。

每一个事件都属于这一类事物。

所以，每一个事件都是事先规定好了的。

回　　答

在一定意义上我也承认第二个前三段论式的结论，这一结论
正是第一个前三段论式的小前提；但我却否认第一个前三段论式 381
的大前提，即事先规定好了的每一件事物都是必然的。说犯罪的必然性，或者说不犯罪或不做某件事情的不可能性，就是在与证明相关的意义上来看待或运用“必然性”，也就是将其理解为一种本质的和绝对的必然性，这就既破坏了行为的道德性，也破坏了惩罚的正义性。倘若有人将其理解为另外一种不同的必然性或不可能性(亦即一种纯粹道德的或假设的必然性，对此，我们马上就予以解释)，我们显然就否认了这个异议所述的大前提。我们原本可以满足于这样一种回答，而要求人们对我所否定的命题提供证明，但我却还非常乐意对我在本著中所运用的方法的必要性作出解释，而为了澄清这一问题，更加透彻地阐明整个话题，我们就必须解释清楚对手所说的那样一种必然性为何必须予以反对，我们在这里所说的这样一种规定性则必须获得允准。这种与道德性相矛盾的必然性，是一种必须加以避免的必然性，它也使得惩罚显得不公正；但其实这是一种不可战胜和不可逾越的必然性，即使人们全心全意致力于避免这种必然的活动，即使人们为达此目的而竭尽全力，亦复如此。这样看来，事情很显然，这种情况显然不适用于意志活动，因为在意志活动中，人们倘若不想干什么事情，他就不干什么事情。因此，他们对这类活动的预见和事先规定，虽然不是绝对的，但却预设了意志：如果人们将要去做这些事情这一点是确定

无疑的，则人们意欲将要去做这些事情也同样是确定无疑的。这些意志活动及其后果，不管人们可以做些什么，也不管人们是否意欲它们，都不会发生；这些意志活动及其后果是由于人们将要去做导致它们的事情，由于人们将要意欲去做导致它们的事情才将会发生的。而这恰恰包含在预见和事先规定之中，而且还构成了它们的理由。这样一些事件的必然性被称作有条件的必然性或假设的必然性，或者被称作后果的必然性，因为它是以意志和其他必要条件为前提的。但这样一种破坏道德性、致使惩罚显得不公正、致使奖赏徒劳无益的必然性，却能够在那些人们可能做的无论什么样的事情中以及人们可能想要做的无论什么事情中发现，换言之，这种必然性存在于作为本质的事物之中。这也就是人们称之为绝对必然性的东西。因此，就绝对必然的东西而言，无论是人们明令禁止还是颁布戒律，无论是人们企图惩罚还是奖赏，无论是人们予以谴责还是赞扬，都全然无济于事；它都不会因此而有任何增益，也不会因此而有任何减损。反之，在意志活动中，在那些依赖意志活动的事情中，种种训令，因权力配备有奖惩，而往往很有用处，并且直接嵌入了致使活动现实存在的原因序列之中。因此，不仅辛

382 苦和劳作，而且祷告也都会奏效，因为上帝在安排事物之前甚至在心里就注意到了这些祷告，并且就已经给予了适当的考虑。祈祷与劳作(Ora et labra)这条诫命之所以至今依然灵验，究其原因，正在于此。因此，不仅那些在事件发生具有必然性的莫须有的借口(le vain prétexte)之下主张人们不必为事情操劳的人，而且那些主张反对祈祷的人，都落入了古人称之为“懒惰诡辩”(le sophisme paresseux)的陷阱之中。所以，事件受到其原因的事先规定

恰恰有助于道德性，而不是破坏道德性；这些原因只是使意志有所倾向而非强制意志作出决断。由于这个理由，我们所说的规定并非一种强制。对于知道这一切的人来说，结果肯定将会由这种倾向产生出来；但这种结果却并非借助一个身为必然的后果产生出来，也就是说，这种结果并非是借助其反面蕴含有矛盾的后果产生出来：意志也就是借助于这样一种内在倾向受到规定的，其中并没有任何必然性。假定人们具有最大可能的情感（例如人们极其口渴）你就会承认灵魂能够找到某种理由来遏制这种情感，哪怕这只是一种展示其力量的理由，亦复如此。由此看来，虽然人们永远都不可能身处完全均衡的无差别状态，虽然始终都存在有选择某个方面的主导倾向，但这样一种主导并不能使得人们作出的决定具有绝对的必然性（absolument nécessaire）。

异议之四

凡能够阻止他人犯罪而又不去阻止，反而帮助其犯罪者，尽管他对此全然知道，他就是该罪的从犯。

上帝能够阻止理性受造物犯罪，却并未予以阻止，而且反而通过他的参与及其所造成的各种机会来帮助其犯罪，尽管他对此全然了解。

所以，……

回　答

我否认这个三段论的大前提。可能会出现这样的情况：人们虽然能够阻止他人犯罪，但他们却不应该这样做，因为人们如果自己不犯罪，或者说他们(这里指的是上帝)不藉毫无理由的作为，便不可能阻止他人犯罪。我在前面曾经提供了这方面的例证，并且
383 将其用到上帝本身。而且，还可能有这样一种情况：人们帮助他人作恶，人们甚至有时在尽义务时，就为他人犯罪开辟了道路。但当人们在履行其义务，或者当人们(如上帝)经过深思熟虑做那些为理性所要求的事情时，人们对所发生的事件并不应承担责任，哪怕他们事先就看到了这些事件。人们虽然并不意欲这些恶，但人们却为了达到更大的善而意欲允许它们存在，出于理性人们不得不舍弃其他种种考虑而作出这种选择。这是一种后件意志，是由前件意志的行为产生出来的，而在前件意志中，人们只意欲善的事物。我知道，一些人在谈到上帝的前件意志和后件意志时，将前件意志理解为所有人据此都应当得救的意志，将后件意志理解为这样一种意志：因人们坚持犯罪，于是便有一些人遭受永罚，遭受永罚即是罪的结果。但这只不过是一种更为普遍的概念的例证，因为人们可以因同样的理由说，上帝以他的先件意志意欲人们不犯罪，而以他的后件意志或以他的最后的和决定性的意志(始终随后产生其结果)，意欲允许他们犯罪，这样一种允许乃更高一级理由的结果。其实，人们完全有理由说，一般而论，上帝的先件意志趋向于产生善并阻止恶，这是就善恶各自自身而言的，而且善恶似乎可以拆开似的，[①]是就每一种善和每一种恶的等级的尺度而言的。

① 参阅托马斯·阿奎那：《神学大全》，第1集，问题19，第6条。也请参阅托马斯·阿奎那：《神学大全》，第1集，第1卷，段德智译，商务印书馆2013年版，第362—366页。

同样,人们也可以说,上帝的后件意志,或者说上帝的最后的或总体的意志则在于创造加在一起构成尽可能多的善,它们的组合由此而受到规定,同时也包括允许某些恶的存在而排除某些善的存在,这一点是可能最好的宇宙计划所要求的。阿明尼乌[①]在其《反帕金斯[②]》中非常出色地解释了能够被称作后件意志的上帝的意志,不仅与在上帝理智中事先得到考察的受造物的活动相关,而且也与上帝意志的其他一些在先的行为有关。但人们只要考察一下,前面所引的托马斯·阿奎那的那句话以及司各脱的那句话(第1卷,第46章,问题11),便足以看到他们和我一样,也对上帝的先件意志和后件意志作出了区分。尽管如此,倘若有人不愿意这样来使用这两个术语,那就让他们用"在先的意志"取代"先件意志",用"最后的意志"或"决定的意志"取代"后件意志"。因为我根本无意于进行文字之争。

异议之五

凡造成一件事物所有实在的东西的,都是这一事物的原因。 384

上帝造成了罪的一切实在的东西。

所以,上帝是罪的原因。

---

① 阿明尼乌(Arminius,1560—1609),著名的荷兰改革派神学家。莱布尼茨所提到的《反帕金斯》一书的全称为《对若干年前出版的帕金斯的一部论前定的方式与秩序的现代考察,兼论上帝恩典范围》,该著1612年在莱顿出版。关于阿明尼乌其他信息,请参阅前面有关注释。

② 帕金斯(Willian Perkins,1558—1602),英国神学家,严格加尔文派,他的受阿明尼乌所抨击的那本书1598年在剑桥出版,1599年又在巴勒(Bâle)出版。

回　答

我可以使自己心安理得地否认这个三段论中的大前提或小前提，因为"实在的"(rèel)这个词可能为将这些命题解释成错误命题埋下伏笔。但为了对此作出更好的解释，我想作一种区分。"实在的"这个词要么仅仅指称实有的(positif)存在者，要么还指称缺乏的存在者(les êtres privatifs)。在第一种情况下，我否认大前提而肯认小前提；在第二种情况下，事情则正好相反，也就是说，我肯认大前提而否认小前提。我本来可以就此止步，但我却乐意更进一步，以便说清楚这种区别。因此，我曾经非常高兴地指出：每一种纯粹实有的或绝对的实在都是一种完满性，而每一种不完满性都来自局限，也就是说，每一种不完满性都来自缺乏。因为所谓限制就是不再扩展，也就是说，不再有进一步的超出。由此看来，上帝既是所有完满性的原因，从而也是所有实在的原因，如果人们将实在视为纯粹实有的话，事情便必定如此。但局限或缺乏却是由限制着其接受性的受造物的那种原初的不完满性产生出来的。这种情况就像一艘载重的船，河流推动这艘船的快慢与这艘船所载货物的重量成反比。因此，船的速度来自河流，但限制船的速度的阻力则来自船的负荷。我在本著中还解说了受造物在产生罪的过程中如何是一种有缺陷的原因或不充分的原因，错误或恶的倾向是如何从缺乏中产生出来以及缺乏是如何偶然地起作用的。而且，我还曾为圣奥古斯丁的意见进行过辩护(第1卷，"致辛普立修"问题2)，例如，他在解释上帝如何使灵魂变硬时，断言这并非

是因为他赋予灵魂某些恶的东西，而是因为他所压印到灵魂之上的善的效果，不仅受到灵魂抵制的限制，而且还受到了促成这种抵制的周围环境的限制，致使他并未将克服灵魂之恶的所有的善赋予灵魂。他说："他并不能使人获得使其变得更坏的东西，不过，他也向人提供不出使人变得更好的东西。"[①]但倘若上帝想在这方面做更多事情，他就必须或者在其受造物中创造出新的本性，或者实施一些新的奇迹来改变受造物的本性，但这两者都是最好计划所不允许的。因为这种情况就好像河流的速度必须快于其落差所允许的程度，或是要想使这些船受到更大速度的驱动，但这些船本身却不许减载一样。所以，受造物的局限性或原初不完满性使得即 385
使最好的宇宙计划也不可能允许免除一定的恶，但只有这样才有望获得更大的善。[②] 在一些部分存在有一些无序状态，却奇妙地增强了整体的美，正如一定的不和谐音，当用得恰到好处时，便使得谐和音更加美妙动听。但这一点依赖于我对第一个异议所作出的回答。

① 这句话的原文为：Nec (inquit) ab illo erogatur aliquid quo homo fit deterior, sed tantum quo fit meliornon erogatur。

② 这句话对应的法文为：Et la limitation ou l'imperfection originale des creatures fait que meme le meilleur plan de l'universe ne saurait être exempté de certains maux, mais qui y doivent tourner à un plus grand bien。其对应的英文为：So the limitation or original imperfection of creatures brings it about that even the best plan of the universe cannot admit more good, and cannot be exempted from certain evils, these, however, being only of such a kind as may ten towards a greater good。两者之间存在有一定的差异，这里我们据法文本译出，专此说明。

异议之六

谁惩罚那些做其力所能及的事情的人，谁就是不公正的。
上帝是如此行事的。
所以，……

回 答

我否认这一证明的小前提。我认为，对那些具有善良意志的人，亦即对那些并未藉新的犯罪来拒绝上帝恩典的人，上帝始终都给予充分的佑助和恩典。因此，我并不认为，对那些未受洗的或在教会之外的濒死的儿童判以永罚是正确的，也不认为将那些按照上帝赐给他们的光明行事的人判以永罚是正确的。我认为，任何一个人只要他遵照他所获得的光明行事，他无疑就将获得他所需要的更大的光明，就像莱比锡著名的思想深邃的已故神学家许尔泽曼①在某个地方所说的那样。倘若这样一个人生前得不到光明，至少在其弥留之际应当得到光明。

异议之七

谁要是将在人们身上产生善良意志和最后得救信仰的手段只

① 许尔泽曼（Hulsemann，1602—1661），德国路德派神学家，著《神学必备》（Breviarium theologie），该著 1640 年于维滕堡出版。

交给一些人而不是所有的人，他就没有足够的善。

上帝就是如此行事的。

所以，……

回　　答

我否认大前提。诚然，上帝本来能够克服人心的最大抵制，其实，他有时也就是这样做的，他不是藉内在的恩典就是藉能够极大 386
影响灵魂的外在环境来达此目的，但他却并不总是这样做。有人会问，这种区别究竟从何而来？他的善为何看来会受到限制呢？实际上，要是始终以超常的方式作为从而扰乱事物的关系，一切也就因此而失去了秩序，我在回答第一个异议时就是这么说的。用来解说将一个人置放进比另一个人更加有利的环境之中的理由隐藏在上帝智慧的深处：它们依赖于普遍和谐。这一点为上帝不能不选择的宇宙的最好计划所要求。这个结论是人们从事件本身得出来的。既然上帝创造了这个宇宙，那就不可能把宇宙造得更好。这样一种处理方式，非但没有违背善，毋宁说是由至上的善所促成的。这一异议连同对它的回答即使从我们关于第一个异议的有关评论中就可以推断出来；但将其单列出来加以论述似乎还不失为一明智之举。

异议之八

谁不能不选择最好者，谁就是不自由的。

上帝不能不选择最好者。

所以，上帝是不自由的。

回　　答

我否认这一证明的大前提。毋宁说，倘若有谁能够最好地运用其自由意志，并且始终能够实施这种能力，既不受外在力量也不受内在情感的干扰（其中前者造成我们身体的奴役，后者造成我们灵魂的奴役），他就是真正自由的，并且享有最完满的自由。最少奴性以及最适合最高等级自由的，莫过于始终趋向于善的事物，并且始终遵循他自己的倾向，不受任何强制，也没有任何不快。倘若有人以上帝因此就需要外在事物为理由提出反对意见，那就是在玩弄诡辩。他自由地创造它们：但如果他在创造万物时为他自己设定了一个目的，这就是落实他的善，则他的智慧便规定他去选择最适合于达到这一目的的手段。倘若人们将这称作一种需要（besoin），人们便是在一种不寻常的意义（un sens non ordinaire）上使用需要这个词，这就消除了它的所有的不完满性，这有点类似于人们讲上帝震怒时所做的那样。

塞涅卡曾经说过，上帝只下过一道命令，但他却始终服从，因为他服从的是他曾经想要为他自己规定的规律：他只下一道命令，
387 便永远服从（*semel jussit*，*simper paret*）。塞涅卡本来应该更贴切地说：上帝始终都在命令着，他也始终受到服从：因为在意志活动中，他始终遵循的都是他自己本性的趋向，而所有别的事物也都始终遵循他的意志。而且，既然这种意志始终都是同一个意志，人

们便不能够说，他服从的只是他先前曾经有过的那个意志。尽管他的意志是经久不衰的，并且是始终追求那最好的，但他所拒绝的恶或较小的善其本身依然是可能的。否则，善的必然性就将成为一种可以说是几何学的必然性，或者说就将成为一种形而上学的必然性和全然绝对的必然性；事物的偶然性也将遭到破坏，从而没有任何选择可言。但这样一种必然性，并不能破坏其反面的可能性，只能享有类比意义上的称谓：它之成为有效的或实在的，并不是通过事物的纯粹本质，而是通过那个在万物之外和万物之上的东西，亦即通过上帝的意志。这种必然性之所以被称作道德的必然性，乃是因为在智慧人士看来，构成必然的东西与构成应当做的事情是一回事；而且，当其始终都跟着产生其结果时，就像他实际上存在于完满的智慧身上，亦即存在于上帝身上一样，人们便可以说此乃一种幸福的必然性。受造物离这越近，就越是接近完满的幸福。再者，这样一种必然性既非那种人们极力避免的必然性，也非那种破坏道德、奖赏和赞扬的必然性。因为它所引起的事件之所以并未发生，并不是因为人们可能做的那些事情，也不是因为人们可能意欲的那些东西，而是因为人们意欲它如此。选择善对于意志来说是一件自然不过的事情，这样的意志是最值得受到称赞的。它自身即带有它自己的奖赏，这就是至上的幸福。而且，既然上帝本性的这样一种实质使拥有它的人获得完全的满足，从完全依赖上帝的受造物的观点看，它也就是最好的和最值得欲求的。倘若上帝的意志不以最好的原则为其行事的准绳，它就要么追求恶，要么以某种方式对善恶采取漠然态度；倘若它追求恶，那就是最糟糕不过的事情；倘若它对善恶采取漠然态度，那就会受到偶然

事件的左右。但一种随机漂移的意志对于宇宙的治理几乎不会比物质微粒在没有神性存在的情况下的偶然群集好多少。而且，即使上帝只是在某些情况下，以某种方式（例如，他并不总是追求最好者，他能够取小善而舍弃大善，也就是取恶而弃善，因为阻止大
388 善者即是恶）一任偶然事件摆布，他也就会与他的选择对象一样地不完满。他因此也就不应当受到绝对的信赖。在这样一种情况下，他就是无缘无故地活动，而他对宇宙的治理就会像某些游戏或赌博那样，同等地依靠理性和运气。所有这一切都说明，为反对选择最好者所提出的这一异议滥用了自由与必然性的概念，告诉我们所谓最好者实际上即是一种恶：但这不是存心不良就是荒谬绝伦。

《神正论》第392节附笔① 389

（1712年2月）

我在我的《神正论》第392节中说过，我希望看到培尔先生所提及的包含在1703年在《特雷伍斯纪实》上刊印的第六封信中的那个证明。博塞斯神父曾经给我看过这封信。在这封信中，这位作者试图以几何学的方法证明上帝乃所有实在的唯一的真正原因。我对这封信的精心研读使我确信，我在同一节中所表明的意见，亦即上帝乃纯粹、绝对的实在或完满性的唯一原因这样一个命题，能够在一个极好的意义上成为真的；但当人们将局限和缺乏也称作实在时，人们便能够说，次级因（second causes）也参与了有局限的事物的产生，否则，上帝就会成为罪的原因，甚至会成为罪的唯一原因。而且，我也有些倾向认为，这封信的天才作者与我的意见相去不远，虽然他似乎将所有实在的形态都囊括进他所断言的上帝为其唯一原因的实在之中。我认为他实际上并不承认上帝是罪的原因和作者。其实，他是在以一种似乎推倒其论题并且赋予受造物实在活动的方式为他自己进行辩解。因为在对其第二个命

---

① 该附笔为莱布尼茨1712年2月所写，发表于《特雷伍斯纪实》1712年7月号上。由于与《神正论》密切相关，《神正论》英文版将其收入“附录”之中。

题的第八个推论的证明中，有这样一段话："灵魂的自然运动，虽然是自行决定的，但就其对象而言，却是不确定的。因为它就是对普
390 遍善的爱。正是通过在个体对象中显现出来的善的观念，这种运动就其相关于那些对象而言才变成个体的和确定的。而且，既然心灵具有变化它自己观念的能力，它也就能够改变其爱的决定。而且，为达此目的，它也无需克服上帝的能力或进行反对上帝的活动。运动趋向于个体对象的这样一些限定性也不是不可克服的。也正是这样一种非不可克服性(noninvincibility)使得心灵成为自由的，并且能够改变它们；但心灵毕竟只有通过上帝赋予它并且为它保存的那种运动才能够造成这些改变。"按照我的风格，我本来能够说，存在于受造物活动之中的完满性虽然来自上帝，但在其中所能发现的有关局限却是存在于受造物身上的原初局限和上述局限的结果。再者，不仅在心灵方面是如此，而且在所有别的实体方面也是如此，它们也就是因此而成为参与发生在它们自身身上的变化的原因。这位作者所讲的这样一种限定不是别的，正是一种局限性。

这样看来，人们在回顾这封信的所有证明或推论之后，就能够依据对其作出的解释或是承认或是反对它的大多数论断了。如果人们将实在(reality)仅仅理解为种种完满性或种种实有的实在(positive realities)，上帝就是唯一的真正的原因；但如果包含局限性的事物也包括在种种实在之内，人们便会因此而否认这一论题的极其重要的部分；而且，这位作者本人本来就该为我们举例说明这一点。为使这一问题更容易得到理解，我在《神正论》中使用了负载的船的例证，一艘船负载越重，它被河流推动向前的速度也

就越慢。在这个例证中，人们清楚地看到，河流既是这种运动中实有东西(what is positive)的原因，也是完满性、力量以及船的速度的原因，而负载则是对这种力量加以限制的原因，因为负载造成了减速。

任何人尝试着将几何学方法运用到形而上学的问题上都值得赞赏。但我们也必须承认，迄今为止人们获得的成功却少之又少。笛卡尔先生本人尽管运用了无可否认的极其高超的技巧，在这方面所取得的成功或许并不亚于他试图以同样的方法在其对有关异议的一个回答中所取得的成功。因为在数学方面，比较容易取得成功，因为数字、图像和计算弥补了以语词隐藏的种种缺陷；但在形而上学中，人们却失去了这样一些辅助手段(至少在普通的论证中是如此)，那种运用于证明形式中的以及术语的精确定义中的严

格性却需要弥补这样一种缺失。但在这里，无论是在证明中还是 391
在定义中，我们却都看不到这种严格性。 *603*

这封信的作者无疑展示了激情和洞见，但有时却向前走得有点太远。例如，当他声称他依据第二个命题的第五个推论已经证明了在静止中和在运动中一样，都存在有同样多的实在和力。他断言，上帝意志的实有性在静止中并不比在运动中少，而且它也同样是不可克服的。如果事情果真如此，不是就可以得出结论说，在这两者的任何一个中都存在有同样多的实在性和力吗？我倒看不出能够得出这样一个结论。而且，以同样的证明，人们也能够证明说，在一个强烈的运动中所存在的力与在一个弱小的运动中所存在的力一样的大。意欲静止的上帝意欲一个物体处于位置 A，它此前也就在这个地方，由于这样，就没有任何理由推动上帝加以改

变。但当上帝意欲这个物体此后处于位置B，就需要有一个新的理由以决定上帝处于位置B而不是处于位置C或者任何一个别的地方，而它也就或快或慢地存在于那儿。上帝的意欲活动（the volitions of God）正是基于这样一些理由，从而我们必须据此来估价存在于事物之中的力和实在性。这位作者虽然讲了不少有关上帝意志的话，但他在这封信中对推动上帝去意欲的理由以及所有依赖于上帝意志的东西却没有讲多少东西。而所有这些理由却都来自对象。

关于第一个命题的第二个推论，首先，我要说，它非常正确，但其论证却并不充分。作者断言，只要上帝不再意欲一个存在者存在，这个存在者就将不再存在。下面就是直译出来的他所给出的有关证明：

“证明：仅仅藉上帝的意志存在的事物，一旦上帝的意志停止，它就不再存在。”（但这一点必须予以证明。而作者试图通过补充对它作出证明：）“倘若取消了原因，你也就取消了结果。”（这条原理应当在一开始就陈述出来。但遗憾的是，这条原理却被认为属于受制于诸多例外的哲学准则。）“由此看来，根据上述命题及其第一个推论，除非藉上帝的意志，任何一个存在者都不可能存在。所以，……”除非藉上帝的意志，任何一件事物都不可能存在，这句话含糊其辞。人们如果将这句话理解为事物只有藉上帝的意志才能
392 开始存在，便有理由推论上述命题；但人们倘若将这句话理解为事物的存在始终都是上帝意志的结果，就或多或少地预设了正在讨论的东西。所以，有必要首先证明事物的存在依赖上帝的意志，这不仅是上帝意志的一种纯粹的结果，而且还是一种依赖性，而事物

对上帝的这种依赖性与其所包含的完满性是相称的;一旦做出了这样的设定,它们此后对于上帝意志的依赖就一点不会少于开初。这就是我在《神正论》中处理这一问题的方式。

虽然如此,我还是承认,只要从我指出的意义上对我刚刚考察过的这封信加以理解,这封信就是值得赞赏的,值得精心阅读,其中内蕴的情感高尚而真挚。而这种形式的证明也有望用作人们进一步默思的一个入门。

393 # 对霍布斯先生以英文发表的关于“自由、必然和偶然”论著的反思

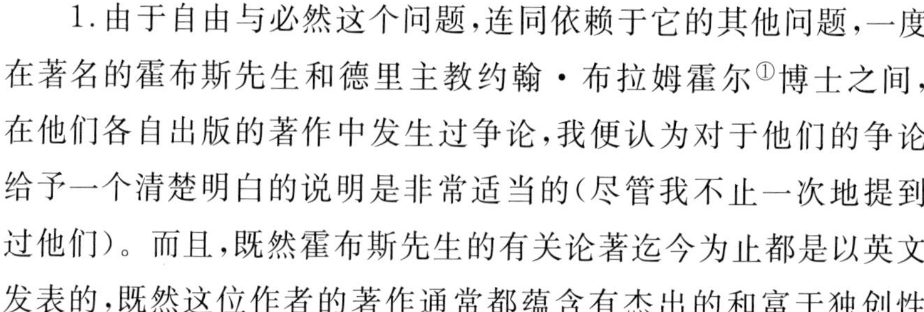

1. 由于自由与必然这个问题，连同依赖于它的其他问题，一度在著名的霍布斯先生和德里主教约翰·布拉姆霍尔[①]博士之间，在他们各自出版的著作中发生过争论，我便认为对于他们的争论给予一个清楚明白的说明是非常适当的（尽管我不止一次地提到过他们）。而且，既然霍布斯先生的有关论著迄今为止都是以英文发表的，既然这位作者的著作通常都蕴含有杰出的和富于独创性

① 布拉姆霍尔（John Bramhall，1594—1663），英国神学家，顽强地捍卫英国教会的立场，既反对清教徒和罗马天主教，也反对唯物主义哲学家霍布斯。1612 年在剑桥西德尼·苏塞克斯学院获学士学位，1616 年获硕士学位，1623 年获神学士学位，1630 年获神学博士学位。1634 年任德里主教。1644 年马斯顿—穆尔战役之后，与纽卡斯尔侯爵一起逃亡大陆避难。1660 年复辟后返回英国和爱尔兰。1661 年，升任阿尔马夫（Armagh）大主教。1646 年，他与霍布斯在巴黎纽卡斯尔侯爵府上（at the house of the Marquis of Newcastle）晤谈。布拉姆霍尔与霍布斯论战阶段发表的有关著作如下：（1）霍布斯：《论自由与必然，其中包含有关前定、拣选、自由意志、恩典、功绩、摒弃等所有争论的充分裁定和澄清》，1654 年（见《霍布斯英文著作集》，威廉·莫尔斯沃思编，第 4 卷，第 229—278 页）。（2）布拉姆霍尔：《对来自先在和外在必然性真正自由的辩护——对托马斯·霍布斯先生新近出版的〈论自由与必然性〉的一个回应》，伦敦，1655 年。（3）霍布斯：《关于自由、必然与偶然诸问题——德里主教布拉姆霍尔博士与马尔姆斯伯里的托马斯·霍布斯之间的讨论与阐释》，伦敦，1656 年。（4）布拉姆霍尔：《对霍布斯先生在自由与普遍必然性问题上最后非难的申斥，附“捕捉利维坦”》，伦敦，1658 年 。（5）霍布斯：《对大主教布拉姆霍尔〈捕捉利维坦〉一书的回应》，载《霍布斯先生论集》，伦敦，1682 年。

的思想，我这样做就更加必要了。德里主教和霍布斯先生曾经于1646年在巴黎纽卡斯尔[①]侯爵（该侯爵后来升迁为纽卡斯尔公爵）住宅进行过晤谈，就这个问题展开了讨论。他们之间的争论受到了极端的限制，未能充分展开。但这位主教此后不久即寄给纽卡斯尔阁下一个便条，希望他能劝说霍布斯先生答复他。霍布斯如期答复了他，但同时却表达了他的一个愿望，就是不要将他的答复公布于众，因为他认为，不管他的观点有可能多么正确，一些缺乏教养的人还是会滥用它们。然而，事情还是照旧发生了。霍布斯先生本人将之交给了一个法国朋友，并且让一位年轻英国学者译成法文，以方便他这位法国朋友阅读。这位年轻学者将英文原稿保存了下来，此后在作者根本不知情的情况下将其以英文发表了。

这样一来，这位主教便不得不对它作出回应，而霍布斯先生也不得不对之作出反驳，并且出版了一部所有内容加在一起总共含348

页的著作，这部著作以4开本于1656年在伦敦问世，题为《关于自 394
由、必然与偶然诸问题——德里主教布拉姆霍尔博士与马尔姆斯伯里的托马斯·霍布斯之间的讨论与阐释》。1684年，在一部题为《霍布斯的三部曲》（*Hobbes's Tripos*）中，出现了后来一个版本，在这部著作中，我们能够发现霍布斯的论人性的书，论政治物体的书以及他关于自由与必然的论述；但后者既没有包含这位主教的回应，也没有包含作者的反驳。霍布斯先生以其一贯的才智

---

① 纽卡斯尔（Newcastle，1592—1676），英国博学家和杰出贵族，曾做过诗人、骑手、剧作家、剑客、政治家、建筑家、外交官和将军。1641—1644年英国内战期间，曾参加过一系列战争。1645年，离开英国，前往巴黎，与法国的一些著名的作家和哲学家，如笛卡尔和伽森狄等，交往甚密。

和敏锐在这个问题上进行了论辩，但不无遗憾的是，在这两个方面都让人感受到霍布斯有玩弄小聪明之嫌，就像是在游戏或赌博的兴奋中所萌生的感觉一样。这位主教讲话比较激烈，表现得有几分傲慢。至于霍布斯先生，也不怎么宽恕对方，毋宁对神学和经院学者的术语显得过分轻蔑，而神学和经院学者的术语显然又是这位主教所特别钟情的。

2. 人们必须承认，在霍布斯先生的意见中，有一些内容比较离奇且站不住脚。他主张，涉及神的种种学说完全依赖于君主或帝王的规定，上帝既非受造物恶的活动的原因，也非受造物善的活动的原因。他主张，上帝所做的一切都是正义的，因为没有谁高于他，也没有谁有能力惩罚他和限制他。不过，他有时讲到上帝所说的仿佛只是一种恭维话，也就是说，他之所以说这些话，完全是为了称颂上帝而非认识上帝。他还证明，在他看来，恶人所遭受的种种痛苦在其死亡后必定结束。他的这种意见虽然极其接近索齐尼派[①]的立场，但霍布斯先生似乎向前走得更远。他的哲学断言只有物体才是实体，看来对于天道和灵魂不朽几乎没有什么用处。不管怎样，他在其他问题上说了许多合理的话。他清楚明白地表明，没有任何事物是偶然产生的，毋宁说所谓偶然性所指的无非是人们对产生其结果的原因的无知，为产生每一个结果，都必须有先

① 索齐尼派(the Socinians)为16世纪意大利宗教改革家莱利奥·索齐尼(Lelius Socin，1525—1562)所倡导和创立的一个基督宗教派别。其基本观点和基本立场为反对教会权力，反对上帝三位一体论，主张耶稣基督只是一个从属于上帝的人，而非上帝。详见前面有关注释。

于这一事件的所有充分条件的并发，当这一事件接踵而至时，这些
条件中任何一个都不可能缺失，因为它们都是条件。再者，当这些
条件全都一起存在时，这一事件便不能不接踵而至，因为它们是充
分的条件。所有这一切都与我多次说过的没有什么两样，每件事
物都是作为确定理由的一个结果而发生的，而有关知识本身，倘若
我们具有这种知识的话，都会使我们同时认识到为何这件事物已 395
经发生以及为何它不会以别的方式发生。

3. 但这位作者非常幽默或诙谐，这不仅使他常常陷于悖论，也使他设法批驳他人，从而使他得出一些夸大其词且令人生厌的结论或说辞，仿佛一切都是通过一种绝对的必然性发生似的。相反，德里主教在第 327 页回答第 35 条时却很有分寸地说道，这只能导致一种假设的必然性，例如，我们全都承认的与上帝预知的那些事件就是如此；但霍布斯先生却主张，即使仅仅上帝的预知也足以建立其事件的绝对必然性。而这也就是威克里夫[①]的意见，甚至是路德写《论奴役意志》[②]时所持的意见；至少他们都这么讲过。但

① 威克里夫(John Wyclif，？—1384)，欧洲宗教改革运动的先行者。1369 年，开始任英王的侍从神父。1374 年受英王委派与教皇代表就英国教会的神职任免问题进行谈判，未果。自此开始抨击教皇，反对教皇权力至上。主张各国教会应隶属于本国国王。其主要神学著作为《三人对话录》。详见前面有关注释。

② 《论奴役意志》(De Servo Arbitrio)是宗教改革运动的发起人路德(1483—1546)于 1525 年写出的一部用以反对人文主义者伊拉斯谟《论自由意志》的论著。1524 年，伊拉斯谟针对路德基于“因信称义”的救赎观，在《论自由意志》中将“自由”定义成“人类意志的一种力量”，强调人不仅有分辨善恶的知识，而且还有选择善恶的意志。路德在《论奴役意志》中则强调人的意志与上帝的意志之间存在的只是一种因果决定作用，从而根本否认人有任何违背和反对上帝的自由。

今天人们都充分承认，这种以假设的必然性命名的必然性是由预知或其他一些在先的理由产生出来的，其中并没有任何值得我们大惊小怪的东西。反之，倘若事情是自行必然的，以致其反面即蕴含有矛盾，那就完全是另外一回事。霍布斯先生拒绝倾听有关道德必然性方面的任何一种说法，其根据在于一切事情实际上都是通过物理原因发生的。但人们却还是认为，有必要对两种具有重大区别的必然性作出区分：一种必然性驱使智慧人士行善，被称作道德的必然性，它甚至存在于与上帝相关的事情之中；另一种必然性是盲目的必然性，按照伊壁鸠鲁、斯特拉托、斯宾诺莎或许还有霍布斯先生的观点，万物无需理智、无需选择，从而也无需上帝，而仅仅靠这样一种必然性而存在。其实，按照他们的观点，根本无需上帝存在，因为这种必然性的后果中，一切都是藉它自己的本质而存在的，这种必然性就像2加3等于5一样。而且，这种必然性也是绝对的，因为随之出现的一切事物都必然发生，无论人们做什么事情，都是如此。反之，藉假设的必然性所发生的事情，则都是作为这个或那个被事先看到或事先决定或做过的事情这样一种假设的结果而发生的。而道德的必然性则包含有由理性所赋予的义务，这在智慧的人士身上始终能够有它的结果伴随着产生出来。这样一种必然性，当人们受到善的理由推动去做其所当做的事情时，就是一种幸福的必然性和值得意欲的必然性；但盲目的和绝对的必然性则颠覆了虔诚和道德。

396 4.霍布斯先生承认我们的活动处于我们的能力之中，以致当我们有能力做某件事情的时候，以及当我们毫无阻力地做某件事

情的时候，我们就是在做我们意欲去做的事情。在他这样的论述中，显然是存在有更多的理由的。尽管他断言，我们的意志本身在我们能够提供给我们自己的能力的范围之内却并不是这样没有任何困难，也不是按照我们可能意欲的我们的善的快乐、倾向和意愿行事的。这位主教看来并不曾注意到这种反思，而霍布斯先生对此发挥得也不甚充分。实际情况是：我们虽然也有一些支配我们意志活动的能力，但这样一种支配只是一种倾向性，而非绝对地和漠然地支配。这一点在他的著作的一些段落中曾经做过一些解释。最后，霍布斯先生和在他之前的其他人一样，证明各种事件的确定性，乃至必然性本身，如果我们的行为有任何依赖于其原因的方面，那就不会阻止我们运用审慎、劝诫、责备和赞扬、惩罚和奖赏：因为这些都有助于促使人们产生某些活动或制止人们从事某些活动。因此，如果人的行为是必然的，他们就会通过这些手段这样做。但实际上，既然无论人们做什么样的事情，这些行为都不是绝对必然的，这些手段就只能有助于使这些行为成为确定的和确实的，就像它们实际所是的那样，因为它们的本性表明它们并不隶属于那种绝对的必然性。霍布斯先生还提供了一个相当好的自由概念，这是就他的自由概念是从普遍意义上为理性实体和非理性实体所共有的意义上加以理解而言的。他说，一件事物当其所具有的能力不受外在事物所阻碍时就是自由的。这样，当水受到堤坝阻拦时，它虽然有能力扩展，但却没有自由。另一方面，它并没有能力超出堤坝，虽然没有任何东西阻止其扩展，虽然没有任何事物从外面阻止它提升得那么高。为要提升到那么高，水本身就有必要来自更高处，或者说水平面有必要为升高的水流所提升。由

此看来，囚犯便缺乏随意行动的自由，而病人则缺乏随意行动的能力。

5.在霍布斯先生的“序”中有一个关于争论要点的摘要。我现在就将其提供出来，也插入一些我对该摘要内容的一些看法。霍布斯先生说，一方面，有关内容由下列要点组成：(1)“人自己选择他本应当有的意志并不在人的当下能力之内。”这一点讲得很好，尤其是相关于当下意志(la volonté présente)：人是通过意志选择对象的，但他们却并不选择其当下的意志，人们的当下意志是由理
397 由和性情产生出来的。然而，人们却确实能够为他们自己寻找新的理由，而且随着时间的推移，他们也会产生出新的性情；通过这种方式，人们也能够获得一种他们不曾有过、原本也不可能给自己提供的意志。用霍布斯先生曾经用过的比喻来说就是，这就和挨饿或口渴一样。眼下，饿还是不饿并不取决于我的意志，但吃不吃东西却取决于我(我的意志)；然而，在将要到来的时刻，饿便取决于我(我的意志)，例如通过事先吃东西，就可以使我在这个或那个时刻不饿。以这样一种方式，人们便常常可以避免一种恶的意志。虽然霍布斯先生在其回应中(第 14 条，第 138 页)说过：按照法律的用语，我们可以说你必须做或者说你绝对不能做这件事，但却没有任何一个法律条文说你必须意欲，或者说你绝对不能意欲这件事。不过，就上帝的法律而言，他显然弄错了，因为上帝的法律说过“不可贪图”(non concupissces)；这条诫命确实并不与第一运动(les premiers mouvements)相关，第一运动是无意识的和不随意的(involontaires)。(2)“偶然”(英文中是 chance，拉丁文中是 ca-

sus)“产生不出任何东西”，也就是说，没有什么事物是没有原因或理由产生出来的。完全正确！倘若有人打算进行实在的冒险，我就会承认。因为偶然或运气只是一种表面现象，它们是由对原因的无知和漠视产生出来的。(3)“所有的事件都有其必然的原因。”错！所有的事件都有其确定的原因，人们就是藉这些原因来解说它们的；但这些原因却并非必然的原因。其反面可能出现，却不蕴含任何矛盾。(4)“上帝的意志造就了所有事物的必然性。”错！上帝的意志只造就偶然的事物，而偶然的事物本来是以不同的方式运行的，因为时间、空间和质料就其形状和运动的所有种类而言并无什么不同。

6.另一方面(按照霍布斯先生的看法)，有关内容还包括：(1)“人是(绝对)自由的”，人不仅自由地“选择他所意欲去做的事情，而且还(自由地)去选择他意欲去意欲的事情”。这一说法非常糟糕：人并非他的意志的绝对的主人，不利用某些手段或技巧即可以随心所欲地改变他的意志。(2)“当人们意欲善的行为时，上帝的意志便参与其意欲活动，否则便不可能。”这个说法极好，只要人们所说的是上帝并不意欲恶的行为就行，尽管上帝也意欲允许恶的行为，以期阻止某些比这些罪行更糟糕的事情发生。(3)“意志不管其是否意欲去意欲，它都能够进行选择。”就其相关于当下的意欲活动而言，这种说法是错误的。(4)“偶然发生的事物是没有任何必然性的。”事物的发生之所以没有任何必然性并非因为它是
偶然发生的，也就是说，并非是由于其没有任何原因和理由而发生 398
的。(5)“尽管上帝可以事先看到一个事件将会发生，但这一事件

却未必发生，因为上帝事先看到的事物并不是作为未来事件看到的，也并不是在它们的原因中看到的，而是作为现存的事物看到的。”这句话开头讲得很好，到最后却讲得很糟。人们有理由承认结果的必然性，但人们却没有理由诉诸未来对上帝如何是现在存的（how the future is present to God）这样一个问题，因为结果的必然性并不能阻止这一事件或结果本身成为偶然的。

7.我们的作者认为，既然这一为阿明尼乌[①]所复兴的学说在英国得到了劳德[②]大主教和法院的支持，教会的重要推进只不过是为了某一派别的利益，这就引起了这位主教的反感，使他在他们流放期间在巴黎纽卡斯尔勋爵住所见面，并且展开了讨论。我并不完全赞成劳德大主教所采取的种种举措，他虽然功绩甚伟，或许还有善良意志，但他似乎过分煽动长老派教会。尽管人们可以说，

① 阿明尼乌（Arminius，1560—1609），著名的荷兰改革派神学家。早年，为加尔文学说的追随者。1588 年，受阿姆斯特丹市牧师职。1602 年，因发表《基督最高教士之职》获神学博士学位。1603 年，任莱顿大学神学教授，开始怀疑加尔文“关于人为善作恶以及灵魂终将得到救赎与否均有上帝预定”的观点，并开始强调自由意志。断言：上帝伸出拯救的手，凡凭信心回应这一召唤的人都必将为上帝拣选。其学说对 17 世纪以后英国清教徒运动中一些宗派内部的分化产生一定影响。如浸礼宗、卫斯理宗内部都曾分化成加尔文派和阿明尼乌派。

② 劳德（William Laud，1573—1645），英格兰坎特伯雷大主教。曾先后至雷丁文法学校和牛津大学圣约翰学院就读。1608 年开始担任教职。1611 年起，开始任王室牧师，受到詹姆斯一世垂青。后成为白金汉首相的心腹，掌握政府教会政策的大权。1627 年，任枢密顾问官，1 年后任伦敦主教。1611 年，当选圣约翰学院院长，1629 年，任牛津大学校长。1633 年，任坎特伯雷大主教。他认为教会的力量与国家的力量不可分离。由于他作为查理一世的坚决拥护者在苏格兰强制推行英格兰的宗教仪式，1639 年引起一场主教战争。1640 年 12 月，他以叛国罪被投入监狱。1645 年 1 月，被判斩首。

革命，在低地国家和在大不列颠一样，部分地是由对严格(rigides)党派的极端宽容产生出来的。人们还可以说，绝对法令的辩护者至少与其他人一样严格，在荷兰已经使他们的对手感受到了来自莫里斯[①]亲王的压力，也已经助长了英国反对国王查理一世[②]的反叛。但这些都是人的过错，而并非教义的过错。他们的对手也没有宽恕他们，为在萨克森所运用的反对尼古拉·克雷尔[③]的严格性作证，为耶稣会反对伊普尔主教派[④]的程序作证。

8.霍布斯先生继亚里士多德之后说，有两种证明的源泉：理性和权威。关于理性，霍布斯说道，他承认理性来自上帝的属性，将其称作论证性证明，这种证明的概念都是想象得到的；但他却主张还有其他一些概念，对这些概念，人们想象不出任何东西，它们只是一些我们用以渴望荣耀上帝的措辞。但我看不出人们如何能够以这样一些毫无意义的措辞来荣耀上帝。很可能对于霍布斯先

① 莫里斯(Maurice of Nassau，1567—1625)，荷兰共和国的军队缔造者。沉默者威廉的次子。1618年，成为奥伦治亲王。曾先后担任荷兰多省省长(最高行政长官)，后担任荷兰联省的执政和军队总司令。将西班牙势力驱逐出荷兰国土，使荷兰的疆域赢得今日的格局和范围。

② 查理一世(Charles Ⅰ，1600—1649)，英国和爱尔兰国王(1625—1649年在位)。苏格兰詹姆斯六世之子。1625年3月登基。由于坚持国王有自主征税权利而与国会不断发生冲突，最终导致英国内战。1649年1月20日，查理一世在威斯敏斯特特设高等法庭受审。1月27日，法庭宣判，将他作为暴君、叛国者、杀人犯和人民公敌处决。1月30日，查理一世在白厅宴会厅外设立的断头台上被处死。

③ 尼古拉·克雷尔(Nicolas Krell，1551—1592)，萨克森的掌玺大臣，致力于将加尔文主义引进萨克森路德派。

④ 伊普尔派主教(the Bishop of Ypres’s party)，伊普尔为比利时西佛兰德省城市，保留有詹森派创始人C.詹森陵墓的圣马丁大教堂(13世纪)旧址即在此处。这里所谓伊普尔派所指的即是詹森派，所谓伊普尔派主教所指的即是詹森派主教。

生，就像对于斯宾诺莎那样，智慧、善、正义都只不过是相关于上帝的虚构，因为按照他们的观点，第一因都是通过它的能力的必然性而活动的，而不是藉它的智慧的选择而活动的。这是一种我对其
399 荒谬性已经作出过充分证明的意见。霍布斯先生似乎并不希望充分地表明立场，担心这样一来会冒犯人民。就此而论，他倒是值得赞赏的。而且，也如他自己所说，正由于这个原因，他曾经希望这位主教和他之间在巴黎所讨论过的内容不予公开发表。他还补充说，说上帝并不意欲的一个活动发生了这种说法不太合适，因为这样一种说法实际上就等于说，上帝缺乏能力。但他同时又补充说，说对立的意见把上帝意欲恶归于上帝也不合适，因为这是不得体的，而且这似乎是在指控上帝缺乏善。因此，他认为，在这些问题上泄露真相是不明智的。倘若真相即处于他所认为的悖论式的意见之中，他无疑是正确的。因为按照这位作家的意见，上帝似乎并没有善，毋宁说他称之为上帝的东西不是别的，无非是整个物质事物的盲目本性，而物质事物是按照数学的规律而活动的，遵循的是一种绝对的必然性，就像原子在伊壁鸠鲁的体系中那样。倘若上帝有时像尘世上的那些伟大事物一样，言说关于他的所有真理就不适当了。但上帝不同于人，其设计和行为常常必定藏而不露；毋宁说公开一些上帝的忠告和活动始终是允许的和合理的，因为它们始终是荣光的和值得赞赏的。因此，说出一些有关神性的真理始终是正确的。人们根本无需以任何方式担心冒犯上帝。在我看来，我已经以一种满足理性但并不伤害虔诚的方式解释过了究竟应当如何理解上帝的意志发挥作用，允许犯罪，却又不殃及他的智慧和他的善。

9.至于来源于《圣经》的权威,霍布斯先生将这种权威区分为三类。他说,其中一些,是适合于我的;第二类是中性的;第三类似乎是适合于我的对手的。他认为对他有利的那些段落是那些将我们的意志的原因归于上帝的段落。例如,在《创世记》第 45 章第 5 节,约瑟对他的兄弟们说:“现在不要因为把我卖到这里,自忧自恨,这是上帝差我在你们以先来,为要保全生命”;他在第 8 节又说道:“差我到这里来的不是你们,而是上帝。”[①]上帝说道(《出埃及记》7:3):“我要使法老的心刚硬。”而摩西也说道(《申命记》2:30):“但希实本王西宏,不容我们从他那里经过,因为耶和华你的上帝使他心中刚硬,性情顽梗,为要将他交在你手中。”大卫在谈到示每 400
时说道(《撒母耳记下》16:10):“他咒骂,是因为耶和华吩咐他说,你要咒骂大卫。如此,谁敢说你为甚么这样行呢?”《列王记上》第 12 章第 10 节中说道:“王(耶罗波安)不肯依从百姓,这事乃出于耶和华。”《约伯记》第 12 章第 16 节说道:“被诱惑的,与诱惑人的,都是属他(即上帝)。”第 24 节说道:“他将地上民中首领的聪明夺去,使他们在荒废无路之地漂流。”第 25 节说道:“他们无光,在黑暗中摸索,又使他们东倒西歪,像醉酒的人一样。”上帝在谈到亚述王时说道(《以赛亚书》10:6):“吩咐他攻击我所恼怒的百姓,抢财为掳物,夺货为掠物,将他们践踏,像街上的泥土一样。”耶利米也

① 这两段话是约瑟讲给他的几个兄弟们听的。据《创世记》第 35—45 章,雅各即以色列共有 12 个儿子,由于其中约瑟最聪明能干,他对约瑟格外宠爱,遭到众兄弟嫉妒、憎恨和报复。众兄弟以 20 舍客勒银子的价钱把约瑟给了前往埃及经商的以实玛利人。约瑟到埃及后又被转卖给法老的护卫长波提乏为家奴。但由于其聪明过人,最后得到了法老的赏识,法老任命约瑟为他的宰相。这时,迦南发生严重旱灾,雅各派了他的十个儿子前往埃及买粮。这段话就是约瑟在见到他的十个兄弟们时讲的。

说道(《耶利米书》10:23):“耶和华啊,我晓得人的道路不由自己。行路的人,也不能定自己的脚步。”上帝也说道(《以西结书》3:20):“义人何时离义而犯罪,我将绊脚石放在他面前,他就必死。”救世主说道(《约翰福音》6:44):“若不是差我来的父吸引人,就没有能到我这里来的。”圣彼得也说道(《使徒行传》2:33):“耶稣既然按着上帝的定旨先见,被交与人,你们就应该照办。”而《使徒行传》第4章第27和第28节则说道:“希律和本丢彼拉多,外邦人和以色列民,果然在这城里聚集,要攻打你所膏的圣仆耶稣,成就你手和你意旨所预定必有的事。”圣保罗说道(《罗马书》9:16):“这不在乎那定意的,也不在乎那奔跑的,只在乎发怜悯的上帝。”而第18节也说道:“如此看来,上帝要怜悯谁,就怜悯谁,要叫谁刚硬,就叫谁刚硬。”第19节说:“这样,你必对我说,他为甚么还指责人呢?有谁抗拒他的旨意呢?”第20节说:“你这个人哪,你是谁,竟敢向上帝犟嘴呢?受造之物岂能对造他的说,你为甚么这样造我呢?”《哥林多前书》第4章第7节说:“使你与人不同的是谁呢?你有甚么不是领受的呢?”《哥林多前书》第12章第6节说道:“功用也有分别,上帝却是一位,在众人里面运行一切的事。”《以弗所书》第2章第10节说道:“我们原是他的工作,在基督耶稣里造成的,为要叫我们行善,就是上帝所预备叫我们行的。”《腓立比书》第2章第13节说道:“因为你们立志行事,都是上帝在你们心里运行,为要成就他的美意。”人们还可以在这些段落上再加上所有那些使上帝成为所
401 有恩典以及所有善的意向的造主以及所有那些我们在罪里死的句子。

10.按照霍布斯先生的观点，还有一些中性的段落。在这些段落中，《圣经》说人如果愿意就能够选择去作为，或者如果他不愿意就能够选择不去作为。例如，《申命记》第30章第19节说道：“我今日呼天唤地向你作见证，我将生死、祸福，陈明在你面前，所以你要拣选生命，使你和你的后裔都得存活。”《约书亚记》第24章第15节说道：“你们今日就可以选择所要事奉的。”上帝曾对先知伽得说道(《撒母耳记下》24:12)：“你去告诉大卫说，耶和华如此说，我有三样灾，随你选择一样，我好降与你。”《以赛亚书》第7章第16节说道：“直到这孩子晓得弃恶择善。”最后是霍布斯先生认为与其意见显然矛盾的那些段落，也就是旨在说明人的意志与上帝的意志并不一致的段落。例如，《以赛亚书》第5章第4节说道：“我为我葡萄园所作之外，还有甚么可作的呢？我指望结好葡萄，怎么倒结了野葡萄呢?”《耶利米书》第19章第5节说道：“建筑巴力的邱坛，好在火中焚烧自己的儿子，作为燔祭献给巴力。这不是我所吩咐的，不是我所题说的，也不是我心所起的意。”《何西阿书》第13章第9节说道：“以色列啊！你与我反对，就是反对帮助你的，自取败坏。”《提摩太前书》第2章第4节也说道：“上帝愿意万人得救，明白真道。”他坦然承认，他还能摘录许多其他的段落，例如那些表明上帝并不意愿邪恶或不公，以致他希望罪人得救的段落，以及一般而言所有那些声言上帝命令行善禁止邪恶的段落。

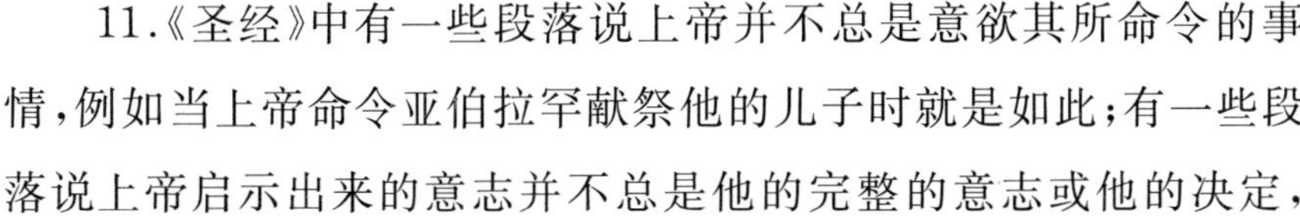

11.《圣经》中有一些段落说上帝并不总是意欲其所命令的事情，例如当上帝命令亚伯拉罕献祭他的儿子时就是如此；有一些段落说上帝启示出来的意志并不总是他的完整的意志或他的决定，

例如，上帝曾启示给约拿，说尼尼微城将在四十日之后毁灭。霍布斯先生对上述有关段落都一一做了解释。他还补充说，当《圣经》上说上帝意欲所有的人得救时，这只是意味着上帝命令所有的人都要做为了得救所必须做的事情；再者，当《圣经》说上帝不意欲罪时，其意思是说，他意欲去惩罚罪。至于其他，霍布斯先生将它们都归因于人们之间所运用的表达形式。但人们却可以回答他说，说上帝启示出来的意志与他的实在的意志相反，这是在败坏上帝
402 的声誉：上帝命令约拿到尼尼微城所说的话毋宁说是一种恐吓而非一种预言；从而其中便内蕴了不知悔改的条件。再者，尼尼微人也是这么看待这件事的。人们还可以说，上帝在命令亚伯拉罕献祭他的儿子时确实是想要亚伯拉罕照办的，但却并不意欲献祭行为本身，故而当上帝看到亚伯拉罕打算照办时便阻止了他，因为上帝真正意欲的并非献祭活动本身。而且，上帝确实实施了其意志而且实际上其本身也值得成为其意志对象的各种活动的情况也不一样。在这些活动中，有上帝命令的虔诚、仁慈和所有道德行为；也有对罪的疏忽，这比任何别的事物都与上帝的完满性不相容。因此，像我在本著中对上帝意志的解释是再好不过的了。我要说，上帝由于其至上的善，不仅从一开始就具有产生、或看见或致使产生所有的善以及每一种值得赞赏活动的一系列倾向，而且从一开始就具有阻止所有的恶和每一种坏的活动的一系列倾向，或者看到和引起所有的恶和每一种坏的活动落空的一系列倾向。但上帝受到与一种无限的智慧结合在一起的同一种善的决定，也受到所有此前的和特殊的趋向于每一个善以及趋向于阻止每一种恶，产生最可能好的事物设计的种种倾向的集成的决定。这即是他的最

后的和决定性的意志。对最好者的这样一种设计具有这样一种本性，即其中所包含的善必定为一些相较于这些善无可比拟地少的恶所增强，就像光亮为阴影所增强一样；而上帝原本可以在不损害他的至上的完满性的前提下，既不排除这种恶，也不引进那些为这一计划所排除的善。由于这一理由，人们便必定说，上帝之所以允许他人犯罪，乃是因为不然的话，上帝本身就会干出比受造物的所有罪行都更为糟糕的事来。

12. 我发现，德里主教至少有理由说（其答复中，第 15 条，第 153 页）：他的对手们将一切都仅仅归因于上帝的能力时，其意见是不虔诚的；霍布斯先生不应当说敬畏或崇拜只不过是人们所敬畏的上帝的能力的一种符号：因为人们也可以，也必须承认和敬畏智慧、善、正义和其他完满性。人们至少赞赏伟大，乐于向善。[①]这种意见，褫夺了上帝所有的善和所有真正的正义，把上帝说成是一个暴君，行使着一种绝对的权力（能力），不依赖所有的权利和所有的公正，创造了无数的永恒不幸的受造物，他之所以这样做，除炫耀自己的权力（能力）外并无任何别的目的，在我看来，这种意见 403
能够使人变得非常恶。倘若人们接受了这样一种意见，在这个世界上，就根本无需任何别的恶魔将各种不同的人安置在它们中间并且与上帝在一起；就像那条蛇在使夏娃相信上帝在禁止她吃树上的果子时所做的那样，并不希望她得到什么好处。霍布斯先生在《答辩》（第 160 页）中极力回避这样一种延伸或演绎。他说，善

① 这句话的原文为：Magnos facile laudamus，bonos libenter。

只是上帝能力的一个部分，也就是说，善乃使他自身值得爱的一种能力。但这不过是滥用这些术语的一种借口而已，将那些必须加以区分的事物混为一谈。毕竟，倘若上帝并不打算使理性受造物获得好处，倘若除能力（权力）外上帝再无任何别的正义的原则，使得他既能够专断地产生出显现在面前的机会，又能够在无碍其在善的基础上进行选择的前提下必然产生出所有可能的事物，上帝何以能够使他自己值得人们去爱呢？因此，这一学说所主张的不是一种盲目的能力（权力），就是一种专断的能力（权力），无论是前者还是后者都破坏了虔诚：因为其中一个破坏了上帝的理性原则或天道，而另一个则将适合于恶的原则的种种行为归因于上帝。霍布斯先生说（第 16 页），上帝中的正义无他，无非是他所具有的能力，上帝就是运用其能力来分配其祝福和苦难的。这一定义令我震惊，因为并非能力在分配它们，而是意志在合理地分配它们，也就是说，善受到智慧的指导，从而造成了上帝的正义。但霍布斯先生却说，正义并不是像存在于人身上那样存在于上帝身上的，人只有通过恪守其长官制定的法律才能够成为正义，霍布斯先生也和追随他的普芬道夫[①]先生一样在这个问题上弄错了。正义并不依赖于长官们的专断的法律，而是依赖于智慧和善的永恒准则，既依赖人的智慧和善的永恒准则，也依赖上帝的智慧和善的永恒准则。霍布斯先生在同一段话中断言，归于上帝的智慧并不在于手段与目的关系的逻辑考察，而在于一种不可理解的属性，把对它的

① 普芬道夫（Samuel von Pufendorf，1632—1694），德国国际法专家、法理学家和历史学家。曾著 8 卷本《以自然法为基础的人类与公民的义务》等著作。

敬畏归因于一种不可理解的本性。霍布斯先生的意思似乎在于：这是在将一种无可名状的东西归因于一种无可名状的东西，甚至是将一种荒诞不经的性质归因于一种荒诞不经的实体，通过各族人民对它实施的崇拜来恐吓和蒙骗各族人民。毕竟，霍布斯先生对上帝和智慧要有一种全然不同的意见是比较困难的，因为他只承认物质实体。倘若霍布斯先生依然健在，我便应当谨慎行事，当心把有可能对他造成伤害的意见归咎于他；但要完全做到这一步相当困难。他本来可以随后改变自己的立场，因为他进入了一个伟大的时代。因此，我希望他的错误不至于给他造成伤害。但既 404
然这些错误很可能对别人产生影响，就很有必要告诫一下将要阅读这位在别的方面具有重大优点的学者的作品的人们，从他的作品中还是可以在许多方面获得教益的。诚然，严格讲来，上帝并不像我们这样运用时间进行推理，从一条真理达到另一条真理，但既然上帝同时理解所有的真理和这些真理之间的所有联系，他就知道所有的结论，他就在其自身以最高等级的形式包含了我们所能发挥的所有推理。正因为如此，上帝的智慧是完满无缺的。

405

对最近在英国出版的论“恶的起源”著作的评论①

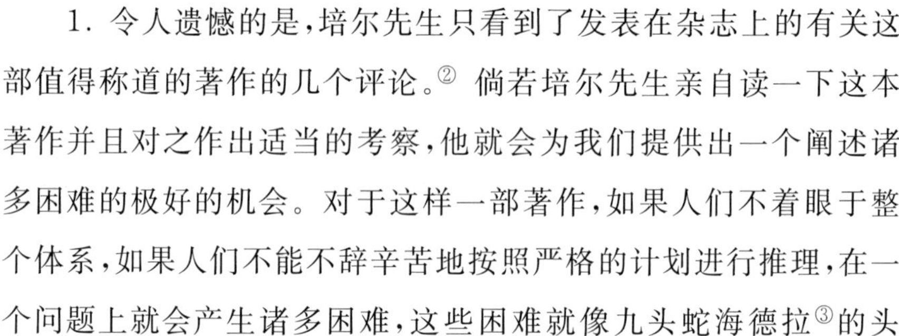

1. 令人遗憾的是，培尔先生只看到了发表在杂志上的有关这部值得称道的著作的几个评论。② 倘若培尔先生亲自读一下这本著作并且对之作出适当的考察，他就会为我们提供出一个阐述诸多困难的极好的机会。对于这样一部著作，如果人们不着眼于整个体系，如果人们不能不辞辛苦地按照严格的计划进行推理，在一个问题上就会产生诸多困难，这些困难就像九头蛇海德拉③的头

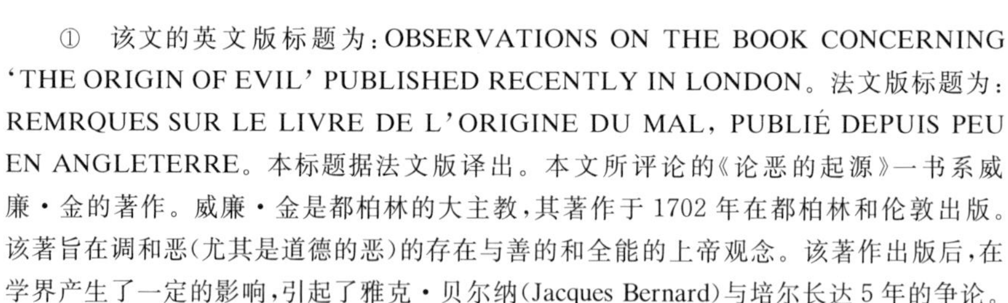

① 该文的英文版标题为：OBSERVATIONS ON THE BOOK CONCERNING ‘THE ORIGIN OF EVIL’ PUBLISHED RECENTLY IN LONDON。法文版标题为：REMRQUES SUR LE LIVRE DE L’ORIGINE DU MAL, PUBLIÉ DEPUIS PEU EN ANGLETERRE。本标题据法文版译出。本文所评论的《论恶的起源》一书系威廉·金的著作。威廉·金是都柏林的大主教，其著作于1702年在都柏林和伦敦出版。该著旨在调和恶（尤其是道德的恶）的存在与善的和全能的上帝观念。该著作出版后，在学界产生了一定的影响，引起了雅克·贝尔纳（Jacques Bernard）与培尔长达5年的争论。

② 例如，该著出版后，《文坛共和国新闻》1703年5—6月号便刊载了一篇肯定该著的书评。此时，雅克·贝尔纳为该杂志的负责人。

③ 九头蛇海德拉（the Hydra）是希腊神话中的一个怪兽，以九个头闻名于世。据说系希腊神话中最强悍的怪物之父百首巨龙堤丰（typhon）和女首蛇神怪爱克特娜（echidina）所生。他生活在阿苟思海湾的罗娜地的沼泽中，被称为罗那九头蛇。他吞食天地，蹂躏人畜，无恶不作，他所吐出来的毒气还使得当地成为所谓的瘟疫沼泽。他拥有一百个头，其中一颗头要是被斩断，立刻就会生出两颗头来。后来，宙斯所生的赫克力士（Hercules） 用刀枪不入的乃米亚之狮的皮当作护甲，使得九头蛇海德拉的毒牙

一样，一而再再而三地长出来。因为推理的严格性在那些超越想象的问题上所发挥的作用与图形在几何学中的作用没有什么两样：必须始终有一些东西能够吸引我们的注意力，从而在我们的种种思想之间形成一种联系。正因为如此，当我拿到这样一部如此学养渊深又风格典雅、在伦敦初版、又在不莱梅再版[①]的拉丁著作时，我就认定，该著论题的严肃性和重要性以及作者的学养和文风需要一种特别的关注，读者兴许对我寄予厚望，因为我们在这个题目上只有一部分一致。其实，既然这部著作共含五章，而第五章又带有一个与其余部分篇幅一样的附录，我便注意到，该著头四章，概论了恶的问题，尤其详尽阐述了物理的恶，与我的原则相一致（除一些个别段落外），它们甚至雄辩有力地发挥了一些由于培尔
先生未予以强调我虽有所论述但论述尚不够充分的论点。但是第 406
五章的各个部分（其某个部分与所有各章的篇幅相等）不仅阐述的是自由以及以自由为基础的道德的恶，而且还是基于与我的原则相对立的原则构建起来的，实际上也常常是基于与培尔先生的原则相对立的原则构建起来的。这就是说，他在这一章里所阐述的任何一项确定的原则似乎都可以归功于他。该著第五章旨在表明（如果可能的话），真正的自由在于一种含混其词的完全的和绝对的均衡的无差别（une indifférence d’équilibre, vague, entière, et absolue）；以至于在意志自身决定之前，根本不存在它作出决定的任何理由，无论是在进行选择的主体身上还是在所选择的对象

失去功效，而当他砍掉九头蛇海德拉的一个头时便用火把焚烧九头蛇海德拉的伤口，使其不得重新长出头来，终于成功地击败了九头蛇海德拉。

① 该著 1704 年在不莱梅再版。

方面都是如此。人们并不是在选择使之愉快的东西，而是在这种毫无理由的选择中，产生了人们所选定的使人愉快的东西。

2. 这一没有任何原因或理由的选择原则，在我看来，褫夺了选择的智慧和善的目的，但在许多人看来，却既是上帝和理性实体的重要特权，也是他们的自由、赎罪、道德和善恶的源泉。声称人们不仅独立于倾向，而且也独立于自身之内以及外部善恶的理由本身的能力的这种虚幻性，有时以这样一种亮丽的色彩绘画出来，以致人们可以视之为世界上最卓越的东西。尽管如此，它却只不过是一种空洞的幻觉，只不过是人们自吹自擂的突发奇想对种种理由的一种抑制。其所断言的东西虽然不可能，但一旦萌生了这样一种想法就会造成伤害。我们可以将这样一种虚幻特性归因于圣彼得的筵席中的某个唐璜[①]，一个人若具有浪漫气质便很可能影响其外在表现，确信他实际上即有这样一种虚幻特性。但实际上，根本就不存在任何一种选择不是人们在受到此前善恶表象的推动、受到种种倾向或种种理由的推动的情况下做出来的。我曾经始终不渝地质疑绝对无差别的支持者，并以有关例证加以说明。尽管如此，倘若我将这种人们所作的不受任何事物决定的选择称作虚幻的，我远非将这一假说的支持者称作空想家，尤其是我们这

① 唐璜(Don Juan)，一个虚构的人物，浪荡子的象征。来源于流行的传说。在西班牙悲剧家索·德·莫利纳的悲剧《塞维利亚的嘲弄者》(1630)中他首次以文学人物出现。随后，他成了一个世界性人物，堪与堂吉诃德、哈姆雷特、浮士德相提并论，变成戏剧、小说、诗歌中的反派角色。在莫里哀的《唐璜:石宴》(1665)、大仲马的戏剧《马拉纳的唐璜》、拜伦的长篇讽刺诗《唐璜》(1819—1824)以及萧伯纳的戏剧《人与超人》(1903)中，都有其鲜活的形象。

位天才的作家。逍遥派教授了有关这一本性的一些信条；但由于这个原因便鄙视奥卡姆①、休塞特②、切萨皮诺③、康林吉乌斯④一类的思想家以及那些依然在倡导迄今为止一直在不断完善的经院学派意见的人，就会酿成世界上最大的不义。

3．然而，为退化的经院哲学在客迈拉时代⑤所复兴和引进的 407
这些意见之一即是我们的灵魂虚构出来的含糊其辞的无差别或实在的偶然性；仿佛除非我们清楚明白地对任何倾向有所知觉，就没有任何东西给我们提供出任何倾向，仿佛产生一个结果的诸原因知觉不到时，结果的产生就没有任何原因似的。这与一些人由于

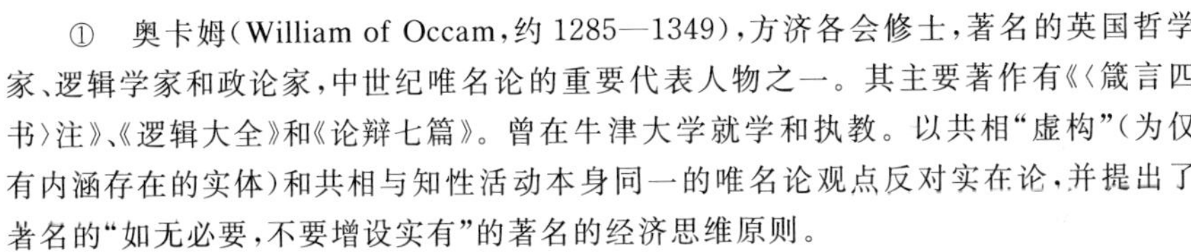

① 奥卡姆（William of Occam，约1285—1349），方济各会修士，著名的英国哲学家、逻辑学家和政论家，中世纪唯名论的重要代表人物之一。其主要著作有《〈箴言四书〉注》、《逻辑大全》和《论辩七篇》。曾在牛津大学就学和执教。以共相“虚构”（为仅有内涵存在的实体）和共相与知性活动本身同一的唯名论观点反对实在论，并提出了著名的“如无必要，不要增设实有”的著名的经济思维原则。

② 休塞特（Suisset，生活在14世纪），本名为理查德·斯温斯海德（Richard Swineshead），中世纪哲学家、数学家和自然科学家。

③ 切萨皮诺（Cesalpino，1519—1603），意大利医生、哲学家、植物学家和解剖学家。详见前面有关注释。

④ 康林吉屋斯（Conringgius，1606—1687），德国法学家。详见前面有关注释。

⑤ 客迈拉时代，其对应的法文为 l'âge des chimères，其对应的英文为 the Age of Chimeras。客迈拉系古希腊神话中的一种怪兽，荷马史诗中对它即有过描述。在荷马笔下，客迈拉是一种会喷火的怪兽，由三个部分组成，前面部分为狮子，尾巴是一条蟒蛇，身子是山羊。它呼吸吐出来的都是火焰。后人又说它有三个头（蟒蛇、山羊和狮子的头），无论何时出现，它都会摧毁一切，它既吞噬其他动物，也吞噬人类。当它来到利西亚国的时候，所到之处即刻变得一片荒芜。至中世纪，客迈拉成了邪恶的象征，女巫捕手克雷默和斯普瑞格将这种由蟒蛇、山羊和狮子组成的怪兽与女人比较，认为二者有共性：“她们看起来都很美丽，但都很难抚慰而且根本不可能驯服”。至现代，客迈拉这个词往往指“不可能的想法”、“不切实际的梦”或任何我们能够想象但却无法实现的事情。莱布尼茨在这里采用的正是客迈拉的这一引申义和现代义。

他们看不到细胞便断然否认不可见细胞存在极其相似。现代哲学家已经改进了经院学者的这样一些意见，他们依据物体本性的规律，证明一个物体只有藉推动它的另一个物体的运动才能进入运动状态。即便如此，我们也必须相信，我们的灵魂根据精神本性的规律，只能够为某种或善或恶的理由所推动，即使当我们不能从我们的精神状态中获取任何清楚明白的知识时也是如此，因为无数微知觉（petites perceptions）的群集能够使我们现在感到愉悦或者感到悲伤，或者获得其他的情感，从而使我们在无以言说何以如此的情况下喜欢这件事物而非另一件事物。柏拉图、亚里士多德，甚至托马斯·阿奎那、杜兰德[①]以及其他具有比较健全品格的经院学者在这个问题都是像大多数人一样进行推理的，就像胸无偏见的人曾经推论的那样。他们都承认，自由在于对理性和倾向的运用，从而导致对对象的选择或拒绝。但最后，却有一些过分敏感的哲学家从他们的“蒸馏器”（alambic）中获取了令人费解的独立于无论任何事物的选择概念，这被说成是解决所有难题的惊人之举。但这一概念从一开始便陷入了一个最严重的困难，因为它违背了我们必须始终承认的一条伟大的推理原则，这就是：如果没有充分的原因或理由，任何事情都实现不出来。既然经院学者常常忘记运用这项伟大原则，承认一些基本的隐蔽的质（qualités occultes），倘若这种含混其词的无差别的幻象受到他们的喝彩，倘若即使那些最杰出人士都对这种幻象深信不疑，人们就无需大惊小

① 杜兰德（Durand de Saint-Pourçain，约1270—1332），法国唯名论神学家和哲学家，多明我会教士。详见前面有关注释。

怪了。我们这位作者，虽然在其他方面摆脱了普通经院学者的许多错误，但依然受到这种幻象的蒙骗：他在这一幻象的支持者中无疑是有关技巧最为娴熟的一个。

> 倘若坡伽玛的军队能够守住坡伽玛，
> 坡伽玛靠这支军队也就守得住。[①]

他给出了最可能好的转向，仅仅展现了它的好的方面。他知道如何去褫夺掉自发性和理性的优点，将所有这一切都转换成含糊其辞的无差别：只有通过这种无差别(漠然态度)，人们才能够成为能 408

动的，才能够抗拒受动性，在其选择中取乐，成为幸福的；实际上，倘若某种幸福的必然性强制我们进行正确的选择，我们就会显得非常悲惨。我们这位作者就自然的恶的起源和理由，曾经说过许

多值得称道的观点：他只是将有关原则应用到了道德的恶上；他实际上自认为道德的恶是通过物理的恶而成为一种恶的，在他看来，物理的恶产生或趋向于产生道德的恶。但他却莫名其妙地认为，倘若上帝和人被造得从属于理性，那就是上帝和人的一种堕落，因为他们全都因此而成为对理性被动的东西，从而不再满意他们自身。简言之，倘若他们在其自身内部没有这种藉选择事物使事物成为善的或可容忍的引以自豪的特权，或者说没有这种点石成金、改变一切的引以为豪的特权，人便没有任何东西能够用来抗争从

① 这两句话的原文为：Si Pergama dextra Defendi possent，etiam hac defense fuissent。

外面降到他们头上的种种不幸。

4. 现在，我们就对之作出更为详尽的考察；但在此之前运用我们这位作者关于事物本性和自然的恶的卓越观念获益是比较可取的，这尤其是因为这样一来，我们在一些问题上便能够向前走得更远：通过这种方式，我们对于其体系的整个布局有望获得一个更充分的理解。该著第一章包含了诸多原则。作者将实体称作一个存在(un être)，其观念并不包含另一个实体的存在。我看不出在受造的存在中是否会由于所有事物之间存在有这样一种联系而存在有这样一种实体；一个蜡制火把并不比一群蜜蜂更能成为一个实体的例证。但人们可以在一种引申的意义上使用这个术语。他相当贴切地说道，在其可能有的质料的所有变化以及其可能有的所有性质被褫夺之后，依然存在有广延、可移动性、可分性和阻力。他还解释了概念(notions)的本性，将概念理解为仅仅用来表示存在于个体事物之间相似性的共相(les universaux)；而所谓观念(idées)，我们也仅仅将其理解为通过直接感觉所认知的东西，而其余的则只有通过与这些观念的关系才能够为我们所认知。但当他承认我们并不具有关于上帝、精神、实体的任何观念时，他似乎并未充分注意到在对我们自身的知觉中，我们已经获得了有关实体和精神的知觉，而上帝的观念则是通过对我们完满性的局限的
409 清除从我们人自己的观念中发现的，一如绝对意义的广延是由我们地球的观念组合而成的那样。他在主张至少我们的简单观念是天赋的，从而反对亚里士多德和洛克先生的白板说方面也是正确的。但我不能够苟同他所主张的我们的观念除了同在空气中发出

声响的语词或写在纸上的作品同我们的观念的关系外，同事物之间还有任何更进一层的关系，我也不能苟同他所主张的我们感觉的意义是随意的和约定俗成的，与语词的意义并无两样。我在别处已经表明在这个问题上我何以不赞成笛卡尔派的观点。

5．为了进展到第一因，作者找到了一个标准，作为真理的特殊标志。他在我们的内在断言当其明白无误时藉以迫使理性认同它们的力中发现了这一标准。他说，经过这样的程序，我们对感觉便产生了信任。他指出，笛卡尔体系的特殊标志，即清楚明白的知觉，需要一个新的标志以表明究竟何为清楚明白。他还指出：观念的一致或不一致（当人们形式地谈这个问题时，毋宁用术语的一致或不一致这个说法）依然可能受骗，因为存在有实在的一致和表面的一致之分。他甚至似乎承认，驱使我们认同的内在的力依然是一个需要慎重对待的问题，很可能来自根深蒂固的偏见。正因为如此，他才承认，他之所以提供另一个标准乃是因为他发现了一些对人类非常有益的东西。我曾在一本于1684年出版的题为《论真理与观念》[①]的短著中致力于阐述这一标准。尽管我不敢自夸我在其中已经提供了新的发现，我还是希望比较详尽地澄清了一些此前只是被含混认识到的东西。我在事实的真理（les vérités de fait）与推理的真理（les vérités de raison）之间作出区分。事实真理只能够通过与推理真理的比较，通过将其回溯到我们自身之内

① 《论真理与观念》（Discours sur la vérité et les idées），载《学者杂志》1684年12月号。参阅Leibniz，*Philosophical Papers and Letters*，edit. by Leroy E. Loemker，Dordrecht：Reidel，1969，pp.291—295。

的知觉才能够得到证实，例如圣奥古斯丁和笛卡尔先生都非常果断地承认它们无可怀疑。这就是说，我们不可能怀疑我们在思想，实际上，我们也不可以怀疑我们在思考这件或那件事物。但为了判断我们的内在概念在事物中是否具有实在性，我认为，有必要对我们的知觉之间是否有稳定的联系，它们与我们曾有的其他东西是否有稳固的联系进行考察，以这样一种方式来彰显数学的准则和其他推理真理。在这种情况下，人们必定将它们视为实在的；我认为，此乃将之与想象、梦境和幻见区别开来的唯一手段。因此，外在于我们的事物的真理只有通过现象的联系才能识别出来。推
410 理真理的标准，或者说由概念产生出来的那些东西，却是在对逻辑规则的精确运用中发现出来的。至于观念或概念，我将所有那些其可能性是确定的事物都称作实在，而那些并无这种可能性标记的各种定义则只是**名义上的**东西。非常擅长分析的几何学家则了解各种不同的特性之间在这方面的差别究竟在何处，一些线条或图像就是藉这些特性定义出来的。我们这位天才的作者或许并没有向前走得这么远。然而，人们从我已经提供给他的理由以及从中可以推演出来的东西中却可以看到，他并不缺乏深度或反思。

6. 随后，他进而考察了运动、物质和空间是否自行产生出来的问题；为达此目的，他考察了是否能够设想它们都不存在这个问题。他谈到了上帝的特权：只要认为上帝存在，就必须承认他是必然存在的。我在前面提及的那本短著中曾经提出过一个论断，这就是：只要人们承认上帝是可能的，人们就必须承认上帝必然存在。他的上述说法无疑是我的这一论断的一个推论。由此看来，

人们只要承认上帝存在，也就承认了上帝是可能的。因此，人们只要承认上帝存在，也就必定承认上帝必然存在。但这种特权并不属于我们刚才讲到的三样东西。尤其是关于运动，作者也附和霍布斯先生，说当前的运动来自在先的运动，在先的运动又来自另一个运动，如此等等直至无限，但其理由是不充分的。因为无论你向后追溯得多么远，你都一点也没有更加接近发现引起当前运动的理由。所以，这个理由必定是处于这一系列之外的。即使存在有一种永恒运动，那也要求有一种永恒的动力(un motrur éternal)。太阳的光线，即使与太阳一起是永恒的，但在太阳之中也依然有其永恒的原因。我很高兴复述我们这位天才作家的这些证明，从中可以看到，对于他来说，充足理由原则究竟有何等重要。因为，倘若允许承认存在有某种没有任何理由即予以承认的事物，一个无神论者便可以通过说运动的存在不必有一个充足的理由轻而易举地推翻这一证明。我不打算深入讨论有关空间实在性和永恒性问 411
题，担心这样一来会离题太远。只要说到下面一点也就够了，这就是：作者认为空间虽然会因上帝的能力而湮灭，但却是永恒地湮灭而非一部分一部分地湮灭；即使既没有空间也没有物质，我们也能够单独地与上帝一起存在，因为在我们自身内部并无外在事物存在的概念。他还提出了下述观点：在声音、气味和滋味的感觉中，并不蕴含有空间观念。但不管对于空间形成什么样的意见，只要存在有一个上帝作为物质、运动，简言之，所有事物的原因也就够了。作者认为，对于上帝，我们是能够进行推理的，一如一个天生的盲人能够对光进行推理那样。但我则认为，在我们身上还存在有更多的东西，因为我们的光乃来自上帝之光的光线。在讲过上

帝的一些属性之后，这位作者承认上帝是为着一个目的而活动的，这就是他的善的传播(la communication de s bonté)，而他的工作是得到妥善安排的。最后，他对这一章作了一个非常中肯的小结，他说，上帝在创造世界的活动中，不辞辛苦地将事物之间的最大和谐赋予了这一世界，将存在者的最大舒适赋予了理性，使无限能力、智慧和善结合在一起的种种欲望的最大兼容性得以产生。他还补充说，尽管存在有一些恶，人们必须相信，上帝的这样一些无限的完满性也不会因此而被取消(倘若说不应当因此而被取消可能更贴切些)。

7.该著第二章旨在剖析恶。我们可以将恶区分为形而上学的恶、物理的恶和道德的恶。形而上学的恶在于不完满性，物理的恶在于苦难以及诸如烦恼之类的东西，而道德的恶则在于罪。所有这些恶都存在于上帝的作品中。卢克莱修由此推断出，根本不存在任何天道，他因此而否认这个世界能够成为神的一个结果。

自然事物绝对不是神为我们而创造的。

因为在事物的本性中存在有如此多的缺点，

因为它竟然充满着如此巨大的不完满性。①

① 这两句诗的原文是：Naturam rerum divinitus esse creatum; quoniam tanta stat praedita culpa. 出自卢克莱修：《物性论》，V，第199—200行。请参阅卢克莱修：《物性论》，方书春译，商务印书馆1982年版，第272—273页。

其他人曾经承认两项原则,其中一项为善,另一项为恶。也一直有人认为这是一项难以解决的困难,而在这些人中,我们这位作者似乎记得培尔先生。他希望在其著作中表明,这并非戈尔迪之结[1],戈尔迪之结是需要斩断的。他正确地说道,倘若这些恶被摒弃的话,上帝的能力、智慧和善在其实施过程中便不复是无限的和完满 412
的。他的第三章是从具有不完满性的恶开始的,他和圣奥古斯丁一样地说道,受造物总是不完满的,因为它们是从无中产生出来的,而上帝却是从他自己的本质产生出来的一个完满的实体,从而是他将他自己造成上帝的。这就给他提供了一个说题外话的机会,训斥索齐尼派[2]。但有人会说,上帝为何不克制自己,不产生任何事物,而是要造出不完满的事物呢?我们这位作者很有分寸地回答道:其原因在于上帝之善的充裕。他希望以牺牲我们在上帝身上所设定的严格性为代价来表达他自己的立场,想象不完满性会冒犯上帝。因此,上帝宁愿存在有一些不完满性而不是什么也没有。但人们本来可以补充说,上帝要是有可能产生最完满的整体,他有充分的原因对之表示满意,这个整体的各个部分的不完满性将有助于这一整体的更大的完满性。我们马上还可以得出这样一个结论:一些事物本来可以造得更好,但如果没有其他新的“或许”是更大的不利情况出现,便不会将其造出来。这个“或许”

① 戈尔迪之结(a Gordian knot),流行欧洲的一个谚语,其意思是说,只有通过激烈行动,才能快刀斩乱麻,解决问题。此谚语与公元前 333 年亚历山大大帝东征亚洲一事有关。详见前面有关注释。

② 索齐尼派(the Socinians)为 16 世纪意大利宗教改革家莱利奥·索齐尼(Lelius Socin,1525—1562)及其侄子福斯特·索齐尼(Fauste Socin,1539—1604)所倡导和创立的一个主张上帝一位论的基督宗教派别。详见前面有关注释。

可能是遗漏掉了:因为这位作者是将其作为一种确定不移的东西讲的,而且在本章的结尾处也正是这样说到选择最好者适合于无限的善。这样,他就能够更早一点得出结论说,不完满的事物只要不妨碍尽可能多的更完满事物的存在,就将添加到那些更完满的事物上面。这样,各种物体也就和精神一样被创造出来,因为这一个并不构成另一个的障碍;从而,物质的创造对于伟大的上帝来说并不是没有任何价值的,并不像一些古代异端所认为的那样,物质的创造工作归因于某个巨匠造物主[①]。

8. 现在,让我们进而讨论物理的恶。该著第四章阐述的就是这样一种恶。我们这位著名的作者在注意到形而上学的恶或不完满性是由无中产生出来之后,得出结论说:物理的恶,或不适(l'incommodité),是从物质中产生出来的,更确切地说,是从物质运动中产生出来的。因为倘若没有运动,物质便毫无用处。再者,在这些运动中必定存在有对立面,否则,倘若一切都朝同一个方向运行,就既不会有多样性,也不会有事物的产生了。但引起产生的运
413 动也引起事物的腐化,因为从运动的多样性能够生发出物体之间的震荡,而各种物体则会因这种震荡而消散和毁坏。然而,自然的造主为了使物体存在得更为持久,将它们安置进种种体系(为我们

① “某个巨匠造物主”,其相应的英文为 a certain Demorgorgon,而其相应的法文为 un certain Démogorgon。Démogorgon 这个词在法文中是 Demiurge 的变形,原来是柏拉图用来指造物主或创世神的。在诺斯替派的学说中,世界和物质被认为是邪恶的,其创造者并非至上神,而是比至上神级别低的巨匠造物主。至上神负责善的事物,巨匠造物主负责恶的事物。诺斯替派作为罗马帝国时期的一个秘传宗教,其信仰具有明显的二元论倾向。

所认识的那些体系则是由发光的不透明的球体组合而成的）之中，其安置的方式如此卓越，又如此适合于展示其所包含的内容，如此适合于生发奇观，以致我们设想不出有什么景观能比这还美。但这件作品的至高点是对各种动物的构建，以便到处都有具有认识能力的受造物，

世界上没有一个地方是动物认识不到的。①

我们这位睿智的作者认为，空气甚至纯粹的以太都与水和土一样，有其常客或居民（habitants）。但若假设有些地方没有动物，则这些地方便可能对那些有居民居住的其他地方具有不可或缺的用处。例如，高山，它们虽然使得我们地球的表面凸凹不平，又出现沙漠和不毛之地，但对于江河和风的产生却大有用处。我们也没有任何理由来抱怨沙漠和沼泽，因为毕竟还有那么多地方有待我们去耕耘。再者，我们也绝对不能假设一切都仅仅是为人所造的。我们的作者相信不仅有纯粹的神灵，而且还有其本性与这些神灵相类似的不朽的动物，也就是说，还有一些动物，其灵魂是与以太的和无形的质料结合在一起的。但这种动物与其身体在地球上的动物不是一回事，其身体在地球上的动物由遍布全身和在全身循环流动的液体组合而成，而且其运动随着血管的破裂而终止。因此，我们这位作者最后认为，赋予亚当的这种不朽性，倘若他顺从上帝的话，就不是其本性产生的结果，而是上帝恩典的结果。

① 这句话的原文为：Ne region foret ulla suis animalibus orba。

9. 由此看来，易腐化的动物看到一些使它们认识到当前危险处境的征兆，从而使它们倾向于避开这种危险处境，这对于它们的保存很有必要。正因为如此，将要引起巨大伤害的事物必定事先产生痛苦，从而迫使动物极力驱逐或闪离酿成这种不适的原因，并且预防更大的恶。对死亡的恐惧也有助于人们采取种种避免措施：因为死亡倘若并不那么令人可怕，倘若连续体的分解并不那么痛苦，动物就会经常对死亡毫无警觉，听任它们身体的各个部分毁
414 灭，从而哪怕最强大的动物也很难持续存在一整天。

上帝已经将饥饿和干渴的感觉赐给了动物，迫使动物去吃东西，通过替代那些察觉不到的、被消耗掉的和消失不见的东西来维系它们自己的生命。这些食欲对于促使动物工作，以便获得维系它们的体格所需要的营养，并使它们精力充沛也大有用处。万物的造主甚至发现一种动物常常用作另一种动物的食物也非常必要。这几乎并没有使得牺牲者感到更大的不幸，因为由疾病招致的死亡一般而言和暴力致死一样痛苦，倘若不是这样死去很可能痛苦更甚。而被其他动物捕食的动物既没有预见到未来，也不为未来忧愁，当它们不身处危险境地时，一生都波澜不惊。这与洪水泛滥、地震、霹雳及其他无序状态一样，野兽并不害怕这些现象，人们通常也没有任何理由对之恐惧，因为很少有人因此而蒙受苦难。

10. 自然的造主已经以平常的和持续不断的成千上万个好处对这些仅仅偶尔发生的恶以及其他的恶进行了补偿。饥饿和干渴增大了在获取营养时所经历的快感。适度的工作是动物能力的令人愉快的操练；而睡眠也以一种全然相反的方式让人感到惬意，通

过休息恢复了精力。但最强烈的快感之一是那种致使动物得以繁
殖的快感。由于个体动物不可能在地球上永远存在，上帝特别注
意确保物种不朽，从而希望动物对它们的幼崽怀有巨大的柔情，以
致甘于冒险来保护自己的幼崽。从痛苦和感官快乐产生出恐惧、
贪心和其他一些通常有用的情感，尽管有时偶尔也会出现转向恶
的情况：人们必定也说到毒药、传染病及其他有害的东西，亦即一
个精心设计的体系中那些不可或缺的结果。至于无知和错误，我
们必须考虑到，即使最完满的受造物对于许多东西都是无知的，知
识往往与需要相称。尽管如此，人们也有必要冒险去做一些预见
不到的事情，而这样一类意外事件都是不可避免的。人们在自己
的判断方面必定常常犯错，因为并不总是允许有足够长的时间供
人们进行精确的考察。这些不利条件与事物的体系密不可分：因
为事物在一定情势下相互之间常常非常相似，从而人们往往将一 415
个误认为另一个。但这种不可避免的错误并不是最经常发生的， 639
也不是最有害的。那些使我们蒙受最大伤害的错误往往通过我们
的过错产生出来；从而人们会使自然的恶成为自杀的借口，因为人
们发现，凡是这样做的人一般来说都是受自愿的恶(maux volon-
taires)推动做出这样的事情的。

11. 毕竟，人们发现，我们讲到的所有这些恶偶然也来自善的原因；而且，关于我们并不认识的一切都有理由从我们确实认识的一切推断出来，人们不可能在不陷于困境的情况下就消除掉这些恶。为了更好地理解这一点，作者建议我们将世界想象成一个巨大的建筑物。其中不仅必定有房间、客厅、走廊、花园、洞室，而且

还有厨房、地窖、家禽圈栏、马厩、牛棚和排污系统。因此,在世界上仅仅造出许多太阳,或者用黄金和钻石造成地球不仅不合适,也不适合人居住。倘若人全部只是一个眼睛或一只耳朵,他就不适合吃东西了。倘若上帝使人没有任何情感,他就使人成了傻瓜了;倘若上帝希望人不犯任何错误,他就必定褫夺掉他的种种感觉,或者使他通过某些别的方法而非感觉器官获得感觉能力,这就是说,将不存在任何一个人。我们这位博学的作者在这里对无论是宗教历史还是世俗历史都反复灌输的一个观念进行了评论,这个观念就是:野兽、有毒的植物以及其他一些对我们有害的事物都由罪武装起来反对我们。但既然他在这里仅仅是依照理性原则进行论证,他便将启示能够教导的东西撇在一边。然而,他却认为亚当倘若听话的话,就只有藉上帝的恩典以及与上帝所签订的契约才能被豁免掉自然的恶;而摩西则明确指出原罪大约只有七个结果。这七个结果是:

第一,收回关于不死的恩典赠品。

第二,使地球变成不毛之地,大地不再自行生长、自行富饶,除非那些恶的和无用的杂草。

第三,人们为了糊口必须在荒野辛苦劳作。

第四,女人必须服从丈夫的意志。

416 第五,女人生孩子非常痛苦。

第六,人与蛇之间彼此为仇。

第七,将人从上帝曾经安置给他的悦人耳目的地方赶出去。[①]

---

① 关于这七项内容,请参阅《创世记》,5:15—24。

但我们这位作者却认为，我们的许多恶都是从由物质的贫困产生出来的，尤其是因恩典的收回引起的。再者，在他看来，我们被放逐之后，不死似乎只是我们身上的一个负担，不能接近生命之树或许对我们是一件好事，而非一种惩罚。在这一点或那一点上，人们可能会说有些东西有某种缺陷，但我们这位作者在恶的起源这个问题上所论述的主体部分却充满了有益的和健全的反思，我曾经断定这些都是可资利用的。鉴于此，我必须转到我们争论的问题上，也就是转到对自由本性的解释上。

12．这部论述恶的起源的博学的作者计划在第五章里解释道德的恶的起源，这一章竟占了整部著作的一半篇幅。他认为，道德的恶的起源全然不同于物理的恶，物理的恶在于受造物的不可避免的不完满性。因为，一如我们马上就会看到的，在他看来，道德的恶毋宁来自他称之为完满性的东西，而按照他的说法，完满性为受造物与造物主所共有，这就是说，在选择的能力中没有任何动机(sans aucune motif)，也没有任何目的因或驱动因(sans aucune cause finale ou impulsive)。断言最大的不完满性，即罪，由完满性本身产生出来，其间蕴含有一个巨大的悖论。能将完满性赋予世界上最不合理的事物也同样是一种悖论，其好处仅仅在于获得反对理性的特权。而这毕竟不是在指出恶的源泉，而是在执拗地主张它本身没有任何内容。因为倘若无论在进行选择的人身上还是在所选择的对象方面，都没有推动意志进行选择的任何事物存在，意志也能作出它自己的决断，这样一种选择便会既没有任何原因，也没有任何理由。而且，倘若道德的恶在于这种错误的选择，

就等于承认道德的恶根本没有任何源泉。由此看来，按照健全的形而上学的准则，自然中必定不会存在有任何道德的恶；而且，由于同样的理由，自然中也不会存在有任何道德的善，从而整个道德便遭到了破坏。但我们必须倾听我们这位天才作者的意见，从他那里，经院学派著名哲学家所主张的意见的精到，以及他以其才智和雄辩添加上去的修饰，都遮蔽了其中所内蕴的巨大弊端。为了
417 阐述论战所及的这一处境，他将作家区分为两类。他说，一类作家满足于说意志自由免除外在的强制；而另一类作家则主张它还免除内在的必然性。但这样一种说法并不充分，除非人们将那种绝对的与道德相反的必然性与假设的必然性和道德的必然性区别开来，一如我在许多地方已经解释过的那样。

13. 这一章的第一部分旨在阐述选择的本性。作者首先提到了这样一些人的意见，他们认为意志为理性的判断所推动，或者受欲望的在先倾向所推动，决定其所采取的方面或进程。但他将这些作者与那些断言意志受到绝对必然性的推动作出其决定的人混为一谈，也将这些作者与那些主张人的意志对自己的意志活动没有任何支配能力的人混为一谈，这就是说，他将托马斯主义者与斯宾诺莎主义者混为一谈。他利用霍布斯先生及其类似者所认可的以及所厌恶的声明，指控那些无限远离这些错误以及认真反驳这些错误的人犯了这样的错误。他之所以用这些东西来指控他们，乃是因为他们和霍布斯先生以及其他每个人（除却一些将自己关闭在他们自己的象牙塔内的博士）一样认为，意志为善恶的表象(la representation du bien et du mal)所推动。因此，他将下面这

种意见强加到他们头上，这就是：根本不存在这样一些偶然的事物，一切都是藉绝对的必然性联系在一起的。这显然是一种极其草率的(bien vite)推理方式。然而，他又补充说：严格讲来，根本不存在任何恶的意志，因为倘若存在有恶的意志，人们对其能够反对的无非是它所产生出来的恶。他说，这不同于普通概念，因为这个世界之所以责难邪恶之徒，并不是因为他们损害了他人，而是因为他们不必要地损害了他人。他还认为，邪恶的人们仅仅是不幸的，而绝不是应受惩罚的；物理的恶与道德的恶并没有任何差别，因为人自身并非他不可避免的行为的真正原因；作恶者之所以既不应当受到责备也不应当受到虐待，并不是因为他们值得如此，而是因为这种行为可能有助于人们弃恶向善。再者，仅仅藉这一原
因，人们虽然能够发现一个恶人的过失，却发现不了一个病人的过 418
失。责备和恐吓虽然能够矫正前者，却不可能治愈后者。还有，按照这一学说，惩罚倘若不能预防未来的恶，就会无的放矢，对恶所做过的纯粹考察对于惩罚来说就不充分。同样，感恩也以获取新的利益为唯一目标，倘若没有新的利益，对过去利益的纯粹思考便提供不出充分的理由。最后，作者认为，倘若这一主张意志的决断来自善恶表象的学说正确，人们便必定对人的幸福感到绝望，因为人的幸福并非其力所能及，而依赖于外在于我们的事物。由此看来，既然希望外在事物将它们自身安排得与我们的期望完全一致毫无根据可言，就始终有一些东西是我们所缺乏的，又有一些东西显得太多。按照他的看法，所有这些结论都违背了那些认为意志按照理性的最后判断作出其决定的人的意见，这种意见，按照他的想法，完全剥夺了意志的权利而使灵魂成为全然被动的东西。这

种谴责也指向了无数被公认为权威的严肃作家，他们与霍布斯先生和斯宾诺莎以及其他一些毫无信用的作家一起，被划归到一个类别中去了，而后者的学说则被认为是令人生厌的和不能容忍的。至于我，我并不要求意志始终遵循理性的判断，因为我将这种判断与感觉不到的知觉和倾向区别开来。但我坚持认为，意志始终遵循的是由种种理由、情感和倾向产生出来的有关善恶的最有利的表象，无论清楚明白的表象还是模糊混乱的表象都是如此，尽管可能出现动机悬置其判断这样一种情况。但意志的活动却始终依赖于动机。

14. 在具体讨论我们这位作者的意见之前，有必要先行回答一下对我的意见的有关异议。我的对手们的误解根源于他们将绝对必然的推论（其反面蕴含有矛盾）与仅仅奠基于适宜性真理但却产生其结果的推论混为一谈。换言之，在依赖于矛盾原则的东西与依赖于充足理由原则的东西之间存在有混淆，前者形成必然的和绝对必然的真理，而后者则只适用于偶然真理。我在别的地方已经说到过这个命题，此乃哲学上最重要的命题之一，它指出存在有两项伟大的原则，这就是同一原则或矛盾原则以及充足理由（la raison suffisante）原则；前者说的是，在两个矛盾的命题中，一个
419 为真，另一个为假；后者说的是，任何一个陈述，倘若其理由不能为一个具有为完全理解它而具有所有知识的人看到，就不可能成为真的。这两项原则都必定既对必然真理有效，也对偶然真理有效；凡没有充足理由的事物都不会存在，这一点甚至是必然的。因为人们在一个意义上可以说，这两项原则都包含在真假事物的定义

中。然而，在对所提交的真理进行的分析中，当人们看到它依赖于其反面蕴含有矛盾的真理时，人们便可以说它是一种绝对必然的真理。但如果在将这种分析向更大范围推进的过程中，人们永远达不到这一给定真理的这些要素，人们便必定说它是偶然的，它根源于一种主导的理由，这种理由虽然有某种倾向，却没有任何强制性。一旦承认了这一点，就会明白我们如何能够与各种各样著名的哲学家和神学家一起说，有思想能力的实体是受到或善或恶的占主导地位的表象的推动作出其决断的，这是确定无疑的或绝对无误的，但却不是必然的，也就是说，是受使其有某种倾向但却不强制它的诸多理由的推动作出其决断的。正因为如此，偶然的未来事物虽然无论从其本身还是通过它们的理由都可以事先看到，却依然是偶然的。上帝在他的智慧和他的善绝对无误的引导下，运用他的能力创造了这个世界，并且将最可能好的形式赋予了这个世界；但他却不是必然地被引导到这一步的，这整个创造工作都是在丝毫无损于他的完满的和至上的智慧的情况下进行的。但我并不清楚，撇开我们刚刚考察过的反思，将偶然性的戈尔迪之结与自由连接在一起是否容易做到。

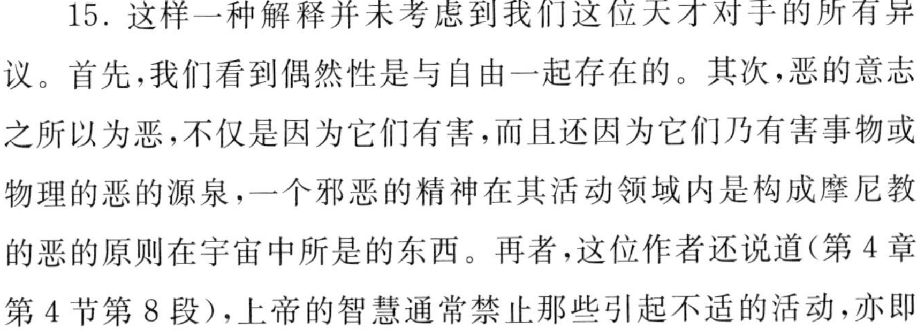

15. 这样一种解释并未考虑到我们这位天才对手的所有异议。首先，我们看到偶然性是与自由一起存在的。其次，恶的意志之所以为恶，不仅是因为它们有害，而且还因为它们乃有害事物或物理的恶的源泉，一个邪恶的精神在其活动领域内是构成摩尼教的恶的原则在宇宙中所是的东西。再者，这位作者还说道(第4章第4节第8段)，上帝的智慧通常禁止那些引起不适的活动，亦即

物理的恶。这与他倘若因必然性而产生恶便不受责备这一点倒是一致。但既没有立法者也没有律师会将这种必然性解释成推动人
420 去做坏事的考察善恶的力,无论实在的力还是表面的力都是如此:此外,任何一个人如果为了获得一个高位而偷了一大笔钱或者杀了一个非常有权势的人物,其所应当受到的惩罚就会比一个人为了喝一杯啤酒而偷了别人很少一点钱或者肆意杀了其邻居的一条狗还要小些,因为后者受到的诱惑小些。但这与世界上所公认的司法审判正相反:因为犯罪的诱惑越大,就越是需要用更大的惩罚加以威慑。此外,作恶者的筹划越是深思熟虑,邪恶越是从容不迫,人们就越是容易决定案情重大,应当加以惩罚。因此,精心设计的欺骗所造成的严重犯罪被称作诈骗(stellional),一个骗子当其以狡猾的手段动摇我们安全的根基时,在司法文书中便被称作伪造犯。但人们会有追求巨大激情的更大的嗜好,因为这更其接近疯狂。罗马人最严厉地惩罚了宣扬神牛(dieu Apis)的教士,因为这些教士唆使贵妇人沦为与其性交借以消遣的骑士的妓女,奉它为他们的神;而这些情人或情夫也被认为足以被遣送流放外地。但倘若有人做了坏事却没有任何明显的理由,也没有任何情感因素,尤其是他被表明常常有超乎常规的极其放肆的言行,法官就会判定他是一个疯子:这很可能导致减轻处罚,而不是提供邪恶和惩罚的真正根据。这就使我们对手的原则既远离了法庭的实践,也远离了人们的普遍意见。

16. 第三,物理的恶与道德的恶的区别依然存在,尽管就它们都有其理由和原因而言,它们是共同的,既然在解决自然的恶这个

问题时所遵循的原则也足以说明自愿的恶，在解决道德的恶的起源问题时，为何还要为自己制造新的困难呢？这就是说，它足以说明人们在不改变最好体系结构的情况下，或者说在不处处施展奇迹的情况下便不可能阻止人们不陷于错误。诚然，罪构成了人类 421
不幸的极大部分，甚至构成了其最大的部分；但人们也不妨说，人是邪恶的和应当受到惩罚的：否则，人们便必须说，非再生者的现罪（les péché actuels）是可以原谅的，因为它们是由我们不幸的第一因即原罪（les péché originel）产生出来的。第四，说灵魂是被动的，人并非其罪的真正原因，仿佛人是因受其活动对象的推动而开展其意志活动的，就像我们这位作者在许多段落里，尤其是在第5章第1节第3小节第8段中所断言的，这就等于为自己创造了有关这些术语的新的意义。当古人讲到所谓ἐφ᾽ ἡμῖν，或者当我们讲到依赖于我们的东西、自发性、我们活动的内在原则时，我们并不排除外在事物的表象；因为这些表象存在于我们的灵魂之中，它们是存在于我们自身内部的这种能动原则的变态的一部分。任何一个活动主体倘若没有趋向其活动所要求的事物的事先倾向，就不能有任何活动；而来源于善恶的理由或倾向即是那些能够使灵魂在不同进程方面作出决定的意向。人们会坚持说，意志是独自能动的和至上的，人们习惯于将意志设想为登上王位的女王，理智只不过是她的国务大臣，而情感则是她的一般朝臣或受宠的名媛，她就是在他们的影响下主导着或裁决着众臣的意见。人们会说，理智只能按照这位女王的命令讲话；她能够在这位国务大臣的证明和宠臣之间摇摆不定，甚至能够反对他们双方，使他们闭嘴或不断地发声，倾听他们的观点或者不听从似乎对她有利的意见。但

这不过是一种构想拙劣的拟人化或神话学。倘若意志是判定或审理理智或感官提供给它的理由或倾向,就需要另外一种本质不同的理智,去理解提供给它的东西。真相在于,灵魂或思想实体在理解理由或感受着倾向,依据修订着其能动的力的占优势地位的表象进行决断,以便塑造有关活动。在这里,我无需运用我的前定和谐体系,这一体系表明我们独立于最好的有利条件,根本不受对象的物理影响。因为我刚刚说过的这些便足以回答这一异议。我们这位作者即使像一般人那样,承认各种对象对我们有这样一种物
422 理影响,他还是极其敏锐地看到物体或感觉对象甚至不能够将我们的观念提供给我们,比我们灵魂的能动的力小得多,它们仅仅有助于得出那些存在于我们内部的东西。这无疑就是笛卡尔下述信念的精神:灵魂虽然不能够将任何力量提供给物体,但它至少能够给物体提供某一方向。这显然是在这一边和另一边之间的一种折中,是在物理影响和前定和谐之间的一种折中。

17. 第五,异议是这样提出来的:按照我的意见,罪之所以应当受到责备或惩罚,并不是其应当受到惩罚,而是由于责备和惩罚有助于防止人们在另一个时间犯罪;而人们却要求某些更进一步的事物,亦即要求赎罪,即使这既无助于改正,也无助于儆诫,亦复如此。人们确实有理由要求这样:真正的感恩应当来自对过去利益的正确认识,而不是来自勒索新的利益的有利害关系的目标。这一异议虽然包含有高尚而健全的考虑,但对我却毫发无损。我之所以要求一个人成为有道德的、有感恩之心、正义,不仅出于利益、希望或恐惧的考虑,而且还考虑到他在其善的活动中所享受到

的快乐。否则，人们便达不到他们必须孜孜以求的道德的高度。人们所谓为正义和道德自身的缘故爱慕正义和道德，即是谓此；我在引起如此轰动的这场论战前不久，在解释“无私的爱”[①]的正当性时所说过的话，也是这个意思。同样，我还认为，邪恶当其实践成为一种乐事时便会更大一些，例如，一个拦路抢劫的强盗因受害人抵抗或担心他们复仇而将他们杀害后，变得残忍起来，并且以杀害他们为乐，甚至在杀害他们之前还让他们蒙受苦难。这样一种邪恶就被视为残忍或恶毒，即使喜欢这样干的人在他这种恶劣的嗜好中所发现的杀人的理由比他简单地受希望或恐惧的影响而杀人的理由更加“充分”，亦复如此。我在回答培尔先生的困难时还说过，按照著名的康林吉乌斯[②]的意见，可以说是借助于治疗性惩罚的正义，也就是说，那种旨在矫正罪犯或至少对他人提供儆诫的惩罚的正义，在那些摆脱了免除必然性的自由的人的意见中可能 423

① “无私的爱”(l’amour désintéressé)，出自莱布尼茨1693年所写的《万民法法典》(Codex Juris Gentium Diplomaticus)的“序”。在这个序中，莱布尼茨给爱下了一个定义。这就是：“所谓爱就是在他人的善、完满性和幸福中寻找快乐。”而这种爱其实也就是莱布尼茨的“无私的爱”。在这里，莱布尼茨预示了有关无私的爱的一场尖刻的争论。这场争论发生在法国天主教大主教费奈隆(fénelon，1651—1715)与鼓吹绝对君权论的法国天主教教士鲍修爱(Bossuet，1627—1704)之间。1697年，费奈隆发表《对圣徒无私生命准则的解释》一文。费奈隆断言：纯粹的爱必须“排除一切私利的动机”，“灵魂必须永恒地将其私利绝对奉献出来”。费奈隆的这种静修派神秘主义主张所引起的神学冲突不仅导致其于1697年8月被逐出法国王宫，而且在鲍修爱敦促下也导致教皇于1699年3月对费奈隆《解释》进行谴责，并致使其失去大主教职位。请参阅切里尔(Cherel)：《费奈隆——关于纯粹的爱的宗教》，1934年；库图拉特(Couturat)：《莱布尼茨的逻辑学》，第567—570页；伊米利安那·纳伊尔特(Emilienne Naert)：《莱布尼茨与纯粹之爱的论战》，巴黎，1959年，第57—59页；莱布尼茨：《哲学短论与书信集》，L.E.劳伊姆科尔编，多德勒希特，1969年，第421、430页。

② 康林吉乌斯(Conringius，1606—1687)，德国法学家。详见前面有关注释。

存在。另一方面，真正的惩罚性正义超出了治疗性正义，承担了更多的东西，这就是存在于有罪的人身上的理性和自由，因为事物的和谐要求赎罪或以苦难形式存在的恶，使心灵在其所认同的意志的能动的恶发生之后，能够感受到它的错误。霍布斯先生既然偏离了自由，也就和索齐尼派一样，反对惩罚性正义，使他们自己招致神学家们的谴责；尽管索齐尼派的作家们习惯于夸大自由观念。

18．第六，这条异议最终变成了倘若意志仅仅受善恶的表象所驱动，人便不可能希望幸福。但在我看来，这条异议似乎完全空洞无物，没有任何价值，我认为，很难猜测出来任何一种可以接受的解释如何加以利用。再者，被采用的推理路线表明它具有一种最令人震惊的本性：倘若意志确实依赖于善恶的表象，我们的幸福因此也就依赖于外在的事物。因此，可以这么说，幸福并非我们力所能及的东西，因为我们根本没有指望外在事物为我们的快乐安排它们自身。这一证明从任何一个方面看都是站不住脚的。这个推论毫无力量可言；但人们却应当承认这个结论；这个证明可以反过来驳斥作者。现在，我们就从这种反驳开始，这很容易。因为人们更加幸福或更加独立于幸运的偶然事件究竟是依赖于这一证明呢，还是因为他们被认为具有进行无理由选择的有利条件呢？难道他们在身体方面遭受的苦难少些吗？难道他们比较少地趋向于真正的或表面的善，较少惧怕真正的或想象的恶吗？难道他们较少地遭受感官快乐、野心、贪欲的奴役吗？难道他们的忧虑少些吗？难道他们的妒忌心少些吗？是的，我们这位天才的作者会这么说；而我则将以一种计算的方式或评估的方式来表明这一点。

我更希望他曾藉经验对此作出证明，但我们还是以计算的方式来看看他的这一证明吧！设想经我的选择，我能够将原本给我的善也给予我所选择的事物，当此前在我的条件下存在有两度恶时，我便将所选择的六度善给了对象；我便因此而突然变得幸福起来，享有完满的舒适，因为我将获得四度的盈余，或者获得净盈余善。怎么可能将这六度的善给予这一对象呢？为达此目的，我必须如我所愿地具有改变我们的趣味或事物的能力。这差不多就像我对铅说：你将成为黄金，我使之如此；我对卵石说，你将成为钻石；或者至少你将像它一样。不然的话，那就像人们对摩西通道（le pas- 424
sage de Moïse）通常解释的那样，似乎是说荒原中的吗哪呈现出了以色列人想要赋予它的任何一种味道。[1] 他们必须对他们的信鸽说，你将成为一只公鸡，你将成为一只松鸡。但倘若我自由地将这六度善赋予对象，我岂不是在允诺给它更多的善吗？我想我是的。但倘若事情如此，我们为何不把能够设想到的所有的善都赋予这一对象呢？我们为何不甚至再前进一步以达到 24 克拉[2]善呢？这样就被视为获得了完全的幸福，尽管属于偶然事件；天可能刮风、下雹或下雪，而我们却都不介意：凭借这种辉煌的秘密，我们便可以始终避开偶然的事件。这位作者承认（第 5 章第 1 节第 3 小节第 12 段）：这种能力能够克服所有的自然欲望而不为它们中的任何一种所克服；他视之为幸福的最合理的基础（第 21、22、23 段）。实际上，既然没有任何事物能够像毫无理由地进行选择并且

① 参阅《出埃及记》，16：2—36。

② 克拉（carat）为珠宝重量单位，等于 200 毫克。

经选择将善赋予对象一样如此不确定地限制一种能力，这种善也就必定无限地超出自然欲望在对象中所寻求的东西，则当这种能力是独立的时候，或至少这种善经意志赋予所选择对象的时候，这些受到限制的欲望和对象便必定是任意的，并且具有意志欲望一类的东西。因为倘若对象是可能的，倘若它在意欲它的人力所能及的范围之内，倘若这意志不依赖实在和表面现象便能够赋予它意欲赋予对象的善，人们究竟从何处才能够获得限制的理由呢？在我看来，这足以推翻这样一个岌岌可危的假设，其中内蕴有童话一类的内容，这是愿望一类的东西，而非可以发现的东西。[1] 因此，漂亮的虚构根本不可能使我们免除恶，这一点依然千真万确。我们马上就将看到，当人们将自己置放在一定意欲或一定厌恶之上的时候，他们通过其他的意欲即可做到这一步，而这些意欲在善恶的表象中始终有其基础。我还说过“人们可以承认这一证明的结论”，这一结论说我们的幸福并不绝对依赖我们自己，至少在人生的当前阶段是如此：因为我们很容易遇到人类智慧规避不了的成千上万的偶然事件，难道有谁会质疑这样的事实吗？例如，倘若
425 因事物的秩序而致地震发生，我如何能够避免与我的住房所在的城镇一起被地震吞没呢？但最后我还能够否认这一证明中的推论，这就是倘若意志只受善恶表象的驱动，我们的幸福便不再依赖我们自己。倘若没有上帝，倘若一切都受制于无理性的原因，这一推论就有效和可靠；但上帝的法令在于为了获得幸福，人们只要有

① “这是愿望一类的东西，而非可以发现的东西”的原文为：optanitis ista sunt, non invenientis。

德性就足够了。因此，如果灵魂遵循理性，遵循上帝赋予它的秩序，就足以保证它获得幸福，即使人们在今生今世可能享受不到充分的幸福。

19. 在这样指出我的假说的不利因素之后，我们这位天才的作者宣告了他自己的假说的优越性。他认为，只有他的学说才能够拯救我们的自由，而我们所有的幸福都依赖于我们的自由；他的学说增加了我们的善而又减少了我们的恶；一个具有这种能力的活动主体获得的幸福因此就更加完全。这些优势差不多全都遭到过反驳。我已经证明，为了确保我们的自由，善恶的表象以及其他内在外在的倾向使我们有所倾向而不是强制我们就足够了。再者，人们并没有看到纯粹的冷漠态度（无差别）如何能够有助于我们的幸福；相反，人们越是冷漠（无差别），就越是麻木不仁，越是不能够享受善的东西。此外，这一假说要证明的东西太多。因为倘若一种冷漠（无差别）能力能够使自己意识到善，它也就能够将最完满的幸福赋予自己，一如我们已经证明的那样。很显然，根本没有任何事物能够为这种能力设定范围，因为范围本身就意味着将这种能力从其纯粹的漠然态度收回，我们的作者就是这么宣称的，它是自行呈现的，毋宁说它从来就不曾存在于那儿。最后，人们看不出纯粹的漠然态度（无差别）的完满性究竟表现在什么地方：相反，根本没有任何比这更加不完满的事物；它不仅使知识和善一无用处，而且还使一切都化成了偶然，没有任何规则，也不能采取任何手段。然而，依然有一些作者列举出我们未曾讨论过的优点。因此，他认为，只有通过这种能力，我们才能成为我们的活动得以

产生的真正原因，因为否则我们就会处于外在对象的强制之下。同样，只有通过这种能力，人们才能将其自身幸福的功德归因于自己，才能萌生自鸣得意之快感。但情况却正好与此相反：因为当人
426 们通过一种绝对的无差别的运动，而不是作为一个人善的或恶的品格的结果偶然碰到这一活动时，难道这不就像一个人偶然地或打赌式地盲目撞上了吗？倘若感谢或责备能够带来好运，为何人们还为一个善行自吹自擂，为何人们又要因其恶行而受到谴责呢？我认为，一个人当他把他的活动归因于他的善的品格时，他就更值得赞赏，一个人当他为其恶的品格所驱使而作恶时，他就更应当受到责备。企图在不掂量人的活动借以产生的品格的情况下来评估人的活动，那是在瞎扯，是把一种想象的含混不清的东西误作原因。因此，倘若这种偶然或这种不确定的东西是我们活动的原因，从而排除我们自然的或获得的品格、我们的倾向、我们的习性，将一个人的希望奠定在任何依赖于其他事物的决定的事物之上，是不可能的，因为使一些不确定的东西固定下来是不可能的，或者说在极端中立的不确定的气候的条件下，猜测驱动意志之船究竟应当停泊在何处是不可能的。

20. 但撇开优势和劣势，让我们看看我们这位博学的作者究竟是如何证明他的假说的合理性的，他给我们允诺了这么多好处。他设想，只有上帝和自由受造物才在真正的意义上是能动的，而为了成为能动的，人们就必须仅仅自行决定。既然凡自行决定的事物都绝对不为对象所决定，从而自由的实体，就其是自由的而言，必定对其对象采取漠然的态度，而且只有通过它自己的选择才能

够从这种漠然的态度(无差别)呈现出来,这将使对象令其感到高
兴。但这个证明的几乎所有阶段都设置了绊脚石。不仅自由受造
物,而且所有别的实体以及由实体组合而成的自然状态都是能动
的。野兽并不自由,但它们却依然具有能动的灵魂,除非人们和笛
卡尔派一起设定野兽只是机器。再者,为了成为能动的,人们也不
必仅仅自行决定,因为一件事物在不接受力的情况下也可以接受
指导。例如,马受御手的控制,而船则受舵手的控制。笛卡尔先生
的观点是,我们的身体虽然自身具有力量,但却是从灵魂那里获得
运动的方向。这样一来,一件能动的事物便可以从外面接受某种
决定或方向,能够改变其自行采取的方向。最后,即使能动的实体
只受到它自身的决定,那也不能得出结论说,它没有受到对象的推 427
动:因为其内部所蕴含的对象的表象也有助于这种决定。而表象
并不来自外部,从而也就不存在完全的自发性。对象并不是作为
动力因和物理因作用于理性实体的,而是作为目的因和道德因作
用于理性实体的。当上帝按照他的智慧活动时,他便得到了作为
其对象的可能事物的观念的指导,但他的这些对象在它们现实创
造之前、在上帝之外却没有任何实在性。因此,这种精神的和道德
的运动与实体的能动性并不矛盾,与活动的自发性也不矛盾。最
后,即使自由能力不为对象所决定,当其处于活动的节点时,它对
这种活动也绝对不可能漠不关心,因为这一活动在活动的倾向中
必定有其根源。否则,人们便可以由任何事物做任何事情,qidvis
ex quovis[①],没有什么东西比这更荒谬,以致我们想都想不出来。

① qidvis ex quovis 和前面的 one will do anything from anything(on fera tout de tout)基本上是一个意思,也就是“人们可以由任何事物做任何事情”或“人们可以随心所欲地做任何事情”。

但这样一种倾向却打破了纯粹冷漠态度(纯粹无差别)的魔咒,倘若灵魂自己给自己提供了这一倾向,就需要为这一倾向的这一活动提供另一个倾向。这样一来,不管人们可以向前追溯多远,人们都将永远不可能在趋向其将要实施的活动的灵魂中遇到一种纯粹的漠然态度(纯粹的无差别)。诚然,这些倾向只倾向于这一活动而不强制实施这一活动。它们通常都与各种对象相关;也有一些以各种不同的方式从主体或从灵魂自身产生出来,当一个对象比其他对象更加合意或者当同一个对象在某个时刻比在另一个时刻更加合意时,就会出现这样的情况。

21. 我们这位作者继续向我们担保他的假说的正确性,他试图证明,这种冷漠能力其实是在上帝身上发现的,甚至也必定归功于他。他说,无论是受造物的善还是受造物身上的恶,在上帝身上都是不存在的。上帝没有任何自然的欲望,要通过享受外在于他的任何事物加以满足。所以,上帝对所有外在事物都是绝对漠然(无差别)的,因为外在事物既不可能对他有所助益,也不可能对他有所阻碍;从而上帝必定是自行决定,随心所欲地作出选择进行创造的。而且,一旦作出了选择,他都希望信守他的选择,就像他是被自然欲望所驱做出选择似的。因此,上帝的意志即是存在者中善的原因。这就是说,对象中之所以存在有善,不仅由于它们的本
428 性使然,而且还由于上帝的意志:倘若上帝的意志撤销了,无论是善还是恶在事物之中便都不复存在了。很难想象,优秀的作家们如何能够被这样一种离奇的意见引入歧途,因为在这里提出的这一理由毫无力量。在我看来,这就好像试图通过考察所有受造物

其整个存在都来自上帝，以致它们都不可能作用于上帝或决定上帝来证明他的这种意见的合理性或正当性。但这显然是一种典型的自欺欺人。当我们说一个理智实体为其对象的善所驱动时，我们并不是说，这一对象必定是一个存在于这个实体之外的存在者，对于我们来说，下面一点可以设想就足够了：它的表象在这个实体之内活动，或者毋宁说这个实体作用于它自身，当然，这是就它为这种表象所决定和影响而言的。至于上帝，很显然，他的理智包含着所有可能事物的观念，这也就是他身上的一切为何都以一种超越的方式存在于他身上的缘由。这些观念向他描述的是可能事物的善与恶、完满与不完满、有序与无序以及一致与不一致；而他的大量的善使他选择了最有利的东西。因此，上帝是他自己决定他自己的，他的意志是由于他的善而活动的，但它在活动方面却是为充满智慧的理智所特殊化并受其指导的。而且，既然他的理智是完满的，既然他的思想是清楚明白的，他的倾向也就始终是善的，他就永远不会不去做最好的事情；而我们则可能受到貌似真理和善的东西的蒙骗。但说在上帝的意志运作之前在其观念中既没有善也没有恶，这又如何可能呢？难道不正是上帝形成了那些存在于其理智之中的观念吗？我不敢将这样一种离奇的观点归于我们这位博学的作者，这种观点将混淆理智与意志，颠覆我们概念的流行用法。由此看来，倘若观念独立于意志，它们表象的完满性与不完满性就将也是独立不倚的。难道一些数字比其他数字具有更多精确分割也是由于上帝的意志，而非数字的本性使然吗？不是有一些更适合于形成群集，组合成多边形，而另一些则更适合形成规则的图形吗？数字6不是具有在所有完满的数字中数值最小这样

一个优点吗？在一个平面中，六个等圆不是有可能与第七个圆相切吗？在所有相等的物体中，球体的表面积不是最小吗？不是有
429 一些线段无法测度，从而不为和谐所接受吗？难道我们没有看到所有这些利弊或优劣都是由事物的观念产生，而其反面则蕴含有矛盾吗？难道我们能够设想有知觉的受造物的痛苦和不适，首先是理性受造物的幸福与不幸，对于上帝来说都是一个无关紧要、应当漠然视之的问题吗？这样一来，上帝的正义究竟何在？难道上帝的正义也是一种随意的东西吗？倘若上帝决意谴责和判罚无辜，他还能说是在智慧地和正义地作为吗？我知道一向有一些作家如此考虑欠周，竟然主张这样一种如此危险、如此容易颠覆宗教的意见。但我确信，我们这位杰出的作者远不会持守这样一种意见。尽管如此，倘若在对象中，在上帝的意志选择之前，除了对上帝的意志无关紧要的东西外再没有任何别的东西，他的这一假说便似乎趋向这一方向。诚然，上帝无需任何东西；但我们这位作者自己却清楚地表明，是上帝的善，而非上帝的需要推动上帝创造受造物。因此，在上帝身上，在他的决定之先存在有一种理由；而且，一如我多次表明的，上帝之创造这个世界，既非出于偶然，也非没有任何原因，甚至也非出于必然，毋宁说是他的倾向的一个结果，他的倾向始终推动他创造最好的世界。因此，令人吃惊的是，我们这位作者竟在这里（第5章第1节第4小节第5段）断言，没有任何理由使自身绝对完满和幸福的上帝去创造他身外的任何事物，尽管按照这位作者先前的声明（第1章第3节第8和第9段），上帝是为目的而活动的，而他的目的就是传播他的善。因此，上帝究竟创造或不创造这个世界，对上帝来说并不完全是个无关紧要的

问题，尽管上帝的创造活动依然是一种自由活动。上帝之应当创造这个世界而不是另外一个世界，是创造一个持久的混沌还是创造一个完全有序的体系，对上帝来说也不是一个无关紧要的问题。因此，包括在它们观念中的对象的性质问题，构成了上帝选择的理由。

22. 我们这位作者在如此值得赞赏地讲过上帝作品的美和适宜性之后，曾试图寻找调和上帝的作品与他的假说的措辞，这似乎是在褫夺上帝对受造物的善或优越性的所有考虑。他说，上帝的冷漠态度虽然仅仅在他最初选择时占主导地位，但一旦上帝选择了某些事物，他实际上便同时选择了所有那些必然关联的事物。430
原本存在有无以计数的同样完满的可能的人：从中选择出一些人，依据我们这位作者的判断，乃纯粹随意之举。但上帝一旦选择了他们，便不可能在他们身上再意欲任何反乎人性的东西。到目前为止，我们这位作者所说的话与他的假说还是一致的；但接下来他说的话便向前走得更远了。他提出了一个命题：当上帝决定产生某些受造物时，他同时也由于他的无限的善而赋予它们每个可能的优点。实际上，没有任何事物能够如此合理，但也没有什么东西能够如此反乎他曾经提出的那个假说，他非常正确地推翻了他的假说，而不是设法延宕任何如此充斥着与上帝善和智慧不能兼容的不适宜事物的存在。下面就是我们可以明白无误地看到他的这一假说不可能与他刚才所言协调一致的一面。第一个问题在于：上帝创造某些事物或不创造某些事物，其理由何在？对于这个问题，我们这位作者回答说，上帝将创造某些事物，以便传播他的善。

由此看来，上帝是否创造对上帝来说并非一个无关紧要的问题。接下来要问的问题是：上帝将创造一个如此这般的事物吗？倘若创造，其理由何在？人们必定一致地回答说：同样的善使得上帝选择最好者，其实，在这个问题上，我们这位作者随后是可以全身而退的。但遵循他自己的假说，他却回答说，上帝将创造这样一件事物，却没有任何理由可言，因为上帝对于受造物绝对是一视同仁的，受造物的善仅仅来自他的选择。无疑，我们这位作者在这个问题上的态度有所变化，因为他在这里（第 5 章第 5 节第 4 小节第 12 段）说，上帝对于在具有同等完满性的人之间所进行的选择，或者说对于在具有同等完满种类的理性受造物之间所进行的选择，是持漠然态度的。因此，按照他的这一表达形式，上帝毋宁选择更完满种类的理性受造物：既然具有同等完满性种类的理性受造物与其他种类的受造物的协调一致有多有少，则上帝就将选择相互之间最协调一致的受造物。因此，也就根本不存在任何纯粹的和绝对的漠然态度，我们这位作者也就因此而回到我的原则上来了。但让我们像他那样，按照他的假说讲话，让我们像他一样假定，上帝选择了一些受造物，即使他对这些受造物是绝对漠然的或一视同仁的。上帝宁可选择那些不规则的、奇形怪状的、不幸的受造物，选择持续不断的混沌、让怪物随处可见，使流氓无赖成为地球上的唯一居住者，使恶魔充斥整个宇宙等所有这一切，而不是选择
431 那些卓越的体系，美观的形式，正直的人们，善良的天使！我们这位作者将会说，不！上帝一旦决心创造人，他也就同时决心将世界上可能有的所有优点都赋予人，对其他种类的受造物也同样如此。我则回答说，倘若这种优点与它们的本性必然地联系在一起，我们

这位作者就是在按照他的假说讲话。然而，事情却并非如此，他必须承认，上帝之决定将每一种可能的优点赋予人，是由一种新的选择产生出来的，而这样一种选择则不依赖于驱使上帝造人的那个决定。但这种新的选择又来自何处呢？难道它也来自纯粹的漠然态度吗？倘若果真如此，也就没有任何事物能够驱使上帝去谋取人的善，倘若他有时这样做，那就纯粹出于偶然。但我们这位作者却主张，上帝是受他的善驱动才作出这样的选择的；因此，受造物的善恶对上帝来说就并非一个无关紧要的问题，从而在上帝身上就存在有一些首要的和基本的选择，而这样一些选择是对象的善驱动上帝做出来的。上帝不仅决定创造人，而且还决定使人在他的体系中尽可能幸福。于是，纯粹的漠然态度甚至连个影子也留不下来，因为我们对整个世界也能够像对人类那样进行推理。但上帝同时必定因他的善使他选择这样一个包含着最大可能数量的秩序、规则、美德、幸福的世界。因为一方面说上帝是受他的善驱动而创造人的，从而上帝就决定在他的体系内部创造尽可能完满的人，但另一方面又说上帝对于整个宇宙却不曾有同样的善的意向；我看不出来，这样一种说法究竟有什么理由。在这儿，我们就再次回到了对象的善这个问题；纯粹的漠然态度，上帝无缘无故地活动，为我们这位作者的这样一种论证程序全然破坏了，支持他的真理的力量一旦达到了问题的核心就战胜了思辨的假说，我们不可能承认这一假说对实在事物有任何用处。

23．因此，既然对于上帝来说没有任何东西是无关紧要的，上帝认识事物的所有等级、所有作用和所有关系，他同时也洞悉所有

事物的可能的联系，那就让我们看看至少人的无知和麻木是否能够使上帝在他的选择中绝对地漠然。作者以这种纯粹的无差别（漠然）作为慷慨的礼品盛情款待我们。下面就是他提供的有关证据：第一，我们在我们之内感受到了这一点。第二，我们在我们自
432 身内部体验到了它的标记及其属性。第三，我们能够表明，可能决定我们意志的其他原因是不充分的。关于第一点，他断言，在对我们之内的自由的感觉中，我们同时也感觉到了纯粹的无差别（漠然）。但我并不能苟同我们感觉到了这样一种无差别，或者这种所谓的感觉活动是随着自由的感觉产生出来的。我们通常在我们自身之内感觉到了某些使我们倾向于我们选择的东西。然而，有时我们却不可能给我们的各种倾向提供任何理由。倘若我们给我们的心灵提出了这个问题，我们就应当承认，我们身体以及我们周围环境的物体的结构，我们灵魂的当前的和此前的性情，连同包含在这些广泛题目下无数微小的事物，都可能有助于我们对一定对象有或大或小的偏好，而我们的意见也可能随着时间的推移而发生变化。同时，我们也将承认，任何人都不可能将这归因于纯粹的漠然态度（无差别），或者归因于灵魂的某种不确定的力量，而灵魂的这种力量作用于对象产生的结果就会与被说成是作用于变色龙所产生的颜色一样。因此，这位作者在这里没有任何理由诉诸普通人的判断：但他却这样做了，他说：在许多问题上，普通人的推理比哲学家们的推理都做得好。诚然，一些哲学家受到幻觉的误导，而纯粹的无差别似乎属于虚幻概念之列。但当有人主张一件事物因普通民众认识不到而不存在时，在这里，普通民众就不能被视为好的判官，因为他们可以说是仅仅为感觉所左右。许多人认为，空气

当它不受风吹动时，即为无。多数人并不认识觉察不到的物体，产生重量和弹性的液体，磁性物质，把原子和其他不可分的实体称作无。难道我们就因为普通民众认识不到就说它们不存在吗？倘若如此，我们便能够说，灵魂有时是在没有任何有助于产生其活动的倾向的情况下活动的，因为确实有许多倾向是缺乏注意和思想的普通民众不能充分认识到的。其次，就所考察的能力的标记而言，我已经驳斥了有关说法，例如说它具有使人成为能动的优点，它是人的活动的实在原因，使人有责任心和道德性：所有这些都不是其存在的真正标记。下面就是作者列举的一个标记，但也不是一个 433
真正的标记，这就是：我们自身之内具有一种抵抗自然欲望的能力，也就是说，不仅有抵抗感觉欲望的能力，而且也具有抵抗理性欲望的能力。但我却已经说过：人们是通过其他的自然欲望来抵抗自然欲望的。人们有时忍受着种种不便或麻烦，他这样做却感到很幸福；这是因为有某种希望或某种满足与这种恶结合在一起，并且超出了这种恶的缘故：人们不是期盼从中获得善，就是从中找到了善。这位作者断言，通过这种改变他已经引导到幕前的现象的能力，我们就能够使我们起初感到不快的事物变得令人惬意。但有谁看不到真正的理由在于对对象和习惯的运用和关注改变着我们的倾向乃至我们的自然倾向呢？一旦我们习惯于更热或更冷的天气，我们便不再像以前那样对天气感到不适了，不过却没有一个人将这种情况归因于我们的选择能力。皮肤变硬，更确切地说形成老茧是需要时间的，而这会使工人的手扛得住会灼伤我们手的高温。我们这位作者诉诸的普通民众能够正确地猜出造成这样一种结果的原因，尽管他们有时是藉有趣的方式猜到的。两个女

仆在靠近厨房里的火时，一个受伤的女仆会对另一个说：啊！天哪！有谁能够受得住这炼狱的火呢？另一个则回答说：不要胡闹！我的好女人，人要变得习惯于一切呀！

24. 但我们这位作者会说，这种能够使我们得以对一切都漠然置之或倾向于一切的奇妙能力，仅仅由于我们的自由意志使然，自由意志胜过理性本身。而这也就是他的第三个证明，这就是：倘若不诉诸这种能力，人们便不足以充分解释我们的活动。人们常常看到有无数人鄙视其朋友的哀求，其邻居的忠告，其良心的谴责，不适，折磨，死亡，上帝的愤怒，地狱本身，这一切都仅仅是由于追求对善或可以容忍没有任何要求的蠢事的缘故，除非是这些人自由选择的。在这一证明中一切皆好，只是最后一句话例外。因为当人们采取一个建议时，人们就会发现其中存在有致使他作出

434 选择的理由或原因，其中有很强的黏合剂使其专注于这一选择。例如，一些恋爱关系或风流韵事永远不可能由一种纯粹的漠然态度产生出来：倾向或情感会在其中发挥作用；但习性和倔强将产生一些品格使其即使面对毁灭也不肯与所爱的人分开，还有一个由作者提供的例证：一个无神论者，一个像卢奇里奥·瓦尼尼[①]的人（许多人这样称呼他，但他本人却在他的著作中采用了朱利奥·恺撒·瓦尼尼这个气势恢宏的名字）却为他的幻觉荒谬地殉难而不

① 卢奇里奥·瓦尼尼（Lucilio Vanini，1585—1619），意大利哲学家，先后流亡英国和法国等国家，最后在度过极度动荡的一生后，他流亡到了法国图卢兹，曾一度受到当地执政者蒙特默伦西樱桃亨利二世公爵的保护，但1618年图卢兹议会发现其犯有无神论和亵渎神明罪而对他进行审判，被判割掉舌头，然后被勒死。

肯放弃他的不虔诚立场。我们这位作者并不叫瓦尼尼；实际上这个人否定了他的错误意见，直到他被宣判发表了无神论信条，扮演了无神论使徒的角色。当人们问他是否存在有一个上帝时，他扯了一把草，说道：

既然有很轻的小草存在，那就证明上帝存在。[①]

但既然图卢兹议会的首席检察官想要给“第一总统”（可以这么说）制造一点麻烦，认为瓦尼尼与其关系密切，给他的孩子教授哲学，倘若实际上他并非完全服务这位地方要员，这次审讯会进行得非常严厉。瓦尼尼既然没有机会获得宽恕，他自己也就声称，当他死亡时以一个无神论者的身份死去；再没有什么事情比这更离奇了。但假定有一个无神论者，献出自身供人折磨，就他的情况而言，虚荣很可能是一个足够强大的动机，就像在秘密信仰的赤裸苦行派[②]卡拉努斯[③]和智者派那里的情况一样，按照卢奇安的说法，他们是自愿被烧死的。但这位作者却认为，那些在其他方面似乎具有相当好的官能的人的虚荣、倔强以及其他狂热的意图，都不能够藉由善恶的表象产生出来的欲望加以解释，它们迫使我们诉诸转善为恶、转恶为善、转漠然态度为向善态度或向恶态度的卓越能

① 这句话的原文为：Et levis est cespes qui probet esse Deum。

② 赤裸苦行派（Gymnosophist），希腊历史学家对古希腊婆罗门教中的一种全裸的苦行派的称谓。

③ 卡拉努斯（Calanus）曾当着亚历山大的面表演自焚。其生平事迹曾载于普鲁塔克：《亚历山大传》。

力。但我们并不需要向前走这么远，因为我们错误的原因太显而易见了。其实，我们也能够造成这样一些转化，但并非像精灵那样，运用一种纯粹的魔术能力，而是藉在人们的心里隐藏和抑制那些自然附着于一些对象上的善恶性质的表象以及藉仅仅默思那些与我们的趣味和偏见相一致的表象来造成这样一些转化；或者由
435 于人们因思考这些对象而依恋它们，一些性质便只是偶然地或通过我们对它们的习以为常的默思与它们关联起来。例如，我这一生始终厌恶一定种类的好食物，因为在我儿童时期我在这种食物中发现了某种令人厌恶的东西，这给我造成了强烈的印象。另一方面，一些自然的缺陷也使我感到愉快，因为它在一定程度上使我想到了一个我此前经常尊敬和热爱的人。一个年轻人非常高兴在其公共行为获得成功后赢得人们的喝彩。这种巨大快乐的印象将使其对声誉极其敏感；他将一天到晚除了挂念与这种荣誉感相关的事情外，别的什么也不想，而且为了达此目的，他甚至不惜一死。因为尽管他非常清楚地知道，在他死后，他再也感受不到人们对他的种种评价，但他事先由此造成的表象却对他的心灵造成了强烈印象。而且，在活动中始终有同一种类的动机对于那些并未成为其动机一部分的人来说始终是最没有用处的和荒谬的。简言之，一个强烈的和反复出现的印象可能严重改变我们的器官、我们的想象、我们的记忆甚至我们的推理。常常出现这样的情况：一个人由于其常常与某些虚幻不实的事物相关，虽然这些事物或许是他曾经虚构出来的，但到最后他竟信以为真。而且，既然人们常常向自己描述某些令人愉快的事物，人们便很容易想象这样的事物，从而便认为这样的事物很容易实现，由此也就导致人们很容易说服

自己相信其所期望的东西。

因钟情于这件事物而忘掉了它原本是虚幻之物。①

25. 绝对地讲，错误永远不是故意的，虽然意志常常间接地助推错误的产生，这或者是由于人们贪图快乐而使自己放弃了一些思想，或者是由于人们对其他东西感到厌恶。一本书印制考究有助于它打动读者。演讲者的腔调和方式能为他赢得听众。人们会鄙视由他所鄙视和憎恨的作者提出的学说，或者鄙视由在打击我们的某些观点上与其相似的另一个人所提出的学说。我已经说过，人们为何容易相信对其有利的或令其愉快的观点，而且我还认识一些人，他们最初出于尘世的考虑改变了他们的宗教，但他们后来受到劝说（而且是很有道理的劝说）致使他们采取了正确的立 436
场。人们还看到，倔强不仅是不屈不挠的坚持错误的选择，而且还是一种坚持这种选择的倾向，这或是由于某种善被设想为这一选择所固有所致，或者是由于某种恶被想象为一种改变所致。最初的选择很可能只是轻率地作出的，但持守它的意图却是由一些更强烈的理由或印象产生的。甚至有一些作家在伦理上放弃人们应当持守自己的选择这样一个规条，以致看起来前后不一，变化无常。然而，当人们藐视理由的警告，尤其当论题非常重要，应当加以认真考察时，固执己见就是一种错误。但改变的想法令人不快

① 维吉尔：《牧歌集》，Ⅷ，第108行。这句诗的原文为：Et qui amant ipsi sibi somnia fingunt。

时，人们很容易将注意力转移开，而这正是最经常地致使人们倔强的方式。这位作者希望将倔强与他所谓的纯粹的无差别关联在一起予以考察。因此，他可能已经考虑到为使我们坚持一项选择，就需要不只有单纯的选择本身，或者说不只有一种纯粹的无差别，尤其是倘若这一选择很轻率，相应地这一无差别显得更加轻率，事情就更加如此了。在这样一种情况下，我们很容易倾向于撤销这一选择，除非虚荣、习惯、兴趣或某个别的动机使我们持守这一选择，也绝对不能假设报复能毫无理由地使人高兴。具有强烈情感的人会不分昼夜地思虑报复这件事，他们很难消除掉这种错误的印象，很难消除掉他们曾经遭受的侮辱。他们给自己勾勒出了消除那种随时随地都袭上心头的遭到蔑视的念头带来巨大快乐的画面，这使一些人觉得报复比生命本身还要甜蜜。

668

报复比生命本身还要甜蜜。[①]

这位作者想要使我们相信，通常当我们意欲或厌恶某个并不值得我们充分意欲或厌恶的对象时，我们就将曾经感动过我们的多余的善恶赋予它，通过这种所谓的选择能力，使得事物看起来像我们所希望的那样善或那样恶。人们已经有过两度自然的恶，但人们现在却通过这种能够毫无理由进行选择的能力而赋予自己六度人

① 朱文纳尔：《讽刺诗》，XIII，第 180 行。朱文纳尔（Decimus Junius Juvenalis，约 60—127），意大利人，罗马时代伟大的讽刺诗作家。他在 50 岁时开始写讽刺诗，严峻而尖锐地鞭挞了他那个时代的恶习和丑行。后人将其视为揭露罗马贵族和暴君的战士，雨果曾称他为“一个最伟大的罗马人”。莱布尼茨在援引他的诗作时小有改动。

为的善。这样，人们就具有四度净剩的善(第 5 章第 2 节第 7 段)。倘若能够落实的话，就能将我们带到远处，一如我曾经说过的那样。这位作者甚至认为，野心、贪婪、赌博的狂躁以及其他无聊的情感，都是从这种能力获得其力量的(第 5 章第 5 节第 6 小节)。但除此之外，事物中还有那么多虚假的现象，在我们的证明中还有 437
那么多不合理的联系，以致根本无需这种小精灵(cette petite fée)，也就是说，根本无需这种似乎可以说是凭借魔法实施运作的内在能力，而我们的作者是把所有这些无序都归因于这个小精灵的。实际上，我已经反复说过，当我们决心采取某个与公认的理性相反的路线时，我们就受到了另一个比外在现象更强有力的理由的驱动，例如，似乎独立的快感或者实施一种非凡活动的快感就是这样的理由。在过去时代，在奥斯纳布克宫廷，有一个青年侍从的导师，他像是第二个穆西乌斯·斯凯沃拉[①]，将他的手臂伸进火焰里，被烧得看上去像是得了坏疽病似的，以表明他的心灵的力量比剧烈的疼痛还大。只有很少一些人仿效他的榜样；我甚至不清楚倘若能够容易地发现一个作家一旦确认存在能够无理由进行选择甚至能够反乎理性进行选择的能力，就会愿意现身说法表明这一点，仅仅为了展示意志胜过理性的优越性而宣布放弃某种优厚的圣俸或某个要职。但我至少可以确信，一个理性的人不会这么做。

① 穆西乌斯·斯凯沃拉(Galus Mucius Scaevola)，传说中的罗马英雄人物。据说他在法庭上受审时，为了向敌人显示其大无畏精神，把右手伸进正在熊熊燃烧的祭坛圣火里，看着烈焰把手烧焦，始终不缩回来。他曾因此受到赞赏，获得“斯凯沃拉”(“左撇子英雄”)称号。详见前面有关注释。

你只要给他指出他这只是在仿效拉里萨主教赫利奥多罗斯[①]，他马上就会意识到，有人将会取消他的圣俸。这个人可以说是认为他的论特爱吉尼斯和查理克利亚的书比他的主教职位还珍贵。当一个人有足够的财力使他根本无需职务谋生，或是对声誉特别敏感时，这样的事情是很容易发生的。因此，每天人们都容易看到有人在为他们的幻想而奉献自己的利益，也就是说，他们将实际的好处奉献给只不过是貌似他们追求的东西。

26. 如果我希望一步一步地遵循我们这位天才作家的证明，在我们的探究中不时回到我们此前考察过的问题上来，然而通常总要附加一些高雅的措辞得体的内容，我就有必要向前走得太远；但我希望，在我如我所想的那样充分认识到他的所有理由之后，我能够避免如此。最好的事情是与他一起经常纠正和改进理论。在第5章第2节里，他提出了一个假说：我们通过无需任何理由的选择能力接近上帝，这种能力是一种最高贵的能力，运用这种能力最能
438 够使人们得到幸福。这一假说的有关内容都处于最高等级的悖论之中，因为引导我们仿效上帝的正是理性，而我们的幸福正在于遵循理性。在我看来，在此之后，我们这位作者提出了一个卓越的矫正，因为他正确地说道（第5段），为了达到幸福，我们必须使我们的选择适应事物，因为几乎没有什么事物倾向于使它们自己适应

① 赫利奥多罗斯（Heliadorus，创作时期为3世纪），希腊传奇作家。生于叙利亚埃美萨（Emesa），其主教头衔只是一个传说。现存最长希腊小说《埃塞俄比亚人》的作者。该小说叙述埃塞俄比亚公主和色萨利（帖撒利亚）王子历尽艰险后终于在女主人公的祖国幸福结合。

我们的，而这实际上也就是在使我们自己适应于上帝的意志。他的这些说法无疑是正确的，但他的这个说法此外还内蕴有我们的意志必须尽可能地接受对象的实在性的引导以及善恶真正表象的引导。由此看来，善恶的动机也不与自由相对立，而无需任何理由的选择能力既然远非助推我们幸福的东西，就是毫无用处的，甚至是极其有害的。因此，任何地方都不存在这样一种能力是幸福的，一如一些经院学者称呼那些甚至根本不可能存在的虚构所说，这是“一种具有推理理性的存在者”（un être de raison raisonnante）。就我而言，我倒宁愿称之为“具有非推理理性的存在者”（des êtres de raison non raisonnante）。我还认为，论述错误选择的第三节可以删去，因为这一节说人们绝对不会选择那些不可能的事物，前后不一致的事物，有害的事物，与上帝意志相反的事物，或者已经被其他人所选择的事物。再者，这位作者恰如其分地评论说，不必要地损害他人的幸福，就是冒犯上帝的意志，因为上帝的意志意欲所有的人都尽可能地幸福。我将同样说到第四节，这一节提及错误选择的根源，这就是错误或物质，粗心大意，在太随便的改变活动中变化无常，不及时改变的倔强或固执己见，以及恶习；最后，还有欲望的偏执，这常常驱使我们不合时宜地追求外在事物。第五节被设计用来调和恶的选择或罪与上帝的能力和善；这一节由于过于冗长而被划分为若干小节。这位作者不必要地受到了一个重大异议的拖累：因为他断言，倘若没有全然无差别的选择能力，在选择中就不会存在有任何罪过。由此看来，上帝是很容易拒绝将一种如此无理性的能力赋予受造物的。他们只要受善恶表象的驱使也就足够了。因此，按照作者的假说，上帝是很容易阻

止犯罪的。为使自己从这种困境中摆脱出来,除了说倘若这种能
439 力从事物中撤走,世界就不可能是任何别的东西,而只能是一台纯粹被动的机器,他再也没有诉诸任何别的东西。但对此我已经驳斥过了。如果世界像它现实所是的那样根本没有这种能力,人们也就只好抱怨事实了。灵魂也就充分满足善恶的表象以作出他们的选择,而世界也就依然像它现在所是的这样美丽。这位作者现在回到了他曾经提出的问题上来:倘若没有这种能力,便不会有任何幸福。但我对此已经给出了充分的回答,在他的这个论断中,以及他在这里提出的用来支持他的主要悖论的一些别的悖论中,根本不存在一丁点儿可能性。

27.他在祈祷问题上有点离题(第4小节)。他说道,那些向上帝祈祷的人希望在自然秩序方面有所改变,但按照他的意见,这些人弄错了。实际上,倘若他们的祈祷被听到了,却没有因此而使他们烦恼,不管对其有利的自然进程是否改变,他们都应该知足了。其实,倘若他们从善良天使那里获得救助,在事物的普遍秩序中便不会发生任何改变。我们作者的下面这个意见非常合理:存在有一个精神实体的体系,正如存在有一个物体实体的体系一样;精神实体相互之间是存在有交通的,甚至物体之间也是如此。上帝用天使服务于他对人类的治理,对自然秩序无任何损害。尽管如此,在这些问题上提出理论比对它们作出解释要容易得多,除非人们诉诸我的和谐体系。但这位作者向前走得有些更远。他认为,圣灵的使命虽然从一开始就是一个重大的奇迹,但他在我们身上的运作却是自然的。我将由他来解释他的意见,并且与其他神学家

一起来解决这一问题。不过，我注意到，他在祈祷具有使灵魂变得更好、克服种种情感、使自己赢得一定程度的新的恩典的能力中发现了祈祷的自然功效。按照我的假说，我也差不多只能说一些类似的话，把意志说成仅仅依据动机而活动。但我却摆脱了我们这位作者由于其主张无需任何理由进行选择的能力而陷入的种种困难。在关于上帝的先知先见问题上，他也陷入了极大的窘境。因为倘若灵魂在其选择中完全无差别，则它何以可能事先看到这种选择呢？还有，倘若一件事物的存在没有任何理由，人们究竟能够找到什么样的充足理由作为这件事物的知识呢？这位作者将解决 440
这一困难的事情推迟到了某个别的场合，按照他的说法，这需要一整部著作。在道德的恶这个问题的其他方面，他有时讲得非常中肯，而且也符合我的原则。例如，他说（第 6 小节），恶习和罪恶并未减损宇宙的美，而毋宁增加了宇宙的美，正如一些不和谐音倘若单独地听会非常刺耳，然而当结合在一起时，就会使和声更为悦耳。他还指出，各种恶中也包含有各种不同的善，例如富人的挥霍和穷人的贪婪都有益处；因为这有助于艺术繁荣。我们还必须记住，我们并不是依据我们地球的极小规模和我们所知的一切来判断宇宙的。因为其中的瑕疵和缺陷却可能发现对于增加其余部分的美极其有用，就像美人斑一样，虽然就其本身而言并不美，但在女性看来却适合于用来装饰她们的脸庞，尽管它们会使其所覆盖的那个部分变丑。在西塞罗的书中，科达[①]从天意将理性赋予人

① 科达(Cotta，生活于公元 1 世纪)，公元 75 年的罗马执政官、演说家和学园派哲学家，为反对斯多葛派天意论的学园派代言人。

的意义上，将天意比作一位医生，医生允许病人喝葡萄酒，尽管他预见到由病人的这样一种误用是以其生命为代价的。[①]这位作者回答说，天意所做的是智慧和善所要求的事情，其所获得的善大于恶。倘若上帝不曾将理性赋予人，就根本不会有任何人存在，上帝也会和这位医生一样，他杀死一个人以防止他今后生病。人们还可以补充说，本身有害的东西并非理性，而是理性的缺失；当理性被错误运用时，在方法方面我们能够进行很好的推理，但在目的方面我们的推理便不可能适当，我们甚至会向我们自己提出恶的目的。因此，人们作恶始终是因缺乏理性所致。这位作者还提到了由拉克坦修[②]在其《论上帝的愤怒》一书中所批驳过的伊壁鸠鲁的异议。[③] 这个异议的各项内容或多或少有如下述。或者是上帝希望摒弃恶却不可能做到，在这种情况下，他就会无能为力；或者上帝能够摒弃恶，却不愿意这么做，这就表明上帝心怀恶意；或者上帝既缺乏能力，也缺乏意志，这就使得上帝既显得无能为力，也显得妒忌心很重；或者最后，上帝既能够摒弃恶，也意愿摒弃恶，但在这种情况下，人们就会追问：倘若上帝存在的话，他为何不摒弃恶
441 呢？我们这位作者答复道：上帝不可能摒弃恶，他也不希望摒弃恶，尽管如此，他既不是心怀恶意，也不是无能为力。而我则宁愿

---

① 参阅西塞罗：《论神性》，Ⅲ，XXVII，69。

② 拉克坦修(Lactantius，约 260—330)，早期基督宗教拉丁护教士。他曾针对贝拉基主义为基督宗教进行辩护，在其《论上帝的愤怒》中，他以天意学说驳斥伊壁鸠鲁的异议。参阅拉克坦修：《论上帝的愤怒》，第 13 章。关于拉克坦修，详见前面有关注释。

③ 这句话的有关英文为：The auther also puts forward the objection made by Epicurus in the book by Lactantius on the wrath of God. 而这句话的有关法文为：Il propose aussi l'objection d'Epicure chez Latance dans son livre de la Colère de Dieu. 由此看来，英译本与法文原著小有出入。这里，我们据法文本译出。

说，上帝能够摒弃恶，但他却并不希望绝对地这么做，其所以如此，乃是因为他不想因此而同时摒弃善，不想因此摒弃的善还多于恶。最后，我们这位作者在完成了其博学的著作之后，还添加了一个附录，在其中他讲到神的律法(des lois divines)问题。他非常恰当地将这些法律划分成自然法和实在法。他注意到关于动物本性的特殊法必须让位于关于物体的普遍法，上帝当他的律法被违反时，他实际上并不发怒，而是要求秩序将一种恶降到罪犯的身上，伤害他人的人接着便遭受伤害。但他却认为，上帝的实在法表明和预报的是恶而不是产生恶的惩罚。而且，这也使他有机会讲及对恶人的永罚，他断言：永罚既无助于矫正，也无助于警戒，但能够满足上帝的惩罚正义，尽管恶人因此会给自己招来不幸。然而，他却怀疑，对恶人的惩罚能够给有德性的人带来某些好处。他还怀疑，受到永罚是否并不比不受永罚好到哪里去：因为很可能受到永罚者是傻瓜，他们会因为性情乖张而倾向于身处悲惨状态，他坚持认为，这会使他们庆幸自己作出身陷悲惨处境的错误判断，以找到上帝意志的过失为乐。因为每天人们都看到暴躁、恶毒和妒忌的人们在享受着他们不幸的思想，极力自求折磨、自寻烦恼。对这些观念，不应当掉以轻心，我有时自己也有类似的想法，但我却没有宣布有关它们的最后判断。在本著第 271 节中针对培尔先生，我曾经讲到一个关于恶魔拒绝一位隐修者代表上帝提供给他的宽恕的寓言故事。安德烈·泰菲尔男爵[①]，一位奥地利贵族，奥地利斐迪南德大公宫廷上的骑士，成为那同名的第二个帝王(这似乎指的是

① 安德烈·泰菲尔男爵(Baron André Taifel)，其名字在德语中指魔鬼或恶魔。

德国的恶魔),不仅以恶魔或色狼作为他的象征,而且也以西班牙的格言 *Mas perdido, y menos arrepentido* 即失去得越多,后悔得越少作为他的象征,其表示的是一种人们根本无法摆脱的无望的情感。这句格言此后曾为西班牙的比利亚梅迪亚纳伯爵①反复使用,那时据说他与王后相恋。至于恶为何常常对善人发生,而善又常常对恶人发生这个问题,我们这位杰出的作者认为他已经充分回答过了,在这个问题上几乎不再有任何一点疑问。尽管如此,他
442 还是说道,人们常常怀疑长期忍受折磨的善良人们是否是因其遭受的不幸本身而变成善的,幸运的恶人是否是因其成功而被宠坏了。他补充说,当我们面对不仅辨认一个有德性的人、而且还辨认一个幸福的人这个问题时,我们常常充当坏的判官。人们常常尊敬一个伪君子,却鄙视另一个德性纯洁全无伪装的人士。我们也是幸福的错误判官,致使幸福常常为心满意足的穷人的破烂景象所遮蔽,而又在一些大人物们的豪华住宅内徒劳地寻找幸福。最后,这位作者看到,尘世的最大幸福在于对未来幸福的期望,从而我们可以说,对于恶人来说任何事情都不可能发生,除非是那些有助于矫正或惩罚的事情,对于善人来说任何事情也不会发生,除非是那些有助于他们获得更大的善的事情。这些结论完全符合我的意见,从而人们能够说再没有什么观点比这更适合于用作本著的结论了。

---

① 西班牙的比利亚梅迪亚纳伯爵(the Spanish Count of Villamediana,1582—1622),一位西班牙诗人。1582 年生于里斯本。其父为第一代比利亚梅迪亚纳伯爵,曾任西班牙的外交官。1607 年,在其父死后继承爵位。1611 年移居意大利。1617 年,返回西班牙,并以讽刺作家享有盛名,西班牙政界的一些大人物都成了他讽刺的对象。

上帝的事业

以调和上帝的正义本身与其全部其他完满性及其一切活动为之辩护①

《神正论》初版在这个题目下包含了第四个附录。② 它以学院拉丁语的形式展示了这部法文专著所表达的建设性学说的一个规范的摘要。它虽然能够满足它那个时代的学术要求，但现代读者却未必对之感兴趣。因此之故，我们对之不予翻译。

---

① 附录这一部分的英文版标题为：CAUSA DEI ASSERTA PER JUSTITIAN EJUS，副标题为：cum caeteris ejus perfectionibus cunctisque actionibus conciliation. 法文版标题为：LA CAUSE DE DIEU，副标题为：PLAIDÉE PAR SA JUSTICE, ELLE-MÊME CONCILIÉE AVEC TOUTES SES AUTRES PERFECTIONS LA TOTALITÉ DE SES ACIONS。这里，我们据法文版将其标题译出。该文实际上是《神正论》一书的一个节本或摘要。

② 《神正论》初版所包含的四个附录依序为：(1)"被压缩成形式证明的争论摘要"；(2)"对霍布斯先生以英文发表的关于'自由、必然和偶然'的论著的反思"；(3)"对最近在英国出版的论'恶的起源'的著作的评论"；(4)"上帝的事业"。

索　　引

本索引所标页码为公开法庭出版社 1997 年版页码，参见中文本边码

译 后 记

1. 本译著为译者所主持的国家社会科学基金重大项目"《莱布尼茨文集》翻译与研究"的一项重要成果，为《莱布尼茨文集》第8卷。

2. 我对莱布尼茨的研究工作始于上个世纪70年代末。1978年，我考入武汉大学哲学系，师从陈修斋先生和杨祖陶先生攻读西方近代经验论和唯理论研究方向的硕士学位。由于陈修斋先生是我国莱布尼茨研究的权威学者，便自觉不自觉地产生了对莱布尼茨的兴趣。那时，我虽然主要研读洛克经验论，但特别关注洛克经验论与莱布尼茨唯理论的比较研究。考虑到莱布尼茨的著作主要由法文写成，我还专门选修了法语。虽然此后对莱布尼茨的阅读和研究工作一直没有停止，但只是到了上个世纪90年代初，我因受业已病魔缠身的陈修斋先生的委托撰写《莱布尼茨》一书，才启动了对莱布尼茨的真正系统深入的研究工作。[①] 此后又在《哲学研究》、《世界宗教研究》、《复旦学报》和《武汉大学学报》上陆续发表了几篇有关莱布尼茨的学术论文，并开始了对莱布尼茨前定和

① 该书1994年作为《世界哲学家丛书》中一种在台北东大图书公司出版。出版后，受到好评，于1998年获"中华人民共和国教育部普通高等学校第二届人文社会科学研究成果奖"二等奖。

谐学说的系统思考和研究。最后，至 2011 年，我最终完成了《莱布尼茨哲学研究》一书。[①] 所有这些思考和研究都为《神正论》的翻译工作作了必要的铺垫。

3. 在翻译中研究，在研究中翻译乃陈修斋先生的治学原则。他本人就率先垂范，先后翻译出版了《人类理智新论》、《新系统及其说明》和《莱布尼茨与克拉克论战书信集》等著作。我对《神正论》的翻译工作始于奉命撰写《莱布尼茨》一书的上个世纪 90 年代之初。因时间关系，当时只翻译了其中的“前言”和“论信仰与理性的一致”两个部分。[②] 此后，在莱布尼茨前定和谐学说的系统研究过程中，特别是在《莱布尼茨哲学研究》一书的著述过程中又相继摘译了“就恶的起源论上帝的正义与人的自由”。2014 年，我承担了国家社会科学基金重大项目“《莱布尼茨文集》翻译与研究”之后，不仅补译了“就恶的起源论上帝的正义与人的自由”中尚未译出的部分，而且还译出了“附录”，并且对原来译出的部分作了修订。

4. 本译著得以如此迅速出版，首先得益于商务印书馆副总编辑陈小文先生的关心和大力支持，也得益于王振华先生的认真编辑和发奋工作，在本译著即将付梓之际，特向他们致以衷心的谢意。

① 《莱布尼茨哲学研究》50 万字，2011 年作为“哲学史家文库”第 2 辑中一种在人民出版社出版。该书 2015 年 1 月获“第九届湖北省社会科学优秀成果奖”一等奖，2015 年 12 月获“中华人民共和国普通高等学校第七届人文社会科学优秀成果奖”二等奖。

② 《神正论》的“前言”(最初译作“序”)，曾发表在 2000 年出版的《世纪之交的宗教与宗教学研究》(湖北人民出版社出版)上。

武汉大学法国研究中心主任罗国祥先生曾给予译者一些帮助,我的女儿段淑云硕士曾审读过初稿。对于他们,我也是应当感谢的。

5.翻译乃艰苦的学术对话。莱布尼茨不仅是近代最著名的学者之一,而且也是近代罕见的百科全书式学者。对他的著作的翻译尤其是一项苦活。这不仅是因为译者与作者之间存在有巨大的时空间距,而且还在于无论在学术视野方面还是在理论深度方面我们之间也都存在有巨大的鸿沟。因此,尽管译者已尽心尽力,但在翻译过程中也常有力所不逮之感,从而错谬之处实在难免,还望读者予以指正。

段德智

2016年2月10日

丁武昌珞珈山南麓

图书在版编目(CIP)数据

神正论/(德)莱布尼茨著;段德智译.—北京:商务印书馆,2017
(汉译世界学术名著丛书:120年纪念版:珍藏本)
ISBN 978-7-100-14877-1

Ⅰ.①神… Ⅱ.①莱… ②段… Ⅲ.①自由—研究 Ⅳ.①D081

中国版本图书馆CIP数据核字(2017)第161204号

汉译世界学术名著丛书
(120年纪念版·珍藏本)
神 正 论
〔德〕莱布尼茨 著
段德智 译

商 务 印 书 馆 出 版
(北京王府井大街36号 邮政编码100710)
商 务 印 书 馆 发 行
北 京 冠 中 印 刷 厂 印 刷
ISBN 978-7-100-14877-1

2017年12月第1版 开本710×1000 1/16
2017年12月北京第1次印刷 印张45
定价:225.00元